U0216137

吉林人民出版社

简体字本二十六史

清史稿

卷四四八——卷四九三

（十四）

［民国］ 赵尔巽等 撰

许凯等 标点

清史稿卷四四八
列传第二三五

丁日昌　卞宝第　涂宗瀛
黎培敬　崧骏　崧蕃
边宝泉　于荫霖　饶应祺
恽祖翼

　　丁日昌，字禹生，广东丰顺人。以廪贡生治乡团，数却潮州寇。选琼州府学训导。录功叙知县，补江西万安，善折狱。坐吉安不守，罢免。参曾国藩戎幕，复官。李鸿章治军上海，檄主机器局，积勋至知府。江宁既下，除苏松太道。鸿章倚以办外交，事有钩棘，徐起应付，率皆就范。调两淮盐运使，淮盐故弊薮，至则禁私贩，纠贪吏，凿运道，岁入骤增。

　　同治六年，擢布政使，授巡抚。江南戎烬后，庶政不缉，日昌集流亡，除豪猾，设月报词讼册，定钱漕科则，下其法各省。又以州县为亲民官，疏请设局编刻牧令诸书。八年，奉敕训勉臣工，日昌条上六事，曰："举贤才，汰虚冗，益廉俸，选书吏，输漕粟，变武科。"言合旨要。遭忧归。

　　光绪元年，起授福建巡抚，兼督船政，辞，不允。既莅事，会霪雨，城内水逾丈，躬散赈，口煦手拊，卵翼备至，全济灾民数十万。众感泣，金曰："活我者，丁中丞也！"时台湾生番未靖，遂力疾渡台，自北而南,所至扶服蚁伏。惟凤山辖境,悉芒社及狮头、龟纹诸社素梗化,遣兵讨平之,为立善后章程,皆遵约束。中路水埔六社不谙树艺,雇汉民代耕,谓之"租赋"。复令有司计口给银米,教之耕作,广设义学,教之识字。又罢台属渔户税。拟筑铁路,开矿产,移关税厘榷造船械,台民渐喁喁望治矣。还闽,移疾去,吏民啼泣遮道。

四年,疾稍闲,被命赴福州,理乌石山教案。先是道光间,英人就山筑室传教,疆吏不能争,以山在城外,饰词入告。厥后占地愈广,闽人忿,几酿变。日昌抚闽,与力争,议易以城外电局空地,未及行,遽解职,英人占如故。闽人不能忍,聚众毁教堂,英使责难亟,至是命日昌往按。钩稽旧案,获教士侵地左证,与英领事往复诘辩,卒徙教堂城外,闽人镌石刊绩焉。逾岁,还里。明年,诏加总督衔,令驻南洋会办海防,水师统归节度。复命充兼理各国事务大臣,以疾辞,不许。八年,卒,恤如制。

日昌性孝友,抚吴日,母黄年九十矣,迎养署中,孺慕如儿时。兄寝疾,药膳躬侍,兄止之,则引李勣焚须事为喻。好藏书,成《持静斋书目》五卷,世比之范氏天一阁、黄氏百宋一廛云。子五人,惠康最著,好学,多泛览,有《丁徵君遗集》。

卞宝第,字颂臣,江苏仪徵人。咸丰元年举人。入赀为刑部主事,累迁郎中、浙江道监察御史。军兴,官吏多避罪冒功,奏请检视各省兵粮数目、攻守要害,及失陷收复,时日功罪,以资稽核。其有获罪之员,藉事开复保升,宜严定限制。又言:"苗沛霖、王来凤乍服乍叛,宜专意主剿。"上皆韪之。

同治元年,迁礼科给事中,劾江北水师总统黄彬侵厘通贼,督办军务侍郎胜保贪蹇,提督成明拥兵同州蒇无战志,一时推为敢言。擢顺天府府丞,迁府尹,捕巨盗王景濂等。五年,乞开缺养亲,不允。出为河南布政使,擢福建巡抚。时粤寇初平,游勇土匪肆掠,疏请就地正法,报可。九年,再乞终养,许之。

光绪八年,起湖南巡抚。平江方雪璈,龙阳曹小湖,安乡周万益、张景来,皆盗魁也。阴结徒党号"哥老会"。宝第悉置之法。署湖广总督。法人侵越南,诏偕巡抚彭祖贤治江防,筑炮台田家镇南北岸各三座,绘具图说上之。时议建樊口石闸。宝第以谓:"樊口内有梁子诸湖,袤延八百里,水皆无源,江入其中,潴为巨浸,以民情论,重在堵江水之入,不在泄内水之出。以地势论,江水骤失此渟潴八百里地,则下游堤防必致冲决。请缓建石闸,而渐除樊口内窪田额赋。"得旨允行。

十一年,还湖南巡抚任。法人款成,宝第上言:"各国通商,因利乘便,须具卧薪尝胆之志,为苞桑阴雨之谋。"因条上求才、裕饷、船政、器械四事。又言:"国家财用,岁出大宗,莫如兵勇并设。直省旗绿各营兵额七十七万,每年薪粮银一千数百万两。养兵既多,费饷尤巨。兵多则力弱,饷巨则国贫。粤逆初起金田,仅二千人。广西额兵二万三千,士兵一万四千。乃以三万七千之兵,不能击二千之贼。广西兵不可用,他省可推。其后发、捻、田、苗等匪,悉赖湘、淮营勇勘定,绿营战绩无闻。大乱甫夷,伏莽未尽,兵不得力,勇难骤撤,于是岁支勇粮一千余万。赋入有常,岂能堪此耗费?查绿营马兵每月一两九钱,战兵一两四钱,守兵九钱零。月饩无多,必谋别业,遂弛专操,军情瞬变,调发迁延。臣拟请裁额并粮,以两额挑养一兵。如额兵一万,半为驻守半赴巡防,互相逻戍,共习辛勤,常则计日操演,变则随时援应,副参任营官,都守充哨弁,室家无累,而后纪律可严。此宜变通营制者一也。兵拟减额,原设将弁亦应核减。绿营将弁岁领廉俸杂项,职大者可抵百兵数十兵,小者亦抵十余兵。自来积弊,隐匿空粮,摊扣月饷,左右役使,无非额兵。裁汰之议,自非将弁所乐。拟请先裁将弁以并营,营兵必多,乃渐裁兵,老弱事故缺出停补,俟空千名,即补精壮五百。绿营不足,简拨营勇,作为练军。不启兵众之疑,自无阻挠之虑。此宜逐渐办理者又一也。目前兵尚未练,勇已议裁,若欲节饷,则裁勇不足资缓急,裁兵为有备而无患。"下部议行。十四年,擢闽浙总督,兼管福建船政。十八年,以疾解职,卒于家。

宝第有威重，不为小谨，驺从甚盛，所至诛锄奸猾，扶植良愿，民尤感之。子绪昌，户部七品小京官。

涂宗瀛，号朗轩，安徽六安人。以举人铨江苏知县。曾国藩督两江，檄主军糈，累保授江宁知府。同治九年，擢苏松太道。明年，迁湖南按察使。湘民故健讼，都察院岁所下狱辄逾百数。宗瀛为立条教，允首悔，辄诬告，并严定审理功过章程，弊乃稍革。晋布政使，仿朱子社仓法，建立长沙府仓。

光绪三年，拜广西巡抚。苗、徭、猓猡犷狠梗化，檄所属广建学塾，刊《孝经》《小学》诸书，使之诵习。又自撰歌词以劝戒之。时晋、豫大旱，移抚河南，割取俸余万二千金助赈，招流亡，给籽种，老稚无依者，设厂收养，强有力者任工作。世与曾国荃赈晋并称云。

七年，调湖南巡抚。抚标兵哗变，惩四人而事定。及擢总督，又有武汉教匪之乱，捕诛数十人，亦遂安堵。言官先后纠弹，事下彭玉麟，坐才力竭蹶，缓吏议。无何，御史陈启泰劾宗瀛务封殖，仍下玉麟按复。玉麟后白其诬。时左宗棠督江南，欲规复淮盐、减川引，宗瀛以减川增淮，关川省数十万盐丁运夫生计，因抗疏力争，言："按年减运，则未运者将尽化为私。纵使湖北置兵徽循，而巫峡流急，盐船下驶，瞬息百里，兵少力不能制，多恐滋生事端。且鄂饷无著，下拂舆情，上亏国帑。"辞恺切。未几，称疾乞休归。

初，宗瀛从廷栋讲学，为刊遗集，以理学称。家居十余载，以徐延旭获谴，追坐举主，下部察议。二十年，卒，年八十三。

黎培敬，字简堂，湖南湘潭人。咸丰十年进士，选庶吉士，授编修。同治三年，出督贵州学政。阻寇弗能进，乃从刘岳昭借军数十，竟达贵阳。时总督劳崇光、巡抚张亮基不相协，军事益坏。培敬上书言状，朝廷始获闻边事。黔苗俶扰，讴诵寂寥。培敬曰："士气不伸，人心所徭不靖也。"于是出入寇氛，按试州县，虽危棘不缓期，贵州士民始复知文教。道黔西，晤道员岑毓英，与语，知其谙戎事，遂请以滇中军属之。培敬秩满，以太常寺卿石赞清荐，命权布政使。其时寇患方亟，贼酋潘名桀守龙里，久不下。培敬曰："今附郭百里，仓廪犹实。不因以为资，若转藉寇，吾属必为所虏矣！"因说提督出城取龙里，逾岁，克之。旋复贵定，名桀遁去，黔军克捷自此始。诏嘉之，予实授。繇是东定都匀，北靖开、修，南平陈乔生，西除林自清，莅黔数载，境内悉平。

光绪改元，擢巡抚。继曾璧光后，益严吏治。以上疏请释前总督贺长龄处分并予谥建祠，镌秩罢归。五年，起四川按察使。时丁宝桢督蜀，课吏严。培敬至，宝桢出郊迎，曰："此吾贵州贤使君也！"培敬以巡抚降官，绝无愠意，孜孜治事。宝桢数荐其贤。

六年，擢漕运总督。漕督虽闲职，然肥仕，培敬誓不以自污，公费所余，以之修驿馆，建兵房，增书院餐钱，兴释奠礼器，官煤、利济诸局亦赓续告成，人无敢干以私。七年，授苏巡抚。未上，疾作，遂告归。明年，卒，优诏赐恤，谥文肃。予贵阳、清江浦建祠。

崧骏，字镇青，瓜尔佳氏，满洲镶蓝旗人。咸丰八年举人，由兵部笔帖式累迁郎中。同治六年，出知广东高州府，以忧解。服除，起授山东沂州府。历广西按察使、直隶布政使、漕运总督。光绪十二年，巡抚江苏，调浙江，所至兴利除弊。以南粮改折色，吏民交困，并减旗营民粮、织造匠粮，令州县粜价以供漕，弊乃革。十五年，浙患水浸，奏请免漕，发帑振之，而于京、协诸饷仍从容筹解，复集赀购米实仓储。杭、嘉、湖三府暨苏、松、常、太诸水源出于潜天目山附近，苕溪南北二湖为分泄地，岁久淤塞，用工赈法，招集流民疏浚之。其杭、嘉、湖、绍诸塘岸堰闸，靡不次第修治，民赖其利。十七年，卒于官。

崧骏以清廉自矢，于国计民生服念不忘。抚江、浙绩尤著，民请祠之，得旨俞允。子昆敬，户部郎中。

崧蕃，字锡侯，崧骏弟也。咸丰五年举人，初入赀为吏部郎中。

光绪五年，京察一等，简四川盐茶道，屡署按察使，保荐卓异。十一年，授湖南按察使，迁四川布政使。十七年，擢贵州巡抚。广西寇陆亚濒煽乱西林，与贵州接壤，崧蕃遣将扼册亨要隘，边患遂平。调云南巡抚，擢云贵总督。检视防营缺额积弊，劾副将雷家春，并自请议处，革职留任。

二十六年，奏请陛见，值拳匪肇乱，命留京会办城防事。旋扈驾至太原，饬还本任。行次，调陕甘总督。于城南建立大学堂，分两斋，东斋考文，西斋讲武。而修浚宁夏七星渠，尤为民所利赖。宁郡堤工，创自乾隆时，鱼盐之利甲通省，后渐湮废。中卫县令王树枬素讲求水利，崧蕃檄令勘工，自七星渠上接白马通滩，疏浚通深百八十余里，灌田六万余亩，硗确变为沃壤，逃亡复业。又以渠水分自黄河，势汹涌，春夏山水骤发，与黄流浑合，泥沙杂下，旋浚旋塞。乃效古人暗洞激水法，凡傍山之渠，架油松成洞，覆以石板，山水流石上，而渠水潜行洞中。又度地势筑高堤，导山水使入黄河，并于渠口筑进水、退水两坝，使黄流曲折入渠，不致冲漫。工竣，数经暴水，卒不圮。设农务局，招垦荒地，如平罗、渭源诸县，先后报垦数百千亩。旧有机器局，渐次扩张。凡兴作实事求是，不惟其名。

三十一年，调闽浙总督，未上，以疾卒，追赠太子少保。子外务部主事豫敬，以员外郎补用。

边宝泉，字润民，汉军镶红旗人。同治二年进士，授编修。十一年，补浙江道监察御史。大学士李鸿章总督直隶，奏清苑麦秀两歧。宝泉疏论之，曰："祥瑞之说，盛世不言。臣来自田间，麦有两歧，常所亲见。地气偏厚，偶然致此，何足为异？汉章之时，以嘉谷芝草，改元章和，何敞犹据经义面折宋由、袁安。至马端临文献通考，乃举历代祥瑞，统曰'物异'。夫祥且为异，今以无异之物而谓之祥，可乎？上年畿辅水灾甚钜，迄今没水田庐犹未尽出。永定河甫经葳工，北岸又溃。边军未撤，民困未苏。鸿章身膺重寄，威望素隆，当效何敞之公忠，片宋由、袁安之导媚。皇上御极之初，庶吉士严辰散馆考试,曲意颂扬,奉旨严饬。今鸿章为督抚大吏,非草茅新进可比,乃亦务为粉饰,于治道人心关专尤钜。应请降旨训饬。"是时鸿章又以永定河合龙,奏奖工员劳勋,奏上而河复决,宝泉又疏请撤销保案。鸿章新建大功,宝泉再疏弹之。鸿章亦不以为忤,天下两贤之。迁户科给事中。先是都御史胡家玉疏陈丁漕积弊,语侵巡抚刘坤一,坤一覆奏家玉逋赋未完,且私书属托公事。宝泉复劾:"坤一藉词箝制地方长吏,此端一开,启天下轻视朝廷之渐。"疏入,坤一下部议处。

光绪三年,出为广西督粮道,再迁布政使。九年,擢陕西巡抚。尚书阎敬铭议陕西收放粮米改征折色,宝泉持不可,以谓:"谷数有定,今改折色,所收必有减于昔而民始乐从,所放必加多于前而兵乃足用。入不敷出,一时强为弥补,后将何所取偿?昔岁大饥,终赖道仓储粟,多所全活。今并此而去之,恐饥馑荐臻,益无可恃。"上韪其议。

十二年,调河南巡抚,移疾归。二十年,即家起闽浙总督。闽盐逋课积八十余万,前任奏报,率皆飞洒他项为抵注。宝泉至,尽发其覆,乃有停厘补课之奏。船政旧设大臣,后以总督兼之。宝泉特疏请复故制,且条上造船、购料、延教师、筹经费四事,而不私其权,人嘉其谦让。二十四年,卒于官,赠太子少保。

于荫霖,字次棠,吉林伯都讷厅人。咸丰九年进士,改庶吉士,授编修。从大学士倭仁问学。光绪初,俄罗斯议还伊犁,荫霖疏劾崇厚擅许天山界地数百里。及崇厚被逮,有为之游说者,复严疏劾之,且劾枢臣畏葸欺罔。六年,授赞善,累迁中允。八年,出为湖北荆宜施道。是秋淫雨,汉水溢,檄所属开仓振济。又浚紫贝渊上游,改闸为坝,疏支流,泄积潦,水患始息。新荆州书院,设经义、治事两斋,生徒云集,讲舍至不能容。擒斩盗魁李人奴等,余党屏息。宜昌民教构讼,法领事袒教民,挟兵舰至,荫霖不为动,后卒无事。英商叹宜昌关税,既觉,乃纳赇请免,不许。请补税,许之。英商欢其廉。

十一年，擢广东按察使。广东素多盗，至白昼劫掠衢市。荫霖言于总督张之洞，奏请就地正法，报可。顺德廪生简明亮有学行，缘事系狱，察其枉，立出之。十二年，迁云南布政使。丁母忧，服阕，改授台湾布政使，未行，会弟编修钟霖以前在籍与荫霖同办赈务，为奸商汤连魁诬控获谴，荫霖具疏辨。诏遣大臣即讯，颇得连魁行贿状，然荫霖犹坐是落职，废居京师。

二十年，日本战事起，命往奉天襄依克唐阿军。请募兵二万自效，诏许募万人，分四军，与民团相应援。明年，和议成，总督张之洞、山东巡抚李秉衡交章论荐，诏赏三品顶戴。署安徽布政使，至则清厘田赋，杜绝欺隐，增垦田万八千余亩，撙节库储至二百万金。二十三年，德人索胶州湾，又胁朝廷罢李秉衡，荫霖奋然曰："是尚可为国乎？"上疏极论王大臣不职，因附陈修省五事，不报。

二十四年，擢湖北巡抚。之洞为总督，颇主泰西新法，荫霖断断争议，以为"救时之计，在正人心，辨学术，若用夷变夏，恐异日之忧愈大。"之洞意迁之，然仗其清正，使治吏事。湖北财赋倚厘金，荫霖精心综核，以举劾为激扬，岁入骤增数十万。

二十七年，调抚河南。时两宫西狩，德、法兵日谋南下，而河北莠民往往仇杀教民，荫霖檄彰卫怀道冯光元捕诛首恶数人。德、法兵至顺德，闻教案已结，乃还。二十八年，调湖北。会诏裁缺，改广西。廷议荫霖不善外交，复降旨开缺，假居南阳。三十年，卒。

荫霖晚岁益潜心儒先性理书，虽已贵，服食不改儒素，朱子书不离案侧，时皆称之。

饶应祺，字子维，湖北恩施人。幼颖悟好学，试作浑天仪，旋转合度。年十二，入邑庠，益导议叙国子监学正。同治元年，举于乡，拣选知县，援例为主事，分刑部。父卒，庐墓侧。服阕，陕甘总督左宗棠檄参军幕。以克金积堡、巴燕戎格诸处功，擢知府。

光绪三年，署同州知府。时秦、晋亢旱，赤地千里，饥民汹汹，遮道不得前。应祺谕之，曰："此来赈汝饥耳！哗变者杀无赦。"乃捐俸钱为官绅倡，弛重枭禁，旬日得粮七十余万石，又截留他省粮运以助不继。复为招流亡，定垦章，给牛种，蠲杂税。岁稍转，教民兴水利，勤树植，设义仓，行保甲。又规复丰登书院，创修府志，文化蔚兴，士民为立生祠。左宗棠疏荐应祺守绝一尘，才堪肆应，请以道府简补。

十年，授甘州知府。陕西自军兴，兵差旁午，设里局董之，凡四十一厅州县大困。上命巡抚边宝泉赴陕查办，疏留应祺理其事。应祺量道路冲僻定收支之数，分别兵流，扫浮汰冗，岁省数十万两。是年冬，抵甘州任，赈饥劝学，设织纺局、孤嫠所，革征草之弊，复七斤一束旧章。

十一年，迁兰州道。濒行，士民攀辕留行，多泣下者。旋署按察使。严抢嫠为婚之禁，擒督署差弁及乡人杨营弁置之法。手订清理庶狱章程，以诏群吏，视其功过而黜陟之。

十五年，调新疆喀什噶尔道，改镇迪道，兼按察使衔。十七年，署新疆布政使。十九年，实授。新疆兵燹后，民物凋弊，地多荒弃。伊犁故腴壤，回屯旧八千户，四不存一。应祺建议伊犁将军给新裁锡伯、索伦兵牛粮，使之屯种。给新裁察哈尔、厄鲁特兵羊马，使牧放，并招致关内灾民，按丁授地，实行寓兵于农之法。罗布淖尔者，旧史所称星宿海也。汉为且末、尉犁、婼羌诸国地，东西广千六百余里，南北袤千里或数百里，自阳关道梗，其地遂成瓯脱。应祺建议巡抚筑蒲昌城，设英格可力善后局、卡克里克屯防局，招徕汉回客缠，通道置驿，建堡浚渠，教以耕织。又请改防军为标营，定额征粮石每年折色之法，画一钱法。

俄领事原议驻吐鲁番，后求移驻省垣，将军、巡抚难之。应祺谓："此不必争。我所应争者，洋商税则须与华商一律，同时议定。新省毗连英、俄，陆路进口地不一，北道伊犁，南道喀什，应设关，各以本道为监督。塔城、乌什、叶尔羌应设分卡，归各道兼辖。"均如议行。南路初设领署，应祺贻书伊塔、喀什两道，曰："交邻之道，莫先于自治。我之用人行政，使彼族闻而敬服，则遇事不至以非礼相要，此为折冲御侮第一要义。饮食往还,平时贵以情谊相联。至华洋诉讼,必先得华民是非曲直实情而后与之争,庶可关其口而夺之气。一词稍伪,彼将执以相例,而全案皆虚矣。情以懔之,理以盾之,又其次也。"新疆向受协饷,每苦款绌,应祺开源节流,数年库储逾百万。

二十一年,河、煌回煽乱,蔓延甘、凉诸郡,其别股万余谋西窜。上命应祺署新疆巡抚。应祺檄提督牛允诚防安西、玉门诸处,拒寇境外。回酋刘四伏果窜玉门之昌马,遇允诚军,战数不利,尽弃辎重,逾雪山西逸。应祺遣参将李金良要之红柳峡,生擒刘四伏,降其众八千,安置于罗布淖尔,设军镇抚。同时库车回谋起事,宁远回亦以争新教相仇杀,汹汹思变。应祺皆先期扑灭,故四伏无内应,卒就歼。上嘉其功,实授巡抚。应祺以新疆僻处国西北隅,密迩强俄,士卒众而器械窳,生齿繁而司牧少,不足以固吾圉,乃购快枪万枝于德国,而设机器厂制造子弹,奏设左右翼马队为游击师。又开办于阗、塔城金矿,垦荒田,开渠井,广兴实业,凡有利于民生者,皆次第举。自是地利尽辟,兵备有资,较初建行省时迥异矣。拳匪乱起,俄兵自萨马进逼边卡,应祺会总督魏光焘、伊犁将军长庚仿东南各省,与各领事结互相保护之约,俄兵乃退。讲成,应祺应诏陈言,略谓:"古今中外治法务在求实,旧章非无可守,守之不以实,成法亦具文。新法非不可行,行之不以实,良法亦虚饰。心之实不实,宜于行事之实不实验之"。逾年,设诏武备学堂,编立常备、续备、巡警各军。应祺主操练用新法,器械用新式,人惟求旧,必朴实勤奋久于战阵者,方可入选。上疏极论之,并谓:"中国习洋操三十年,一败于日本,再败于联军,为务虚名而贻实祸之证。"所言皆切中时弊。而尤断断于界约,不少迁就。

帕米尔高原,国境也,有高宗御制平寇碑,立于苏满。英、俄交觑其地,而俄人先窃据之。应祺官布政使时,商之巡抚,以理退俄兵,遣军戍焉。俄人悔失计,日聒于总署,要我撤兵。应祺持不可,谓:"我自守门户,其理直。我退则英必至,英来则俄又必争,是息事而益多事也。"后竟如应祺言。坎人求租种莎车属喇斯库穆荒地，应祺谓："坎本我属，宜示怀柔。其在玉河卡伦外者，可允其租垦，纳赋比于华人。其在玉河东北属边内者，宜却之，防后患。"总署与英使议界约，以坎部让与印度，而塔墩巴什帕米尔及喇斯库穆全境皆让与中国。应祺抗言："喇本我地，不得谓之让！"而俄人转谓中国以喇地让与英人，利益宜均，以兵威相胁，应祺饬属严备边，而以议租原委及议约界限详谕之，俄人始无辞。

　　应祺官西疆久，辟地安民，屡请建官设治以资镇抚。二十八年，复疏言："新疆自光绪四年改建行省，土地日辟，户口日繁，原设州县，辖境辽远，非增设府厅，不足治理。西四城喀什噶尔道，疏勒州为极边重要，请升为府。距府百八十里之排素巴特地属唐伽师城，改为伽师县。莎车地广而腴，英商麇集，请升为府，府南为泽勒普善河，增设泽普县，府西南色勒库尔为古蒲犁国，实坎巨提出入要路，又与英、俄接壤，请设蒲犁分防通判。距于阗县四百里之洛浦庄，增设洛浦县。吗喇巴什厅为古巴尔楚地，改为巴楚州。东四城阿克苏道，温宿州为南疆要冲，请升为府。旧城巡检升为温宿县。距县四百八十里之柯尔坪，增设柯坪县丞。焉耆府南六百三十里布告尔分防巡检为古之轮台，请分设轮台县。卡克里克县丞，其地为古婼羌国，改设婼羌县。库车厅土地广沃，请改为州，州南沙尔雅增设沙雅县。北路阜康县之济木萨县丞，富庶逾于县，旧驿名孚远，升为孚远县。距吐鲁二百四十里之辟展巡检地为古鄯善国，升为鄯善县。昌吉县所属之呼图壁巡检向收钱粮，请改为县丞。计升设府三，改直隶州二，增通判一，县九，县丞二。"又奏增设乡试中额二名，会试中额一名，暨各府学官学额，先后皆议行。是年，调安徽巡抚，行抵哈密，病卒，赐恤如例。

　　恽祖翼，字叔谋，江苏湖阳人。同治三年举人。以知县累至道员，再摄武昌道。教匪王觉一约期起事，祖翼时管营务，乘夜率亲兵掩捕之。总督涂宗瀛疏保祖翼有济变才。

光绪十五年，授督粮道。调汉黄德道，兼江汉关监督。以襄河涨发易坏舟，创设襄樊报水电，树牌鸣钲，各船备御，水至遂无患。晋按察使，擢浙江布政使。祖翼以州县征粮照旧折价，近年钱贵银贱，民力不支，乃重定银价，设柜征收，不得假手书役，人称其惠。尤尽心水利，于嘉兴开泖河，疏港建闸，以资蓄泄。于杭州浚上塘河，临平、乔司等处农田三十余万亩皆获灌溉之利。上虞南塘旧以土筑，水至辄决。采众议，改建石塘千一百丈，始免水患。

二十六年，北京拳乱报至，祖翼独起抑阻。匪陷江山、常山，衢民复毁教戕官，英国欲以兵舰赴浙。祖翼亟遴员驰往镇抚，获真犯抵偿，潜消兵衅。会两江、湖广总督与各国订约保护南疆，电询浙省。巡抚刘树棠方卧病，祖翼即径电以浙省附约，人心以安。旋擢巡抚。以浙省防练各营积弊，疏请整饬，略言：“浙省水陆防练各营数逾制兵，陆续添募，饷实不敷。而统领各营哨，不顾操练缉捕为何事，汲汲焉唯浮冒克减，食弊自肥。术愈出而愈奇，勇日杂而日弱，盗日防而日多。今将荡涤宿垢而作新之，立法自上，责在督抚。臣任事即通饬各营，与之更始。以后如有贪劣将弁，仍敢浮冒克减，决不姑容。拟先励其廉耻，而兼课其材武。一面饬州县查保甲，办团练，以辅制兵之不逮；一面遴委廉干道府，酌带哨勇，分往浙东西，抽黜名粮，认真校阅。遇有大股盗匪，督率营县搜拿，务绝根株。总期合散为聚，化惰为勤，堪备一日之缓急。虽然，营卫小疾，疏解足矣，受病既深，断非猛剂不治。天下之病，无一不根于利。统领营哨，闻见已惯，谓夫督抚所能操以绳其下者，撤之而已，参之而已。撤之则又顾而之他，参之则已饱飏而去，且未几而又夤缘开复矣，未几而以将才调用矣。惟督以峻法，务去泰甚，庶有以振暮气而戢贪风。或震于各国一时之强，几谓全恃火器，不知其本原仍在临财廉，与士卒同甘苦。否则未战先溃，火器徒以赍寇，直自伐耳。可否请旨饬下兵、刑各部，采臣治乱用重之议，嗣遇将弁赃证确凿者，分别轻重，严定参革、追缴、倍罚、斩绞之例，庶军心一振，于时局或有裨益。”疏入，诏饬各省著为令。未几，丁母忧归。卒，恤如例。浙人请立祠祀之。

论曰：疆吏当承平时，民生吏治，要在因地制宜而已。日昌、宝第皆以尚严著绩效。宗瀛、荫霖饰之以儒术，亦后先称治。培敬有为有守，崧骏兄弟所至尽职，宝泉励清操，祖翼能济变，并有可称。至应祺官关陇、新疆垂四十年，边地初辟，治迹烂然，实心实政，其劳亦不可没云。

清史稿卷四四九
列传第二三六

锡良　周馥　陆元鼎
张曾扬　杨士骧　冯煦

　　锡良,字清弼,巴岳特氏,蒙古镶蓝旗人。同治十三年进士,用山西知县。历任州县有惠政。光绪初,晋大旱,锡良历办赈务,户必清查,款必实放,民皆德之。二十年,山东巡抚李秉衡奏调补沂州知府,擢兖沂曹济道。抵任,值单县大刀会滋事,亟率队往,张示谕众,只擒首要,搜获盟单,当众焚之,匪党感畏,皆散。调山西冀宁道,晋按察使。调湖南,擢布政使。

　　二十六年,拳乱召祸,京师危急。锡良以湖广总督、湖北湖南巡抚会委,统率鄂、湘军队入卫,迎驾山西,立授巡抚。时和议未定,洋兵阑入晋边。锡良念两宫幸陕,和局固应兼顾,而保晋卫秦,亦不容忽。乃通令各军严行防守,别遣委员出境犒师,相机因应,幸保无事,和约定,晋始弛防。

　　调湖北巡抚,复开缺。旋授河南河道总督。以事简,奏请裁归巡抚兼理,诏允行。调补河南巡抚,兼管河工。豫省吏治久斁,劾去道府以次数十人,政纪肃然。泌阳教案事起,立派兵驰捕首犯,被扰难民,无分民教,一律抚恤。调热河都统。热河本就蒙地设治,向沿旧习,不讲吏事,尤患多盗。锡良首请改制,设立求治局,综理吏治财政;开办围场荒地,以兴垦务;整饬巡防,专意缉捕,匪风始戢。又以热境地广官少,奏请升朝阳县为府,并增设阜新、建平、隆化三县，热河自此始有吏治。

二十九年，擢闽浙总督，调署四川。时方议借外款修川路，锡良力主自办，集绅会议，奏设专局，招商股，筹公股，复就通省田租岁抽百分之三，名为租股，数年积至千万以上，股款之多，为中国自办铁路最。

三十年，廷议整饬藏事，藏人疑惧，驻藏帮办风全被戕。锡良飞檄提督马维骐督兵进剿，并令建昌道赵尔丰率师继进，遂克巴塘，仍饬尔丰进讨里塘。里属桑披寺筑碉谋抗拒，尔丰以长围困守六阅月，断其汲道，始克攻破。桑寺既平，诸番慑服。于是自打箭炉以外，直至察木多、巴里、乡城、德格等处，均改县治，扩地至数千余里。且兴垦、开矿，设学广教，番人渐知向化矣。

三十三年，调云贵总督。滇省军政久废，器械尤缺，乃创练陆军，设讲武堂，添购枪炮，旧有防营一律改编，自是滇省始有新军。滇多烟产，土税为收入大宗，锡良毅然奏请禁种，各省烟禁之严，唯滇为最。滇南连越，越匪窜入河口，戍官扰境，立饬出队分路截剿，数日而定。滇西土司以数十计，日渐恣横。宣慰使刁安仁曾游东洋，外人称以王爵，尤骄妄。闻有改土归流之议，辄思蠢动。锡良先派员询察，晓以利害，并令应袭各土司迅办承袭，以安其心。刁安仁闻而畏感，遣其弟至，痛哭自陈改悔，边境得以无事。

宣统元年，授钦差大臣，调东三省总督。东省自日俄战罢，俄占北边，日踞南境，局势日危。锡良莅任，即疏陈："东三省逼迩京畿，关系大局。辽东租借之约，十三年即满期，请朝廷主持，上下一心，以天下全力赴之，以赎回辽东半岛为归，否则枝枝节节为之，恐其不能及也。"疏入，不省。锡良又以东三省两邻分据，非修大支干路，不足以贯串脉络，因拟修锦州至瑷珲铁路。顾须横贯南满、东清，必非日、俄所愿，尤非密借强国外款，不能取均势而策进行。适美国财团代表游历来奉，遂与密订借款包修草约。三日议定，电奏请旨速正式签定，即日、俄再争，已落后着。乃部议梗缓，复机事不密，事竟报罢。及日俄协约，东事益急。锡良以救亡兴政，均非款莫办，再请商借二千万两,以千万设银行,其余,半以移民兴垦,半以开矿筑路。仍不省。锡良虑东省危急情形,朝廷尚未深悉,乃请入觐面陈。时醇亲王监国摄政,筹备立宪,廷议方注重集权。锡良先疏请实行宪法,历陈:"立宪精神,在贵贱上下胥受治于法律,先革其自私自利之心。若敷衍搰克,似是而非,财力凋敝,人心涣漓,九年立宪,终恐为波斯之续。"又以近年重臣亲贵出洋考察,徒饰观听,见轻外人,疏请停派,并慎选亲贵实行留学。再疏谏中央集权,以为:"朝廷分寄事权于督抚,犹督抚分寄事权于州县,无州县即督抚不能治一省。如必欲以数部臣之必思才力,统治二十二行省,则疆吏咸为赘疣,风气所趋,军民解体。设有缓急,中央既耳目不及,外省则呼应不灵,为患实大。"均不报。至是入都面陈监国,语尤切直,不省如故。告罢,又不允。

其时朝鲜为日并,锡良以事势益迫,欲固民心,先厚民力,当以防匪为名,设立清乡局,筹备预备巡警,部以兵法,实即民兵。奉人虑患思痛,争先应募,期年得数万人,全省皆兵。未几,防疫事起,疫起俄境,沿东清铁路,逐处传染,未浃旬,蔓延奉、吉、黑三省。俄、日群思干涉,锡良以防疫纯属内政,严起防治,三月而疫绝。十一国医士来奉考察,开万国鼠疫研究会于省署,锡良主议,咸起颂之。

锡良督东,严吏治,肃军制,清理财政,整顿盐务,筹办八旗生计,颇著成绩。唯目睹内忧外患日危一日,顾所以为东边计者,既多未如志,而朝政日非,民心日去,又无以挽救,屡称病乞罢。三年,始允解任调理。武昌变作,召入觐,廷议本以锡良赴山、陕督师,并请独领一军卫京畿。顾有人甚之,乃改授热河都统,力疾赴任。逊位诏下,以病势难支,乞罢,允之。卧病六年,坚拒医药,卒,年六十有六,谥文诚。

锡良性清刚,自官牧令,即挺立无所倚。嫉恶严,所莅止,遇不职官吏,劾治不少恤,非义之财,一介不取;于权贵尤一无馈遗,故遇事动相牵制云。

周馥，字玉山，安徽建德人。初侍李鸿章司文牍，累保道员。光绪三年，署永定河道。初，天津频患水，馥迭治津沽入海金钟河、北运筐港减河及通州潮白河，设文武汛官资防守。并言天津为九河故道，不泄则水患莫瘳，请就上游辟减河而开屯田，南运下游分水势。部议格不行。后提督周盛傅开兴济减河，屯田小站，实本馥议。丁艰，服除，署津海关道。朝鲜初通商，馥与美提督薛斐尔议草商约保卫之，首称朝鲜为中国属邦，固以防侵夺也，而枢府削之。馥私叹曰："分义不著，祸始此矣！"

九年，兼署天津兵备道，俄真除津海关道。中法事起，鸿章命赴海口编民舶立团防。鸿章之督畿辅也，先后垂三十年，创立海军，自东三省、山东诸要塞皆属焉。用西法制造械器，轮电路矿，万端并举，尤加意海陆军学校。北洋新政，称盛一时，馥赞画为多。醇亲王校阅海军，嘉其劳，擢按察使。再署布政使。筑永定河北岸石堤卫京师，芦沟南减水石坝工尤巨，自是河不溢。中日开衅，馥任前敌营务处，跋涉安东、辽阳、摩天岭之间，调护诸将，收集散亡，粮以不匮。和议成，乃自免归。

鸿章疏荐之，授四川布政使。至则课吏绩，广银币，积粮储。虑教案易生衅，撰《安辑民教示》颁郡县。未几，拳乱作，八国联兵内犯，鸿章为议和大臣，总督直隶，馥亦调直隶布政使。先随鸿章入都，理京畿教案，数月事稍定，始赴保定受布政使印。先是法兵至保定，戕前布政使廷雍，遂踞司署。及闻馥来，列队郊迎入署。久之，观其设施，无闲言，乃徐引去。鸿章卒，遂护直督。俄擢山东巡抚，诏留议津榆路事。时和议虽成，外国兵壁天津，踞津榆铁道，设都统，治民政，屡争莫能得。至是馥竟以片言解之。馥抚山东，值河决利津薄庄，议徙民居，不塞薄庄，俾河流直泻抵海。沿河设电局，备石工，迄十余年，河不为灾。德踞胶州湾，筑铁道达省治，因占路侧矿山。馥奏开济、南周村商埠相箝制，德人意沮，自撤胶济路兵，还五矿。

馥既膺疆寄，则益欲大有为，凡所以阜民财、瀹民智者，次第兴举,天子嘉之,擢署两江总督,移督两广。三十三年,请告归。越十四年,卒,谥悫慎。直隶、山东、江南士民皆祠祀之。

陆元鼎,字春江,浙江仁和人。同治十三年进士,以知县即用,分山西,改江苏。光绪二年,权知山阳。有奸豪民交通胥役,略人口行鬻,捕辄先遁。元鼎黎明起,盛仪从谒客,中道折至民家,破门入,缚治其豪,取出所略女妇数十人各放归,欢声雷动。补江宁,以忧归。服除,坐补原缺,调上海。法兰西人击杀县人沈兆龙,伤隐不见,法领事不承击杀。元鼎曰:“时计表坠地,有钢条内断而磁面未损者,与此何以异?”领事语塞。如皋焚教堂,檄元鼎往视,教士声言议不谐,当以兵戎见。元鼎曰:“如皋非军舰所能至也。”不为动。抗议十余日,乃定偿银四千,无他求。是时江南北焚教堂十余所,次第定议,悉视如皋。移知泰州。城河久淤塞,岁旱,民苦无水。元鼎浚治之,又移徙市廛迫河浒者,虽巨室无所徇。下河斜丰港故有堤,在泰州境者六十里,入东台境,堤圮,水至勿能御。元鼎增高至十丈,广如之,而丰其下以倍。工竟,按察使檄东台治堤与泰州接,元鼎又助工十有一里,自是两境无水患。寻调上元,援例以道员候选。

两江总督刘坤一疏荐元鼎才任方面,二十一年,授惠潮嘉道,调江苏粮道,迁按察使。陛见,温语移时。论及前岁日本构战,我军枪弹多与口径不合,以故败。帝因谕枢臣戒督抚审军实,且曰:“毋谓语由元鼎,使督抚生芥蒂也。”江阴焚教堂,县吏捕首事者上之按察。上海领事谓逮捕者非首犯,驻京公使言于总署,令领事往会鞫。元鼎曰:“会鞫有专官,按察使署非会鞫所。”领事言:“不会鞫,当观谳也。”元鼎持不可,领事曰:“其如总署指挥何?”元鼎曰:“慎守国宪,官可辞,法不可挠!”领事怏怏去。枢臣闻而嘉之,曰:“不尔,又为故事矣。”寻署布政使,护巡抚。

二十九年,迁漕运总督,调湖南巡抚。时方在告,广西匪起,窥湖南,贵州匪逼靖州。元鼎力疾赴官,筹边防,与总督张之洞会奏以堵为防,不如以助剿为防。于是募勇,令提督刘光才防西路,令衡永道庄赓良入贵州,而道员黄忠浩佐之。赓良攻下龙贯峒,忠浩亦大败悍贼于同乐。又令提督张庆云助击广西四十八峒。乱徐定,朝命云南布政使刘春霖移湖南,率所部滇军助湘防。元鼎言滇军不可用,已而后营果叛。体陵会匪谋叛事泄,自承革命,语连日本留学生。元鼎诛二人,囚一人,他无所株连,人心大定。征兵之议起也,元鼎已调抚江苏。上言:“南人柔脆,其应征者多市井无籍,不胜兵。当专选江北淮、徐诸府,不当限区域。”部议格不行。其后逃亡相属,如元鼎言。

二十九年,京察开缺另简。明年,召入京,奏对,语及江、浙争沪杭铁道事,元鼎力言士民忠受无他心,上为动容。命以三品京堂候补,佐办资政院事。俄,乞归。宣统二年,卒于家。

张曾扬,字小帆,直隶南皮人。同治七年进士,以编修出知湖南永顺府。地属苗疆,号难治。斥赏募勇戢盗,悉置之法,吏之尤贪污者,弹劾之。徙知广东肇庆府,有惠爱,督抚交章论荐。

光绪二十年,除福建盐法道。闽盐踊贵,私运蜂起。为严立规约,奏免全厘以恤商,而正课亦饶。迁按察使,岁余,病免。越三年,再起,召见,奏对称旨。皇太后奖其明慎,即日授四川按察使,未到官,迁福建布政使。调广西,桂故瘠区,又分任庚子赔款,益不支。曾扬改厘章,严比较,裁冗费,罢不急官吏,用以不绌。

二十九年,拜山西巡抚。日、俄衅作,日军进驻辽南。曾扬建议:“辟要地为商埠,别与日本密订协守同盟之约,声明不干内治。所虑者俄为日败,必将取偿于我。伊犁邻近藩封,亦渐外向,故亟宜筹饷练兵,有备无患。而库张铁路可缓办以伐其谋。”言颇扼要。马贼刘天佑等扰后套,曾扬调集各军讨平之。

三十一年,调抚浙江。时浙西盐枭煽炽,嘉湖统将吴家玉阴与枭通,都司范荣华尤不法。曾扬便道之官,或劝以兵从,曰:“是速之叛也!”遂轻骑径嘉郡,召家玉入谒,谕以祸福,家玉不敢动,徐檄他将领其众,而羁这甬东,僇荣华等,枭渐敛迹。浙路交涉久未决,草约逾定期，英领事犹坚执之。曾扬据约立争，事乃定。

三十三年，颁下法律大臣沈家本《试行诉讼法》，曾扬言："中国礼教功用远在法律上，是以尊亲之义，载于礼经。汉儒说《论语》，亦谓纲常为在所因，此各省所同，渐不能异者也。浙西枭匪出涉，浙东寇盗潜滋。治乱国用重典，犹惧不胜，骤改从轻，何以为治？此他省或可行，而独难行者也。"于是逐条驳议之。是年，秋瑾案起。秋瑾者，浙江女生言革命者也，留学日本，归为绍兴大通学校教师，阴谋乱。曾扬遣兵至校捕之，得其左验，论重辟，党人大哗。调抚江苏，俄，调山西，称疾归。家居十四年，卒，年七十九。

杨士骧，字莲府，安徽泗州人。光绪十二年进士，选庶吉士，授编修。保道员，补直隶通永道，擢按察使，迁江西布政使，复调直隶。三十一年，署山东巡抚。河贯东省千余里，淤高而堤薄，岁漫决为巨害。士骧以为河所以岁决者，河工员吏利兴修，又因以迁擢也。乃定章程：岁安澜，官奏叙，弁兵支款如例；河决，官严参，不得留工效力，弁兵依律论斩。身巡河堤，厉赏罚，自是数年，山东无河患。曹州多盗，行清乡法，严督捕。德兵违约，屯胶、高，久不撤。数月盗少戢，会各国撤京、津兵，士骧与德官议，遂尽撤驻路德兵。

三十三年，代袁世凯为直隶总督。世凯为政，首练军筹款，尤多兴革，务树威信，北洋大臣遂为中外所属目。士骧承其后，一切奉行罔有违，财政日竭，难乎为继，而周旋因应，常若有余，时颇称之。明年，入觐。时议修永定河，士骧阅河工，疏言："全河受病，一由下口高仰，宣泄不畅；一由减坝失修，分消无路。"芦沟桥以下旧有减坝，年久淤闭，宜折修，并挑减河，因请拨帑四十六万余两。诏下部议。

宣统元年，德宗梓宫奉移西陵，诏所需不得摊派民间。士骧慨然思革百年之弊，疏曰："国初因明季加派纷繁，民生凋敝，屡降旨申禁科累。近畿繁剧，供亿多，不能尽革，故田赋较各省轻，而岁出差徭逾于粮银之数。新政迭兴，学堂、巡警诸费，无不取给于民，逾纳之艰，日以加甚。拟官绅合查常年应官差徭，实系公用者，酌定数目,折交州县自办,不得滥派折钱,胥役书差,官给津贴。庶积弊一清,上下交益。”疏入,优诏答之。五月,卒,赠太子少保,谥文敬。

士骧少孤露,起家幕僚,至于专阃,与人无迕,众皆称其通敏云。

冯煦,字梦华,江苏金坛人。光绪十二年一甲三名进士,授编修。叠上疏代奏,请图自强,敦大本,行实政,德宗嘉纳。典湖南乡试,称得士。二十一年,以京察一等授安徽凤阳知府。凤属连年水涝,煦单骑按部,逐一履勘,以被灾之重轻,定给振之多寡,人沾实惠。并屡平反疑狱。总督刘坤一以心存利济、政切先劳疏保,两摄凤颍六泗道。

二十七年,迁山西按察使,调四川。广安州有聚众谋毁学堂者,获四人,拟照土匪例正法。煦白大府,请按而后诛,以去就争,至免冠抵几,不得请不止。旋署布政使,复调安徽,兼署提学使。三十三年,擢巡抚。时国是日非,海内外党人昌言革命。巡抚恩铭被刺,众情惶惑。煦继任,处以镇静,治其狱,不株连一人,主散胁从,示宽大,人心始安。复疏言:“今者党祸已亟,民生不聊。中外大臣不思引咎自责,合力图强,乃粉饰因循,苟安旦夕,贻误将来,大局阽危,日甚一日。挽救之方,唯以核名实、明赏罚为第一义,而其要则在‘民为邦本’一言。有尊主庇民之臣,用之勿疑;有误国殃民之臣,刑之毋赦。政府能使天下自治,则天下莫能乱;政府能使天下举安,则天下莫能危。根本大计,实系于此。”疏入,大臣权境多忌嫉之。明年,遂罢。

宣统二年,江、皖大水,复起为查赈大臣,出入灾区,规定办法,施及豫东,未一年,凡振三十九州县,放款至三百余万。后复立义赈会。连年水旱,兼有兵灾,远而推至京、直、鲁、豫、湘、浙,无岁不灾,无灾不振,盖自莅官讫致仕,逮于耄老,与荒政相终始,众称善人。闻国变,痛哭失声。越十有五年,卒,年八十五。

煦居官廉而好施,平素讲学,以有耻为的,重躬行实践。文章尔雅,晚境至鬻文自给云。

论曰:光绪初,督抚权重,及其末年,中央集权,复多设法令以
牵制之,吏治不可言矣。锡良强直负重,安内攘外,颇有建树。馥谙
练,士骧通敏,元鼎办交涉,曾扬论法律,并能持正。煦善治振,与荒
政相终始。“民为邦本”,善哉言乎! 锡良初疏谏集权,枢廷转相箝
制。及事变起,大势所趋,皆一如所言,世尤服其先见云。

清史稿卷四五〇
列传第二三七

李鹤年　文彬　任道澄
许振祎　吴大澄

　　李鹤年,字子和,奉天义州人。道光二十五年进士,由编修改御史,转给事中。父忧归,服除,命赴河南襄办军务。

　　同治元年,授常镇通海道,署河南按察使,调直隶,授布政使。四年,擢湖北巡抚,调河南。时捻匪由山东南窜,鹤年以为十余年来贼屡扰归、陈、南、汝间,即去而他窜,必假道于豫。乃增募两军各万余人,一曰毅军,宋庆统之;一曰嵩武军,张曜统之;更以马队属善庆,与两军为犄角。于是宋庆军大破张总愚睢州,鹤年亲赴陈、留、杞督战。任、赖各逆复乘虚北扰,鹤年以贼踪无定,防河尤急。贼果犯中牟,以有备不得逞,乃于省治西决堤引水南流,扰及长垣。鹤年飞檄水陆各军沿堤剿堵。贼西走湖北麻城、黄冈,诏饬宋庆军越境会剿,歼贼无算。鹤年自驻许州策应,贼窜裕州,庆击败之。善庆及淮军刘铭传大败贼赣榆,任柱被戕死。赐鹤年头品顶戴。

　　年,奉命督师出境,驰抵磁州。捻犯近畿。更由滑、浚等处沿河东趋。坐防堵不力,再议处。豫军告捷,赏还顶戴。总愚溺死,捻匪平,照一等军功议叙。

　　十年,擢闽浙总督。明年,陛见,赐紫禁城骑马。旋署福州将军,兼署巡抚。诏询海防事宜,覆奏言:“海防之策,莫重于练兵、筹饷、制器、用人四端。四者之中,以用人为急务,而尤在专其责成。沿海疆臣固责无旁贷，第无统率大员，仍恐意见纷歧，临事推诿。"上韪其议。

光绪元年，调河东河道总督，兼署河南巡抚。七年，授河南巡抚，仍兼河督。十年，坐审办盗犯胡体安连疏抗辨，部议革职，以祝嘏恩赏降二级职衔。十三年，署河督，疏言："黄河分流，自宋时河决澶州，分为二派。明筑黄陵冈，始合为一。河性上漫则下淤，今两路皆淤，急宜疏支河以预筹宣泄。"报可。逾年，郑工复决，发军台效力。未几，释归，并赏三品衔。十六年，卒。宣统元年，开复原官。

鹤年有知人鉴，少与文祥同学相淬厉。及居言职，严疏劾肃顺跋扈，而奏起曾国藩于家，谓必能办贼。拔宋庆、张曜统豫军，后皆为名将。治豫久，多善政，豫人刻石颂之。始任河督，黑冈堤溃，不绝如缕。鹤年亲督工二十余昼夜，险工克济。德宗尝询李鸿藻以善治河者，鸿藻举鹤年，上亦识前事之枉也。故再任河督。其卒也，豫民有流涕者。三子葆恂博学多文，尤知名。

文彬，字质夫，纳喇氏，内务府满洲正白旗人。咸丰二年进士，授户部主事。十年，以员外郎随扈幸热河。明年，迁郎中，出知山东沂州府。捻匪逼府城，会师攻拔贼巢，擒匪首孙化详等。叙功，以道员用。

同治四年，随布政使丁宝桢败贼滕县临城驿，更绕赴东平防贼北窜。补充沂曹济道，擢按察使。收复海丰，擢布政使。十年，署巡抚，补漕运总督。再署巡抚，旋还任。

光绪五年，督漕北上，因请陛见，并与河督李鹤年、巡抚周恒祺会商运河事宜，通筹河道宽深，改设运口，导引卫河，设立堤坝，绘具图说以进。略谓："现时北运口在张秋南八里庙，与南运口斜对，相距二十余里。黄流至此虽收束，而溜势散漫，歧汊甚多。大抵溜势近南则北口淤塞，近北则南口浅阻，故漕船出南运口入黄后，必东北行二十里，至黄溜汇一之史家桥，再南行二十里，至八里庙北运口，汛水大涨，方能入运。今拟移北运口于史家桥北六里，黄河西岸,由阿城闸东堤开河一道至陶长堡,为出黄入运口门,筑坝灌塘,则黄水不至夺溜,可免牵挽之难。黄、运之间,自贾工合龙后,每伏秋大雨,水无所泄,民间低地有积水数年不得耕种者,若将陂水引归一塘,不惟蓄水济运,又可涸复民田。运口既定,即可导引卫河。自直隶元城集东三里卫河曲处凿新河一道,经直隶之南乐、山东之朝城,至张秋南之萧口涵洞入运。计卫高于运九丈余,长百五十余里,导以济运,势如建瓴。更有大小二丹水,亦可由卫济运。凡建四闸二坝及挑河筑堤,估银七十六万。较之借黄济运旋挑旋淤者,相去远矣。”又尝偕两江总督吴元炳奏复淮流故道,略谓:“淮水汇四十余河潴于洪泽湖,杨庄以下云梯关为入海故道,余波入运济漕。遇旱,复蓄清流由运河分入淮扬各闸洞,以溉民田。自洪泽湖不能潴水,张、福引河又不通畅,每遇盛涨,运河一线东堤,其势岌岌。倘竟冲溢,不至以里下河为壑不止。论者谓必设法束水,然与其上游议堵,何如下游深通。”因条上疏浚杨庄以下旧河入海故道。

未几,卒,有诏褒锡。两江总督刘坤一以文彬遗爱在民,请建专祠清江浦,允之。子延煜,举人,四川盐茶道;延熙,举人,九江知府;延燮,进士,武昌知县;延照,举人,礼部员外郎。

任道澄,字筱沅,江苏宜兴人,拔贡,考授教职。咸丰中,在籍襄办团练,除奉贤训导。以筹饷劳,晋秩知县。铨当阳,多善政,调江夏。

同治二年,擢知顺德府。畿南匪起,行坚壁清野法,修治城堡,屡击贼于沙河、平乡间。会捻众北犯,道澄率练勇守沙河。夜与贼遇,挥众奋击。矛伤及身,不退,贼徐引去,晋秩道员。洺河自广平入,久淤塞。道澄与邻郡合浚,又浚郡北响水可,复民田万余顷。总督曾国藩、李鸿章迭荐之。十一年,调保定,寻擢开归陈许道。剔河工积弊,验工料必以实。尝冒风雨抢护中河险工,四昼夜始定。

光绪元年,署按察使。授江西按察使,省狱羁囚四百余人,道澄便宜讯决,三月而清。四年,迁浙江布政使,调直隶。直隶自军兴,州县报销未清，又数值谒陵大差，交代纠葛。道澄分别新旧案，定限清结。裁革州县摊捐，实发养廉银以恤吏，劝属县积谷备荒。七年，擢山东巡抚，疏陈营务废弛，易置统将，以绿营额饷练新军，责郡县勤缉捕。泰山、沂水之间，驿路崎岖，发卒开治平坦，行旅便之。旋以保奖已革知府潘骏群被议，又以失察编修林国柱预报起复，被劾褫职，降道员。家居久之。

二十一年，起河道总督。故事，河督，开封、济宁并设行署。自咸丰时，常驻开封，山东河事由巡抚专治。至是复改议河督驻济宁，而河南巡抚兼治河。道澄言：“官吏不相属，则令难行，不如仍旧便。”报可。时河患多在下游，河督专司上游，事简。道澄务节费，岁以余帑还司库。

二十六年，拳匪起，河南奸民乘机煽乱。道澄处以镇静，练河标三营助省防。次年，调浙江巡抚。承国威新挫后，民教相哄，案多未结，持平讯决之。筹集偿款，衡其缓急，民不重困。二十八年，乞病归。逾三年，卒于家，年八十三。

许振祎，字仙屏，江西奉新人。咸丰初，以拔贡生参曾国藩戎幕。迨楚军困于江西，都邑相继陷，振祎偕内阁中书邓辅纶募乡兵击贼进贤、东乡，旋复吉安。叙功，以同知铨选。

同治二年，成进士，授职编修，出督陕甘学政。时河州降回复叛，而西宁诸郡回、汉民亦日相仇杀，试事久停不举。振祎始按试各郡，多录降人子弟，补行八次岁科试，入学者数千人，回民大服。建味经书院于泾阳，广置书籍，以化其犷俗。又请陕、甘分闱乡试，各设学政，允之。总督左宗棠以谓边氓长治久安之效，胥基于此。父忧归。

光绪二年，起故官。八年，授彰卫怀道，减属县差徭费岁二十余万。豫修里河堤防，淮海各盐区得免水患。十六年，擢河东河道总督，筑荥泽大坝，胡家屯、米童寨各石坝，河赖以无患。其要尤在严稽察，不私财权，令七厅径赴司库支领，故积弊除而工坚。

十一年,迁广东巡抚,禁赌闹姓,粤民利赖之。

二十四年,裁广东、云南、湖北三巡抚缺,振祎调内用。乞假归,逾年,卒。附祀江苏、河南曾国藩祠。

吴大澄,字清卿,江苏吴县人。同治元年秋,彗星见西北,诏求直言。大澄方为诸生,入都应京兆试。上书言:"致治之本,在兴俭举廉,不言理财而财自裕。若专务掊克,罔恤民艰,其国必敝。"后六年成进士,授编修。穆宗大婚典礼隆缛,疏请裁减繁费,直声震朝右。出为陕甘学政,奏以仓颉列祀典,允之。又荐诸生贺瑞麟、杨树椿笃志正学,给瑞麟国子监学正衔,树椿翰林院待诏衔,士风为之一变。时诏修颐和园,大澄复言时事艰难,请停止工作。疏入,留中。

光绪三年,山、陕大饥,奉命襄办赈务。躬履灾区查勘,全活甚众。左宗棠、曾国荃、李鸿章等交章论荐。四年,授河北道。时比岁荐饥,贫民减价鬻田,十不得一。巡抚涂宗瀛伤荒岁贱价之田准取赎,然往往为势家所持,以故失业者众。惟大澄能判决如巡抚旨。六年,诏给三品卿衔。随吉林将军铭安办理西北边防。大澄周历要隘,始知珲春黑顶子地久为俄人侵占。因请颁旧界图,将定期与俄官抗议,未得旨。时有韩效忠者,登州人,佣于复州侯氏,负博进,遁往吉林夹皮沟。地产金,在宁古塔、三姓东,万山环绕,广袤七八百里。流冗啸聚其中,亡虑四五万,咸受效忠约束。效忠严而不扰,众服其公允,屡抗大军不出。大澄单骑抵其巢,留宿三日,劝效忠出,效忠犹豫,意难之。大澄曰:"我不疑若,若乃疑我耶?"对曰:"非敢疑公,某负罪久,万一主兵者执前事为罪。某死不恨,幸公意奈何?"大澄挺以自任,遂与效忠出,奏给五品顶戴,子七品,孙登举有平寇功,授参将。七年,授太仆寺卿。法越事起,会办北洋军务,驻防乐亭、昌黎。

十年,迁左副都御史。俄,命使朝鲜,定其内乱,盐运使继昌副之。至则日本使臣井上馨避不肯见,而挟朝鲜左议政金宏集于议政院,索偿兵费三十万。大澄谓续昌曰:"是蔑我也!"立率兵至议政院,排闼人,责数宏集:"柄国败坏国事。今定约稍不慎,便滋异日纷,非所以靖国也。"宏集唯唯,井上馨亦气慑,减索兵费十一万而去。十一年,诏赴吉林,会同副都统伊克唐阿与俄使勘侵界,即所侵珲春黑顶子地也。遂援咸丰十一年旧界图立碑五座,建铜柱,自篆铭曰:"疆域有表国有维,此柱可立不可移。"于是侵界复归中国,而船之出入图们江者亦卒以通航无阻。

十二年,擢广东巡抚。葡萄牙侵界至澳门香山。总署与立约通商,画澳门归葡辖。大澄持不可,条上驳议,不报。十四年,郑州河再决,上震怒,褫河督李鹤年职,以大澄代之。是年冬,河工合龙,大澄力居多。大澄盛负时誉,会海军议起,以醇亲王奕澴为总理。大澄素与王善,治河功成,实授河道总督,加头品顶戴。大澄遂疏请尊崇醇亲王称号礼节。疏入,孝钦显皇后震怒,出醇亲王元年所上预杜妄论疏颁示天下。大澄几得严遣,以母丧归,乃已。

十八年,授湖南巡抚。朝鲜东学党之乱也,日本与中国开衅,朝议皆主战。大澄因自请率湘军赴前敌,优诏允之。二十一年,出关会诸军规复海城,而日本由间道取牛庄。魏光焘往御,战不利。李光久驰救之,亦败,仅以数骑免。大澄愤湘军尽覆,拔剑欲自裁。王同愈在侧,格阻之,同愈以编修参大澄军事也。光焘请申军法,大澄欷曰:"余实不能军,当自请严议。"退入关,奉革职留任之旨。乃还湖南,寻命开缺。二十四年,复降旨革职永不叙用。

二十八年,卒,年六十八。大澄善篆籀,罢官后,贫甚,售书画、古铜器自给。著有《古籀补》、《古玉图考》、《权衡度量考》、《恒轩古金录》、《愙斋诗文集》。

论曰:河患日棘,而河臣但岁庆安澜,即为奇绩,久未闻统全局而防永患,求治难矣。鹤年以善治河称,文彬论治河改运口,复淮流,亦颇有识。道澄剔河工积弊,务节减,振祎督工严,尽革中饱,尤以勤廉著,皆足收一时之效,然徒治标,非治本计也。大澄治河有名,而好言兵,才气自喜,卒以虚憍败,惜哉!

清史稿卷四五一
列传第二三八

李朝仪　段起　丁寿昌
曾纪凤　储裕立　铁珊　桂中行
刘含芳　陈黉举　游智开
李用清　李希莲　李金镛
金福曾　熊其英　谢家福　童兆蓉

　　李朝仪，字藻舟，贵州贵筑人。道光二年进士，授直隶平谷县，历署饶阳、三河。咸丰初，迁大兴京县，署南路同知，补东路同知，皆有治声。时海防戒严，筑宁河、北塘、大沽诸炮台，工坚费核，平余银钜万，悉以入官，晋秩知府。十年，署顺德。捻匪北窜，朝仪率乡勇出，御，严阵以待，炮折大旗，迄不动。益使游骑左右驰突为疑兵，贼来则击之，退则寂守，久之，贼引去。

　　同治四年，署广平，败贼马疃桥，悉收难民入城，料贼必复至，储粮械为城守备。已而贼数万果逼城，不敢犯，城获全。五年，补大名。马学孟者，故捻党也，善战，有勇力。既投诚，充团总，浚、滑、内黄数县民多附之，其党有杀人者，远近因传学孟叛矣。朝仪驰入其居，晓譬利害，学孟悟而泣，愿缴械请罪，遂夷其寨，赦勿问。后朝仪与贼战，得学孟死力，故不败。

　　八年，授永定河道，署按察使。先后任河道八年，勤于职守，痛革河工积弊,课兵种柳,资工用焉。迁山东盐运使,寻擢顺天府尹。京畿靡薄,朝仪廉勤率之,捕剧盗,抑豪强,绝请托,期年风习一变。光绪七年,卒官。朝仪治河绩尤著,民立祠固安祀之。

段起,字小湖,湖南清泉人。初入资助饷,叙道员。咸丰初,佐广西左江道王普相幕,数陈兵事。普相荐诸巡抚劳崇光,俾将百人,从解全州围。别寇邓正高乘虚袭永州,窥衡州,起单骑驰谕降其众。贵州叛苗犯怀远,起讨平之。奉檄率所部援江西,谒曾国藩于军中,国藩未之奇也。时贼踞建昌,久不下。起夜率四百人扑其垒,克之,乘胜复德安,国藩乃纳其军。

七年,从刘腾鸿、李续宜攻瑞州,滕鸿战死,起亦被重创,卒克之。八年,援浙,解衢州围,还攻景德、浮梁,并克之。明年,陈玉成犯景德,起扼其冲,贼不得逞。出家财募勇,遣别将率以援浙,数有功。巡抚王有龄疏调起赴浙将水陆军,会以前功加盐运使衔,留江西以道员补用。十一年,李秀成犯广丰,遂围广信。起婴城固守,伺闲出击贼,败之,贼遂引去,加布政使衔。

同治元年,授江西督粮道,仍留治军。二年,克鄱阳、彭泽,给瑚松额巴图鲁名号。三年,始赴任。时军事渐定,议撤兵,起条上兵弁安置之策,巡抚沈葆桢疏请颁行,武职借补及收标考课,著为令。四年,鲍超军索饷哗溃,起闻变驰视,遇前队,伤颐,有识者大呼曰:"段粮道也。"皆弃兵拜,起反覆开譬,变乃定。寻兼署按察使。江西、闽、浙之交,有山绵亘千里,故为盗薮,久封禁。贼未平时,民往往入山避乱,久之,生息日繁。至是或颇言粤寇余孽窟穴其中,诏三省会剿,起疑之,轻骑周历询访,悉其状,牒大吏疏请弛禁,民德之。立生祠祀焉。六年,以疾归。邑大饥,倾赀振赡,全活逾万家。

光绪二年,再授江西督粮道,调江南徐州道。六年,两广总督张树声调治海防,擢广东盐运使。八年,卒于官。

丁寿昌,字乐山,安徽合肥人。少为里塾师,粤寇扰淮南,遂集里中子弟勒以兵法，筑寨自保。同治初，率偏师从李鸿章东征，转战苏、松间，由知县晋秩知府。随潘鼎新攻浙江，克乍浦，摄乍浦同知。又随克嘉兴，晋道员。进攻湖州，战于晟舍镇，贼凭河为险。寿昌凫水破其两垒，诸军随击，立克之，湖州贼遂不振。论功加按察使衔。

六年，率师从刘铭传剿捻，迭败之黄安、邓州。贼南窜沭阳，霖雨，平地水数尺，捻酋任化邦窜渡沭水而西。寿昌先解衣率将士徒涉，伐木为梁济军，既济，乃断梁。众知无退路，奋击破贼，追斩化邦赣榆城下，诏以道员简放，加布政使衔。又战潍县，擒捻酋李芸等，给西林巴图鲁勇号，记名按察使。

八年，天津民、教构衅，命寿昌率铭军四千驰赴津、沽备非常。遂署天津道，寻实授。时人情汹惧，讹言繁兴。寿昌处以镇静，抚良诘奸，属境安堵。救火会董积愤西教，适大火，相约不救教堂。寿昌闻警奔赴。略无畛域。会董感其诚，乃施救。梁家园河堤将圮，寿昌亲执畚立水中，众益奋筑，堤获全。设厂以赈流民，庐灶蕃溷悉有程式。会遭父丧，士民奔走吁留者万人，坚请终制。服除，诏赴天津总理营务，兼充海防翼长。

光绪四年，署津海关道，擢按察使，署布政使，以勤慎称。六年，卒官，赐恤，赠太常卿，于天津建立专祠。

曾纪凤，字挚民，湖南邵阳人。以诸生从军，荐保知县。骆秉章督四川，调领湘果后营。同治元年，石达开窜踞叙州双龙场，分军陷高县。纪凤从按察使刘岳昭赴援，战城下，克之。又迭败之吊黄楼、罗家坳，涉水先驱夺贼垒。达开连营三十，与横江为犄角。纪凤毁横江西岸贼巢，遂薄双龙场。计招贼党为内应，而潜军袭其后。达开奔燕子滩，邀于横河，半渡，击之，遂窜滇境。三年，从克正安，进围绥阳，屡战有功，晋知府。寻调广东，又调贵州，并任军事。

十年，与总兵邓千胜克麻哈，擒杨阿保，晋道员。十一年，会诸军剿平苗民之梗化者。贵州下游东西驿道，苗在其南，汉民在其北。自咸丰时，行旅阻隔，垂二十年，至是始通。纪凤办理善后，自黄平以上历清平、平越、麻哈、贵定二百余里，建碉七十，分立四屯，各设屯官，戍卒六百分守之，垦荒供饷，责以巡缉。奸宄无所容，流民闻风踵至。十二年，古州苗叛，扰清江，旁寨响应。纪凤率碉兵会诸军进剿，擒其酋长，抚良苗百数十寨。黔疆略定，赐黄马褂。

光绪元年，授贵西道，巡抚黎培敬深倚之，荐可大用。擢按察使，晋布政使。十三年，调云南布政使，剿猓黑及大戛寨夷，加头品顶戴。因请以其地改土归流，边隅以安。十五年，乞养归，寻卒。

储裕立，字鹤樵，湖南靖州人。从军贵州，累保知县。同治初，苗乱炽，迭克天柱、清江，晋知府。十年，署古州同知。兵后凋边，群苗伺衅出没。裕立修战备，抚遗黎，民气渐复。仍统军先后收复台拱、丹江、凯里诸城，擢道员。光绪三年，下游肃清，论功，赏黄马褂。督治善后，筑城堡百二十七，建义塾百三十九。八年，思南灾，裕立往赈，偏历灾区，日稽钱粟出入，无假借，实惠及民。时遵义焚教堂，民情汹汹。裕立驰往抚谕，与法人往复诘难，事得解。寻署贵西道，再历贵东粮储。二十一年，卒，赐恤如例。

铁珊，字绍裘，徐氏，汉军正白旗人。咸丰中，由笔帖式议叙知县。从钦差大臣胜保讨捻山东，单骑入贼垒，招降捻匪刘占考，散其党数万。叙功，以直隶州选用。

同治初，发甘肃，署通渭。值回乱，一岁九被围，婴城固守，卒得全。日供军粮万斤，民不堪命。铁珊规减其半，民感德。及去任，攀辕不得行。迭摄平番、皋兰、中卫诸邑，所至辄轻赋役，辑流亡，修城堡，除蠹胥。总督上其治状，擢宁夏知府。未之任，调兰州。议建贡院，与陕西分试，自光绪纪元始。是年，署甘凉道，武威、永昌、镇番三邑共一渠，民争水械斗，久不决。铁珊为开支渠，别子母水，设闸刊石，立均水约，输日灌溉，民大悦，为立祠渠上。地宜牧，因畜羊三千头，岁以蕃息，用给贫民无告者。

十三年，擢河陕汝道，擒巨盗李复岐等，置诸法。建陕州书院以课士，文风始振。阌乡城北滨河，南临涧水，岁屡圮，议筑石坝杀水势,艰于凿运,竟得石闧底镇激湍中,工遂成。十六年,夏,淫雨河涨,陕城不没者数版。民谓官能捍患,恃以不恐。铁珊复筑石堤。四月毕工,身亲其役,竟以劳卒。士民请建专祠,诏赐恤。

桂中行,字履真,江西临川人。先世贾贵州,遂占籍镇远。为诸生,咸、同间,积军功,为知县安徽,署合肥、蒙城、阜阳。曾国藩率师征捻,檄中行察勘蒙城圩寨。蒙城故捻薮也,中行单骑历诸圩,晓以利害,择良干者为圩长。坚壁清野,寇无所掠。礼接耆老贤士,从询方略。得通捻奸民簿记之,诛其魁桀数十人,豪滑敛迹。岁余,威化大行。民陷贼及远徙者,相率还归。以功晋知府,调江苏,管扬州正阳厘榷。

光绪元年,署徐州,以祖母忧去官。三年,宣城建平民教哄,焚毁教堂。总督沈葆桢强起中行往治,中行谓:"民倡乱当治如律,然民所以乱,由教堂侵其地。今当令民偿教堂财,而教堂还民地。"持数月,卒如中行议。内艰归,服阕,檄治皖南垦务。皖南兵燹后,客民占垦不输赋,至是清丈田亩,无问主客。客民噪,捕斩其魁,乃听命。三岁事竣,增赋钜万。

九年,补徐州。值水灾,兴工赈,修堤埝二百余。又浚邳州艾山河,筑宿迁六塘埝,水患除,民以不饥。治徐十二年,课农劝士,盗贼衰息。擢岳常澧道,数月,迁广西按察使,复调湖南。二十年,卒。中行所至有声,官江南最久,民尤爱戴之。附祀徐州曾国藩祠。

刘含芳,字芗林,安徽贵池人。同治初,李鸿章率师东征,从克苏州,司运粮械。后随征捻,积功至道员。鸿章督直隶,命含芳治军械天津。得西洋利器,省览机括,久之悉通其意。鸿章方拓北洋军备,于西沽建武库,广收博储,以肆将士,扩充机器、制造两局,募工仿构,创设电气水雷学堂,编立水雷营,皆以含芳董其役。

光绪七年,诏求人才,以鸿章荐,交军机处存记。时海军初立,造船坞旅顺,含芳兼领沿海水陆营务处。十四年,署津海关道,授甘肃安肃道，留治海防。寻调山东登莱青道，监督东海关。十九年，始之任。含芳自随鸿章至天津，凡十四载，屯旅顺十一载，至是虽领一道，犹隶此洋。

二十年，辽东兵事起，海陆军屡挫，旅顺、威海相继陷。登莱青道驻烟台，敌军日逼。俄报军舰没于刘公岛，宁海亦陷，敌前锋距烟台十余里。时巡抚李秉衡亦驻师烟台。西国诸领事言巡抚在，则敌攻之急，于租地不便，巡抚乃退莱州。领事复言含芳，含芳曰："巡抚大臣也，可去。某守土吏，去何之？今死此矣！"因置鸩二盂案上，与其妻郝冠服坐待，意气坚定，民恃无恐。有溃卒数千，持兵噪呼求食。含芳单骑驰谕，处以空营，重为编伍，不愿留者厚给遣之，皆出私财。初，西人闻溃兵，甚戒严，俄而散遣，殊出不意，咸称道之。和议成，奏派渡海勘收还地。始威海、旅顺、大连湾皆荒岛。含芳瘁心力营构十余年，所成险塞，至是见尽毁矣，因愤慨流涕，以疾乞归。卒，赠内阁学士。

陈黉举，字序宾，安徽石埭人。少从其乡陈艾游，以诸生为曾国藩所识拔。李鸿章督师，令主办行营支应。或谓："大军转饷关天下，往者辄命大臣，今以诸生任耶？"卒用不疑。自粤乱作，海内困军饷。黉举曰："饷糜则敛重，战久则饷亏，兵不溃，民且寇矣。"乃厘订条款，杜绝冒滥。军行数载，饷节民和，平捻之功实基此。鸿章移直隶筹海防，凡炮台、船坞、制造、电报及疏河、屯田诸役，需费尤钜，皆倚之以办。先后综军糈二十余年，一介不苟。将吏服其廉洁，虽被裁抑，无怨言。直、晋大灾，兼筹振务，废寝忘食，稽核勤挚，人不忍欺。以私款归实济，全活以亿万计，众皆德之。旋以积劳病卒。初，由训导累功至知府，诏赠道员。与含芳同附祀鸿章祠，入祀淮军昭忠祠，并祀乡贤。黉举子惟彦，亦见重于鸿章，命继司军计。由大理寺丞累保知府，官贵州，历开州、婺川，调守黎平。首革票差催粮，遏龙世渭逆谋，破鸭贩彭三等血案，远近惊为神明。邻邑有讼，往往越境就诉。兴学育才，并创立体仁堂，养老恤孤，劝工习艺，政声颇著。巡抚疏为良吏第一，以道员改江苏，总厘捐，任督销，去弊化私，以

廉直称。旋授湖南财政监理官,复委办两淮盐政,创设淮南公所,岁
增至二百万。归,与弟惟壬于县境修巨桥跨舒溪,亘六十余丈,便行
旅。邑人私谥曰慈惠。

游智开,字子代,湖南新化人。咸丰元年举人,拣选知县。同治
初,李续宜巡抚安徽,调司厘榷,以廉平称。四年,署和州知州,日坐
堂皇决事。又时出巡四境,延见父老,问其疾苦。亲为诸生考校文
艺,剖析经旨,教以孝弟廉让。期年,治化大行。州旧由胥吏垫完粮
赋,最为民病,禁绝之。筑濒江堤防,自督工役,费节而堤坚,免水
患。补无为州,署泗州,治盗尤严。曾国藩称其治行为江南第一,移
督直隶,调智开署深州。兴义学,减浮征,民大悦。补滦州,民苦兵
车,为别筹输送,免扰累。俗健讼,奸民居间交构,痛惩之,其风渐
息。

十一年,擢知永平府,一车一盖,周历下邑,得其情伪。遇有事,
牧令未及报,辄已闻知。一日侵晨,驰至迁安狱,狱吏方私系囚求
赂,即拘吏至县庭笞之。令始惊,起谢。葺书院,筑城垣,修郡志,皆
事举,无滥费。濒海产盐,贫民资为衣食。部牒禁私贩,疏官引,智
开上言民间少一私贩,即地方多一马贼。盐本宜行官引,惟永平则
仍旧为便,事得寝。有巨室以在析产构讼,久不决。智开坐便室,呼
两造至,不加研鞫,自咎治郡无状,变起骨肉,望族如此,况齐民乎?
讼者流涕请罢。李鸿章疏陈智开清勤端严,足励末俗。

光绪六年,擢永定河道。河患夙称难治,智开每当抢护险工,立
河干亲指挥,日周巡两岸以为常,员弁无敢离工次者。左宗棠议将
永定河南岸改北岸以纾水患。智开以上下游数百里,城市庐墓,迁
徙不便,力争而止。两以三汛安澜邀优奖。

十一年,擢四川按察使。携一仆乘篼舆入蜀,密访吏治得失,民
情爱恶。督属清厘积案,常躬自讯结,狱讼为清。两权布政使。十
二年,护理总督。重庆教案起,智开奏言是案当以根究起衅之由,先
收险要及预定款目为关键。非赎回险要,无以服渝民之心。非严诛

首犯,无以制洋人之口,非议赔银两,无以为结案之具.谂知教首罗元义激成众怒,几酿大变,飞缴拘之入省,民团始散.又以元义身虽入教,仍是中国子民,自应治中国法律.请敕总理衙门据理与争,勿许公使干预.时中外皆恐以肇衅端,智开持之益力,卒置元义于法.薄给赔偿,而案遂结.

十四年,迁广东布政使,署理巡抚.劾贪墨吏,不避权要,严赌禁,却闹姓例馈三十万金.僧寺匿匪,废改义塾.十六年,以老乞休.二十一年,起广西布政使.为政务持大体,事有不可行,力持不变.痛除官场积习,僚属化之.灵川闹粮,省令发兵剿办.智开以事由激变,办理不善,责归县令,民获保全.又念粤西地瘠,向鲜盖藏,捐廉储粮石,通饬各属积谷备荒.凡廉俸所入,悉以办公益,无自私.阅三年,因病罢归,卒于家.所至各省俱请祀名宦祠.

李用清,字澄斋,山西平定州人.同治四年进士,改庶吉士,出大学士倭仁门,散馆授编修.安贫厉节,日研《四子书》、朱子《小学》,旁稽掌故,于物力丰瘠,尤所留意.大婚礼成,加侍读衔.十二年,丁父忧,徒步扶榇返葬.服阕,入都,仍课生徒自给.

光绪三年,记名御史.会山西奇荒,巡抚曾国荃、钦差大臣阎敬铭奏调用清襄赈务,骑一驴周历全境,无间寒暑,一仆荷装从.凡灾情轻重、食粮转输要道,悉纪之册.深穷病源,以为晋省罂粟花田弥望无际,必改花田而种五谷,然后生聚有期,元气可复,上书国荃详论之.国荃疑晋新荒,禁烟效缓,且全国未禁,徒敛怨,说竟不行.赈竣,却保奖.还京,传补御史,引见有日矣.法越事萌芽,张树声以广西边防奏调.树声督两广,复调广东任海防厘榷,洗手奉职.

七年,授惠州知府.境故多盗,喜博,喜私斗.用清推诚化之,俗乃稍革.八年,迁贵州贵西道.明年,超擢布政使,署巡抚.实仓储,兴农利,裁冗员,劾缺额之提镇,擒粤匪莫萝弼等置诸法.巡阅所至,召士子讲说经传,将吏环听,相与动容.黔地土瘠,多种罂粟,畅行湘、鄂、赣、粤诸省,用清奏陈禁种之法,分区限年,时自出巡,刈铲烟苗。言者疑其操之过急。

十一年秋，有旨来京候简。召对，犹痛陈罂粟疚国殃民状，冀可挽回万一。旋命署陕西布政使，荒歉之后，休养生息，仍严烟禁。十四年，复命来京候简，遂以疾归。主讲晋阳书院凡十年。用清严于自治，勇于奉公。藩黔时，库储六万，年余存十六万，陕库三十万，再期六十余万矣。所至尤措意桑棉织组。尝浚三源县龙渠，溉田千余亩。俸入不以自润，于黔以购粟六千石，于陕购万石，备不虞，郑州河决，捐工需二万两。二十四年，卒。子贵阳扶柩归，以毁殇。

同县李希莲，字亦青。咸丰十年进士，授户部主事，再迁郎中。性节俭，官京曹三十年，车马赢敝，不顾讪讥。英、法兵入都，曹司多走避，希莲昕夕诣署无间。以忤肃顺，乞假归。同治元年，起原官。时军兴饷绌，希莲条陈开源节流数端，恭亲王奕䜣韪之。云南报销案发，同僚有褫职遣戍者，希莲独得无所染。光绪中，出为江西广饶道，除滥税，复征额。擢山东盐运使，调长芦。累迁贵州按察使、陕西布政使。戊戌政变，希莲颇忧大乱将起，与总督陶模议筹建陪都。及两营西幸，人始服其先见云。

李金镛，字秋亭，江苏无锡人。少以贾，以试用同知投效淮军。光绪二年，淮、徐灾，与浙人胡光镛集十余万金往赈，为义赈之始。后遂赈直隶、山东，皆躬其役。

五年，晋秩知府。调直隶，修西淀堤。吴大澄督防吉林，金镛任珲春招垦事。界外苏城沟垦户数千，苦俄人侵略，相率来归，咸得奠居。海参崴既通商，俄人援例要请东三省要地设领事，严拒之。又力争八道河民被俄焚掠，抵俄官于法。将军铭安以为才，疏留吉林任用。中俄界约，自瑚布河口循珲春河至图们江口，以海中之岭为界岭，以西属中国，距江口二十余里立土字碑。界图疏略，致岭西之罕奇，毛琛崴等盐场置线外。俄复于黑顶子地私设卡伦，距江口几百里矣。大澄使金镛会勘，据约争还侵地，重立界碑。署吉林知府，整钱法，开沟洫，摊丁于地，以苏民困。

九年，署长春厅通判。厅境为蒙古廓尔罗斯地，初招流民领垦纳租，久之，垦逾所领，谓之"夹荒"。民惧增税，因出钱免丈量，刻石纪之。至是蒙旗复牒理藩院请丈，金镛挟碑文谒将军为民请命，曰："诚知清丈则公与某各有所得，然如民何？"将军闻之愕然，奏罢其事。创建书院，厚其廪饩，购书数千卷，资学者诵习。捕斩剧盗苗青山等，境内又安。不时巡历乡僻，呼召父老，为讲孝弟力田。金镛性坦易，口操南音，所至民爱而惮之。以功晋道员。

俄侵占精奇里河四十八旗屯地，在黑龙江岸东。金镛争还补丁屯至老瓜林百七十余里，划河定界。漠河者，在爱珲西，三面界俄，地产金，俄人觊觎之。北洋大臣李鸿章议自开采，以金镛任其事。陆路由墨尔根入，水运由松花江入，各行千余里，僻远无人。披斩荆棘，于万山中设三厂，两年得金三万。事事与俄关涉，艰阻百端。又开厂于黑龙江南岸札伊河旁之观音山，皆为北徼名矿。集商赀立公司，流冗远归，商反渐集，收实边之利焉。十六年，病卒工所，赠内阁学士，予漠河建祠。

金福曾，字苕人，浙江秀水人。以诸生从军，先侍祖父衍宗温州教授，任筹团练助城守。旋随官兵肃清金、处，协守独松关，解杭州围。李鸿章器其才，克苏州，檄办善后。捻事起，往赞徐州道张树声军务。捻众北窜，出防大名。丁忧归，福曾积功已至知县，服阕，赴江苏，历署娄、南汇、吴江诸邑。所至兴学校，课农桑，理冤狱，禁溺女，劝垦沙田，开浚河道，多善政，民有去思。

光绪初，河南、山西大祲。吴人谢家福等倡义赈，集四十余万金，推福曾董其事。四年秋，至河南分赈洛阳等十二州县。新安、渑池灾尤重，福曾创立善堂，恤嫠掩骼，收赎子女，购车马若干辆，代疲民应役。开渠涧，制龙骨车，兴水利。又浚洛阳、宜阳废渠，贯通伊、洛，灌田十万顷。

五年，赈山西虞乡等十县。事竣，移赈直隶。时直隶水患方急，持以工代赈之策。七年，疏大清河，浚中亭河，培千里堤。福曾先援例以道员候选,至是鸿章督直隶,奏留总办筹赈局。福曾以淀地淤塞为清河受病之源,清丈东淀无粮地,厘定苇租,规复堡船。八年,浚东淀河道,修筑天津三河头堤。九年,筑子牙河堤,展宽正河,又别开支河王家口以泄盛涨。十年,畿东大水,福曾疏青龙湾减河入七里海,疏筐儿港减河入塌河淀,并出北塘海口。又开沥水各河以泄武清、宝坻洼区积水。十一年,浚饶阳潭沱河。十三年,浚四女寺南运减河。两署永定河道,塞决口,于下口别辟新道。又就大清河合流处别浚新河,永定河水始直达天津海河。山东河决数为灾,鸿章辄檄福曾往助工赈,亲至苏、浙募赀。会浙西大水,巡抚崧骏复疏留福曾治工赈。于是杭、嘉、湖三府各河次第疏瀹。会廷议浚余杭南湖,以福曾董其役。明年工竣,直、鲁又告灾,福曾已卧病,犹力疾筹赈济。十八年,卒。鸿章等疏请优恤,赠内阁学士。福曾廉公好义,历办工赈十余年,无日不劳身焦思,治行卓然。及其殁,士民同声惜之。

熊其英,字纯叔,江苏青浦人。以贡生就训导。家福集金赈河南,其英请行,始事济源。济源山僻小县也,灾尤剧,多方补苴,次第以及他邑。其英亲履穷僻,稽察户口,不避风雪,食惟麦粥、麦饼、菜羹,与饥民同苦。初头病疡,足病湿,医少愈,仍从事不肯休,遂卒于卫辉。巡抚上闻,诏许被赈各州县立祠祀之。

家福,字绥之,吴县人。世以行善为事。闻豫、晋灾,呼吁尤切。义声倾动,闻者风起。自上海、苏、扬及杭、湖,愿助赈者众。日赍钱至家福门,或千金,或数千金,不一年,得银四十三万奇。凡赈二十七州,继其英往者七十四人。家福才识为时重,于创办电报及推广招商轮船局事多所策画。李鸿章尤赏之,尝疏荐称有"物与民胞"之量,体国经野之才。金福曾亦闻而叹许焉。家福历保至直隶州知州,卒不仕。时又有吴江绅富沈中坚,鬻田三十顷,亲往山西赈灾。亦义行为尤著者。

童兆蓉,字少芙,湖南宁乡人。同治六年举人,从军陕西,积功晋知府。光绪三年,署榆林。岁祲,便宜发仓,复运粟于包头、宁夏,单骑临赈。既而大疫,延榆绥道及榆林令皆遘殁,代者不至。兆蓉一身兼摄三官,比户存问,为具医药,全活甚众。六年,署延榆绥道。属郡荒僻,士僿民贫。为拓学舍,购书劝课,教民树艺畜牧。治榆溪河,开渠溉田,民利之。

八年,授兴安知府。汰胥役,禁私钱。总兵余虎恩贩钱为利,获而毁之。税胥索贾人金,榜治几死。民间婚娶苟简,为定礼制,禁淫祀,葺昭忠、节孝祠,以正民志。安康令征粮苛急,民聚而哗,兆蓉往抚谕。总兵及厘局挟前嫌,诬为激变,遂解任。寻得白,署汉中,逾年还本任。川匪扰境,擒斩其渠,贼溃走。调西安,摄督粮道,定征粮改折,上下称便。

二十六年,擢浙江温处道,先署杭、嘉、湖,明年乃之任。值拳匪乱后,瑞安民杨茂奶与教堂积衅。浙东法国主教赵保禄尤横,挟兵船至温州,必欲杀杨。兆蓉力争,曰:"彼法不当死,我不能杀人以媚人。"卒拒之,以此名闻。飓风为灾,赈巢并举,民不乏食。三十一年,卒于官。

论曰:光绪初,各省重吏治,监司大吏下逮守令,皆一时之选。朝仪以下诸人,或御乱保民,或治盗清讼,或兴学劝业,或救灾恤患,莫不以民生为重。承兵燹后,辛苦凋残之人,得生存以至今日者,实赖于此,民亦劳止,汔可小休,惠此中国,以为民逑。诚知本哉!

清史稿卷四五二
列传第二三九

洪汝奎　　杨宗濂　　史朴

史克宽　　沈保靖　　朱其昂　弟其诏

宗源瀚　　徐庆璋　徐珍　　蒯光典

陈遹声　　潘民表　严作霖

唐锡晋　　娄春蕃

　　洪汝奎,字琴西,湖北汉阳人。道光二十四年举人。咸丰初,考取官学教习,期满以知县用。参曾国藩军事。同治初,荐保至江南道员。总理粮台,供应防军及他省协饷。又筹还西征洋债,出入逾二千万,综核名实,不避嫌忌。光绪中,沈葆桢为两江总督,尤倚任之。葆桢治尚威猛,因疾在告,辄疏请汝奎代治事,声望益起。会诏求人才,大臣交章论荐。

　　五年,特擢广东盐运使。调两淮,裁冗费,建义仓,浚扬州城河。

　　方欲大有为,而江宁三牌楼之狱起。先是有弃尸三牌楼竹园旁,汝奎令参将胡金传侦获僧绍宗等仇杀谢姓男子,又称薛姓,名亦屡易。汝奎请复讯。葆桢以会匪自相残,即置大辟。逾三年,得真盗周五、沈鲍洪等杀朱彪事,时地悉合。事闻,命尚书麟书、侍郎薛允升往江南即讯,金传坐滥刑失入,治如律,汝奎失察,褫职遣戍。葆桢以前卒,免议。于是朝旨申戒各行省慎重刑狱,并禁嗣后武员毋庸会鞫。汝奎至戍所，未几赦归，遽病卒。宣统初，总督端方疏陈其治行，复原官。

杨宗濂，字艺芳，江苏无锡人。咸丰末，以户部员外郎在籍治团练。时钱鼎铭乞师于曾国藩，宗濂偕行。及李鸿章以援师东下，宗濂率旧部为军导，屡著战绩。

刘铭传进剿江阴，宗濂率濂字营守杨舍。贼来犯，宗濂领沙团击却之。沙团者，起于江岸集众自卫，以技勇名，贼皆畏之。攻无锡，宗濂任前锋。与贼酋黄子澄鏖战，夜夺北门入，拔其城。合攻常州，宗濂督战西门，架浮桥，独骑先进，马惊逸，堕河，跃起易骑再进，挥兵肉薄登，遂擒陈坤书。江南平，随鸿章移师剿捻，总理营务处。军兴所至索官车，吏民交困。宗濂创立车营，行军所需，预为储峙，随时无不备。诸军仿其制，皆称便。积功擢道员。同治十一年，权湖北荆宜施道，被劾罢。鸿章创北洋武备学堂，奏起宗濂总其事，成材甚众。

光绪十六年，授直隶通永道，时畿辅大潦，宗濂主振事，假便宜发缁粟。复大治水利，修潮白、青龙、蓟运、北运、通惠、永清各河。疏渠树防，辟膏腴数万顷，士民刊碑颂德。以忧归。再起，为山西河东道。历权布政使、按察使，迁长芦盐运使。二十六年，联军犯天津。宗濂督运芦勇登陴固守，飞丸裂左胫，血流如沸，犹裹创治军。城陷，巷战，又伤右股。命驻保定督粮台，旋随鸿章入都议和。事定，赏三品京堂。未几，以病乞休，卒。

史朴，字兰畦，直隶遵化州人。以进士用知县，分广东。历惠来、乳源、南海等县，所至有威惠。潮阳盗郑段基杀前令，朴莅任，立捕诛之。晋罗定知州，留省捕剧盗刘亚才及余盗九百，并置诸法。粤省海盗久为患，朴航海往剿，降盗魁张十五仔等，尽散其党数千，有不受抚者剿平之，擢知府。剿英德土匪，遇伏佛冈，没深涧，挂木得不死。贼踵至，睨之，曰："史公也！"争引出，跪进饮食。朴责以大义，数且晷,誓绝粒。贼益敬畏,罗拜感泣,愿缚渠自效。会救至,异之归。诏革职,仍令自效。匪平,复故官。粤东匪起,省城戒严。守猎德炮台,连破沙湾、茭塘、新灶各贼巢,赏孔雀翎,知肇庆府。梧州被围,督兵往援,拔其众还军封川,且战且守。会英人陷广州,大府不遑西顾。朴与贼相持五阅月,大小数十战,杀贼数千人。其后贼大至,会提督昆寿水陆并进,大战封川江口,连捷歼贼,军遂复梧州。晋道员,再权肇罗道。

同治二年,移广州,摄按察使,旋署粮储道。朴在粤前后垂四十年,善治盗,尤善用人。南海隶为盗诬,特出之,后督捕得其死力。抚琼盗,易名入伍,多死敌。省围乏饷,出劝募,立集百万金。贼初起,独主抚,及踞梧,则主剿,皆得其机宜。光绪二年,以筹解西征协饷,加盐运使。乡举重逢,赏二品服。四年,卒。

史克宽,字生原,安徽六合人。咸丰年,与兄克谐办乡团御贼。太湖陷,克谐殉。克宽从克太湖、宿松,解六合围,以国子监典簿保知县。同治初,刘铭传剿捻,移征西回,皆挟克宽与俱,为司馈运及营务处。叙功,擢知府。光绪中,李鸿章督畿辅,檄董工程局,掌河事,治滹沱,于献县朱家口辟减河三十里,循子牙河故道入海。鸿章上其绩状,因奏任清河道,民立石颂其德。旋以他事被劾夺职,遂归。

沈保靖,字仲维,江苏江阴人。咸丰八年举人。父耀鋆,湖北通判,武昌陷,骂贼被害。保靖出入贼中觅遗骸,三载始得死事状,得赐恤立祠。李鸿章督师上海,招参幕事,积功至道员。同治十一年,授江西广饶九南道。时英使订约烟台,议于江西湖口轮舟停泊起卸货物,保靖以有碍九江关税务,力争之,总署卒废约。擢按察使,摄布政使。

光绪七年,迁福建布政使。法越事起,方事急,城闭,钱米歇业,居民汹汹将为乱。保靖出谕,发库款三十万以济市面,人心始定。以他事被劾夺职,旋复官,遂不复出。所著有《读孟集说》、《韩非子录要》、《怡云堂内外编》等。

朱其昂,字云甫,江苏宝山人。同治初,从军攻南汇。城贼愿降,要一人入盟,无敢往者,其昂毅然请入受其降,城始下。旋纳赀为通判,累至道员。北洋大臣李鸿章颇奇其才。福州船政造军舰不适用,奏改商船。其昂与其弟其诏创议官商合办,请设轮船招商局。鸿章上其事,遂檄为总办。御史董俊翰劾以力小任重,下鸿章查复,仍力赞其成。于是官商合力开局集股,并收并外人所设旗昌轮船公司以保航权。数年,成效大著。光绪初,直、晋灾,其昂输私财力任赈抚,以劳致疾。鸿章特委权津海关道,越三日,卒,诏优恤,赠光禄寺卿。

其诏,字翼甫。纳赀为知县,累至道员,历充江、浙漕运事。轮船招商局既成,复请以额定漕运费给轮船代为海运,局基始固。再权永定河道,时出巡河堤上下,务尽其利弊。遇伏汛暴涨,尝三昼夜不交睫,亲督弁兵抢护,始免溃决,民皆德之。扩充天津电报学堂,成材益广。时方议办海军医学堂,其诏复捐自置天津法租界地四十亩为校址以成之,其急公好义类如此。未几,卒,赠内阁学士。

宗源瀚,字湘文,江苏上元人。少佐幕,荐保至知府。光绪初,官浙江,历署衢州、湖州、嘉兴府事,敏于吏事,判牍辄千言。在湖州浚碧浪湖。兴水利。时太湖溇港淤塞,前守杨荣绪疏浚无功,会有疏陈治法者,下郡,源瀚乃议大兴工役,所规画甚备。荣绪回任,卒成之,补严州。兵后凋敝,多温、台客民寄垦,习于剽劫,廉治其魁,遣散归者六千人。治严五载,煦呕山民,穿渠灌田,引东、西湖以泄新安江之暴涨,旱潦不害。每巡行田野,劝民力稼。调宁波,通商事繁。有戈鲲者,素豪猾,为英国领事主文牍,积为奸利病民。源瀚发其罪状,牒上大吏及南、北洋大臣,逐鲲海外。法国兵船犯浙洋,源瀚从宁绍台道薛福辰筹海防,多所赞画,数有功。晋道员,署杭嘉湖道。二十年,日本构兵,调温处道,沿海戒严,处以镇静,清内匪,捕诛盗渠十余人,疆圉晏然。又三年,卒于官。

源瀚优文学,尤精舆地,所绘《浙江舆图》世称之。

徐庆璋,字玙斋,浙江山阴县人。初佐都兴阿戎幕,累保知县,历任奉天宽甸、盖平、义州,晋兴京同知。所历多善政。常微行市中,遇有讼争者,辄为剖其曲直而遣之。倡修养济院,收养贫民。兴俗春耕迟,庆璋集村氓语以农事不可违时之义,众承其训,有"早种一天早收十天"之谚,至今诵之。

光绪二十年,由凤凰厅调辽阳知州。值中日战亟,省东南各县相继沦陷。仅辽阳为盛京门户,赖先事筹备。募饷练兵,号镇东军,沿边设防。自辽阳而岫岩、海城、复县三千六百村士民,编团数万人,以辽南岵峒徐珍为练长,勒以兵法。日兵至,庆璋语众曰:"敌迫矣,援师未集,汝等自为计,毋与我偕亡。我死,分也!"众感奋,皆请杀敌,遂迭败日兵,俘百数十人。战守历五越月。长顺、依克唐阿方督战,皆倚以为重,屡诏嘉奖。是时州西连年水灾,复募款捐济,全活无算。庆璋才而负气,其平日为政宽猛兼施,众畏之如秋霜,爱之如冬日,有徐青天之称。和议成,擢甘肃庆阳知府,迁甘凉道,积劳致病,卒于官。

徐珍,字聘卿,辽阳人。刚正多勇略,日军犯辽,珍独率民团守吉洞峪,扼险坚持,敌不得逞。庆璋既属以练长,会将兵者忌之,饬散团众,防务遂弛,而吉洞峪乡团之名,乃着于中外。事定,以抗敌出力,保用县主簿。拳匪乱作,珍复办民团,联数百村,有匪即剿捕,不分畛域。匪攻腾鳌堡及荒沟,先后剿平之。日俄之战,珍严守中立,不稍假藉。总督赵尔巽嘉珍功,以办团成绩上,有"上不支官款,下不取民财,徒以忠义之故,护卫乡闾,保全无算"之语。历保至知府。武昌变起,土匪假革命啸聚煽乱。尔巽知珍义勇,委充巡防营帮统,分防辽阳、海城、岫岩、本溪四城,地方赖以安谧。寻以巡防改编陆军,遂辞职。卒后,州人建专祠祀之。

蒯光典,字礼卿,安徽合肥人。父德模,见《循吏传》。光典幼慧,八岁能诗,随父官江南,所师友多当代名儒,闻见日扩,名亦日起。其论学务明群经大义,而以六书、九数为枢纽,治六书则必求义类以旁通诸学,识双声以明假借。性强记,有口辩,尤熟于目录掌故。有所论难,援据该洽,莫能穷也。

光绪九年进士,授检讨。典贵州乡试,与其副不相下,以狂倨见讥,然榜发称得士。充会典馆图绘总纂,精密胜于旧。中东兵起,发愤上书,不报,遂乞假归。总督刘坤一聘主尊经书院讲席。光典念国势弱,在列诸人惟鄂督张之洞有大略,又尝所从受业师也。因往说之洞慎选才俊,习武备,为异日革新庶政之用。之洞韪之,卒不果,而聘为两湖书院监督。

二十四年,叙会典馆劳,以道员发江南,创办江宁高等学堂。大学士刚毅按事江南,司道百余人同诣谒,独延光典密室纵谈图事,语切直。刚毅大憾,即议裁高等学堂。光典力争,不能得,拂衣去。坤一两解之,檄赴盐城丈樵地。樵地者,故盐场苇荡也。年余得可耕之地七万五千顷,收入荒价亦钜万。领正阳关督销局,岁增销官引百数十万。会之洞代坤一为总督,以江南财匮,用不足,议增货厘。光典谓增新厘则病商,毋宁整齐盐课。之洞因奏陈两淮盐事衰旺,谓:"北盐视正阳销数,南盐视仪栈出数。光典为江南治盐第一,督正阳既有绩。请使主仪栈。期三年,成效必可睹。"诏允之。光典既莅事,以轮船驻大江三要区,首金、焦,次三江口,次沙漫洲,辅以兵艇,私枭敛迹。始仪栈出数不足四十万引,比三年,增引十余万,岁益课厘银百五十余万。乃益增募缉私兵队,日夕训练成劲旅,又于十二圩设学堂,建工厂,遂隐然为江防重镇。

三十二年,授淮扬海道,加按察使衔。宝应饥民劫米,令潜逃。适光典舟至,剀切谕解之。而扬州亦以饥民劫米告,诇知猾胥阴煽众,即擒治胥。大吏怒,将穷其狱,以光典言得免。运河盛涨,光典先分檄河员增修堤而自泊舟高邮守视。坝险工迭出,大吏以故事,视节候测水,檄启坝,不为动,历月余,启二坝,七月杪乃启三坝,下河六县获有秋。建言淮海灾区广,宜宽筹赈金,不宜设粥厂,使灾民麇集,费不赀,且生事,与布政使继昌议不合,会奉檄入都参议改定官制,遂去任。后江北赈事款绌而费糜,一如光典言。

三十四年,命赴欧洲监督留学生。诸生不乐受约束,辄相訾謷,岁余谢职归。诏以四品京堂候补,充京师督学局长。宣统二年,赴南洋提调劝业会,卒于江宁。

陈遹声,字蓉曙,浙江诸暨人。光绪十二年进士,改庶吉士,授编修,出为松江知府。盐枭久为患,遹声到官,密致其党为导,帅健卒策疾骑踔百余里,掩其魁捕之,置诸法。松洼下,数苦潦,浚支河三十余,并筹岁修费数万金以泽农。以忧归,拳祸起,暨俗素强,与教仇。不逞者转相煽惑,众至千余,城乡约期将为乱,遹声独命舆往喻之,涂与众遘,势汹汹,斫舆前衡深寸许,正告之曰:“吾枫桥陈某也,来活尔!”为指陈利害。众悟且泣,皆罗拜,争弃械而走。而城中莠民忽蜂起,遹声促官守闭城,捕其魁五人斩以徇,事立平。县北江藻村,赌窟也。每岁十月,吴、越赌徒纷集,一掷累千金,破家者无算。遹声请于大吏,届时县官莅村坐禁,著为例,数百年敝俗而此而革。服除,以劳迁道员,入参政务,练兵、税务诸政。

三十三年,授川东道。川东,盗薮也。莅任未浃旬,开县寇万余蹂旁县,立平之。次年,黔中盗魁刘天成结蜀边通寇挠川南,防军数为所败。省檄练军七营剿之,寇至,委械去。遹声立募精勇数百人,部以兵法,疾驰赴援,未匝月,生缚天成归。江北厅产煤,矿脉绵延数百里,至合州。奸民私售龙王洞于英商,外务部与订租约,胥江北厅矿产授之。复要展拓至石牛沟,且蔓及两川。川人愤,将与英商角。遹声力争之,英领事并密属川人收石牛沟左右地。英商以无佗地可得,得沟与洞,犹石田也。恫喝百端,不为动,卒以贱值赎回。治渝两载,大吏交章论荐,遽引疾归。当轴数招之,谢不出。著有《明逸民诗》、《畸庐稗说》及《诗集》等。

潘民表,字振声,江苏阳湖人。同治十二年举人。光绪初,数募金赈直隶、河南、山西诸行省。十五年,山东河决,凡赈历城、齐河、临邑、齐东、济阳、惠民、商河、青城、滨、霑化、海丰、阳信、蒲台十三州县,阅四年始竣。灾民无归者众,民表于历城卧牛山建屋五百间、窝棚千间居之,使植桑麻,兴耕织,疾病婚嫁,皆有资助。别建工厂百间,义塾八所,设教养局董之。因其规画,历十年之久,多有艺成自给者,乃以经费改设蒙养学堂。

十九年,赈山西大同边外丰镇诸厅,亦仿卧牛山成法,收集教养之。寻以州同就职山东,署恩县,补平度,擢泰安知府。二十八年,河决利津,诏颁内帑十万,大吏檄民表去任专赈事。晋道员,发陕西,管农工商矿局。民表谂同官县土质宜瓷,建磁窑同官,兴大利。资竭将中辍,请兼盩屋厘榷,以羡余助磁业,仍不给,且亏税,计无所出,竟仰药死,时论惜之。

民表瘁于赈务二十余年,每遇灾祲,呼吁奔走,置身家不顾,敝衣草履,踯躅泥涂,面目黧黑,非人所堪,资斧悉自贷。及服官,俸入悉以偿赈债,充赈用。自义赈风起,或从事数年,由寒儒而致素丰。如民表之始终无染,殁无余资者,盖不数觏。

严作霖,字佑之,丹徒人。以儒生奋起司赈事。自光绪二年始至三十年,历赈山东、河南、山西、安徽、江苏、直隶、广西、奉天、陕西数行省。每兼浚河修堤,以工代赈。作霖性强毅,赴事勇决,综核无糜费,久而为人所信,故乐输者众。其施赈不拘成法,随时地而取其宜。当时疆吏以义赈可矫官吏拘牵延缓积习,乐倚以集事。作霖不求仕进,辄辞荐剡,仅受国子监助教衔,数被温诏嘉焉。积赈余资兴扬州、镇江两郡善举。及殁,子良沛出二十余万金为恤嫠、保节、备荒等用,成其遗志云。

唐锡晋,字桐卿,无锡人。父文源,阊门殉粤难,积尸满井。乱平,锡晋拾亲骨,沥血取验,誓奉遗训力行善。光绪初,闻豫、晋灾,始募义振。十四年,以恩贡授安东县教谕。时淮、徐、海大水,锡晋棹小舟往赈,忧劳甚,须发为白。明年,安东涝,益募金振之。冬,复振山东沿海诸郡灾，为置常平仓。

二十六年，两宫西狩，关中大饥，人相食。锡晋醵金四十万往赈，历二州八县，艰困不少阻。灾区广，振款且匮，乃单车诣行在，请于大学士王文韶，得二十万金益之。事竣，返安东。坐劾安东知县贪残，同落职。两江总督端方等奏复锡晋官，改铨长洲，后以输金助振保道员。三十二年，湘中灾，官绅复以振事属。秋，淮浦被水，流民数十万汹聚，喻遣勿散，咸曰：“有司行振不足恃，必得唐公。”时锡晋卧，犹强扶而至。众见其来，欢曰：“吾生矣！”乃各还归待振，遂以无事。

宣统三年，方筹振江、皖，而武昌变起。锡晋忧愤，病日剧，越岁卒。锡晋治赈，自乙亥至辛亥，凡三十有七年，其赈地为行省八；山西、河南、江苏、山东以及陕西、湖南，东至吉林，西至甘肃，其赈款过百万以上。义赈之远且久，无过锡晋，殁后众思其德，受赈各省咸请立祠祀之。

娄春蕃，字椒生，浙江绍兴人。以贡生纳赀为同知，历保道员。久参北洋幕府，李鸿章尤重之。常倚以治繁剧。春蕃熟谙直隶水利，永定河常岁决，思患预防，以时消息之，河不数病。长芦盐商久困增厘，春蕃务为宽大，课裕而商不挠。尤精刑律，审核维慎，直省遂无冤狱。拳乱作，力主剿办。为总督裕禄草奏，痛陈邪术万不可信，战衅万不可开，以一服八，决无幸理。裕禄初颇信之，不能坚持，卒致败裂。匪以通敌诬绅富，请搜杀。春蕃力阻，多保全。事亟，春蕃首请召鸿章北上停战议和。及联军猝至，同僚皆走，春蕃独留不去，艰苦谋拄，至一月之久。鸿章至，复参和议，约成，辞优保。辛亥事起，人心惶惑。春蕃夙夜筹虑，独为地方谋保安。焦劳益甚，猝病卒。

春蕃敦节操，有经济才。自鸿章延入直幕，先后垂三十年。历任总督如王文韶、荣禄、袁世凯、杨士骧、端方、陈夔龙等，皆敬礼之。虽不乐仕进，未亲吏治，而论治佐政，留意民生，各郡县皆奉为圭臬。殁后，直人思其德，公请附祀鸿章祠。

　　论曰：各省监司能著声绩者，大抵多起于守令，盖亲民之效焉。及兵事兴而有军功幕职，捐例开而有输饷助赈，虽其初不必尽亲吏治，而以实心行实政，流爱于人，民之感之，亦岂有异？自汝奎、宗濂以至锡晋、春蕃诸人，德惠在人，后人称之至今，不可敬哉！

清史稿卷四五三
列传第二四〇

荣全 喜昌　升泰　善庆 柏梁
恩泽　铭安　恭镗　庆裕
长庚　文海　凤全　增祺
贻谷 信勤

　　荣全,关佳氏,满洲正黄旗人。一等威勇侯那铭嗣子。咸丰元年,袭爵,授二等侍卫。从征山东,以功迁头等,还直乾清门。十一年,出为塔尔巴哈台领队大臣,历喀喇沙尔办事大臣、伊犁参赞大臣。

　　同治五年,以镶红旗蒙古副都统署伊犁将军。明年,调乌里雅苏台参赞大臣。时缠回袭陷伊犁,俄乘机遣兵入,藉口代为收复。荣全内筹守御,外示羁縻。又以索伦、蒙古被兵,民多亡入俄境,为请择地安插,分部护之。

　　八年,朝旨以新疆各城多与俄接壤,命荣全会俄官,依三年《勘办西北记约》,建设乌属界牌鄂博。先是,《塔城和约》两国分界,自恰克图西北逾乌梁海,首沙滨达巴哈,迄浩罕边界,绘画地图,识以红线。至是集议乌克克卡伦仍依旧界,惟自东北沙滨达巴哈至西南赛留格木山柏郭苏克坝补牌博八,明定界限,所谓《乌里雅苏台界约》是也。九年,坐乌鲁木齐城陷,褫职留任。

十年，俄遣柯福满将军占领库尔札，声收乌鲁木齐，诏荣全赴伊犁收回城池。荣全遂自乌城西进至霍博克赛里，直抵塔尔巴哈台。会天大雪，止舍。逾岁，与俄官布呼策勒傅斯奇集议色尔贺鄂鲁勒，荣全向之索还。俄官阳言请命本国，而阴遣兵袭取玛纳斯，駸駸欲东犯。荣全不获已，返塔城。是时俄人据伊犁可千余人，滋骄横，索伦、锡伯苦之。十二年，锡伯窘益甚，荣全济以银，俄官反出阻之。荣全曰：“为我属地，我自济之。与俄奚涉焉？”牒驳之，俄官词屈。上闻而嘉之。会回构安集延扰动，上命荣全进攻玛纳斯缀寇势，遂复其官。

十三年，白彦虎犯上马桥，荣全遣军败之沙子山。光绪二年，师克玛纳斯南、北二城。荣全数有功，寻召入京，历兼护军统领、右翼前锋统领。五年，卒，恤如制。

喜昌，字桂亭，葛济勒氏，满洲镶白旗人，世居吉林。亦以防俄著。初，从军征捻，累功至协领。河内之役，以少胜众，功尤盛，晋副都统。西捻平，赐头品秩。充西宁办事大臣。光绪六年，调乌里雅苏台参赞大臣。时中俄有违言，俄军窥吉林边壤。朝命喜昌佐防务，因上言珲春为兵冲要地，宜练马队二千、步队八千资守御。逾岁，抵珲春，相度地势，乃专属伊克唐阿防守事，而自率所部顿磨夷石，扼双城、红土岩来路，上趯之。和议成，授库伦办事大臣，条上边防六事，寻谢病归。十七年，卒，予易州建祠。

升泰，字竹珊，卓特氏蒙古正黄旗人。入赀为员外郎，铨户部。出知山西汾州府，有政声。回寇扰境，录守城功，晋道员，除河东道。历浙江按察使、云南布政使。

光绪七年，赏副都统衔，充伊犁参赞大臣，寻授内阁学士。明年，署乌鲁木齐都统，与俄罗斯定阿尔泰山边界。俄人遇事龃龉，升泰执原议不稍让，始受约束。

十三年，改充驻藏帮办大臣，时藏人筑卡隆阿，为印度所败。上命办事大臣文硕令藏人撤卡，文硕谓为藏地，无可撤，严旨责焉。以

升泰代之。而藏人誓复仇，顿兵帕克里，将痛击印军。升泰搜集乾
隆五十三年旧档，哲孟雄受逼廓尔喀，达赖以日纳宗给之，以雅拉、
木支两山为界，持示藏人。藏人曰："地虽予哲，今哲通英，宜收回。"
升泰数止之，不从。英使愿媾和，朝旨令升泰赴边界与印官议约。十
四年，印军收哲全境，藏兵又败咱利，亚东、朗热并失。隙愈深，群思
报复，升泰数严止之，仍不从。会天寒，印官趣升泰赴议，而藏人请
代索哲孟雄、布鲁克巴侵地，否则倾众一战。升泰仍百计谕藏僧，戒
藏番毋妄动。及至边，布部长遣兵千七百人护卫。升泰虑为英口实，
谢去。并乞印绶封典，升泰允代请诸朝。既与英政务司保尔会于纳
荡，索藏偿兵费。升泰曰："哲为藏属，索费无名。"英人又在布境及
后藏于坝修路，藏人益大震。英官要求甚奢，升泰力折之，藏人渐就
范。升泰数要英撤兵，英不可。升泰以大雪封山，运粮无所，退驻仁
进冈。英人既掠哲地，复羁其部长土朵朗思，置之噶伦绷，招印度、
廓尔喀游民垦荒。廷议以哲事无从挽救，虑梗藏议，谕升泰力勿问。
藏、哲旧界，本在雅拉、支木。后商人往来咱利，为新辟捷径。升泰
议以咱利山分藏、哲界，以符前案。其印、哲界在日喜曲河，拟约中
注明。哲部长母挈两孙赴升泰营泣诉，丐中朝作主，升泰无如何。英
人又欲易置其部长，升泰力阻之。土朵朗思谓愿弃此居春丕，升泰
弗许，虑英责言也。

　　十五年春，藏兵撤退。升泰请总署达英使，电印军速撤。逮既
撤，而英人犹久不订约。升泰上疏略谓："闻藏人言：'与有仇之英议
和，不若与无仇之俄通好。'设藏番果与通款，英、俄必互相猜忌，后
患方长。乞告英使，电趣印督速定藏约。"又言："与英初次会议，英
人欲至藏贸易。告以番情疑诈，始许退至江孜。力言再四，又许退
至帕隘。臣力谕藏番，通商万不能免，始出结遵办。今英虑他国援
以为请，忽议中止。在藏人固所深愿，在俄人亦不能有所干求。惟
日后防范宜严，未可再涉疏懈。入夏至今，旷日持久，请敕总署牒英
使速议结。"

　　十六年，以升泰为全权大臣，与印督定约八款，自布坦交界支

莫挚山起，至廓尔喀边界止，分藏、哲界，哲境归英保护，所谓《藏印条款》是也。语详《邦交志》。十八年，卒于仁进冈。事闻，优诏赐恤。

善庆，张佳氏，满洲正黄旗人。黑龙江驻防。初，从胜保征捻，积勋至协领，赐号济特固勒忒依巴图鲁。克凤阳，擢副都统。论复定远功，晋头品服。

同治元年，追捻至灵壁，平宿州寇墟。创发，乞病去。逾岁，朝旨以捻事棘，命选吉林、黑龙江骑旅赴皖。军抵河南，张之万疏留，连败粤寇于南阳及湖北阳邳滩鲜花镇。坐所部兵马疲瘠褫职，仍留军。四年，授吉林双城堡总管。以战功复故官，即于军前除杭州副都统。再坐营马侵踏民田褫职，追击窜贼大同集，被宥。

六年，与刘铭传剿东捻，败之潍县松树山。捻奔赣榆，追及之。铭传自当赖文光，而令善庆当任柱。任柱殊死斗，善庆令骑旅下马结阵疾击之，尸山积，犹进不止。会大雾，窈冥不见人。铭传分军袭其后，善庆率队大呼冲杀，枪炮雨坌，降人潘贵升斩任酋于阵。善庆乘势追击，斩馘千余级。论功，赏黄马褂。赖酋势益蹙，阻涨河弗能达，乃据寿光王胡城。铭传等分左右进，善庆与温德勒克西拒之。追至凤凰台，为他将所败，就缚于扬州，予骑都尉世职。七年，西捻平，张总愚自沉于河，余匪为善庆等所歼，晋二等轻车都尉，赴本官。擢杭州将军。杭州驻防自克复后，昆寿规复营制，连成重建营墙。善庆至，筹设渐备。

光绪改元，调绥远城，历宁夏、江宁。召还，授正红旗汉军副都统，驻师通州。十一年，充御前侍卫，佐海军事务。十三年，出为福州将军。次年，卒，予建祠，谥勤敏。

柏梁，字研香，瓜尔佳氏，满洲正白旗人，杭州驻防。父麟瑞，咸丰末阵亡乍浦，见《忠义传》。柏梁少从其叔父凤瑞出，隶李鸿章军，转战江、浙。攻太仓州，柏梁自南门先登。复攻苏州，战于黄天荡，阵斩悍目。攻嘉兴、宜兴、江阴、金坛，柏梁皆有功，改隶胜保军，战江北，屡捷，累保至协领，赏花翎。杭州克复，调归驻防，补协领。承历任将军办理营务。善庆尤倚任之。光绪中，驻防初设洋枪队，以柏梁充全营翼长，兼掌兵司。规画营制，均照新军式训练，纪律肃然。叙劳，以副都统记名。入觐，奏对称旨。以晓畅戎机、训练出力，赏头品服。驻防旧有旗仓，久为兵燹，柏梁请拨款重建。旋授乍浦副都统。乍浦驻防营毁于粤乱，副都统驻杭州。柏梁莅任，岁至乍浦巡视海防。以劳卒。赐恤如制。

恩泽，字雨三，噶奇特氏，蒙古镶蓝旗人，荆州驻防。光绪初，以佐领从金顺出关，克黄田，复为乌鲁木齐诸城，擢协领。其秋，回寇奔呼图壁，追击之，大溃，又扼之头屯河，白彦虎益窘。进攻玛纳斯，轰溃城垣数丈，恩泽先登，诸军继之，拔城，晋副都统。历权巴里坤、乌鲁木齐领队大臣。以刘锦棠荐，除吉林副都统，移珲春。

二十年，日本败盟，与将军长顺筹战守。乃治团练，筑台垒，设疑兵，敌知有备，引兵去。寻署将军。其时东山马贼猖獗，伯都讷、乌拉教匪乘机窃发，窜扰官街、白旗屯。恩泽闻警，率师分击之，夷其坚堡。又遣提督云春等，搜东山逸匪。明年，调黑龙江，督边防。先后疏请改练洋操，招垦荒地，赈恤穷乏。俄而胡匪据观音山南北围，谋劫金厂。恩泽诇知之，严备以待。已，寇果至，营官王槐林等迎击，大败之。别遣将大搜山林，自是首观音山讫乌苏里满卡，千余里无寇踪。又以挠力沟素窟匪，留兵镇摄之。上以为能，降敕褒嘉。二十五年，卒于官，予黑龙江及立功省分建祠。

铭安，字鼎臣，叶赫那拉氏，内务府满洲镶黄旗人。咸丰六年进士，选庶吉士，授编修，除赞善。累迁内阁学士，历泰陵总兵、仓场侍郎。

同治十三年，调盛京刑部。德宗缵业，充颁诏朝鲜正使。光绪二年，勘事吉林，条上四事，曰：剿马贼、禁赌博、设民官、稽荒地，上韪之，命署将军。吉省武备久弛，寇盗充斥。铭安莅任，严治盗。复募猎户为炮勇，号吉胜营。先后檄统领穆隆阿、协领金福，分道追剿，斩馘甚众。益练西丹步队八百，入山穷搜，寇势渐蹙。已，复捕治东山逸匪，擒诛金厂党魁，军威大振。默念吉省幅员四五千里，断非十数委员能济事，且旗员未谙民治，请破积习，调用汉官，部臣尼之，铭安抗疏力争，始俞允。

五年，实授，又言盗贼虽平，余孽未靖，亟宜增置民官，画疆分治。先后奏改伯都讷同知、长春通判，理事，为抚民，置知府、巡道各一，宾州、五常同知二，双城通判、伊通知州、敦化知县各一，并请无分满、汉。又奏弛秧参禁，免山兽贡，增各旗义学，士民利赖之。东北与俄接壤，旧设卡伦，无兵驻守。乃遣将分扼要塞，并筑营伯力、红土崖、双城子，守以重兵，因上《安内攘外方略》，称旨。长春号难治，铭安稔知钟彦才，奏请除通判，部臣以违例请下吏议，铭安盛气抗辩，上两解之。然铭安终不自安，引疾去。寻坐失察属吏受贿，降三级。二十三年，上以治吉有功，部民感念，复故官。明年，乡举重逢，加太子太保。宣统三年，卒，年八十四，诏优恤，谥文肃。

恭镗，字振魁，博尔济吉特氏，满洲正黄旗人，大学士琦善子。以任子授吏部主事。累迁郎中，兼内务府银库员外郎，充总理各国事务衙门章京，出为湖北荆宜施道。论捕获江陵教匪功，加按察使衔。同治十年，擢奉天府尹，坐事降。

光绪三年，赏二等侍卫，充乌鲁木齐领队大臣。越二年，迁都统。先是陕回阿浑妥明客参将索焕章家。焕章者，前甘州提督索文子也，素蓄异志。戍卒朱小桂告变。提督业普冲惑焕章言，诬斩小桂。及焕章反，乌城陷，业普冲被害。至是恭镗廉得实，请予平反。夺索文荣典，分别恤小桂、业普冲及赴援殉难诸臣，人心称快，赐头品秩。九年，除西安将军，病免。

十二年，署黑龙江将军。疏请举办漠河金矿，杜俄人觊觎。又建议垦荒十利，曰：储国帑、济民食、严保卫、便辑绥、裕经费、富征收、集商贾、益厘税、广生聚、实边备，诏不许。十四年，实授。明年，移杭州，入觐，道卒天津，诏优恤。子瑞澂自有传。

庆裕，字兰圃，喜塔腊氏，满洲正白旗人。以翻译生员考取内阁中书，充军机章京，兼总理各国事务衙门行走。从文祥赴奉天剿匪，还补侍读。出知湖北郧阳府。追录平捻功，晋道员。光绪元年，擢奉天府府尹。历迁至漕运总督，调河东河道。

九年，除盛京将军。明年，法越构衅，庆裕巡视没沟营、旅顺口、大连湾，谕示居民曰："有能杀敌立功，擒获奸细者赏。"又遵旨增练苏拉千人，食饷旗兵五百，上言："整顿旗营，兼顾海防。今日多一兵，即有一兵之用，异日补旗兵，即可裁客兵之饷。所费者少，所系者重。"诏嘉许之。朝鲜乱作，檄提督黄仕林等扼隘口。以营口为兵冲要地，运石塞海口，设电线达省城。建议筹边筹饷机宜，附陈宜变通者三事：一、道府年终加考。一、推广荐举卓异。一、崇府尹品秩，行巡抚事。议行。

十一年，安东十二州县告灾，庆裕筹赈抚恤，民获苏。是秋霖雨，辽河、大凌河暴涨，田禾被淹，发仓以济，设粥厂牛庄、田庄台收养之。明年，金州蝗，旱魃为虐。又明年，兴京水浸，赈如初。

十九年，授热河都统。道孙河、半壁店，上流民被灾就食状，并请变通盗案、税额章程。又使吏捕平泉黑役为害乡里者，颇著政声。二十年，调福州将军。闽海关沿袭旧规，吏胥因缘为奸，上敕其整理。既至，钩稽纠剔，蠲苛息烦，弊风尽革。其秋，卒于官，恤如制。

长庚，字少白，伊尔根觉罗氏，满洲正黄旗人。以县丞保知县。伊犁将军荣全调充翼长。时白彦虎纠西宁回匪寇乌垣，进围哈密。安集延酋帕夏并伪元帅马明众，合乌鲁木齐、古牧地、昌吉、玛纳斯、呼图壁汉回，扑犯沙山子。与为遥应，势张甚。长庚奉荣全檄，领练勇赴援。而乌鲁木齐都统景廉所遣黑龙江营总伊勒和布兵亦至。两军夹击，奸擒殆尽，卒解沙山子围。旋赞都统金顺戎幕，总理营务，积勋至道员。

光绪六年，授巴彦岱领队大臣。未几，丁母忧。服阕，入觐，上召见垂询西北情形。长庚手绘舆图，奏陈边事，以阿尔泰山宜设防守，伊犁边防宜筹布置，缠金等境宜开屯田，汉北草地善抚绥，及哈萨克应仿例编为佐领等条以对。迁伊犁副都统。

十四年，命充驻藏大臣。行次里塘，值瞻对番族叛。长庚暂住硕般多，廉知衅由番官肆虐酿成，遴员授以机宜，调集汉、土官兵，声罪致讨，歼渠宥胁，严惩藏官，事乃就绪。议者遂欲收其地，仍归川辖。长庚以瞻对自乾隆以来，叛服靡常，劳师糜饷。同治初年，西藏底定，奉旨将瞻对划归达赖喇嘛，派堪布管理。今若蹊田夺牛，使朝廷失信于卫藏，恐所得小而所失大。乃为详定善后章程，与将军岐元、川督刘秉璋等同上。藏乱遂定。

擢伊犁将军。时伊犁当大乱后，万端待理。长庚至，多所规画。葱岭西有帕米尔者，即唐之波谜罗也，东距疏勒约一千四百里。乾隆二十四年，将军富德穷追回酋，一至其地，立碑记焉，然称之为叶什勒库尔，未明言帕米尔三字。嘉、道以来，久未顾问，碑亦湮没。咸、同后，俄人遂以哈萨克右中各部与浩罕八部，设土耳其斯坦、斜米七河、费尔干等省，甚至塔城西之旧雅尔城、阿克苏之察林河卡伦，同就沦胥。葱岭东有坎巨提者，一名乾竺特，其都城曰棍杂，与哪咯耳隔水相望，在莎车州西南约二千里。其西北可通帕米尔。坎民贫而多盗，其酋纵掠邻郡。英人责主，牒告我政府。坎酋又交通俄人。英使臣以割分帕地请，政府恐启俄争，拒弗许。时英、俄各以兵压境。长庚致书新疆巡抚陶模，谓："属地当争，边地当守，兵衅万不可开。况能戡土匪之将士，未足以御强敌，军中所资，仰给内地及滨江海各省，数月乃达。而俄境铁轨已至萨玛尔干，英属铁轨已至北印度之劳尔，迟速迥殊。又新疆南北路与俄地犬牙相错者几五千余里，虽兵倍加，不敷防守。且俄若以轻兵由齐桑斯克走布伦托海犯镇西、哈密，即可梗我咽喉。当此民穷财匮之时，尤不可轻战。只能备豫不虞，徐图转圜。毋以小忿遂起大衅，增兵徒增民困。"陶模以为然，卒如长庚议。

又伊、塔之间，有巴尔鲁克山者，西连俄界，南逼精河，西南与博罗塔拉接壤,为伊、塔要道,泉甘土沃,久为俄人垂涎。自借与俄后,俄人视为己有。先是北路劫盗多窟此山,扰行旅。前副都统额尔庆额请租借期满索回,总署以俄使有继借之请,函询情形。长庚详陈利弊,谓此山关系重大,急应收回。随遣员赴塔城与俄领事会商,坚持人随地归之约,卒收回。

二十年,甘回作乱,官军兜剿。贼不能得志于甘,欲循白彦虎故事,西窜新疆,由伊犁遁俄境。长庚谍知,遗兵扼守珠勒都斯等地,贼不能越,遂就擒于罗布淖尔。二十二年,命兼镶蓝旗汉军都统。二十六年,拳匪肇乱,俄人调兵入伊。长庚与俄领事交涉,凡教堂及俄人财产,力任保护,谕令退兵,人心乃定。调成都将军,未之任,奉电旨饬赴阿尔泰山查勘界址。旋内召,授兵部尚书。三十一年,复授伊犁将军。疏陈伊犁应办事宜,并言筹饷练兵,必合新疆全省筹画。将军事权不属,莫若裁去新疆巡抚、伊犁将军,增设总督兼管巡抚事宜,庶呼应灵而事权一。又筹拟北方兴屯、置省事宜,请筑西安至兰州、归化至包头、包头至古城各铁路,皆不果行。

宣统元年,迁陕甘总督。三年,武昌事起,西安等处继之。前陕甘总督升允奉命督办军务,事略定。逊位旨下,长庚乃将总督印交布政使赵惟熙而去。越四年,卒,谥恭厚。

文海,字仲瀛,费莫氏,满洲镶红旗人。以翻译举人考取内阁中书,充军机章京,迁侍读。光绪九年,转御史,建言培养人才,宜令中外大臣杜徇情,励廉耻,以植其本。上嘉纳焉。十二年,巡视北城。以兄文治授詹事,依例回避,调户部郎中。十四年,出知贵州安顺府,调贵阳。所莅有声。

二十二年,数迁至按察使,寻加副都统,充驻藏办事大臣,既至,即上言叛番虽靖,余孽犹存,兵未可罢,愿自任剿办。二十五年,呼图克图第穆构康巴喇嘛用邪术咒诅达赖。文海曰:“此关风化,不可不有以惩之也。”乃奏请夺其名号。已而野番出掠博窝,地为川、藏孔道,行旅苦之。官军入昂多往捕,彼即扼缩隆冈来路,崛强莫能制。文海率众进击，别遣通番语者绕道叩其壁，宣播朝威，反复开喻。于是上博窝业鲁第巴宿木宗，中博窝雨茹寺，下博窝蒲隆、琼多诸寺，皆相率乞款附，数月而事定，赐头品服。未几遘疾，请入川疗治，卒于涂。依尚书例赐恤，予入城治丧。

凤全，字荫堂，满洲镶黄旗人，荆州驻防。以举人入赀为知县，铨四川。光绪二年，权知开县，至则使吏捕仇开正。开正故无赖，痛以重法绳之，卒改为善。李氏为邑豪族，其族人倚势，所为多不法。凤全直法行治，虽豪必夷，以故人人慑恐。历成都、绵竹，补蒲江，署崇庆州，一如治开。举治行第一，擢邛州直隶州。二十三年，调资州。大足县余蛮子乱起，其党唐翠屏等构众入境。凤全乃治城防，设间谍，练乡勇，联客军，谋定寇至，亟遣军间道袭击，战太平场，捕斩略尽。复越境搜治余党，不两月而事宁。州属患水祲，民多失业，设法赈济之，全活甚众。再以治行闻，调署泸州。

二十八年，权知嘉定府。缘江会匪啸聚，既莅事，举团练，严治通匪土豪，居民莫敢玩法。无何，拳匪延入蜀，嘉定当水陆冲，郡中一夕数惊，凤全内固人心，外严拒守，尝提一旅师四出游弋，匪不敢近。故邻境多破碎，惟嘉郡差全，各国侨民多乐就之，縣是名大著。岑春煊性严厉，喜弹劾，属吏鲜当意，独亟赏凤全，一再谕荐。迁成绵龙茂道，特加副都统。

三十年，充驻藏帮办大臣。行抵巴塘，见土司侵细民，喇嘛尤横恣，久蔑视大臣。凤全以为纵之则滋骄，后且婴患，因是有暂停剃度、限定人数之议。喇嘛衔之深，遂潜通土司，嗾番匪播流言，阻垦务，渐至戕营勇，燔教堂，势汹汹。凤全率卫兵五百人往，至红亭子，伏突起，战良久，被害。事闻，予建祠，谥威愍。继室李佳氏留成都，闻变，率子忠顺驰入打箭炉辨遗骸，随丧归省垣。祠既成，乃觞将军、总督以下官及文武士绅，告灵安主，慨然曰："吾可以见先夫于地下矣！"事毕，夜赴荷池死，获，附祀。

凤全清操峻特，号刚直，然性忮急，少权变，不能与番众委蛇，故终及难云。

增祺，字瑞堂，伊拉里氏，满洲镶白旗人，密云驻防。以佐领调黑龙江，佐练兵事，历至齐齐哈尔副都统。光绪二十年，署将军。二十四年，擢福州将军，充船政大臣，兼署闽浙总督，旋迁盛京将军。奉天自中日战后，副都统荣和、寿长编练仁字、育字两军，营务废弛，增祺奏请派员查办，上命李秉衡往查，夺二人职，交部治罪，军制肃然。

二十六年，拳匪乱作，副都统晋昌率众附和，增祺不能阻，遂启战衅。奉省自日还辽南，旅顺、大连既转归俄租，复筑铁道，沿路皆驻俄兵。战累挫，盖平、熊岳先后失守。增祺先以敌强兵脆，大局不支，连电上达，并照会旅顺俄水师提督、营口俄领事，磋商停战，不果。俄兵遂抵省城，诸军皆溃。增祺奏请恭奉盛京大内尊藏圣容、太庙册宝出城。俄兵至，招增祺还，商议善后。增祺往旅顺，与俄议订《奉天交地暂约》九条。以荒谬交严议，诏革职，寻仍留任。谕杨儒向俄外部商改，以吏治兵权不失自主为要。

二十八年，《交收东三省条约》始成。俄兵驻奉数年，遇事强横，无复公理，增祺隐忍周旋，忧劳备至，至是驻兵始退。未几，复有俄日之战，朝旨守中立。增祺严饬文武官吏坚明约束，并告两国主兵者勿得犯中立。日兵迫省垣，劝俄兵先退，日兵官始入城，省城幸免战祸。

三十年冬，谕增祺赈抚东三省难民，并发内帑三十万赈之。明年，懿旨复发内帑三十万赈恤。增祺招集流亡，商民复业。颇留意吏治，先后增设洮南、海龙、辽源、开通、靖安、西安、西丰等府县。心牧厂、围场及蒙荒，逐渐放垦。奉省财政素绌，征榷一切，向无定章，咸丰后始办货厘，光绪初始办盐厘。增祺锐意清理，筹办粮、酒、烟、药各税，明定规章，变通盐法，就厂征税，岁入渐增。尤严治盗，以增官设治为弭盗清源之本。三十一年，以忧免。三十三年，授宁夏将军，改正白旗蒙古都统。

　　宣统元年，迁广州将军，兼署两广总督。三年，调京，仍授都统，兼弼德院顾问大臣，旋去职。越八年，卒，谥简悫。

　　贻谷，字蔼人，乌雅氏，满洲镶黄旗人。光绪元年举人，以主事分兵部，晋员外郎。十八年，成进士，选庶吉士，授编修。累迁内阁学士。两宫西幸，贻谷闻警，步行追及宣化，流涕入对，随扈西安。授兵部左侍郎，屡召询时政，直言无隐，上皆嘉纳。明年，扈驾还京。兵部公署已毁，假柏林寺为廨舍。贻谷昕夕苫事，如在行在时。是冬，山西巡抚岑春煊奏晋边察哈尔左右翼及西北乌兰察布、伊克昭两盟荒地甚多，请及时开垦，派大员督办。诏以贻谷为督办蒙旗垦务大臣。贻谷有经济才，艰贞自励。既奉命，锐以筹边殖民为己任。其督垦地界，绵延直、晋、秦、陇、长城、河套，凡数千里。统筹全局，拟陈开垦大纲，规画至详。疏入报可，并加理藩部尚书衔，节制秦、晋、陇沿边各厅州县。旋复授绥远城将军，事权始一。

　　贻谷首重官垦，立垦务局，设东路公司，官商合办。初办察哈尔右翼，改旧设押荒局为丰宁垦务局，旋分为丰镇、宁远两局。清查旧垦，招辟生荒，派员丈勘绘图，酌留蒙员随缺地亩及公共牧厂，其余乃悉开放之。牛羊群地，错处左右翼间，直隶、山西民户，频年互争，贻谷亲往勘之，由固尔班诺尔中分界址，其争始息。继放察哈尔左翼地，为留牧厂，随缺，与右翼同。移正黄旗牛羊两群于商都牧群，又移骟马群于骒马群，筹拨直、晋边厅学田。乌兰察布、伊克昭两盟夹河套为部落，乌拉特三公，杭锦、达拉特数旗，尤逼近套。其地恃河渠灌之，自元、明以还，渠尽淹废，或并古道不存。贻谷躬莅其地相度，修通长济、永济两大干渠，又疏浚塔布河、五加河、老郭诸渠，增凿枝渠数十、子渠三百余道，水利始兴。先后六年，始自察哈尔两翼八旗，而推之二盟十三旗，以及土默特、绥远右卫与驻防马厂各地，凡垦放逾十万顷，东西二千余里。绝塞大漠，蔚成村落，众皆称之。

　　复以时创设陆军，置枪炮器械，筑营垒，兴警察，立武备陆军学校及中小蒙学校数十所,创工艺局、妇女工厂。资送绥远学生出洋,或就北洋学堂肄业。建设兴和、陶林、武川、五原、东胜五厅。练巡防马步十营,修缮绥远城垣,浚城外沟渠,建筑蒙地村屯,植树造林,劝课园圃果实蔬菜。暇辄就田间耕夫妇竖问疾苦,或策单骑驰营垒,召士卒申儆之,教之以习勤崇俭,戒嗜好,勤勤如训子弟,不率者乃罚遣之。方其治河套垦地,蒙人时起抗阻,台吉丹丕尔攘其旗主地,戕文武官吏,贻谷请于朝诛之,众始帖伏。

三十四年,贻谷劾归化城副都统文哲珲侵吞库款,而文哲珲先以败坏边局,蒙民怨恨劾贻谷。朝命军机大臣鹿传霖等往查,传霖以已革布政使樊增祥等为随员,奏复,褫贻谷职,逮京,下法部勘问。三年不能决,卒坐诛丹丕尔事,遣戍川边。宣统三年,赴戍,方经鄂,武昌变起。直隶总督陈夔龙奏请进止,诏改易州安置。国变后,尝自叹曰:"昔姜埰谴戍宣城卫,自号'宣城老兵'。吾其终此矣!即死,必葬于是。"丙寅年,卒。晋边官绅念其德,请昭雪,释处分,遂葬易州白杨村,成其志。

信勤,字怀民,钮祜禄氏,满洲镶黄旗人。以荫生累至浙江布政使,署巡抚,代贻谷为绥远城将军。督办垦务,踵其遗规。益勤远略,颇礼致贤才,思有所建树,功未竟而遽罢。辛亥后,久病,卒。

论曰:将军、都统,职视专圻,西北边疆大臣与之并重,非才足当一面者不能任也。荣全、升泰以下诸人,或多战绩,或著边功,或勤旗务,或兼民治,所至皆能尽其职,多有可称,故并著于篇。

清史稿卷四五四
列传第二四一

刘锦棠　张曜　刘典　金顺

弟连顺　邓增　托云布　果权　刘宏发　曹正兴

穆图善　杜嘎尔　额尔庆额　丰绅　文麟

明春　富勒铭额　徐学功

　　刘锦棠,字毅斋,湖南湘乡人,松山从子也。从松山讨捻,积勋至同知直隶州。从入陕,复同州、朝邑,释省城围,擢巡守道。

　　同治七年,左宗棠西征,从克怀远、镇边,还定绥德,赐号法福凌阿巴图鲁。进军甘肃,攻金积堡,夷旁近七寨,破灵州。九年,击马五寨,松山战死,诏加三品卿衔,接统其军。军新败,偏稗自恃为宿将,滋骄,锦棠礼诎之。丧悬吴忠堡,或请徙它处,锦棠不可,曰:"榇在军,可系将士心。"宗棠贻书,为列坚守、退顿二策。锦棠谓:"不力战,则灵州不保,必戮力致死,而后军可全。"于是一战擒马五,再战破河、狄,军复振。是时马化龙焰日炽,三决水困我军。锦棠三拒之,不获逞,粮且匮,率其子耀邦乞款附。锦棠曰:"诺,令若先缴马械。"不应,再引马连水入湖。会大风从西北起,涛啮堤岸,势汹涌。锦棠囊土以御,化龙计益窘,哀词乞耕垦。锦棠知其诈,隐卒下桥、永宁洞,又败去,乘势下蔡家桥,克东关。化龙度不得脱,于是三踵军门乞抚矣。锦棠白宗棠请进止。乃徙陕回化平川,而分置甘回于灵州。论功,予云骑尉世职,赏黄马褂。

十年，诛化龙父子，生致马八条，置丧所，脔而祭之，遂与丧归。明年，度陇攻西宁。次碾伯平戎驿，先破小峡，遣军夺南北两山，围解，道员郭襄之率男妇二万褓负来迎。是役也，提湘军八十营，扼攻九十里，往往彻夜不休，露立冰天雪窖中，诏嘉之。十二年，克大通，斩叛官马寿。遴陕回为旌善五旗，余徙平凉、秦安、清水。白彦虎奔肃州。方湘军之定西宁也，宗棠缘事责锦棠，盛气辨，衔之，以故徇肃州未下，亦不召。及锦棠至，又大喜，为夸其军以厉众。锦棠计诛马天禄，杀土回、客回立尽，关陇平。权西宁道。明年，破河州，获闪殿臣，伏诛。乃合诸将蹙回于贾家集、郭家嘴，歼焉。

光绪元年，出关。时彦虎走依安集延，帕夏阿古柏助之，势复炽。二年，至阜康，与金顺计事，议先攻古牧。遣将分壁木垒河，而自领军军九营街。度戈壁乏水，佯掘井以懈敌，阴遣精骑袭夺黄田，通汲道，收古牧地。锦棠策乌城寇必骇奔，复自将精兵走之，遂复乌鲁木齐、迪化，予骑都尉世职。三年春，逾岭西南攻达板。寇引湖水卫城，泥深及马腹。锦棠周城徼循，诫各营警备。列燧如白昼，轰击之，弹落爆药窖，声耆然，人马碎裂。乃下令军中，曰："能缚献服异服者赏。"于是爱伊德尔呼里以下皆就俘。爱伊德尔呼里，犹华言大总管也。且释降回数千，给赍粮纵归。或请其故，曰："俾归为我宣播朝威也，吾欲以不战胜之。"自是破吐鲁番、托克逊，南路门洞开，阿古柏如失左右手，亦被执，饮药死。赏双眼花翎。

已而彦虎据开都河西岸，觊入俄。师抵曲惠，与余虎恩分击，彦虎亦决水以阻。锦棠入喀喇沙尔城。庐舍漂没，乃徙和硕特帐房河东数百户，实后路，复库尔勒。会军中患饥乏，下令掘窖粮，获数千石以济，连下库车、拜城。其南缠回苦安集延淫暴久，重以彦虎奔扰，益不堪命，且夕望我军如时雨。比至，各城阿奇木伯克、阿浑玉子巴什各携铜酪，持牛羊来犒师。抵阿克苏，锦棠先入城，受降毕，回皆扶服。闻彦虎奔乌什，亟遣旌善旗渡河复其城。于是东四城俱下，诏晋三品京卿。值喀城守备何步云告亟，遂大举出师，令虎恩、黄万鹏分道进取，而自率师径捣叶尔羌，并克之。彦虎遁入俄。锦棠进定英吉沙尔,遣董福祥收和阗,西四城亦下,锡二等男。

四年,锦棠既定喀城,以次巡历叶尔羌、和阗。凡西人侨居其地者,英乳目阿喇伯十余人,印度温都斯坦五千余人,咸服其勇略,称为"飞将军"云。方彦虎之入俄也,俄人处之阿尔玛图。锦棠犹致书图尔齐斯坦总督,谓将入境搜捕,宗棠劝止之。俄复徙之托呼玛克。其秋,彦虎又遣党犯乌什边,骤入格尔品。锦棠扼之玛喇尔巴什,别遣将要其归路,大败之。未几,安集延入,又破之玉都巴什。是岁补太常寺卿,转通政使。五年,安夷复构布鲁特内犯,战乌帕尔,捕斩二千余级。自是边寇颇息警。

维时俄据伊犁,宗棠疏请崇其秩,资镇抚,诏佐军事。俄益增兵守纳林河,已,宗棠入都,上以此专属任锦棠关外事,命署钦差大臣。徙顿哈密,益治军。逾岁除真。八年,和议成,锦棠策善后,请设新疆行省,省置巡抚、布政使,加镇迪道按察使衔,道、府、州、县视内地。立城垣、坛庙、学校、驿传,又广屯田,兴水利。南疆岁征赋至二十余万石。九年,擢兵部右侍郎,加尚书衔。旋除新疆巡抚,仍行钦差事。

十一年,进驻乌鲁木齐,奏省参赞大臣,改置都统,设喀什噶尔、阿克苏、巴里坤提镇各营。复增道、府、厅、县,徙分防官驻要塞,南北郡县之制始定。

先是锦棠以祖母老病,累疏乞归省,不许。十三年,申前请,始俞允。锦棠悉召诸部酋长大酺,遂发。所过,黄童白叟望风相携负以迎,往往拥车数日不得走。十五年,加太子少保衔。明年,晋太子太保。二十年,晋锡一等男。会弟肃以山西按察使入觐,垂询近状,欲强起之。适中日有违言,电旨趣召,未行而病作,朝廷书问日数至。疾革时,犹喃喃呼旧校指述边事。未几,卒,年五十一。事闻,震悼,谥襄勤,予建祠。

张曜,字朗斋,其先上虞人,改籍大兴,既复隶钱塘。生有神力,幼尝持竿结阵,部勒群儿,无敢哗者。少长,依旧姻蒯贺荪。贺荪宰固始,适豫捻起,集团勇三百属之。捻欻至,时已昏。曜献策,谓:"伏军城外,彼不知众寡,可以计走也。"夜半,捻纵掠,袭击退,僧格林沁追捻亟,遥见火光,询知为曜部,召与语,甚悦,命从军。积勋为知县,权知固始。皖捻来犯,婴城守,寇骎骎西去。亡何,李秀成又构捻入,围城三匝,捍御七十余日,城获全。上嘉其功,赐号霍钦巴图鲁。

咸丰十年,擢知府。先后遭忧,仍留军讨皖捻。屡捷,晋道员。明年,除河南布政使。是时陈大喜、张凤林各树帜,延扰数千里。曜谓寇援断,师未能骤克,寨中患饥乏,多猜贰,宜广设购募间其党,乃纵降者为内应,捻乃窜,风谕各寨,皆款服。凤林伪降,计擒之。

同治元年,御史刘毓楠劾其目不识丁,诏改总兵。二年,大喜走阜阳,战秦宣寨。皖捻复入,曜虑华庄失,亟敛兵退,以锐师宵加之,歼渠率。时张总愚走郾陵、临颍欲西,曜拒之嵩山麓,令不得西。攻大金店,援寇四起,遣总兵保英略中路,为寇乘。曜手刃退缩者,士气乃奋,卒败之。攻太子望寨,久相持。曜曰:"捻诡悍,坚守山口,阻我进兵。坐为所缀,非策也。"间道出奇击之。总愚西北走镇平,追杀黑龙集。犯南阳,又战却之。

三年,捻会宛南,总愚赴卢氏,嗾粤寇入豫。曜拒之,使不能合。次桥川,寇自西北至,狙伏以击,寇奔楚。曜浮渡丹江,追越郧西百四十里,会陕、楚军至而还。四年,僧格林沁军麻城,骀骑失利。曜赴难,七战皆克。僧王既战死。台臣劾其养寇遗患。巡抚吴昌寿按复,事白,曜假归葬亲。逾年,淮北捻益亟。朝旨趣复出,曜遂部合新旧选锋号"嵩武军"。阙后军气大振,论者谓为湘、淮军后劲云。

六年,出顿许州八里桥,任柱等见曜大纛,骇走。梁山寇与合,五日至钜野,渡运而东。曜与总兵宋庆往驰之。当是时,李鸿章议防运河北,首安山讫沈家口。曜等至,令庆筑长墙。庆留副将蒋东才、参将李承先二军属曜。曜以沈家口黄、运交汇,调黄河水师入运助守。守河防运自此始。久之,总愚陷陕绥德,分扰米脂。朝命**防河北**。捻济河入晋,犯吉州乡宁,平、蒲告警。檄曜还豫,而捻已自绛州曲沃入逼豫疆，曜乃追败之汤阴。

七年，捻东走，扼晋州西北路，折而南。诸将谋逐之，曜谓贼势未蹙遽南奔，必有深谋。乃卷甲北趋，出其前二百里，至饶阳，果遇捻。捻不敢击，错愕去，潜渡滹沱。亟引兵至河干，未渡者歼焉。济漳次清化，捻伐木为矛，又击破之。长驱沧州，刘松山军运东，曜自南夹击，捻披靡，追至临邑。初，李鸿章遣郭松林自临邑筑墙，属之马颊河，虚西南以饵敌。逮曜驰至，捻不肯深入，走济阳。鸿章知计不售，使曜趋武定，遇捻于滨州，始败退。会天大雨，河暴涨，诸将虑捻东逸，谋扼徒骇河。曜自博平守至东昌，诱捻入河套，与庆合击之。捻众陷泥淖中，死者枕藉。自是总愚不复能军，逐北茌平，杀其党且尽，骑能属者十余人耳。总愚自度不得脱，乃沈于河。论功，赏黄马褂。予骑都尉世职。

八年，诏趣左宗棠赴泾州，责金顺以边外事，命曜自古城西进为后路，军次兰扇，破回于察漠绰尔，又败之红柳树，阿拉善围解。抵缠金，诇知宁夏西岸自石嘴山至中卫，陕回麇集。遣将要击之，回遁走。金顺赴沙金托海与议进兵事，方将鼓行而西，而宁夏降回复叛，围郡城。遂倍道应赴，败之城下。俄而陕回入贺兰山。曜赴河北，南破汉渠集，围纳中闸，拔其垒，与金顺夹渠而军，歼守贼殆尽。会金积抚局成，通昌、通贵乞款附，独王家疃不下。曜怒，破其堡，屠之。攻克纳家寨，河西无悍寇。诏屯之，兼顾阿拉善旗。是为宁郡河北之师。

九年，授广东提督，仍留军。明年，加云骑尉世职。白彦虎据肃州，徐占彪攻弗克，请益师，宗棠檄曜顿金积助之。上以为勇，赏双眼花翎。十三年，彦虎亡命出嘉峪关，窜乌鲁木齐，哈密城南北附之。俄罗斯方拥伊犁，巴里坤且岌岌。朝命总防讨，亟援哈密。曜克日出关，师行乏水草，绝幕二千余里，运馈艰阻，于是议立屯田。十三年，出屯，大兴水利，垦荒地二万亩，岁获数万石济军。

光绪二年，师规南路，西取七克腾木、辟展及鲁克沁台、胜金台、哈拉和卓城，降缠回万余，遂复吐鲁番。明年，拔乌鲁木齐，彦虎遁入俄。

俄归伊犁，宗棠疏荐堪重任。六年，诏赞军事，命移驻喀什噶尔，兼辖西四城，筹善后，所至创立义塾。回夙犷噬，至是颇闻弦诵声。十年，入关防直北，赏巡抚衔，叙边功，晋秩头品。明年，除广西巡抚，未行，董所部治都城河，加尚书衔。旋命赴山东勘河，逾岁至寿张，调抚山东。东省河患日深，曜莅任，首重河工，以黄、运并淤，非总浚通海不为功。时王家圈等处先行漫口，先议疏浚海口，挑淤培埝，并增筑徒骇河两岸堤工，以防泛滥，然后挑挖全河，参用西法，以机船疏运。凡南北两岸堤埝口门，一律筹办。疏上，皆从之。又先后筑王家圈、姚家口、张村、殷河大寨、西纸坊、高家套各决口，复改浚韩家垣，以泄尾闾，莫不身亲其事，计一岁中奔走河上几三百日。有言河务者，虽布衣末僚，皆延致谘询，唯恐失之。民或遇灾，常筹粟赈济。复建海岱书院于青州，葺洙泗书院于曲阜，士民德之。

十四年，被命襄办海军。明年，晋太子少保，命会阅南、北洋海军。至烟台，闻台湾巡抚刘铭传称疾去，则抗章请行，优诏答之。十七年，方驻河干督工，疽发于背，回省就医，遽卒。疾革时，犹贻书鸿章，首言山东为北洋门户，亟宜治炮台备不虞。次言新疆军糈，部令裁营清厘，缓不济急，恐失信外域，贻君父忧，遗疏入，上震悼，赠太子太保，谥勤果，予建祠。

曜魁梧倜傥，自少从戎，不废书史，字法模颜平原，书疏雅驯犹余事。尝镌"目不识丁"四字印，佩以自厉。宁夏平，筑楼面黄河，对贺兰山，颜曰"河声岳色"，日啸咏其中，人谓有"羊叔子登岘风"。居官垂四十年，不言治产事，性尚义，所得廉俸辄散尽。尤礼贤下士，士争往归之。其修道路，开厂局，精制造，凡有利于民者，靡不毕举。死之日，百姓巷哭失声，丧归，且倾城以送。以两世职并为男爵，子端本袭，官南韶连道。

刘典，字克盦，湖南宁乡人。少伏沩山，与罗泽南友善，以学相期许。斋匪乱，集众保乡邑，叙训导。参左宗棠戎幕，转战江西。善察形势，尝轻骑诇敌营，夜率所部劫杀，数获奇捷。李秀成欲以长围困宗棠，断曾军粮运，典败浮梁，又破之乐平，婺源饷道始达祁门。积勋至直隶州知州。宗棠抚浙，典以偏师讨衢、严。同治改元，破马金街，进克遂安，迁知府。击花园港，世贤遁，超授浙江按察使。世贤谋据金华，分党扰龙游、汤溪、兰溪，众号数十万。典还军援衢，力据上游，悉夷东南北寇垒。明年，疏兰溪，诸军亦下三城，浙东告宁。宗棠规杭州，策江、皖边围安，方可一意进取。乃令典将五千人，道严出皖南。当是时，新复郡县粮馈不属，典持印票空文，向民间贷粮，遇寇遮击，而屯溪，而黟县，所莅风靡。民望典军如时雨，以故壶浆塞涂。沈葆桢谓其截击寇众，功不在克省城下。江、皖即平，赐号阿尔刚阿巴图鲁。其秋，父忧归。

三年，诏起督师，典募新军八千，次贵溪。世贤入闽陷漳州，汪海洋亦陷龙岩，势复炽。典进汀、连，号西路军。遇海洋，新军轻进，败绩，还保连城。四年，再战，斩寇万余，进复龙岩、南靖。世贤为高连升所麾，奔粤，宗棠麾下壮士骑从者八百余人驰之。典至南雄，语其将黄少春曰：“尾寇而追，非计也。寇返奔亟，必不久据嘉应，当走粤、闽边。左军孤，遇寇必不支。”乃持二旬粮，取道大岭脊，晨夜应赴，抵大埔，先宗棠一日，遂会师复嘉应，晋二品服，予世职。事宁，乞归省。

五年，宗棠徙督陕、甘，起典甘肃按察使，旋赐三品卿，佐军事。典自紫荆关入，值捻窜渭北，乃驻潼关，逼渭而军，扼其南渡。七年，诏署陕西巡抚。初，宗棠援晋，以征回事属典。典以关中戎备寡，调提督周达武壁陇、汧顾后路。至总前敌师干，则举蒋益澧自代，朝旨弗许。寻复有是命。典遂进驻三原，调度诸军，军大振。明年，与宗棠定三路剿回策。已，复念民事，重入省，治善后，集流亡，举屯牧，恤艰厄，革差徭。又以其时浚郑白旧渠，关中渐喁喁望治矣。惟锐然以减饷自任，诸军旧欠各饷，十给其七，士卒不无怨望云。又明年，再乞归省。

光绪元年，复命佐宗棠军务，典辞以疾，诏罢其行。时谭钟麟督西征饷事,力言司左军后路非典莫属。朝旨乃趣赴甘,于是典三起讨贼矣。二年,至兰州,宗棠以善后畀之。凡整军节饷,以及生聚教诲,有裨于民生久远者,咸殚心厥事。至关外平定,亦尝指陈方略,赞画功多。经营新疆凡三年,卒于军次。诏视侍郎赐恤,谥果敏,予江、浙、陕、甘建祠。

典秉性清严,贵后自奉俭约。杨昌浚尝诣典,环堵萧然,一如寒素,寓书宗棠共称之。

弟倬云,少随典读书长沙。典主乡团,倬云以廪生治军书。从援浙,领偏军,战常陷坚。李、汪二酋奔赣、扼临江使不得西,叙知县。龙岩既复,会粮罄,军士乏食,为贷邻邑以济,民德之,建生祠,将军库克吉泰檄赴陕,值连升营哥匪谋变,戕主帅。倬云驰入,歼其渠,余众悉定,再迁知府。时庆阳大饥,人相食。倬云兴屯政,立赈局,流民怀集。假归,适会匪乱,连下龙阳、益阳,诏用道员。越、法事起,赴闽综营务,署按察使。以捕海盗名,晋二品秩,授汀漳龙道。兴蚕桑,建书院,周恤堤防诸政,次第毕举。寻谢病归。二十九年,卒,恤如制。

金顺,字和甫,伊尔根觉罗氏,满洲镶蓝旗人,世居吉林。少孤贫,事继母孝。初从征山东,授骁骑校。嗣从多隆阿援湖北,复黄梅,赐号图尔格齐巴图鲁。移师安徽,克太湖。历迁协领。挂车之役,将骑旅直捣中坚,当者辄靡。

同治二年,从讨陕回,连下羌白、王阁,赐头品秩,复渡渭败之零口。三年,汉南回奔凤翔,趋沣峪,击却之。授镶黄旗汉军副都统。调西安,时群寇集陕南,陕回导至沣河,金顺御之,斩虏多。回入邠,傍山西走,复率马队邀击败之。四年,攻宁夏南门,夺其炮台。已闻寇集黄河两岸,率师分路进,阵斩其酋孙义保等,寇稍却。明年,调宁夏副都统。七年,复宁条梁。闻榆林警,遂迎击五龙山,大破之。追至边外秃尾河,马队忍寒裸涉,要之金鸡滩,回大溃。复遣将破之葭州。

八年，平绥德，朝旨以边外事属之。四月，回犯花马池，遣部将富勒珲驰救。回自乌拉争渡，奔札萨旗。金顺自将出边，回已遁。乃率师道札萨郡王答拉旗，自包头迤西济河而进。会天酷暑，暂顿什巴尔台就水草，与张曜期会沙金托海。七月，自中滩鼓行而西，而宁夏回复叛，乃兼程赴援，败之于城外。无何，甘回纳万元等迎战汉渠，复与曜从东绕击。回走纳中闸，追至龙王庙南，悉拔其东南各垒，歼守贼殆尽。

九年，金积抚局成，独王家疃未下，率其弟连顺分兵迎击，数获胜。自是连顺无役不从，积勋至金州副都统。金军颇有声，明年，克之，赏黄马褂。又与曜破纳家寨，河西悍党歼焉。宁夏平，擢乌里雅苏台将军。寻以赴镇番未报，褫职，命即日赴肃州。既至，顿北崖头，奏调曜军助击。时乌鲁木齐提督成禄犹诉军粮乏，难赴哈密，诏金顺接统其军。

十二年，左宗棠至军，约期并进。金顺发地雷东北角，城溃，乘隙夺据其上，自是老弱扶服者相继。城拔，复故官。乌鲁木齐都统景廉驻古城，与金顺龃龉。宗棠奏言金顺宽和，为群情所附。诏率所部二十营赴之，规乌城，于是遂发。出关数十里，至瀚海，吏士忽不行。询之，则曰："先锋营驻，有所议。"金顺知有变，疾驰视，手刃六人以徇，曰："敢留者，视此！"军以次行。瀚海既过，乃列六尸祝之曰："杂赋不饱，佐以野蔬，天下无若西军苦。此行度戈壁，乏水草，吾非不知。但不忍汝六人，如全军何？如国家何？如关内生灵何？"闻其言者，无不激扬。道授正白旗汉军都统。明年，至古城，与景廉会师。一日演炮，汉、回观者数千百人。景军指败堵烟筒为的，击之再，烟筒无恙。所部炮队总兵邓增、参将张玉林曰："是何足击？请卷旗卓之为的。"增先测视，请于金顺再测视，既竟，炮响旗飞，若翦霞空际。已而玉林亦尔。观者欢呼声震远近，回闻之气夺。寻命佐新疆军务。

光绪改元，代景廉为都统。二年，军阜康。刘锦棠赴军所商进止。议先攻古牧。乃轻骑袭黄田，通汲道，克之。连下乌鲁木齐、迪化、昌吉、呼图壁诸城，直逼玛纳斯，斩其伪帅马兴，南北二城以次皆下。赏双眼花翎，予世职，调伊犁将军。七年，诏接收伊犁，按图划界。十一年二月，军标哗变。五月，再变，并噪饷戎官。伊地本极边，协饷乖时，军多疲馑。金顺驭众宽，将领营官相率蒙蔽，而总督谭钟麟劾其上下纵恣，民怨沸腾，为陈筹饷易人之策。于是上召来京，以锡纶代之。道肃州，病卒。身后不名一钱，几无以为敛。寮审醵金，丧始归。部伍缟素，步行五千里至京者，达二百人云。事闻，赠太子太保，谥忠介，予建祠。

妻托莫洛氏，婚甫逾月，属事继母，抚诸弟，遂出。转战二十余年，至新疆，乃遣使往迓。谓使者曰："太夫人老矣，宁能涉万里？吾义不得独行。且彼处有姬侍，宗祧不坠，吾又何求？"竟不往。时论贤之。

增，字锦亭，籍广东新会。年十七从军，积勋至游击。西征之役，领开花炮队，平金积，取河州，并以善用炮知名。方是时，锦棠治兵西宁，寇坚壁自守，而牧马湟水北岸。增隔水轰击，寇骇愕逾山遁。增驰之，先以轻骑当寇，乍战佯北。寇易之，悉众下山，我师以巨炮环击，大溃。俄援寇至，壁平戎驿。锦棠不与战，而使增据山上俯击。寇慑炮威，退湟北，增复隔河击之，皆走。锦棠攻高寨急，舁大炮列北山上，使增测准寇垒，发炮子六十余，墙皆裂，赐号伊博德恩巴图鲁。规肃州，城高厚逾常制，增筑炮台临城关，轰溃十余丈。继复筑炮台街口，裹创力战，卒击退之。晋总兵。从金顺出关，以战功擢提督。金顺举将才，称增精究炮术，除伊犁镇，调西宁。光绪二十一年，解循化围，回渡河趋巴燕戎格，增追至乩思观。会札什巴陷，分三路击之，城拔。六月，西宁回韩文秀等犯增营，增分军迎击，遇伏将却，增手刃先退者以徇，众皆跃马陷阵，寇溃。时西宁南北西川、大通、碾伯、丹噶尔皆叛，增闻警，驰归守郡城。八月，哆吧寇来袭城，薄小桥。增将出拒，或劝沮之。增曰："寇氛甚恶，不力遏之，是示弱也。且主帅不出，将士孰肯用命？"遂往，短兵接，人百其气，大败之。自此寇望见邓军旗帜，辄不战而遁。明年，克川、北营，城关内外平。授固原提督。既至，会甘军搜治海城叛回。阅三年，海城回田百连复叛，遣将讨平之。拳乱作，车驾西狩，召赴行在。回銮，节度随扈诸军，晋头品服。旋回任。三十一年，卒于官，诏附祀宗棠祠。

其时随金顺征回著绩者，又有托云布、果权、刘宏发、曹正兴。

托云布，瓜尔佳氏，满洲镶蓝旗人。初，从军剿发、捻，赐号绰勒郭兰阔巴图鲁。攻宁夏，释平罗围，袭击黄河两岸，数有功，累迁协领，坐事免。金顺请留军自赎，截击窜寇于榆林，复官。进拔苏家烧房、纳中闸，晋副都统。时寇据金积，其旁堡砦并险固。托云布充前锋，大小数十战，寇稍却，克王家疃，赐头品服。平通昌各寨，赏黄马褂。自是从出关，迭克名城，即于军前授青州副都统。玛纳斯之役，血战六十余日，天山以北告宁，予云骑尉世职。光绪十一年，创发乞归，赏食全俸。十八年，卒，予优恤。

果权，莫得里氏，满洲正蓝旗人，吉林驻防。骁骑校，从副都统福珠里出师伊犁。以战功，累迁协领。玛纳斯既复，金顺荐署伊犁锡伯营领队大臣，顿车排子屯田。诏念前劳，晋副都统，赐号志勇巴图鲁。光绪十七年，调充东三省练兵行营翼长，校阅吉林边练各军。二十七年，授呼兰副都统。卒，恤如制。

宏发，黄陂人。正兴，郿西人。自同治初久从金顺军，复肃州，进新疆，屡有功，后皆官至提督。而宏发军过玉门、安西、官民尤翕，颂赞不置云。

穆图善，字春岩，那拉搭氏，世居黑龙江齐齐哈尔，隶满洲镶黄旗。家贫，事亲孝。初，以骁骑校迁参领，从征直、鲁、晋、豫，所向有功。援安徽，迭克城隘，赐号西林巴图鲁。同治元年，从多隆阿入陕，道邓州，遇粤寇陈得才，败之紫荆关，擢西安右翼副都统。时回氛炽，率步旅扼洛水北岸，半修营，半出击寇，寇始奔。亡何，捻酋姜泰林犯武关，夜袭多军。穆图善设伏败之，追群寇入鄂境，悉驱出西河口。

二年，再入陕，攻高陵，先登，裹创力战，下之，赏黄马褂。寇渡泾据南岸,穆图善泗水而济,寇大溃。三年,多隆阿围盩厔,中炮,病笃,疏荐穆图善贤,遂命署钦差大臣。其夏,擢荆州将军,与刘蓉会办陕事。粤寇据楼观、黑水、西驼峪,蓉遣萧庆高趋邠,穆图善率师助击,战店子头,败绩。七月,击破大峪西堡,进攻楼观。先是得才入鄂,穆图善遣二十八营赴援,无统帅。至是蓉奏请穆图善往湖北,诏勿许,令移师赴甘,既至,与将军都兴阿议定先规宁夏。十一月,橄杜嘎尔、额尔庆额等攻破清水堡,逾岁,诇知群寇元旦椎牛置酒,必不诚。穆图善夺城南炮台,连毁其塞。已,复虑寇乘春涨决渠下灌,分兵扼城东南,寻调宁夏将军,主甘肃军事。嗣以宁夏诸军久不得要领,责之。

五年,收灵州。初,回寇马兆元攻陷州城,马朝清计诛之,禁灵回无滋事。逮宁夏失,道且梗塞,朝清者化龙也。至是,亲诣穆图善哀词乞款。会州绅亦请置官,乃使丰绅等往招抚,州事定。闻华亭回窜庆阳,复遣军击走之,城围解。明年,署陕甘总督。值岁大饥,人相食。乃驰书阿拉善王,令运蒙粮至河北,与军民交易,食乃济。是时米拉沟既下,河、洮、狄道、西宁回皆反正,而南八营李得昌各部,乞择地安插。上虑回情叵测,敕穆图善严备之。穆图善令降回缴械,遣范铭赴洮,张瑞珍赴萧何城,王得胜赴静宁办抚事,自是颇惑抚议。已,复使曹熙等赴河州,回羁之,遣党潜袭省城,声款附。穆图善率轻骑往,中伏奔还,遂围城五日,楚军将彭楚汉等破之。而东乡回隅负如故,穆图善亲督诸军败之。十一月,攻州城,弗克,还兰州。会傅先宗败回礼县,彭忠国败回安定,穆图善乃令进规渭源,而自从金县进。七年正月,克之。乃使诸将会攻狄道,南北两山相鉴,中有平川,寨卡林立,先宗等一鼓破之,毁其寺,军威大振。于是穆图善赴前敌,北庄牟佛提率男妇三千人乞降,受之。师旋,复叛。穆图善再渡河,直捣黑山头、太子寺,寇断我粮运,战数失利,不获已,退保狄道。

明年,狄城粮尽,又退至秦州,寇乘之,师溃。朝旨令穆图善甘军受左宗棠节度。初穆图善狃抚议,群回叛服靡恒,而所部百数十营皆征粮民间。清水守将敖天印以横暴激民变,逐防军,杀县役。提督黄金山率所部战狄道康家岩,败溃,北入皋兰,四出淫掠。穆图善乃遣溃勇屯宁夏,而訾报敖军于朝,敖军亦力诋之。于是宗棠调度诸军,先秦州固饷源,遂赴泾州受总督印。穆图善既卸事,犹日历四乡,劝民修堡寨,置械,兰人甚德之。诏仍驻兰州,统西路军。化龙党崔三构河、狄回出扰,辄败去。十年,河州贼袭陷皋兰西古城,再败之,长驱北山兔窝,寇大溃。其冬,会左军渡河,连克要塞,寇退扼大东乡,师聚而歼之。论功,予世职。

光绪元年,召署正白旗汉军都统。会吉林马贼窜巴彦苏苏,命权将军,捕治之,渐散其党与。明年,道员舒之翰获谴,罪及举主,褫职。又明年,起授青州副都统,擢察哈尔都统。五年,出为福州将军。法人争地越南,分兵舰窥闽疆,诏参宗棠军事。出驻长门,誓师设伏,击沉法舰一艘。既而防军溃,法人登岸搏战,伏起,转败为功。以故闽事坏,独免议。十一年,诏授钦差大臣,会办东三省练兵事。明年,以积劳卒于军,谥果勇,予黑龙江、安徽、甘肃建祠,兰民且树碑志德焉。

杜嘎尔,哈勒斌氏,满洲正蓝旗人,黑龙江驻防。初,从都兴阿征粤寇,积勋至佐领,赐号莽赉巴图鲁。嗣以京口副都统从讨甘回,规宁、灵,颇能以少击众。寇窜宝丰,克张家村、红柳堡,深入沙碛,背水成军,旬日间城复。攻宁郡,斩房多,即于军前调官宁夏。宁城回增建寨栅,首城南讫纳家闸。与金顺诱城东寇出,数败之,乘胜破护城堤清水堡。寻随都兴阿赴奉天,调补正蓝旗蒙古副都统,历察哈尔,坐事免。光绪六年,起授乌里雅苏台将军,抚士卒,恤蒙部。十四年,创发,乞休。明年,卒,谥武靖。

额尔庆额,字蔼堂,格何恩氏,隶满洲镶白旗,墨尔根城驻防。以骁勇闻,历迁至委参领。清水堡之役,赐号法福灵阿巴图鲁。会诸军克狄道,授黑龙江副总管。剿金县窜匪,擢凉州副都统。命佐关外军事,统领吉、黑骑旅顿西湖,令寇不得西。乌城回自奎屯败退安集海,击却之。光绪二年,闻白彦虎构玛纳斯南北二城回扰粮道,与总兵冯桂增、参将徐学功约期会师大河厂。额、冯二军先行，径薄北城，而南城回涌至，桂增负伤坠马，寇舁入城。额尔庆额愤甚，先登陷阵，斩寇无算。因士卒伤亡多，止战。届期学功至，距城十余里，见额尔庆额被创还，遂率所部救之。金顺责其援不力，宗棠曰："额尔庆额等轻进贪功，咎由自取。且先夕进攻，学功何能豫知耶？"历古城领队大臣、科布多帮办大臣。命偕参赞大臣升泰勘界，以奎峒山为科、塔两城外蔽，哈巴河南流入中国，与俄官抗争，始得展地定界。新疆底定，晋头品秩。十二年，调伊犁。伊犁设副都统自此始。莅任七年，兴办屯田，军民辑睦。十九年，卒，恤如制。

丰绅，字汉文，吴扎拉氏，隶满洲正白旗，吉林驻防。都兴阿督江北军，檄守扬州，以战功历迁至协领。克宝丰，取宁夏，数获胜。穆图善遣往灵州招抚，马化龙就抚。穆图善上其功，晋副都统。寻护宁夏将军。时伏莽未靖，自宁城至灵州，隘口数十，为商旅来往孔道，丰绅诘奸禁暴，行旅便之。先后平陕匪西河、横城堡，补官锦州，擢黑龙江将军。坐事褫职。光绪间，起故官，历绥远城、江宁。中日事起，出驻通州，事宁回任。二十四年，卒。诏优恤，予建祠。御史彭述劾其侵冒，夺恤典。

文麟，字瑞圃，兀扎拉氏，满洲正蓝旗人。道光二十二年，考取内阁中书，迁侍读。咸丰八年，出为甘肃兰州道，调镇迪。同治四年，回窜据古城，文麟上防守奇台状，上嘉其知大体。济木萨者，回众屯粮地也。文麟潜遣练勇攻克之，获粮万数千石。索焕章窜玛纳斯，分掠阜康、吐鲁番、迪化。文麟分兵扼三台要隘，上疏乞济师。诏令严守济木萨，援未至而哈密、奇台相继沦失。亟与巴里坤领队大臣讷尔济合兵进击。闻寇集东路，使佐领恒昌先进，败于奎苏，而自请赴前敌。上怒，诃责之，下部议，坐擅离职守，降二级调用。诏以蓝翎侍卫充哈密办事大臣。文麟遂率所部收复城垣。马金贵、白彦虎先后围攻，濒危者数矣，文麟拊循士卒，卒能以饥军驱强敌，俾缠回转危为安。

五年，遭母忧，改署任。明年，肃州回窜玉门，战红柳湾，败之。回复大举犯城关，文麟督军严守，伺间出击。围解，乃为筹耕种，葺庐舍，训练军士，且战且屯。服阕，以头等侍卫补本官。益招哈密团首孔才至，以其练勇二百编入伍籍，遣往古城兴屯修堡。复收徐学功散勇二千余，任耕战。于是古田、济木萨屯政大举。令充裨将，自是数与妥明、马明、白彦虎相攻杀，所向皆捷。十二年，肃城回数出关犯哈密东山，文麟令魏忠义出驻塔尔纳沁堡，分扼各隘，剿抚马贼，擒回马五十九。旋魏军大失利，文麟飞章自劾，被宥，益感奋，率所部进击，力保危城。降敕褒，嘉加副都统衔。明年，彦虎援肃州，溃退安敦玉，文麟使骑旅追之，彦虎遁入山，肃州平。诏张曜等驰赴哈密，会文麟进剿。光绪二年，卒。

文麟治军数载，橐无私蓄，与士卒同甘苦，故人皆愿为尽命。及其没也，阖营恸哭失声。明春、富勒铭额先后状其绩以上，予褒恤，附祀新疆哈密专祠。

明春，巴羽特氏，隶蒙古正红旗。初从胜保平河北，补前锋校。征陕回，隶多隆阿麾下，以战功数迁副都统。捣肃州，压城为垒，与回相持者半载，追蓝甸全被重创。肃州回出掠安西、玉门、敦煌，明春驰逐三城间，三月，围悉解，授哈密帮办大臣。光绪二年，擢办事大臣。时南疆平，肃缠民悉还故土。明春为晰地亩给赏粮，劝使复业。凡治道路，缮堤防，兴水利，有裨民生久远者，靡不具举，民德之，至今犹虔祀云。十二年，卒，恤如制。

富勒铭额，佚其氏，隶满洲镶白旗，古城驻防。乌鲁木齐陷，古城大恐。富勒铭额出与寇战，数被创。事亟，如乌里雅苏台乞援，弗应，城破，全家殉焉。富勒铭额适在外，得免于难，愤诣文麟军所，愿从杀贼。红柳湾之役，以功擢防御。回扰安西，设计抗御，斩虏多，并搜治西山逸匪，尽歼之，解敦煌围。晋头品秩，赐号坚勇巴图鲁，充古城协领。西陲告宁，置屯田，修兵房。以都统恭镗荐，光绪十四年，授伊犁副都统。时游勇构哈萨克回寇边，富勒铭额遣军捕其酋，余烬悉平。十六年，署将军。增卡伦，整营制，索伦、锡伯、察哈尔、额鲁特兵卒咸复游牧旧业。十九年，徙塔尔巴哈台参赞大臣，练军兴屯，收还巴尔鲁克山，清界置卡，其治复放伊犁，屹然成重镇。二十三年，乞归。二十九年，卒，恤如制。

学功，乌鲁木齐农家子。好技击，值回乱，结健儿数十，掠回庄赀货以自赡。遇汉民，力护之。虽边外悍回皆已惮之矣。厥后附者益众，集五千人，精练马队，每战突阵，骤若风雨，回见之辄走。学功先后阵斩伪帅马泰、阿奇木马仲。仲子人得袭伪职，与妥明积不相能，妥明复以党攻之。安酋帕夏乃约学功破吐鲁番，进攻乌鲁木齐，下之。妥明走绥来，数日死，帕夏遂据乌垣。初，帕夏以学功善战，故与交驩，冀藉其力，王哈密，以南八城，归献朝廷，已，知其无远略，且百战未得一阶，益轻之，令还绥来南山。于是学功大恚，屡攻乌城，其民人时降学功，时投人得，转辗属役，迄不得息。同治七年，俄人构土回缠头将袭乌垣，声赴绥来易市，驱驼马数千，载货钞至石河，去绥来八十里。学功以骑旅截之，僇数十人，余纵还。自此俄人不敢东窥。十二年，彦虎率悍回数千分掠乌垣、绥来，学功复横截之，杀数百人，夺橐驼五百。彦虎势益孤。学功既任职，但承大将风指，异于初起血战时矣。后与孔才并官至提督。孔才，哈密人。

论曰：从左宗棠立功西陲最名者，湘军中称二刘，豫军中称曜。之数人者，投袂攘难，不数月，廓清万里，虽张骞、班超，奚多让焉。金顺、穆图善提塞北健儿，横行玉门、金岭间，其志尤壮。文麟名出二人下，而招团兴屯，兼任耕战。不烦国家一兵，遂定西边，其功亦足并传云。

清史稿卷四五五
列传第二四二

董福祥 张俊 夏辛酉 金运昌
黄万鹏 余虎恩 桂锡桢
方友升

　　董福祥,字星五,甘肃固原人。同治初,回乱作,凤、邠、汧、泷寇氛殆遍。福祥亦起安化,与其州人张俊、李双良蹂躏陕、甘十数州县,窃据花马池,犯绥德,窥榆林,溃勇、饥民附之,众常十余万。嗣为刘松山所败,其父世猷降,福祥亦率众乞归款。乃简其精锐者,编为董字三营:福祥居中营,俊居左,双良居右。从攻金积堡,福祥袭卡后,被创不少却,破其礼拜寺。顿板桥,寇来争,与萧章开夹击败之。金积堡平,超授都司。

　　十一年,从刘锦棠至碾伯,趋峡口,与陕回禹得彦、雀三大战,破之。进击白彦虎于高家堡,焚其垒而还。已而伪知府高桂源构彦虎围西宁,扑双良营,福祥又大败之,围解,迁游击。徙守向阳堡城,复讨平河州叛回,积功至提督。

　　光绪元年,从出关,战天山,会大风昼晦,吏士弗敢进。福祥率众先登,一鼓歼之,又破之木垒河、古牧地,进复乌鲁木齐诸城及玛纳斯南城。是时彦虎犹据开都河西岸,觊入俄。福祥自阿哈布拉缘涂置哨垒,至曲惠而营,士卒储薪草,浚井泉,以俟锦棠军至,破之,复喀喇沙尔。是冬,克和阗,南疆西四城告宁。繇是董军名震西域。

论功,赏黄马褂、世职,赐号阿尔杭巴图鲁。

安夷既就抚,布鲁特酋阿布都勒哈诱之,复入寇色勒库尔,北走库伦,福祥驰之,抵空谷根满,步卒足重茧,乃遴健者乘骡队,从骑旅及之木吉。寇方解鞍秣马,惊起,依山而阵,俊败之,福祥纵兵搜捕,复斩三百余骑。自此寇不敢犯边。授阿克苏总兵,驻防喀城。未几,而所部索饷哗变,戕营官胡登花,或请击之,福祥曰:"营勇与叛勇有约,如昏夜响应,将奈何?不如闭城守,彼势孤必自毙也。"越三日,悉为兵民擒献,乃分别诛宥之。事定,领俊及夏辛酉移驻叶尔羌、和阗。

十六年,擢喀什噶尔提督。二十年,加尚书衔。会德攘胶澳,命率甘军入卫。明年,西宁、碾伯又告警,督师还抵狄道。河州马永林叛,渡洮战却之,连破高家集、三甲集,道始通。事宁,调甘肃。福祥自请援西宁。又明年,克上下五庄,乘胜复大通、多巴。朝命驻西宁专剿抚,以魏光焘二十七营属之。会巴燕戎格、刘四复奔关外,福祥亟遣骑踵之,拔卡尔冈,先后夷海城、冶诸麻、甘州南山寇堡,关内外及青海悉平,加太子少保。

二十三年,入觐,命领武卫后军,召对,福祥曰:"臣无他能,唯能杀外人耳。"荣禄颇信仗之。拳乱起,日本书记杉山彬出永定门,福祥兵杀之。于是董军围东交民巷,攻月余不下。敌兵自广渠门入,福祥走彰仪门,纵兵大掠而西。两宫西幸,充随扈大臣。和议成,外人坚欲诛福祥。李鸿章曰:"彼绾西陲军寄久,虑激回变,当缓图之。"乃褫职锢于家。

荣禄在西安综大政,福祥移书让之,略谓:"辱隶麾旌,任公指使,命攻使馆,祥犹以杀使臣为疑。公言'戮力攘外,祸福同之。'祥本武夫,恃公在上,故敢效奔走。今公执政而祥被罪,祥死不足恤,如军士愤懑何?"荣禄得书,置不答。三十四年,卒。其子天纯,输银四十万,济帑复官。

俊,字杰三。金积堡之役,与福祥并授都司,规西宁,余虎恩困峡口,俊力战解之。连破小峡、润家沟,从攻河州、肃州,以战功历迁至副将，赐号倭兴巴图鲁。光绪初，从征西陲，复乌鲁木齐，擢总兵。锦棠令入关募军，于是成定远三营。先后从克东西四城，晋提督。安夷复叛，俊倡议主剿，众论哗起，锦棠独韪之。寇窜库伦，俊追至木吉，分三路入，战良久，手刃执红旗悍卒，寇愕走。进至卡拉阿提，会日已入，止舍。天未曙，整军复进，日午及之。寇不能反拒，枪矛所至，尸相填藉。抵黑子拉提、达坂，止余数十骑，逾山入俄境，不复追。是役，四昼夜驰八百余里，凡擒爱伊德尔呼里二人，安夷所谓"大通哈"也，胖色提以下数十人，犹华言"营官"。赐头品服、黄马褂，授西宁镇总兵，调伊犁。二十一年，代福祥为喀什噶尔提督。寻还甘肃。二十五年，入都，充武卫全军翼长，兼统中军。逾年卒，谥壮勤，予建祠。俊好舞刀，所部衣帜皆白色，时称"雪张"云。

辛酉，字庚堂，籍山东郓城。初从僧格林沁讨捻。宗棠西征，从讨陕回，积勋至守备。攻金积，裹创力战，称骁果。规肃州，充前锋。拔塔尔湾、黄草坝，关内大定。数迁至游击。师出关，下阜康，袭黄田，破古牧，无役不从。进规南路，攻托克逊。彦虎子小虎殊死守，师行不得志，独辛酉率游军数战，略有斩擒。达坂之役，与余虎恩轻骑先涉，列城左山冈。比回觉，悉力轰拒，师少却。辛酉斩先退者数人，乃止，卒大破之。迁副将，赐号振勇巴图鲁。从锦棠复库车，至拜城，履冰抵上铜厂。回出荡，辛酉跃马径前，生擒貂衣贼一人。回惊走，遂下阿克苏。是时帕夏奔叶尔羌，彦虎奔乌什。锦棠专力讨彦虎，令俊进击，辛酉自西会之。济胡马纳克河，行戈壁八十里，破寇什城东，城拔，擢总兵，易勇号霍伽春。南疆平，赏黄马褂。逸寇犯三台，辛酉隐劲骑冲壳罕山，诱之出。伏起，短兵接，斩其酋赛屹塔黑振江。俄而安酋阿里达什寇边，从锦棠出屯玉都巴什。辛酉率二百骑为前驱，怒马陷阵，斩执旗贼，夺其旗以归。寇大溃，追至毕勒套格，杀其党且尽。西陲告宁，乞归养。甲午之役，率师镇登州，即于军前授广西右江镇，治军如故。寻徙镇登州。拳乱作，充武卫军先锋左翼长，从李秉衡御敌，未战而溃。后除云南提督，未到官，卒，恤如制。

金运昌，字景亭，安徽盱眙人。少孤，遭寇乱，总兵郭宝昌之母曹氏抚之，从姓郭。既长，入赘为守备。从宝昌征发、捻，积勋至游击。论河防功，赐号勉勇巴图鲁。平畿南，擢总兵，晋勇号锉僧额。西捻平，迁提督，复姓金氏。从宝昌卓胜军还陕。

同治八年，宝昌创发，运昌代领其众，调防绥德。时湘军已剿金积堡，运昌自清涧至，分所部略其西北，毁长墙。马化隆势蹙，遣党扰北山，冀断湘军粮运。一自河西道叶升堡，属刘松山，一自山西道花定，属运昌，并达灵州。回既陷定边，运昌所部多南人，杂食青稞、膏粱，患腹病。左宗棠调宝昌来援，以河防不能赴。是时陕回陈林、禹彦禄等十三营，益以本地土回，号称十余万，卓胜军孤立其间，几无日不战。

明年正月，军益饥疲，至杀马为食。回且决渠灌我垒，会风涛大作，运昌昼夜立水中，激厉将士，列桩囊土御之，回不得逞。适刘锦棠等越渠横出，回大溃。因议夹河筑垒护饷道，两日垒成，回至，运昌战却之。湘军开沟堤以防水，运昌壁近枣园。冰忽解，回乃凭秦渠设卡，运昌越渠击之，回收入堡。越二日，堡回悉众出，骑寇趋板桥，步寇决渠水南下。运昌军阻水，锦棠分三路泅水与合，并力轰溃其众。未几，回复运砖石筑卡于北，环以长堤，欲引马连水以困我。运昌亟令军士携锄锚，夷其卡而还。四月，陈林率众出花定掠食。运昌使提督王凤鸣御之，败之砖井镇。同时叶升堡道亦通，军威复振。七月，克马家两寨，值新麦熟，运昌与锦棠分刈，并糜粟割之。回来争，辄败走。遂筑垒蔡家桥。桥跨秦渠，内设卡，外障水，马化隆前所为阻遏官军者也。至是决水反灌，破垒三、卡十有一，乘势下秦坝关，逼东关。议掘濠筑墙久困之，与锦棠分段兴工。三日毕乃事，遣兵分守之，遂合金积围。日咯血数次，战不少休。陈林降，运昌以西林、河州未下，宜稍示宽大。强者编籍，弱者就粮，群回多乞款，马化隆势蹙，亦束首归命。于是宁、灵悉定，论功，赏黄马褂。驻缠金，平甘回马胜福乱，晋头品服。徙驻包头。数请于宗棠，愿西征。

光绪二年，宗棠请敕淮勇出关助剿，报可。明年夏，行抵乌鲁木齐，命署提督，越二年，实授。口外经丧乱后，户口减耗。运昌兴水利，课农桑，建桥梁，皆割俸自任之。其斥巨款赈畿军，实秉义母郭曹氏命。李鸿章为请于朝，特建坊旌异之。十一年，谢病归。逾年，卒，恤如制，入祀卓胜军昭忠祠。妾王氏、马氏、张氏，先后仰药殉节，皆获旌。

黄万鹏，字抟九，湖南宁乡人，本籍善化。初，从曾国荃援赣、皖，积勋至都司。从克江宁，历迁总兵，赐号力勇巴图鲁。捻入鄂，犯德安，万鹏驰救，大败之，又破之安陆。会师新洲，于是夹击，大破贼，擢提督。左宗棠西征，调赴陕，署汉中镇总兵。

同治十一年，从攻西宁，抵碾伯，战硖口，回溃走，围解。明年，从刘锦棠克向阳堡，进围大通，降之。选降众立旌善五旗，马队属万鹏领之，随攻肃州。事宁，赐头品服。十三年，河州闪殿臣复叛，万鹏率崔伟等进击，败之城南二十里铺。寇窜买家集，官军攻弗克，万鹏从姚家岭驰下合攻，燔其堡，更勇号为伯奇。

光绪二年，出关。时土回马明据古牧，白彦虎闻官军至，自红庙子与合师，夜袭黄田。旦日，闻古牧角声起，万鹏与余虎恩驰击寇骑却之，语详《余虎恩传》。乌鲁木齐诸城既复，追至池墩而还。捷入，赏黄马褂。北路略定，逸寇多亡匿东南山谷。万鹏复与虎恩取道大小盐池墩至柴窝，略有斩擒。八月，金顺攻玛纳斯南城弗胜，锦棠檄万鹏助击，掘隧以攻，寇死拒，矢贯万鹏臂，拔之，更疾战，与诸军大破之。

三年，攻克达坂，乘胜取托克逊。至小草湖，遇伏，围万鹏数匝。万鹏率队荡决，所向披靡。锦棠军继至，寇大溃，诏予云骑尉世职。是役，帕夏知不免，饮药死，彦虎遂奔开都河西岸。七月，师至曲惠，锦棠自向开都河，而令万鹏道为乌沙塔拉傍博斯腾淖尔西行，出库尔勒之背。彦虎慑军威，已先期遁。诇知胁缠回走布古尔，亟行四百里追及之，战良久，大败其众。九月，驰抵托和奈，再败之，收库车,进驻拜城。履冰夜行至铜厂,诸军直搏之,寇愕走。

万鹏长驱察尔齐克台西,斩数千级。越二日,夜抵扎木台稍憩,即引兵阿克苏城。未至城数里,见西南尘埃坌起,会谍报彦虎走乌什,㜤安集延走叶尔羌绁追师。锦棠乃舍安夷,而令万鹏专追彦虎,阻河涨不能济。时彦虎止隔河十里许造饭,掩袭可夕擒也,而我师遽返,锦棠大怒,责令复进。于是万鹏渡胡马纳克河,行戈壁八十里,获其后队马有才,进拔乌什,而彦虎已走喀什矣。东四城俱下,诏改骑都尉世职。

当是时,伯克胡里据喀什攻汉城,彦虎至,助之,势益张。守备何步云告急,锦棠檄万鹏道布鲁特与虎恩期会喀城。万鹏倍道应赴,缘雪山千余里,每以毡铺地济师。十一月,抵城北麻古木,虎恩亦抵城东牌素特。寇诇骑驰归,曰:"大军至矣!"于是二巨酋走回城北,进捣之,则又宵遁。万鹏向西北追彦虎,至爰菱槽,与贼后队遇,生擒伪元帅马元,斩其副白彦龙。次日,追至恰哈玛纳,为布鲁特人所阻,彦虎遂奔俄。新疆平,改授二等轻车都尉。四年凯旋,乞归省。越二年,仍赴新疆治军。南北山边防粥平,晋头品秩。历权喀什回城协副将,阿克苏、巴里坤各镇总兵,新疆提督。又袭其叔登和世职,并为二等男爵。

二十四年,征入京,创发,卒于道,予建祠,子钺,道员,袭爵。

余虎恩,湖南平江人。少孤贫,喜读书。初,从曾国藩讨粤寇,积勋至副将。同治初,从刘松山征捻,蹙之沙海西,擢总兵,赐号精勇巴图鲁。张总愚与回匪合,攻破金渠、银渠,又败之郿县,晋提督。寇自宜川渡河,陷山西州县,又从刘军追复之,易勇号奇车博。军获鹿,适郭松林被围,虎恩锐身驰救,围解。绕道长驱,骑寇虽忝骋,遇战辄披靡。上念陕事棘,命左宗棠举将才,乃荐松山部将尤异者十数人,虎恩与焉,宠以头品服,令赴陕军。灵州既克,松山进兵板桥、蔡家桥。有顷,回败走,虎恩骑旅突之,骤若风雨,回不得归,下其村寨三十余,金积平,假归。

十一年,命募军赴甘.刘锦棠攻西宁,虎恩率军至陕口,周览形势。寇出拒,被困,卒击却之。锦棠觇回势盛,赴平戎驿造桥济湟,自督师筑垒北岸,令虎恩筑南岸。未成,马营湾寇突至,虎恩轰击之,锦棠亦败湟北寇,于是西宁告宁。论功,赏黄马褂。随攻肃州,军南门,与诸将讨平之,除陕安镇总兵。

光绪二年,从出关.宗棠虑戈壁粮运艰阻,虎恩请身任之,乃绝幕而西。抵哈密,取余粮,逾天山,递送巴里坤古城。边既实,袭黄田,破其卡。忽古牧寇压师而阵,虎恩亟自山驰下,与寇骑战良久,会董福祥军助击中路,寇大溃,遂合围。帕夏遣悍党来援,虎恩率骑旅列山冈,严阵以待。复麾军截其归路,斩关直入,城拔。度乌垣,寇且他遁,以次下乌鲁木齐、迪化及伪王城,予云骑尉世职。

明年,逾岭而南,从锦棠趋柴窝,去达坂二十里。夜初鼓,虎恩率骑旅九营,衔枚疾走。大通哈引湖水卫城,泥深及骭。虎恩所部掠淖进,依山为阵,斩寇谍十余骑,回方卧,未觉也,平旦始大惊,悉众出,据险轰拒。师屹立不动,海古拉援至,虎恩又截之隘口,援骑返奔,追逐数里,斩百余级。虎恩策城回盼援不至,必遁,预隐兵以待,寇出悉就擒。达坂复,乘势下托克逊,予骑都尉世职。

逾月,规南路,师次曲惠,虎恩取道乌沙塔拉入库尔勒城,地阒无人,食且尽,乃掘窖粮数万石济师。遂与诸将下库车,凡六日,驰九百里。已而喀什噶尔告急,锦棠令虎恩自巴尔楚取中路为正兵,黄万鹏自乌什道布鲁特为奇兵,仍归虎恩节度。师抵巴尔楚,会天寒,冰雪凝冽,而喀城警报且日至。乃兼程应赴,军士人人自奋,各以俘白酋取首功为利。日中,虎恩至城东牌素特,夜半时抵喀什汉城下,左右止百余骑从,乃整兵以俟。平明。步兵至,寇骑开城出荡,虎恩率众大战,刺杀回酋王元林,会万鹏亦至,复其城。虎恩西追伯克胡里,令桂锡桢率骑旅自闲道疾驰。而自率步旅继之,前后夹击,生擒余小虎、马元于阵。继复获金相印父子,相印者,引安集延侵占南路也。于是新疆南路平。降敕褒嘉,改予一等轻车都尉。历驻乌什、叶尔羌、和阗,赴本官。

十一年,谢病归。越六年,出统湘军,驻岳州,以能捕盗名,并二世职为二等男爵。二十六年,授喀什噶尔提督,未上,留统武卫中军十营。拳乱起,诸将多崇奉之,独虎恩则否。福祥攻使馆,虎恩与论事荣禄前,谓遍观诸军,实不足敌外人。福祥大怒,欲杀虎恩,荣禄以身翼蔽之,乃免。令出防获鹿,未几,仍还湘。三十一年,创发,卒于家。恤如制,附祀宗棠松山祠。

桂锡桢,山东曲阜人。从军讨捻,数迁至游击。咸丰十一年,张总愚领余众与陈大喜合,势张甚。锡桢追至河间,裹创力战,寇大败,锡桢名始著。同治七年,从左宗棠征陕回,数获胜,檄守同官。明年,提督高连升屯宜君,亲兵丁玉龙匪首也,构回为乱,夜围营帐,戕统帅。锡桢闻警,亟自同官驰援,击却之,复追剿金锁关、米子窑。会楚军将丁贤发等至,拘玉龙诛之,城获全,迁参将。从克固原三营,斩其酋杨文治,进扼中卫四百户。回酋马光明自固原东北入同心城,复大败之。又降元城回海生春。

十年,规河州,锡桢自中卫、靖远南搜会宁游匪。亡何,肃州降回叛,甘、凉戒严,锡桢遂还军肃州。明年,略东关,克其大卡一,寇出拒,击退之。先是肃回败,倚朱家堡、黄草坝、塔尔湾、文殊山各堡,互犄角,誓死守,徐占彪攻弗克,至是诱之出,锡桢隐卒深林,俟寇过半,横截而出,诸军继之,寇大溃。肃州西南墩堡悉平。进屯沙子坝,去肃城三里,肃回启南门出荡,锡桢率骑旅突阵,回奔入城。诸军冲杀,连克四坝、十一堡,东面寇垒亦尽,赐号精勇巴图鲁。

十二年,从出关,锡桢率四百骑归额尔庆额节度,进古城。光绪二年,攻阜康。宗棠虑寇北窜,令锡桢荡沙山、马桥备要击。寻会诸军复乌鲁木齐,北路略定,唯玛纳斯南城久未下。宗棠以刘锦棠军单,檄锡桢助击,与诸军轰溃之,斩其酋韩金农,更勇号业普肯,擢总兵。进规南路,三年,从锦棠攻克达坂,乘胜复吐鲁番,晋提督。规喀什噶尔,锡桢统马步二千余人,自阿克苏取道巴尔楚,克玛纳巴什,直抵喀城东牌素特。会黄万鹏军亦至麻古木,彦虎与伯克胡里溃逃,遂复西四城。论功,赏黄马褂。回疆告宁,晋头品秩,加赐呢铿额勇号。五年,乞归葬亲,道陕,创发,逾岁卒。宣统改元,巡抚恩寿状其绩以上,予优恤。

方友升,湖南长沙人。咸丰末,从军剿川寇,积勋至守备。克太平,力战,炮弹洞胁,繇是以饶勇名。同治七年,讨陕回,克凤翔、岐山,尝从行,有所冲陷。入关陇,隶刘松山麾下。金积堡之役,师失利。会友升购马张家口,逮归,无收马者,或劝之去,弗听。驱马数千入左宗棠军,宗棠大器之,乃编所购马为西征靖营队,属领之。遣赴河州,攻剿三甲集、太子寺。

十一年,会攻肃州,其关城阻濠,濠深三四丈,古所谓酒泉也。徐占彪乘回懈,逾濠进攻。友升先登,诸军蚁附上,夺东关,回入城死守。占彪筑城南二卡,回来争,友升率骑旅下马巷战,弹贯胫及脊骨,创甚,犹大呼杀贼,水浆不入者七日,众感奋,克之。捷入,晋副将,赐号哈丰阿巴图鲁。十三年,从克巴燕戎格,署镇夷营游击,自是别为一军,帜色黄。每战从后击杀,当者辄靡,寇见黄旗队,辄相戒无犯云。

光绪改元,关陇平,擢总兵,从刘锦棠出关。三年,攻克达坂、托克逊,进复吐鲁番,晋提督。以次下阿克苏、乌什、库车及天山南北二路。论功,赏黄马褂,赐头品秩。五年,安集延、布鲁特寇边,径抵乌鲁克恰提。友升先进乌帕尔觇虚实。越数日,报寇骑已入乌帕拉特。获寇谍,讯知其乘夜袭营,诸军备往击,大破之。友升与杨金龙分左右入,军士皆奋迅超跃,寇不能成阵,还遁俄罗斯。八年,入关,遭母忧归。

十年,法越事起,出顿凭祥,进攻文渊,陷重围,弹伤手断筋,亲军五百止存二十七骑,卒溃围出。朝廷宥其败,且嘉劳之。复谅山、长庆,予世职。除广东南诏连镇总兵。十三年,入觐,上视伤痕,为恻然。寻解任,中日失和,领三千人北上,守山海关。拳乱作,复率师入卫,驻山西固关。二十七年,调浙江衢州镇。设讲武堂,以新法训练其众,并修复柘水故道,民德之。三十二年,创发,率,恤如制。

　　论曰:初讨陕回,福祥以降军效力,名震西域,何其悍也! 运昌统卓胜军,万鹏领旌善营,与虎恩、锡桢、友升转战宁、肃,皆以骁勇名,各著奇绩,其勇略亦有可传焉。其后福祥终以骄妄败,助乱启衅,竟免显戮,岂非幸欤?

清史稿卷四五六
列传第二四三

马如龙　　和耀曾　　杨玉科
<small>李唯述</small>　蔡标　<small>段瑞梅</small>　夏毓秀
何秀林　　杨国发　　张保和

马如龙,云南建水人,本名现,回中世族,以勇闻。咸丰间,滇回俶扰,如龙以武生起澄江,自立为伪帅。时杜文秀僭号大理,如龙遣使与通,授以伪职,不受,始有郄。遂据有新兴、昆阳、晋宁、呈贡、嵩明、罗次、易门、富民,入寇省城,势骎盛。

同治元年,巡抚徐之铭复主抚议,提督林自清临阵宣播朝威,招之归款,如龙自称三世效忠,愿反正。岑毓英单骑往谕,如龙益心折,与盟南门外,悉反侵地。朝旨破格授如龙总兵,杨振鹏等分署六营武职。是时,临安独挠抚局,如龙怒,率师鼓行而南,战失利,署临元参将梁士美夺其旗鼓,如龙被创,仆,左右负之奔。总督潘铎严檄其撤兵,如龙阻于士美军,弗能达。明年,授鹤丽镇。会回弁马荣据省城,铎被害。如龙闻警,即致书士美,约共释私仇,雪公愤。士美许诺,期相见临安城下。如龙贻士美洋枪,士美亦选劲勇助如龙。如龙乃星夜旋军,与毓英共击之,斩马士麟、马有才于阵,荣宵遁,遂代自清署提督。武定陷,如龙遣参将马青云等驰援,守备夏毓秀先登,克之,连复十余城。文秀闻而忌之,致书马德新,痛斥如龙自殊同教。如龙亦遍驰书迤西回民,历数文秀狂悖及德新不谙大义,劝勿为所惑。德新入省，申割地媾和议，如龙力止之，事遂寝。其秋，攻克寻甸，擒马荣，解省伏诛。毓英攻曲靖，回惧，愿执马联升以献，乞贷死，如龙驰至军前，力为请命，许之，剖荣尸祭铎。迤东平，诏加提督衔，赐号效勇巴图鲁。

五年，命主迤西军事，图大理。以振鹏攻宾川，副将李唯述攻镇南，昭通镇总兵杨盛宗取道四川攻永北，署腾越镇田仲兴攻蒙化，护普洱镇李锦文攻威远，并受如龙节度。六年，如龙军次禄丰，适大理回入前场关，遣总兵合国安、副将杨先芝大破之。振鹏性阴鸷，不甘为如龙下，至是闻劳崇光卒，叛志遂决；而国安、先芝亦怀二心，日与寇使往还，军心乃解体。无何，楚雄、大姚相继告警。时如龙驻定远，军数夜惊。群目或拥兵观望，或临阵先奔，或竟为寇充向导。如龙知势已去，乃称疾还省，自是文秀遂轻视如龙矣。

七年，大举犯省城，如龙以回练不足恃，乃专倚汉兵守城，斥私财三万金、米三千石济军。晨夜登陴守，击寇梁家河，破之，寇稍却。初，振鹏之叛也，约国安等为内应，至是国安谋刺如龙，事觉，诱诛之。先芝等颇自危，会如龙出大西门击寇，战方酣，先芝等遂倒戈回刃，如龙几不免，亟驰入益兵御守。于是马世德、马文照、马葵等相率叛归文秀，逼南城，据江右馆，人心大震。适惟述、马忠援师至，劝其与毓英协力，如龙然之，踵军门上谒。毓英推诚慰劳，勖以报国，如龙益用命。俄而文秀遣悍党数万出宾川，如龙分部兵二千御之。武定附省，回久闭门不战，突出夺大虹山二垒，如龙亲击之，拔其一。毓英攻澄江，马自新率众往援，未至，如龙诇知之，遣马兴勤驰入娄兮，计斩自新，外援顿绝。澂江既下，又分兵攻城外贺家村、小鱼村、下普坪，并克之。

八年，与毓英攻江右馆，寇轰拒，洞穿如龙甲，卒大破之。先后连克武定、罗次，更勇号法什尚阿。已而澄江再陷，城外寇势复炽。毓英攻城南巨垒，如龙方卧病，闻枪炮声，力疾赴前敌，攻克五花寺、羊神庙，乘胜逼江右馆，如龙先登，弹中腹，踣地，舁之归。毓英上闻，赐内府丹药，予实授。复与毓英分军攻安宁各隘，扼寇归路。

群回益蹙；其酋段成功、蔡廷栋先献款。如龙扶病出城，与毓英严兵以待，成功等率五千人伏地请罪，南关告宁，遣兵攻克西坝。时毓英克江右馆，俘虏多，如龙躬诣寇营，勒回自相斩献，省城围始解。余匪并入土堆。师攻昆阳哑，回酋赴省乞抚。振鹏畏诛，犹隅负。如龙渡滇池至，遣将执悍目马似良，阴散其枝党。声某日还，振鹏出送，捕治之，昆阳平。毓英攻土堆，如龙率师来会，纵火攻之，省城外遂无遗寇。

九年，如龙出督新兴军，田仲兴战死，如龙亦被创，断东沟困之，拔其城，遂统全军赴河西击东沟。沟分大小二寨，合国治、马成林分居之，并背山面田，势险奥。逾岁，先攻小东沟，尽选河西壮勇助击。回惧，缚国治乞降，受而诛之。进取大东沟，如龙陷阵，为枪所中，创甚，越三月小差。直抵龙门村，奋击破之。全滇底定，赏黄马褂。十三年，调湖南。光绪四年，创发，乞归。

如龙性豪纵，管云南提篆日，惟娱声色。巡抚贾洪诏弹之，置勿问。既闲废，徙居四川重庆，益不自检。每宴客，招妓侑酒，琵琶声中辄慷慨道少年时事云。十七年，卒，恤如制。

和耀曾，云南丽江人。父鉴，大理城守营都司。咸丰二年，太和回谋乱，往觇之，被杀。诏赠云骑尉世职，耀曾袭，矢复仇，毁家募士。与宾川廪生董文兰会师洱河，两克大理及邓川、上关，以义勇著，远近争归附。杨玉科、张润并隶麾下，后皆为名将。总督吴振棫荐其才，署中营守备。十年，权维西协左营都司。明年，大理回来犯，败之于桥头。已而禄丰、昆阳陷，复率把总高联甲战石鼓，大破之。乘胜攻克丽江，留土弁王天爵驻守，而自引兵规鹤庆。寇乘隙再陷丽城，耀曾军失利，退守石鼓。

同治元年，再克之，迁参将。徙顿曲靖，夷卡郎寇巢，略昭通，战公鸡山、龙洞，师弗胜。与护昭通镇杨盛宗往援，斩其酋所朝陞，迁副将，徙守富平。八年，城陷，褫职逮问。寻以克楚雄、禄丰，贷勿治，留军自赎。十年，克澄江，复官。明年，攻迤西，连破蒙化、赵州、上下关，于是大理藩篱尽失。是冬，穴地道轰其城，拔之。又明年，取大小围埂。积勋晋记名总兵，赐号达春巴图鲁。自是与玉科定锡腊，下顺宁，破云州，擢提督。进克小猛统，大吏以叛产予其残废部伍，回辞弗获，乃斥家财遣之归，而以其地佐书院餐钱及宾兴费，并选开敏子弟集廧宇，延师课读。又与李唯述克腾越。全滇平，赏黄马褂，檄署永昌协。永昌自遭丧乱，比户凋残。耀曾至，抚流亡，除苛扰，革奸暴，教之治生，民渐复业。时乌索贼柳映苍复叛，奉檄与总兵徐联魁等会击。十三年，克之，以次削平土司诸地。

光绪二年，参将苏开先诱练军哗变，据腾越。王道士与合，顺、云豪奸悍卒乘机窃发，永昌练目李朝应之，掠施甸，迤西大扰。岑毓英以耀曾谙究边情，奏署腾越总兵。耀曾为固本计，先赴永昌，调团守隘，率师追讨，击溃李朝，余党悉平。总督刘长佑谓其不即至，劾之，镌二级；论克顺、云功，免议，权汉中镇总兵。

六年，诏各省督抚举将才，毓英以耀曾应，擢授镇远镇。居镇十六年，节虚糜，赡储积，为置营田，建兵房，制器械，军政大治。复以其余设义塾，平道路，劝农桑，士议谓有儒将风。二十三年，卒。民感其德，请附祀毓英祠，丽江亦建祠致祭焉。

杨玉科，字云阶，寄籍丽江。其先居湖南善化，既贵，还本籍。同治初，从和耀曾讨回。岑毓英征曲靖，识拔之，命领百人为前锋，积功至守备。

四年，署维西协。李祖裕叛，杀把总陈聪。毓英虑生变，檄玉科代之。玉科至，刺杀祖裕，宣谕部众，皆扶服，遂克丽江、鹤庆，繇是显名。俄而杜文秀来援，拥众可二十万。玉科所部止数千人，屡战弗胜。二城复陷，玉科溃围出走永北。六年，从克镇雄，长驱猪供箐、海马姑，与有功，叙游击。

七年，西寇环逼省城，玉科绕四川会理，间道袭元谋、马街，规武禄，抄其后，克之，进平罗次。八年，平柯渡、可郎，迁副将，赐号励勇巴图鲁。乘胜规嵩明，下寻甸。毓英奏令主三姚军事，连复大姚、浪邓。省城围解,擢总兵。明年破姚州土城,被巨创。益开地道三十余穴,雷发,北城陷,遂拔,擒伪将马金保、蓝平贵。三姚平,擢提督,易勇号瑚松额。无何,州西警,复令主大理、丽江军事,发全师速援宾、邓,遂败寇云南驿。其冬,克长邑村,进规炼铁,擒伪都督杨占鹏。于是大理北路定,权开化镇总兵。

十年春,克宾川。初,永昌之陷也,玉科为伪将马双元所得,见其人可用,劝归命,与订交,属异时得志相援手,纵之归。至是约为内应,克之,署提督。攻大理小关,邑寇诈降,设座礼拜寺,约玉科往。比入,心动,命移座;动如故,命再移,有间,地雷发,得不死。玉科怒,手刃四人,双元锐身护之出,竟复其地。逾岁,连下漾濞、赵州,进规大理。其地东临洱海,西倚苍山,自文秀窃据,内筑土垣,包伪禁城其中。玉科掘隧以攻,轰溃东南城,诸军蹑隙入。寇死拒,复窨地雷破之。顿莲花池,益师五千环攻城。文秀开壁出荡,亲击之。败退,饮毒不即死,其党蔡廷栋舁以献,气息仅属,割其首解送省城。毓英至,廷栋佯乞款,阴埋地雷于行馆,迎玉科。玉科诺之,潜至伪府,据炮楼大呼,兵士争血战。毓英隐卒城外,度玉科已达,乘夜梯登。两军既合,巷战竟日,寇披却,越数日,夺门走。克伪都,获文秀家属及廷栋等百三十人。捷入,赏黄马褂,予骑都尉世职。十二年,克锡腊、顺宁,移师协取云州,再予一骑都尉。全滇告宁,改一等轻车都尉。明年,入觐,垂询滇池战状,视伤痕恻然。

光绪改元,还署任,赐头品服,晋锡二等男。是时,滇边野夷杀英官马嘉理,莫公使诉于朝,朝旨趣捕急。玉科搜获而通凹、腊都等十五人,锁送省城伏诛。谳定,会邓川罗洪昌谋乱,袭州城,遂移师马甲邑,克东山,擒渠率。二年,移广西右江镇。创发,乞解职,疏甫上,适苏开先陷腾越,势岌岌。玉科力疾视师,不百日悉平之,被赏赉。三年,徙广东高州镇。六年,署陆路提督,坐其侄汝楫仇杀知府孔昭纷,镌三级,寻复。

十年,法越事起,率师出关,扼观音桥,法军至,设三伏败之。闻谷松警,亟往援,而敌已乘虚入,数战皆利。明年,法以重兵入关,教民应于内。玉科曰:"吾百战余生,今得死所矣!"开关搦战,中炮亡,诸军皆溃,至无人收其尸。李秉衡莅关,乃归其丧,妻牛氏殉焉。追赠太子少保,谥武愍,予大理镇、南关建祠。毓英所部多骁将,玉科外,首推李唯述。唯述起锦江绅团,尝与和耀曾施方略,谋所以缀寇,故省城获保无事。逮马荣败,回众走城外,犹留顿弗去,毓英患之,召唯述计诛其悍将。悍将故昵唯述,一日,天向明,唯述率千人入其壁,悍将方沐,诘所来。唯述曰:"奉上官檄讨野夷,不识路径,故来问。"悍将指画以示,唯述从其背击杀之,大呼曰:"为兵者出前门,从逆者出后门!"回众惊散,省城遂无寇迹。累勋至都司,补鹤丽镇游击。克楚雄,迁参将,署维西协。与经历钟念祖分攻广通、南安,下之,补顺云协,署开化镇总兵,仍留驻其地。无何,寇涌至,城再陷。唯述虑残民,佯议和,卒以计脱归,坐免。

是时,省城复震,马如龙专倚汉兵守城。唯述分领其众,内诘奸宄,外御强敌,省城复安。论功,复故官。从毓英攻杨林,寇败溃,然犹坚守小偏桥、十里铺,冀断我粮馈。唯述乘胜克一撮缨、萧家山,又与岑毓宝攻克石虎冈,运道始达。进平罗次,复楚雄,军势大振。已而州西又告急。毓英谓西军弛律,咎在诸将不和,乃以大理、丽江军事属玉科,而属唯述以云、蒙、赵。唯述遂攻克镇南,镇南为大理屏蔽,寇以全力死守,至是拔之,寇益蹙。上念其苦战,赐珍物。

迤西用兵,频岁饥嗛。先是,唯述遣军攻云南,久弗克,弥渡亦旋得旋失。嗣与玉科谋,乃檄诸军毋浪战,期秋获整军。届期果大破云南驿,分兵略弥渡,并克之。又与玉科会军蒙、赵。杜文秀者,故永昌累,初匿大小围埂。其据大理也,围埂回实助之。玉科图取大理,唯述亦统兵克大围埂,而小围埂犹据壁自保。逾岁,轰克之,檄署腾越镇,收其地。进攻乌索,未下,遭忧归,不复出。久之,卒于家。

初,玉科尝杀仇,持其首谒毓英,意诘责即为变。毓英笑勿问,且善抚之。唯述性赣直,业骡马,初不知希荣贵。及奉上赏白玉搬指,适与指合,乃惊叹天子圣神,益效忠无贰志。所设市肆,悉以"巴图鲁"号名之,其荣幸朝命如此。平滇,杨、李功为多,而玉科用兵,则尤神于出没云。

蔡标,字锦堂,贵州威宁人。家贫,落魄无以自资,入滇,设汤饼肆宜良。以胆略称。久之,充练目。从岑毓英军克宜良、路南,补把总。

同治二年,马荣据省城,毓英坚守藩署,誓与城存亡。标领死士数十人潜至,叩门入,毓英惊喜。标问:"有军械否?"曰:"有。"标曰:"寡不敌众,奈何!当为公募兵!"遂往宜良、路南鸠集旧部,得千人,毓英赖以成军。藩署获全,标之力也。及马如龙至,标率众力战,荣败走。从征迤东西,连下十余城,进规曲靖。寇袭潘文元营,标率三百人顿陶家屯扼后路。张保和蹙寇至海坝,标分兵要之,寇溃入城。克曲靖,迁守备,赏花翎。

五年,毓英西征,标引兵从。时镇雄降寇复叛,漆维新据碘子山,李开甲据磺碘山。毓英策先攻角奎,令标为前驱。抵雄块,寇出拒,大破之,连拔二山,斩二逆。明年,从攻猪供箐,与诸将直捣中坚,下之。移师海马姑,夺红岩、尖山,乘胜薄其栅。标贾勇先登,诸军鼓噪继进,擒渠率。凯旋,擢游击。七年,署镇雄营参将。会杜文秀逼省垣,标出宜良、汤池,略七甸。未几,武定、禄劝连告警,复与杨国发攻富民,缀寇势。寇攻杨林哑,标往援,连破小街、白龙桥巨垒。垒甫得,旋复失,势益炽。标入自长坡,寇殊死战,不可败。翼日,自石子河逾文笔山而下,佯北,诱寇入,攻克东山寺,尽夷杨林寇垒。

八年春,援师宗,攻破洛红甸、豆温乡,拔其城。于是嵩明、富民相继收复,省城始安。明年,威宁陈大杆据红崖,杨绍贵等据香炉山。回出剽夺。标越境助击,诱执陈酋,锁送州城;吴奇忠亦破香炉山。事宁,擢标总兵。十一年,诸军环攻大理伪城,标略其南,力战一昼夜,克之。南门寇欲窜下关,标复自城追出截击之,无幸免者,晋提督。十二年,移攻云州,抵猛朗,望见寇壁坚致,标曰:"此宜先绝外援也!"乃遣陆纯纲等扼邦盖、丙弄,而自率师克猛朗,歼其酋丁雁甲。论功,赏黄马褂,檄署鹤丽镇总兵。全师抵城下,标攻北门,段瑞梅等自东南梯而下,轰击之,尽歼。又先后平永北、宾川妖匪,腾越、乌索降匪,开化、大窝子窜匪,更勇号额尔克。

光绪二年,入觐,道贵州,毓英留统威宁练军,扼守要隘。已,复平梵净山余匪、桐梓会匪、湖南董倒寨回匪。七年,毓英移抚福建,标率滇军渡台,诏补云南开化镇,仍驻台北。逾岁,赴本官。十年,法越事起,标募旧部出关,宣光、临洮数战皆利。其守富良江,遍掘地营,法炮不能中,岑军驻河内者遂不为所窥。著有地营图说,甚明晰。

十三年,署云南提督。毓英檄治狝黑山军事,标率师前进,并力合攻,夷缘江百数十垒,诛其魁张春发,拓地千五百里。二十年,录平永北夷匪、广南游匪功,赏双眼花翎、头品服。越六年,再入觐。会两宫西幸,即赴行在,随扈入陕。抵西安,廷旨命招旧部。寻坐约束不严褫职,诏念前功,予留任。明年,还滇,以所部羸弱,解遣之,释处分。三十一年,徙广东琼州镇。次年,卒。附祀毓英祠,予威宁建祠。

瑞梅,字春堂,籍剑川。有勇略,年十六从军,隶毓英麾下,战常陷坚。攻猪供箐、柯渡、大理,并冒险进。历龙陵营参将,维西、永昌协副将。同治十三年,入觐,赏黄马褂,予云骑尉世职,擢记名提督。寻署腾越镇总兵。光绪间,以边兵乱,城陷,随复之。后卒于官。

夏毓秀,字琅溪,云南昆明人。少以义勇著。滇回乱,以堡长从军,充选锋。昆明被围久,粮馈阻绝,道殣相望。毓秀率团勇助击,运道始通,补千总。师克路南、禄丰,积勋至守备。

同治二年,岑毓英引兵西,遣毓秀略富民,擒其酋马富,富,马荣弟也。乘胜克嵩明、陆凉、武定,署参将。毓英虑元谋回挠后路,使毓秀要之。攻克附城巨垒,逼攻县城,截其粮路,寇患饥乏,弃城走,进复马街。三年,回酋李芳园陷白井,击却之。规曲靖,师屡失利。毓秀至，寇狃数胜，易视之，且登城作谩语。毓秀愤甚，率死士先登，疾击之，寇大溃，合兵下沾益、马龙。明年，补提标右营游击，统领四十八堡民兵。七年，西寇陷禄丰，毓秀败绩，退安宁，分兵扼腰站、禄脿。逾岁，寇涌至，再败，毓秀退入省城，坐免官。已而寇大举分道入，马如龙出大西门御之，参将杨先芝等倒戈相向，毓秀被重创。又明年，攻杨林，击破十里铺，复官。毓英规安宁，毓秀自箇郎绕出碧鸡关下，潜师袭大小普坪，克之。进取独树铺，会岑毓宝复其城。九年，论克广通、南安功，迁副将。

十年，攻东沟，寇出拒，败之，师深入，毓秀陷重围，径路危狭，弃马步战，身受十数刃。如龙驰救，舁归壁，晕眩死，有间苏，将校环泣，毓秀慨然曰："丈夫以身许国，马革裹尸，固大快事！奚悲为？"闻者莫不感奋。创小差，整军复进，卒夷寇垒，擢总兵，赐号利勇巴图鲁。移攻云州，寇筑碉环城誓死守，师久攻不下。毓秀先分兵夺碉，孤城危棘，寇无固志，遂拔之，以次复腾越及大小猛统。十三年，入觐，上垂视伤痕，慰劳备至，益感激愿用命。会创发，乞归。

光绪二年，赴四川，统领省标十营。七年，松潘番蠢动，数扰边，命署总兵治之。既至，擒首恶，抚良懦，番民以安。其地固荒服，设学额百余年，多为他邑人所占，讴诵益寂寥。毓秀方夷大难，即选聪颖子弟入署读书，斥私财建书院，广延名宿，崇化厉贤，至是始闻弦歌声。九年，实授。莅镇十载，培堤岸，浚沟洫，储仓廪，士民德之，至建生祠以祀。

二十年，朝鲜乱起，日军侵奉天。毓秀自请赴前敌，比入京而和议成。会鹿传霖出督四川，奏毓秀自随，于是再莅松潘镇任。初，甘肃循化番族拉布浪寺凤强悍，数越界侵掠。毓秀初莅镇，遣兵防守，安抚余众，而拉部擅命如故。既复任，遂率将士出关，克碉十余，禽渠率，斩以徇诸夷。诸夷皆扶服，莫敢惕息。蜀边宁静，擢提督。巴塘西三岩野番数入边，商旅苦之，号称"夹坝"。毓秀率众入其部落，招诱首领，宣播朝威，动以祸福利害，诸番皆束首归命，晋头品秩。

二十六年，授贵州提督。会拳乱作，亟统兵入卫。抵蒲州，车驾西幸,命率师驻韩侯岭,许专折奏事。明年,调湖北,命分所部留守太原。毓秀以三子瑞符领六营诣防,而自率全军随扈北上。寻移广西。逾岁,行次广东,总督陶模奏署陆路提督。九月,还湖北。宣统二年,创发,卒于官,谥勇恪。

毓秀性忠朴,不治家人生产。治军数十年,布衣蔬食,见者不知其为专阃云。

何秀林,云南宜良人。少从岑毓英军,攻罗川,袭定远,略曲靖,每战必克,累功至守备。讨猪供箐,寇悉锐出,围攻姜飞龙前营,毓英往援,令秀林策应,于是夹击,大破虏,复进捣中坚,擒其酋陶新春,合师剿克海马姑,迁游击。

同治七年,西寇围省城,从毓英自宜良七旬破大小石垅、麻苴、新村,进取大树营。运道达,移师呈贡,败晋宁、昆阳援贼,拔其城,迁副将,赐号效勇巴图鲁。攻澄江,迭克要隘,直薄城下,城寇遁,毓英攻西北二门,秀林助之。张元林败入城,官军梯而登,马忠入西门,秀林入东门,元林惧,仰药死。澄江平,与李廷标协守杨林。

八年,寇犯邑市旧县,防军告亟,秀林赴之,连破马家冲、前街、邑市。会廷标亦往援马龙,两军以无主将失和,寇蹈瑕入杨林。秀林闻警驰还,厉众坚守,而都司杨桐等先溃,秀林遂陷重围。李唯述援军弗能至,秀林力尽,溃围出,被巨创,退保宜良、北屯。杨林陷,坐免。秀林营员何裔韩伤重几死,犹携文卷以行,与秀林收集溃兵,赴省助战,大板桥之役,与有力焉。其秋,攻易门,与署知县周廷献克西门、大小龙口及黄泥堆,断樵汲,分兵佯攻西北,诱寇出,而遣将潜袭西南。秀林督军冲入,寇惶恐,伪乞抚,秀林弗许。卒大破之,复故官。无何,粤寇陷禄丰,秀林约练目丁同义反正。同义倒戈以应,秀林分军夺门入,擒渠率,城遂复,晋总兵。

九年,师攻澄江,秀林破城外五山巨垒,寇掘地为营,师久无功。秀林诈退,隐卒诱之,回酋马敏功等堕其计,并殒于阵,馆驿遂无遗寇,进克嶍峨,擢提督。明年,补普洱镇总兵。

光绪十年，法越事起，从毓英出关，统三千六百人驻兴化。法军退宣光，勒兵而进，丁槐军西南，秀林军东南，攻大寺、大寨，破之。城内法军开壁出汤，秀林所部中弹数十人，战益力。法军驰入壁，城外垒栅林立，炮台棋布。秀林数攻城，为所绁，乃开地道轰溃之，于是攻城无所阻，遂逼城而军。十一年，法军数万来援，刘永福军溃。秀林遣马维骐往救，坚守地营，敌不得逞。已而维骐亦被困，秀林至，法军乃解去。周视各营，伤亡既众，不获已，退顿城下。策敌必猛攻，豫窖地雷以待。敌果至，雷发，法军死伤枕藉。秀林乃从容集残军，退保同安，图再举。和议成，罢戍，移临元镇。十六年，卒。

杨国发，云南建水人。讨云南、贵州匪，以战功数迁至守备。咸丰十年冬，署提督申有谋攻富民，国发长左翼，诸生张执中导之出麦厂间道，克黄土坡、永安庄。入城，围攻之，寇弃城走，迁都司，赐号果勇巴图鲁。明年，进剿禄丰及广通各井，皆下之。

同治二年，从岑毓英西征，连下十余城，直趋楚雄。国发先克古山寺、双桥巨垒，飞炬焚之，夺东门入，城克。会大姚告警，国发领兵赴救，破援贼桃花村。合城围，知县朱士逵举火应，约期启关，大姚平。称攻镇南，以寇援大至，檄还省。

三年，权元新营参将，与诸军拔曲靖，并复沾益、马龙，再迁至副将。四年，广西州土寇啸乱，杀游击陈萃、知县李瑞枝，国发率师讨之，斩其酋张显，境赖以安。越三年，西寇围楚雄亟，国发从间道入，与守将李唯述日夜鏖战，经月余，攻不克，粮尽援绝，城陷国。发冒围出，仍绕道还省。

七年，寇分路大举，一自富民据城西北，一自安宁据城西南。毓英入援，遣国发扼杨林。俄而李芳园等悉众来犯，势张甚。国发告亟，毓英使蔡标赴之，与国发破小街、白龙桥。旋为寇所乘，地复失，乘势逼城下，缚草束薪，累积如堵墙，列枪炮其上，俯击城中，谓之"柴码兵"，将士损折过半。国发不获已，再告亟，请援师，毓英自将兵破之，檄国发署普洱镇总兵，顿师桃园，接应诸路。

八年，寻甸回围马龙，国发至，会诸军战却之。夜将半，进掩贼营，乘风纵火，燹烟张天，尽焚其垒，围解。转斗逐北，连破十里铺、小偏桥、长坡六十余里，迁总兵。规弥勒竹园村，马世德构开、广回来援，国发破之赵林寨。十年，攻云南县，与唯述会军普溯，分道入，国发迭克要害。寇窜观音寺，国发麾兵击之，又毁七碉，直薄城下，与唯述军合。十一年，轰裂城垣三十余丈，相继而登，巷战一昼夜，拔之，留所部守其地。秋，徙镇下关，进围榆城，先后克大小围埂，擢提督，赏黄马褂，更勇号绰勒欢。

十三年，再权普洱镇。光绪七年，毓英抚福建，国发率师驻台北。明年，还云南。十年，从毓英援越南宣光、临洮，每战皆克，予优叙。二十六年，卒，附祀毓英祠，予本籍建祠。

张保和，云南师宗人。初从岑毓英讨回寇，积功至守备。同治六年，越境讨猪供箐，屡获胜。寇窜海马姑，复与蔡标等合击之，攻大寨，悍酋张项七死拒，保和执矛以刺，堕马，枭其首，寇气慑，诸军乘之，大捷，迁游击。明年，西寇围省城，毓英入自曲靖，遣保和为前锋，攻克石虎冈，驰救邵甸，破之。移师杨林，迭克要害，皆挥矛冲阵，所向辄靡。寇见保和旗帜即反奔，无敢与抗者。数负重伤，裹创力战，气不少沮。先后攻克呈贡、晋宁、富民、嵩明，大小百余战，未尝一挫。省围解，迁副将，赐号扬勇巴图鲁，署楚雄协。规昆阳，遣都司陈贵等自津径取河西乡，而自率师攻仁和街，越墙而入，手刃悍寇数人，一鼓克之，河西亦平，于是城围合。保和揆形势，谓宜先克海口，因勒兵以进，村民争迎附，二十余寨皆下，遂复州城，署开化镇总兵。

九年春，攻弥勒竹园，马世德赴救，保和迎击之，身先陷阵，弹贯鼻及眼，血盈面，士卒愤懑，卒大破之。连克上下坝，竹园平。赴本官，更勇号曰刚安。进取茂克，战数捷，阿迷、大庄望风奔惮。夺后山，增筑炮台，俯瞰其寨，日夜轰击之，汲路绝。寇骇乞降，保和许之，收器械，捕恶党，徙降回大庄。十一年，以次复田心、日者乡。时赵发攻嫛兮未下,保和自开化驰剿。直抵马街,破上下两寨,徙降回新兴,擢提督。十二年,论克腾越功,赏黄马褂,授鹤丽镇总兵。

十三年,开化大窝子土夷复叛,毓英收抚之,檄保和再莅开化镇任,发兵二千,责千总李瑶等戍其地。瑶等纵兵凌虐,于是土夷大愤。逾岁,光绪改元,冈酋马河图嗾与汉民哄,保和欲树功,与署知府姚嘉骧侈张其事,请调兵数千,发饷巨万,克期大举。毓英廉得实,斥之。保和怒,乃罢戍,以失守闻。毓英遣何秀林进击,保和调将至,宵入燔数寨,称克复。毓英乃罢保和。明年,调湖南永州镇。三年,卒。保和在滇将中以智勇著,功亦盛。其卒也,年未四十,时人惜之。

论曰:滇回初起,势颇盛,自如龙反正,其气始衰。然非有以善驭之,剿抚兼施,滇事亦未易定也。耀曾善于结士,玉科神于用兵,标等皆善攻坚;而毓秀忠朴,兵后能崇儒兴学,尤称知本,民建生祠以祀之,宜哉!

清史稿卷四五七
列传第二四四

蒋东才 刘廷 李承先 李南华
兄子得胜 董履高 董全胜 牛师韩
曹德庆 马复震 程文炳
方耀 邓绍忠 邓安邦

蒋东才,字轶众,安徽亳州人。咸丰初,捻酋张洛行围城,筑炮台高阜,俯击城中,东才兄遇害,愤甚,乃创义团,为官军前驱。会城中粮尽,东才杀马飨士,与同邑刘廷、李承先夜缒城出袭,毁之,寇遁。

四年,投豫军,英翰器其才,俾充哨长。战亳北,被巨创,卒擒其渠。南道团练大臣毛昶熙檄领东震营,累勋至守备。商邱寇之据金楼也,东才筑土为山顿其上。寇来袭,辄败去,纵兵乘之,遇伏,炮石雨垒。东才方解衣激战,寇突出袭我后,东才回矛决荡,大歼其众,寨拔。

同治二年,规汝宁。夜获逻卒,东才乃服寇装,效口号,夺门入,诸军踵之,夷巨垒。乘势下南阳、息县,又败之商邱大小集。数迁至副将。七年,张总愚北犯,东才攻以火,殪寇千余。又截击任柱等黄河、徒骇间,晋总兵,赐号威勇巴图鲁,徙守运河。捻平,擢提督。明年,赴陕征甘肃窜匪,并败退波罗营以西马贼,更勇号额腾额。十二年,从克肃州,赏黄马褂。事宁,假归。

光绪初,统领豫军。先后疏浚贾鲁河、京师内外城河。除甘肃
凉州镇总兵,仍留豫。十三年,黄水暴涨,力护郑州以下堤工,救难
民二千余。风雨罢劳,遘疾困笃,俄卒于工次。优诏赐恤,予开封、
亳州建祠。

廷既解亳围,旋夺西境两河口,补千总,从宋庆驻守宋集。同治
间,从攻怀远,平高邱,积功至参将。任柱等掘荥泽将图北,又从庆
迎击。夜率壮士袭其营,寇南走,廷截之光州,诛其酋张显。复破张
总愚于饶阳、临邑,擢总兵。西捻平,晋提督,赐号额腾依巴图鲁。八
年,入陕平绥德,赐秩头品。宁夏既宁,赏黄马褂。光绪四年,卒于
洛阳,祀亳州。

承先,字光前。少英敏,好读明戚继光书。亳平,赴归德击高州
匪,拔汝宁寨,与有功。同治间,攻张冈,匪首孙葵心来援,围承先数
匝,冒围出,裹创力战,败之,迁都司。进解光州围,连败之上蔡、祥
符。守黄河,降中牟寇冯增,再迁副将。张总愚窜畿南,又从庆败之
饶阳,赐号节勇巴图鲁。长驱玉林镇,战良久,中矛,浴血陷阵,大
捷。逐北济阳,直蹙之黄河,晋号志勇,擢总兵。录守运河功,晋提
督。光绪十四年,河工成,遣散夫役近数万,为奸民所惑,啸聚朱仙
镇。提督董明礼被围,巡抚倪文蔚议剿,承先止之曰:"用兵必有溃
扰,归、陈各属不能安枕矣!且河工夫役数十万,设有牵动,患更
大。"乃单骑往抚,杖其前者数人,余皆愕错,受部勒。十七年,署河
北镇总兵,自同治八年至是凡三摄矣。寻补归德镇。四月,卒。亳
民感之,建祠以礼。

李南华,字孟庄,安徽蒙城人。咸丰初,粤寇陷江宁,淮北捻蜂
起。南华治团卫乡里,击捻数获胜,累勋至守备。捻入境,率死士百
人拒之,斩悍贼百余,进讨群捻,七战皆捷,迁游击,赐号猛勇巴图
鲁。

同治改元,平浍北。先是,苗练沛霖跨有长淮,既输款发、捻,大

诛练之异己者，群练帖伏。独南华与抗，翦除其党，沛霖怒，遣张建猷等围蒙。南华破之马家店，再至再败之，寻就抚。明年，复叛，筑垒蒙城东南，断我粮运，南华会总兵王才秀击却之。沛霖深堑长濠，谋久困。南华誓死守，数出战，负重创，力疾攻之，尸山积。会粮绝，令众潜取之以为食，一夕皆尽，寇大骇。出奇兵夜袭之，夺其辎重以归，斩馘不可称计。僧格林沁入城，见家食人肉，南华竟体创痕，深叹异之。唐训方上其功，超擢总兵。未几，统全军驻守怀远。三年，徙临淮、寿州。闻任柱入蒙境，亟还军，而捻又窜豫，巡抚乔松年移抚陕，奏自随。张总愚扰关中，率师驰击之。陕事定，称疾去。

久家居，慷慨好义，值岁饥嗛，毁家纾难，诵声如沸焉。光绪二十四年，土寇牛世修倡乱涡阳。南华闻警，率练勇赴援，会各军击退之。明年，巡抚邓华熙疏荐其才，令综凤、颍、六、泗团练，参皖北军事。数获剧盗，萑蒲敛迹。调赴豫，权河北镇总兵，寻补福建汀州镇。二十八年，卒。乡人思其德，吁建蒙城专祠，报可。

其兄子得胜，佐治乡团，亦颇力。沛霖之乱，战常陷坚。累迁参将，赐号奋勇巴图鲁。蒙围解，改练为军，俾得胜领之。转战直、鲁、苏、豫，濒有功。克宿迁、郯城，擢总兵，补安庆协副将。直、东平，晋提督，更勇号曰刚安。移军江宁，平土寇胡志瑞乱，仍归于亳。十七年，卒，恤如制。附祀英翰祠。

董履高，字仰之，安徽合肥人。咸丰末，粤寇乱，治练卫乡里。同治元年春，李鸿章治军上海，履高隶戏下，从援北新泾、四江口。师攻常熟弗克，履高率敢死士数百先登，拔之。连克昭文。历迁至守备。二年，从克江阴、无锡、金匮，移师浙江。时寇麇集嘉善，江、浙道梗。西塘势险奥，寇据为嘉善犄角，殊死斗。履高率众泅济，直薄垒下，炮弹掠肩过，弗少顾，噪而上，手刃数悍贼，夺纛而舞，气百倍，寇惊乱，拔西塘。旋克嘉善，江、浙师始相应。

四年，师复宜兴、荆溪、嘉定、溧阳，履高每战必克。追击金坛寇，斩首数千，余党星散。五年，援湖州，破广德，晋游击。鸿章征捻，橄履高出淮城，次车桥镇，遇寇，击败之。寇截淮关税银，一日夜驰数百里夺还。时捻酋张总愚窜陕西，任柱、赖文光窜山东，履高东西驰逐，夷阬谷，拔卤莽，当者辄靡。捻集麻城、光山、固始间，编木为城，实土其中，然炮俯击，众莫敢逼。履高率千人，夜掘隧，曳木入，衷击之，尽殪，擢副将。事宁，假归省亲。九年，募淮军赴晋防河，以功晋总兵。

光绪三年，蒙古草地马贼蜂起，移师防归化、包头。沙漠平衍，寇骑飓疾，日尝数遇，以寡击众，月余，讨平之。母忧去。五年，起署浔州协副将。郁林大竹根故盗薮，官军莫能制。履高至，潜易装调其地，选劲卒数百，距寇巢十里外而军，佯示怯，寇易之，不诚备。忽大风雨，履高锐师宵加之，击杀数百人，寇奔遁。

九年，法越肇衅，移顿南宁、龙州备策应。明年，再署浔州协。思恩革生莫梦弼构苗匪，广、黔各匪，据五岗以叛。五月，深入苗疆，擒梦弼诛之，事遂定。擢提督，赐号奇车伯巴图鲁。调署新太协，仍驻龙州。十月，徙屯枚，兴法军血战数昼夜，左足中炮几断，当轴遽易之，谅山遂陷。年余，创平，除庆远协。寻谢病归。十五年，补广西左江镇总兵，严军纪，能捕剧盗，乡民感之，为立主生祀焉。

二十五年，调直隶正定。时拳民始萌蘖，月朔望说法愚民。履高督兵擒其渠，绳以法，余皆股栗，匪卒不敢入境。明年，畿辅大乱，独正定晏然。历江苏淮扬镇、贵州安义镇，袁世凯疏留北洋练军。三十一年，除寿春镇。淮流盛涨，城不没者数尺。履高晨夜徼循，修补救护，城得无虞。

三十二年冬，巡视泗州防营，坠马，旧创发，假归。越二年，卒。诏优恤予建祠。

董全胜，字凯臣，江苏铜山人。同治初，以把总隶李鸿章军，充马队官。攻无锡，全胜率敢死士为军先，擒伪潮王黄子隆，城遂克。复金匮、宜兴、荆溪、淋吴家闸，潜、常州、嘉兴，皆有功，累擢守备。移剿捻，贼扰福山、宁海诸地，全胜分防吴家闸，潜出贼背夹击，毙无算。贼南窜，复败之莒州、沭阳，追抵海州境，贼创亡略尽。赣榆六塘河之战，毙贼尤夥。东捻平，擢游击，赏花翎。张总愚窜畿南，全胜败之安平。贼偷渡滹沱河，全胜追剿伪怀王邱得才一支殆尽。贼趋天津，全胜冒雨急驰，绕截贼前。贼回窜高唐，南走陵县、临邑，适黄、运涨，贼既困于水，又屡受巨创，不能军。西捻肃清，擢升参将。驻津沽管练军营，率所部开浚陈家沟，抵北塘咸河百余里，岁溉稻田无数。光绪十四年，以塞永定河决口功，升副将。北运河红庙漫口，全胜率军堵塞，诏以总兵记名。二十二年，王文韶督直隶，擢充天津练军翼长，兼带中营炮队。二十五年，卒，年六十，恤如例。全胜治军四十年，与士卒同甘苦，故临阵咸为效命；又善以寡击众，身经数百战，未尝一挫败。鸿章恒称之。

牛师韩，安徽涡阳人。父斐然，官知府，在乡治团练。师韩随父击贼，数挫之，称"牛家团练营"。咸丰八年，投皖军，破赵家海、檀城集，收抚各圩。十一年，发、捻各寇窜扰睢宁。师韩以少击众，克周堂，积勋至守备。

同治二年，苗沛霖据凤台，与捻首张洛行互犄角，数百里寇寨林立。蒙城被围久，士卒无见粮，城几溃。英翰方牧宿州，亟赴援，而悍党斜趋西南，将袭我后。适师韩率骑旅至，战却之，又出奇兵通运道。已而英翰以凤颍道统蒙、亳诸军，与捻相持数月。师韩常以骑兵摧寇锋，援师续至，复选卒溃围会援军，躏寇垒数十，飞弹伤额，裹创力战，寇党歼焉，围解。先是，英翰计擒洛行，及其子喜、义子王宛儿，夜献僧格林沁军，先遣师韩单骑诣大营，乞兵迎解，穿寇垒而过。比寇觉，驰劫之，不及，张酋竟骈诛，时师韩年甫冠也，再迁至游击。嗣从英翰剿发寇，战霍山黑石渡，大败之。未几，陈得才、蓝长春等构党号十万，游弋英、霍、潜、太间。师韩请英翰剿抚兼施，不及旬日，降者踵接。得才穷蹙自裁，而长春犹隅负。师韩苦战，婴十余创，屹不动。旋蓝逆伏诛，余众悉平。张总愚合赖文光、任柱窥蒙、亳，围雉河集。师韩闻警，率师直薄寇构营，内外夹击，遂解重围，擢参将，赐号信勇巴图鲁。

六年,任柱窜山东,截之于郯城,又击退宿迁、运河悍贼。东捻平,超擢总兵,更勇号曰达春。七年,西捻窜直、豫间,英翰请驰兵汴梁,入卫畿辅,檄师韩率骑旅三千会援。寻命驻黄河以南备守御。师韩日与豫捻鏖战,所向辄捷,长驱山东境,复与诸军截之恩县。捻惊走,蹑至盐山、海丰,驰四昼夜抵高唐。捻涌至,将犯运河。会天大风,师韩趋上风邀击,寇大溃。西捻平,赏黄马褂。英翰疏称其好谋能断,堪胜提镇任。捻酋献计献策宋景诗通诛,复以计擒戮之,晋提督,赐秩头品。

光绪元年,授河南归德镇总兵。十五年,调河北镇,遭父忧去。二十年,日韩构衅,授甘肃宁夏镇,命入卫,驻军榆关。事定,还本官。二十一年,河湟回蠢动,师韩赴之。次西宁,闻平戎驿被围久,亟入。大峡距驿四十里,悍回数千恃险负命。师韩以四百人制之,血战竟日,贼败溃,复大峡,其小峡寇亦遁。旋创发,卒于军。当其赴援时,阴雨弥旬,山径崒嶮,行帐无所用,士卒有假居旅舍者。提督董福祥劾之,议夺职,师韩未及知而已疾终。事闻,诏复故官。总督周馥状其绩以上,予原籍建祠。

曹德庆,安徽庐江人,粤寇蹂皖,练团保境。嗣从官军克柘皋、三河,被重创。改隶淮军吴长庆麾下。同治改元,李鸿章督兵上海,檄德庆探贼,尽得其虚实,大破贼新桥。时总兵程学启被围,复从长庆疾击之,围解。自是官军连下十余城。德庆战常陷坚,积勋至守备。水陆军规苏州,德庆一军为游兵。苏城既下,从克无锡、金匮,移师援浙,助击平湖、乍浦、海盐,据寇弃城走。玙城寇来犯,迎击败之,弹贯右臂,裹创克嘉善,攻嘉兴。

从刘铭传克常州,徇下宜、荆、溧、太、嘉诸邑,晋参将。再从郭松林援浙,克湖州。援闽,克潭、浦。东捻平,擢总兵。防直、东运河,铭传困西捻黄、运间,德庆领所部横击之。西捻平,晋提督,赐号烈勇巴图鲁。师旋,驻守江苏,历扬州,徙浦口。会天旱,天长、盱眙枭扇乱,擒其渠陈红庆,诛之,解遣胁从数万人,发粟赈饥。驻江阴,建议筑鹅㿟嘴及下关炮台。

光绪二年,统淮扬水师,疏浚赤山湖埂,荡金陵诸河道。十年,法越衅起,移军防吴淞,增筑南石塘、狮子林炮台。曾国藩疏荐其设防要隘,不避艰险,授狼山镇总兵,留防如故。皖北饥,输巨金助赈,诏旌之。十六年,罢戍,赴本官。时通海里下河纵横数百里,枭寇出没,民苦之,德庆尽法惩治,奸宄浸息。二十七年,卒,恤如制,从祀长庆祠。

马复震,字心楷,安徽桐城人。曾祖宗梿、祖瑞辰,父三俊,均见《儒林传》。复震年十六,袭云骑尉。以祖若父均死于贼,誓欲杀寇,投诗曾国藩行营。国藩奇其才,遂檄令增募兵,号淮勇。初,国藩治团练长沙,号湘勇。李鸿章募兵皖北,以淮勇继之,然初不称淮勇。淮勇之名,实自复震始。

国藩困祁门,复震扼祁门榉根岭。次年,会军御寇石门桥。又从攻徽州,拔统领唐义训于重围。迭克黟县、徽郡,又大捷屯溪、岩市,以解徽州围;大捷孔灵,以克绩溪、祁门。复震性刚,不能下人,人或谗之国藩,国藩稍稍戒饬之。复震颇责望国藩,谓:“不当用人言戒我,乃不我知也。”会左宗棠率师征浙,调复震从攻余杭,比战皆捷。余杭既克,追寇至遂安、开化、马金。湖州既克,追寇至铅山县坊湖镇。常为诸军选锋,积功至副将。宗棠奏其血性过人,胆识坚定,又好学知书,请改文职,格于例,以总兵随宗棠剿捻陕西。

复震自初入军,即誓死灭贼,捻平,年三十,始归娶。事母孝,友爱诸弟甚至。生有奇姿,肮脏不平,往往至于大醉泣下,辄歌诗以自遣。海疆日益多事,朝廷图自强,创造火轮兵船。鸿章任湖广总督,遂委复震管带操江船,则益研求西国水师兵法。鸿章督直隶,调巡北洋,时国藩为两江总督,仍令往来南北,且合疏荐复震沉毅有为,足胜海疆专阃。

光绪三年,简授阳江镇总兵,已前卒月余,年未四十。于是鸿章念其积劳久,且兴淮军及海上兵船,复震皆首其事,乃奏请优恤。著有《莪园诗钞》;又尝从寇中携父残稿出,展转兵间,卒请宗棠序而刊之,为《马徵君遗集》。

程文炳,字从周,安徽阜阳人。初结乡团自卫。年十八,投袁甲三军,领马队为选锋,战辄冠其曹,荐升至守备。从克定远,破湖沟寇圩,补潜山营游击。

同治二年,率所部二千人驻蒙城。会苗沛霖构捻来犯,相持八阅月,大小百十战,数获胜。已而捻酋葛小年拥众可数万,殊死斗,蒙围益急,与布政使英翰内外夹击,大败之。僧格林沁军至,诛沛霖。文炳会诸军擒小年等骈戮之,皖北始稍靖。

四年夏,任柱、赖文光复入皖。英翰顿雉河集,与寇相持五十余日,饷糈不继,兵疲馑,文炳邀击之。军士战稍却,语所部曰:“此生死呼吸之际,汝辈尚不力耶?军令在,不汝恕!”策马陷阵,将弁继之,呼声振天,寇披靡。追战至夜分,左臂中矛伤,裹创力战,寇惮之。援至,因大破虏。论功,擢总兵。

五年,补贵州清江协副将,驻军皖北。朝命英翰抚皖。初,文炳以军事与英翰不相能,至是称疾不出。英翰之母贤,诸将自史念祖以下均母事之。英翰以母命召文炳,至则拜床下,誓捐前隙共生死。比出,即檄统前敌师干。是时,捻骑飘忽成流寇,李鸿章既定圈河策,文炳统皖军万五千人,与总兵张得胜等进击。东捻势蹙,任柱死,其党四散,大呼文炳名求降。鸿章逮降卒问故,佥曰:“昔皖北善后,程公以身家保乡人。今我辈穷而乞怜,必能拯我。”其信义孚人如此。英翰上其功,擢提督。

六年,西捻张总愚北犯,诏文炳率师入直会剿。逾岁,败之滹沱河。各军至,捻狂奔,争先渡河,弃骡马赀粮河干。文炳下令军中曰:“速济追贼,敢取物者斩!”于是皖军先渡,蹑贼而南,斩馘无算。西捻平,赏黄马褂,还驻亳。十二年,授江西九江镇总兵。

光绪二年,移疾去。明年,秦、晋大饥,捐巨赀佐袁保恒办赈济,民获苏。五年,起署寿春镇,旋补官南赣。九年,擢湖北提督。绿营废弛久,文炳既受事,实行加饷抽练法,军容一振。莅官十载,遭本生继母忧,终丧。会中日战事起,诏趣赴京。至则命统皖军驻守张家湾,寻授福建提督。

二十五年,入觐,假归。明年,拳乱作,诏福建、江南、浙江、安徽、江西勤王军受节度,赴彰、卫、怀备守御。又明年,提督长江水师,目睹船械窳敝,乃牒商刘坤一、张之洞改用快枪;调师船二百,编为游击备策应。又以师船旧炮不能击远,与缘江各省筹易快炮,增饷益师,军威始壮。宣统二年,卒,年七十有七。先是,诏疆阃诸臣条陈时政,文炳洞见新军症结,具疏未上。俄病笃,命缮入遗折中,分编兵籍、节饷糈、增额阙、造器械、变操法五事。上嘉其老成谋国,下所司行。优诏褒恤,予本籍及立功省分建祠,谥壮勤。

方耀,字照轩,广东普宁人。咸丰初,随其父原治乡团,所部多悍勇。嗣投官军,征土匪有功,补把总。自是,连克清远、广宁、德庆,截击连州窜匪。总督黄宗汉疏荐谋勇冠军,叙都司,赐号展勇巴图鲁。

九年,发寇陈四虎侵广宁,土匪四应。耀入自英德,会水师抵三峡,沈贼船,水路始通。进解阳山围,击退婆径、黄陂各匪,匪奔韶州,复大破之。十年,从克仁化、南雄。总督劳崇光倚以破贼,令援赣,连下安远、平远。十一年,援闽疆,下武平、永定。时伪兴王陈金缸陷信宜,数犯高州。耀还军助击,大败之。

同治二年,肇、罗寇氛炽,客匪众至十余万。耀与副将卓兴以所部八千人夹击之,迭破巨垒,焚其屯粮。其党郑金斩金缸以降,郑金即邓绍忠也。高州平,晋副将。三年,赴平远八尺墟,坐县城失守、进兵迟误,暂褫职。时发寇丁太阳分据武平,耀自平远进逼,夺击退之。又设伏诱敌,乘胜径斫贼营,大溃,城贼亦惊走,遂克武平。而丁贼犹据永定,负固不下,耀进围之,詗知贼将赴金砂,隐卒以待。贼至,伏起,贼返奔,追袭之,夺城外炮楼土垒,俯瞰城中,日夜下击,贼尸山积,启东门遁,复故官。四年,伪康王汪海洋窜大埔,耀还军扼守，遇伪侍王李世贤，血战三昼夜，以少击众，大败之。复与绍忠会师入闽，连克平和、诏安、长乐、镇平，而余匪啸聚和平者势犹盛。耀以无备，再褫职。旋收嘉应，复官。

七年，授南韶连镇总兵，调署潮州。潮俗故悍，械斗夺敓以为常，甚且负隅筑寨，拒兵抗粮。耀以为积匪不除，民患不息，乃创为《选举清乡法》，先办陆丰斗案，明正其罪。潮人始知有官法。陈独目结会戕官，谢奉章恃险擅命，并捕治之，潮民遂安堵。暇辄厘占产，征逋赋，丈沙田，潮税岁增钜万。又御水患以保农田，建书院以育俊秀，士民颂之。总督瑞麟状其绩以上，赏黄马褂。

光绪三年，调署陆路提督。五年，还本官，治潮州、南澳、碣石军事。九年，法越构兵，充海防全军翼长，改署水师提督。越二年，实授。尝率师出捣盗穴，广、惠、安谧。十七年，卒，恤如制。耀身矫捷，履山险若平地，眼有异光，暮夜击枪靡弗中，以故粤中诸匪咸惮之。

绍忠，籍三水。始随金缸为寇，既自赎，提督昆寿许领其众为一营，号安勇。克广西岑溪，赏都司衔，始更名。永定、大埔之役，与有功。数迁至副将，权罗定协。寇据嘉应，其党谭光明等殊死战。绍忠扼守长沙墟，寇至，击却之。城寇悉众出，并力追击，擒渠率，城拔。以次征肇庆、思平诸匪，赐号敢勇巴图鲁。平五坑客匪，更勇号额腾伊。自是察匪所向，捕之。不二年，擢提督，补潮州镇总兵。光绪二年，搜治钦州、灵绍积匪，晋秩头品。五年，攻克琼州、儋临，赏黄马褂。十年，权陆路提督。粤故多匪山，忠颇善治之。攻剿遍粤境，转战闽、桂，匪为敛迹。十五年，授湖南提督。十七年，还综广东水师。二十年，加尚书衔。越二年，卒，恤如制。

邓安邦，广东东莞人。以勇目积功至守备。同治三年，从耀等克武平。四年，汪海洋陷镇平，围平远。安邦赴援，抵城下，饥疲甚，杂食薯芋，卒解城围。再败贼大柘、超竹。嘉应陷，与诸军截歼之，晋游击，赐号锐勇巴图鲁，迁参将。光绪三年，补清远营游击。明年，匪首欧就起袭据佛冈厅，安邦约绍忠内外合攻，复其城，获就起，置之法。十二年，授湖州镇总兵。十四年，卒。

论曰：自发、捻起，各省兴团练，淮、皖为盛，实淮勇之始也。东才以下诸人，初皆起乡团，其后或隶豫军，或隶淮军，皆先后著战绩，为是所称。方耀以粤团归官军，善战兼谋勇，尤善治盗，民多感颂，兹故并著之。

清史稿卷四五八
列传第二四五

徐延旭　　唐炯　　何璟
张兆栋

　　徐延旭，字晓山，山东临清人。咸丰十年进士，出知广西容县。师克浔州，与有功，累晋知府。同治九年，除知梧州。光绪三年，迁安襄荆郧道。八年，晋广西布政使，命督办海防，得专奏事。时法人谋占全越，巡抚张之洞、侍读张佩纶先后疏荐堪军事。会南定陷，朝命出镇南关，与提督黄桂兰、道员赵沃筹防，未行，越官刘永福战胜怀德府纸桥，状其绩以上。

　　九年，出关，至北宁而还，顿龙州，被命为巡抚。敕趣永福规河内。延旭上部署防守状，略云："固广西边疆，必守北宁；固云南边疆，必守山西。左军前锋分驻北宁、涌球，去城止十二里。一旦有事，援之则无辞于法，听之则有惭于越。不如徙军入城，城固我储粮屯戍所也。并简锐扼浪泊湖北岸，为山西声援，别募勇百人扼月德江，与陆军相表里。"附请吏部主事唐景崧留军。初，法人犯顺安，越未败，遽乞和。延旭奏言："越人仓卒议和，或谓因故君未葬，冀缓须臾；或谓因废立嫌疑，朋兴党祸。越臣黄佐炎等录寄和约，越诚无以保社稷，中国又何以固藩篱？刘永福见驻山西，法人拟益师往攻，请无撤兵，用警戒备。"越王阮福升嗣位，遣使告哀，并恳允其诣阙乞封。复具和约二十七条及黄佐炎禀，上之枢府。左宗棠檄前布政使王德榜募勇扼桂边，朝命受延旭节度。其冬，力疾再出关，驻谅山，趣军进取,分袭海阳、嘉林缀敌势,并请拨船严扼海口,断其出入。谕仍力守北宁。于是令左军黄桂兰、右军赵沃协防其地。适山西陷,延旭犹虑兵力薄,复遣使入关募勇,通旧五十余营,厚集于此。随令广间谍,安地营,禁扰民,严冒饷。然沃等皆寡识,桂兰尤侈汰,与越官张登坛日事宴乐。登坛故通法,嗣以有却泄其事。上命延旭罢登坛,或囚而杀之,延旭以力不能制而止。日唯筹军火济师,以为兵力厚,可恃以无恐。桂兰复希风指,侈谈部下能战,延旭益信之,遂六上书请战。上不许,敕保守未失陷地,毋贪功。

十年,法军陷扶良,三路攻北宁,桂兰溃奔太原。李鸿章电奏失守,延旭犹上言:“西联滇军,东防江口,北宁断无他虞。”上责其饰词。会岑毓英抵保胜,部署边外各军,遂命延旭军属之。初,延旭之任西抚也,未及两月,亦知桂兰等未可恃。嗣以临敌易将,操之急,易生变,以故诰诫备至。而桂兰等且纵兵剽夺,越民不堪命,忿滋甚。是役也,群反噬,城乃陷,延旭上其欺饰状,并自纠请治罪。上怒,诏革职留任。法军乘胜入芹驿关,复命力捍之,毋再失。延旭以景崧护军收残兵,更约束,令驻屯梅。

时谅江、朗山、狼甲相继屠溃,谅山教民且蠢焉思动。延旭鉴覆辙,严禁防军向越官索夫米,有伐一草一木者斩,越民仍不知感。适德榜至,劝延旭勉自支振,图再举。于是更严勒粤军,仿楚勇制,力求后效。而逮问之命下,吏议斩监候,改戍新疆。追论举主,之洞、佩纶,均被诃责。延旭未出都,病卒。子坊,自有传。

唐炯,字鄂生,贵州遵义人。道光二十九年举人,训方子。训方督师金口,炯驰数千里省视。越夕难作,仓皇奉遗疏谒曾国藩,得代奏。武昌复,求遗骸归葬。桐梓乱民起,治乡团御之。服阕,入赀为知县,铨四川。

咸丰六年,署南溪。值滇寇李允和蠢动,蓝朝柱应之,陷叙州,吏士皆恐。炯乃训练兵壮,晨夜徼循,人心稍靖。有为寇所获者,纵之还,曰:“为我语唐青天,决不犯南溪一草一木!”炯领兵逼吊黄楼,单骑入营,谕以利害,朝柱款附。允和改犯犍为,炯驰救,壁不动,俟其懈乘之,寇狂奔,自相辚藉。旋与楚军解成都围。

八年,檄署绵州事。时郫、彭军事棘,调还省防守。炯谓得黑窝盗虚实,请限八日毕乃事,果如所言。除知夔州,未上,逾月,允和围绵城,炯掘壕登陴,民助赉粮。炯居城三月,不下,誓死守。援至,围始解。已而湘、黔军哄州署,骆秉章劾罢之。事白,仍治军。

同治改元,统安定营。会石达开围涪州,与刘岳昭期会师,击走之。其夏,石党窥綦江。炯闻警驰援,燔其壁,寇溃,大破之长宁。以疾还成都。秉章询寇势,时寇退滇边,声入黔,炯曰:"此诱我军东下耳。彼必走夷地,乘虚入川,宁越宜警备。"俄而寇入紫地,复请遣唐友耕军大渡河扼之。达开返西岸,退为猓夷所窘,食尽乞降,枭诛之。明年,权绥定府,区邑为八路,路若干场,场若干寨,置寨总,行记善恶法,月朔上其簿亲判之。又立书院二、社学八十余。境内称治,下其法他县。越二年,赴陕佐治营田。捻首张总愚犯新丰,大败之。

六年,四川总督崇实命率师入黔。黔患贫瘠,崇实先问以理财策,炯曰:"理财莫若节用,节用莫若裁勇,裁勇莫若援黔。"崇实然其言,遂以军事属之。连破偏刀、水上、大平、黄飘、白堡,禽斩王超凡、刘仪顺,降潘人杰、唐天佑,皆积寇也。又克平越、瓮安、黄平、清平、麻哈。迁道员,赐号法克精阿巴图鲁。嗣为吴棠所劾,还蜀。

光绪四年,丁宝桢督四川,令佐治盐策,旋补建昌道。六年,署盐茶道,条上善后六事,谓:"发引必先新后旧;征税必先课后引;收发盐引,责成盐道;改代引张,责成州县;缴残则严定限期;办公则优给公费。"议行,凡百余年引目浑淆、款项缪辖诸弊,至是尽革,语具盐法志。

八年,张之洞、张佩纶先后奏荐堪军事,于是擢云南布政使。炯率川军千人驻关外,滇军悉归节度。既莅事,裁夫马,治厂务,并厘卡,清田粮,民困少苏。法人夺我越南,被命赴开化防守,即于军前除巡抚。误闻将议和,亟还省履任。上大怒,褫职逮问,刑部定谳斩监候。久之，上意解，三历秋审，赦归。左宗棠胪其治行上于朝，命戍云南，交岑毓英差序。十三年，赏巡抚衔，督办云南矿务，偕日本矿师躬履昭通、东川、威宁铜铅各厂，疏陈变通章程，又历请减免贵州铅课，豁免云南矿厂官欠民欠，并报可。惟经营十五年，仅岁解京铜百万斤，为时论所讥。三十一年，谢病归。三十四年，以乡举重逢，晋太子少保。逾岁卒，年八十，恤如制。

何璟，字小宋，广东香山人。父曰愈，见《循吏传》。璟，道光二十七年进士，选庶吉士，授编修，转御史。咸丰七年，英人陷广州，总督叶名琛获谴罢，而巡抚柏贵等罪相埒，谴弗及，时论哗然，璟乃分别上其谬误状。明年，英舰入津沽，疏陈战守要略，先后抗论外务，疏凡八上。迁给事中。十年，出为安徽庐凤道。

同治二年，迁按察使。捻至，与总兵喻吉三随方应御，寇不得逞。四年，晋湖北布政使。逾岁，到官，值黄陂饥嗛，民就食江、汉，便宜发帑金济之。九年，擢福建巡抚，历山西、江苏。遭父忧，服阕，起闽浙总督。

光绪三年，备日本议起，治海防，饬戎政。其夏患水浸，日坐城上督拯难民，凡阅七昼夜，酿金恤之。水退，浚洪塘江，导支流入海，后患稍杀。五年，兼署巡抚。时日本议废琉球，数以兵舰浮闽、沪。璟以台湾地当要冲，基隆尤扼全台形胜，乃调集轮舶，增募兵勇，建筑炮台，备不虞。

九年，法越事起，海防戒严。璟令总兵张得胜等分扼诸郡，提督孙开华等分扼台、澎，并檄杨在元署台湾镇，助防守。明年，又上福、厦、台益船募卒状，上皆勖厉之。已而会办军务，张佩纶至，事皆专决，视璟等若属吏。又严劾在元贪谬，璟坐疏忽，干吏议。以是益畏事之，不敢为异同。佩纶调舟师卫船局，璟亦以炮布衙署自卫。廷旨以闽事亟，谆谆谕固守。逮战书至，璟告佩纶曰："明日法人将乘潮攻马尾矣！"佩纶弗听。舟师大挫，璟欲驰援，而临浦无舟可济，株守省城，卒致闽事日环。然犹左袒广勇，虽逃不问，颇为时訾议。乃

飞章自劾，而廷旨已先召还京。寻御史亦劾其阘冗，部议褫职。十
四年，卒。

张兆栋，字友山，山东潍县人。道光二十五年进士，铨刑部主
事，累迁郎中。出知陕西凤翔府，莅事三月，而回寇窃发，乃募乡兵
捍之。无何，城被围，寇且掘长濠图久困，兆栋晨夕登陴慰劳守者。
寇轰溃西南城，蚁附上，兆栋躬冒矢石，战甚力，寇不得逞。益固结
绅民，誓坚守，阅十有六月，援师至，围始解。超授四川按察使。

咸丰四年，调广东，迁布政使。左宗棠治军嘉应，馈运阻绝，兆
栋殚心筹画，给食不乏。历安徽、江苏，皆称职。九年，擢漕运总督。
时运河久废不缉，兆栋虑海警阻漕，为上《治河济运状》，称旨。

十一年，再调广东。粤俗嗜博，阄姓害尤烈，疏请禁止，报可，而
总督英翰曲徇商人请，弛其禁。兆栋劾之，落职，遂兼摄总督事，禁
益严，终其任，粤吏无敢言阄姓者。

光绪四年，母忧归。服阕，起福建巡抚。十年，法越事起，法舰
窥台闽。张佩纶衔命会办闽防军务，兆栋畏其焰，曲意事之，日谒如
衙参。佩纶虚饰胜状，诏发万金犒兆栋军。兆栋且疏劾大员谋遁，
意指何璟也，朝旨令据实以闻。已而事亟，己亦微服匿民间，数日略
定，复出任事。璟罢，兆栋兼总督，朝廷论马尾失守罪，褫职。十三
年，卒于闽。宣统元年，复官。

论曰：法越初构衅，号识时务者争上书慷慨言战。未及旬时，延
旭败退广西，炯弃关外新安行营。何璟、兆栋慑张佩纶之气势，怯懦
而无所主，事急皆遁。方其互相汲引，不恤举疆事以轻试。及其败
也，其党益肆言荧听，而此数人者，遂得保首领以没。朝廷固宽大，
亦失刑甚矣。

清史稿卷四五九
列传第二四六

冯子材 王孝祺 陈嘉 蒋宗汉
苏元春 马盛治 王德榜 张春发
萧得龙 马维骐 覃修纲 吴永安
孙开华 朱焕明 苏得胜 章高元
欧阳利见

　　冯子材，字翠亭，广东钦州人。初从向荣讨粤寇，补千总。平博白，赐号色尔固楞巴图鲁。改隶张国梁麾下，从克镇江、丹阳，尝一日夷寇垒七十余。国梁拊其背曰："子勇，余愧弗如！"积勋至副将。国梁殁，代领其众。取溧水，擢总兵。

　　同治初，将三千人守镇江。时江北诸将多自置卡榷厘税，子材曰："此何与武人事？"请曾国藩遣官司之。所部可二万，饷恒诎，无怨言。莅镇六载，待士有纪纲，士亦乐为所用。寇攻百余次，卒坚不可拔。事宁，擢广西提督，赏黄马褂，予世职。赴粤平罗肃，移师讨黔苗，克全茗、感墟。九年，出镇南关，攻克安边、河阳，凯旋，再予世职。

　　光绪改元，赴贵州提督任。七年，还广西。明年，称疾归。越二年，法越事作，张树声檄其治团练，遣使往趣驾。比至，子材方短衣赤足、携童叱犊归，启来意，却之。已，闻树声贤，诣广州。适张之洞至，礼事之，请总前敌师干卫粤、桂。逾岁，朝命佐广西边外军事。其时苏元春为督办，子材以其新进出己右，恒悒悒。闻谅山警，亟赴镇南关，而法军已焚关退。龙州危棘，子材以关前隘跨东西两岭，备险奥，乃令筑长墙，萃所部扼守，遣王孝祺勤军军其后为犄角。敌声某日攻关，子材逆料其先期至，乃决先发制敌。潘鼎新止之，群议亦不欲战。子材力争，亲率勤军袭文渊，于是三至关外矣。宵薄敌垒，斩虏多。法悉众分三路入，子材语将士曰："法军再入关，何颜见粤民？必死拒之！"士气皆奋。法军攻长墙亟，次黑兵，次教匪，炮声震山谷，枪弹积阵前厚寸许。与诸军痛击，敌稍却。越日，复涌至，子材居中，元春为承，孝祺将右，陈嘉、蒋宗汉将左。子材指麾诸将使屹立，遇退后者刃之。自开壁持矛大呼，率二子相荣、相华跃出搏战。诸军以子材年七十，奋身陷阵，皆感奋，殊死斗。关外游勇客民亦助战，斩法将数十人，追至关外二十里而还。越二日，克文渊，被赏赉。连复谅城、长庆，擒斩三画、五画兵总各一，乘胜规拉木，悉返侵地。

越民苦法虐久，闻冯军至，皆来迎，争相犒问，子材招慰安集之，定剿荡北圻策。越人争立团，树冯军帜，愿供粮运作乡导。北宁、河内、海阳、太原竞响，子材亦毅然自任。于是率全军攻郎甲，分兵袭北宁，而罢战诏下，子材愤，请战，不报，乃挈军还。去之日，越人啼泣遮道，子材亦挥涕不能已。入关至龙州，军民拜迎者三十里。命督办钦、廉防务，会办广西军务，晋太子少保，改三等轻车都尉。

十三年，讨平琼州黎匪，降敕褒嘉。调云南提督，称疾暂留。二十年，加尚书衔。值中日失和，命募旧部至江南待调发。和议成，还防。二十二年，赴本官。二十六年，入省筹防，会拳乱作，请募劲旅入卫，上嘉其忠勇，止之。逾岁，调贵州。二十八年，病免。明年，广西土寇蜂起，岑春煊请其出治团防。方募练成军，率二子以进，而遘疾困笃。未几，卒，年八十六。谥勇毅，予建祠。子材躯干不逾中人，而朱颜鹤发，健捷虽少壮弗如。生平不解作欺人语，发饷躬自监视，偶稍短，即罪司军糈者。治军四十余年，寒素如故。言及国梁，辄泫泫泪下，人皆称为良将云。

王孝祺,本名得胜,安徽合肥人。初入淮军,以敢战名。从李鸿章规三吴,积勋至守备。又从张树声克常、昭诸城,释平湖围,历迁副将。论克宜、荆、溧、嘉、常功,擢总兵,赐号壮勇巴图鲁。从援浙,连下湖州、长兴。是时,树声弟树珊攻湖北德安阵亡,坐失主将,贬秩。战败东捻,复故官。西捻平,晋提督,更勇号为博奇。旋赴山西防河,大搜马贼。值晋饥,斥家财以济,民德之,贼所窜匿,辄先诇以告。事宁,赐头品秩。光绪六年,树声督两广,奏自随。历署潮州、碣石总兵。九年,徙右江镇,主钦、廉防务。明年,潘鼎新来乞师,领勤军赴龙州,而鼎新已遁,乃从子材诣镇南关截溃勇。宵袭文渊,入街心,马踣,亟易骑,率死士绕山后,攀崖上,破二垒。俄而法军分路入,直攻关前隘,复自后路仰击,敌稍却。李秉衡集诸将举前敌主帅,孝祺曰:"今无论湘、粤、淮军,宜并受冯公节度。"秉衡称善。右路者西岭也,其部将潘瀛袒臂裸体,冲入敌阵,故伤亡独多。至日暮,孝祺击败之,夺三垒而还。攻谅城,瀛执帜先登,并力克之,城复。取太原,予世职。明年,授北海镇总兵。二十年,赏双眼花翎。逾岁,谢病归。越四年卒,恤如制。

陈嘉,字庆余,籍广西荔浦。从苏元春征黔苗,累勋至副将,赐号讷思钦巴图鲁。平六硐,擢总兵,调赴湖南守宝庆。鼎新抚广东,嘉引兵从。抵思恩,值土寇啸乱,计擒其魁莫思弼,诛之。法越之役,率镇南军出关扼谷松。敌至,炮甚猛,退顿坚老,已而战船头、陆岸,皆捷。法军据纸作社,师设伏诱之,嘉出挑战,敌悉众迎拒,战方酣,元春隐兵起,斩法将四人、兵二百八十余。捷入,赏黄马褂,授贵州安义镇总兵。未几,法军大举寇坚老,鏖战数昼夜,被重创仆地,左右掖之去,既觉,麾刀叱退,仍奋击败之。逾岁,法军薄长墙。左路即东岭,嘉争其三垒,宗汉继之,七上七下,嘉被创者四,气不少沮。孝祺自西来援,合击之,遂夺还。以次复文渊、谅山,进规谷松,力疾赴前敌,诏嘉之,赐头品秩,予世职。创发,卒于军,年未五十,谥勇烈。

蒋宗汉,籍云南鹤丽。同治初,回寇入境,方居忧,其酋马金宝逼令受先锋印，佯以终制辞。潜归里，至江干，无舟可济，追骑将及，仰天祝曰："苟得留身报国，当建此桥!"果得浮槎以免。既贵，成金龙桥，亘数百丈，行旅至今赖之。初隶杨玉科麾下，每战辄为先锋。从攻猪供箐，其下有吴家屯，为寇储粮地，备奥阻。宗汉间道得大溜口，率死士百，缒幽凿险，忍饥抵壁下，置药桶，设伏线，潜出约师，火发，大败之，繇是知名。又从玉科迭下各郡邑，积勋至副将，赐号著勇巴图鲁。战小围埂，勒马挺矛，当者辄靡。岑毓英见而叹曰："真虎将也!"大理平，擢提督，赏黄马褂。攻锡腊、顺宁，皆先据要险，设伏败敌。人皆谓其善谋云。事宁，更勇号图桑阿。克云州，署腾越镇总兵。攻克乌索，授顺云协副将。光绪改元，英翻译官马嘉理入滇边，抵户宋河遇害，坐疏防，镌秩付鞫。明年，复腾越，起副将。五年，靖远平，复故官。法越之役，率广武军出关，功与嘉埒。和议成，赐头品秩，除贵州遵义镇总兵。二十年，赏双眼花翎。二十六年，署提督，调云南。越二年，还贵州，予实授。明年，卒，予建祠。

苏元春，字子熙，广西永安人。父德保，以廪生治乡团，御寇被害，州人建祠祀之。元春誓复仇，从湘军。同治初，随席宝田援赣、皖、粤，累功至参将，假归。六年，领中军征黔苗，破荆竹园，赐号健勇巴图鲁。连克要隘，更号锐勇。八年，统右路军，值思州苗犯镇远，复击却之，进复清江，擢总兵。黄飘之役，黄润昌战死，元春驰救，亦败退，干吏议。克施秉，复故官。

九年，攻施洞，拔九股河，又改法什尚阿勇号。薄台拱，苗遁走，晋提督。明年，复丹江、凯里，军威益振，赏黄马褂。以次下黄飘、白堡，驿道始通。逾岁，循清水而南，所至辄靡，惟乌鸦坡犹负固。复自东南破张秀眉砦。残苗将北走，黔军遏之河干。元春麾军驰之，截寇为二，斩数千级，降三万余人。苗砦悉平。元春留顿其地，抚降众。论功，予云骑尉。全滇底定，赐头品秩。

光绪初，平六硐及江华瑶，被赏赉。十年，和议中变，法人大举攻桂军。潘鼎新荐其才，诏署提督。遂率毅新军驻谷松，取陆岸，麾战五昼夜。上嘉其勇，命佐鼎新军，再予骑都尉。规纸作社，敌缘江筑垒，夜将半，师设伏诱之，其左树木幽深，元春隐兵其中，敌至，于是夹击，大破虏。既而法人犯谷松，师连战失利。敌毁镇南关，元春出陇窑御之，不克，退幕府。当是时，自南宁至桂林，居民大震。鼎新罢免，遂命主广西军事。

十一年，法人寇西路，元春趋尤封截之，乃引去。俄攻关前隘，失三垒，元春亟驰救。诘朝，助子材扼中路，大捷，语具《子材传》。长驱文渊，元春踵至，诇知敌据驱驴墟，乘其未整列逐之，敌夺门走，进扼观音桥，而停战诏下，诸军分顿关内，元春驻凭祥，居中调度。和议成，授提督，晋三等轻车都尉，又改额尔德蒙额勇号。还龙州，其南曰连城，号天险，建行台其上，暇辄取健儿练校之，授以兵法。西四十里即关，崇山相鉴，一道中达。元春相形胜，筑炮台百三十所，属统将马盛治镇之。凿险径，群市场，民、僮欢忭。复自关外达龙州，创建铁路百余里，增兵勇，设制造局，屹然为西南重镇。加太子少保，晋二等轻车都尉。

二十五年，入觐，命赴广州湾划界。前后镇边凡十九年，阅时久，师律渐弛，兵与盗合而为一，蔓滋广。朝命岑春煊督两粤治之，御史周树模劾元春克饷纵寇，敕春煊按复。春煊谓不斩元春无以严戎备，诏夺职逮讯。初，湘军旧制军饷月资衣食外，余存主将所备缓急，岁余乃给之，名曰："存饷"。元春莅边，凡所设施，不足，移十二万济之。刑部拟以斩监候，狱急，元春请以应领公款十六万备抵偿。于是部再疏其状，谓其父死难，例得减，诏戍新疆。

元春躯干雄硕，不治生产，然轻财好士，能得人死力。尝与法人接，独持大体。金龙峒者，安平土州地，为中、越要隘，法将据之，与争不决。而游勇万人恒出没为法患，法莫能制。其总督入关来求助，元春悉召至赏遣之，金龙七隘卒归隶。法商李约德为寇所掠，总署虑启衅，以属元春。元春简骑从诣山下，寇闻，送之出。时元春已积逋二十万，或劝其请诸朝，元春叹曰："吾任边事，致外人蹈绝险，尚敢欺朝廷要重利乎？"卒不可。法感其义，赠宝星，既入狱，年已六十矣，无子，幕士董翻左右之。法总统闻其状，急电公使端贵等谋缓颊。翻喜，具以告，元春曰："法，吾仇也。死则死耳，藉仇以乞生，是重辱也！君为我谢之。"居戍四年，御史李灼华疏其冤，事下张人骏，廉得实，请释归，而已卒于迪化。贫无敛，新疆布政使王树枬为治其丧。宣统改元，复官，子承赐，戍所生。

马盛治，字仲平，籍广西永安。以孝著。初随席宝田征黔苗，积功至游击，赐号壮勇巴图鲁。苗疆平，更勇号哈丰阿，迁副将。从克六硐，擢总兵。越事急，遂率师出关。时宣光、太原、牧马溃勇索饷哗变，盛治轻骑往抚，汰弱留强，军纪以肃。逾岁，法人悉锐至，腹背受敌。盛治具馈粮，间道绕敌前，与元春诸军夹击之，遂复南关。克文渊、谅山、长庆，濒有功，赏黄马褂。光绪十二年，除柳庆镇总兵，仍统边军佐元春，筑炮台，设廛市，赏双眼花翎。二十一年，会办中越界务。连破西林、郁林诸匪，晋提督。二十八年，移署左江镇。南宁各属故盗薮，至即麾军搜剿，寇闻风遁。遂檄所属练团筑卡，坚壁清野，寇大困。其酋黄和顺等犹隅负，官军攻陇赖，遇伏，枪弹雨坌，盛治被重创，众掖之出，旋卒。盛治居边十七年，元春倚如左右手。元春尚宽，而盛治济以严，边境赖以宁谧。卒年五十八，谥武烈，予思恩、南宁建祠。

王德榜，字朗青，湖南江华人。咸丰初，粤寇扰境，与兄吉昌毁家起乡兵，战数利。五年，援江西，攻奉新，吉昌战死，德榜领其众，誓复仇。七年，论克瑞州功，叙经历、州同。明年，从将军福兴援浙，复衢、处各城，擢知州。又明年，从援安徽，克婺源，迁直隶州知州，援例加道员。其夏，歼贼浮梁景德镇。十年，平广信，寇遁入浙。徙防玉山，归左宗棠节度。十一年，李世贤、李秀成先后来犯，并击却之，赐号锐勇巴鲁图。

同治改元，所部哗变，又不禀宗棠命，私越境驻广丰，褫职留军。寻还浙。世贤犯遂安，出常山、华埠截之。会宗棠耀兵龙游，令扼全旺。世贤遣骁贼分道驰救，德榜自右路夹击，皆愕走。城寇犹未下,逾岁,逼城南,筑三垒,寇夜遁,复官。移师浮梁,连下崇光、阳溪诸渡。

三年,释广信围。其秋,复东乡,长驱江山、玉山、广丰、铅山,所至皆下,擢按察使。是时,世贤合汪海洋出入江、广边,连陷龙岩、南靖、漳州。德榜将二千五百人驰援,合刘典军为西路军,攻莒溪,克之。四年春,授福建按察使。复古田,攻南阳,师少却。俄而海洋率黄、白号悍党可二万列田垄,典先入,德榜为承,奋击之,寇返西岸。德榜追至下车,海洋下马痛哭,其党挟之走。黄、白号衣者,海洋所蓄死士,号无敌,至是丧失过半矣。四月,邀击世贤于安溪,进攻乌头门,复漳城,驰大埔,郭扬维率四千人降,乘胜克南靖。易勇号曰达冲阿,迁布政使。十月,援嘉应,顿塔子墺,与诸军环逼之。追寇,寇返奔。时宗棠军大埔,麾下止八百人,势岌岌,亟召德榜扼三河坝。地当潮州要冲,皆山道绝涧。德榜至,察地势,度寇必不往,且主帅军孤悬,寇直犯必不支,乃请当中路,卒与典军出寇前遏之。十二月,复嘉应,诛海洋。捷入,赏黄马褂。六年,遭父忧归。

十年八月,宗棠征河州回,德榜诣军所综营务。时黑山垒林立,势张甚。德榜率二千人自狄道渡洮,以石鼓墩左拂黑山,右扼边家湾,形便控驭,乃筑二垒其上,与诸军痛击,寇垒悉平。进驻迤南三甲集,率骑越山南下,大破之。剿东乡,抵阴洼泉,遇伏,下马督战,寇溃。迭克要害,寇并入谢家坪。十一年,傅先宗战殁新路坡,德榜接统其军,申明纪律,诛将弁先溃者六人,士气复新。羌地旷,凤患狼,往往百十成群,夜入幕帐噬人。德榜令将士习猎搜捕,狼患减。甘南既平,抚降回十余万。浚狄道河渠,获沃壤百余万亩。降敕褒嘉,赐头品秩。

光绪元年,母忧解职。六年,再赴新疆,以旧部驻张家口。七年,入京,教练火器、健锐诸营,兼兴畿辅水利。十年,越南事亟,率师赴难。抵龙州,募新军八营,号定边军,单骑诣谅山,谒徐延旭陈方略。令提督张春发分兵驻朝阳山、半陇山左右,何秀清等驻驱驴墟,通运道,而自领兵赴镇南关。北宁陷,权广西提督。战丰谷,败,苏元春不往援，德榜衔之。以故元春败于谷松，亦不往救。德榜自负湘中宿将，与督师不洽。潘鼎新责其战不力，劾罢之，以所部属元春。九月，复被命赴那阳，进逼船头，战数捷。

明年，军油隘，法军犯长墙，出师夹击，据文渊对山，鏖战数日，杀伤略相当。越日，陈嘉争东岭三垒，德榜击其背，克之。是日晨，出甫谷，敌援至，冲截为二，部将萧德龙及春发战最勇，歼法军百余人，获粮械无算。敌被截，大溃。已，复合诸军攻谅城，法军扼驱驴墟，地故有德榜旧垒，坚且致。平明，德榜歼其六画兵总一，诸军继之，城复。谷松敌势仍悍，又歼其三画兵总一，于是法人大溃，悉返侵地。复故官，被赏赉。寻移疾去。十五年，授贵州布政使。十九年，卒。恤如制。

张春发，字兰陔，江西新喻人。初隶刘松山麾下，充探骑，频有功。累迁至副将，赐号杰勇巴图鲁。从征陕回，规宁灵，战常陷坚，擢总兵。金积堡寇决渠掩我师，春发开沟筑堤，引流反灌，破垒二百余，更勇号曰哲尔精阿。复巴燕戎格及河州，晋提督。光绪二年，从刘锦棠取迪化，连克玛纳斯、达坂、托克逊，赏黄马褂。进复西四城，予世职。五年，安集延布鲁特入寇，春发度幕趋博斯塘特勒克，捣其巢。逐北至俄境。法越肇衅，从德榜夺东岭。法援大集，弹入右额，贯左颊，裹创力战，大捷。除广西右江镇总兵，署广东陆路提督，赏双眼花翎。二十一年，平永安、长乐匪，予实授。二十六年，调湖北，逾岁，徙云南。魏光焘劾其营务废弛，论戍。三十二年，张之洞白其诬，复官，综两江营务。宣统三年，病免，旋卒。春发治军严，尝云兵佚则骄惰，以故朝夕躬训练，暇辄使浚河流，平道路。然木讷寡文，疏酬应，同官先施者恒不答礼，且往往气凌其上，卒以此丛忌。

萧得龙，籍湖南蓝山。咸丰初，从援赣、浙，积勋至提督。调赴闽，克南阳、漳州。攻嘉应，寇遁，追扼北溪，大败之，赐号博奇巴图鲁。光绪初，移师甘肃，克东乡太子寺。越事危棘，与法人战南关，杀伤略相当，夺东岭三垒。功最，赏黄马褂。事宁，署庄浪协副将。创发，卒于官，予优恤。

马维骐，字介堂，云南阿迷人。少从岑毓英军征回寇，积功至都司，捕盗尤有名。越南事亟，又从毓英出关，以偏裨当一路。法越之战，滇军多有功，而以维骐及覃修纲、吴永安为著。师攻宣光，垂克，法援大集，围刘永福军，维骐锐身驰救，鏖战二昼夜，击却之。从攻临洮，功最，迁副将，赐号博多欢巴图鲁。

光绪十三年，袭攻猓黑，间道济澜沧江。贼惊溃，斩其酋张登发，辟地千里，晋总兵。频年越匪乱，骚扰各州邑，设方略治之，边境以安。二十四年，除广东潮州镇。越四年，擢四川提督。仁寿、彭山土寇起，焚教堂，杀教民，势汹汹。岑春煊谂其娴武略，军事一以属之，用兵数月，以次戡定。

三十一年，打箭炉关外泰凝寺喇嘛谋叛，率师讨平之。会巴塘蠢动，杀驻藏大臣凤全，川边大震。维骐剿抚兼施，克要害，擒渠率，赐头品秩、黄马褂。赵尔巽督川，改编巡防军，奏充翼长，训练士卒，创设将弁学堂，军民绥戢。宣统二年，卒，恤如制。

覃修纲，籍广西西林。隶毓英麾下，与维骐齐名。征回有功，累迁至参将，赐号勤勇巴图鲁。从克云州，晋副将，更勇号曰隆武，宣光之役，修纲独扼夏和、清波，分兵取嘉喻关，复招越民九千，分顿要隘，缀法军。缅旺前接山西、兴化，后达十州、三猛，为敌所据，出不意袭克之。次年，永福战失利，军溃退，修纲仍坚持不动。战临洮，斩其二将，夜半时，率死士短兵搏击，法人大败。乘胜复各郡县，北圻诸省皆响应。修纲出奇兵直捣越南中部，而奉命罢戍。事宁，赏黄马褂，署川北镇总兵，仍留滇。历权普洱、开化诸镇，坐事免。光绪二十五年，起甘肃西宁镇，留滇如故。三十一年，卒，予建祠，并毓英祠附祀。修纲性忠勇，官开化久，有惠政，士民感颂，因寄籍文山云。

吴永安，籍云南广西州。毓英部将中称骁果。以征回功，累选至副将，赐号尚勇巴图鲁。从克澄江，擢总兵。平馆驿，晋提督，更勇号曰额特和，赏黄马褂。毓英抚福建，奏署台湾镇，未之官，忧归。

起治云南边防。法人浮小舟渡沱江，永安乘其半济，击败之。趋宣光，留三营扼守，而自间道还兴化合岑军。既而诸军攻宣光，与修纲分扼要隘，取家喻关，攻临洮，战益利，予优叙。和议成，署昭通镇。讨平武定夷匪，补鹤丽镇。光绪十九年，卒，附祀毓英祠。

孙开华，字赓堂，湖南慈利人。少从军，从鲍超援江西，战九江小池口，伤右臂。援湖北，再被创。池驿之役，夹击败敌，积勋至守备。同治初，转战皖、赣间，迁副将。克句容、金坛，赐号擢勇巴图鲁。以次攻金溪、南丰、新城、宁都、瑞金，并下之，晋总兵。广柬、嘉应乱，败贼黄沙嶂，降者十余万，擢提督。

五年，除漳州镇总兵，仍北行追捻入楚。其秋，赴本官。总督文煜累疏荐其才。十三年，总督李宗羲治江防，设霆庆、霆汇诸营。厦门与台、澎对峙，势险要，开华以超旧将，被命治厦门海防。募勇成捷胜军，赴台北、苏澳营办开山，诏署陆路提督。

光绪二年，率师东渡，顿基隆，顾北路。其时后山阿绵、纳纳社番畔服靡恒，开华领所部抵成广澳，量地势，察番情，进驻水母丁。悍番分路迎拒，开华麾军鏖战，阵斩数人，余败溃。师入高崁，直捣其巢，溃番并入阿绵，其地水湍急，峇嵲巉岗，炮台错列，备奥阻。开华轰击之，纵以火箭，复绕道攻其后，番骇走，遂克之，擒其魁马腰兵等枭于市。九日三捷，论功，赏黄马褂。四年，霆庆军统将宋国永卒，开华接统其众。会加礼宛、巾老耶畔，据鹊子城，师攻不克。总督何璟以军事棘，令开华进新城，许便宜行事。开华浮战舰入自花黎，袭攻后山背。四日悉夷诸社，斩二百数十级。番乞款，缚姑乳斗玩以献，置之法。台北平，被赏赉。明年，内渡，再署提督。秋，复渡台。九年，回任，已，复出办台北防务。

十年，法人来犯，时刘铭传主军事。铭传故淮军宿将，知开华干略，檄守沪尾。初，法舰八艘至，开华度其必登岸，令诸将分伏炮台后，露宿以待。部署甫定，而敌弹雨坌，烟焰翳天，逼台而前。开华见势猛，分路截击，自夜至午，却而复前者数四。台既毁，短兵接战。

开华锐身入，手刃执旗卒，夺其旗以归。诸军士见之，气益奋，斩首二千余级，法人遁走。欧洲诸国以失国旗为至辱。捷入，予世职，拜帮办军务之命。和议成，还本官，旋予实授。十九年，卒。谥壮武。子道仁，亦官福建提督。同时守沪尾者，朱焕明为最著。

焕明，籍安徽合肥。初从铭军征粤寇，积功至游击。平东捻，迁副将。西捻犯畿疆，蹙之沧州、德平，战数利，晋总兵。光绪元年，台湾生番骚动，从唐定奎往讨，连破竹坑山、内外狮头，擢提督。法越之役，法军分道犯沪尾。焕明当北路，被重创，战益力，开华直入击退之。旋移师台北，平番社，军嘉义鹿港。土寇数千薄城，焕明率三百人与战，殒于阵。事闻，附祀定奎祠。

苏得胜，亦籍合肥。从铭军讨捻，积功至游击。战常陷坚，赐号励勇巴图鲁，屡迁提督。法舰寇台湾，从铭传守台北。战基隆，大捷，记名海疆总兵，更勇号曰西林。沪尾告警，铭军回援，于是基隆再失。逮沪尾既复，得胜还驻六堵。规基隆，全军会月眉山，曹志忠将左，刘朝佑将右，得胜居中。敌至左路，击却之。逾岁，法益兵攻志忠营，得胜领数百人往援，战失利，提督梁善明阵亡，右师亦溃，月眉复不守。而得胜已先营六堵，筑城十余里，诸军获安。相持月余，和议成，始开港。施补建宁镇，仍留防沪尾。数剿生番，感瘴成疾。光绪十六年，卒于军。妻徐氏，绝食殉焉。恤如制，妻获旌。

章高元，亦合肥人。初入淮军，累至副将。铭传檄为骑旅先锋，转战鲁、皖。安丘之役，以功擢总兵，赐号奇车巴图鲁。征台湾，晋提督。法越事作，署澎湖镇总兵，铭传檄援沪尾。沪尾、基隆既复，论功，更勇号曰昌阿，除登莱青镇。中日失和，诏赴前敌，驻盖平。日军来攻，战挫遂退。德军舰袭胶澳被幽，旋脱归，称疾罢。拳乱作，起署天津镇，徙重庆，以病免。卒，年七十一。

欧阳利见，字赓堂，湖南祁阳人。咸丰初，入长沙水师，转战赣、皖间，积功至游击。同治改元，伪护王陈坤书据太平，以兵舰衔尾西上，环泊花洋上驷渡，期水陆并进。利见领一军为前锋，兼程赴难。

坤书阳令陆路悍党击我师船,而阴结筏自下游窃渡。利见诇知之,率所部长驱,乘风浪冲其筏为二。寇大困,倚河筑垒,矢坚守。我师水陆分道进,利见驶入花山,击其背。迟明,战良久,寇阵不少动,援军至,始退。利见进次马音街,会水师将李朝斌逼花津而阵,步骑助之,寇溃。翼日,复战,陆师将周万倬遇伏被创,利见锐身驰救,苦战竟日,焚象山寇舍。而寇舰聚泊小丹归,护新市镇。利见进石白湖轰击之,获其船十二艘,迁参将。

四年,攻巢县,逼城东门而军,适彭毓橘军至,燔其筏,毁浮桥。寇入城,利见先登克之,遂与霆军复含山。四日连下三城,功最,赐号强勇巴图鲁,调补狼山镇游击。克嘉定,迁副将。下太仓、昆山、新阳,晋总兵。是时花泾港寇垒林立,与吴江、震泽寇相犄角。利见率师破之,毁其船二十艘,城寇骇绝乞降。于是苏、浙路梗,苏寇无固志。李鸿章督师合围,利见引兵从,迭克要害,寇宵遁。城复,晋提督。三年,攻嘉兴,利见率谢世彩等与陆师夹击,麾众先登,自城上发巨炮轰之。城寇骇乱,城遂拔。以次下长兴。坤书据常州,鸿章举兵西,使利见造浮桥渡濠,四面环攻,坤书就擒。中吴大定,除淮扬镇总兵。四年,捻至曲阜,东南走滕、峄、渡运,东北走兰山,南走郯,趋赣榆、青口,图南下。朝廷忧里下河,诏备淮扬防。于是利见率炮舰四十艘泊清江,兼治糇台。七年,黄河暴涨,利见乘流至德州,运防乃固。捻虽屡挫,然渡运之谋未已,盘旋河东上下。利见复下驶援应,与诸军环击,捻益不支。事宁,赏黄马褂,更勇号曰奇车伯。光绪六年,调福山镇。明年,擢浙江提督。

十年,法舰寇福建,浙江戒严。镇海为浙东门户,利见以三千五百人顿金鸡山防南岸,提督杨岐珍以二千五百人顿诏宝山防北岸,总兵钱玉兴以三千五百人为游击师。威远、靖远、镇远三炮台,守备吴杰领之,而元凯、超武二兵舰泊海口备策应。诸将皆受利见节度。利见实以兵备道薛福成为谋主,乃量形势,设防御,搜军实,清间谍,杜向导,申纪律,励客将,布利器,部署甫定,而敌氛已逼。法人狃马江之役,颇轻浙防。利见督台舰兵纵炮击之,法主将坐船被伤,数以鱼雷突入，皆被击退。法舰并力猛进，又沉其一。敌计穷，相持月余，终不得逞。事后知主将孤拔于是役殒焉。上嘉其功，赐头品秩。十五年，病免。二十一年，刘坤一被命援奉天，奏调利见赴军。力疾北行，卒于道，年七十一。

论曰：法越之役，克镇南，复谅山，实为中西战争第一大捷。摧强敌，扬国光，子材等之功也。开华等复沪尾，利见等守镇海，与维骐等偕刘永福之拔宣光，并传荣誉。当时挟战胜之威，保台复越，亦尚有可为。独怪当事者为台湾难保之说以自馁其气，致使关外虽利，而越南终非我有。罢战诏下，军民解体，至今闻者犹有恨焉。

清史稿卷四六〇
列传第二四七

左宝贵 弟宝贤等　永山　邓世昌
刘步蟾 林泰曾等　戴宗骞

　　左宝贵,字冠廷,山东费人。咸丰初,隶江南军。尝令当前敌,阵既接,旗兵中炮,殪,宝贵持其帜冲锋入,大捷,繇是知名。获苗沛霖,克金陵,频有功。后以游击从僧格林沁讨捻,积勋至副将。

　　光绪初,尚书崇实巡视奉天、吉林,奏自随。既至,斩高希珍于土门,诛宋三好于石砬子。边外东北庙沟金宫四构党图大举,复捕治之,余烬悉平,赐号锐色巴图鲁,晋记名提督。授高州镇总兵,仍留奉天。平朝阳教匪,赏黄马褂、双眼花翎,驻沈阳。

　　二十年,朝鲜乱起,日本进兵。朝议既决战,卫汝贵、马玉昆、丰绅阿各率所部往御之,宝贵自奉天来会,是为四大军。虑海道梗,乃绕道自辽东行,渡鸭绿江入平壤。是时叶志超虚饰战胜状,电李鸿章入告,遂拜总统诸军命。于是汝贵、玉昆军南门外大同江,志超部将江自康军北门外小山,宝贵任城守。未止舍,日军舆至,宝贵与丰绅阿击却之。敌退龙冈,分道来攻,又败之。志超乃聚全军为婴城计。时宝贵扼元武门,日军大队至。志超将溃围北归,宝贵不从,以兵守志超勿令逸。宝贵狃于捕马贼之功,颇轻敌。日军举炮散置山巅,谍者以告,若弗闻。登城指麾,中炮踣,犹能言,及城下,始殒。其部将负尸开城走,遇日军,又弃之,于是诸军皆溃。事闻,赠太子少保,谥忠壮,予骑都尉兼一云骑尉世职,子国栋袭。

弟宝贤、宝清先后于直隶、奉天剿匪阵亡。

永山，袁氏，汉军正白旗人，黑龙江驻防，吉林将军富明阿子，黑龙江将军寿山弟。以荫授侍卫，归东三省练军。中日战起，从将军依克唐阿军，率黑龙江骑旅驻摩天岭。永山临敌辄深入，为士卒先。与日军战数有功，连歼其将。既克龙湾，乘胜渡草河，规凤凰。依克唐阿策袭其城，檄永山为军锋，偕寿山分率马步队深入攻之。抵一面山，距城八里，张左右翼，各据一坡以待。永山为右翼，尤得地势。敌作散队，伍伍什什冒死前，复以大队横冲我左翼。左翼溃。右翼亦不支，乃相继退。永山独为殿，遇伏，连受枪伤，洞胸踣，复强起督战，大呼杀贼而逝。事闻，谥壮愍，予建祠奉天。

邓世昌，字正卿，广东番禺人。少有干略，尝从西人习布算。术既长，入水师学堂，精测量、驾驶。

光绪初，管海东云舰，檄循海口。日本窥台湾，扼澎湖、基隆诸隘，补千总，调管振威舰。以捕海盗，迁守备。李鸿章治海军，高其能，调北洋。从丁汝昌赴英购铁舰，益详练海战术。

八年，朝鲜内乱，复从汝昌泊仁川，为吴长庆陆军后距。事宁，迁游击，赐号勃勇巴图鲁。管扬威快舰，往来天津、朝鲜。冬寒水沍，巡视台、厦海防。寻充经远、致远、靖远、济远四船营务处，兼致远管带。

十四年，台湾生番畔，以副将从汝昌往讨。战埤南，毁其碉寨，擢总兵。时定海军经制借补中军副将，而以汝昌为提督，其左右翼总兵则闽人林泰曾、刘步蟾也。汝昌故不习海战，威令不行。独世昌以粤人任管驾，非时不登岸，闽人咸嫉之。

二十年夏，日侵朝，绝海道。鸿章令济远、广乙两船赴牙山，遇日舰，先击，广乙受殊伤，轰济远，都司沈寿昌、守备杨建章、黄承勋中炮死。济远逃，日舰追之，管带方柏谦竖白帜，追益亟，有水手发炮击之，折日舰瞭楼，柏谦虚张胜状，退塞威海东西两口，世昌愤欲进兵,汝昌尼其行,不果。已而日舰集大连湾,窥金州,我国海军乃大发,泊鸭绿江大东沟,以铁舰十当敌舰十有二。汝昌乘定远居中,列诸船左右张两翼。日舰鱼贯进,据上风,汝昌令轰击,距远不能中。日舰小,运掉灵,倏分倏合,弹雨坌集,定远被震,大蠹仆。世昌见帅旗没,虑军心摇,亟取致远蠹竖之。战良久,定远击沉其西京丸,我之超勇毁焉。

世昌乘致远,最猛鸷,与日舰吉野浪速相当。吉野,日舰之中坚也。战既酣,致远弹将罄,世昌誓死敌。将士知大势败,阵稍乱,世昌大呼曰:“今日有死而已!然虽死而海军声威弗替,是即所以报国也!”众乃定。世昌遂鼓轮怒驶,欲猛触吉野与同尽,中其鱼雷,锅船裂沉。世昌身环气圈不没,汝昌及他将见之,令驰救。拒弗上,缩臂出圈,死之。其副游击陈金揆同殉,全船二百五十人无逃者。经远管带总兵林永升、超勇管带参将黄建寅、扬威管带参将林履中并殒于阵。

事闻,世昌谥壮节,余皆优恤。世昌既死,诸船或沈或逃,遂不复成军。世昌临战以忠义相激厉,死状尤烈,世与左宝贵并称双忠云。永升等,忠义有传。

刘步蟾,侯官人。幼颖异,肄业福建船政学堂,卒业试第一。隶建威船,徽循南北洋资实练。

同治十一年,会考闽、广驾驶生,复冠其曹。自是巡历海岸河港,所莅辄用西法测量。台湾地势、番部风土尤谙习,为图说甚晰。

光绪改元,赴欧学枪炮、水雷诸技,还留福建,叙守备。以丁宝桢、李鸿章论荐,擢游击,会办北洋操防。十一年,赴德国购定远舰。维时海军初立,借才异地,西人实为管带,步蟾副之。已而西人去,颇能举其职。十四年,以参将赴欧领四快船归,迁副将,赐号强勇巴图鲁,擢右翼总兵。

二十年,中日战起,海军浮泊大东沟。日舰至,督摄诸艺士御之,鏖战三时许,沉敌舰三艘,运送铭军八营,得以乘间登岸。论功,晋记名提督，易其勇号曰格洪额。明年，战威海，中弹死。步蟾通西学，海军规制多出其手。顾喜引用乡人，视统帅丁汝昌蔑如也。时论责其不能和衷，致偾事。然华人明海战术，步蟾为最先，虽败挫，杀敌甚众。上嘉其忠烈，诏优恤。

其左翼总兵林泰曾，亦籍侯官，同为船政学堂卒业生。管镇远，战大东沟，发炮敏捷，士卒用命，扑救火弹甚力，机营炮位无少损，赐号霍春助巴图鲁。驶还威海，舰触礁受伤，愤恨蹈海死。副将左翼中营游击杨用霖、广东大鹏协右营守备黄祖莲并殉焉。优恤各如制。祖莲等，忠义有传。

戴宗骞，字孝侯，安徽寿州人。少以廪生治乡团，捻酋苗沛霖数陷州，宗骞潜结各圩寨以携贰其党。

同治初，谒李鸿章，上平捻十策，深器之，遂留参戎幕，积勋至知县。十一年，治南运河堤工。时畿辅兴水利，计臣虑饷诎，议裁兵。宗骞上书，略谓："津沽为九河故道，漳、卫交汇，水灾衍溢。宜辟减河泄其势，厮枝河分其涨，俾淮、练军治之，则兵农合一，事半而功倍。"鸿章以其议上闻，遂命董其役，成稻田六万余亩。著《海上屯田志》纪其事。

光绪八年，中俄失和，吴大澂被命佐吉林边务，奏宗骞自随。大澂兼摄屯政，宗骞为治道路，筑炮台，设江防，徙直、东流民，假予产业，分部护之。塞外灌莽千里，马贼为民患，宗骞曰："此屯政蠹也！"率将士步驰八九百里，获渠率王林等骈诛之。又以缘边荒亘，户籍残耗，客民涣居不相顾，因令屯聚一处，略仿内地保甲，杜绝奸宄。复设制造局、采金厂，行之期年，商民辐凑。大澂上其绩状，选知府。

八年，徙防洋、蒲河两海口。遭母忧归，鸿章疏留，宗骞请终制，弗许。时兴海军，练水师，辟军港，檄防威海。十三年，诣军所，壁金线顶山，分巩军驻南岸，绥军驻北岸。明年，建两岸海台各三，南曰赵北嘴、鹿角嘴、龙庙嘴，北曰北山嘴、黄泥崖、祭祀台。后路分筑陆台四，南岸口较阔，更建日岛地阱炮台，屹然为东防重镇。十七年，校阅海军礼成,论功晋道员。威海地瘠,士气衰,更斥资立义塾,延名师,至是始闻讴诵声。

二十年夏,日舰来攻,率师御之,伤其舰四艘,再至再败之。既而旅顺、大连相继沦没,威海势益孤,电请北洋、山东益师,久弗应。其冬,连失文登、宁海。时宗骞守北岸,分统刘超佩守南岸,宗骞与约,寇至互相应。岁除,大风雪,战桥头集,绥军大困,锐身救之出。

逾岁,日军倏,辄败去,折而南。宗骞往援,而超佩跄踉遁,三台拱手让敌,反诉巡抚李秉衡,诬宗骞背约。宗骞抗辩,愿复三台赎罪。乃募敢死士夺还二台,唯龙庙嘴未复。日军倏大集,二台仍不守,宗骞退归,登祭祀台。所部率卒哗变,宗骞佯弗省,行数武,枪齐发,材官追斩一人,众散走。宗骞既登,乃无一从者。夜宿药库,丁汝昌诣筹战守策,宗骞曰:“绥、巩军已西去,孤台危棘,恐资敌。”汝昌令毁台,强掖之下。宗骞念南北各有地阱台,此其势尚可为,乃诣刘公岛就副将张德山。德山无战守志,宗骞饮金死,威海师遂熸。鸿章以死事闻,诏优恤。复以秉衡请,赠太常寺卿。

论曰:中东之战,陆军皆遁,宝贵独死平壤;海军皆降,世昌独死东沟。中外传其壮节,并称“双忠”。及日兵入奉,永山独死凤城,敌遂长驱进矣。旅、大既失,威海势孤,步蟾、宗骞皆先后誓死。士气如此,岂遂不可一战?此主兵者之责。五人虽败,犹有荣焉。

清史稿卷四六一
列传第二四八

宋庆 吕本元 徐邦道 马玉昆
依克唐阿 荣和 长顺

宋庆,字祝三,山东莱州人。家贫落魄,闻同里宫国勋知亳州,往依为奴。亳捻孙之友伪就抚,庆察其意叵测,请击之。国勋壮其志,署为州练长。之友降,遂接统其众,号奇胜营,荐授千总。自是守宿州,剿豫匪,释凤阳围,保徐、泗后路。逾三岁,擢至总兵,赐号毅勇巴图鲁。既贵,过亳,谒所主,仍易仆厮服,执事上礼益恭,人传为美谈。

同治改元,唐训方抚安徽,裁临淮军,而以三营属庆,毅军自此始。三年,苗沛霖围蒙城,庆绝其饷道。会僧格林沁军至,轰击之,寇宵遁。苗酋死,庆为安抚余众,自寿州正阳关所莅皆下。两淮告宁,调赴豫。时张曜为翼长,庆往访,详询地势寇情。曜喜曰:"诸将无问及此者,君来,豫之福也!"遂与交欢。明年,授南阳镇总兵。无何,曹州贼势炽,庆被困邓州刁河店,会粮罄,势且不敌。乃令部将马玉昆率壮士三百,潜出立营通馈运,军气复振,寇乃解去。已而张总愚决河图北犯,庆据堤迎击,败之,西走。而任柱、赖文光复窜豫,湘军将刘松山助庆军尽驱入楚疆,豫略平。巡抚李鹤年因增练两大军,今曜领嵩武军,而以毅军专属庆。

六年,与曜扼黄河,蹙捻至山东,聚而歼之。论功,赏黄马褂,更勇号格洪额。时总愚南扰河津,逼解州,诏庆与曜分守河北。逾岁,捻窜畿疆，庆率师入卫，转战雄、任、祁、高间，与诸军大破之，总愚赴水死。予二等轻车都尉，授湖南提督。

八年，左宗棠西征，庆引兵从，抵神木，再战再捷。明年秋，命参哈、宁剿匪事，旋移督西川，皆在军遥领。十三年，河、狄抚回闪殿臣叛，楚军战失利。时庆驻凉州，奉檄往援。三日驰五百余里，抵沙泥站，众缚其渠以献，诛之，事遂定。光绪元年，师还。六年，徙防旅顺，十余年，军容称盛。醇贤亲王奕谟被命巡阅，叹为诸军冠，亲解袍服赠之。两宫眷遇优渥，加太子少保、尚书衔。

二十年，中日失和，庆统毅军发于旅顺，与诸军期会东边九连城。军未集而平壤已失，廷旨罢总统叶志超，以庆代之。庆与诸将行辈相若，骤禀节度，多不怿，以故诸军七十余营散无有纪。又坐守江北一月，以待日军过义州，庆顿中路九连城，严诚备。日军渡鸭绿江，战失利，直趋凤凰城，退扼大高岭。旅顺围亟，朝命聂士成守之，救庆往援。顿盖平，屡捣金州不得进，而旅顺已失。庆退守熊岳，自请治罪，被宥。未几，复州又失。日军西陷海城，庆亟赴之，击敌感王寨。前军方胜，后队讹传敌拊背，骇溃，复退守田庄台，辽阳益危。庆凡五攻城弗能拔，朝廷思倚湘军，命庆与吴大澄佐刘坤一军。庆率徐邦道、马玉昆兵万二千人顿太平山，战却之，大澄败入关。庆方以三万人驻营口，闻警，还扼辽河北岸。而日军尽以所获炮列南岸猛攻，庆军溃而西，于是辽河以东尽为日有矣。诏褫职留任。

二十四年，徙守山海关，入觐，释处分，和议成，留豫军三十营属之，赐名武卫左军，驻锦州。二十八年，卒，晋封三等男，予建祠，谥忠勤。子天杰，五品京堂，袭爵。

庆从戎久，年几八十，短衣帕首，蹀躞冰雪中，与士卒同甘苦，人以为难云。

吕本元，安徽滁州人。初隶李鸿章军，随剿粤匪、捻匪，转战苏、皖、鲁、豫各省。援鄂、援陕屡立功，历保总兵，赏强勇巴图鲁勇号。鸿章总督直隶，调入直。光绪初，授四川重庆镇，仍留统盛军马步各营。中日战起，檄本元统队出关，兼程至安州。平壤失，从宋军退守大高岭。本元令各军夜树旗各要隘,广设疑兵,亘二百余里。敌至,疑顿不前,乘其疲袭击之,复与聂军败之分水岭。议成,还直。二十六年,拳祸起,署天津镇,擢直隶提督,统淮、练各军。剿匪受弹伤,事平,赏黄马褂。调浙江,勤训练,尤严治盗,常亲督队入山搜剿,连毙匪首。浙省议裁绿营,本元赞画始就绪。宣统二年,病,乞罢,寻卒。

徐邦道,四川涪州人。初从楚军讨粤寇,积勋至参将。还本籍筹防,解城围,迁副将。越境援陕西汉中,赐号冠勇巴图鲁。旋坐汉中失守,褫职。嗣从副将杨鼎勋援苏,再援浙、闽,以战功释处分。同治六年,从刘铭传剿平东捻,复官。明年,张总愚犯减河,邦道严扼桥口,大败之。更勇号铿僧额,迁总兵,署江苏徐州镇。光绪四年,擢提督,调驻天津军粮城,授正定镇。东事起,庆以旅顺守将赴防九连城,李鸿章别令姜桂题等守旅顺,邦道助之。日军入貔子窝,邦道语诸将曰:“金州若失,则旅顺不可守,请分兵御之。”诸将各不相统,莫之应。邦道自率所部趋大连湾。是时铭军分统赵怀益守其地,邦道至,固请兵,乃分步旅随邦道行。日军大集,遂占金州,进逼大连,怀益奔旅顺。越十日,日军来争旅顺,诸将相顾无措,邦道率残卒至,愤甚,思自效,请增兵,不许;请械,许之,乃率众拒战土城子,挫之。日军大至,乃退。道员龚照屿先一日遁,诸将亦夺民船以济,盖日军未至而旅顺已墟矣。邦道奔复州依庆,诏褫职。庆令守盖州,邦道自牛庄移师还,而盖平亦已失,合章高元击之,弗胜。桂题往援,邦道请夜捣盖平,桂题辞,诸军皆退营口。邦道乃从庆击敌太平山,与玉昆力战却之,俄仍败溃。复与湘军将李光久攻海城,亦弗克,遂退。逾岁,卒,复官,予优恤。

马玉昆,字景山,安徽蒙城人。以武童从宋庆攻捻,积功至都司,赐号振勇巴图鲁。任柱等困庆登州,玉昆锐身驰救,围立解,繇是以骁果名。捻平,擢总兵。剿秦、陇回,数获胜,更勇号曰博奇。既克肃州,赐头品服。嗣从金顺出嘉峪关,连下乌鲁木齐、昌克、玛纳斯，禽其渠黑瞎子。天山南北告宁，赏黄马褂，予世职。玉昆居西域先后十余年，收复名城以十数，暇辄使部下屯垦辟地利。李鸿章疏荐将才，谓可继宋庆。

光绪间，调赴直隶。二十年，补授山西太原镇。会日朝构衅，玉昆统毅军赴援，次平壤，壁南门外大同江。日军来攻，玉昆守东岸，血战久，援至，敌败去。已而元武门失，叶志超令其速撤军，乃归平壤。日军占盖平，诸将皆退营口。玉昆从庆顿太平山，日军猛攻之，玉昆战最力，击退其众。无何，日军大集，庆陷重围，坠马负创，玉昆抉围入，翼之出，伤亡殊多。转战田庄台、感立寨，以千余人抗强敌，屹然自全。

二十五年，擢浙江提督。明年，调还直隶。适拳匪肇乱，联军入寇，玉昆统武卫左军御之。初战天津，继战北仓，相持月余，卒以无援退。车驾西幸，命随扈。又明年，还京，加太子少保。二十八年，朝阳土寇窃发，玉昆倍道应赴，破其卡，生擒首恶邓莱峰诛之。三十四年，病卒，赠太子太保，予二等轻车都尉，谥忠武。

依克唐阿，字尧山，扎拉里氏，满洲镶黄旗人，吉林驻防。以马甲从征江南。移师讨捻，败张洛行于大回村、濉溪口，屡著战绩，积勋至佐领。

同治初，马贼陷伊通，依克唐阿以少袭众，斩其酋刘果发等，又破之昌图，攻克刘家店，复长春厅，迁协领，赐号法什尚阿巴图鲁。搜捕残匪，获白陵河、焦西平，晋副都统。十一年，补官黑龙江。

光绪五年，移呼兰，呼兰设副都统自此始。明年，母忧归。时俄人以议改《伊犁条约》有违言，乌里雅苏台参赞喜昌夙谂依克唐阿谙战术，请敕就近募猎户守珲春。会吉林戒严，依克唐阿遂募兵五千择隘分守，而自率师驻其地。珲春故重镇，其东南海参崴，俄尤数窥伺，廷议设副都统镇之，于是又改调珲春。

十年，被命佐吉林军事。十五年，擢黑龙江将军。二十年，日朝战起，依克唐阿请率军自效，乃进咸镜道，绕赴汉城迎击，上嘉之。

左宝贵军失利平壤，日军西进，命移驻九连城。寻以日军渡江来攻，复令徒上游御之。依克唐阿与战于蒲石河，连克蒲石河口、古楼子。宋庆退驻大高岭，依克唐阿孤军不能独守，遂退宽甸。宋军南援旅、大，聂士成军接防，乃定夹攻之约。依军由宽甸绕进赛马集迎击日军，先战悬羊砬子，连胜之草岭河、通远堡、草河口。日军大集，横断聂、依两军，士成亟趋分水岭附其背，依军还击之，阵斩一中尉。又西而东，大战于金家河，军稍挫。日军先已占凤凰城，依克唐阿谋袭之，分左右翼以进，战一面山，敌来争，左翼溃，右翼统领永山遇伏死，依克唐阿保余军退，诏革职图后效。

逾岁，海城陷，辽西危棘，诏责长顺守辽阳，依克唐阿助之，发帑金五十万济依军。既至，议以攻为守。乃集诸军置酒，取刀刺臂血，搅而饮之，相矢以死。依军遂进取海城，军腾鳌堡、耿庄，数战弗胜。会荣和至军，亟趣之出。荣和先进北路，夺三卡，其左树木幽深，令隐兵备抄袭，而自列阵旷野，伏枪以待。日军据山巅轰击我师，弹落积雪中，溃不发。我师还击，仆者众，再发再仆。众争傍山出，伏枪具举，死以百数。荣和所部募自寒边外，善避击，伤者恒少，所谓"东山猎户"也。是役以千人抗日军数千，故依军声誉远出诸军上。

罢战诏下，日人将归我辽东，依克唐阿力请三路分兵镇慑，称旨。又条上练兵队、筑炮台、造铁路、制枪械、开矿产、治团练六事，朝旨以矿政尤要，敕妥筹开采。又明年，晋头品秩，授镶黄旗汉军都统。其秋，出为盛京将军。既莅事，纠偏墨，整营制，晰分厘税，岁增饷银数十万。复撤还金州奉军，杜俄人藉口，境内称治。

二十五年，卒，谥诚勇。予建祠。依克唐阿勇而有谋，性仁厚，不嗜杀，每有俘获，不妄戮一人。转战吴、皖、鲁、豫，先后救出难民以十数万计，至今人户祝之。初与长顺订兄弟交，长顺兄事之。及议辽阳战守，语不协。依克唐阿毅然独任其难，曰："孰使我为兄也者？"其雅量如此。

荣和，字育堂。二等侍卫官至副都统。战后所部育字营多骄纵，命李秉衡查办，革职治罪。

　　长顺，字鹤汀，达呼里勒贝尔氏，隶满洲正白旗，世居布特哈。起家蓝翎侍卫，随文宗车驾狩热河。会马贼陷朝阳，从大学士文祥讨平之。嗣复从侍郎胜保征捻，转战直、鲁、皖、豫，以骁勇称。同治元年，解颍州围，以功迁二等。多隆阿主陕西军事，调赴军，至潼关，大败寇众，赐号恩特赫恩巴图鲁。进攻咸阳马家堡，被巨创，援至，又大破之，咸阳复，晋头等。

　　三年，悍回马化隆据宁夏，分其党驻清水堡成犄角，师久攻不下。长顺曰："不先翦其羽翼，城未可克也！"乃自灵州袭清水堡，乘胜取宁夏，拔之，晋副都统，赐头品服。时长顺年未四十，而战常陷坚。每当兵溃时，或抄袭其后，或横阻其前，俾溃者得整列，以是常转败为胜。其旗帜尚白，寇望见之，辄呼曰："小长将军至矣！"相与戒勿犯，其为寇所惮若此。

　　六年，移师兰州。时省城戎备寡，回众数千突来犯，长顺率百人隐小沟，出不意疾击之，寇愕走，又败之平番、皋兰、狄道，既复规取河州，连破太子寺、高家集，被赏赉。八年，授镶红旗汉军副都统。越二年，出署乌里雅苏台将军，坐事免。

　　光绪二年，复官，左宗棠调赴甘肃，历署巴里坤领队大臣、哈密帮办大臣。初，新疆南路勘界议起，当事者与俄使相持久不决。至是，长顺陟巉岩，披蒙茸，获见高宗御书界碑，俄使始无异辞，乃定。明年，假归，历授正白旗汉军都统、内大臣。十四年，出为吉林将军。既莅事，赈军荒，维圜法，均厘榷，澄吏治，清盗源，整旗务，境内一切皆治办。又创修《吉林通志》，书成上之。

　　二十年，日军陷海城，辽阳危。朝命长顺往援，节制奉天各军，并严诏："辽阳有失，唯长顺是问。"时溃军纷集辽城下，署知州徐庆璋方闭城不令入，军大哄。会长顺领百骑至，斩哄者一，余令还驻沙河。先是长顺被命以军五千分队应赴，先至者令壁本溪湖，自轻骑入辽阳。乱既定，日军谍者亦不知其止百骑也，第归言某将军至。日军遂止弗前，辽阳乃保。已而进攻海城，战数日弗胜，长顺奏趣宋庆会师，诏不许。湘军将陈湜至，又请刘坤一令合攻，亦未果。及日军绕道复攻辽阳，适庆璋守岵峒峪，长顺与依克唐阿回援，得无恙。和议成，请疾归。

二十五年，复起吉林将军。拳乱作，俄罗斯内犯，奉天、黑龙江皆主战，长顺独持不可。双上言拳匪不可恃，东省铁路随地皆驻俄兵，宜善为羁縻，宁严守以待战，毋先战以启衅。上嘉其老成持重，奉、吉军事悉属之。战衅既开，奉、黑皆罹灾，而吉林安堵，人服其先见。日俄之战，守中立，独无所犯。三十年，卒，赠太子少保，予一等轻车都尉，谥忠靖，入祀贤良祠。

长顺耸干颓面，须眉洒然。富胆略，恒持短矛单骑穿贼阵，为士卒先。往往以少制众，以奇制胜，兼谋勇，一时称良将云。

论曰：中日之战，淮军既覆，湘军随之，唯豫军强起支持。庆与玉昆先后失利，亦不复能自振焉。东三省练军自成军后，终未当大敌，而依克唐阿、长顺一奋其气，遂保辽阳而无失，中外称之。丧师辱国者数矣，此固差强人意者哉。

清史稿卷四六二
列传第二四九

丁汝贵　　卫汝贵 <small>弟汝成</small>
叶志超

丁汝贵,字禹廷,安徽庐江人。初隶长江水师,从刘铭传征捻,积勋至参将。捻平,赐号协勇巴图鲁,晋提督。

光绪初,留北洋差序,赴英国购兵舰,历法、德各营垒厂局,还综水师。八年,朝鲜与美议互市,请莅盟,汝贵与道员马建忠东渡监约。既而朝军哗变,焚日使署,遂率济远、扬威二舰赴仁川、汉城护商,而日军已先至,汝贵还请益师。随统七舰以济,薄王京,与吴长庆及建忠谒李应罡,执以归。九年,授天津镇总兵。会越南南定陷,乘兵舰往江平及钦州白龙尾,微循海口,赏黄马褂。十四年,定海军经制,命为海军提督。军故多闽人,汝贵以淮军寄其上,恒为所制。总兵以下多陆居,军士亦去船以嬉,又值部议停购船械,数请不获,盖海军废弛久矣。

二十年,赏加尚书衔。朝乱再起,汝贵欲至济物浦先攻日舰,将启行,总署电梐之。逮日舰纵横海上,海军始集大东沟、鸭绿江口。定远为汝贵座船,战既酣,击沉其西京丸一艘。已,致远弹药尽,被击,总兵邓世昌战死。自是连丧五舰,不复能军。汝贵犹立望楼督战,忽座船炮震,晕而仆,舁而下。汝贵鉴世昌之死,虑诸将以轻生为烈,因定《海军惩劝章程》,李鸿章上之,著为令。旅顺陷,汝贵渡威海,是时两军相去二百二十余里,朝士争弹之,褫职逮问。鸿章请立功自赎,然兵舰既弱,坐守而已。

逾岁,日军陷荣城,分道入卫。汝贵亟以木簰塞东西两口,复虑南岸三台不守、炮资敌,欲毁龙庙嘴台炮,陆军统将戴宗骞电告鸿章,责其通敌误国,不果毁。待援师不至,乃召各统领力战解围。会日暮大风雪,汝贵尽毁缘岸民船,而南北岸已失,日舰入东口猛攻,定远受重伤,汝贵命驶东岸,俄沉焉,军大震,竞向统帅乞生路,汝贵弗顾,自登靖远巡海口。日舰宵入口门,击沉来远、威远,众益恐。道员牛昶炳等相向泣,集西员计议。马格欲以众挟汝贵,德人瑞乃尔潜告曰:"众心已变,不如沉船夷炮台,徒手降,计较得。"汝贵从之,令诸将同时沈船,不应,遂以船降,而自饮药死,于是威海师熠焉。事闻,诸将皆被谴,汝贵以获谴,典弗及。宣统二年,海军部立,旧将请赐恤,始复官。

卫汝贵,字达三,安徽合肥人。从刘铭传征捻,累迁至副将,晋总兵。事平,授河州镇,李鸿章荐其朴诚忠勇,留统北洋防军。历授大同、宁夏诸镇,均未之官,统防军如故。

光绪二十年,日朝战起,率马步六千余人进平壤,临行,鸿章诫以屏私见,严军纪。至牙山,退成欢,与日军相见,寻复趋平壤合大军,与副都统丰绅阿顿守城南江岸。平壤,朝旧京也,闻我军至,争携酒浆以献。而军士多残暴,掠财物,役丁壮,淫妇女,汝贵军尤甚,杀义定朝民,众滋怨。复蚀军糈八万运家,军大哗,连夕自乱,互相蹈藉。时马玉昆血战大同江,浮舟往援,敌稍却。元武门岭失,即窜走。鸿章方据叶志超牒奏捷,俄而安东、凤凰陷,跟跄走岫岩,岫岩陷,走奉天。朝士交章纠其罪,诏褫职逮问。汝贵治淮军久,援朝时年已六十矣。其妻贻以书,戒勿当前敌,汝贵遇敌辄避走。败遁后,日人获其牍,尝引以戒国人。明年,锁送京师,按实,论死。

其弟汝成官至总兵。援旅顺,六统帅不相辖,汝成与赵怀益争殴,鸿章函责之。逮日军至,姜桂题等犹力御,而汝成已先遁。诏逮治,未踪获,乃籍其家。后不知所终。

　　叶志超，字曙青，安徽合肥人。以淮军末弁从刘铭传讨捻，积功
至总兵。战淮城被创，仍奋击却之，逐北天长，又败之汊河，赐号额
图浑巴图鲁。规南乐，战德、平间，濒有功。捻平，留北洋。

　　光绪初，署正定镇总兵，率练军守新城，为大沽后路。后徙防山
海关，李鸿章荐其优智略，予实授。十五年，擢直隶提督。越二年，
热河教匪乱，志超率师讨之。平建昌，连克榆林、沈家窝馆、贝子庙，
释下长皋围，进攻乌丹城，擒其渠李国珍磔之，赏黄马褂、世职。

　　二十年，朝鲜乞师，鸿章令选练军千五百，率太原总兵聂士成
顿牙山。志超迟留不进，鸿章责之，不得已启行。而日军已据王京
要隘，牙山兵甚单，驻朝商务委员袁世凯数约志超电请北洋发战舰
赴仁山，增陆军驻马坡，鸿章始终欲据条约，恐增兵为彼借口，勿
许，并戒志超毋启衅。亡何，高升商轮运兵近丰岛，被击沉。士成谓
志超曰："海道既梗，牙山绝地，不可守。公州背山面江，势便利，战
而胜，可据以待援；不胜，犹得绕道出也。"志超从之。日军逼成欢，
士成以无援败，趋公州就志超。而志超已弃公州，间道出汉阳东，士
成追及之。当是时，大军集平壤，乃卷甲而趋之，二日始至。志超以
成欢一役杀伤相当，铺张电鸿章，鸿章以闻，获嘉奖，赏银二万犒
军，拜总统诸军之命。

　　志超意甚满，日置酒高会，徒筑垒环炮为守。日军调至大同江，
为我军逐去，遂以屡捷入告。时统帅居城中，日军夹江而阵，两岸相
轰击。东南二路战少利，志超莫敢纵兵，趣回城。日军乘间以济，据
山阜，左宝贵出御之，被巨创。志超将私逸，宝贵不从，以兵监之。宝
贵自守元武门岭，矢必死，登城指麾，为炮所中而殒。志超亟树白帜
乞罢战，日人议受降，请帅兵归，弗许，乃潜向北走。朝兵衔之刺骨，
于其出城时枪击之，死者不可称计。日军复要之山隘，兵溃，回旋不
得出，挤而死者相枕藉。诸将尽委械而去，于是朝境内无我军矣。

　　志超奔安州，士成谓安地备险奥，可固守，弗听。径定州，亦弃
不守，趋五百余里，渡鸭绿江，入边始止焉。事闻，夺志超职，鸿章请

留营效力,弗许。次年,械送京师,下刑部鞫实,定斩监候。二十六
年,赦归,岁余卒。

论曰:甲午之役,海陆军尽覆,辱莫大焉。汝贵虽有罪,而能以
一死报国,尚知畏法。汝贵、志超丧师失地,遗臭邻邦,觍然求活,终
不免于国典,何其不知耻哉?

清史稿卷四六三
列传第二五〇

唐景崧　刘永福

　　唐景崧，字维卿，广西灌阳人。同治四年进士，选庶吉士，改吏部主事。光绪八年，法越事起，自请出关招致刘永福，廷旨交岑毓英差序。景崧先至粤，谒曾国荃，韪其议，资之入越。明年，抵保胜，见永福，为陈三策，谓："据保胜十州，传檄而定诸省，请命中国，假以名号，事成则王，此上策也；次则提全师击河内，中国必助之饷；若坐守保胜，事败而投中国，策之下也。"永福从中策，战纸桥，敌溃，为作檄文布告内外，檄出，远近争响应。越嗣君为法胁，莫能自振，景崧乘间劝内附。永福意犹豫，景崧曰："子能存亡继绝，即所以报故主也。且阮福时已薨，无背主嫌。"永福意稍动，于是广招戎幕谋大举。上念景崧劳，赏四品衔。景崧上书言："越南半载之内，三易国王，欲靖乱源，莫如遣师直入顺化，扶翼其君，以定人心。若不为藩服计，不妨直取为我有，免归法夺，否则首鼠两端，未有不败者也。"

　　十年，驻兴化，会北宁告急，毓英令景崧导永福往援。初，桂军黄桂兰等方守北宁，刘团被困山西，坐视不救，永福憾之深。至是景崧力解之，始往。并劝桂兰离城择隘而守，弗听。景崧轻骑入谅山，与徐延旭量战守。适扶良警，请还犒刘军，行至郎甲，涌球陷，阻弗达。回谅，谓延旭曰："寇深矣！亟宜收溃卒，定人心，备糗粮，集军械，分兵守险，以保兹土。于是令综前敌营务，扼巴塘岭。敌再至，再却之,广军气稍振。

会张之洞令其募勇入关,乃编立四营,号景字军,为规越广军之一。朝廷赏加五品卿。景崧遂取道牧马,行千二百里,箐壑深岨,多瘴厉,人马颠陨不可称计。既至,数挫敌锋。毓英高其能,复以潘德继滇军属之,兵力乃益厚,进顿三江口。逾月,法人攻刘军吴凤典营,景崧率谈敬德驰救,大捷。敌既退,遂先薄宣光。城外地故荒服,乃督军开山斩道,首龙州,讫馆司,创设台站,滇桂道始达。已而军其南门,敌开壁出荡,疾击之,逼城而垒,枪弹雨坌,攻益力。是时天霢雨,运馈绝,吏士无人色。逾岁,滇军丁槐攻城,桂军虽饥疲,然犹据山巅轰击。法人殊死斗。不可败。毓英虑其断后援,令勿拼孤注,于是退顿牧马。有旨罢战,遂入关。论宣光获胜功,赏花翎,赐号霍伽春巴图鲁,晋二品秩,除福建台湾道。

十七年,迁布政使。二十年,代邵友濂为巡抚。台湾自设巡抚,首任刘铭传,治台七年,颇有建设,详《铭传传》。铭传去,友濂继之,丈地清赋,改则启征,迭平番乱,建基隆炮台。及景崧莅任,日韩启衅,亟起筹防。永福方镇南澳。景崧自与永福共事,积不相能,乃徙永福军台南,而自任守台北,未几而李文奎变作。文奎故直隶匪,从淮军渡台,居景崧麾下为卒。有副将余姓者,缘事再革之,文奎忿甚,即抚署前斩其头,护勇内应,争发枪,将入杀景崧。景崧出,叛卒见而怖之,敛刃立,并告无事。景崧慰之,翻令文奎充营官,出驻基隆。于是将领多离心,兵浸骄不可制。割台议起,主事邱逢甲建议自主,台民争赞之。乃建"民国",设议院,推景崧为总统。和议成,抗疏援赎辽先例,请免割,不报,命内渡。台民愤,乃决自主,制蓝旗,上印绶于景崧,鼓吹前导,绅民数千人诣抚署。景崧朝服出,望阙谢罪,旋北面受任,大哭而入。电告中外,有"遥奉正朔,永作屏藩"语,置内部、外部、军部以下各大臣。命陈季同介法人求各国承认,无应者。无何,日军攻基隆,分统李文忠败溃。景崧命黄义德顿八堵,遽驰归,诡言狮球岭已失,八堵不能军,且日人悬金六十万购总统头,故还防内乱,景崧不敢诘也。是夜,义德所部哗变。平旦,日军果占狮球岭,溃兵争入城,城中大惊扰乱,客勇、土勇互仇杀,尸遍地。总统府火发,景崧微服挈子遁,附英轮至厦门,时立国方七日也。二十八年,卒。

刘永福,字渊亭,广西上思人,本名义。幼无赖,率三百人出关,粤人何均昌据保胜,即取而代之。所部皆黑旗,号黑旗军。

同治末,法人陷河内,法将安邺构越匪黄崇英谋占全越,拥众数万,号黄旗。越王谕永福来归,永福遂绕驰河内,与法人抗,设伏以诱斩安邺,覆其全军。法人大举入寇,永福军濒挫。越人惧,乃行成,而授永福为三宣副提督,辖宣光、兴化、山西三省,设局保胜,榷厘税助饷。有黄佐炎者,越驸马,以大学士督师。永福数著战功,匿不闻,永福衔之。越难深,国王责令佐炎发兵,六调永福不至,然越王始终思用之。

光绪七年,法人藉词前约互市红河,胁越王逐永福。越王佯调解,而阴令勿徙。法大怒,逾岁,入据河内。永福愤,请战,出驻山西,径谅山,谒提督黄桂兰,乞援助。会唐景崧至,面陈三策,永福曰:"微力不足当上策,中策勉为之!"朝旨赏十万金犒军,永福入赍为游击。战怀德纸桥,阵斩法将李威利,越王封一等男。既又败之城下,法人决堤掩其军,越人具舟拯之出,退顿丹凤,与法人水陆相持,苦战三日,部将黄守忠攻最力。敌大创,乃浮舰攻越都,悬万金购永福,越乞降。永福欲退保胜,黑旗军皆愤懑,守忠自请以全师守山西,功不居,罪自坐,永福乃不复言退。无何,闻法军至,遂出驻水田中,而军已罢困,及战,大溃,退保兴化。

九年,法人要议越事,岑毓英力言土寇可驱,永福断不宜逐,上韪之,命永福相机规河内,并济以饷。十年,毓英次嘉喻关,永福往谒,毓英极优礼之,编其军为十二营。法人闻之,改道犯北宁。永福驰援,径永祥金,英、法教民梗阻,击却之。比至,粤军已大溃,永福夺还扶朗、猛球炮台。俄北宁失,力不支,再还兴化。复以粮运艰阻,改壁文盘洲大滩,候进止。毓英奏言:"永福为越官守越地,分所应为,若畀以职,将来边徼海矗,皆可驱策。"于是擢提督,赏花翎。而李鸿章坚持和议,犹觇其骚动。已,和局中变,上令永福军先进。法人扰宣光,永福窖地雷待之,连日隐卒以诱敌,不敢出。复徙营逼城,三战皆利。敌援至,毓英遣水师溯河而上,永福夹流截击,夺其船二十余艘,斩首数十级,法人愕走。逾月,法舰入同章,毓英遣将分伏河东西,永福居中策应,两岸轰击,败之,复以全力扼河道。

十一年,法军攻左城,守忠失同章不守,诸军败挫,永福退浪泊。停战诏已下未至,犹大捷临洮。论胜宣、临功,赐号依博德恩巴图鲁。和议成,法人要逐如故。张之洞令永福驻思钦,不肯行。景崧危词胁之,乃勉归于粤,授南澳镇总兵。

二十年,中日衅起,命守台湾,增募兵,仍号黑旗。景崧署巡抚,徙其军驻台南。及台北陷,景崧走,台民以总统印绶上永福,永福不受,仍称帮办。日舰驶入安平口,击沈之。攻新竹,相持月余,兵疲粮绝,永福使使如厦门告急,并电缘海督抚乞助饷,无应者。而台南土寇为内间,引日军深入,破新化,陷云林,掇苗栗,轰嘉义,孤城危棘,永福犹死守。日台湾总督桦山资纪贻书永福劝其去,峻拒之。日军乃大攻城,城陷,永福亡匿德国商轮,日军大搜不获。内渡后,诏仍守钦州边境。后卒于家。

永福骨瘦柴立,而胆气过人,重信爱士,故所部皆尽死力云。

论曰:清初平定台湾,用兵数十载,始入版图。甲午议和,遽许割让,天下莫不同愤焉。台民奋起,拥景崧为总统,建号永清,此实国民自主之始,七日遽亡。景崧初说永福王越,乃自为之,竟不可以终日,虽有知慧,不如乘势,岂不然哉?永福战越,名震中外,谈黑旗军,辄为之变色。及其渡台,已多暮气,景崧又不与和衷,卒归同败,此不仅一隅之失也,惜哉!

清史稿卷四六四
列传第二五一

李端棻　徐致靖　子仁铸
陈宝箴　黄遵宪　曾铄　杨深秀
杨锐　刘光第　谭嗣同
唐才常　林旭　康广仁

　　李端棻，字苾园，贵州贵筑人。同治二年进士，选庶吉士，授编修，为大学士倭仁、尚书罗敦衍所器，十年，出督云南学政。值回寇乱后，荒服道亘，前使者试未遍，端棻始一一按临，文化渐振。光绪五年，转御史，以叔父朝仪官京尹，回避改故官，累擢内阁学士。十八年，迁刑部侍郎。越六年调仓场。前后迭司文柄，四为乡试考官，一为会试副总裁，喜奖拔士类。典试广东，赏梁启超才，以从妹妻之，自是颇纳启超议，娓娓道东西邦制度。

　　维时康有为上书请变法，兼及兴学。二十二年，端棻遂疏请立京师大学，凡各省府、州、县遍设学堂，分斋讲习。并建藏书楼、仪器院、译书局，广立报馆，选派游历生。二十四年，密荐康有为及谭嗣同堪大用。又以各衙门则例，语涉纷歧，疏请删订，上尤善之，诏趣各长官定限期革前敝。擢礼部尚书。未几，有为等败，端棻自疏检举，诏褫职戍新疆。中道遘疾，留甘州。二十七年，赦归，主讲贵州经世学堂。三十三年，卒。宣统元年，从云南、贵州京朝官请，复官。

　　徐致靖,字子静,江苏宜兴人,寄籍宛平。光绪二年进士,选庶吉士,授编修。累迁侍读学士。父忧服阕,二十三年,起故官。致靖尝忧外患日迫,思所以为献纳计。

　　子仁铸,时以编修督湘学,倡新学,书告致靖举康有为。致靖遂上言:“国是未定,请申乾断示从违。”藉以觇上意。未几,诏果求通才,于是致靖奏有为堪大用,并及梁启超、黄遵宪等。又连上书请废制艺,改试策论,省冗官,酌置散卿。复以边患棘,宜练重兵,力荐袁世凯主军事。上皆然其言,敕依行,罢斥礼部尚书许应骙等阻遏言路。遂命致靖权右侍郎。八月,太后复出训政,参预新政诸臣获罪。致靖褫职坐系,寻定永远监禁,仁铸亦罢官。庚子,联军陷京师,致靖始出狱待罪,诏赦免。卒,年七十五。

　　陈宝箴,字右铭,江西义宁人。少负志节,诗文皆有法度,为曾国藩所器。以举人随父伟琳治乡团御粤寇。已而走湖南,参易佩绅戎幕,军来凤、龙山阁,石达开来犯,军饥疲,走永顺募粮,粮至不绝,守益坚,寇稍稍引去。宝箴之江西,为席宝田书策歼寇洪福瑱,事宁,叙知府,超授河北道。创致用精舍,遴选三州学子,延名师教之。迁浙江按察使,坐事免。湖南巡抚王文韶荐其才。光绪十六年,召入都,除湖北按察使,署布政使,二十年,擢直隶布政使,入对,时中东战亟,见上形容忧悴,请日读圣祖《御纂周易》,以期变不失常。他所陈奏语甚多,并称旨。上以为忠,命治糈台,专摺奏事。《马关和约》成,泣曰:“殆不国矣!”明年,以荣禄荐,擢湖南巡抚。抚幕有任骧者,植党私利,至即重治之。直隶布政使王廉为关说,据以上闻,廉获谴。覆按史念祖被劾事,尽暴其任用非人状,念祖遂褫职。繇是有伉直声。湘俗故阘僿,宝箴思以一隅致富强,为东南倡,先后设电信,置小轮,建制造枪弹广,又立保卫局、南学会、时务学堂。延梁启超主湘学,湘俗大变。又疏请厘正学术及练兵、筹款诸大端,上皆嘉纳,敕令持定见,毋为浮言动,并特旨褒厉之。是时张之洞负盛名,司道咸屏息以伺。宝箴初绾鄂藩,遇事不合,独与争无私挠,之洞虽不怿，无如何也。久之，两人深相结，凡条上新政皆联衔，而鄂抚谭继洵反不与。

会康有为言事数见效。宝箴素慕曾、胡荐士，因上言杨锐、刘光第、谭嗣同、林旭佐新政。上方诏求通变才，遽擢京卿，参亲政，于是四人上书论时事无顾忌。宝箴又言四人虽才，恐资望轻，视事过易，愿得厚重大臣如之洞者领之。疏上而太后已出训政，诛四京卿，罪及举主，宝箴去官，其子主事三立亦革职，并毁湘学所著学约、界说、札记、答问诸书。

初，宁乡已革道员周汉，以张揭帖攻西教为总督所治。宝箴至，汉复刊帖传布，宝箴令毁之，汉殴毁贴者，宝箴怒，下之狱。旧党恨次骨，然喜新之士，亦以此翕然称之。宝箴既去，诸所营构便于民者，虽效益已著，皆废毁无一存云。卒，年七十。

黄遵宪，字公度，嘉应州人。以举人入赀为道员。充使日参赞，著日本国志上之朝。旋移旧金山总领事。美吏尝藉口卫生，逮华侨满狱。遵宪径诣狱中，令从者度其容积，曰："此处卫生顾右于侨居邪？"美吏谢，遽释之。历湖南长宝盐法道，署按察使。时宝箴为巡抚，行新政，遵宪首倡民治于众曰："亦自治其身，自治其乡而已。由一乡推之一县、一府、一省，以迄全国，可以成共和之郅治，臻大同之盛轨"。于是略仿西国巡警之制，设保卫局，凡与民利民瘼相丽，而为一方民力能举者，悉属之，领以民望，而官辅其不及焉。寻解职，奉出使日本之命，未行而党祸起，遂罢归。著有人境庐诗草等。

曾铄，字怀清，喜搭蜡氏，满洲正白旗人。父庆昀，宁夏将军。以任子为工部主事，累迁郎中，充军机章京，转御史。光绪九年，出为陕西督粮道。西、同各属农民纳粮例缴省仓，道涂艰远，多弊窦，设法清厘之，民称便。三辅士风朴僿，艺事若窳，延长安柏景伟、咸阳刘光蕡主关中书院，督课实学，士论翕然。又设蚕桑局，聘织师教以煮练织染法，岁出丝帛埒齐、豫。十三年，迁按察使。明年，母忧解职。服除，起故官，俄迁甘肃布政使。二十四年，调直隶，回避，留本任。擢湖北巡抚，慨然曰："时艰至此，犹可拘成法不变耶？"于是假陕甘总督印上陈补官、制签、度支、讼狱四事，宜变通成例，厚植国本。侍读学士贻谷、光禄寺少卿张仲炘弹其乱政，诏褫职。始，曾铢官京朝，家綦贫，僦居陋室。及任外台，孜孜民事，不顾问有无。既闲废，出入皆徒步，陕民恒岁醵金济之。后益困，至敝衣鬻卜都市。未几，卒。宣统改元，总督端方为奏复原官。

杨深秀，字仪村，本名毓秀，山西闻喜人。少颖敏，谙中西算术。同治初，发举人入赀为刑部员外郎。假归，值晋大饥，阎敬铭衔命筹赈，深秀条上改革差徭法，困少苏。光绪十五年，成进士，就本官迁郎中，转御史。尝言："时势危迫，不革旧无以图新，不变法无以图存。"二十四年，俄人胁割旅顺，大连湾。深秀力请联英、日拒之，词甚切直。时朝延锐意行新政，而大臣恒多异议。深秀乃与徐致靖先后疏请定国是，又以取士之法未善，请参酌宋、元、明旧制，厘正文体，下其议于礼部，尚书许应骙心非之，未奏也。会议经济特科务减额，于是深秀合宋伯鲁弹其阴挠。上令应骙自陈，奏上，劾康有为夤缘要津，请罢斥，词连深秀，上不之诘也。御史文悌劾深秀传布有为所立保国会，并暴有为交通内外状，德宗责以代人报复，反获咎。深秀益感奋，连上书请设译书局，派王公游历各国，并定游学日本章程，皆报可。又请试庶官，日番二十人，料简贞实，而汰其庸愚罢老不谙时务者，绲是廷臣益侧目。湖南巡抚陈宝箴图治甚急，中蜚语，深秀为剖辨之，上以特旨褒宝箴，宝箴乃得行其志。八月，政变，举朝惴惴，惧大诛至，独深秀抗疏请太后归政。方疏未上时，其子黼田苦口谏止，深秀厉声叱之退。俄被逮，论弃市。

深秀性耿直，尝面折人过，以此丛忌。官台谏十阅月，封事二十余上，稿不具存，惟狱中诗三章流传于世。著有《虚声堂稿》、《闻喜县新志》。

杨锐，字叔峤，四川绵竹人。少隽慧，督学张之洞奇其才，招入幕。肄业尊经书院,年最少,尝冠其曹。优贡朝考得知县。之洞督两广,从赴粤。光绪十一年,举顺天乡试,考取内阁中书。

二十四年,之洞荐应经济特科。又以陈宝箴荐,与刘光第、谭嗣同、林旭并加四品卿,充军机章京,参新政。召见,锐面陈兴学、练兵为救亡策,称旨。七月、礼部主事王照上封事,尚书许应骙等格不奏。上闻,震怒,尽褫尚书侍郎六人革职,朝臣皆不自安。上手诏密谕锐云:"近日朕仰观圣母意旨,不欲退此老耄昏庸大臣而进英勇通达之人,亦不欲将法尽变。朕岂不知中国积弱不振,非力行新政不可?然此时不惟朕权力所不及,若强行之,朕位且不能保。而与刘光第、谭嗣同、林旭等详悉筹议,必如何而后能进用英达,使新政及时举行,又不致少拂圣意,即具奏,侯朕审择,不胜焦虑之至!"锐复奏言"太后亲挈大位授之皇上,皇上宜以孝先天下,遇事将顺。变法宜有次第,进退大臣不宜太骤"。上是之。已而,太后再训政,诸言新政者皆予重诛。锐既下狱,自揣实无罪,谓即讯不难白,次日,遽诏与光第等同弃市。宣统改元,锐子庆昶缴手诏于都察院,请代奏,始传于世。

刘光第,字裴村,四川富顺人。光绪九年进士,授刑部主事。治事精严,因谳狱忤长官,遂退而闭户勤学,绝迹不诣署。家素贫,而性廉介,非旧交,虽礼馈弗受。独与杨锐善。通《周官》、《礼》及《大小戴礼记》。其应召也,亦以陈宝箴荐,然非其素志,将具疏辞,川人官京朝者力劝之。一日,召见,力陈时危民困,外患日迫,亟宜虚怀图治,上称善。惟时言路宏启,臣民奏事日批数百计,光第竟日批答,签识可否,以待上裁。退语所亲曰:"吾终不任此,行当亟假归矣!"未一月而祸作,光第自投狱。临刑,协办大学士刚毅监斩,光第诧曰:"未讯而诛,何哉?"令跪听旨,光第不可,曰:"祖制,虽盗贼监刑呼冤,当复讯。吾辈纵不足惜,如国体何!"刚毅默不应,再询之,曰:"吾奉命临刑耳,他何知?"狱卒强之跪,光第崛立自如。杨锐乎曰:"裴村,跪!跪!遵旨而已。"乃跪就戮。著有《介白堂诗文集》。

谭嗣同，字复生，湖南浏阳人。父继洵，湖北巡抚。嗣同少倜傥有大志，为文奇肆。其学以日新为主，视伦常旧说若无足措意者。继洵素谨饬，以是颇风恶。嗣同乃游新疆刘锦棠幕，以同知入赀为知府，铨江苏。陈宝箴抚湖南，嗣同还乡佐新政。梁启超但办南学会，嗣同为之长。届会期，集者恒数百人，闻嗣同慷慨论时事，多感动。

二十四年，召入都，奏对称旨，擢四品卿、军机章京。四人虽同被命，每召对，嗣同建议独多。上欲开懋勤殿，设顾问官，令嗣同拟旨，必载明前朝故事，将亲诣颐和园请命太后。嗣同退谓人曰："今乃知上绝无权也！"时荣禄督畿辅，袁世凯以监司练兵天津。诏擢世凯待郎，召入观。嗣同尝夜诣世凯有所议。明日，世凯返天津。越晨，太后自颐和园还宫，收政权。启超避匿日本使馆，嗣同往见之，劝嗣同东游。嗣同曰："不有行者，无以图将来。不有死者，无以酬圣主。"卒不去。未几，斩于市。著有《仁学》及《莽苍苍斋诗集》等。

唐才常，字佛尘。少与嗣同齐名，称"浏阳二生"，两湖学堂高材生也。闻嗣同死，忧愤，屡有所谋，每言及德宗，常泣下。二十六年，两宫同狩，才常阴结富有会谋举事，号勤王，将攻武汉。被获，慷慨言无所隐，请就死，遂杀之。

林旭，字暾谷，福建侯官人。年十九，举本省乡试第一。后试礼部，值中日构衅，纠同试者上书论时事，不报。人赀为内阁中书。时康有为倡言变法，先于京师立粤学会，以振历士气，而蜀学、浙学、陕学、闽学诸会继之。旭为闽学会领袖，又充保国会会员。荣禄先为福州将军，雅好闽士，及至天津，延旭入幕。俄以奏保人才召见，操土语，上不尽解。退缮摺，上称善，遂命与谭嗣同等同参机务，诏谕多旭起草。及变起，同戮于市，年二十有四。著有《晚翠轩诗集》。妻沈葆桢孙女，闻变，仰药不死，以毁卒。

康广仁,名有溥,以字行,有为弟。少从兄学。有为上书请改革,广仁谓当先变科举,庶人才可出。其后罢乡会试,制艺,而岁科试未变,广仁激厉言官抗疏论之,得旨俞允。于是广仁语有为:"今科举既废,宜且南归兴学专教育,俟养成多数有用才,数年后乃可云改革也。"有为不忍去。及初闻变,广仁复趣有为归。有为走,广仁被逮。在狱言笑自若,临刑犹言曰"中国自强之机在此矣!"

论曰:戊戌变法,德完发愤图强,用端棻等言,召用新进。百日维新,中外震仰,党争遽起,激成政变。锐、光第、嗣同、旭及深秀、广仁同日被祸,世称"六君子",皆悲其志。内争不已,牵及外交。其后遂酿庚子排外之乱,终致危亡。此亦清代兴衰一大关键也。

清史稿卷四六五
列传第二五二

徐桐 豫师 子承煜 刚毅 赵舒翘
启秀 英年 裕禄 廷雍
毓贤 李延箫

徐桐,字荫轩,汉边正蓝旗人,尚书泽醇子。道光三十年进士,选庶吉士,授编修。坐修改中卷干磨勘,罢职。咸丰十年,特赏检讨,协修《文宗实录》。同治初,命在上书房行走,奉懿旨番讲《治平宝鉴》,入直弘德殿,累迁侍讲学士,先后疏请习政事、勒修省,成《大学衍义体要》以进。数擢至礼部侍郎。念外人麏集京师,和仪难恃,宜壹意修攘图自强。因条上简才能、结民心、裕度支、修边备四策。光绪初,授礼部尚书,加太子少保。主事吴可读请豫定大统、以尸谏,桐与翁同和等谓其未悉本朝家法:"当申明列圣不建储彝训,俾知他日绍膺大宝之元良,即为承继穆宗之圣子。揆诸前谕则合,准诸家法则符。"疏入,诏存毓庆宫备览。

时崇厚擅订俄约,下群臣议,乃条摘其不可行者:曰伊、塔各城定界,曰新疆、蒙古通商,曰运货迳至汉口,曰行船直入伯都讷。六年,廷议徇俄人请,将赦崇厚罪,桐力持不可,谓:"揆度机要在枢廷,折冲俎豆在总署,讲信修睦在使臣。赦之而彼就范,犹裨国事。若衅端仍不能弭,反失刑政大权。推原祸始,宜肃国宪。"又言:"今日用人之道,秉忠持正者为上,宅心朴实者次之。若以机权灵警,谙晓各国语言文字，遽目为通才，而责以巨任，未有不偾且蹶者！"不报。历充翰林院掌院学士、上书房总师傅。十五年，以吏部尚书协办大学士，晋太子太保。二十二年，拜体仁阁大学士。

桐崇宋儒说，守旧，恶西学如仇。门人言新政者，屏不令人谒。二十四年政变后，太后以其耆臣硕望，颇优礼，朝请令近侍扶掖以宠之。

有豫师者，字锡之，内务府汉军。进士。官至乌鲁木齐都统，以讲学为桐所倾服。方太后议废帝，立端王载漪子溥俊为"大阿哥"，桐主之甚力，实皆豫师本谋也。既而桐被命照料，益亲载漪。各国不慊载漪等所为，漪恚甚，图报复。二十六年，义和拳起衅仇外，载漪大喜，导之入都。桐谓："中国当自此强矣！"至且新迓之。然及其乱时，仍被劫掠。袁昶、许景澄之死，举国称冤，而桐则曰："是死且有余辜！"时其子承煜监刑，扬扬颇自得。

承煜，字楠士。拔贡。以户部小京官晋迁郎中，累官刑部左侍郎。已，联军入，桐仓皇失措，承煜请曰："父芘拳匪，外人至，必不免，失大臣体。盍殉国？儿当从侍地下耳！"桐乃投缳死，年八十有二矣。而承煜遂亡走，为日军所拘，置之顺天府尹署，与启秀俱明年正月正法。命下，日军官置酒为饯，传诏旨，承煜色变，口呼冤，痛诋西人不已。翼日，备舆送至菜市，监刑官出席礼之，已昏不知人矣，寻就戮。和议成，褫桐职，夺恤典，旋论弃市，以先死议免。

刚毅，字子良，满洲镶蓝旗人。以笔贴式累迁刑部郎中。谙悉例案，承审浙江余杭县民妇葛毕氏案，获平反，按律定拟，得旨嘉奖。出为广东惠潮嘉道，迁江西按察使，调直隶。迁广东布政使，调云南。光绪十一年，擢山西巡抚。请设课吏馆，手辑《牧令须知》诸书，分讲习，诏饬行各省。治套外屯田，建分段、开渠、设官三策。明年，移抚江苏。苏患水㪇，先后浚蕴藻河、吴淞江，以工代赈，民德之。调广东。二十年，召授军机大臣，补礼部侍郎。二十四年，以工部尚书协办大学士，疏陈实仓廪，严保甲，罢不急官。二十五年，按事江南及广东诸省,迭疏请筹长江防务,筹饷练兵,清理财政,及整顿地方一切事宜,诏皆饬行。

二十六年,拳乱作,命赵舒翘及刚毅驰往近畿一带查办解散,及还京复命,而宣战诏已先下矣。匪集都城,肆焚杀,时方称义民,亡敢谁何。载漪等复疏言:"雪耻强国,在此一举!"又盛推拳民忠勇,有神术,可用。太后愈信之,因命刚毅、载勋统之,比于官军。然匪专杀自如,勿能问,且扰禁城,日焚劫不止。诏各军营会拿正法,尽拆所设神坛,并谕责刚毅、董福祥亲自开导,勒令解散,卒不能阻。各国联军入犯,两宫西狩,刚毅扈行至太原。车驾欲之西安,又从。道进疾,还至侯马镇,死。其后各国请惩祸首,以先死免议,追夺原官。

赵舒翘,字展如,陕西长安人。同治十三年进士,授刑部主事,迁员外郎。谳河南王树汶狱,承旨研辩,获平反,巡抚李鹤年以下谴谪有差。居刑曹十年,多所纂定,其议服制及妇女离异诸条,能傅古义,为时所诵。光绪十二年,以郎中出知安徽凤阳府。皖北水祲,割俸助赈。课最,擢浙江温处道,再迁布政使。二十年,擢江苏巡抚。捕治太湖匪酋叶子春,余党股栗。复为筹善后策,弊风渐革。明年,改订日本条约,牒请总署重民生,所言皆切中。是时朝廷矜慎庶狱,以舒翘谙律令,召为刑部左侍郎。二十四年,晋尚书,督办矿务、铁路。明年,命入总理各国事务衙门,充军机大臣。

拳匪据涿州,舒翘被命驰往解散。匪众坚请褫提督聂士成职,刚毅踵至,许之。匪既入京,攻使馆。联军至,李秉衡兵败,太后乃令王文韶与与舒翘诣使馆通殷勤,为议款计。文韶以老辞,舒翘曰:"臣望浅,不如文韶!"卒不往。旋随扈至西安。联军索办罪魁,乃褫职留任,寻改斩监候。次年,各国索益亟,西安士民集数百人为舒翘请命,上闻,赐自尽。命岑春煊监视。舒翘故不祖匪,又痛老母九十余见此惨祸,颇白悔恨。初饮金,更饮以鸩,久之乃绝,其妻仰药以殉。

启秀，字颖之，库雅拉氏，满洲正白旗人。以孝闻。同治四年进士，选庶吉士，散馆改刑部主事，累迁内阁学士。光绪五年，授工部右侍郎，调盛京刑部。吉林将军铭安被弹劾，启秀白其诬，转户部。论者以按铭安事多徇庇，攻甚力，命崇绮覆按，无左验，免议。东省练新军，倚饷京师，阎敬铭掌户部，方规节帑，未应也。启秀力言，始获请，岁发四十万济之。二十年，拜理藩院尚书。中、日和议成，将换约，启秀疏请：“条约宜缓发，先商诸各国，杜后患。”不报。敖汉王达木林达而达克鉴朝阳覆辙，自请增练蒙军。言者论其苛派蒙众，谋不轨，启秀为讼其冤。敖汉王虽夺扎萨克秩，而其子获嗣，以故大得蒙众心。充总管内务府大臣。二十四年，授礼部尚书，疏陈厘正文体，倡明圣学。命充军机大臣兼总理各国事务衙门。

启秀端谨有风操，为徐桐所赏。自政变后，桐最被盼遇，欲引参机务，乃举启秀自代。已而拳乱作，董福祥攻使馆不下，启秀荐五台僧御敌，颇附和之。逮两宫狩西安，启秀以母病弗克从。日本军拘启秀及徐承煜严守之，承煜，桐子也。朝旨褫职，而各国犹言罪魁不可纵。明年，正法命下，日军官置酒为饯，席次，传诏旨，启秀神色自若，曰：“即此已邀圣恩矣！”肃衣冠赴菜市。启秀宅近日本权领地，日官与语，当善庇其家，第曰：“厚意可感。”他无复言，遂就戮。

英年，字菊侪，姓何氏，隶内务府，为汉军正白旗人。以贡生考取笔贴式，累迁郎中兼护军参领。光绪中，历奉宸苑卿、左翼总兵、正红旗汉军副都统、工部右侍郎，调户部。拳匪乱作，以英年、载澜副载勋、刚毅统之。载勋等出示，招致义民助攻使馆，英年弗能阻，匪益横，任意戕杀官民。联军既陷京师，两宫幸西安，英年充行在查营大臣，旋授左都御史。行次猗氏，知县玉宝供张不备，疏劾之。款成，各使议惩首祸，英年褫职论斩，羁西安狱，寻赐自尽。

裕禄，字寿山，喜塔腊氏，满洲正白旗人，湖北巡抚崇纶子。以刑部笔贴式历官郎中。出为热河兵备道，累迁安徽布政使。同治十三年，擢巡抚，年甫逾三十。前江南提都李世忠本降寇，罢职家居，所为横恣，裕禄疏请诛之。会以事诣安庆，召饮署中，酒行，出密旨，麾众缚斩之，而仍恤其家，人以是高其能。光绪十三年，迁湖广总督，调两江，复还鄂。廷议修铁路，起芦沟讫汉口，下群臣议，裕禄力陈不可，忤旨。十五年，徙为盛京将军。十七年，热河奸民骚动，毁教堂，杀蒙人，裕禄会师朝阳，击平之，予优叙。二十年秋，朝鲜乱起，奉天戒严，坐安东、凤凰失守，数被议。明年，调福州，改授四川总督。二十四年，召为军机大臣、礼部尚书兼总理各国事务衙门。会征荣禄入枢廷，遂代之督直隶。

义和拳起山东，入直境。初，义和会源出八卦教乾坎二系，聚党直、鲁间，为临清郜生文余孽，后称团，专仇教。裕禄初颇持正论，主剿，捕其酋姚洛奇置之法。逾岁，开州传举烽，言匪复至，擒渠率斩以徇。居无何，毓贤抚山东，纵匪，匪散入河间、深、冀，而裕禄承风指，忽主抚。袁世凯方将武卫军，语裕禄："盍不请严旨捕治？"裕禄曰："拳民无他伎，缓则自消，激则生变。且此委琐事，何烦渎天听邪？"已而毓贤去，世凯代之，自兴兵疾击，以故匪不敢近山东，而纷纷入畿疆矣。吴桥知县劳乃宣禁传习，为书上裕禄，格不行。

时直隶官吏多信拳，布政使廷杰独力主剿办，严定州县查缉拳匪惩戒办法。遽奉诏开缺回京，匪愈横。张德成居独流，称"举国第一坛"，曹福田为津匪魁，二人者炫神术，为妄妖言相煽诱，裕禄不之问。已，复致书请饷二十万，自任灭外人，裕禄驰檄召之，于是二人出入节署，与裕禄亢礼。当是时，津城拳匪至可三万人，呼啸周衢市，又以红灯照荧众，每入夜，家家悬红灯，谓"迎仙姑"。

顷之，各国兵舰大集，匪犹群聚督辕求枪炮，裕禄命诣军械所任自择，尽攫以去。而联军络绎登岸，索大沽炮台，裕禄惧，疏告急，请救董福祥来援。联军索益坚，提督罗荣光不允，战失利，而裕禄且上天津团民杀敌状，于是朝廷以团民为可恃，宣战诏书遂下，而不知大沽已先数日失矣。裕禄又报大捷，盛张拳匪功，发帑金十万犒团,更荐德成、福田于朝,饰战状,获赏头品秩、花翎、黄马褂。事急,官军战车站,败绩,裕禄退保北仓。阅三日,城陷,德成、福田挟赀走,卒系而罪之。裕禄飞章自劾,诏革职留任。逾月,北仓失,裕禄又退杨村,遂自杀。和议成,夺职。

廷雍,字邵民,满洲正红旗人。以贡生累官直隶布政使。裕禄死,护总督。联军入保定,被执,并及诸士绅。各军讯其事,雍曰:"保绅凤从令,可释,事皆由我。今至此,斧钺由汝,奚问为?"遂见杀。郡人尚多哀之。

毓贤,字佐臣,内务府正黄旗汉军。监生。以同知纳赀为山东知府。光绪十四年,署曹州,善治盗,不惮斩戮。以巡抚张曜奏荐,得实授,累迁按察使,权布政使,二十四年,调补湖南,署江宁将军。裁革陋规万余两,上闻而嘉之。

是时李秉衡抚山东,适有大刀会仇西教,秉衡奖借之,戕德国二教士。廷议以毓贤官鲁久,谙河务,擢代之。既莅事,护大刀会尤力。匪首朱红灯构乱,倡言灭教。毓贤令知府卢昌诒按问,匪击杀官军数十人,自称义和拳。毓贤为更名曰"团",团建旗识,皆署"毓"字。教士乞保护,置勿问。匪浸炽,法使诘总署,乃征还。至则谒端王载漪、庄王载勋、大学士刚毅,盛言拳民忠勇得神助。俄拜山西巡抚之命,于是拳术渐被山西。平阳府县上书言匪事,毓贤痛斥之,匪益炽。毓贤更命制钢刀数百,赐拳童令演习,其酋出入抚署,款若上宾。居无,何朝旨申命保教民,毓贤阳遵旨,行下各县文书稠叠,教士咸感悦。未几,又命传致教士驻省城,曰:"县中兵力薄,防疏失也"。教士先后至都七十余人,乃扃聚一室,卫以兵,时致蔬果。一日,毓贤忽冠服拜母,泣不可止,曰:"男勤国事,不复能顾身家矣!"问之不语。遽出,坐堂皇,呼七十余人者至,令自承悔教,教民不肯承,乃悉率出斩之,妇孺就死,呼号声不忍闻。

联军既陷天津,毓贤请勤王,未及行,朝旨趣之再。两宫已西幸,毓贤遇诸涂,遂随扈行。和议成,联军指索罪魁,中外大臣复交章论劾,始褫职,戍新疆。十二月,行抵甘肃,而正法命下。时李廷箫权甘督。

廷箫,籍湖北黄安。以进士累官山西布政使,尝附毓贤纵匪。至是得旨,持告毓贤,毓贤曰:"死,吾分也,如执事何?"延箫虑谴及,元旦仰药死。兰州士民为毓贤呼冤,将集众代请命,毓贤移书止之。其母留太原,年八十余矣。一妾从行,令自裁。逾数日,伏诛未殊,连呼求速死,有仆助断其颈,为敛而葬之。

论曰:戊戌政变后,废立议起,患外人为梗,遂欲仇之,而庚子拳匪之乱乘机作矣。太后信其术,思倚以锄敌而立威,王公贵人各为其私,群奉意旨不敢违,大乱遂成。及事改,各国议惩首祸,徐桐等皆不能免。逢君之恶,孽由自作。然刑赏听命于人,何以立国哉!

清史稿卷四六六
列传第二五三

徐用仪　许景澄　袁昶
立山　联元

徐用仪,字筱云,浙江海盐人。由副贡生入赀为主事,官刑部。咸丰九年,举顺天乡试。同治初,充军机章京,兼直总理各国事务衙门。累迁鸿胪寺少卿,以忧归。光绪三年,起太仆寺少卿,迁大理寺卿,直军机如故。擢工部侍郎,始罢直。旋充总理衙门大臣,历兵部、吏部侍郎,授军机大臣。二十年,加太子少保。日、朝构衅,举朝争议和战,枢臣孙毓汶被劾罢,翁同龢继入,主战益力。用仪论事与同和忤,遂出枢廷,并解总署事。二十四年,皇太后再训政,复直总署,乃密荐太常寺卿袁昶。会许景澄奉使还,被命同入署。二十六年,拳祸起。先是上以行新政为中外所推,而储嗣久虚。载漪既用事,阴谋废立,虑外人为梗,闻拳民有神勇,仇西教,欲倚以集事,召入京,遂纵恣不可制。用仪请严禁遏,不听。俄戕德使克林德,用仪骇曰:“祸始此矣!”言于庆亲王奕劻,厚敛之。各国兵舰至津沽,诏廷臣集议和战。用仪、景澄、昶及尚书立山、内阁学士联元并言:“奸民不可纵,外衅不可启。”而载漪等主战甚力,在延大臣率依违不决。用仪以太后命诣使馆议缓兵,当事者益目为奸邪。

景澄、昶先被害,用仪知不免,意气自如。七月既望,遽发拳匪捕之于家,拥至庄王邸。用仪不置辩,第曰:“天降奇祸,死固分耳!”遂与立山、联元同弃市。越三日,联军入京,而两宫西狩。十二月,诏涵雪,复故官。宣统元年,追谥忠愍。浙人祠之西湖,与景澄、昶并称"三忠"。

许景澄,字竹筼,嘉兴人。同治七年进士,选庶吉士,授编修。明习时事,大学士文祥以使才荐。光绪六年,诏使日本,遭父忧,未行。服阕,补侍讲。法、越之役,条上筹备事宜,上褒纳。十年,出使法、德、意、和、奥五国大臣,兼摄比国使务。时海军初创,从德国购造铁舰,未就。景澄躬历船广,钩稽辑上《外国师船表》。又言海军宜定屯埠胶州湾,设铁甲炮船大沽口。转侍读,母忧归。

十六年,充出使俄、德、奥、和四国大臣,累迁至内阁学士。先是俄兵游猎,常越界,侵及帕米而地,景澄争之,俄援旧议定界起乌什别山,自此而南属中国,其西南属俄。俄人则欲以萨雷阔勒为界。相持三载,俄始允改议,其帕界未定以前,各不进兵,以保和好。因著《帕米而图说》、《西北边界地名考证》,为他日界约备。擢工部侍郎。是时俄、德迫日人还辽东,景澄曰:"俄谋自便,德图偿报,事故从此多矣!"疏请分遣两使,从之。二十三年,调充德国使臣。会俄建西比利亚铁道,谋自黑龙江达海参崴,朝议拒之,乃更名商办,许中国投资五百万,所谓东清铁路公司也。诏景澄综其事,力阻路线南溢,稽察运船毋漏税。已而俄人索租旅顺,充头等公使,会驻俄使臣杨儒定议俄都。事竣,移疾归,召授总理各国事务大臣兼礼部侍郎。调吏部,充大学堂总教习、管学大臣。意大利索我三门湾,景澄抗言争之,事乃寝。

未几,拳祸作,景澄召见时,历陈兵衅不可启,春秋之义,不杀行人,围攻使馆,实背公法。太后闻之动容,而载漪等斥为邪说。联军逼近畿,景澄等遂坐主和弃市。宣统元年,追谥文肃。

袁昶,字爽秋,桐庐人。从刘熙载读,博通掌故。光绪二年进士,授户部主事,充总理各国事务衙门章京。十八年,以员外郎出任徽宁池太广道。诚僚属,抑胥吏,多所兴革;扩中江书院斋舍,课以实学；建尊经阁，购书数万卷；汰常关耗费岁万八行金，悉还诸公；定专条，纳新关谷米出口税，岁羡数十万；督修芜湖西南滨江圩堤，自大关亭至鲁港，延袤十二里；更穿筑新缕堤三百七十丈，自是蓄泄有资，田庐完固，民歌诵之。

胶州事起，下诏求言，昶条列时政二万余言，以："德突据胶湾，其祸急而小。俄自西北至东北，与我壤地相错蒙喀四十八部将折入异域，其祸纡而大。宜及今预练劲旅，痛革吉、奉华靡风习。自顷兵力不能议战，要不可不议守。我朝八旗初制，文武不分途，京外不分途，人皆兵，官皆将，故人才盛，国势强。承平日久，文法繁密，诸臣救过之不暇，于是相率为乡愿，而举国之人才靡矣！金田洪、杨之乱，其始一小民耳，犹穷全国之力仅而克之，况诸国互肆蚕食之心，有不乘吾敝而攻吾之短者哉？夫敌国外患，为殷忧启圣之资。苟得其人，毋拘以文法，则理财、练兵、防海、交邻之策，可次第就理。"上亲书其纲要于册，下中外大臣议行。二十四年，迁陕西按察使，未到官，擢江宁布政使，调直隶。未几，内召，以三品京堂在总理衙门行走，授光录寺卿，转太常寺卿。时财用匮，议整厘税。昶极言厘金明病商，实病民，不可议增。

义和团起山东，屠戮外国教士。昶与许景澄相善，廷询时，陈奏皆慷慨，上执景澄手而泣。昶连上二疏，力言奸民不可纵，使臣不宜杀，皆不报。复与景澄合上第三疏，严劾酿乱大臣，未及奏，已被祸，疏稿为世称诵。追谥忠节，江南人祠之芜湖。

昶尝慨士鲜实学，辑农桑、兵、医、舆地、治术、掌故诸书，为《渐西村丛刻》。

立山，字豫甫，土默特氏，蒙古正黄旗人。光绪五年，以员外郎出监苏州织造，历四任乃得代。论修南苑工，赐二品服。累迁奉宸苑卿、总管内务府大臣、正白旗汉军副都统、户部侍郎。二十年，加太子少保。盗窃宁寿宫物，坐失察，镌职留任。二十六年，擢户部尚书。立山久典内廷，同列嫉其宠眷。会拳祸起，联军至天津，廷臣集议御前。载漪盛推拳民可用，立山适在侧，太后谓"汝言如何？"立山曰："拳民虽无他，然其术多不验。"载漪怒曰："用其心耳，奚问术？立山必与外人通，请以立山退外兵！"立山曰："首言战者载漪也！臣主和，又不谙外事，不足任。"载漪益仇之，因其宅邻教堂，乃中以蜚语，谓藏匿外人，竟论死。宣统元年，追谥忠贞。

联元，字仙蘅，崔佳氏，满洲镶红旗人。同治七年进士，选庶吉士，授检讨，累迁侍讲。大考，左迁中允，再陟侍讲。以京察，出知安徽太平府，调安庆。两荐卓异，署滁和道，迁广东惠潮嘉道。汕头者，通商要衢也，奸人倚英领事为民暴，联无裁以法，良善获安。二十四年，擢安徽按察使，入觐，改三品京堂，在总理衙门行走。又明年，补内阁学士。拳民仇西教，载漪、刚毅助之，势益横，日夜围攻使馆，不能下。大臣负清望者徐桐、崇绮，皆谓："民气可用。"联元与崇绮争论帝前，谓："民气可用，匪气不可用。"联军既陷大沽，载漪等犹壹意主战。联元谓："甲午之役，一日本且不能胜，况八强国乎？倘战而败，如宗庙何？"载漪斥其言不祥，七月十七日，斩西市。昭雪后，予谥文直。顺天府奏请立山、联元合祠宣武门外，而联元祖居宝坻，更于其地建专祠焉。

论曰：清代优礼廷臣，罕有诛罚。拳祸既起，忠谏大臣骈首就戮，岂独非帝意哉？观用仪诸人所论事势利害，昭昭如此，乃终不能回当轴之听，何其昧焉？世传大节，并号"五忠"，不数日而遂昭雪，允哉！

・9750・

清史稿卷四六七
列传第二五四

李秉衡 王廷相　聂士成
罗荣光　寿山 族孙瑞昌
凤翔 崇玉等

李秉衡,字鉴堂,奉天海城人。初入赀为县丞,迁知县。光绪五年,除知冀州。岁饥,发仓粟,不给。州俗重纺织,布贱,为醵金求远迁,易粮归,而裁其价以招民,民获苏。越二年,擢知永平府。部议追论劫案,贬秩。李鸿章上其理状,请免议,不获。时称"北直廉吏第一。"以张之洞荐,超授浙江按察使,未到官,移广西。十年,平峒寨乱,晋二品秩。

明年,法人假越事寇边,秉衡主龙州西运局。是时财匮,战士不得饷,蹂尸舆胔,无人过问。秉衡益节俭,汰浮费,无分主客军,给粮不绝,战恤功赏力从厚。复创设医局,治负伤军士,身自拊循之,日数四,虽末弁,亦延见,殷殷勖以杀敌报国。护抚命下,欢声若雷动。与冯子材分任战守。谅山之捷,彭玉麟等疏言:"两臣忠直,同得民心,亦同功最盛"。予优叙。重申前命为护抚,整营制,举贤能,赀遣越南游众,越事渐告宁。新任巡抚沈秉成莅官,乃乞病去。

二十年,东事棘,召为山东巡抚。至则严纪律,杜苞苴。以威海旅顺管钥北门,遂率师驻烟台。闻旅顺不守,劾罢丁汝贵、龚照屿等,以警威海守将。既而日军浮三舰窥登州,秉衡悉萃精兵于西北,而荣城以戎备寡，为日军所诱而获，时论诟之。其时大刀会起，主仇教，势渐张。二十三年，会众戕德国教士，德使海靖要褫秉衡职，编修王廷相力争之，徙督四川。海靖请益坚，乃罢免。于是秉衡隐安阳，居三年，刚毅入枢廷，荐之起，入都。廷相慕其名，往访，遂订交。朝命秉衡诣奉天按事，奏廷相自随，既至，纠不职者数人，皆廷相微服所调知者。还，会御史彭述疏请整饬长江水师，诏使秉衡往，秉衡固辞，太后责勉之，遂行。

　　岁余，拳祸作，枋事者矫诏趣战，电各省，诸疆臣失眉，商之鸿章。于是定画保东南约，秉衡与焉。无何，又请募师入卫。至京，入觐太后，力主战，遂命统张春发、陈泽霖、夏辛酉、万本华四军，出屯查杨村、河西坞。战才合，张、万二军先溃，泽霖自武清移壁，闻炮声，军皆走。秉衡不得已，退通州，疾书致各将领，述诸军畏葸状，饮金死。事闻，优诏赐恤，谥忠节。联军索罪魁，请重治，以先死免议，诏褫职，夺恤典。

　　廷相，字梅岑，直隶承德人，本籍山东。少劬学，以孝称。光绪十三年进士，以编修督山西学政，口外七厅洊饥，有司匿不闻，为上流民残弊状，获赈如腹地。二十三年，转御史，敢言事。时宗室、觉罗官学久废不缉，廷相谓培材宜自近始，请依八旗官学新章，求实际，议行。国用患不足，计臣议加赋，廷相力申李鸿藻议，为民请命，事遂寝。二十四年元旦，日食，疏请勤修省，条上七事，而尤以进贤退不肖为国家治乱之源。因劾张荫桓媚外人、交近侍，并以浙江学政徐致祥秩满调安徽，外似优隆，内实屏绝。严旨下吏议，敕还原衙门行走。拳乱起，秉衡出御联军，廷相从。及败，寻秉衡不遇，还至仓头桥，赴河死。子履丰，拯之不及，从之，遇救免。赠五品卿，予世职，赏履丰主事。

　　聂士成，字功亭，安徽合肥人。初从袁甲三军讨捻，补把总。同治初，改隶淮军，从刘铭传分援江、浙、闽、皖，累迁至副将。东捻败，赐号力勇巴图鲁，擢总兵。西捻平，晋提督。光绪十年，法人据基隆，率师渡台湾,屡战却敌。还北洋,统庆军驻旅顺。十七年,海军大阅礼成,晋头品秩。调统芦台淮、练诸军,击热河朝阳教匪,擒斩其酋杨悦春,赏黄马褂,易勇号曰巴图隆阿。明年,授山西太原镇总兵,仍留芦台治军。请单骑巡边,历东三省俄罗斯东境,朝鲜八道、图其山川扼塞,著《东游纪程》。

逾岁,日、韩乱起,随提督叶志超军牙山,闻高升兵舰毁,语志超曰:"海道梗,牙山不可守。公州背山面江,势便利。"从之。士成乃先诸军发,次成欢,遇伏,迷失道,吏士无人色。士成见二鹤立冈阜,语众曰:"彼处无隐兵也!"遂出险,往就志超。志超已弃公州行,追及之。士成议趋平壤合大军,而鸿章檄令内渡,以故平壤陷,得免议。志超逮问,宋庆接统诸军,遣士成守虎山。未几,铭军溃,诸军皆走,士成犹悉力以御。日军大集,力不支,退扼大高岭。是时辽西危棘,士成请奇兵出敌后截其运道,诸帅不从,乃自率师逼雪里站而阵。除夕,置酒饮将士,预设伏以待,日军果来袭,大败之分水岭,斩日将富刚三造。优诏褒勉,授直隶提督。和议成,还驻芦台。北洋创立武卫军,改所部三十营为前军,与宋庆、董福祥、袁世凯并为统帅。庆、福祥用旧法训练,世凯军仿日式,士成军则半仿德式,是为武卫四军。

二十六年,拳匪乱,戎总兵杨福同,命士成相机剿办。匪焚黄村、朗坊铁轨,士成阻止之,弗应,击杀数十人。其党大恨,诉诸朝,朝旨诃责士成。时匪麇集天津可二万,遇武卫军辄诟辱,士成检勒部下毋妄动。荣禄虑激变,驰书慰解之,士成覆书曰:"匪害民,必至害国!身为提督,境有匪不能剿,如职何?"乃郁郁驻杨村观变。会英、法诸国联军至,士成三分其军,一护铁路,一留芦台,而自率兵守天津。连夺陈家沟、跑马厂、八里台,径攻紫竹林,喋血八昼夜,敌来益众,燃毒烟炮,我军稍却。士成立桥上手刃退卒,顾诸将曰:"此吾致命之所也,逾此一步非夫矣"!遂殒于阵,肠胃洞流。诏恤。阅二载,以世凯言,赠太子少保,谥忠节,建专祠。

罗荣光，湖南乾州人。初隶曾国藩麾下，补把总。同治初，李鸿章规三吴，从西将华而克青浦，攻南桥镇、柘林，直捣其巢，大败之。乘胜复沙川、金山，迁守备。又从西将戈登释常、昭围，以次下太仓、昆山诸邑。累擢参将。攻常州，先登，城复，迁副将，赐号果勇巴图鲁。除狼山镇右营游击。苏军分援浙、皖、闽，连克湖州、长兴、广德、漳州、漳浦诸城，与有功，擢总兵。六年，东捻扰鲁疆，荣光以偏师游弋淮南北，败捻于运。东捻回窜江、淮，分寇海、沭、邳、宿，并击退之。明年，西捻窥滑、浚，我师蹑之，荣光战数挫，而勇气弥厉。鸿章谋困之黄、运间，缘河筑长垒，荣光壁当敌冲，相持凡三阅月。会霖雨，寇多陷淖死，荣光复蹑之东北，势益蹙，张总愚自沉于河。事宁，晋记名提督。自是徙防金陵、武昌、西安，凡二年。移驻天津，补大沽协副将。

光绪七年，创设水雷营，遴各营将士演习，兼授化电测量诸学。既而北塘、山海关相继设，皆受成于荣光。醇亲王阅北洋军，以其教练有方，荐授天津镇总兵。位渐显，服食俭约，若老兵然。二十六年，擢喀什噶而提督，未之官而拳乱起，八国兵舰入寇，荣光守大沽炮台。大沽水深广，河道萦曲，曲有台，备险奥，外兵慑其势，弗敢进。荣光备益严，乃佯就款，使人言于裕禄，谓第得四五艘入口护侨商，无他意，裕禄许之。荣光闻而大惊，力阻，而敌舰已踵入，将及台，遽出炮仰击。荣光再谒裕禄乞发战令，谍者已报台毁，荣光愤极，归拔刀杀眷属，曰："毋令辱外人手！"遂出赴难，一仆随之，不知所终。他日得其尸台下，仆尸亦在焉。没三日而天津陷，时年六十有七。

寿山，字眉峰，袁氏，汉军正白旗人，黑龙江驻防，吉林将军富明阿子。以父任为员外郎，兼袭骑都尉世职，迁郎中。光绪二十年，日军犯奉天，自请赴前敌，充步队统领。弟永山领马队，数与日军战，复草河岭，克连山关，进薄凤凰城。敌援至，永山殁于阵，寿山被重创。以敢战，兼领镇边军马队。逾岁，降敕褒嘉。官军既克海城，寿山领七十骑诣辽南诇敌势，遇之汤冈子，搏战，枪弹入右腹，贯左臀出，战愈猛，敌稍却，驰还壁，血缕缕满衣裤。上嘉其勇，迁知府，赏花翎。

二十三年，调充镇边军左路统领，徙驻黑龙江城。越二年，除知开封遗缺府，未之官，值东北边防亟，超改黑龙江副都统。明年春，入觐，垂询边情甚悉，命佐将军。恩泽治军疏请增募十五营，调谙边事者十余人，躬诣上海购军械，自长崎、海参崴、伯利循海归，潜度形势，备战守。新军成，而恩泽卒于任，朝命代之。既莅事，铲奸弊，明赏罚，图要塞。手订行阵操法，颁之各将领，使番上，授以方略。虽末弁亦接见，籍记备器使。

二十六年夏，拳乱作，俄军数千声为保护哈尔滨铁轨，纷集海兰泡，乞假道。寿山曰："敌逼我都，我假敌道，如大义何？"拒之。遂檄爱珲副都统凤翔御北路，呼伦贝尔副都统依兴阿御西路，通肯副都统庆祺御东路，令各严诫备毋浪战。并牒俄勿进兵，愿负保路责。而俄军已分道进，重以铁路土工可十余万索值，倡罢工，扬言与俄为难。寿山亟下令军中曰："保铁路，护难民，全睦谊，违者杀无赦！"复使统领吉祥约富拉尔基监工盖尔肖甫入城，俾释疑惧，而盖尔肖甫乃击杀工人宵遁。寿山犹强为容忍也，慎导俄民出境，籍录其财物备还，然俄军不为止，入寇爱珲及黑河屯，华人被迫赴水者，尸蔽江下。三姓、呼伦贝尔又纷纷告警，寿山亟电吉林将军长顺会攻哈尔滨，然犹属其语俄总监工，谓若罢兵，愿以全家质。当是时，诸路军皆溃败，北路统领崇玉，营官德春、瑞昌，西路统领保全，东路营官保林，并陷阵死，于是俄遂逼齐齐哈尔省城。既而闻联军媾和，乃遣同知程德全往商和议，而自守"军覆则死"之义，命妻及子妇先裁，手缮遗疏，犹拳拳于垦政，并致书俄将领属勿戕民。阅日，具衣冠，饮金，卧柩中，不死。呼其属下材官击以枪，不忍，手颤机动，弹出中左胁，犹不死。更呼材官击小腹，仍不死。呼益厉，又击之，气始绝。先是诏责其开边衅，部议夺职。后以总督徐世昌请复官，予骑都尉兼云骑尉世职，附祀富明阿祠。

族孙瑞昌，充此路营官，俄陷黑河，与统领崇玉同战殁。

凤翔，字集庭，汉军镶黄旗人，吉林驻防。累官协领。光绪二十一年，中、日事起，将军长顺赴奉督师，凤翔任馈运，给食不乏。寻擢爱珲副都统。二十六年，俄将固毕乃脱尔来假道，寿山令爱珲诫备。俄军已自黑龙江下驶，翼日，俄官廓米萨尔名阔利士密德者，浮军舰至，凤翔遣军拒之三道沟。阔利士密德来谒，申前请，弗允，颇怒去，令舟师击我，而我师已先发，歼其军官二，阔利士密德被重创，奔还海兰泡，旋卒。于是黑河军与海兰泡俄军相轰击者数日。凤翔令统领王仲良率骑旅三百渡江击之，始小挫，继获大胜。俄军缘江遁，师往驰之，会其军舰泊江岸，载归。阅二日，又渡江来，击却之。迟明，又率步旅六千自五道河济，右路统领崇玉望见之，其军皆树我帜，衣我衣，意为漠河护矿兵也，弗敢击，既登岸始觉，而势已不可遏，我师败绩，崇玉殒于阵，爱珲陷。寿山闻之，亟令凤翔回援，弗及。凤翔驻兜沟子，去爱珲七十里。

逾月，俄军复至，枪弹雨下，凤翔以战为守，相持累日。黑龙江行军故无棚帐。战罢露宿，众苦寒，以是军有怨声，凤翔虑哗溃，复以地势平衍难扼守，乃请寿山结阵徐退，抵内兴安岭军焉，去兜沟子又百六十里。未几，俄军争上岭，势汹汹，师失利，仍扼岭拒之。敌攻益亟，凤翔悉甲出，令曰："有后者斩！"而自赴前敌督摄。有材官稍却，立使飞骑斩之。材官惧，大呼陷阵，俄军少隙，复进，遂大败，署北路翼长恒玉断一臂，俄将卒死伤无算。凤翔战既酣，右臂左足两受弹伤，坠马者三，辄得跃上，鏖战不少休，既还，呕血数升而死。事闻，优恤如制。

崇玉，通肯正蓝旗佐领，时同死事者，玉庆，黑龙江城世管佐领。城陷被执，詈不绝口，死最惨。扎鲁布，黑龙江城水师四品官。怀印以殉，死后犹手握印不可脱。又段国英，宜黄人，以县丞榷盐阿什河。俄兵至，令让所处屯兵，严词拒之，缚之而去。旋释归，则俄兵已占其地，且悬俄帜，国英大哭曰："中国亡矣！"触石，头裂，死。俄人观者皆叹息。

　　论曰：秉衡清忠自矢，受命危难，大节凛然，此不能以成败论也。联军之占津、海也，长驱而入，唯士成阻之。俄兵之侵龙江也，乘隙以进，唯寿山拒之。固知必不能敌，誓以一死报耳。荣光争大沽，凤翔守爱珲，虽已无救于大局，而至死不屈，外人亦为之夺气，何其壮哉！

清史稿卷四六八
列传第二五五

崇绮 子葆初等　志钧　　延茂 弟延芝
色普徵额　王懿荣 熙元
宗室宝丰　宗室寿富 弟寿蕃
宋承庠 王铁珊

崇绮,字文山,阿鲁特氏,蒙古正蓝旗人,大学士赛尚阿子。以穆后父贵,升隶满洲镶黄旗。初为工部主事,坐其父出师无功,褫职。咸丰四年,粤寇谋犯畿辅,充督练旗兵处文案,事宁,叙兵部七品笔贴式。英吉利兵舰窥天津,录守内城功,擢主事。嗣迁员外郎。同治三年,将军都兴阿以崇绮谙兵事,奏自随,兵部疏留。是岁成一甲一名进士,立国二百数十年,满、蒙人试汉文获授修撰者,止崇绮一人,士论荣之。九年,迁侍讲,出典河南乡试,充日讲起居注官。十一年,诏册其女为皇后,锡三等承恩公。历迁内阁学士,户部、吏部侍郎。

光绪二年,充会试副考官,补镶黄旗汉军副都统。会河南旱,大吏匿不报,为言官所劾。上命偕侍郎邵亨豫按问,廉得实,巡抚李庆翔以下皆获罪。四年,吉林驻防侍卫倭兴额被盗诬控,诏与侍郎冯誉骥往谳,寻命崇绮署将军专治之。倭兴额控如故,事下侍郎志和核覆,得诬告状,崇绮自劾,被宥。五年,出为热河都统。御史孔宪珏疏称其忠直，宜留辅，不许。七年，调盛京将军。

九年，谢病归。旋授户部尚书，再调户部，复乞休。初，穆宗崩，孝哲皇后以身殉，崇绮不自安，故再引疾。二十六年，立溥俊为"大阿哥"，嗣穆宗。乃起崇绮于家，俾署翰林院掌院学士，傅溥俊。于是崇绮再出，与徐桐比而言废立，甚得太后宠，恩眷与桐埒。义和团起，朝贵崇奉者十之七八，而崇绮亦信仰之。事败，随荣禄走保定，居莲池书院，自缢死。荣禄以闻，赐奠醊，入祀昭忠祠，谥文节。

崇绮妻，瓜尔佳氏，先于京师陷时，预掘深坑，率子散秩大臣葆初及孙员外郎廉定，笔贴式廉容、廉密，监生廉宏，分别男女入坑生瘗，阖门死难，各奖恤有差。二十七年，命以曾孙法亮嗣廉定，袭爵。

志钧，亦三等承恩公，满洲镶黄旗人。充散秩大臣。闻警，设醴祭先，率妻子皆衣冠对缢于中堂。恤如例，谥贞愍。

延茂，杜氏，内务府汉军正白旗人。同治二年进士，铨礼部主事。光绪八年，历迁至鸿胪寺少卿。上言八旗官学废弛，宜变通章程。再迁内阁侍读学士。

中、法构衅，疏言："我国士夫多懵外势，请自今慎选使才，令其考察彼国政治利弊，图其山川夷险，随时奏闻。"又言："名将必知地利而后可行师，庙堂必知地利而后可驭将。今宜北起盛京，南逾岭广，合台、琼为一气。复自滇、粤边外讫越南全境，分绘两图，更令诸疆臣各绘所辖地图，上测纬度，下准方斜，俾知相距里数，为军事之用。"上韪其议。

十三年，除奉天府府丞。越四年，入为大理寺少卿。二十四年，由驻藏办事大臣擢吉林将军，以仓廪灾，上章自劾。明年，征还，再授黑龙江将军，未行而拳祸作。联军入都，偕弟迁芝守安定门，城陷，阖室自焚死。赠太子少保，谥忠恪。妻并诸娣姒女子子皆获旌。

色普徵额，舒穆鲁氏，满洲正白旗人。咸丰十年，贼窜畿疆，以健锐营前锋校，从大学士瑞麟往讨，裹创力战。旋从僧格林沁剿捻，斩馘甚众。同治初，又从都统穆腾阿军畿南。光绪三年，迁参领。八年，军政课最，授镶红旗汉军副都统，充神机营专操大臣。二十四年，徙驻南苑。二十六年，擢宁夏将军，未行，拳乱起，命守正阳门，昼夜徼循不少休。联军攻城，中炮死。赠太子少保，谥壮恪，予骑都尉兼云骑世职。

王懿荣，字正孺，山东福山人。祖兆琛，山西巡抚。父祖源，四川成绵龙茂道。懿荣少劬学，不屑治经生艺，以议叙铨户部主事。光绪六年成进士，选庶吉士，授编修，益详练经世之务，数上书言事。十二年，父忧，解职。服阕，出典河南乡试。二十年，大考一等，迁侍读。明年，入直南书房，署国子监祭酒。会中东战事起，日军据威海，分陷荣城，登州大震。懿荣请归练乡团。和议成，还都，特旨补祭酒。越二年，遭母忧，终丧，起故官。盖至是三为祭酒矣，前后凡七年，诸生翕服。

二十六年，联军入寇，与侍郎李端遇同拜命充团练大臣。懿荣面陈："拳民不可恃，当联商民备守御。"然事已不可为。七月，联军攻东便门，犹率勇拒之。俄众溃不复成军，乃归语家人曰："吾义不可苟生！"家人环跽泣劝，历斥之。仰药未即死，题绝命词壁上曰："主忧臣辱，主辱臣死。于止知其所止，此为近之。"掷笔赴井死。先是懿荣命浚井，或问之，笑曰："此吾之止水也"！至是果与妻谢氏、寡媳张氏同殉焉。诸生王杜松等醵金瘗之。事闻赠侍郎，谥文敏。懿荣泛涉书史，嗜金石，翁同和、潘祖荫并称其博学。

熙元，直隶总督裕禄子。光绪十五年进士，由编修累迁至祭酒。联军入，方家居守制，闻变，偕嫂富察氏、妻费莫氏仰药以殉。赠太常寺卿，谥文贞。越三年，杜松等以两祭酒大节昭著，吁请隆报飨，得旨，附祀监署唐韩愈祠。

宗室宝丰，字和年，隶正蓝旗。好读书，有清尚。光绪十五年进士，选庶吉士，授编修，历迁至侍讲。二十五年，立溥俊为"大阿哥"，命直宏德殿，并赏高赓恩四品京堂，同授大阿哥读。明年，两宫西幸，宝丰以随扈不果，愤甚，誓死职。自题绝命词曰：“忠孝节廉，本乎天性。见利思义，见危授命。呜呼宝丰，不失其正。”饮金死。赠太常寺卿。

宗室寿富，字伯茀，隶正蓝旗，侍读宝廷子。泛览群籍，尤谙周官、礼、太史公书，旁逮外国史，通算术，工古文诗词。光绪十四年，成进士，选庶吉士。尝愤国势不张，八旗人才日衰，箸劝八旗官士文，立知耻会，大旨警顽傲，厉以自强。浙江巡抚廖寿丰疏荐寿富才学堪大用，命赴日本考政治。既还，箸《日本风土志》四卷献上，召见，痛陈中国积弊及所宜兴宜革者，漏三下始退，上器之。政变作，遂杜门。

寿富性故矜贵，不通刺朝列。及拳乱起，乃上书荣禄，言董福祥军宜托故令离畿甸，然后解散拳民，谓“董为祸根，拳其枝叶耳”。荣禄不省。妻翁内阁学士联元既以论拳匪诛，家属匿其宅，众以寿富重新学，亦指为祖外，恚甚，或劝之他往，曰：“吾宗亲也，宁有去理耶？”城陷，寿富自题绝命词，并贻书同官曰：“国破家亡，万无生理。乞赴行在，力为表明。侍已死于此地，虽讲西学，未尝降敌。”遂与弟右翼宗室副管寿蕃及一妹一婢并投缳死。赠侍讲学士。

寿富刻苦孤峭。宝廷罢官早，家贫甚，性癖泉石。寿富事父能委曲以适其意旨。著有《搏虎集》。

宋承庠，字养初，江苏华亭人。由拔贡考取小京官，铨工部。光绪四年，举于乡，迁主事。八年，充总理衙门章京，迁员外郎，转御史。二十六年，巡视京城，联军入，遥望城内火光烛天，自言：“主辱臣死，义无可逃。”疾书一纸遗家人曰：“宗庙宫寝，已付一炬，敌人残忍，不共戴天。读圣贤书，惟有捐躯报国而已。我得死所，妻子勿以我为念。”时已仰药，口不能言，越一日卒。赠四品卿衔。

王铁珊，字伯唐，安徽英山人。光绪十五年进士，铨兵部主事。

居久之，母年老，欲归省。会拳乱作，知都城必危，遂不去。悉举赀斧寄母，独留百金，复分其半助邑馆贫不能归者。其人谓："盍不偕南？"曰："时势至此，不能出力抗敌，已负朝廷。若更引身远辟，何以为人？且在京为大清官，在籍践大清土，国苟不保，家将焉属？"其人知其隐蓄死志，强之行，不可。两宫既西狩，遂伏案作书寄弟，略云："身非武职，恨不能执干戈卫社稷。官非台谏，又不获效忠言维国是。如都城不保，义不偷生。所恨居官以来，未能事母，长负此不孝之罪耳。"书毕，肃衣冠拜，默坐室中。闻内城陷，自缢死。遗书友人治后事，谓："某非死节，不忍见国事败坏耳。"事闻，赠员外郎，又追赠道员。荫一子入监读书，以知县用。

论曰：国都既陷，主辱臣死，此大义也。崇绮久著清节，终以一死自明。延茂等见危授命，义不苟生。色普徵额等执干戈卫社稷，死犹不瞑，至今皆凛凛有生气焉。

清史稿卷四六九
列传第二五六

恩铭　孚琦　凤山　端方　弟端锦　刘燆
赫成额　松寿　赵尔丰　冯汝骙
陆钟琦　子光熙等

　　恩铭，字新甫，于库里氏，满洲镶白旗人，锦州驻防。以举人赀纳为知县，累至知府。光绪十一年，权知兖州，晋道员。二十一年，改官山西。二十六年，署按察使。拳匪扰晋，恩铭请巡抚毓贤阴护送教士出境，弗听。两宫西幸，毓贤率师赴固关，恩铭兼摄抚、藩事。车驾至太原，召见，奏对，声泪俱下。补归绥道。先是，口外七厅杀教士四十余、教民二千余，待抚者众且亟，官到后，即发帑金仓粟济之。会联军至大同，民骇走。复令教士风谕，并与执争，乃引兵去。
　　二十八年，调直隶口北道。时经拳乱后，十三厅、州、县教民洶洶图报复，宣化华教士且强逼民入教，恩铭患之，与西教士反覆辨论，始允约束，民教始安。迁浙江盐运使。二十九年，调两淮，晋江苏按察使。办盐务如故，杜私贩，恤煎丁，岁增国课三十万。时论欲请改场垣为公司，并创煤煎轮运议，恩铭力陈其弊，事乃寝。授布政使，录山西协饷功，晋头品服。三十二年，署安徽巡抚，修广济圩，赈皖北水灾，民德之。红莲会匪自赣入，毁建德教堂，同时楚民寄居霍山者，亦与教堂启衅，匪党乘之，势渐炽。恩铭分军援剿，并劾有司之酿祸者，地方以靖。

是时,廷议行新政,锐意兴警察,于是承上指,整顿巡警学堂。适王之春荐道员徐锡麟才,遂畀以会办。复念政剧财匮,援例清丈缘江洲地,按年收科,垦牧与树艺并举。朝旨又以民刑事诉论法参用东、西律,下其议督抚。恩铭虑皖北民悍,为择其不便者六事具以报。明年夏,巡警学生卒业,恩铭诣校试验,锡麟乘间以枪击之,被重创。知县陆永颐锐身救护,先殒。锡麟令经历顾松闭校门,不从,亦毙之。从者负恩铭还署,遂卒。事闻,赠太子少保,谥忠愍,予皖省建祠,赏骑都尉兼一云骑尉世职,子咸麟袭,恩铭既死,锡麟亦被获。锡麟者,浙江山阴人。就学日本,以赏为道员。志在谋绾军队,便起事,仓卒发难,卒被擒戮。阅数年,复有孚琦、凤山被刺事。

孚琦,字朴孙,西林觉罗氏,隶满洲正蓝旗。以工部笔贴式充军机章京,累官郎中。三迁至内阁学士。光绪二十八年,授刑部右侍郎。三十二年。出为广州副都统。颇以兴学为己任,尝设八旗工艺学校,整丽中小各学堂。明年,权将军。将军事故简,孚琦虑即偷惰,日必读书临池,暇辄躬执劳役。宣统二年,再摄将军篆。明年春,赴城东燕塘勘旗地,兼阅试演军用飞机。有温生才者,隶革命党,事暗杀。会日将暮,伏道左,俟其至,轰击之,遂殒命。生才被执,论弃市。事闻,上闵恻,谥恪愍,命凤山代之。

凤山字禹门,刘氏,隶汉军镶白旗。以翻译举人袭佐领,充骁骑营翼长、印务章京。累迁参领,总办东安巡捕分局。联军入京,法人在其辖境刃伤商民,缚致总局,请毋少贷,论如律。擢副都统,训练近畿陆军,著声绩。除西安将军,仍留治兵事。宣统初,改练军归部节度,始解兵柄。三年,授广州将军,未行而武昌事起。香港为粤民党薮,谋攻省城,众阻其勿往,曰:“吾大臣也,不可不奉诏。”遂毅然去。将至时,总督及布、按以下官皆不敢出迓,或劝宜微服先入城,毋蹈孚将军覆辙,凤山不可。日午,舆卫导行,抵南城外,党人匿市廛檐际掷炸弹,屋瓦摧压,从者死十余人,街石寸寸裂。暮得凤山尸,焦烂无完肤。事闻,赠太子少保,谥勤节,予骑都尉世职。

端方，字午桥，托忒克氏，满洲正白旗人。由荫生中举人，入赀为员外郎，迁郎中。光绪二十四年，出为直隶霸昌道。京师创设农工商局，征还，管局务，赏三品卿衔。上劝善歌，称旨。除陕西按察使，晋布政使，护巡抚。两宫西幸，迎驾设行在。调河南布政使，擢湖北巡抚。二十八年，摄湖广总督。三十年，调江苏，摄两江总督。寻调湖南。颛志兴学，赀遣出洋学生甚众。逾岁，召入觐。擢闽浙总督，未之官，诏赴东西各国考政治。既还，成欧美政治要义，献上，议改立宪自此始。三十二年，移督两江，设学堂，办警察，造兵舰，练陆军，定长江巡缉章程，声闻益著。

宣统改元，调直隶。孝钦皇后梓宫奉安，端方舆从横冲神路，农工商部左丞李国杰劾之，坐违制免。既而御史胡思敬又弹其贪横凡十罪，事下张人骏，覆奏入，以不治崖检被诃斥，因已罢官，贷勿问。

三年，命以侍郎督办川汉、粤汉铁路。时部议路归国有，而收路章条湘、川、不一致，川人大哗。川鄂为党人所萃，乘机窃发。端方行次汉口，亟入川，并劾川督赵尔丰操切。命率师往按，寻诏代摄其事。所遇州县，辄召父老宣谕威德。至资州，所部鄂军皆变，军官刘怡凤率众入室，语不逊，端方以不屈遇害。

端方性通脱，不拘小节。笃嗜金石书画，尤好客，建节江、鄂，燕集无虚日，一时文采几上希毕、阮云。

弟端锦，字叔绚。河南知府。赴东西各国考路政；著《日本铁道纪要》。从兄入川，变作，以身蔽其兄，极口詈军士无良，同被杀。事闻，赠端方太子太保，谥忠敏。端锦谥忠惠。其时转饷官刘燧，荆州驻防、举人、都司赫成额，并赴水死。

松寿，字鹤龄，满州正白旗人。以荫生官工部笔贴式，累迁郎中。出为陕西，督粮道。光绪二十一年，晋山东按察使。明年，调江西晋江宁布政使。二十四年，擢江西巡抚。越三载，移抚江苏，历河南，加尚书衔，所莅皆称职。二十八年，召为工部右侍郎，兼正蓝旗蒙古副都统，寻授热河都统。疏陈续修矿章四条，允行。复以地控蒙部,号难治,条上吏治、军政、兴学、理财方略甚悉。又召还,拜兵部尚书。明年,调工部。又明年,出为察哈尔都统。三十三年,授闽浙总督。

居官垂二十年,不务赫赫名,然律己以廉,临下以宽,为时论所美。宣统三年秋,鄂、湘、江、浙新军踵变,闽军乘之,将举事,使人要松寿,令缴驻防营军械,斥之,遂决战,初获胜,继乃大挫,愤甚,饮金以殉。事闻,赠太子少保,予二等轻车都尉世职,谥忠节。

赵尔丰,字季和,汉军正蓝旗人。以山西知县累保道员。四川总督锡良疏荐其才,权永宁道,剿匪严诛捕。驻藏大臣凤全遇害,调建昌。会克巴塘,建议筹边,充川滇边务大臣,护总督,改驻藏大臣。以兵至打箭炉,改设康定、登科等府。宣统元年,仍专任边务。藏兵犯巴塘,击败之,乘势收江卡等四部。于是尔丰军越丹山而西,直抵江达,达赖喇嘛逃入印度。尔丰请一举平藏,革教易俗,廷意不欲开衅,阻之。尔丰尽克三崖野番,决收回瞻对。三年,署四川总督,檄番官献瞻对。尔丰遂入瞻对,设官治之。进克波密,并取白马岗,收明正等土司,皆改流。计所收边地纵横三四千里,设治者三十余区,一时皆慑于兵力,不敢抗。

会川乱起,尔丰还省,集司道联名奏请变更收路办法,不允。商民罢市,全省骚动。廷寄饬拿祸首,捕蒲殿俊等拘之,其党围攻省城。督办川路大臣端方劾尔丰操切,诏仍回边务大臣,以岑春煊代总督。武昌变作,资政院议尔丰罢黜待罪,而朝旨已不能达川。重庆兵变,会匪蠢起,军民环请独立,尔丰遽让政权于殿俊,殿俊自称都督。防军复变,殿俊走匿,全城无主。商民请尔丰出定乱,因揭示抚辑变兵。而标统尹昌衡率部入城,自为都督,罗纶副之,以兵攻督署,拥尔丰至贡院,尔丰骂不绝口。遂被害。

冯汝骙,字星岩,河南祥符人。光绪九年进士,选庶吉士,散馆授户部主事,充军机章京,累迁郎中。出知四川顺庆府,遭母忧去。

服阕，起山东青州知府，调直隶大名。三十一年，迁湖北盐法道。明年，调安徽宁池太道，迁甘肃按察使。未几，晋陕西布政使，擢浙江巡抚。三十四年，移抚江西，整税务，省不急，官称治办。朝议方厉行新政，乃复察民情，量财力，从容施设，士民安之。宣统元年，御史江春霖上其溺职徇私状，事下安徽巡抚朱家宝核覆，得白。坐疏忽干吏议，夺俸三月。

三年，武昌变起，下游皆震。南昌军相应和，胁汝骏为都督，号独立，峻拒之。赣人故感其贤，导之出。至九江，乃仰药以殉。诏旨轸惜，谥忠愍。

陆钟琦，字申甫，顺天宛平人，本籍浙江萧山。父春荣，绩学不遇，祭酒盛昱其弟子也。钟琦少劬学，以孝称。光绪十五年进士，以编修办直隶赈灾，徐桐亟赏之。拳祸起，桐惑焉，钟琦持异议，弗听。联军入，同年王懿荣、熙元、宝丰辈先后皆殉节。钟琦闻之，泣，阖户自经，遇救获免。二十九年，除江苏督粮道。越五载，迁江西按察使，调湖南，察吏严，定州县结案功过章条，月计勘案数与其鞫讯状限期报司，繇是狱鲜积滞。再移江苏，多平反。

宣统改元，晋布政使。三年，擢山西巡抚。到官未逾月，而武昌难作。钟琦语次子敬熙曰："大事不可为矣！省垣倘不测，吾誓死职。汝曹读书明大义，届其母效妇仁害我！"又曰："生死之事，父子不相强，任汝曹自为之。但吾孙毋使同尽，以斩宗祀。"敬熙知父意决，入告母。母曰："汝父殉国，吾惟从之而已。"敬熙以事亟，赴京语其兄光熙，偕还晋。钟琦驭新军严，至是调两营赴南路，时九月七日也。夜发饷，将以翼日行，而迟明变作，新军突入抚署。钟琦出堂皇，仆李庆云从，麾之弗去，且挺身出，先被戕。钟琦叱曰："尔辈将反邪？"语未竟，遽中枪而殒。光熙奔救，亦被击死。叛军入内室，其妻唐氏抱雏孙起，并遇害。诏褒其忠孝节义萃于一门，予谥文烈。妻唐旌表。

光熙，本名惠熙，字亮臣。少从盛昱游，励学。钟琦遘危疾，尝刲股和药以进。光绪三十年,成进士,选庶吉士。东渡日本学陆军,卒业归,授编修,擢侍讲。赠三品京堂,谥文节。

论曰:恩铭遇刺,实在辛亥之前,盖乱机已久兆矣。武昌变起,各行省大吏惴惴自危,皆罔知所措。其死封疆者,唯松寿、钟琦等数人,或慷慨捐躯,或从容就义,示天下以大节,垂绝纲常,庶几恃以复振焉。

清史稿卷四七〇
列传第二五七

志锐 刘从德 春勋 良弼

宗室载穆 万选 德霈 同源 文瑞

承燕 克蒙额 恒龄 德霈等 朴寿

谢宝胜 姚鸂云 黄忠浩 杨让梨等

　　志锐,字公颖,他塔拉氏,世居扎库木,隶满洲正红旗,陕甘总督裕泰子。父长敬,四川绥定府知府。志锐幼颖异,光绪六年成进士,选庶吉士,授编修。与黄体芳、盛昱辈相厉以风节,数上书言事。累迁詹事,擢礼部右侍郎。中东事起,上疏画战守策累万言。虑陪都警,自请募勇设防,称旨,命赴热河练兵。未逾月,以其妹瑾、珍两妃贬贵人,降授乌里雅苏台参赞大臣,释兵柄。遂迁道出张家口,策马逾天山西绝幕。所迳台站,辄周咨山川、风俗、宗教,箸诗记事。居数年,将军长庚令赴边外厘中、俄积案,凡六阅月,结千余起。前后五上疏筹西北防务,发强邻狡谋,中当轴忌,左迁索伦领队大臣。领队例不得专摺奏事,居则钓稽地形厄塞,出则微循鄂博、卡伦,冀得当以报。又数年,改授宁夏副都统,疏请发帑二十万浚城外故渠,获沃壤数千顷。频上疏,多言人所不敢言。

　　宣统二年,迁杭州将军。明年,调伊犁将军,加尚书衔。入觐,条上弭边患、御外侮机宜甚悉。又力陈新政多糜费,请省罢,壹意练兵救危局。并请边地练兵费百万,部议止予二十万。抵新疆,闻武昌变,或劝少留,不可。逾月,到官,日讨军士而申儆之。已,兰州军哗变,宁夏继之。伊犁协统杨缵绪以兵叛,夜据南北军器库,攻将军署。群议举志锐为都督,峻拒之。迫诣商会,亦弗从,起发枪击之,遂遇害。其仆吕顺奔走营棺敛,抚尸号恸,亦为叛军所戕。

又武巡捕官刘从德,四川人。教练官春勋,京旗人。并及于难。事闻,赠志锐太子少保,谥文贞。

志锐夙负奇气,守边庭逾十稔,自号为穷塞主。工诗词。熟察边情,惧祸至无日。其赴伊犁也,以手书遍告戚友,言“以身许国,不作生入玉门想”。其致命遂志,盖已定于拜疏出国门日云。

良弼,字赍臣,红带子,隶镶黄旗,大学士伊里布孙。少孤,事母孝。劬学,留学日本陆军学校,毕业归,入练兵处。历陆军部军学司监督副使,补司长。时新设禁卫军,任第一协统领兼镶白旗都统,迁军谘府军谘使。平日以知兵名,改军制,练新军,立军学,良弼皆主其谋。尤留意人才,自将师以至军士,莫不延纳。思所有建树,颇为时忌。

武昌乱起,各省响应,朝论纷呶,王公贵人皆气馁,莫知所为。良弼独与三数才杰朝夕规画,外联群帅,内安当国,思以立宪弭革命,图救大局,上下皆恃以为重。时袁世凯来京,方议国体,人心不安甚矣。一日,良弼议事归,及门,有人遽掷炸弹,三日而卒。事闻,震悼,优恤如例。其后官绅请立祠于北京祀之。

良弼刚果有骨气,颇自负,虽参军务,无可与谋,常以不得行其志为恨,日有忧色。及遇刺,医初谓可疗,忽有进以酒者,遂死。死未旬日,而逊位诏下,时皆悼之。

宗室载穆,字敬修,隶满洲镶蓝旗,恂勤郡王允禵五世孙。祖绵翔,镇国将军。父弈云,一等侍卫,记名副都统。载穆年二十,除三等侍卫,累迁头等,兼办事章京。以慷直忤上官意,数岁不迁。光绪二十六年,拳乱起,两宫西幸,痛哭自尽者再,遇救获免。三十二年,授太原城守尉。明年,有诏递裁驻防,分遣归农,乃倡农桑,劝女工,兴学校。比去晋,旗民男妇务耕作,娴织纴者达二百人。省城门有八。旧闭其二。阜城门当汾水冲,河决土壅,不能通车马,群议闭之。载穆曰:"此汾西数十村入城孔道也,请于旧门南辟新门。"民称便。秩满,将入觐,巡抚丁宝桢疏留之,报可。

宣统三年,简京口副都统。鄂难作,缘江戒严。载穆缮城郭,犒军士,设练兵处,定营防城守章条,昼夜徼循,旗、汉民杂居者皆按堵。已而新军徙顿铁道旁,运枪械者褾属。载穆知有异,遣使如江宁告急,弗应。江苏巡抚程德全号独立,传檄镇江,防营乃潜,通苏军,全城益怖惧。于是官绅集议,定满、汉联合策,约毋战,且要旗营缴军械。载穆知事不可为,罢会大恸,语左右曰:"吾上负朝廷,所欠止一死耳!"左右环跽,请系众心,维危局。翼日,镇绅杨邦彦诣军门趣缴械,不许。会新军入据汉城,旗营大哗,乃进旗众而语之曰:"驻防兵单粮储竭,吾战死甘如饴。顾糜吾民肝脑膏锋刃,吾奚忍?若曹其徇众议,纾急祸。吾身为大臣,且天潢亲也,宜效死。"是时骁骑校万选力争,请毋止战,不见用,顿足大哭。印班德霈亦愤甚,曰:"大局休矣!吾宁死以报国。"载穆嘿不语,乃缮遗疏,手自缄印,遣佐领良才赍至京师。复草遗书致商会,犹殷殷以七千人生命相属。随行四仆皆遣归。有李顺者,去复返,朝夕侍其侧,偶退休,诘朝入寝室,则已自经死矣。郡人哀之,殡敛如礼,且为置田安厝焉。将军铁良上闻,命核覆死事。江宁失,铁良走,宗人府亦无奏报,故褒赠之,典弗及云。

万选、德霈并殉。先是骁骑校同源以旗人将失所,忍死争旗产。至是乃语家人曰:"吾可以从殉国诸公后矣!"沐浴整衣冠,不食而死。万选,字子昭,蒙古敖汉氏。著有《易注》、《笔谏》、《金石赏心》、《火龙攻战略》诸书。德霈,字雨田。同源,字子清。并蒙古人。

文瑞,钮祜录氏,满洲镶红旗人。世袭男爵,充头等侍卫,出为马兰镇总兵。中、日之役，喜峰口迫近战地，策守御，遏内匪，辖境以宁。坐陵树虫灾免，顷之被宥，除归化城副都统，兼署绥远将军。拳匪乱，延蒙旗，蔓教案纷纠。文瑞至，与外人推诚商榷，偿款独轻，绥民德之。调青州，念旗民乏生计，为辟工厂，兴学校，编制军队，满城一切皆治办。移成都，未之官，擢西安将军。兴学劝工，为治复仿青州。

议办移垦授田法，未及行而鄂变作，西安新军应之，先据汉城，缘涂纵火，烟焰张天，疾趋南街，遇新军，前驱戈什哈数人被击死，纡道归。与左翼副都统承燕、右翼副都统克蒙额筹应变策，遣军士画阵而守，两军合战，自申及亥不少休。翼日昧爽，新军分攻东、南门，旗兵多伤亡，文瑞督摄益力。未几，新军请停战会议，遣协领葆钧往，迄未得要领。复贻书新军，反覆开喻，亦不答。而新军又两路夹攻，旗营火器竭，渐不支。日方午，东门破，进满城，终夕巷战，旗兵死者二千余人，余皆屠杀。麾下壮士从者十余，及其子熙麟而已。于是环请引避图恢复，文瑞怃然曰："吾为统兵大员，有职守不能戡乱，重负君恩，惟有死耳！"乃口授遗疏，趣熙麟书之，命乘间达京师，而自从容整衣冠赴井死。幕僚秦鹤鸣敛之。承燕同时投井死。

克蒙额，字哲臣，满洲镶蓝旗人。先请巡抚发新式军械，迟不应，激战三昼夜，力竭阵亡。

恒龄，字锡九，舒穆鲁氏，满洲正蓝旗人，湖北荆州驻防。恒龄少嗜学，娴武干，尤熟中外兵家言。以附生官笔帖式，迁骁骑校，累擢佐领。旗营久习痼惰，罕知兵事乃创编新军，设讲武堂教之。拳匪乱作，湘人旅荆者被煽动，燔沙市趸船及税关，领事署，外国侨民多逃避，势岌岌。恒龄率二百人往镇抚，诛要首宥胁从，外人避难者护持之。事宁，军政课最。将军绰哈布疏综营务，恒龄条上四事，曰：设警察，兴学校，厘财政，练常备军，并奏行。设八旗高等学堂、陆军小学堂，俾任校事。顾其时风气暗僿，款无所出，遂走谒总督张之洞，面陈规画，获助万金，始成立。犹不足，省新军陋规益之，岁以为常,于是订章条,甄材颖,走书币聘海内名儒,分科教授,校风肃然。
学部曹司考察,称荆州第一。旋领振威新军,调督练处参议,总办陆
军小学。将军恩存、总督陈夔龙交章论荐。

宣统改元,调充热河练军统领。汰老弱,补阙额,申严纪律,凡
两阅月,获匪首葛兰亭等,推功将校。二年,授宁夏副都统,朝阳绅
民吁留,夔龙上闻。廷议以西陲边要,趣到官。既莅事,首严烟禁。
开渠屯田,久无效,设方略整饬之。三年,遭父忧。令甲,旗员百日
服除即视事。恒龄固请终制,解职去,奉父丧于万县,抵宜昌,鄂乱
作,道涂阻绝,将军连魁疏请参军事,上命署荆州左翼副都统。恒龄
援“墨经从戎”议,忾然任城守,而援绝饷匮,兵人疲馑则哗变,乃斥
农财饷之,流泣誓众,令母扰沙市启外衅。时方患痀剧,裹创策骑
出,昼夜徼循,血痕犹濡缕然。无何,事益亟,外城失。恒龄晨起,公
服端坐堂上,发手枪洞胸而殇。家人得其与弟恒广、子裕文书,曰:
“吾家世受国恩,宜竭力图报。今城既失。议当死。所憾者老母在
堂,忠孝不获两全。第吾母有子能尽忠,亦甚得。我死,汝曹能阖门
殉节固善,否则善事母,以补吾不孝之罪,毋以吾死状令老人知
也。”恒龄死数日,连魁与右翼副都统松鹤开门纳民军,荆州遂失。
事闻,上震悼,谥壮节。

参谋长德霈自经死。恩霈亦自经,家人救之,愤不欲生,后数日
卒。

朴寿,字仁山,满洲镶黄旗人。光绪二十年举人,吏部主事,累
迁郎中。拳乱起,联军入城,首与各国谋保商民。出为山西归绥道,
简库伦办事大臣。三十二年,召授镶蓝旗满洲副都统,迁正黄旗汉
军都统。明年,除福州将军,整旗务,严烟禁。专志训练,得精卒四
千人。宣统三年,省城民军起,率防军与搏,火器猛利,民军几不支。
然民军虽被创,辄随时募集,防军以猛斗故,伤亡多,卒败溃。朴寿
被执,受挫辱,不屈,遂支解之,弃尸山下,其死状为最烈云。事闻,
赠太子太保,予二等轻车都尉世职,谥忠肃。

　　谢宝胜，字子兰，安徽寿州人。初隶金顺麾下，从征西陲。嗣随宋庆、马玉昆克肃州及关外诸城，积勋至都司。以事与玉昆左，弃冠服走博克达山为黄冠。光绪十五年，玉昆提督畿辅，鸠集旧部，独伟视宝胜，招之出。敦促备至，宝胜忾然曰："玉昆知我者，义不忍却！"乃弃黄冠，诣军所献方略。二十一年，朝鲜告警，从出关，与日军数十战，勇敢躐伦等。玉昆弟陷重围，锐身救之出。和议成，愤甚，复为道士装，羁迹京师白云观，如是者数年。

　　拳乱作，柴洪山统武卫护军，荣禄檄领前路后营，已留河南，更名精锐军，领左营，寻管豫北军。忌者中以蜚语，巡抚吴重憙疏辨其冤，上卒优容之。驻军河、陕、汝最久，将士积相畏服，军麾所指，纪律肃然。累迁至副将。

　　宣统改元，授河北镇总兵。明年，移南阳、河、陕、汝军仍受节度，宝胜益感奋，尤严治盗，所莅母扰民。恒短衣执械先士卒，或宵行数十百里，伪为小商，诇虚实。村民通匪者惮其至，尝置毒饮水处，宝胜则自携水罂怀麦饼，食尽，忍饥渴以为常，以是寇鲜漏网。洛阳张黑子、嵩县王天纵、汝州董万川尤鸷悍，张、董并计禽之，天纵惧不敢出。豫西数十州县皆按堵，而南阳王八老虎犹崛负。宝胜至，移书期决斗。会天大雪，前期五日，潜师薄其巢，贼不诚，据中庭裒拒。宝胜奋身入，众继之，火其庐，卒就缚，置之法。自是南阳无遗寇。宝胜短躯干，目光炯炯能慑人。视盗如仇，待士卒若子弟。劳无吝赏，丧亡，赙恤尤厚。饷馈无所受，无兼衣余食，统兵十余年，而负责钜万。巡抚宝棻上闻，中旨敕司库偿九千余金，异数也！三年，移师嵩县。值鄂乱作，亟还筹战守。其时襄樊已应和，土寇处处飙起。豫南与陕、鄂壤地接，市言讹诚日数至。检勒部曲，日夕巡徼不少休。支振数十日，而襄樊军阑入，士民与通款，将内讧。诸将意沮，咸莫能奋，惟都司姚霭云慷慨愿从战。无何，新野陷，大吏飞檄戒母妄动。宝胜愤激，赴校场，与众誓死守，而府县官已委印绶去。翌日元旦，独朝服诣万寿宫行礼，痛哭不能止。俄传南军入，烟焰翳天，各营亦以食尽而溃。不得已，退顿裕州，比到，城皆树白帜矣，乃止舍。至夕而逊位诏至，召将卒厉以忠义，麾之去，夜半时，屏仆从，肃衣冠，呕血数升，以枪自击死。平旦，将卒趋视，皆哭失声，以大纛裹尸，舁至独头镇敛之。

霭云陕西人。旧为多隆阿部将，后从宝胜军，隶营务处，亦为民军所戕云。

黄忠浩，字泽生，湖南黔阳人。通经术，嗜读儒先性理书。以优贡生入赀为内阁中书。主沅州讲席，锐意地方利弊，建西路师范学堂，劝民植桑育蚕，尤颛志矿业。陈宝箴赵尔巽先后抚湘，设矿局及公司，采平江金矿、常育水口山铅矿，至今称厚利，皆其谋也。

光绪二十一年，以东事筹防，募乡勇五百人入鄂，守田农镇炮台。总督张之洞一见重之，调领武靖营，驻洪山。二十三年，治军长沙，统毅安军，军故征苗旧旅，日久窳敝，不可用。宝箴纳其议，别募威字新军，俾主之。二十六年，之洞檄募师勤王。二十八年，徙驻岳州，缉新隄土寇，平之。再入赀为道员。赴日本参观大操，归，益详练战术，知兵名大著。明年，尔巽檄综湖南营务处，统忠字旗五营。其冬，母忧去职。

逾岁，广西降匪陆亚发陷柳州，湘边大震。起忠浩率所部援桂，直捣梅寨，用少击众，寇大创，降敕褒嘉。寇奔福禄村，村故瑶地，箐壑深岨，中有危涂垂线缕，容一人行。忠浩乃短衣芒跻，徒步深入。会天酷暑，郁为瘴疠，兵士死相继，忠浩亦遭膑疾，然治军勤如故，寇卒不敢近。捷上，授狼山镇总兵，请终制，改署任道员授总戎，特例也。是时岑春煊驻桂林，檄与议军事，奏署右江镇。服阕，予实授。未几，乞假去。再至湖北。尔巽留综营务处，兼统全省防军，荆襄水师受节度。

宣统二年，从尔巽入川，署提督，乞归。三年，京师开全国教育会，忠浩与。焉争铁路国有为非计，议大浚洞庭湖，纾湘酋，议论侃侃无所挠。还长沙，值巡抚余诚格新莅官，党人谋日亟。诚格虑新军有异志，以中路巡防十营属之，不就。诚格下席揖请至再，不获已，始受事。甫三日，鄂乱起。九月朔，新军变，将入城，协统萧良臣遁，防军为内应。忠浩方晨谒，随诚格出，抚谕至再，势汹汹不可遏，要诚格为都督。诚格从间道出，召水师，水师亦变。诚格投江，左右援之，不得死。忠浩犹留署，火起，护弁强之出，及门，遇乱兵，被执，胁降不从，劫之走，刃伤臂及股，至小吴门城楼，遂遇害。家人奉丧归葬，缘涂设奠者数百里。继忠浩死者有杨让梨。

让梨，字邵钦，籍湘乡。少与王鑫子诗正友善。诗正援台湾，战失利，尝负之以免，军中咸壮之。积勋至守备。转战新疆、河州、西宁，数有功，累擢参将，赐号铿色巴图鲁。既，还长沙，隶忠浩麾下。宣统二年，补镇筸镇标中军游击。明年，武汉事起，忠浩电调援长沙。次辰州，闻省城乱，乃厄辰龙关，誓死守。筸兵故悍锐，为民军所惮。时总兵周瑞龙持两端，其子瓒赍金至，将以饵筸兵，哨弁李凤鸣潜告让梨，得为备。瑞龙称疾，檄让梨还，代以他将。让梨乃上书责以大义灭亲，辞激昂，且传檄捕瓒，瓒遁。已而，瑞龙降，道府官委印绶去。让梨痛哭，犒遣军士，独棹小舟至清浪滩，踊身入水。舟子泅出之，让梨恚甚，曰："奚活我为？"瓒出代其军，遣人追絷让梨及其子传孔，锁送长沙。迨常德，遇龙璋巡按西路，劝之不屈，遂斩之。临刑，肃衣冠北向拜，观者万余人，皆泣下。传孔释还。

有陈其者，让梨从子婿也。当让梨被缚时，其即奋起击缚者，仆一人，攒刃交下，伤其首，断一足，并死之。

论曰：辛亥之变，各省新军既先发难，防营不能独支，而京外旗兵久无军备，又多被残困，死行阵者，自寥寥可数。志钧等权轻势孤，艰难搘柱，思以一隅挽全局。及事不可为，乃以死报，志节皎然，可敬亦可哀矣！

清史稿卷四七一
列传第二五八

盛宣怀　瑞澄

　　盛宣怀,字杏荪,江苏武进人。以诸生纳赀为主事,改官直隶州知州,累至道员。尝赞置轮船招商局,开采湖北煤铁矿,李鸿章颇信任之。英商擅筑铁轨,首沪迄宝山讫吴淞,上海道数阻,弗听。宣怀与英官梅辉立折辩,偿银二十八万有奇,始归于我。光绪五年,署天津道。时鸿章督畿辅,方向新政,以铁路、电报事专属宣怀。宣怀以英、丹所设水陆线渐侵内地,乃集赀设津沪陆线,建电报学堂,并援万国公例与争,始克严定条款。会订水线相接合同,于是与轮船招商同为商办两大局。八年,英、法、德、美议立万国电报公司,增造自沪至香港水线,垄利权。宣怀复劝集华商自设缘海各口陆线,以绝觊觎。十年,署天津海关道。会法越构衅,海防急。乃移金州矿赀治苏、浙、闽、粤电线,便军事,而部议指为含混,科以降级调用。左宗棠为言于上,事下南洋大臣曾国荃等,上其绩状,始改留任。十二年,授山东登莱青道。法领事林椿诣烟台与订越南北圻线约,朝旨既报可矣,而张之洞执言不可行。宣怀曰:“今珲春、海兰泡欲接俄线,俄方有挟求。法既许接线,彼必易就范。且英、丹皆与约,奚拒法!”总署然之。果不数年而俄约成。十八年,除真,沪上织布局厂灾,宣怀筹设华盛总厂,复任弥汉冶铁厂亏耗。于是之洞赏其才,与王文韶交荐之,遂擢四品京堂,督办铁路总公司。入觐,奏言筑路与练兵、理财、育才互为用,并请开银行,设达成馆,称旨,补太常寺少卿。与比订贷款草约。二十四年，诏趣造粤汉路。宣怀建议贷美款归自办，具改归商办本末以上。而言者盛毁其所为迟滞，被诃责。宣怀具报典折，上乃慰而勉之。宣怀自请解职，仍留京会议洋货税则。已而徐桐劾两局有中饱，适刚毅按事南下，衔合察覆。宣怀具以实对，奏上，被温旨。

二十六年，拳祸作，各国兵舰纷集江海各口。宣怀倡互保议，电粤、江、鄂、闽诸疆吏，获同意遂，与各领事订定办法九条，世所称《东南保护约款》是也。又电奏请下密诏平乱，发国电国书惩祸首，恤五忠，所言动关大计。事宁，加太子少保，除宗人府府丞。明年，充办理商税事务大臣。以和约既成，偿费过钜，乃奏豫筹四策，而注重加税。复以债款称息负累剧，请婉商各国，分摊免息。嗣与各国商加税免厘，议垂成，英忽中悔。厥后宣怀数续议，仍无效。是岁奏设勘矿总公司。越二年，而有争粤汉废约事，沪宁、苏杭甬踵之，众大哗。诏禁宣怀干预，命唐绍仪代督两局。宣怀遂奏罢铁路总公司。后四年，浙路事益棘，上终以宣怀谙路政，复召见问筹策。宣怀言："既借款，不应令商造。既商造，不应再借款。民情可用，不顺用之恐激变"。上是之，拜邮传部右侍朗。命甫下，而浙路总理汤寿潜因言宣怀短，请离路事。寿潜获严谴，宣怀亦不复久居中，仍命诣沪办商约。

宣统改元，奏言推广中央银行，先齐币制，附陈办法成式。逾岁，命充红十字会会长。先是日俄战争，宣怀与吕海寰等谋加入瑞士总会，中国有红十字会自此始。既拜命入都，时朝廷方整丽币制，遂敕还邮部本官，参与度支部币制事。晋尚书，数上封事，凡收回邮政，接管驿站，规画官建各路，展拓川藏电线，厘定全国轨制，称新政毕举，而以铁路收为国有，致召大变，世皆责之。

先是给事中石长信疏论各省商民集股造路公司弊害，宣敕部臣将全国干路定为国有，其余枝路仍准各省绅商集股自修。谕交部议，宣怀复奏言："中国幅员广袤，边疆辽远，必有纵横四境诸大干路，方足以利行政而握中枢。从前规画未善，致路政错乱纷歧，不分枝干,不量民力,一纸呈请,辄准商办。乃数载以来,粤则收股及半,造路无多。川则倒帐甚钜,参追无着。湘、鄂则开局多年,徒供坐耗。循是不已,恐旷日弥久,民累愈深,上下交受其害。应请定干路均归国有,枝路任民自为,晓谕人民,宣统三年以前各省分设公司集股商办之干路,应即由国家收回,亟图修筑,悉废以前批准之案,川、湘两省租股并停罢之。"于是有铁路国有之诏,并起端方充督办粤汉、川汉铁路大臣。

宣怀复与英、德、法、美四国结借款之约,各省闻之,群情疑惧,湘省首起抗阻,川省继之。湘抚杨文鼎、川督王人文先后以闻,诏切责之,谕:"严行禁止,倘有匪徒从中煽惑,意在作乱者,照惩治乱党例,格杀勿论。"宣怀又会度支部奏收回办法:"请收回粤、川、湘、鄂四省公司股票,由部特出国家铁路股票换给,粤路发六成,湘、鄂路照本发还,川路宜昌实用工料之款四百余万,给国家保利股票。其现存七百余万两,或仍入投,或兴实业,悉听其便。"诏饬行。四川绅民罗纶等二千四百余人,以收路国有,盛宣怀、端方会度支部奏定办法,对待川民,纯用威力,未为持平,不敢从命。人文复以闻,再切责之。赵尔丰等复奏:"川民争路激烈,请仍归商办。"不许。川乱遂成,而鄂变亦起,大势不可问矣。资政院以宣怀侵权违法,罔上欺君,涂附政策,酿成祸乱,实为误国首恶,请罪之,诏夺职,遂归。后五年,卒。

宣怀有智略,尤善治振。自咸丰季叶畿辅被水灾,嗣是而晋边,而淮、徐、海,而浙,而鄂,而江、皖,皆起募款。等振抚。因讨测受灾之故,益究心水利,其治小清河利尤溥。唯起家实业,善畜藏,称富,亦往往冒利,被口语云。

瑞澂,字莘儒,满洲正黄旗人,大学士琦善孙,将军恭镗子。以贡生官刑部笔贴式,迁主事,调升户部员外郎。出为九江道,有治声,移上海道。沪地交涉繁,瑞澂应付缜密,颇负持正名。尤颛意警政,建总局,廓分区,设学堂,练马巡,中外交诵其能。光绪三十三年,授江西按察使,迁江苏布政使。时江、浙枭匪蠢动,出没沪杭孔道,酿成巨案。侍郎沈家本建议办清乡,朝命瑞澄主苏、松、太、杭、嘉、湖捕务,六属文武受节度。瑞澄添募水师,购置兵轮,仿各国海军制,编成联队。禽获巨魁夏竹、林声为,匪徒敛迹。

宣统改元,称疾,乞解职,温旨慰留。总督端言密荐其才,迁巡抚。既莅事,澄吏治,肃军纪,严警政,条具整饬本末以上,上嘉纳,命署湖广总督。逾岁,到官,旋实授。劾罢巡警道冯启钧、劝业道邹履和。湘民饥变,复纠弹前祭酒王先谦,主事叶德辉、道员孔宪谷阻挠新政状,中旨分别惩革,繇是威望益著。其时朝廷筹备立宪,瑞澄希风指,凡置警、兴学、设谘议局、立审检厅、一切皆治办。名流如张謇辈咸与交欢,而懿亲载泽方用事,则又为其姻娅,声势骎骎出南北洋上。三年七月,被命会办川汉、粤汉铁路。居无何,督办端方上言鄂境铁路收归国有,诏嘉之。越月,武昌变起,先是党人谋乱于武昌,瑞澄初闻报,忧惧失措,漫不为备,惟悬赏告密,得党人名册,多列军人名,左右察知伪造,请销毁以安众心。瑞澄必欲按名捕之,获三十二人,诛其三,辄以平乱闻。诏嘉其弭患初萌,定乱俄顷,命就擒获诸人严鞫,并缉逃亡,于是军心骚动,翌日遂变。瑞澄弃城走,诏革职,仍令权总督事,载罪图功,并令陆军大臣荫昌督师往讨,萨镇冰率兵舰、程允和率水师援之,而瑞澄已乘兵舰由汉口而芜湖而九江,且至上海矣。

党军推陆军第二十一混成协统领官黎元洪称都督,置军政府。既占武昌,复取汉阳,据汉口,乃起袁世凯为湖广总督,督办剿抚,节制长江水陆各军,副都统王士珍副之。召荫昌还,命军谘使冯国璋总统第一军,江北提督段祺瑞总统第二军,俱受世凯节制。国璋与党军战于滠口,水陆夹击,复汉口,连克汉阳,指日下武昌,而世凯授总理内阁大臣,遽令停攻。复起魏光焘督湖广,士珍暂权,段芝贵护,又命祺瑞摄之。时瑞澄已久遁上海,始以失守武昌,潜逃出省,偷生丧耻,诏逮京,下法部治罪,而瑞澄不顾也。瑞澄居上海四年。病卒。

论曰：辛亥革命，乱机久伏，特以铁路国有为发端耳。宣怀实创斯议，遂为首恶。鄂变猝起，瑞澂遽弃城走，当国优柔，不能明正以法。各省督抚遂先后皆不顾，走者走，变者变，大势乃不可问矣。呜呼！如瑞澂者，谥以罪首，尚何辞哉？

清史稿卷四七二
列传第二五九

陆润庠　　世续　　伊克坦
梁鼎芬　徐坊　　劳乃宣　　沈曾植

　　陆润庠,字凤石,江苏元和人。父懋修,精医,见艺术传。润庠,同治十三年一甲一名进士,授修撰。光绪初,屡典试事,湖南、陕西皆再至。入直南书房,洊擢侍读。出督山东学政。父忧服阕,再迁祭酒,典试江西。以母疾乞养归。二十四年,起补祭酒,擢内阁学士,署工部侍郎。两宫西巡,奔赴行在,授礼部侍郎,充经筵讲官。擢左都御史,管理医局,典顺天乡试,充会试副总裁,署工部尚书。三十二年,充厘订官制大臣。已而工部裁省,以尚书兼领顺天府尹事。明年,授吏部尚书、参预政务大臣,谓:“捐例开,仕途杂,膺民社者或不通晓文义,因订道府以下考试章程,试不及格者停其分发,设仕学馆教习之。”润庠为陆贽后,尝奏进文集,参以时事,大意谓:“成规未可墨守,而新法亦须斟酌行之。若不研求国内历史,以为变通,必至窒碍难行,且有变本加厉之害。”

　　宣统元年,协办大学士,由体仁阁转东阁大学士,充弼德院院长。皇帝内学,充毓庆宫授读,兼顾问大臣。疏陈:“曲阜笃生圣人之地,今新建曲阜学堂,必须阐明经术,提倡正学。若杂聘外人,异言、异服,喧宾夺主,将来圣教渐灭,亦朝廷之忧。”又陈:“厘订官制,宜保存台谏一职。说者谓既有国会,不须复有言官。岂知议员职在立法,言官职在击邪。议院开会,不过三月,台谏则随时可以陈言。行政裁判，系定断于事后，言官则举发于事前。朝廷欲开通耳目，则谏院不可裁。诸臣欲巩固君权，则亦不可言裁。即使他时国会成立，亦宜使该院独立，勿为邪说所淆。"又言："游学诸生，于实业等事学成而归者，寥寥可数，而又用非所学。其最多者惟法政一科。法政各国歧异，悉就其本国人情风俗以为制。今诸生根柢未深，于前古圣贤经传曾未诵习，道德风尚概未闻知，袭人皮毛，妄言改革。甚且包藏祸心，倡民权革命之说，判国家与君主为两途，布其党徒，潜为谋主。各部院大臣以为朝廷锐意变法，非重用学生不足以称上旨，遂乃邪说诐行，遍播中外，久之必致根本动摇，民生涂炭。"又疏陈财用枯竭，请酌停新政，谓："今日之害，先由于督抚无权，渐而至于朝廷无权。库储之困难，寇贼之充斥，犹其显而易见者也。镇兵之设也，所用皆未经历练之学生，韬略则纸上空谈，作用则徒取形式，甚至持不击同胞之谬说。一旦有事，督抚非但不能调遣，甚且反戈相向，其不可用明矣。则莫如停办镇兵，仍取巡防队而整理之。审判之立也，所授皆未曾听讼之法官，黑白混淆，是非倒置。旧时谙练之老吏，督抚不得用之，散遣州县捕役，以缉盗责之巡警。巡警无能也，且不过省会及通商口岸有巡警，岂能分布乡间？将来必至遍地皆盗，人民无可控诉。则莫如停办审判，仍以听断缉捕归之州县。谘议局之设也，所举皆不谙掌故之议员，逞臆狂谈，箝制当道，督抚莫能禁之。于是借筹款之名，鱼肉乡里，窃自治之号，私树党援。上年资政院开议，意至戟手谩骂，藐视朝廷。以办给为通才，以横议为舆论，蝄蝪沸羹，莫可究诘。则莫如停办国会，仍以言事责之谏院。学堂之设也，所聘皆未通经史之教员，其沿用教科书，仅足启发颛蒙，废《五经》而不读，祸直等于秦焚。暑假、星期，毫无拘束，彼血气未定者，岂不结党为非？又膳学费百倍于前，致使贫寒聪颖之士流，进身无路。则莫如停办中小学堂，仍用经策取士。凡此皆于财政有关，而祸不仅在财政，使不为早之所，必至权柄下移，大局不可收拾。"疏上，多不报。时建设立宪内阁，宰辅拥虚名而已。

武昌兵变，官军既克汉阳，武昌旦夕下。而新内阁又成立，总理大臣袁世凯议修和息战祸,取隆裕太后懿旨,颁示天下,改建国体,于是逊位诏下矣。润庠以老瞆辞授读差,奉懿旨仍照料毓庆宫,给月俸如故,授太保。越二年,病卒,年七十五,赠太傅,谥文端。

润庠性和易,接物无崖岸,虽贵,服用如为诸生时。遇变忧郁,内结于胸而外不露。及病笃,竟日危坐,瞑目不言,亦不食,数日逝。

世续,字伯轩,索勒豁金氏,隶内务府满洲正黄旗。光绪元年举人,以议叙主事历内务府郎中,擢武备院卿,授内阁学士。二十二年,为总管内务府大臣,兼工部侍郎。二十六年,各国联军入京,两宫西狩,适遭父丧,命留京办事。即日缄墨诣联军请保护宫廷,日为宫中备饮馔,并保坛庙。晋理藩院尚书,调礼部。两宫回銮,赏黄马褂,转吏部,兼都统。内务府三旗甲米向归吏胥代领折价,名曰“米折”,所得甚微。世续商之仓场,饬旗丁自领,众感实惠。纂呈《四书图说》,特旨褒嘉。三十年,以吏部尚书协办大学士,寻授体仁阁大学士。三十二年,命为军机大臣。历转文华殿大学士,充宪政编查馆参预政务大臣。念八旗生计日艰,奏设工艺厂,俾习工艺赡身家。德宗崩,议继体,世续独言国事即危,宜立长君,不能用。

宣统改元,以疾乞休。三年,得起原官,仍兼总管内务府大臣。及议逊位,世续首赞之,太后令磋商优待条件,授太保。接修崇陵工程,加太傅。丁巳复辟,俱祸及,力阻之。事变亟,入宿卫,并以殓服自随。频年以经费拮据,支持尤苦,纂修德宗实录,始终其事,及书成,已病不能起矣。辛酉年,卒,年六十九。增太师,谥文端。

伊克坦,字仲平,瓜尔佳氏,满洲正白旗人,西安驻防。光绪十二年进士,以编修历至都察院副都御史,充满蒙文学堂监督。有请达海从祀文庙者,伊克坦以达海创定国书,译经史,有功圣教,允宜附祀,即为代奏,略言:“学官立于汉京,而配享实始于唐代,宋、元以来,迭有增祀,大率以阐明圣学,有功经训为断。汉儒许慎,特因《说文解字》,功在经籍,专隆升祔。我太祖高皇帝、太宗文皇帝指授文臣创立国书，传译经史，宣布文教，尤极千古未有之盛。夫国书字体，创自文臣额尔德尼及噶盖等，而仰承圣意，汇集大成，详定颁行者，实唯儒臣达海。达海以肇造贞元之佐，擅闳通著述之才，历相两朝，瞻言百里。其初奉命详定国书，重加圈点，发明音义。又以国书汉字对音未全，于十二字头之外有所增加，而国书之用乃广。复定两字切音之法，较之汉文切音，更为精当，而国书之制乃备。翻译经典，昭示群伦，功不在传经诸儒下。崇德十年，既蒙赐谥文成，康熙九年，复奉赐文立碑，隆德报功，永受恩泽。旋有学士阿理瑚奏请从祀文庙，礼臣复奏，以为创造国书，一艺之长，不当从祀，未经议准。查达海详定国书字体，实禀太宗指示而成。作者为圣，述者为明。非唯羽翼六经，抑且照示百世。部议谓仅一艺之长，实未深知大体，达海于圣经有表章之力，于后学有津逮之功。方今宗学、旗学兼重国书，并奉旨特设满蒙文学堂于京师，奉省亦经奏立八旗满蒙文中学堂。揆诸古者释奠祭师之谊，达海应得附祀，核与汉儒许慎从祀之例亦属相符。仰恳俯准达海附祀文庙，并请敕建专祠于盛京，以照矜式。查盛京东门外尚有达海莹墓，榛莽荒芜，碣碑剥落，并请敕下所司修治看护，用示朝廷崇尚实学，苾念儒臣之至意。”

又代陈典学事宜，略言：“伏读雍正三年世宗宪皇帝谕‘帝王御宇膺图，咸资典学。我圣祖仁皇帝天亶聪明，而好古敏求，六十余年孜孜不倦’。又嘉庆二十四年仁宗睿皇帝谕‘帝王之学，在于贯彻天人，明体达用，以见诸施行，与经生寻章索句者不同’。仰见列圣相承，重视典学之至意。我皇上睿哲性成，聪明天纵，冲龄践祚，洪业肇基，当此春秋典学之时，实为圣敬日跻之始。伏维监国摄政王薰陶德性，辅养圣躬，慎选侍从，左右将护，亦既渊冲翁受，法戒靡遗。唯是皇上一念之张弛，系万机之治忽。一朝之规制，系薄海之观瞻。有不得不慎之又慎者，谨为我皇上详晰陈之：一，请崇圣学。易端蒙养，礼重师教，书述逊敏，诗颂缉熙，圣学精微，非寻常科学范围之所能及。宋儒有言‘帝王之学，与儒生异尚’，与我仁淙睿皇帝典学之谕用意正符。今我皇上典学之初，应定教学科目，自应会通今古，融贯中西，不可拘于旧例。伏乞简派儒臣，详细筹订，鉴成宪，酌时宜，毋徒陈进讲之空文，毋虚循延英之故事，庶足以开张圣听，裨益宣聪，以立圣学圣治之基。一，请择贤傅。旧制师傅向以大臣选充，期于老成典型，成就君德，然或入官从政，讲学非其所长。老师大儒，潜德隐而勿耀，而教育精深，尤非研究有素，不能取益。拟请敕下内外大臣，各举所知，勿拘资格，略仿乾隆十四年诏举经学人员成例，择其品端学粹、教育卓著成绩者，请旨召用，隆以师傅之任，分门讲教，而仍派大臣总司其成，俾专日讲于经筵，不必更劳以职事。其任弥专，其责弥重，其效弥速，使天下晓然于尊师崇儒之意，庶儒林有所矜式，而圣德日进高明矣。一，请肃规制。古者圣王教胄，必选端方正直、道术博闻之士，与之居处，是以习与智长，化与心成。我皇上毓德方新，始基宜固，旧制选内监伴读，似不足以肃学制而广箴规。拟请改选王公大臣之贤子弟昕夕侍从，教学相长，并参考学校制度，建设讲堂，陈列图书彝器，观摩肄习，以收敬业乐群之效。以上三事，仅举大刚。我皇上今日之言动起居，冈有勿敬，即异日之立政敷教，冈有勿臧，此尤根本之至计，不可不谨之于渐，而慎之于始者也。伏念朝廷广励人才，振兴教育，优优学子，争自濯磨，皇上典学伊始，益宜宏兹远谟，以慰天下士民之望。”

宣统三年，伊克坦与大学士陆润庠及侍郎陈宝琛，同奉命直毓庆宫，朝夕入讲，遇事进言，忧勤弥甚。丁巳复辟，润庠已前卒，宝琛为议政大臣，伊克坦一不争权位，日进讲如故。及事变，誓临危以身殉。伊克坦忠直有远识，主开诚布公，集思广益。而左右虑患深，务趋避，时复相左。伊克坦忧郁遂久病，日寄于酒。癸亥，卒，年五十有八，谥文直。

梁鼎芬，字星海，广东番禺人。光绪六年进士，授编修。法越事亟，疏劾北洋大臣李鸿章，不报。旋又追论妄劾，交部严议，降五级调用。张之洞督粤，聘主广雅书院讲席。调署两江，复聘主钟山书院。又随还鄂，皆参其幕府事。之洞锐行新政，学堂林立，言学事惟鼎芬是任。

拳祸起，两宫西幸，鼎芬首倡呈进方物之议。初以端方荐，起用直隶州知州。之洞再荐，诏赴行在所，用知府，发湖北，署武昌，补汉阳。擢安襄郧荆道、按察使，署布政使。奏请化除满、汉界限。三十二年，入觐，面劾庆新王奕劻通贿赂，请月给银三万两以养其廉。又劾直隶总督袁世凯"权谋迈众，城府阻深，能诪人又能用人，自得奕劻之助，其权威遂为我朝二百年来满、汉疆臣所未有，引用私党，布满要津。我皇太后、皇上或未尽知，臣但有一日之官，即尽一日之心。言尽有泪，泪尽有血。奕劻、世凯若仍不悛，臣当随时奏劾，以报天恩"。诏诃责，引疾乞退。两宫升遐，奔赴哭临，越日即行，时之洞在枢垣，不一往谒也。明年，闻之洞丧，亲送葬南皮。及武昌事起，再入都，用直隶总督陈夔龙荐，以三品京堂候补。旋奉广东宣慰使之命，粤中已大乱，道梗不得达，遂病呕血。两至梁格庄叩谒景皇帝暂安之殿，露宿寝殿旁，瞻仰流涕。及孝定景皇后升遐，奉安崇陵，恭送如礼，自愿留守陵寝，遂命管理崇陵种树事。旋命在毓庆宫行走，丁巳复辟，已卧病，强起周旋。事变忧甚，逾年卒，谥文忠。

徐坊，字梧生，山东临清州人，巡抚延旭子，少纳赀为户部主事。光绪十年，法陷谅山，延旭逮问，下刑部狱。坊侍至京师，入则慰母，出则省延旭于狱，橐饘之事，皆自任之，布衣蔬食，言辄流涕。延旭戍新疆，未出都卒，坊扶柩归葬，徒行泥淖中，道路叹为孝子。二十六年，奔起西安行在。明年，扈驾返，以尚书荣庆荐，超擢国子丞。鄂变起，连上五封事，俱不报。逊位诏下，遂弃官。旋命行走毓庆宫，坊已久病，力疾入直。未几卒，谥忠勤。

劳乃宣，字玉初，浙江桐乡人。同治十年进士，以知县分直隶。查涞水礼王府圈地，力请减租苏民困。光绪五年，初任临榆，日晨起坐堂皇治官书，启重门，民有呼吁者，立亲讯之，使阍者不能隔吏役，吏役不能隔人民。其后居官二十余年皆如之。曾国荃督师山海关，檄司文案。历南皮等县，畿辅州县遇道差，咸科于民有定额，而官取其赢。乃宣任蠡县,值谒陵事竣,赢支应钱千余缗,储库备公用。任完县,购书万余卷庋尊经阁。任吴桥,创里塾,农事毕,令民入塾,授以《弟子规》、《小学内篇》、《圣谕广训》诸书,岁尽始罢。先是,宁津奸民陈二纠党为州郡害,土人称曰黑团,势甚炽。尝至南皮劫杀,乃宣会防营掩捕,擒陈二及其党数人磔于市,黑团遂绝。

二十五年,义和拳起山东,蔓延于直、东各境,乃宣为义和拳教门源流考,张示晓谕,且申请奏颁禁止,不能行。景州有节小廷者,匪首也,号能降神。乃宣饬役捕治,纵士民环观,既受笞,号呼不能作神状,枭示之,匪乃不敢入境。明年,拳党入京,乃宣知大乱将作,适调吏部稽勋司主事,遂请急南归,浙抚任道镕延主浙江大学堂。寻入江督李兴锐幕,端方、周馥继任,咸礼重之。周馥从乃宣议,设简字学堂于金陵。初,宁河王照造官话字母,乃宣增其母韵声号为合声简字谱,俾江、浙语音相近处皆可通。三十四年,召入都,以四品京堂候补,充宪政编查馆参议、政务处提调。

宣统元年,诏撰经史讲义,轮日进呈,疏请造就保姆,辅养圣德。二年,钦选资政院硕学通儒议员。法律馆奏进《新刑律》,乃宣摘其妨于父子之伦、长幼之序、男女之别者数条,提议修正之。授江宁提学使。三年,召为京师大学堂总监督,兼学部副大臣。逊位议定。乞休去,隐居涞水。时士大夫多流寓青岛,德人尉礼贤立尊孔文社,延乃宣主社事,著《共和正解》。丁巳复辟,授法部尚书,乃宣时居曲阜,以衰老辞。卒,年七十有九。

乃宣诵服儒先,践履不苟,而于古今政治,四裔情势,靡弗洞达,世目为通儒。著有《遗安禄》、《古筹算考释》、《约章纂要》、《诗文稿》。

沈曾植,字子培,浙江嘉兴人。光绪六年进士,用刑部主事。事亲孝,母多疾,医药必亲尝。终岁未尝解衣安卧,遂通医。迁员外郎,擢郎中。居刑曹十八年。专研古今律令书,由《大明律》、《宋律统》、《唐律》上溯汉、魏,于是有《汉律辑补》、《晋书刑法志补》之作。曾植为学兼综汉、宋，而尤深于史学掌故，后专治辽、金、元三史，及西北舆地，南洋贸迁沿革。寻充总理衙门章京。中、日和议成，曾植请自借英款创办东三省铁路，时俄之韦特西比利亚铁路尚未建议也，不果行。母忧归，两湖总督张之洞聘主两湖书院讲席。

拳乱启衅，曾植与盛宣怀等密商保护长江之策，力疾江、鄂，决大计于刘坤一、张之洞，而以李鸿章主其成，所谓“画保东南约”也。旋还京，调外交部。出授江西广信知府，曾植为政，知民情伪，而持之以忠恕，故事治而民亲。历署督粮道、盐法道，擢安徽提学使，赴日本考察学务。三十二年，署布政使，寻护巡抚。值江、鄂、皖三省军会操太湖，而适遭国恤，群情汹汹，民一日数惊，城外炮马兵又哗变。曾植闻之，登城守御，檄协统余大鸿驰入江防，楚材兵舰击毁东门外炮兵壁垒，黄凤岐夺回菱湖嘴火药局，一日而乱定。

曾植在皖五年，重治人而尚礼治，政无巨细，皆以身先。其任学使，广教育，设存古学堂。又兴实业，创造纸诸厂。会外人要我订约开铜官山矿，曾植严拒之。未几，贝子载振出皖境，当道命藩库支巨款供张，曾植不允，遂与当道忤。宣统二年，移病归。逊位诏下，痛哭不能止。丁巳复辟，授学部尚书，事变归，卧病海上，壬戌冬卒，年七十三。著有《海日楼文诗集》。

论曰：辛壬之际，世变推移，莫之为而为，其中盖有天焉。润庠、世续诸人非济变才，而鞠躬尽瘁，始终如一，亦为人所难者也。乃宣、曾植皆硕学有远识，拳拳不忘，卒忧伤憔悴以死，呜呼，岂非天哉！

清史稿卷四七三
列传第二六〇

张勋　康有为

　　张勋,字少轩,江西奉新人。少孤贫。投效往广西军,预法、越之战,累保到参将。日韩衅启,随毅军防守奉天。袁世凯练兵小站,充管带。拳匪乱作,统巡防营防剿,叙功擢副将,赏壮勇巴图鲁。两宫回銮,随扈至京,谕留宿卫,授建昌镇总兵,擢云南提督,改甘肃,皆不赴。日俄战后,调奉天,充行营翼长,节制三省防军,赏黄马褂。旋命总统江防各军,驻浦口,调江南提督。

　　武昌变起,苏州独立,总督张人骏、将军铁良方与众筹战守,有持异议者,勋直斥之。翌日,新军变,勋与战于雨花台,大破之。江、浙军合来攻,粮援胥绝,乃转战,退而屯徐州,完所部。人骏、铁良走上海。命勋为江苏巡抚,摄两江提督,赏轻车都尉。逊位诏下,世凯遣使劳问,勋答曰:“袁公之知不可负,君臣之义不能忘。袁公不负朝廷,勋安敢负袁公?”世凯历假勋定武上将军、江北镇抚使、长江巡阅使、江苏都督、安徽督军。及建号,勋首起抗阻,并请优待皇室,保卫宫廷。

　　世凯卒,各省有所谋,群集徐州,推勋主盟。勋于是提兵北上,叩谒宫门,遂复辟。连下诏令,首颁复政谕云:“朕不幸以冲龄继承大业,茕茕在疚,未堪多难。辛亥变起,我孝定景皇后至德深仁,不忍生民涂炭,毅然以祖宗创垂之重,亿兆生零之命,付托前阁臣袁世凯,设临时政府,推让政权,公诸天下,冀以息争弭乱,民得安居。

乃国体自改共和以来，纷争无已，迭起干戈，强劫暴敛，贿赂公行，岁入增至四万万而仍患不足，外债增出十余万万而有加无已。海内嚣然，丧其乐生之气，使我孝定景皇后不得已逊政恤民之举，转以重苦吾民。此诚我孝定景皇后初衷所不及料，在天之灵，恻痛难安。而朕深居宫禁，日夜祷天，徬徨饮泣，不知所出者也。今者复以党争激成兵祸，天下汹汹，久莫能定，共和解体，补救已穷。据张勋等以'国本动摇，人心思旧，合词奏请复辟，以拯生灵'，各等语。览奏，请词恳切，实深痛惧。既不敢以天下存亡之大责，遂轻任于眇躬。又不忍以一姓祸福之旧言，置兆民于不顾。权衡重轻，天人交迫，不得已允如所奏，于宣统九年五月十三日临朝听政，收回大权，与民更始。自今以往，以纲常名教为精神之宪法，以礼义廉耻收溃决之人心。上下以至诚相感，不徒恃法守为维系之资。政令以惩毖为心，不得以国本为尝试之具。况当此万象虚耗，元气垂竭，存亡绝续之交，朕临深履薄，固不敢有乐为君，稍有纵逸。尔大小臣工，尤当精白乃心，涤除旧染，息息以民瘼为念。为民生留一分元气，即为国家延一息命脉，庶几危亡可救，感召天庥。所有兴复初政亟应兴革诸大端，条举如下：一，钦遵德宗景皇帝谕旨，大权统于朝廷，庶政公诸舆论，定为大清帝国君主立宪政体。一，皇室经费，仍照所定每年四百万元数目，按年拨用，不得丝毫增加。一，懔遵本朝祖制，亲贵不得干预政事。一，实行融化满、汉畛域，所有以前一切满、蒙官缺已经裁撤者，概不复设。至通婚易俗等事，并著所司条议具奏。一，自宣统九年五月本日以前，凡与东西各国正式签定条约，及已付债款合同，一律继续有效。一，民国所行印花税一项，应即废止，以纾民困。其余苛细杂捐，并著各省督抚查明，奏请分别裁撤。一，民国刑律不适国情，应即废除，暂以宣统初年颁定现行刑律为准。一，禁除党派恶习，其从前政治罪犯，概予赦免。傥有自弃于民而扰乱治安者，朕不敢赦。一，凡我臣民，无论已否剪发，应遵照宣统三年九月谕旨，悉听其便凡。此九条，誓共遵守。皇天后土，实鉴临之！"次谕议立宪，设内阁。京、外官暂照宣统初年官制办理。其现任文武大小官员均照常供职。

先后命官以勋及陈宝琛、刘廷琛等为内阁议政大臣，次则内阁阁丞万绳栻、胡嗣瑗，大学士为瞿鸿机、升允，顾问大臣赵尔巽、陈夔龙、张英麟、冯煦等，各部尚书梁敦彦、张镇芳、雷震春、沈曾植、劳乃宣等，侍郎李经迈、李瑞清、陈曾寿、王乃徵、陈毅、顾瑗等，丞参辜汤生、章梫、黎湛枝、梁用弧等，都御史张曾㪚，副都御史胡思敬、温肃。并召郑孝胥、吴庆坻、赵启霖，及陈邦瑞、朱益藩等均来京。又以勋兼直隶总督、北洋大臣，仍留京。各省督抚、提、镇，皆就现任改之。命下，各省多不应，而马厂师起，称讨逆军，传檄讨勋，勋自请罢斥。及攻都城，勋与战，以兵寡不支，荷兰公使以车迎入使馆。旋赴津，居久之，卒，年七十。谥忠武。勋亢爽好客，待士卒有恩，所部数万人，无一断发者，世指为"辫子军"。临战，尽纳家属妻妾子女别室，不听避，盖自怼负国，誓骨肉俱殉。及事亟，外人破户劫之始脱云。

康有为，字广厦，号更生，原名祖诒，广东南海人。光绪二十一年进士，用工部主事。少从朱次琦游，博通经史，好公羊家言，言孔子改制，倡以孔子纪年，尊孔保教，先聚徒讲学，入都上万言书，议变法，给事中余联沅劾以惑世诬民，非圣无法，请焚所著书。中日议款，有为集各省公车上书，请拒和、迁都、变法，格不达。复独上书，由都察院代递，上览而善之，命录存备省览。再请誓群臣以定国是，开制度局以议新制，别设法律等局以行新政，均下总署议。

二十四年，有为立保国会于京师，尚书李端棻，学士徐致靖、张百熙，给事中高燮曾等，先后疏荐有为才，至是始召对。有为极陈："四夷交侵，覆亡无日，非维新变旧。不能自强。变法须统筹全局而行之，遍及用人行政。"上叹曰："奈掣肘何？"有为曰："就皇上现有之权，行可变之事，扼要以图，亦足救国。唯大臣守旧，当广召小臣，破格擢用。并请下哀痛之诏，收拾人心。"上皆韪之。自辰入，至日昃始退，命在总理衙门章京上行走，特许专折言事。旋召侍读杨锐、中书林旭、主事刘光第、知府谭嗣同参预新政。为连条议以进，于是诏定科举新章，罢四书文，改试策论，立京师大学堂、译书局，兴农学，奖新书新器，改各省书院为学校，许士民上书言事，谕变法。裁詹事府、通政司，大理、光禄、太仆、鸿胪诸寺，及各省与总督同城之巡抚，河道总督，粮道、盐道，并议开懋勤殿，定制度，改元易服，南巡迁都。未及行，以抑格言路，首违诏旨，尽夺礼部尚书、侍郎职。旧臣疑惧，群起旨责有为，御史文悌复痛劾之。上先命有为督办官报，复促出京。

上虽亲政，遇事仍承太后意指，久感外侮，思变法图强，用有为言，三月维新，中外震仰。唯新进骤起，机事不密，遂致害成。时传将以兵围颐和围劫太后，人心惶惑。上硃谕锐等筹议调和，有"朕位且不能保"之语，语具《锐传》。于是太后复垂帘，尽罢新政。以有为结党营私，莠言乱政，褫职逮捕。有为先走免，逮其弟广仁及杨锐等下狱，并处斩。复以有为大逆不道，构煽阴谋，颁硃谕宣示，并籍其家，悬赏购捕。有为已星夜出都航海南下，英国兵舰迎至吴淞。时传上已幽废，且被弑，有为草遗言，誓以身殉，将蹈海。英人告以讹传，有为始脱走，亡命日本，流转南洋，遍游欧、美各国。所至以尊皇保国相号召，设会办报，集资谋再举，屡遇艰险不少阻。党结富有会，起事江汉，皆为官兵破获，诛其党。连诏大索，毁所著书，阅其报章者并罪之。初，太后议废帝，称病征医，久闭瀛台，旦夕不测。有为闻之，首发其谋，清议争阻，外人亦起责言，两江总督刘坤一言"君臣之分已定，中外之口难防"，始罢废立。拳匪起，以灭洋人、杀新党为号，太后思用以立威，遂启大乱，凡与有为往还者，辄以康党得奇祸。

宣统三年，鄂变作，始开党禁，戊戌政变获咎者悉原之，于是有为出亡十余年矣，始谋归国。时民军决行共和，廷议主立宪，而有为创虚君共和之议，以"中国帝制行已数千年，不可骤变，而大清得国最正，历朝德泽沦浃人心，存帝号以统五族，弭乱息争，莫顺于此"。内阁总理大臣袁世凯徇民军请，决改共和，遂下逊位之诏。有为知空言不足挽阻，思结握兵柄者以自重，颇游说当局，数年无所就。丁巳，张勋复辟，以有为为弼德院副院长。勋议行君主立宪，有为仍主虚君共和。事变，有为避美国使馆，旋脱归上海。

甲子，移宫事起，修改优待条件，有为驰电以争，略曰："优待条件，系大清皇帝与民国临时政府议定，永久有效，由英使保证，并用正式公文通告各国，以昭大信，无异国际条约。今政府擅改条文，强令签认，复敢挟兵搜宫，侵犯皇帝，侮逐后妃，抄没宝器，不顾国信，仓卒要盟，则内而宪法，外而条约，皆可立废，尚能立国乎？皇上天下为公，中外共仰，岂屑与争，实为民国羞也！"明年，移跸天津，有为来觐谒，以进德、修业、亲贤、远佞为言，丁卯，有为年七十，赐"寿"，手疏泣谢，历叙恩遇及一生艰险状，悲愤动人。时有为怀今感旧，伤痛已甚，哭笑无端。自知将不起，遂草遗书，病卒于青岛。

有为天资瑰异，古今学术无所不通，坚于自信，每有创论，常开风气之先。初言改制，次论大同，谓太平世必可坐致，终悟天人一体之理。述作甚多，其著者有《孔子改制考》、《新学伪经考》、《春秋董氏学》、《春秋笔削大义微言考》、《大同书》、《物质救国论》、《电通》，及《康子内外篇》、《长兴学舍》、《万木草堂》、《天游庐讲学记》，各国游记，暨文诗集。

论曰：光、宣两朝，世变迭起，中国可谓多故矣。其事皆分见于纪、传。断代为史，辛亥以后，例不能详。唯丁巳复辟，甲子移宫，实为逊位后两大案，而勋与有为又与清室相终始，亦不可遂没其人。明末三王及诸遗臣，史皆勿讳，今仿其体，并详著于篇，庶几考有清一代之本末者，有所鉴焉。

清史稿卷四七四
列传第二六一

吴三桂

　　吴三桂,字长伯,江南高邮人,籍辽东。父襄,明崇祯初官锦州总兵。三桂以武举承父荫,初授都督指挥。襄坐失机下狱,擢三桂总兵,守宁远。洪承畴出督师,合诸镇兵,三桂其一也。师攻松山,三桂战败,夜引兵去。松山破,承畴降,三桂坐镌三秩,收兵仍守宁远。三桂,祖大寿甥也,大寿既降,太宗令张存仁书招三桂,不报。

　　顺治元年,李自成自西安东犯,太原、宁武、大同皆陷,又分兵破真定。庄烈帝封三桂平西伯,并起襄提督京营,征三桂入卫。宁远兵号五十万,三桂简阅步骑遣入关,而留精锐自将为殿。三月甲辰,入关,戊申,次丰润。而自成已以乙巳破明都,遣降将唐通、白广恩将兵东攻滦州。三桂击破之,降其兵八千,引兵还保山海关。自成胁襄以书招之,令通以银四万犒师,遣别将率二万人代三桂守关。三桂引兵西,至滦州,闻其妾陈为自成将刘宗敏掠去。怒,还击破自成所遣守关将。遣副将杨坤、游击郭云龙赍书睿亲王乞师。王方西征,次翁后,三桂使至,明日,进次西拉塔拉,报三桂书,许之。自成闻三桂兵起,自将二十万人以东,执襄置军中。复遣所置兵政部尚书王则尧招三桂,三桂留不遣。越四日,王进次连山,三桂又遣云龙赍书趣进兵。师夜发,逾宁远,次沙河,明日,距山海关十里。三桂遣逻卒报自成将唐通出边立营,王遣兵攻之,战于一片石,通败走。又明日,师至关,三桂出迎。王命设仪仗,吹螺,偕三桂拜天毕,三桂率部将谒王，王令其兵以白布系肩为识，前驱入关，自成兵横亘山海间，列阵以待。王令诸军向自成兵而陈，三桂兵列右翼之末。阵定，三桂先与自成兵战，力斗数十合。及午，大风尘起，咫尺莫能辨，师噪风止。武英郡王阿济格、豫郡王多铎以二万骑自三桂阵右突入，腾跃摧陷。自成方立马高冈观战，诧曰："此满洲兵也!"策马下冈走，自成兵夺气，奔溃。逐北四十里，即日王承制进三桂爵平西王，分马步兵各万隶焉，令前驱逐自成。三桂执则尧送王所，命斩之。自成至永平，杀襄，走还明都。屠襄家，弃明都西走。命三桂从阿济格逐自成至庆都，屡战皆胜。自成走山西，乃还师。

世祖定京师，授三桂平西王册印，赐银万、马三。明福王由崧称帝南京，使封三桂蓟国公，又遣沈廷扬自海道连米十万、银五万犒师，三桂不受。寻遣其侍郎左懋第、都督陈洪范等使于我，复赍银币劳三桂，三桂仍辞不受。寻命英亲王阿济格为大将军，西讨自成，三桂率所部从，自边外趋绥德，二年，克延安、鄜州，进攻西安。自成以数十万人迎战，三桂督兵奋击。斩数万级。自成出武关南走，师从之，自襄阳下武昌，自成走死。师复东徇九江。八月，师还，赐绣朝衣一袭、马二，命进称亲王，出镇锦州，所部分屯宁、锦、中右、中后、中前、前屯诸地。三桂疏言丁给地五晌，各所房屋灰烬，地土硗薄，请增给。并为坤、云龙及诸将吴国贵、高得捷等请世职，属吏童达行等乞优擢。又以父襄、母祖氏、弟三辅并为自成所杀，疏乞赐恤：并如所请。三桂辞亲王，下部议，许之。三年，入觐，赐银二万。五年，命与定西将军墨尔根侍卫李国翰同镇汉中。六年，明宗室朱森滢攻阶州，三桂与国翰督兵击斩之。有王永强者为乱，破延安、榆林等十九州县，延绥巡抚王正志、靖远道夏时芳死之。复陷同官、定边、花马池。三桂督兵克宜君、同官，击斩七千余级。进克蒲城、宜川、安塞、清涧诸县，诛永强所置吏。定边、榆林、府谷皆下。八年，入觐，赐金册印。时明桂王由榔称帝居南宁，张献忠将孙可望、李定国等皆降于明，率兵扰川北诸郡县。命三桂偕国翰率师讨之。九年七月，三桂与国翰遣兵西抚漳腊、松潘，东拔重庆。进攻成都，明将刘文秀弃城走。复进克嘉定，驻军绵州。文秀及王复臣复自贵州向四川，招猓猡为助，陷重庆，进破叙州。三桂屡战不利。文秀、复臣围巡按御史郝浴于保宁。浴趣三桂等赴援，击斩复臣，文秀引兵走。浴疏劾三桂拥兵观望状，三桂摘疏中"亲冒矢石"语劾浴冒功，浴坐谪徙。三桂叙功，岁增俸千。子应熊尚主。为和硕额驸，授三等精奇尼哈番，加少保兼太子太保。

十四年，可望反明，攻由榔，定国御之，可望败走长沙，来降。诏授三桂平西大将军，与国翰率师徇贵州。时大将军罗托、经略洪承畴等出湖南，将军卓布泰等出广西，三道并进。三桂等发汉中，道保宁、顺庆，次合州，破明兵，收江中战舰。定国遣其将刘正国、杨武守三坡、红关诸隘，石壶关者尤险峻，明兵阻关。三桂令骑兵循山麓，步兵陟其巅，以炮发其伏，明兵惊溃，遂下遵义，克开州。会罗托等已克贵阳，卓布泰亦自都匀、安远入，信郡王多尼将禁旅至。国翰还师遵义，寻卒。三桂驰与罗托等会于平越扬老堡，议分道进兵。三桂自遵义出天生桥，闻白文选据七星关，遂经绕出为乌撒土司境，次沾益。多尼师进曲靖，败文选。卓布泰师进罗平，败定国。十六年正月，由榔奔永昌，二月，三桂与尚善、卓布泰合军克云南会城，破文选玉龙关，取永昌，由榔走缅甸。师渡潞江，定国设伏磨盘山，诇知之，分八队迎击，斩杀过半。取腾越，追至南甸，乃振旅自永昌、大理、姚安还。明将马宝、李如碧、高启隆、刘之复、塔新策、王会、刘称、马惟兴、杨武、杨威、高应凤、狄三品等，及景东、蒙化、丽江、东江、东川、镇雄诸土司，先后来降。多尼、卓布泰等师还，留固山额真伊尔德、卓罗等分军驻守，而诏三桂镇云南，命总管军民事。谕吏、兵二部，云南将吏听三桂黜陟。定国求出由榔缅甸。军孟艮。元江土司那嵩与降将高应凤举兵应定国。三桂督兵自石屏进围元江，逾月，击斩应凤，嵩自焚死，收其地为元江府。

十七年，户部疏言云南俸饷岁九百余万，议檄满洲兵还京，裁绿旗兵五之二。三桂谓边疆不宁，不宜减兵力。是时三桂已阴有异志，其藩下副都统杨珅说以先除由榔绝人望。三桂乃疏言："前者密

陈进兵缅甸,奉谕:'若势有不可,慎勿强,务详审斟酌而行。'臣筹
画再三,窃谓渠魁不灭,有三患二难:李定国、白文选等分住三宣六
慰,以拥戴为名,引溃众肆扰,其患在门户。土司反覆,惟利是趋,一
被煽惑,遍地烽起,其患在肘腋。投诚将士,尚未革心,万一边关有
警,若辈乘隙而起,其患在腠理。且兵粮取之民间,无论各省饷运愆
期,即到滇召买,民方悬罄,光价日增,公私交困,措粮之难如此。年
年召买,岁岁输将,民力既尽,势必逃亡,培养之难又如此。惟及时
进兵,早收全局,乃救时之计。"下议政王大臣会户、兵二部议,令学
士麻勒吉、侍郎石图如云南咨三桂机宜,乃决策进兵。命内大臣爱
星阿为定西将军,率禁旅南征。

　三桂所部五丁出一甲,甲二百置佐领,积数十佐领,以吴应麒、
吴国贵为左、右都统分统之。七月,三桂疏请部勒降兵,分置十营,
营千二百人,以降将为总兵:马宝、李如碧、高启隆、刘之复、塔新策
将忠勇五营。王会、刘称、马惟兴、杨威、吴子圣将义勇五营。十月,
又疏请置援剿四镇,以马宁、沈应时、王辅臣、杨武为总兵。皆允之。
三桂请拊循南甸、陇川、千崖、盏达、车里诸土司,颁敕印。复檄缅
甸,令执由榔以献。定国、文选屡攻缅甸出由榔,缅甸频年被兵,患
苦之,使告师破定国等,请以由榔献。十八年,三桂遣使缅甸刻师
期,令于猛卯迎师。遣副都统何进忠及应时、宁等率师出腾越,道陇
川,三月,至猛卯。缅甸又与定国战,道阻。既,缅甸使至迎师,会瘴
发,进忠等引还。三桂以马乃土司龙吉兆称兵应定国,遣宝、起隆及
游击赵良栋等讨之,攻七十余日,破其寨,斩吉兆,以其地为普安
县。九月,瘴息。三桂与爱星阿及前锋统领白尔赫图,都统果尔钦、
逊塔等督兵攻大理,复出腾越,道南甸、陇川至猛卯,分兵二万,遣
宁、辅臣别取道姚关、镇康、孟定。又虑蛮暮、猛密二土司助定国阻
我师后,留总兵张国柱将三千人屯南甸为备。十一月,会师木邦。文
选毁锡箔江桥走茶山,定国走景线。三桂令宁等以偏师逐文选,而
与爱星阿趋缅甸,复檄令执送由榔。十二月,师进次旧晚坡,距缅甸
都六十里。缅甸使告请遣兵进次兰鸠江滨擗卫,乃遣白尔赫图将百

人以往。缅甸遂执由榔及其母、妻等送军前。宁等逐文选及于猛卯，文选以数千人降，师还。

康熙元年，捷闻，诏进三桂亲王，并命兼辖贵州。召爱星阿率师还。四月，三桂执由榔及其子，以弓弦绞杀之，送其母、妻诣京师，道自杀。定国尚往来边上伺由榔消息，三桂令提督张勇将万余人戍普洱、沅江为备。未几，定国走死猛腊。三桂招其子嗣兴，以千余人降，明亡。二年，遣会等攻陇纳山蛮，破巢，斩渠。三年，遣之复及总兵李世耀率兵出大方、乌蒙，攻水西土司安坤、乌撒土司安重圣，并击斩之，以其地设府，陇纳曰平远，大方曰大定，水西曰黔西，乌撒曰威宁。四年，奏裁云南绿旗兵五千有奇。五年，复遣兵攻土司禄昌贤于陇箐，取其寨数十。迤东悉定，设府曰开化，州曰永定。

三桂初以开关迎师，位望出诸降将孔有德、耿仲明、尚可喜辈右。有德专征定湖广，徇广西，李定国破桂林，殉焉。可喜与仲明子继茂分兵定广东、福建，而三桂功最高。云、贵初定，洪承畴疏用明黔国公沐英故事，请以三桂世镇云南。三桂复请敕云南督抚受节制，移总督驻贵阳，提督驻大理。据由榔所居由五华山故宫为藩府，增华崇丽。籍沐天波庄田七百顷为藩庄。假浚渠筑城为名，重榷关市，笼盐井、金铜矿山之利，厚自封殖。通使达赖喇嘛，互市北胜州。辽东参，四川黄连、附子，就其地采运，官为之鬻，收其直。货财充溢，贷诸富贾，谓之"藩本"。权子母，斥其羡以饵士大夫之无藉者。择诸将子弟，四方宾客，与肆武备，谓以储将帅之选。部兵多李自成、张献忠百战之余，勇健善斗，以时训练。所辖文武将吏，选用自擅。各省员缺，时亦承制除授，谓之"西选"。又屡引京朝官、各省将吏用以自佐。御史杨素蕴疏论劾，三桂摘疏中"防微杜渐"语，请旨诘素蕴。素蕴覆奏，言："防微杜渐，古今通义。"事遂寝。六年，三桂疏言两目昏瞀，精力日减，辞总管云、贵两省事。下部议，如各省例，归督抚管理，文吏由吏部题授。云贵总都卡三元、云南提督张国柱、贵州提督李本深交章陈三桂劳绩，请敕仍总管。得旨："王以精力日减奏辞，若仍令总管，恐其过劳。如边疆遇有军事，王自应经理。"寻进应熊少傅兼太子太傅，命赴云南视疾，仍还京师。三桂益欲揽事权，构衅苗、蛮，藉事用兵，私割中甸畀诸番屯牧。通商互市，追三元乞归养，甘文焜代为总督，不附三桂。三桂诈称边寇，檄赴剿。比至，又称寇退，檄使还。藩属将吏士卒縻俸饷巨万，各省输税不足，征诸江南，岁二千余万，绌则连章入告，赢不复请稽核。是时可喜镇广东，继茂子精忠镇福建，与三桂并称"三藩"，而三桂骄恣尤甚。十二年二月，上遣侍卫吴丹、扈塞立劳三桂，赐御用貂帽、团龙裘、青蟒狐腋袍、束带，亦遣使赍可喜。可喜旋疏引疾乞归老，下部议，请并移所部。七月，三桂亦疏请移藩，并言："所部繁众，昔自汉中移云南，阅三岁始华。今生齿弥增，乞赐土地，视世祖时分界锦州、宁远诸区倍广，庶安辑得所。圣祖察三藩分镇擅兵为国患，得三桂疏，下议政王大臣会户、兵二部议奏。诸王大臣度三桂疏非由衷，遽议迁徙，必致纷纭。议移藩不便。独尚书米思翰、明珠谓苗、蛮既平，三桂不宜久镇，议移藩便。乃为二议以上：一，议移三桂山海关外，别遣满洲兵戍云南。一，议留三桂镇云南如故。上曰："三桂蓄异志久，撤亦反，不撤亦反。不若及今先发，犹可制也。"遂命允三桂请移藩，并谕如当用满洲兵，仍俟三桂奏请遣发。即令侍郎折尔肯、学士傅达礼赍诏谕三桂。

三桂初上疏，度廷议未即许，冀慰留久镇。九月，诏使至，三桂大失望。与所部都统吴应麒、吴国贵，副都统高大节及其婿夏国相、胡国柱谋为乱，部署腹心扼关隘，听入不听出，与使者期以十一月己丑发云南。先三日丙戌，邀巡抚朱国治协之叛，不从，榜杀之。遂召诸总兵宝、起隆、之复、足法、会、屏藩等举兵反，自号周王天下都招讨兵马大元帅。蓄发，易衣冠，帜色白，步骑皆以白毡为帽。执折尔肯、傅达礼，按察使李兴元，知府高显辰，同知刘昆，不为三桂屈，具楚毒，徙置瘴地。国柱及总兵杜辉、柯铎，布政使崔之瑛等皆降。三桂传檄远近，并致书平南、靖南二藩，及贵州、四川、湖广、陕西诸将吏与相识者，要约响应。遣马宝将兵前驱向贵阳，李本深谋应之。文焜驰书告川湖总督蔡毓荣。并趣折尔肯、傅达礼从官郎中党务礼、员外郎萨穆哈、主事辛珠、笔帖式萨尔图速还京师告变。三桂遣骑追之,辛珠、萨尔图为所杀。文焜率数骑趋镇远,镇远副将江义已得三桂檄,以兵围文焜,文焜死之。宝兵至,巡抚曹申吉、总兵王永清皆降。十二月,党务礼、萨穆哈至京师,三桂反问闻。上以荆州咽喉地,即日遣前锋统领硕岱率禁旅驰赴镇守。寻命顺承郡王勒尔锦为宁南靖寇大将军,率师讨三桂,分遣将军赫业入四川,副都统马哈达、扩尔坤驻军兖州、太原备调遣,并停撤平南、靖南二藩。王大臣等请速应熊治罪,命暂行拘禁。三桂兵陷清浪卫。毓荣遣总兵崔世禄防沅州,三桂兵至,以城降,复进陷辰州。

十三年正月,三桂僭称周王元年,部署诸将:杨宝应陷常德,夏国相陷沣州,张国柱陷衡州,吴应麒陷岳州。偏沅巡抚卢震弃长沙走,副将黄正卿、参将陈武衡以城降。襄阳总兵杨来嘉举兵叛,郧阳副将洪福举兵攻提督佟国瑶,击破之。走保山寨,皆应三桂,受署置。三桂自云南至常德,具疏付哲尔肯、傅达礼还奏,语不逊。上命诛应熊及其子世霖,诸幼子贷死入官。六月,命贝勒尚善为安远靖寇大将军,与勒尔锦分道进兵。是时云南、贵州、湖南地皆入三桂,通番市,以茶易马,结猓猡助战,伐木造巨舰,治舟师,采铜铸钱,文曰"利用。"所至掠库金、仓粟,资军用。勒尔锦师次荆州,三桂遣刘之复、王会、陶继智等屡以舟师攻彝陵,勒尔锦遣将屡击败之,未即渡江。尚善师次武昌,以书谕三桂降,置不答。三桂传檄所至,反者四起提督郑蛟麟,总兵谭宏、吴之茂反四川,巡抚罗森、降将军孙延龄以有德旧部反广西,精忠反福建,河北总兵蔡禄反彰德,三桂势益张。又遣使与达赖喇嘛通好,达赖剌嘛为上书乞罢兵。上弗许。先后遣经略大学士莫洛、大将军康亲王杰书、贝勒董额等四出征抚,将军阿密达擒禄诛之。上趣尚善攻岳州,三桂使吴应麒、廖进忠、马宝、张国柱、柯铎、高起隆等分道拒战,又遣兵窥江西,循江达南康,陷都昌。复自长沙入袁州,陷萍乡、安福、上高、新昌诸县。上命安亲王岳乐为定远平寇大将军,徇江西。简亲王喇布为扬威大将军,镇江南。时王辅臣已为陕甘提督,复以宁羌叛应三桂,莫洛死之。三桂遣其将王屏藩入四川,与吴之茂合军助辅臣。上复趣尚善速攻岳州,尚善疏请益兵,未即进。

十四年正月,上命岳乐自袁州取长沙,岳乐遣兵先后克上高、新昌、东乡师向湖南,命喇布移镇南昌。三桂遣将率兵七万、猓猡三千防醴陵,筑木城以守。又于岳州城外掘濠三重,环竹木为阱。于洞庭湖峡口植丛木为椿,阻舟师。陆军筑垒皆设鹿角重叠,阻骑兵。乃自常德赴松滋,驻舟师虎渡口,截勒尔锦、尚善两军使不相应。扬言将渡江攻荆州,决堤以灌城,分岳州守兵据彝陵东北镇荆山,令王会、杨来嘉、洪福等合兵陷谷城,执提督马胡拜,攻郧阳、均州、南漳。勒尔锦遣贝勒蔡尼守彝陵,与都统宜理布等力御之,疏请益兵。上责勒尔锦逗遛,不许。是岁,察哈尔布尔尼叛,上遣大将军信亲王鄂札、副将军大学士图海击破之。

十五年,三桂遣兵侵广东,授之信招讨大将军。时可喜已病笃,之信遂降。三桂别遣其将韩大任、高大节将数万人陷吉安。上令喇布固守饶州,岳乐攻萍乡,力战破十二垒。斩万余级,国相引兵走,乃克之。师进复醴陵、刘阳,复进攻长沙。三桂遣胡国柱益兵以守,马宝、高起隆自岳州以兵会。三桂自松滋移屯岳麓山,为长沙声援。又令大任、大节自吉安分兵犯新淦,屯泰和,复陷萍乡、醴陵,断岳乐军后。上严趣喇布援岳乐,乃自饶州进复余干、金谿,攻吉安,大节将四千人来拒,战于大觉寺,以百骑陷陈,师左次螺子山。大节复以少兵力战,喇布及副将军希尔根仓卒弃营走,师败绩。会大任与大节不相能,大节怏怏死。喇布遣兵复围吉安,大任不敢出战。勒尔锦以三桂去松滋,率兵渡江取石首,遣贝勒察尼攻太平街三桂兵垒,师败绩,退保荆州。是岁大将军、大学士图海代董额征陕西,辅臣降。上令将军穆占将陕西兵赴荆州,康亲王杰书自浙江下福建,精忠降。之信亦遣使诣喇布降。延龄闻,亦愿降,三桂使从孙世琮袭桂林,执而杀之,掠柳州、横州、平乐、南宁。

十六年,尚善分兵送马三千益岳乐军,三桂邀夺于七里台,复遣兵援吉安,与喇布军相持。穆占自岳州进。与岳乐夹攻长沙,克之。三桂所遣援吉安诸军皆引去，大任弃城走。吉安乃下。三桂自岳麓徙衡州，分兵犯南安、韶州，并益世琮兵掠广西。十七年，岳乐复平江、湘阴，三桂将林兴珠率所将水师降。穆占攻永兴、拔之，并下茶陵、攸、酃、安仁、兴宁、郴、宜章、临武、蓝山、嘉禾、桂阳、桂东十二城。喇布亦与江西总督董卫国率师逐大任，及于宁都，大任败走福建，诣杰书降。三桂遣马宝、胡国柱等攻永兴，都统宜理布、护军统领哈克山出战，死。穆占兴硕岱等力守。是岁，三桂年六十有七，兵兴六年，地日蹙，援日寡，思窃号自娱，其下争劝进，遂以三月朔称帝，改元昭武，以衡州为定天府。置百官，大封诸将，首国公，次郡公，亚于侯、伯。造新历。举云、贵、川、湖乡试。号所居舍曰殿，瓦不及易黄，以漆髹之。构芦舍万间为朝房。筑坛衡山，行郊天即位礼，将吏入贺。是日大风雨，草草成礼而罢。俄病噎，八月，又病下利，喑不能语。召其孙世璠于云南，未至，乙酉，三桂死。宝、国柱攻永兴方急，闻丧，自焚其垒，引军还衡州。世璠，应熊庶子，留云南，奔三桂之丧，至桂阳，其下拥称帝，改号洪化，倚方光琛、郭壮图为腹心。光琛，三桂所署大学士。壮图，封国公。

三桂初起兵，其下或言宜疾行渡江，全师北向。或言直下金陵，扼长江，绝南北运道。或言宜出巴蜀，据关中、塞淆、函自固。三桂皆不能用，屯松滋，与勒尔锦夹江而军，相持。皆不敢渡江战。既，还援长沙。晚乃欲通闽、粤道，纠精忠、之信复叛，攻永兴未下而死。吴国贵复议舍湖南。北向争天下，陆军出荆、襄趋河南，水军下武昌，掠舟顺流撼江左。诸将俱重弃滇、黔，马宝首梗议，乃罢。

上以勒尔锦顿兵荆州不进，时尚善卒，贝勒察尼代为安远靖寇大将军，攻岳州，吴应麒守坚，久未下。下诏将亲征，闻三桂死，乃罢。趣诸军分道并进，并敕招抚陷贼官民。察尼屯君山，不能断湖道，至是造乌船百、沙船四百余，配以兵三万，水师始成军，以贝勒鄂鼐统之。用林兴珠策，以其半泊君山，断常德道。以其半分泊扁山、香炉峡、布袋口诸地。陆军屯九贵山，断岳州、衡州道。水陆绵亘百里。岳州饷竭援穷，应麒与诸将江义、巴养元、杜辉驾巨舰二百,乘风犯柳林嘴。察尼令水师掉轻舟,越敌舰,发炮击之,毁过半,兵皆入水死。应麒复将五千人犯陆石,将军鄂讷、前锋统领杭奇率师击之,应麒败走。杜辉有子在师中,通使约降,事泄,应麒杀辉。诸将日构隙,陈华、李超、王度冲等以舟师降。应麒收残卒,挟辎重,溃围奔长沙,胡国柱亦弃城与俱走。察尼率师自岳州进克华容、安乡、湘潭、衡山诸县。

勒尔锦闻三桂死,率师自荆州渡江,三桂所部勒水师泊虎渡上游、陆师屯镇荆山,皆溃走。分兵定松滋、枝江、宜都、石门、慈利、沣州,进克常德。喇布率师入衡州,进取祁阳、耒阳,复进克宝庆。是时吴国贵自衡州退屯武冈,与马宝俱。吴应麒自岳州退屯辰州,胡国柱自长沙屯辰龙关,相犄角力守。穆占师进克永明、江华、东安、道州,复进取永州。岳乐帅自衡州复常宁,攻武冈,国贵以二万人据枫木岭拒战。岳乐令林兴珠与提督赵国祚督兵奋击,国贵死,兵溃。贝子彰寿等逐至木瓜桥,大破之,武冈下。上召岳乐还京师,彰寿代为定远平寇大将军,令与穆占议进取。是岁,将军莽依图等师徇广西,世琮走死。

十九年春,将军赵良栋自略阳破阳平关,克成都。王进宝自凤县破武关,取汉中。王屏藩走保宁,师从之,战于锦屏山,薄城,屏藩自杀。保宁下,进克顺庆。将军吴丹、提都徐治祥自巫山克夔州、重庆,杨来嘉、谭宏先后降。察尼攻辰龙关,出间道袭破之,克辰州。杨宝荫、崔世禄皆降。章泰师克沅州,吴应麒、胡国柱走贵阳。上召勒尔锦、察尼还京师,趣彰寿与穆占、蔡毓荣等自沅州,喇布自南宁,吴丹、赵良栋自遵义,三道并进。世璠令应麒与王会、高起隆、夏国相合兵入四川,掠泸州、叙州,进陷永宁。谭宏复叛,陷夔州。上复趣彰泰速下贵阳,命赉塔为平南大将军,尽护广西诸军。吴丹坐不援永宁,罢,命赵良栋尽护四川诸军,仍三道入云南。世璠召会、起隆、国相自四川还援贵阳,令马宝、胡国柱等掠四川。十月,彰泰师克镇远,世璠将张足法等败走。复进取平越,克新添、龙里二卫,薄贵阳,世璠与应麒等奔还云南。贵阳与安顺、石阡、都匀诸府并下。

世璠所署侍郎郭昌、邱元，总兵臧世远、齐聘金、文台等，率将吏百数十人、兵一千三百有奇，诣彰泰军降。师复进，世璠所署总兵蔡国昌、平远知府郑开枢等以平远降。战于永宁，至鸡公背，世璠兵焚盘江铁索桥走。普安土司龙天祜，永宁土司沙起龙、礼廷试造浮桥济师。

二十年春，世璠以高起隆为大将军，与夏国相、王会、王永清、张足法等将二万人拒彰泰，复陷平远，屯城西南山上，穆占与提督赵赖进击破之。起隆等走，会降，复取平远。彰泰师进次安南卫，世璠将线绒、巴养元、郑旺、李继业以万余人屯盘江西坡，为象陈，师初战，为绒等所败。越二日，彰泰令总兵白成功等进击，战于沙子哨，力斗，自午至酉，师分队奋进，绒等夜走。遣都统龚图等逐之，至腊茄坡，再战。绒等退保交水城。克新兴所、普安州，黔西、大定诸府皆下。斩世璠所署巡抚张维坚。赉塔师自田州进次西隆州，世璠将何继祖以万人屯石门坎守隘。赉塔督兵分队进攻，夺隘，复安笼所。纪祖退至新城所，复与世璠将詹养、王有功等，合兵二万人屯黄草坝，为象陈坚守。赉塔督兵进，力战，夺垒二十二，获养、有功，俘兵千余。复进破曲靖，取交水城。绒等复走，遂克马龙州易龙所、扬林城。彰泰师亦至，两军会于嵩明。二月，进攻云南会城，屯归化寺，世璠遣将胡国柄等将万人为象陈拒战。彰泰、赉塔督兵进击，大破之，斩国柄及裨将九，俘六百余，追之，薄城。世璠将张国柱、李发美等先后降。临安、姚安、大理、鹤庆、丽江诸府悉下。世璠召马宝、胡国柱、夏国相等还救云南。上谕赵良栋等分兵邀击宝等。宝自寻甸至楚雄，屯乌木，兵溃，与巴养元、赵国祚、郑旺、李继业、郎应璧等诣姚安降。国柱自丽江、鹤庆入云龙州，穷蹙自缢死。夏国相自平越败后走广西。总兵李国梁遣兵围之，亦与王永清、江义等出降，世璠援绝。赵良栋师自夹江克雅州，复建昌，渡金沙江，次武定，复进次绵竹。九月，进与彰泰、赉塔诸军合。时围城已数月未下，良栋议断昆明湖水道，主速攻，督兵薄城，围之数重。线绒等谋执世璠及郭壮图以降，世璠与壮图皆自杀。十月戊申。绒等以城降。穆占与都统马齐先入城。籍贼党,执方光琛及其子学潜、从子学范,磔于军前,戮世璠尸,传首京师。世璠所署将吏一千五百余、兵五千有奇,皆降。云南、贵州、四川、湖广诸省悉平。上令宣捷诏,赦天下。二十一年春,从议政王大臣请,析三桂骸,传示天下。悬世璠首于市。磔马宝、夏国相、李本深、王永清、江义,亲属坐斩。斩高启隆、张国柱、巴养元、郑旺、李继业,财产妻女入官。

三桂诸将,马宝、王屏藩最骁勇善战。宝初为流贼,降明桂王由榔为将。桂王奔南甸,宝降于三桂,为忠勇中营总兵。三桂反,率兵前驱,尽陷贵州至湖广南境诸郡县,封国公。再入广西,一入四川,败走姚安,诒希福军降至是死。屏藩亦三桂所倚任,代高启隆为忠勇左营总兵。三桂反,令入四川为王辅臣声援。自秦州退守保宁,败我师蟠龙山。十九年,师克保宁,自杀

诸专阃大将叛降三桂助乱者:云南提督张国柱,贵州提督李本深,总兵王永清,副将江义,四川总兵谭宏、吴之茂,湖广总兵杨来嘉,广东总兵祖泽清,而陕西提督王辅臣兵最强,乱尤剧。

国柱,明副将,来降。从续顺公沈永忠下湖南,又从可喜定广东,累迁至提督。三桂反,授以大将军,封国公。陷衡州,围长沙,战岳州,皆国柱力。师围世璠,乃自大理出降。

本深,明总兵高杰甥,杰死,以提督代将。降于豫亲王多铎,授三等精奇尼哈番,累迁至提督。三桂反,授以将军。彰泰师克贵阳,出降。

永清以黔西镇,义以镇远协,戕文煜,先后附三桂。至是同死。

洪,初以明将降,累迁至总兵。三桂反,与四川提督郑蛟麟、总兵吴之茂合谋叛。蛟麟,明都司,自松山降。三桂使犯汉中,战败,复出降。洪独力战,屡攻郧阳。三桂授以将军,封国公。洪死,子天秘走万县,久之始出降,送京师。是年五月,磔死。

之茂,与屏藩合军援辅臣,攻秦州,力战,败走松潘。还与屏藩守汉中,城下,就擒,送京师诛之。

来嘉,初以郑锦将降,授总兵。三桂反,与副将洪福同叛,三桂

授以将军。来嘉屡攻南漳,福屡攻均州。勒尔锦师渡江,福先降。来
嘉败走巫山,复走重庆。城下,出降,送京师,未至,死。

泽清,大寿子。以高州叛降三桂。尚之信降,泽清亦降。俄复
叛,命之信讨之,克高州,获泽清及其子良梗,送京师磔死。

辅臣初为盗,号马鹞子。从姜瓖为乱,降于英亲王阿济格。寻
以侍卫从洪承畴南征,事承畴谨,除总兵。三桂留授援剿右镇,从入
缅甸,破桂王,迁提督。三桂反,招使叛,辅臣以闻,授三等精奇尼哈
番,官其子继贞。经略大学士莫洛自陕西入四川,以辅臣从。次宁
羌。胁众击杀莫洛,反,三桂授以大将军,固原、定边、临洮、兰州、同
州诸将吏悉附,大将军贝勒董额讨焉。辅臣保平凉,久不下。大学
士图海代将,督兵力攻,乃出降。诏复官爵,加太子太保,授靖寇将
军,从图海驻汉中。辅臣内不自安,与其妻姜缢,独不死。图海师还,
偕至西安,一夕死。上不深罪,但命停世袭。罢继贞官。

耿精忠,靖南王继茂子。顺治中,继茂遣入侍,世祖授以一等精
奇尼哈番,尚肃亲王豪格女,封和硕额驸。康熙十年,继茂卒,袭爵。
十二年,疏请撤藩,许之,遣侍郎陈一炳如福建料理。三桂反,命仍
留镇,召一炳还。三桂以书招精忠,精忠与藩下都统马九玉,总兵曾
养性、江元勋,参领白显忠、徐文耀、王世瑜、王振邦、蒋得铉等谋应
三桂,独九玉以为不可,养性等皆赞之。

十三年三月,发兵反,胁总督范承谟,不屈,执而幽之,并及其
宾从眷属。巡抚刘秉政降。精忠自称总统兵马大将军。蓄发,易衣
冠。铸钱曰"裕民通宝"。以养性、显忠、元勋为将军,分陷延平、邵
武、福宁、建宁、汀州诸府。约三桂合兵入江西。嗾潮州总兵刘进忠
扰广东。又招郑锦发兵取沿海郡县为声援。浙江总督李之芳闻乱,
出驻衢州,遣副将王廷梅等四出御战。上命将军赉塔出浙江,将军
布尔根出江西,削精忠爵,声讨。仍遣郎中周襄绪偕精忠护卫陈嘉
猷赍敕招抚,精忠留之军中。养性与林冲、徐尚朝、冯公辅、沙有祥
等将万余人出仙霞关,陷江山、平阳,游击司定猷缚总兵蔡朝佐,以
城降。渡飞云江,攻瑞安不下。移师攻温州,总兵祖弘勋以城降。巡

道陈丹赤、永嘉知县马琛死之。清忠授弘勋将军,众至十万,陷乐清、天台、仙居、嵊县,而宁海、象山、新昌、余姚诸县土寇竞起。养性请于精忠官其渠,使屯大岚山,扰绍兴、宁波。破黄岩,总兵阿尔泰降。分兵犯金华。精忠与其将周列、王飞石、桑明等陷广信、建昌、饶州。复合玉山、永丰土寇东犯常山,陷开化、寿昌、淳安、遂安诸县。别遣兵攻徽州、婺源、祁门。

上令康亲王杰书为奉命大将军,贝子傅喇塔为宁海将军,率师下浙江。又以岳乐、喇布两军声援。将军赉塔师次衢州,养性自常山来犯,赉塔同之芳遣兵击却之。副将牟大寅战常山,斩精忠将张宏。洪起元战绍兴,复嵊县。鲍虎战淳安,擒飞石、明,复寿昌、遂安。养性、尚朝等以五万人攻金华,副都统玛哈达、总兵陈世凯等与战于木道山,斩二万余级,养性走天台。十四年,养性复以步骑数万攻金华,遣其将朱飞熊率舟师水陆并进,傅喇塔击斩飞熊,养性退屯茂平岭。巡道许宏郧击破大岚山土寇,斩其渠。傅剌塔督兵自间道出茂平岭背,养性兵溃。复黄岩、乐清。养性走保温州,傅喇塔督兵合围。玛哈达击败尚朝、公辅、有祥等,复处州。穆赫林击败林冲,复仙居。喇布以兵助将军额楚定徽州、婺源、祁门。将军希尔根亦复建昌、饶州。

岳乐师次南昌,谕精忠,精忠以谩书答之。上复遣其弟聚忠赉敕谕降,至衢州,精忠拒不纳。精忠母周氏,阻精忠毋叛,精忠不听,周氏愤死。精忠攻衢州,战屡败,以马九玉为将军,率兵屯江山,而郑锦兵至,据泉、漳诸地,与精忠构衅。尚可喜请援,上令喇布自江西下广东。精忠遣其将邵连登等扰建昌,进攻抚州、赣州。三桂兵陷袁州、吉安,相犄角,阻师行,尚之信亦叛。

十五年春,傅喇塔自黄岩处进攻温州,力战,屡破敌垒。养性凭江拒战,累月未能薄城。上趣杰书自金华至衢州,下福建。八月,杰书与赉塔、之芳督兵击九玉,战于大溪滩,九玉败走,克江山。招仙霞关守将金应虎降。遂入关,拔浦城。郑锦兵侵兴化,将及福州。精忠势渐蹙,谋出降,先使人戕承谟及其客嵇永仁等。杰书师进次建阳,书谕降精忠。答书请宣诏赦罪。师复进,克建宁,次延军。精忠遣其子显祚及襄绪、嘉猷出迎师。杰书使赍敕宣示,精忠乃出降,请从军讨锦自效。杰书以闻,诏复爵,以其弟昭忠为镇平将军,驻福州,命精忠从军讨锦。锦败,还台湾。乃移师趋潮州,进忠出降,令精忠驻焉。养性在温州,屡出战,傅喇塔督兵击破之。养性堕水,复入城困守,精忠降,亦降,仍为藩下总兵。

十六年,遣显祚入侍,授散秩大臣。藩下参领徐鸿弼等使赴兵部具状,讦精忠降后尚蓄逆谋,昭忠亦以鸿弼等状闻,上留中未发。十七年,上令精忠还福州,以其祖及父之丧还葬。是秋,三桂死,杰书疏请诛精忠,上谕曰:"今广西、湖南、四川俱定,贼党引领冀归正者不止千百。骤诛精忠,或致寒心。宜令自请来京,庶事皆宁贴。"十九年,精忠请入观,上以九玉为总兵,辖藩下兵。昭忠、聚忠又疏劾精忠,上乃下鸿弼等状,令法司按治,系精忠于狱。遣聚忠赴福州宣抚所部。是岁,之信以悖逆诛。二十年,云南平。二十一年,法司具狱上,上谕廷臣欲宽之。大学士明珠奏精忠负恩谋反,罪浮于之信。乃与养性、显忠、元勋、进忠、文耀、世瑜、振邦、得铉并磔于市。显祚、弘勋等皆斩。秉政逮诣京师,道死。

尚之信,平南王可喜。顺治中,可喜遣入侍,世祖以可喜功多,令之信秩视公爵。康熙十年,圣祖允可喜请,令之信佐军事。之信酗酒嗜杀,可喜老病,营别宅以居,号令自擅。十二年,可喜用其客金光策,上疏请以二佐领归老海城,而以之信袭爵留镇。

光,浙江义乌人,佐可喜久,以捕佛山乱民江鹏鬻功,授鸿胪寺卿衔。屡以之信暴戾状告可喜,为可喜谋,冀得见上自陈。上以可喜疏下部议,令并移所部,遣尚书梁清标如广东料理。三桂反,命可喜仍留镇,召清标还。总兵刘进忠以潮州叛,可喜遣次子之孝率兵讨之。上授之孝平南大将军,而命之信以讨寇将军衔协谋征剿。郑锦遣兵助进忠。总兵祖泽清复以高州叛,孙延龄将马雄引三桂将董重民、李廷栋、王宏勋等陷雷、廉二郡。之孝退保惠州。十五年春,可喜病益剧,之信代治事。三桂招可喜藩下水师副将赵天元、总兵孙楷宗相继叛,之喜遂降三桂,遣兵守可喜藩府,戒毋白事,杀光以徇。罢之孝兵,使侍可喜,可喜以忧愤卒。三桂授之信招讨大将军、辅德公,旋进号辅德亲王,而以重民为两广总督,驻肇庆。谢厥扶者,故罝户,以缯船数百附马雄。天元之叛,厥扶实诱之。三桂亦授以将军,使与重民水陆相援应,屡檄之信出兵。之信赂以库金十万,乃不复相促迫。之信旋遣使诣喇布军,具疏请立功赎罪,上敕慰谕之。十六年,之信复疏请敕趣喇布军入广东。之信密嗾重民所部兵噪索饷,乘间擒重民,击败厥扶,走入海。乃遣副都统尚之琰迎师,疏言阃属归正,并请叙藩下总兵王国栋、长史李天植等襄赞功。时方多故,而可喜有大勋,上优容之,命之信袭平南亲王,国栋等复旧职。之信使入贡,上谕曰:“昔尔先人在时,屡献方物。比年事变,信使弗通。每念尔先人忠贞不二,为国忘家,朕甚愍焉!王克承先志,遣使远来,朕见物辄念尔先人。王其安辑粤东,以继尔先人未尽之志。贡献细务,劳人费事,令当暂止。”

是年秋,三桂遣其从孙世琮据广西,巡抚傅弘烈率师讨之,复梧州、浔州,规取桂林,之信令总兵尚从志以三千人从。上令之信自韶州进取宜章、柳州、永州,之信不赴。将军莽依图攻韶州,击败三桂将马宝、胡国柱等。上命之信移师梧州,又不赴。十七年春,上以莽依图深入广西,命之信策应。之信仍以高、廉三郡初定,疏请留镇省城。上乃命发兵应莽依图,之信遣国栋率兵赴宜章。及三桂死,之信乃请自进广信,命为奋武大将军,从师并进。十八年,天元出降,之信疏请诛之。师进次横州,自言病作,遽还。上命以所部从莽依图并进,之信令藩下总兵时应运率以往。及莽依图将攻桂林。留应运守南宁。三桂兵据武宣,之信又疏言海寇宜防,将召应运还。上复谕趣之,十九年春,之信乃自将攻武宣。

之信与之孝不相能,以之孝尝典兵,不欲其居广州,疏请遣还京师。之信残暴猜忌,醉辄怒,执佩刀击刺,又屡以鸣镝射人。楷宗叛复降,上贷其罪,之信杖杀之。护卫张永祥为之信赍疏诣京师,上召见授总兵。之信故阻抑,复屡辱以鞭棰。怒护卫张士选语忤,射之,残其足,诸护卫皆不平.国栋与副都统尚之璋、总兵宁天祚密谋图之信.巡抚金俊疏言:"之信凶残暴虐,犹存异志.臣察其左右俱义愤不平,因密约都统王国栋等共酌机宜,之信旦夕就擒.乞敕议行诛,以为人臣怀二心者戒."国栋亦上疏自述与俊、之璋、天祚合谋图之信,又代之信母舒氏、胡氏疏言:"之信怙恶不悛,有不臣之心.恐祸延宗祀,乞上行诛."上谕趣之信出师.之信既赴武宣,承祥,士选诣京师告变.上遣侍郎宜昌阿以巡视海疆至潮州,谕将军赉塔移师令总督金光祖、提督哲尔肯、副都统金榜选、总兵班际盛传诏逮之信.之信与光祖、榜选、际盛等攻克武宣,之信入城.光祖等屯城外.得国栋檄,合兵围城,传诏逮之信.就逮,还广州,上疏自辨.上令削爵,逮诣京师.藩下兵驻广西,讹言师至云南,即分置城守,众情恟惧.上命宜昌阿、赉塔宣敕慰谕.七月,宜昌阿将以之信赴京师.天植怒国栋发难,白之信母.与之信弟之节、之璜、之瑛、召国栋议事,伏兵杀之.赉塔率兵捕治,天植自服造谋,之信不与闻.护卫田世雄言之信实使天植杀国栋.狱上,上命赐之信死,之节、之璜、之瑛、天植皆斩.舒氏、胡氏贷其罪,并母籍没.世雄以不先发,坐杖流.上复谕宜昌阿曰:"之信虽有罪,其妻子不可凌辱,当护还京师."又令察罢之信诸虐政.所部十五佐领改隶汉军,驻防广州.

之信初叛,提督严自明附之.自明,明参将,降,从总督孟乔芳征抚陕、甘,又击张献忠,破桂王,有功,授三等阿哈尼哈番.之信遣攻南康,败走南安,先之信降,授銮仪使.病死.

孙延龄,汉军正红旗人.父龙.从孔有德来归,授二等阿思哈尼哈番,从有德广西.有德以女四贞字延龄.及有德死事,龙亦战死,加拖沙喇哈番,以延龄袭.四贞尚幼,还京师,孝庄皇后育之宫中,赐白金万,岁俸视郡主.长,命仍适延龄.

有德所部诸将,线国安功最高.国安与有德同起事,偕来降.从入关,西破李自成,南破桂王,累擢广西提督,驻南宁.李定国陷桂林,尽杀其孥.国安与总兵马雄、全节力战复桂林,走定国.累加太子太保、征蛮将军，封三等伯，统有德旧部驻桂林。康熙五年，以老乞休。上以延龄有德壻，四贞生长军中，习骑射，通武事，乃授延龄镇守广西将军，代国安统有德旧部。予四贞郡主仪仗，偕赴镇。延龄渐骄纵，十一年，御史孟一士劾延龄擅除武职。兵部既驳奏，延龄复疏请，恣肆不臣，上命申禁。十二年，所部都统王永年，副都统孟一茂，参领胡同春、李一第等列延龄纵兵殃民状，牒总督金光祖，光祖以闻。上遣侍郎勒德洪按治，得实，请逮延龄治罪。特命宽之。三桂反，上授延龄抚蛮将军，起国安都统。时节已前卒，雄代国安为提督，命与巡抚马雄镇合谋剿御。

十三年二月，龄举兵反，杀永年、一茂、同春、一第，幽雄镇及其眷属，诏夺官爵，声讨。延龄乃上疏言光祖、雄诱永年等谋害，上审其诬，谕尚可喜兴光祖筹策进攻。延龄自称安远大将军，移牒平乐、梧州诸郡。雄与总兵江义亦以柳州叛应三桂。国安病死。延龄招致万羊山土寇，与所部合设五镇，镇兵二千。俄又自称安远王。庆阳知府传弘烈当三桂未反，疏发诸不轨事，谪戍苍梧，延龄既叛，授以将军。弘烈说延龄迎师，四贞尤力劝之。十六年，延龄遣弘烈迎师江西。三桂诇知之，使从孙世琮率兵逼桂林，执杀延龄，四贞督兵御战。世琮乃留其将李廷栋戍桂林，出掠平乐、浔州、横州、南宁。弘烈还至平乐，延龄将刘彦明、徐洪镇、徐上远等擒斩廷栋，与国安子成仁并出降。四贞还京师。雄亦从定国南征有功，授二等阿思哈尼哈番。既与义叛，义偕严自明攻南康，败走。雄旋病死雒容。子承荫出降，进伯爵。授左江总兵。十九年二月，复叛，给弘烈登舟，袭破其营，杀之。六月，复降，逮诣京帅，论死。义夺官，放还原籍。

论曰：圣祖初亲政，举大事书殿柱，即首"三藩"。可喜乞归老，曷尝言撤藩？撤藩自廷议，实上指也。三桂反，精忠等响应，东南六七行省皆陷寇。上先发兵守荆州，阻寇毋使遽北。分遣禁旅屯太原、兖州、江宁、南昌，首尾相顾，次第渐进，千里赴斗而师不劳。三桂白首举事，意上方少，诸王诸将帅佐开国者皆物故，变起且恇扰。及闻上从容指挥,军报迅速,阃外用命,始叹非所料。制胜于庙堂,岂不然欤?上不欲归咎建议撤藩诸臣,三桂等奉诏罢镇,亦必曲意保全之。惜乎三桂等未能喻也!

清史稿卷四七五
列传第二六二

洪秀全

洪秀全，广东花县人，少饮博无赖，以演卜游粤、湘间。有朱九畴者，倡上帝会，亦名三点会，秀全及同邑冯云山师事之。九畴死，众以秀全为教主。官捕之急，乃往香港入耶苏教，藉抗官，旋偕云山传教至广西，居桂平。时秀全妹婿萧朝贵及杨秀清、韦昌辉皆家桂平，与相结纳。贵县石达开亦来入教。秀全尝患病，诡云病死七日而苏，能知未来事。谓："上帝召我，有大劫，惟拜上帝可免。"凡会中人男称兄弟，女称姊妹，欲人皆平等，拖名西洋教。自言通天语，谓天父名耶和华，耶苏其长子，己为次子。嗣是辄卧一室，禁人窥伺，不进饮食，历数日而后出。出则谓与上帝议事，众皆骇服。复造《宝诰》、《真言》诸伪书，密为传布，潜蓄发，藏山菁间，嗾人分赴武宣、象州、藤县、陆川、博白各邑，诱众入会。

初，粤西岁饥多盗，湖南雷再浩、新宁李沅发复窜入为乱。粤盗张家福等各率党数千，四出俘劫。秀全乘之，与杨秀清创立保良攻匪会，练兵筹饷，归附者益众。桂平知县诱而执之，搜获入教名册十七本。巡抚郑祖琛不能决，遂释之。秀全既出狱，秀清率众迎归，招集亡命，贵县秦日纲、林凤祥，揭扬海盗罗大纲，衡山洪大全皆来附，有众万人。冯云山读书多智计，为部署队伍、攻守方略。以岁值丁未，应"红羊"之谶，遂乘势倡乱于金田。褫郑祖琛职，起前云贵总督林则徐为钦差大臣往督师。则徐薨于途，以两广总督李星沅代

之,赴广西剿寇,寇窜平南恩旺墟,副将李殿元击却之,复回扑,巡
检张镛不屈死。仍遁金田,星沅檄清江协副将伊克坦布往攻,被围
阵亡。星沅檄镇远总兵周凤岐往援,战一昼夜,毙寇数百。围始解。
上以寇势日炽,命前漕运总督周天爵署广西巡抚,乃请提督向荣专
剿金田。

　　咸丰元年,秀全僭号伪天王,纵火焚其墟,尽驱众分扰桂平、
贵、武宣、平南等县。入象州。上命广州副都统乌兰泰会讨,以大学
士赛尚阿为钦差大臣,率都统巴清德、副都统达洪阿驰防。乌兰泰
至象州,三战皆捷,疏言:"粤西寇众皆乌合,惟东乡僭号设官、易服
蓄发有大志,凶悍过群盗,实腹心大患。"周天爵主滚营进逼,驱诸
罗渌洞尽歼之,向荣不谓然。檄贵州镇总兵秦定三移营大林,堵北
窜象州道,定三亦不奉命。四月,秀全自大林逸出走象州,犯桂平新
墟。赛尚阿增调川兵,募乡勇,合三万人,分兵要隘。一日战七胜,
斩捕二千,寇仍遁新墟。七月,窜紫金山,山前以新墟为门户,后以
双髻山、猪仔峡为要隘,巴清德与档川、楚乡勇出其后,上下夺双髻
山,寇大溃,屯风门坳。向荣率诸军三路攻之。阵毙韦昌辉弟韦亚
孙、韦十一等,始遁走。我军追之,会大雨,军仗尽失。

　　闰八月,寇分二路东走藤,北犯永安,陷之,遂僭号太平天国。
秀全自为天王,妻赖氏,为后,建元天德。以秀清为东王,军事皆取
决,萧朝贵西王,冯云山南王,韦昌辉北王,石达开翼王,洪大全天
德王。秦日纲、罗亚旺、范连德、胡以晃等四十八人任丞相、军师伪
职。时官军势胜,寇知不可敌,有散志。秀清独建策封王以羁縻之,
势烬而复炽。九月,大军移阳。朔,会攻永安,贼分屯莫家村。乌兰
泰建中军旗于秀才岭,上植一红盖,下埋地雷,诱敌燔杀四千,大军
乘之,遂克莫家村。

　　二年正月,大兵围永安,毁东、西炮台。二月,石达天分兵为四,
败我军于寿春营,进破古束冲、小路关。伪丞相秦日纲由水窦屯仙
回岭。乌兰泰分兵夹击,毙寇数千,擒伪天德王洪大全,槛送京帅,
磔之市。时大雨如注,乌兰泰提精卒入山,山路泞滑,寇乘我军阵未

定，短兵冲突，遂大败。秀全从杨秀清谋，由瑶山、马岭间道径扑桂林。乌兰泰率败卒追之城南将军桥，受重创，卒于军。三月，贼径趋广西省城，向荣先一时绕道至省，寇踵至，已有备，相持不能拔，解围而北。

冯云山、罗大纲先驱陷兴安、全州，将顺流趋长沙。浙江知县江忠源御之蓑衣渡，冯云山中炮死，寇退走道州。道州俗悍，多会匪，所至争为效死，势复张。六月，陷江华、宁远、嘉禾。七月，陷桂阳州，江忠源蹑至，一战走之，趋彬州，萧朝贵以胆智自豪，谓群寇迟懦，又诇长沙守兵单，可袭而取也，乃率李开芳、林凤祥由永兴、茶陵、醴陵趋长沙，设幕城南。八月，萧朝贵攻南门，官兵击之，殪，尸埋老龙潭，后起出枭其首。秀全闻朝贵死，自郴州至，督攻益急，九月，掘隧道攻城，屡不获逞。十月，秀全于南门外得伪玉玺，称为天赐，胁众呼万岁。遂夜渡湘水，由回龙塘窜宁乡，抵益阳，掳民船数千，出临资口，渡洞庭，陷岳州。城中旧储吴三桂军械，至是尽以资寇。寇入长江，旬日间夺五千艘，妇孺货财尽驱之满载。秀全驾龙舟，树黄旗，列巨炮，夜则张三十六灯，他船称是，数十里火光不绝如昼，遂东下，十一月，陷汉阳。十二月，攻武昌，时杨秀清司军令，李开芳、林凤祥、罗大纲掌兵事。值武汉二江届冬水涸，乃掳船作浮桥，环以铁索，直达省城，分门攻之。向荣驰至，约城内夹攻。巡抚常大淳虑城启有失，不许。地雷发，城遂陷。秀全出令，民人蓄发束冠巾，建高台小别山下，演说吊民伐罪之意。

三月，上以赛尚阿久无功，授两广总督徐广缙为钦差大臣，时石达开攻武昌，广缙逗留岳州不敢进，上责其罪，更以向荣为钦差大臣，日夜攻之急，寇弃武昌驾船东下，众号五十万，资粮、军械、子女财帛尽置舟中，分两岸步骑夹行，进向九江，下黄州、武昌、蕲水等十四州县，抵广济县，下武穴镇，两广总督陆建瀛率兵二万余、船千五百艘上溯，遇寇不战而走，前军尽覆，建瀛狼狈还金陵。寇薄九江而下，收官军委弃炮仗，破安庆、巡抚蒋文庆死之。寇夺银米无算，水陆并进，抵金陵，沿城筑垒二十四，具战船，起新州大胜关迤逦至七洲里止,昼夜环攻,掘地道坏城,守兵溃乱。建瀛易服走,为寇所戕。将军祥厚偕副都统霍隆武等守满城,二日城陷,皆死之。城中男女死者四万余,阉童子三千余人,泄守城之忿。

秀全既破金陵,遂建伪都,拥精兵六十余万。群上颂称明后嗣,首谒明太祖陵,举行祀典。其祝词曰:"不肖子孙洪秀全得光复我大明先帝南部疆土,登极南京,一遵洪武元年祖制。"军士夹道呼汉天子者三,颁登极制诰。大封将卒,王分四等,侯为五等,设天、地、春、夏、秋、冬六官丞相为六等,殿前三十检点为七等,殿前七十二指挥为八等,炎、水、木、金、土正副一百将军为九等,炎、水、木、金、土九十五总制为十等,炎、水、木、金、土、正副一百监军为十一等,前、后、左、右、中九十五军师为十二等,前、后、左、右、中四百四十五师帅为十二等,前、后、左、右、中二千三百七十五旅帅为十四等,前、后、左、右、中一万一千八百七十五卒长为十五等,前、后、左、右中四万七千五百两司马为十六等。又自检点以下至两司马,皆有职同名目。其制大抵分朝内、军中、守土三途:朝内官如掌朝门左右史之类,名目繁多,日新月异。军中官为总制、监军、军帅、师帅、旅帅、卒长、两司马,凡攻城略地,尝以国宗或丞相领军,而练士卒,分队伍,屯营结垒,接阵进师,皆责成军帅,由监军总制上达于领兵大帅以取决焉,其大小相制,臂使指应,统系分明,甚得驭众之道。守土官为郡总制、州县监军、乡军帅、乡师帅、乡旅帅、乡卒长、乡两司马,凡地方狱讼钱粮,由军帅、监军区画,而取成于总制,民事之重,皆得决之。

自都金陵,分兵攻克府、厅、州、县,遂即其地分军,立军帅以下各官,而统于监军。镇以总制,监军、总制受命于伪朝。自军师至两司马为乡官,乡官者以其乡人为之也。军帅兼理军民之政,师帅、旅帅、卒长、两司马以次相承,皆如军制。此外又有女官,曰女军师、女丞相、女检点、女指挥、女将军、女总制、女监军、女军帅、女卒长、女管长,即两司马也,共女官六千五百八十四人。女军四十,女兵十万人,而职同官名目亦同。总计男女官三十余万,而临时增设及恩赏各伪职尚不在此数也。

其军制，每一军领一万二千五百人，以军帅统之，总制、监军监之。其下则各辖五师帅，各分领二千五百人。每师帅辖五旅帅，各分领五百人。每旅帅辖五卒长，各分领百人。每卒长辖四两司马，每两司马领伍长五人，伍卒二十人，共二十五人。

其阵法有四：曰牵阵法。凡由此至彼，必下令作牵阵行走法。每两司马执一旗，后随二十五人。百人则间卒长一旗，五百人则间旅帅一旗，二千五百人则间师帅一旗。一万二千五百人则间军帅一旗，军帅、监军、总制乘舆马随行。一军尽，一军续进。宽路则令双行，狭路单行，鱼贯以进。凡行军乱其行列者斩。其牵线行走时，一遇敌军，首尾蟠屈钩连，顷刻岔集。败则闻敲金方退，仍牵线以行，不得斜奔旁逸。曰螃蟹阵。乃三队平列阵也。中一队人数少，两翼人数多。其法视敌军分几队，即变阵以应之。如敌军仅左右队，即以中队分益左右，亦为两队。如敌军前后各一队，则分左右翼之前锋为一队，以后半与中一队合而平列，为前队接应，如敌军左右何队兵多，则变偏左右翼以与之敌。如敌军分四五队，亦分为四五队次第迎拒。其大阵包小阵法，或先以小队尝敌，后出大阵包之。或诈败诱敌道，伏兵四起以包敌军，穷极变化。至于损左益右，移后置前，临时指挥，操之司令，兵士悉视大旗所往而奔赴之，无敢或后。曰百鸟阵。此阵用之平原旷野，以二十五人为一小队，分百数十队，散布如星，使敌军惊疑，不知其数之多寡。敌军气馁，即合而攻之。曰伏地阵。敌兵追北至山穷水阻之地，忽一旗偃，千旗齐偃，瞬息千里，皆伏地不见，敌军见前寂无一卒，诧异徊徘。贼伏半时，忽一旗立，千旗齐立，急趋扑敌，往往转败为胜。

其营垒或夹江、夹河、浮筏、阻山、据村市，及包敌营，为营动合古法。每数营必立一望楼了敌。守城无布帐，每五垛架木为板屋。木墙、土墙亦环庋板屋。地当敌冲，则浚重濠，筑重墙，濠务宽深，密插竹签。重墙用双层板片，约以横木，虚其中如复壁，中填沙石砖土。筑二重墙筑物无定，或密排树株，或积盐包、糖包、及水浸棉花包,异常坚固。其攻城专恃地道,谓之鳖翻。土营而外,又有木营、金营,组织诸匠,各营以指挥统之。其总制至两司马皆如土营之制。立水营九军,每军以军帅统之。但未经训练,不能作战,专以船多威敌而已。

其旗帜亦有差等,伪东王黄绸旗,红字绿缘,方一丈。以下皆黄绸旗、红字,而以缘别,如伪西王白缘,伪南王紫缘,伪北王黑缘,伪翼王蓝缘,其尺丈长阔则以五寸递减。豫王、燕王皆黄绸尖旗、红字、水红缘,国宗黄绸尖旗、红字。其缘视何王国宗,即从何色,皆长阔八尺。侯,黄绸尖旗,长阔七尺八寸。丞相,黄绸尖旗,长阔七尺五寸。检点,黄绸尖旗,长阔七尺。以上皆红字、水红缘。指挥,黄绸尖旗,黑字、水红缘,长阔六尺五寸。将军至两司马,皆黄旗无缘,形尖,黑字,自长阔六尺以下递减至二尺五寸。每一军大小黄旗至六百五十六面之多。

军中号令,惟击鼓、敲金、吹螺、摇旗凡起行出队,俱播鼓、吹螺、摇旗以集众。打仗则击鼓呐喊,收队则鸣钲。有老军、新军、童子军。尤善用间谍,混入敌营。又能取远势,声东击西,就虚避实,其以进为退,以退为进,往往令人不测,堕其术中,此其行军之大略也,

其服色尚黄。伪天王金冠,雕镂龙凤,如圆规沙帽式,上绣满天星斗,下绣一统山河,中留空格,凿金为"天王"二字。东王、北王、翼王冠如古兜鍪式,冠额绣双龙单凤,中六金字职衔。国宗略同诸王式。自检点至两司马,皆兽头兜鍪式,帽上龙以节数分等差。如诸王九节,侯相七节、检点、指挥、将军五节,总制、监军、军帅三节是也。袍服则黄龙袍、红袍、黄红马褂。伪天王黄缎袍,绣九龙。自诸王以下至侯相,递减至四龙。检点素黄袍,指挥至两司马皆素红袍。自伪王至两司马,皆绣职衔于马褂前团内。仪卫舆马,诸王皆黄缎轿绣云龙,侯、相、检点、指挥皆红缎轿,将军、总制、监军绿轿,军帅、师帅、旅帅蓝轿,卒长两司马黑轿。

至金陵,始建宫室,毁总督署,复扩民居以广其址,役夫万余,

穷极奢丽。雕镂螭龙、鸟兽、花木，多以金为之。伪王皆建伪府，冯云山、萧朝贵早授首，其子亦袭封建府，其宗教制度，半效西洋。日登高殿，集众演说，与人民以自由权，解妇人拘束。定伪律六十二条，最为惨酷。然行军严抢夺之令，官军在三十里外，始准掳劫。若官军在前，有取民间尺布、百钱者，杀无赦。于安庆大星桥设榷关，拨炮船十艘，环以铁索，木筏横截江滨，以防偷漏。九江、芜湖，及沿江州县岔河、小港地当冲要者，一律设立伪卡，征收杂税。此其建国大略也。

既都金陵，欲图河北。罗大纲曰："欲图北必先定河南。大驾驻河南，军乃渡河，至皖、豫一出。否则先定南九省，无内顾忧，然后三路出师：一出湘、楚。一出汉中，疾趋咸阳。以徐、扬席卷山左，再出山右，会猎燕都。若悬军深入，犯险无后援，必败之道也，且既都金陵，宜多备战舰，精练水师，然后可战可守。若待粤之拖罟咸集长江，则运道梗矣。今宜先备木筏，堵截江面，以待战舰之成，犹可及也。"秀清方专政，不纳。乃遣伪丞相林凤祥、李开芳、罗大纲、曾立昌率众东下，秀全诏之曰："师行间道，疾趋燕都，无贪攻城夺地縻时日。"大纲语人曰："天下未定，乃欲安居此都，其能久乎？吾属无类矣！"二月，林凤祥等陷镇州、扬州，令吴如孝等留守，分据浦口、瓜州诸隘。向荣既复武昌，蹑寇而东，抵金陵，军孝陵卫，是谓江南大营。都统琦善亦以钦差大臣率直隶、陕西、黑龙江马步诸军军扬州城外，是谓江北大营。三月，向荣破通济门寇垒，袭占七桥瓮，夺获钟山围，歼寇无算，遂移大营逼城而军。四月，漕运总督杨殿邦进攻扬州，毁城外木城木垒，东路寇悉避入城。琦善、胜保先后督攻，五战皆捷。凤祥留立昌踞扬城，驱妇女及所劫货财运回金陵。率三十六军北窜，分扰滁州，踞临淮关，陷凤阳府。其酋朱锡琨、黄益芸等别率悍党犯浦口，攻六合，知县温绍原率乡团拒之，夜火其营，寇遁回金陵。五月，大兵围扬州，杀敌逾万。胜保自扬州蹑其后。力攻凤阳。寇遁河南。

杨秀清遣伪丞相古文元由浦口窜亳州，偕林凤祥陷永城，犯开封。省官兵击破之，又败之汜水。寇奔黄河渡口，溺死无算。杨秀清遣伪豫王胡以晃陷安庆，又遣伪丞相赖汉英、石祥祯攻九江、湖口，进围南昌。湖北按察使江忠源驰援江西，入城固守。凤祥等自汜水败退，犯郑州、荥阳。六月，围怀庆，以地道攻城，不克。镇江寇出城扑我军。战北固山下，伏寇纵火，七营皆被焚。邓绍良退守丹阳，都司刘廷锴等督潮勇驰援。寇退入城，复扰丹徒镇，刘廷锴复击退之。向荣檄总兵和春与刘廷锴扎徒阳运河之新丰镇，寇始不敢南窜，常州获安。寇之转围怀庆也，立木栅为城，深沟高垒，我兵相持几至六旬，讷尔经额亲督诸将分五路攻垒，毁其木栅，毙敌酋古文元。凤祥受重创，解围而遁，河北肃清。

八月，凤祥窜山西，陷平阳，直抵洪洞。窜直隶，踞临洺关，扰至深州。赖汉英等解南昌围，入湖北，踞田家镇之半壁山。九月，踞入楚要隘，水陆并进，陷黄州。其窜深州者，旁扰栾城。十月，窜天津，踞静海，屯独流、杨柳青诸镇。汉阳之寇，分股北窜：一陷孝感、黄陂诸县，一由应城犯德安府，为防兵所遏，合众退黄州。秦日纲等陷安徽桐城、舒城，侍郎吕贤基死之。舒城既失，贼遂径扑庐州，陷之。庐州者，安徽文武大吏之所侨寓以为省治者也。十一月，秀全以扬州、镇江围攻急，遣赖汉英等领江西众，纠合仪徵党援扬州。又令安徽宁国湾沚进薄高淳湖，窥伺东坝，图解镇江之围，我军均击退之。寇复由三汊河进扑，死战不退。扬州寇曾立昌突出，与赖汉英同窜瓜洲。

上以寇扰长江，非立水师不能制其死命，乃命在籍侍郎曾国藩练乡勇、创水师讨寇。初，寇围南昌，城外寇垒仅文孝庙数座，官军屡攻不能克。郭嵩焘偶获谍讯之，则寇皆舟居，其垒则环三面筑墙而虚其后。专蔽舟楫而已。嵩焘因与江忠源议曰：“东南州县多阻水，江湖遇风，一日可数百里。官军率由陆路蹑寇，其势常不及。长江数千里之险独为敌有。且寇上犯以舟楫，而官军以营垒御之，求与一战而不可得，宜寇势之日昌也。”忠源即具疏请饬湖南北、四川仿广东拖罟船式，备造战舰数千，饬广东制备炮位以供战舰之用，并交曾国藩督带部署,奉旨允行。国藩遂治战船于衡湘,至是始成。共募水勇四千,分为十营。募陆勇五千,亦分十营以塔齐布为军锋。国藩亲统大军发衡州,水陆夹江而下。初,镇江、扬州、仪徵、瓜州四处寇互相应援,不得破。十二月,琦善以扬州寇退,瓜州势孤,督军攻复仪徵,乘胜追抵瓜州。杨秀清遣胡以晃率党十余万攻庐州,巡抚江忠源昼夜抵御,以众寡不敌,城陷,死之。四年正月,黄州寇张灯高会,总督吴文熔出其不意袭之,会大雪罢战。越数日,秀清分兵设伏山岗,命其党率城军扑营,文熔拒战,伏起火发,十三营皆溃,文熔死之。贼乘胜遂陷汉阳。二月,扬州军进剿瓜州,总兵瞿腾龙阵亡。寇遣伪将孙寅山陷太平府,踞为巢。自瓜州结垒属于江,以达金陵,往来不绝,秀清复遣石祥祯会汉、黄寇党溯江直上,陷岳州,溯流至铜官渚,逼近长沙。曾国藩邀之靖港,而寇已由间道袭湘潭,副将塔齐布率兵千三百同水师血战五昼夜,毙寇数万。论者谓微此战,寇溯湘源以达粤,直下金陵,首尾一江相贯注,大局不可支矣。是月,参赞大臣僧格林沁攻克独流寇巢,静海寇复窜踞阜城。僧格林沁攻毁堆村、连村、林家场三处寇垒,擒杀伪指挥、监军以下一百余人,悉遁入城。秀全念河北不能支,遣皖党由丰豆工偷渡黄河,窜山东金乡,进扑临清州,冀抒阜城之困。三月,寇以地雷陷城,寻为我军攻复,窜冠县、郡城,复据曹县,筑木城拒守。四月,胜保破其巢,追至漫口支河,逼溺水,伪丞相曾立昌、许宗杨皆溺死。伪副丞相陈世保已先于冠县烧毙,悉数歼除。踞阜城者即于是日全股南窜入连镇。僧格林沁及胜保会军合剿破之,诛林凤祥。复破之高唐州冯官屯,生擒李开芳,磔之京市。河北肃清,是后不复北犯,我军遂无后顾忧。

初,长江为寇往来道,荆州当四路之冲,至省道梗,特召荆州将军官文统军讨寇。时沔阳、安陆、荆门、监利、京山、天门均陷,进窥荆州。云南普洱营游击王国才奉调至,一战败之,重镇始安。并克复监利、宜昌,寇遁洞庭湖,合股犯常德府。先是李侍贤常与陈玉成、李秀成谋解金陵围,犯江西、福建。伪启王梁成先犯陕西,后与捻合，欲犯湖南、河南，而陈玉成志在武昌、汉阳，乃领一队入梁子湖达武昌，渡江分犯，以全力图武昌，六月，陷之。并踞汉阳。巡抚青麟自缢不死，弃城走，寻正法。秀全以秦日纲留守武昌，授玉成伪殿右十八指挥。还陷田家镇，破广济、黄梅，连陷九江，升伪殿右三十检点。

　　杨秀清虽在军，而金陵之事一决于己，驿骑络绎，多稽时日，向荣军孝陵卫，称江南劲旅，秀清忧之，既克武昌，遂驰还金陵，命石达开代守武汉。官文自荆州下剿，克沔阳。初，寇欲先取长沙，踞上游为破竹之势，而韦志俊略湘潭不得志，退踞岳州，筑垒毁桥，意图久抗。我军水师设伏诱败之，七月，复岳州。寇由城陵矶来犯，我军分五路迎击，毙伪丞相汪得胜等二人，获船七十六，歼贼千余人。塔齐布阵斩悍酋伪丞相曾天养。闰七月，寇奔城陵矶，塔齐布策马率湘勇直入，毁营十三，毙二千人。陆军既胜，曾国藩饬李孟群率水师追剿，荆河东、西两岸寇垒悉夷。自此由荆入川，收岳州入湘，门户始固。初，武昌失陷，上以杨霈代总督，台勇克京山、安陆，复天门，生擒孔昭文等正法。余皆下窜，踞沔阳州仙桃镇。是月破其巢，并收复下游孝感、黄州、麻城诸县。寇悉窜黄州。

　　时金陵寇分股啸聚于太平府，与镇江遥为应援。向荣分兵四队击之，毙其伪国宗韦得玲、伪检点陈赟见、伪将军李长有、伪总制吴春和，遂复府城。杨秀清自率战，围军不利，三路皆溃。退入城。谓韦昌辉等曰："江南大营不走，吾辈无安枕日矣！现其势方锐，不可敌也。当乘其罢徐图之。"金陵寇以乏粮，驱妇女之老而无色者出城，听其自散。尽取年十五以上、五十以下之妇女，指配给众，不从则杀之，守志者多自尽，死者万计。八月，总督杨霈收复黄州府属蕲水、广济、罗田诸县。曾国藩自克岳州后，议乘胜东下，先与塔齐布会攻崇阳，克之，生擒伪丞相金之亨等十一人。惟廖二逃窜，复句结余党，重失县城。国藩亲督水陆诸军攻武昌、汉阳。寇守城之法，不守陴而守险，洪山、花园两路皆精锐所在。大军自螺山下剿，杨载福等率水师。罗泽南率陆师，三路同进，连克寇垒，焚毁敌船数千。李孟群、塔齐布进薄武昌，寇宵遁。杨昌泗亦攻汉阳，克之。黄州府城、武昌县均收复。九月，提督和春败寇庐江，擒伪监军任大纲等十七名。下游知官军分路进剿，乃由田家镇纠党六千余，一由兴国分抄大冶以拒武昌军，一踞兴国以拒金牛军。罗泽南驰至兴国，败之，克州城。塔齐布赴大冶，击毙千余。彭玉麟、杨载福抵蕲州，烧寇船九十余艘。十月，楚军攻半壁山，寇置横江铁锁四道，拦以木牌，偏列枪炮，杨载福等率水师至田家镇，会陆师进攻，乘风纵火。破其垒，燔舟一万有奇。陈玉成弃蕲州审陷广济，秦合秦日纲、罗大纲等分扼要隘。塔齐布渡江追之，收复广济。寇退踞黄梅，黄梅为湖北、江西、安徽三省总汇之区。寇死拒，以万余守小池口抗水师，以数万拒大河埠，以万余扎北城外，又以数千游弋联络之。塔齐布与罗泽南登山下击兜杀，阵玉成缒城而逸，遂克黄梅。玉成自请罪，而秀成反加伪勋号曰成天裕。

　　时捻匪蜂起，粤寇与之联合，或令分扰，或令前驱，以牵制我军。秀成同庐州踞舒城，并扼桐城大、小二关，阻我南路之师。二关为安庆通衢，屡复屡失。京堂袁甲三檄参将刘玉豹、举人臧纡青等战夺两关，斩其目吴凤珠等十二名，进抵桐城。庐江寇纠安庆党来援，我军兜戮殆尽，而潜山援寇复至，臧纡青殁于阵。

　　十一月，国藩进军九江。玉成自黄梅败后，复纠安庆新到之众踞孔垅驿、小池口，与对岸九江相句连。李孟群七战七捷。塔齐布与罗泽南等由北岸进至濯港，进攻孔垅驿，破土城，纵火焚街市，寇无得脱者。小池口寇闻之，亦遁。乃调陆军攻九江，水师乘胜攻湖口，大纲趋救，大战梅家洲，毁小河排船、沙洲桥垒。十二月，萧捷三率水师驰入鄱阳湖内，追至大姑塘。石达开联船为卡断其后，捷三不能返，遂与外江水师隔绝。达开潜以小舟驰袭国藩坐船，国藩跳入罗泽南营以免。大军之攻九江也，败寇收合溃散，分三道东陷黄梅。值岁除，潜至广济，火杨需大营，需突围出，不敢入武昌，走保德安。

　　五年正月，江苏巡抚吉尔杭阿克上海县，县自三年秋陷于贼，至是始复,秀全令皖寇大举犯湖北,中道自小池口沿江陷黄、蕲。复分党从富池渡江西,陷兴国、通城、崇阳、咸宁、通山,且掠江西武宁。所至胁众以行,湖北巡抚陶恩培甫莅任数日,时总督在外,未及议守备。城中兵仅二千,征兵半途闻警皆溃去。湖北、江西方千里,旬日骚然矣。始寇之起。所行无留难。其踞省府,胁取民财米。行道掠人夫,不用则遣还,未尝增众,及屡败,乃结土寇屯城镇,颇收拔悍鸷者,而任用石达开、陈玉成等,极称得人之盛。自汉口进襄河,上犯汉川,扰沔阳,进犯武昌,踞汉阳府城。沿江筑垒,并于汉阳下南岸嘴高筑炮台,以阻下游之师。时江西寇入腹地陷饶州。国藩亲至南昌,修整内湖水师,与罗泽南陆军相依。二月,韦国宗等攻陷武昌。巡抚陶恩培等死之。寇溯汉江而上,以岳家口、仙桃镇为老巢。上以胡林翼巡抚湖北,国藩进吴城镇,屡书与议东南大势。以武昌据金陵上游,宜厚集兵力为恢复计。四月,陷德安府,杨霈退走襄阳,上褫其职,以官文为湖广总督。国藩屯南康,思整军出江谋进取,然寇已由都昌陷饶州,别由东流、建德窥乐平。屯景德镇,东犯祁门、休宁诸处。而湘军仅万余人,水陆分为四:李孟群等水师回援武昌,塔齐布留攻九江,罗泽南入江西攻饶州。国藩收萧捷三水师三营屯南康。罗泽南奔走往来,克广信府,收景德。寇之踞徽州者,与土匪相结,据险以抗我军。浙军出境击寇,复徽州,乘胜克休宁、黟县、婺源,生禽伪将军、两司马等八名。秀全命北固山、镇江、瓜州、金山四路,约期进犯扬州。托明阿伏兵九洑洲,迎击破之,断铁锁船练,焚船三百,诸路寇被创而遁。饶州之寇分据乐平、德兴、弋阳,江西军率水陆帅往剿。寇出五队来扑,不克而奔,郡城立复,秀全以金陵山三山为滨江要区,以精卒守之,水师不能上驶。托明阿督水师总兵吴全美沿江扫荡,焚船二百余艘,获拖罟、快蟹等船二十五艘、大小炮八十余尊,生擒伪先锋陈长顺等六十一名。吴全美乘势上山,踢平营卡。江西肃清,水师始棹行无阻。五月,秀全谋袭金口,断楚军粮道。林翼督军屡战,斩其伪丞相陈大为等,进屯纸坊,逼省城小东门。寇潜自他门出掠。林翼建议先攻汉阳,扼浈口、蔡店要隘，绝窜湘之路。开浚江堤，以水师腹背攻之，则汉阳可破，而鄂省咽喉已通，不难并力于武昌矣。初，寇由府河入湘，所过州邑悉残破无完土，复为官文伏军所狙击，分途溃退。六月，收复云梦、应城，二城者府河出入要道也，寇失之，大恐。我军进攻德安，断其出入，寇始不敢窥伺荆襄。七月，塔齐布卒于军。寇陷义宁，国藩遣罗泽南出奇兵复之。寇严守襄河蔡店，上通德安，下达汉镇，互为应援。十二月，彭玉麟克蔡店，水陆并进，毁襄河铁索浮桥，蹋平南岸敌巢，而下游塘角、汉阳、大别山营垒焚毁殆尽，德安之寇益蹙。林翼既克蔡店，而汉川为蔡店后路，寇据此游行衝突，德安亦资以通声气。林翼与官文会军克复汉川，武汉首尾始联络一气。

芜湖之陷几二载矣，江、皖往来道梗。寇以为上下关键，水则联舰，陆则砌台，我军屡攻不能拔。是月，向荣督军分道击之，县城始复，楚南军亦攻复湖口、都昌。八月，按察使李孟群守金口，崇宁寇句结武昌城党分道来扑，陆营失守，林翼亦败于奓山，退保大军山。寇势复炽，分扰汉阳，并绕道袭陷汉川。九月，官文、林翼檄调罗泽南援武汉，泽南上书请率所部以行，谓："得武昌乃可控制江、皖，屏蔽江西，而后内湖外江声息可通，攻九江始操胜券。国藩从之，乃部署援师五千人，自义宁趋通城，寇闻我军至桂口，分众来援，设木城重濠自固。泽南会军克之，进攻崇阳。桂口寇退入崇阳，密约通山来援。桂口与湖南、江西、湖北交界，形势奥衍，米粮充足。曩伪丞相钟酋义宁败后，踞此修土木城，跨山引涧，袤斜六里，欲踞一隅以掣三省之师，伺隙而动。泽南移得胜之兵先夺是隘，进克崇阳，焚寇垒，驰赴羊楼司扼敌上窜。

十月，克复庐州，庐州陷已三年矣，守之者为伪豫王胡以晃，与我军大小数百战，死伤万余，皆受创而去，是月始克之。其据德安者，众不过数千，恃武汉为下游奥主，襄、府二河群蚁聚。我军胜东挫西，疲于奔命。至是官文督兵力战，守城寇党陆长年、马超群潜赴大营投诚，约为内应。值大风雨，放火开门纳师，遂复其城。时寇之牵制我军者三路：自随、枣至襄阳为北路，武昌上下为南路，汉川中路。尾潜、沔，首德安为尤要，屡收屡陷。官文督军分四道齐集汉川，克之，遂率兵东下，与林翼合谋武汉。石达开自安庆率三万人，上援武昌。泽南会林翼夹攻，连克蒲圻、咸宁。至金口，会攻武昌，破城外敌垒，驻军洪山。寇之踞武昌者，城外大垒八、小垒二。林翼与战，泽南袭之，破大垒一、小垒二。李孟群亦薄攻汉南，与官文军相声援。水师往来南北烧敌船，都兴阿以马队护之。群帅辑和，寇益不得逞，汉阳城外自龟山沿河而下，敌船林立。上游入江之梁子湖，下游金牛镇，群寇赴援。水陆各军督团勇犁巢扫穴，武汉外患至此尽除。

秀全以瓜、镇屡挫败，图往援。十一月，出龙脖子等处。向荣饬张国梁败之仙鹤门、甘家巷，又战七霞街，毙伪丞相周少魁等四十名。追至石埠桥，馘二千余，逃入城不敢复出。秀全于对江九洑洲筑石垒，浚深濠，悉锐守之，为金陵屏蔽。寇窜江北，以此为出路。屡攻之未下也。六合知县温绍原克其垒，后复为寇据，同治二年始复之。瓜州、镇江一水相望，两城往来无阻，并时有合窜扬州图北犯意。扬州军与瓜州相持已二年余，托明阿以日战元效，谕士民筑长围于瓜州之北以扼之，至是围成。寇水路分扑，大败去，夺其排船，生擒伪参护郑金柱等十名。吉尔杭阿既克上海，移军镇江，是月营小九华山。又于黄鹤山、京畿岭筑城置炮台以逼之，并为地道轰城，寇死拒不得入。

十二月，无为寇纠合安庆、芜湖诸党东下，图解镇江之围。芜湖下至扬州，沿江汉河套港皆寇通薮。向荣檄水师溯江会攻，败之神塘河，又败裕溪口援寇于陶阳浦，生擒伪检点赵元发、伪将军王化兴等数十名。十二日，秀全遣李秀成等援镇江，我军御之石埠桥，寻由江州下窜下蜀街。先是杨秀清调上游芜湖，江北和、含及庐州众还江宁，统以李秀成及伪丞相陈玉成、伪春官丞相涂镇兴、伪夏官副丞相陈仕章、伪夏官正丞相周胜坤，取道栖霞、石埠，而豫遣城寇四出绊我军。向荣大营存兵不敷分布，檄芜湖邓绍良分军为张国梁、秦如虎应援，令吴全美以师船攻大胜关，以分敌势。明安泰严堵秣陵关，咨吉尔杭阿等守丹阳，以固苏、常要隘。初，泽南既去江西，石达开乘虚复入义宁，败江西官军，陷新昌、瑞州、临江、袁州、安福、分宜、万载。江西、湖北隔绝，军势不能复振。曾国藩飞调副将周凤山统九江全军往援，遇寇樟树镇，以钩连枪败其滕排手，并会水师毁敌船，新淦寇闻风窜走，遂复其城。

六年正月，石达开陷吉安，乃由湖北入通城。达开悍而多诈，肆扰江西，不急犯省城，不直指南康，先旁收郡县，偏置伪官，迫其土民，劫以助逆，因粮因兵，愈蔓愈广。其陷瑞州者为伪检点赖裕新，先陷袁州者为伪豫王胡以晃，先攻临江后攻吉安者为伪春官丞相张遂谋。广东土匪入江西者，以周培春党为众。又匪目葛耀明、邓象等均于瑞州入达开大股之中，匪目王义潮、刘梦熊分屯吉安、泰和，亦与达开合并为一。达开久居监江，为上下适中之地，凶悍之众，皆萃于此。南则窥伺赣州、南安以通粤匪，北则踞守武宁、新昌以通九江。达开进攻南昌，周凤山以九江全军守樟树镇。时达开众才数千余，乃张灯火山谷间为疑兵，率敢死士乘夜来袭，我军不战而溃。凤山走南昌。国藩亦移军省城。秀全益以皖、赣诸事付达开，寻陷进贤、东乡、安仁，破抚州。未几，建康、南昌相继失。泽南念国藩艰危，日夜忧愤，督战益急。秦日纲婴城待援，士卒多伤亡，阴穴城为突门。会达开率九江援党至，开城迎之。泽南要之突门，寇出直冲泽南军。泽南三退三进，军几溃，枪丸中左额，收军还，创发而殁，以李续宾领其众。

续宾初建议分屯窑弯绝寇粮，既代泽南，仍屯洪山，以游兵巡窑弯、塘角间。古隆阿率万人来援武昌，约城寇举燧为识，林翼谍知，佯举火，城寇出，陷伏大败。达开援众号十万，林翼分水陆力战，焚敌船七十，平八十垒。武昌寇大窘，城守益固。而江西请师日数至，义宁寇复犯崇通，九江寇合兴国、大冶土寇自武昌县进至葛店，谋袭巡抚大营。林翼以江西待援，分军四千一百人，以国藩弟国华统之，率刘腾鸿、刘连捷等道义宁，收咸宁、蒲圻、崇阳、通城、上高。湖南所遣援军将刘长佑收萍乡，萧启江收万载。国藩命李元度收东乡,周凤山等收进贤,刘子淳收丰城。五月,毕金科将千人防饶州,陷,旋收复。黄虎臣将三千五百人攻建昌,遇寇死。六月,彭玉麟收复南康。七月,刘腾鸿至瑞州,战寇,走之。

是时江西列县陷者四十余城,广东和平土寇犯定安、定远、信丰、长宁、上犹、崇义、雩都,省城不能救,军报数月不相闻。瑞州居江、湘之冲,有南北城,中隔一河。刘腾鸿援南城,韦昌辉自临江来援,至北城,遽挑战,腾鸿乘其弊攻之,从北岸渡河抄其后,南城兵角其前,寇大败。至是江湖路通,自长沙以至南昌无道梗忧。寇自陷吉、袁、瑞、临诸府,大修战船,议秋间围攻省城。瑞、临寇船出而下,湖口寇船入而上,困我水师,复于生米口筑立坚垒。七月,由松湖带战船三十余艘、陆寇千余,将抵瑞河口,我水师侦知,豫钉排桩。寇甫至,我军冲入,纵火焚之,复堵城寇于临江口,焚其船垒。生米口之寇闻之亦遁。八月,刘腾鸿等败临川伪指挥黄某,收复靖安、安义。宁都土寇袭陷建昌、铅山、贵溪,围广信。浙将饶廷选赴援,寇遁走。时江西寇势浩大,党类众多,欲以全力困江西。自去年十一月至本年二月,以石达开为主。三、四、五月,以黄玉昆为主。六、七月,以韦昌辉为主。九江则林启容,瑞州则赖裕新,湖口则黄文金,抚州则三检点,建昌则张三和,袁州则李能通。皆剧寇也。统计江西境内近十万人。

九月,国藩视师瑞州,李元度以抚州不克,饷益绌,乃分军略旁县募粮,且分寇势,遂收宜黄,复崇仁。是日城寇出攻江军,林原恩败死,元度突围免。抚州军俱溃,元度移屯贵溪。十月,复陷宜黄、崇仁,分陷金溪。福建援军将张从龙援建昌,军溃,特诏起黄冕知吉安府,率军往,以国藩弟国荃为军主。当是时,江西军分为四,湘军最强。国藩居水军中,刘长佑屯袁州,派队攻克分宜,援寇路绝。十一月,伪将李能通启西门纳官军,袁州复。国荃收安福。江西诸军稍振。

初,武昌久不下,林翼谓战易攻难,以分兵牵寇断其援路为要。是月,唐训方等败石达开于葛店。寇增召战舰复犯葛店,蒋益沣总六营往，逆战，克之。追奔至樊口，合水师燔其船，入武昌县城。石达开愤樊口之败，大集党万余，由广济、蕲水、黄冈至汉镇，密约伪丞相钟某坚守以待，官文获其伪谍，令都兴阿、多隆阿马步兜击，寇大溃。我军乘胜攻黄州，不能克。舒兴阿、舒保等将马队四百人渡江，寇于青山、鲁港间增十三垒相持。水陆合击破之，追奔至葛店。寇慑于骑军，乃大奔。自是水陆马步相辅，军势日盛，益募陆军五千、水军十营，增长围困之。武昌、汉阳同克复，击毙伪丞相钟某、伪指挥刘满，生禽伪将军、师帅、旅帅、两司马五百余名。武昌寇分七队突门出，生禽伪检点古文新等四人，毙先锋悍党八百余，死两万有奇。盖武汉自五年三月失守，至是已二十余月矣。寻复武昌县、黄州、兴国、大冶、蕲州，民兵复蕲水、广济、黄梅。陈师九江城下。十二月，国藩至九薄劳军，议统水师决取九江，以联络内外。乃派千总张金璧等复建昌。李续宾追寇东下，复瑞昌。进攻九江，派军复德安。刘长佑由袁州赴分宜，寇退踞新喻泾，遇之宝山，降将李能通匹马冲阵，寇退入城，我军随之入，寇出东门遁。湖南援军将刘拔元等收永宁、永新、莲花厅、崇义、上犹。

　　寇陷镇江至是四年矣，是年京口为张国梁所迫，秀清命四伪丞相李秀成、陈玉成、陈仕章、涂镇兴往援。秀成欲一人渡江，潜往京口，约兵夹击，无敢应者。玉成乃夜乘小舟潜越水寨。纵兵击国梁军，秀成登高见城中兵出，遣镇兴、仕章当敌，而自率奇兵绕国梁军后击之。乘胜击丹徒，和春败走，遂渡瓜州攻扬州，陷之。托明阿军溃退北路，诏德兴阿代领其军。伪顾王吴如孝守镇江，分兵踞高资。吉尔杭阿檄知府刘存厚扼之，金陵寇大恐。秀清遣悍党数万出句容来援，吉尔杭阿中炮死。存厚翼其尸不得出，亦战死。向荣急遣张国梁会救，克之。秀成以扬州孤悬江北，留守不便，遂弃去，窜回金陵。

　　当是时，向荣、张国梁负众望，称江南劲旅。然频年征战，馈饷乖时，士卒常忍饥赴敌，颇缺望，又分兵四出，所部兵力过单。杨秀清知可乘，请于秀全，全夹攻大营之策。五月，密约李如孝率镇江寇自东而西，附大军之背。金陵寇自西而东与相应，更命溧水、金柱关诸寇旁出横截。秀清自率劲旅出广济门，先遣赖汉英率紫荆山诸党攻七桥瓮以挑之。向荣、张国梁狃常胜，并力截杀，汉英忽少却，向荣益策大军赴敌。吴如孝以镇江党突薄之，大营空虚，守兵惊散。向荣见大营火起，退无所据，军立溃。寇数路乘之，大军死伤遍地。国梁独以翼荣出，稍收败卒退保丹阳。寇筑垒围之，向荣以病不能进，乃以军事付国梁，一恸而绝。向荣既死，寇举酒相庆，颂秀清功。秀全益深居不出，军事皆决于秀清，文报先白其府，刑赏黜陟皆由之，出诸伪王上。如韦昌辉、石达开虽同起草泽，比于裨将。大营既溃，南京无围师。秀清自以为功莫与京，阴谋自立。胁秀全过其宅，令其下呼万岁。秀全不能堪，因召韦昌辉密图之。昌辉自江西败归，秀清责其无功，不许入城。再请，始许之。先诣秀全，秀全诡责之，趣赴伪东王府请命，而阴授之计，昌辉戒备以往。既见秀清，语以人呼万岁事，昌辉伴喜拜贺，秀清留宴。酒半，昌辉出不意，拔佩刀刺之，洞胸而死。乃令于众曰：“东王谋反，吾阴受天王命，诛之。”因出伪诏，糜其尸咽群贼，令闭城搜伪东王党歼焉。东党恟惧，日与北党相斗杀，东党多死亡逃匿。秀全妻赖氏曰：“除恶不尽，必留后祸。”因说秀全诡罪昌辉酷杀，予杖，慰谢东党，召之来观，可聚歼焉。秀全用其策，而突以甲围杀观者。东党殆尽，前后死者近三万人。

　　时石达开在湖北洪山，黄玉崑在江西临江，闻乱趋归。达开颇诮让昌辉，昌辉怒，将并图之。达开缒城走宁国。昌辉悉杀其母妻子女。秀全责以太过，昌辉负诛秀清功大，不服，率其党攻伪天王府，秀全兵拒败之。昌辉遁，渡江为逻者所获，缚送金陵磔之，夷其族，传首宁国。甘言召达开回，既至，或谓达开兵众功高，请留之京师，解其兵柄，否则又一杨秀清也。秀全心动，乃命如秀清故事辅朝政。达开危惧不自安。其党张遂谋曰：“王得军心，何郁郁受人制？中原不易图，曷入川作玄德，成鼎足之业？”达开从之，乃远走安徽，约陈玉成、李秀成偕行，二人不从，益不能还金陵。于是始起事诸悍党略尽，乃以伪春官正丞相蒙得恩为正掌率，调度军事。伪成天豫陈玉成为右正掌率,伪合天侯李秀成为副掌率,兵事专属秀成、玉成,均听蒙得恩节制。而内政则秀全兄弟伪安王洪仁发、伪福王洪仁达操之。

时我军自克复庐州,寇党窜踞三河,分营金牛,一路壁垒相望,属抗我师。八月,和春督军乘夜逾濠火其药局,梯城而入,寇仓皇夺门出,追毙之巢湖,生擒伪指挥张大有、伪将军秦标盛等十一名,歼贼五千余。江南军克复高淳。九月,击败句容、溧水。二城近金陵为犄角,金陵闻其败气阻,大营始安。巢县者,寇之老巢也,其水陆连营无数,所掠粮饷悉输金陵。巡抚福济与编修李鸿章督军攻复之。庐州所属州邑以次肃清。

七年正月,湖南援军吴坤修克安义、靖安,与民团会攻奉新,寇弃城遁。武昌之陷也,曾国藩遣彭玉麟援鄂。及石达开蹦江西,连陷瑞、临、袁、吉、建、抚诸郡,又檄玉麟赴援。寻国藩以父丧归,上命彭玉麟协同载福调度军事。九江为江西重镇,皖、楚咽喉,寇力争天险,汇踞九江,而以对岸黄梅之小池口为外蔽,进以犯湖北,退以扰章、皖,游行掉臂,防不胜防。大军自达九江、宿松,诸酋聚众数十万,城于小池口,以遏官军,图上窜。是月,寇分三路入犯,距黄梅县城数十里,知县单瀚元请空城诱入,都兴阿从其计,伏军四起歼之。寇弃城走,截斩其伪捣天侯陈某,伪天王婿钟某、曾某三名。小池口寇闻之丧胆,乃筑坚城为固守计。复于段窑、枫树坳、独山镇诸处依山砌石,为垒数十,引水浚濠,阻我军东下。都兴阿遣鲍超、多隆阿、王国才等分攻,悉平其垒。四月,玉成犯湖北,众号十万。李续宾壁小池,鲍超移屯黄梅,遏其冲,分途迎击,大破之,军威始振。五月,李续宾攻九江,掘长壕困寇,设伏败之马宿岭、茶岭诸处。越旬余,安庆寇来援,合城寇三万,蜿蜒数里。我军水陆会剿,连战皆捷。闰五月,玉成复犯湖北,大小二十五战,亡七千有余。时蕲、黄一路寇猖甚,蕲州诸军并挫,赖舒保力战,水师左光培扼巴河,得免上窜。官文令唐训方增军守要,约都兴阿力扼黄梅,严防后路,以是黄州上下烽火不绝,而武汉帖然无恙。六月,续宾浚长濠合水师力攻九江、宿松、太湖群寇纠合皖省饥民十余万乘虚图武汉,且解九江之围。寇据黄梅、广济、蕲州、蕲水,分四路进,大小五十余战,死万余而势不稍衰。

初,小池口之捷也,浔阳、湖口立望廓清。及皖寇上援九江,陆军梗阻,而上游水师又难骤撤,楚军马队不及万,寇所窜伏,崎岖泥淖,马队几无可施。惟将士一心,屹然不为所撼。杨载福、李续宾督水陆上援,多隆阿、鲍超攻贼童司牌,败之十里铺。寇造浮桥河中,东通北湖,西达武穴。续宾渡江平南岸寇屯,水师复焚寇艇,毁浮桥,寇不得逞。七月,黄梅寇以弱兵守垒,而以强悍骁勇者遍伏村落。多隆阿侦知,约鲍超直冲村落,毙五千余。而其在蕲、黄者,仍不下数万。官文督军五路进攻,杜其上窜,禽渠扫穴,蕲、黄路通。寻又大破皖寇于黄冈、蕲水界,克复瑞州,我军直抵小池口。小池口与浔城隔江对峙,为江、皖入楚冲途。寇垒石为城,深沟高垒,胡林翼以寇焰正衰,约诸军先拔小池口,亲督唐训方、李续宜等由蕲水达黄梅坡下,建碉以塞宿松上窜之路。侦知城内爨具已毁于炮,炊烟断熄,乃令水陆环攻,射火入城。我军乘乱而登,寇尽殄灭。全楚始一律肃清。

江西军随复东乡。东乡隶抚州,寇踞之以为抚州保障,复陷万年诸县。八月,将军福兴冒雨进攻,纵火平塘,绝寇窜路。平塘者,附城往抚州之冲也。寇果弃城而遁。初,寇踞石钟山,守湖口两岸,致水师隔绝。九月,克湖口,连破梅家洲,燔石钟山寇巢,殪万余。内湖外江至今三载始合。载福以取九江当先援彭泽,彭泽南有小孤山,寇筑城其上以守彭泽,为九江声援。载福会军攻克县城,尽扫小孤山寇巢。下游巨险悉。夷大军回向九江。十二月,长佑会攻临江府,拔之。寇窜湖北兴国州,复为续宾所歼。余众仅二百,皆凫水而逃。

寇之自楚北败窜回皖也。纠合河南捻匪,扑庐州及巢县、柘皋。我军进平柘皋寇垒,火巢湖派河两子铺寇船,寇踪遂绝。先是江南水师提督李德麟率红单船入皖,寇遏之繁昌县峡口,不得上,七阅月矣。载福督师东下，焚夺陈玉成所派战船略尽。连日焚华阳镇，复望江、东流，疾趋安庆，破枞阳大通镇，进克铜陵，驰入峡内，与红单船合。寇望风瓦解，逼泥汊伪城，李成谋掷火焚之，斩戮过当。时江西寇纠党二万余，由浮梁、建德、都昌、鄱阳窜湖口，而宿松、太湖寇愤九江之败，纠党五六万，麇集于枫香驿、仙田铺等处，声势相依。官文檄唐训方壁陈园，固蕲州门户。多隆阿、鲍超等迎剿太湖，李续宜会水师分三路直捣，毙寇二万余，寇势大挫。

　　江南大营之退驻丹阳也，秀成踞句容，屡出窥伺。正月，国梁独率精卒间道抵城下，毁其外垒，毙寇千数百名，寇不敢复出。二月，金陵、安庆寇侦溧水势蹙，纠众至邬山，筑垒为援。和春乘寇营未定，邀而败之。寇渡河复结四垒，江南军三路败其众，合兵攻溧水城，前后平寇垒二十六座，歼三千，毙伪靠天侯以下十余名。移营已及一年，战功此为最烈。四月，瓜州以我军围攻久，势频危，乃出背城计，水陆并扑，战土桥西里铺，不胜。复以战舰分两路进：一沿港助势，一渡江他扰，均为我水师所歼，寇之聚溧水者，屡招援党攻大营，死万余，复于邬山筑垒数十以抗我军。五月，总兵傅振邦破其外垒，继以火攻城。副将虎坤元乘内乱，斩守城悍酋而入，遂复其城。溧水既克，和春进规句容，与溧水相犄角。寇结外援，声势尚壮。国梁会军围攻，而自帅亲兵冲入。刺黄衣悍目数名，寇奔溃，和春进冲内壕，国梁首先登城，寇尸山积。闰五月二十五日，收复县城。九月，镇江寇出城至甘露寺，迳扑大营，和春迎剿败之。寇欲西窜接应金陵，国梁密于高资增营扼塞，寇亦筑垒，运粮河北。国梁遣参将余兆青等毁其炮台，而自率亲兵渡河，会水陆诸军鏖战六昼夜，沉巨船十余艘，削壁垒二，生擒魏长仁等六名，斩俘无数。

　　寇之踞瓜州者，遥联金陵，近接镇江，阻官军进剿之路，历五年矣。适南岸寇援创于和春，德兴阿乘其隙，檄大军逾城而入，遂下瓜州。十二月，国梁大捷于瓜州南岸，阵斩伪王，夺垒十七，遂围镇江。秀全四遣众援，均为虎坤元所破。国梁督军攻四门坏垣，夺复其城，逸出者沿江搜杀近万人。惟李如孝溃围遁入金陵，复窜聚安庆。而潜山太湖之寇又陷霍山，旋退出，欲从罗田、麻城上窜，踞独山、西河口为营。官文调马步军兼程驰防豫、皖交界之处，以固楚疆。八月，皖寇纠豫捻谋援金陵，犯商、固，扰光州、六安，窥伺随、枣一路，而太湖、渡石牌等处寇党连营三十里，众六七万，乘我军度岁，窜近蕲州，寻又窜荆桥、好汉坡诸处。多隆阿迎剿，败之仙田铺、风火山，追抵太湖，连营宿、太以扼寇冲。而秦日纲遣其党北趋，避实击虚，谋犯蕲州。蕲水、六安之寇亦并力上窜，陷英山县，分七路窜罗田。罗田知县崔兰馨连日鏖战，收复英山。守备梁洪胜等督楚军擒伪丞相韦朝纲。寇出黄花岭窜楚境枫树坳等处。都兴阿遣将往南阳河迎击。寇筑垒北岸，我军潜伏北岸山谷中，而列阵南岸，寇渡河而南，我军邀击之，乘胜北渡。寇阵山腰，溃寇踵至，伏兵起，毙寇无数。楚军势大振，宿、太诸营始纾后顾忧。

时秀全大会诸党，饬陈玉成为前军主将，以潜、太、黄、宿为根据，敌我上游楚师。杨辅清为中军主将，以殷家汇、东流为根据，敌我中路曾军。李侍贤为左军主将，李秀成为五军主将。二月，和春攻破秣陵关，关为金陵南面外蔽，寇所严守者也。三月，和春率张国梁等围攻金陵。会秀全张筵饮群党酒，流丸坠秀全膝下，群骇愕，秀全曰："予已受天命，纵敌兵百万，弹丸雨下，又将如予何！况和春非吾敌也，诸将弄彼如小儿，特供一时笑乐耳，奚恐为？"初，寇屡伺我军懈，悉锐出犯，冀解其围，而雨花台争之尤力。和春严为防徼，寇果由雨花台攻大营，大败之。和春、张国梁作长围困寇，度地势险夷，沟而垣之，凿山越水，周城百余里。诸营大小相维，绝寇应援，秀全大惧，诫各门严备。潜结垒于寿德州，屡突长围，不克，死者枕藉。当是时，石达开在蜀，杨辅清窜闽，林绍璋败于湘，林启荣围于九江，黄文玉坐困于湖口，张朝爵、陈得才孤守皖省，陈玉成坐守小孤山、华阳镇一带，穆陵又陷，金陵老巢声援殆绝。而粮食尚充足，上游诸州县皆为寇据，呼吸可通，故寇虽危檐而未遽颠覆。

我军屡围金陵，玉成多方抗拒，而秀成出陷杭州，以掣围师之肘，我军不动。玉成乃自潜山、太湖下江浦，伺官军之虚，悉众攻大营,以冀解围。苏、常相继而陷。四月,李续宾、杨载福会攻九江,九江为金陵犄角,南岸肃清,专力攻九江。城寇被围久,以数千人撄城,植蔬种麦供军食,其守愈暇,频伤攻城军士。嗣地道成,城破而复完。杨载福督水陆十六营攻四门,地雷再发,城崩百余丈,诸军跃登,毙寇万六七人。出城者水师扼之,俘斩无遗。林启荣、李兴隆均败死,磔其尸。九江既克,寇党无固志。楚南军先后收复新淦、崇仁,下抚州,克安乐、宜黄、安丰、新城诸县,收复建昌。国荃攻吉安,旁克吉水、万安二县。于是江西陷城收复八九矣。寇党畏慑,金陵寇亦穷蹙。

秀全力图外扰,乃合寇将窜皖南北及闽、浙诸省,冀大军分援,以牵我师。玉成勾结捻首张洛行、龚瞎子,众号十万人,踞麻城,四门筑五十八垒,沟堑重叠,据险自固。而安庆暨英、霍诸寇又陷黄安,冀窥汉阳、德安,取道北窜。官文檄续宾上援,以纾麻城之患。先是秀全命赖汉英掠江西,皖寇入福建,陷政和县、邵武府,遂陷浦城,分扰建宁。五月,我军克复黄安、麻城,斩伪丞相指挥数十人。追至商城,并进剿太湖、潜山、英山、霍山诸寇。其党窜踞东安者,图为江南北声势。和春督军立复县城,金陵寇愈形危蹙,急思溃窜。和春派水师分剿繁昌,毁其坚垒土桥,进破峨桥、鲁港等处。城寇愤恚,出太平、神策门分犯大营,张玉良、冯子材等陷阵败之,寇退,遂攻金川门,悉毁东北城外垒栅。

石达开乃自广丰陷江山县,金华、衢州、处州三府属邑焚掠殆遍。浙军败之寿昌七里亭。六月,寇窜全椒,踞滁州、九洑洲等处,浙军大败之,进克武义、永康、常山、江山、开化、缙云、宣平,衢围亦解。寇悉窜处州,陷之,周天受督军克复。会闽寇蜿蜒猖獗,所复各城旋失,又陷松溪、崇安、建阳等县,建宁府亦被围。浙江巡抚晏端书檄将驰援闽省,又出师江山界,剿浦城寇巢。

是时,上以浙、闽寇并起,乃起曾国藩率江西湘军援浙,旋命改援闽。国藩自铅山进军,寇大惧,图牵制之计,分万余人犯江西,围广丰、玉山,入踞安仁。闽军遂克光泽,收建阳,解顺昌围,连复松溪、政和、宣化、崇和，破浦城老巢。复邵武府，闽省肃清。国藩移军弋阳，亲督水陆各军克复安仁县城。八月，克吉安，擒伪先锋李雅凤、伪丞相翟明海，正法。江西列城皆复。进攻太湖，前月寇陷庐州，巡抚翁同书告急于续宾，官文以太湖方血战有功，疏留之。时寇于东岸及枫香铺、小池驿、东山头各筑营垒，续宾等分段攻城，焚其火药库，寇众骇散，遂克大湖，乘胜抵潜山。潜山石牌为南北要冲，寇屡集党与援应，抗我东征之师。都兴阿等营北门彰法山，马步并进，寇败溃，毙七八千，遂复县城。我军分二路平上下石牌老巢。

九月，玉成自潜、太会九洑洲群寇下江浦，伺官军之虚，疾攻浦口，以冀解金陵之围。我军进退争一桥，遂大挫。和春派兵来援，寇分军缀之，仍力扑浦口。江北大营遂失陷，迭陷江浦、天长、仪徵。并分攻六合、德兴阿遁。扬州贼破南门入，扬州陷。进犯邵伯县。国梁率军渡江。会北军克复府城，移攻府征，亦克之。亟引兵救六合，阻于寇，不得骤进。寇穿地道陷城，补用道温绍原赴水死。寇渡江陷溧水，筑江蓝埠诸处，为扼要持久计。十月，和春遣总兵张玉良攻复溧水。寇夹攻高古山大营。国梁怒马陷阵。毙寇五六千。合兵追抵江宁镇，毁卡壁数十座。小丹阳以至采石矶老巢悉平。

初，胜保率皖军攻天长，捻首李昭寿以部众二千降，胜保奏请赏给花翎三品衔，赐名世忠，使为内应，遂克县城。大军之入皖也，克复桐城、舒城二县，寇悉遁三河。都兴阿会水师尽扫安庆城外寇垒。续宾追至三河，玉成、秀成、侍贤连江浦、六合、庐江众，又乞援捻匪，招颍、寿、光州群盗，合十余万围官军三重，众寡不能敌，续宾死之。溃军至桐城，前留防四城军溃，不旬日，桐、舒、潜、太复陷。都兴阿收溃卒，由石牌驻军宿松，进剿黄泥营寇众，败之。复督鲍超、多隆阿大战荆桥、陈家大屋，平三十余垒，军势复振。玉成退还太湖，以为舒、桐已得而宿松不破，则安庆之守不固，与秀成谋再举。秀成知不可敌，不欲从，而玉成屡言有妙策，始与分道来犯，卒受大创而退。玉成留军太湖，而自还安庆。秀成率党还巢县、黄山。

是时，江西寇复阑入闽界，躏将乐县，并陷浦城、永吉、建阳、顺昌、宁化、长汀等城。国藩入闽,军建昌。诸陷城以次复。寇复窜回江西,惟连城尚聚万余,复陷德、东流,谋窜湖口、九江等处。国藩檄调道员张运兰倍道驰赴景德镇,屡战皆捷。初,寇踞景德镇,势焰薰炽,江右要冲之区,恣行无阻。国藩添派其弟国荃率湘军五千八百赴镇,助运兰攻剿。寇夜袭艇师刘于淳,然火弹抛烧排卡无数。寇弃镇窜浮梁,国荃等水陆进攻,复浮梁。寇走建德北去,江西稍定。十一月,江南大营援军直隶通永镇总兵戴文英战死宁国湾沚。次日,帮办皖南军务浙江提督邓绍良,大营陷,死之。宁郡设防三百余里,皆邻寇巢,近则芜湖、青阳、繁昌、铜陵,远则无为、和州、滁州,渡江即至。而禄口、秣陵、溧水败寇,句合太平金柱关、东西梁山党众,潜山、太湖、舒、桐及枞阳土桥败党,皆以宁国为通薮。防军仅七千有奇,又多调援他处,寇众兵单,故及于败。国藩疏陈目前缓急,宜先攻景德镇,保全湖口,上是其议。胡林翼先以丁母忧回籍,会三河变起,朝旨迫起督师,十二月,渡江驻黄州。时寇之踞南安者有五支:一为伪翼府宰制陈亨容、傅忠信、何名标,一为伪渠帅萧寿璜、蔡次贤,一为伪尚书周竹坡,一为伪军略赖裕发,一为伪承宣刘逸才、张遂谋,众七八万,将由南康犯赣州,筑伪城于新墟,设卡垒,踞屯庄,绵亘二十余里。

九年正月,国藩檄萧启江设伏赤石塘,败寇,克新墟,进破南康池江、小溪、凤凰城、长江墟寇垒,并克崇义、南安,进解信丰之围。二月,江浦薛三元献城降,进克浦口,阵斩伪天福洪方、伪立天豫莫兴。寇觇李世忠击高旺,乘虚再陷浦口。世忠回军再克之,浦口肃清。李秀成急率悍贼七八万来犯,踞乌衣镇汊河。秀成复要陈玉成自庐州来援。乌衣镇属滁州、江浦交界锁钥,寇意在断绝浦营饷道,为张国梁击败。寇与闽、浙余寇皆趋郴桂,所谓石达开三十万众后围宝庆者也。玉成由六合犯庐州,布政使李孟群被执,不屈,死之。三月,纠安庆党围扑定远护城营,筑坚垒数十以困我师,胜保袭破其垒,秀成东走,而党众日增。国梁于定远县西筑十里长墙御之,其北路自九里山至浦口,三四十里,寇垒殆遍。我军日战,副将郑朝栋、张占魁皆没于阵。时浦口后路滁州、来安皆困于寇。世忠自浦口绕道回援胜保，撤乌衣汊口防军还定远，其地复为寇踞。和春虑江北军单，遣冯子材渡江援应。玉成度江浦、浦口未可力争，分党援六合。又谋趋天长、扬州，渡江攻南营后路，并袭水营。于是寇四五万东趋六合，蔓延来安、盱眙诸境。四月，玉成围扬州。提督德安击寇天长，失利，殁于阵。胜保率军进战石梁，互有死伤，还屯旧铺，扼盱眙前路捍北犯。驻汊涧军为寇困，先后突围出。和春遣张玉良、安勇分六合军赴防扬州，以固清、淮门户。时池州、青阳寇逼石硊，窥湾沚。当涂、芜湖寇分壁青山、亭头逼黄池。我军败盱眙、汊涧及天长寇，天长寇分窜六合，并踞仪徵江干东沟，图扑红山窑。其地距六合二十里，旁通瓜埠，为大营饷道咽喉。五月，鞠殿华督军破平六合东路王子庙、太平集寇垒。初，六合、仪徵连界二十里，寇垒四十余，阻粮道。至是六合廓清。时六合以北、天长以南，寇麇集数万，饷道危急，由乌家集绕犯各军之背，世忠退保滁、来。寇趋旧铺，直犯盱眙，围胜保于桑树，都兴阿力战解之。寻旧铺寇犯红子桥，胜保及穆腾阿驰援，而寇已分犯盱眙，盱眙故无城，仓猝遂失。六月，胜保攻克盱眙，追创之磨脐、天台诸山。扬州诸军安勇等闻天长寇回窜六合，赴仪徵截击，大破于沙河、大小铜山。玉成愤甚，图报复，率死党攻来安。世忠守城，伏壮勇于两门外，自督军冲入寇营。寇乘虚袭城，伏起拦击，世忠返队夹攻，寇大败，夜走滁州。世忠由水口焚烧寇垒，寇大溃，纠全捻匪围定远，再败再进，我军众寡不敌，遂失陷。七月。玉成率死党攻来安，犯滁州，世忠击之，稍却。寻复纠众围来安，并分屯城西北卓家巢等处，寇垒几遍。世忠侦寇志已骄，潜伏兵挑战，伪败，寇笑官军怯。而世忠又环噪之，寇不为意，惟枪声绝续作备而已。世忠骤起鸣角而前，火其营，破二十八垒。会胜保解其围，世忠还滁州。八月，败寇西窜陷霍山，江长贵等击败太平郭屯、宏潭踞寇，寻窜石埭，陷乌石垅，防营游击黄金祥退屯杨溪河。自去岁三河失陷，寇造伪城高二丈余，炮眼星列，环以深濠，椿签密布，与太湖互相援应，兼通粮道。

石牌镇隶安徽怀宁，当宿、望、潜、太之交，为由皖入楚要冲。官文以伪城不拔，终碍东征，乃令多隆阿统马步军会攻，拔伪城，击斩霍天燕、石廷玉等四十七名，并拒败潜山、安庆援寇。伪顾王吴如孝者，寇之最悍者也，自镇江逸出，至皖北，纠捻沿淮肆扰。寻扑盱眙之清坝，为格兰额等枪毙，断其首。众南溃，九月，扰霍山下符桥。六安防军卢又熊等击败之，破毛坦厂寇垒，而庐州、安庆寇同犯六安，乃引军进盱眙。天长寇犯扬州，参将艾得胜、双喜等败死司徒庙。玉成率大股自甘泉山西窜仪徵陈板桥，进援六合，围李若珠垒。冯子材御之失利，退屯段要口。寇踞红山窑，断李若珠营后路，饷运不通。

十月，若珠自八埠墙、陈家集溃围出，中数创，退屯扬州，死伤马步军二千八百余人。石埭夏屯寇分股纠青阳寇万余，窜踞泾县查村，防军副将石玉龙败死南山岭。适周天受至自宁国，督天孚等力击之，寇退还查村。王浚破平陶美镇寇垒，阵斩伪丞相孙瑞亨，镇距秣陵关二十余里。卢又熊克霍山，寇自太平、芜湖犯宁国，陷黄池，高州镇总兵萧知音败退新丰镇。玉成及秀成自天长、六合纠大股窥伺江浦，分屯南北两岸。张国梁渡江遣水师破寿德州寇垒，水师曹秉忠破六合、红山窑、瓜埠寇七垒，彭常宣败寇于仪徵泗源沟。时寇众悉踞扬州西北，寻陷江浦防军垒，周天培死之，大军退保江浦。寇乘势东伺扬、仪西逼江浦，南窥溧水，势复炽。

寇自洪、杨内乱，镇江克复，秀全凶焰久衰，徒以陈玉成往来江北，句结捻匪，扰庐州、浦口、三河等处，迭挫我师。曾国藩以为廓清诸路，必先攻破江宁。欲破江宁，必行先驻重兵于滁、和，而后可去江宁之外屏，断芜湖之粮道。欲驻滁、和，必先围安庆。以破陈玉成之老巢，兼捣庐州，以攻陈所必救。诚能攻围两处，略取旁县，备多力分，不特不敢悉力北窜齐、梁，并不敢一意东顾、江浦、六合，盖寇未有不悉力以护其根本者也。于是定四路进兵之策：国藩任第一路，由宿松、石牌以窥安庆。多隆阿、鲍超任第二路，由太湖、潜山以取桐城。胡林翼任第三路，由英山、霍山取舒城。调回李续宜任第四路,由商、固以规庐州。以后平寇之策,皆不出此。

十一月,泾县查村寇犯吴正熙垒,不利,而章家渡亦为我军所挫,扬州寇踞甘泉山,马德昭破其垒。国梁督军攻江浦寇垒不下,寇掘地道攻城,玉良遣将缒城出,焚其垒,填塞地道。寇筑垒磨盘洲,我军四路蹙之,寇众大败狂奔,北门寇营亦同时攻破。其陈家集等处之寇窜回天长,南路之寇潜窥溧水,皆为防军击退。江长贵克太平,郭村、查村败寇窜泾县北路。副将荣升连破石柱坑、盘台寇卡,寇窜踞董家村、白茅塘,犯万级、黄柏两岭。荣升会徽军破之,覆其巢。寇又窜扰河西,为参将朱景山等所败。副将吴再升遂乘胜进剿黄池南岸牛头山寇垒,北岸寇纠众来援,分兵拒之,寇多死伤。北岸寇溃走渡河,我军遂收南岸。池州守城寇韦志俊献城于杨载福,其部下古隆贤等不从,回扑府城,城复陷。桐、潜寇援太湖,将袭天堂后路,余纪昌会军团分路败之槎水畈,阵斩伪汉天侯、拱天豫二名,寇奔溃。

处,再犯西河,萧知音、熊廷芳退走寒亭,寇围游击冉正祥垒,都司李培基驰援始解。玉成以定远、舒城、庐州寇众北犯寿州,翁同书令副将尹善廷率精锐驰援,挫于东、南两路。时玉成以楚师甚盛,欲图西窜六合拒楚师,因北犯寿州以牵掣我军。寻自江浦回援安庆、太平,纠合捻首龚得树、张洛行等分道上犯,众号十余万。多隆阿、鲍超、蒋凝学御之潜山,连破灵港寇垒。芜湖寇进犯宣城、湾沚,周天受御之,不得逞。乃分众四窜,我军亦分拒于海南渡、浮桥口、清水潭、盐官渡。寇退踞许屯埠,进犯西河,朱景山等创之,增军守东西守。寇迭窥湾沚,我军渡河击之,宁国西北寇锋稍敛。先是铜陵、青阳寇常犯南陵、泾县之交,我军扼守云岭、苏岭,而设伏朝山要、三时甸,参将方国淮出奇击之。寇屡犯三时甸,陷国淮垒,复窜越云岭,陷观岭防营。天受金友堵清弋江,寇北走南陵,陈大富击之,寇复退入泾境。

自玉成回援安庆后,秀成独屯浦口,寇势已孤。时金陵困急,援兵皆不至。秀成以玉成兵最强,请加封王号寄阃外,秀全乃封玉成英王,赐八方黄金印,便宜行事。然玉成虽专阃寄,而威信远不如秀成,无遵调者。李世忠因致书秀成曰:"君智谋勇功,何事不如玉成?今玉成已王,而君尚为将,秀全之愦愦可知矣。吾始反正,清帝优礼有加。以君雄才,胡为郁郁久居人下?盍从我游乎!"时伪兵部尚书莫仕葵以勘军在秀成营,书落其手,阅之大惊,以示秀成。秀成曰:"臣不事二君,犹女不更二夫。昭寿自为不义,乃欲陷人耶?"仕葵曰:"吾知公久矣。"乃代奏之,秀全命封江阻秀成兵,并遣其母、妻出居北岸,止其南渡。仕葵曰:"如此,则大事去矣!"乃偕蒙得恩、林绍璋、李春发入伪宫切谏曰:"昭寿为敌行间,王奈何堕其计,自坏长城?京师一线之路,赖秀成障之。玉成总军数月,不能调一军,其效可睹矣。今宜优诏褒勉,以安其心。臣等愿以百口保之。"秀全悟,召秀成入,慰之曰:"如卿忠义,而误信谣传,朕之过也。卿宜释怀,戮力王室!"即进封伪爵为忠王荣千岁。寇自杨、韦构杀,秀全以其兄弟仁发等主持伪政,伪幼西王萧有和,萧朝贵子也,秀全尤倚任之,而以一伪将畜秀成,不与闻大计。至是晋伪爵为王,乃大悦,以为秀全任己渐专,不料其疑己也。

浦口当金陵咽喉要地,迫于大军,而粮援无措。南渡时,见秀全问计,秀全语以"事皆天父排定,奚烦计虑?"又与仁发等谋留其助守金陵,秀成不可,曰:"官军既以长围困我,当谋救困法,俱死于此无益也。"渡还,以黄子隆、陈赞明屯浦口,亲赴上游纠合皖南芜湖、宁国死党,谋间道犯浙江、分江南大营兵力,还解长围之困,其志固不在浙也。连日援太湖寇、捻攻鲍超潜山小池驿营垒不克,杨辅清、古隆贤用内应陷池州。韦志俊突围屯泥湾,收合散亡,移屯香口。迭败寇于八都坂、栗树街,俘斩伪将军陈松克等三十余人。

是年,秀全大封诸王。初,秀全定都金陵,一切文武之制。悉由伪东王杨秀清手定。是时为秀全建国极盛时代,其宫室制度:第一,为龙凤殿,即朝堂也,主议政、议战诸大事。每有大事,鸣钟击鼓,会议,秀全即升座,张红幔。诸王丞相两旁分坐,依官职顺列。贼将则侍立于后。议华,鸣钟伐鼓退朝。第二,说教台,每日午,秀全御此,衣黄龙袍,冠紫金冕,垂三十六旒。后有二侍者持长旗,上书"天父、天兄、天王、太平天国"。台式圆,调五丈,阶百步。说教时,官民皆入听。其有意见者,亦可登座陈说。文左上,武右上。士民由前后路直上,立有一定之位。第二,军政议事局,军事调遣、粮饷、器械总登所。秀全自为元帅,当日伪东王为副元帅,北王、翼王为左、右前军副元帅,六官左、右副丞相为局中管理。各科员中,分军马、军粮、军械、军衣、军帐、军船、军图、军俘、军事诸科。又有粮饷转运局、文书管理局、前锋告急局、接济局,皆属军政议事局。内以六官左,右副丞相领之。其最尊者为军机会商局长,初以伪东王领之。遇有战事,筹画一切,则伪东王中坐,诸王、丞相、天将左右坐立,各手地图论形势,然后出师。秀清死,伪翼王领之。石达开去后,李秀成领之。秀成东入苏、杭,则有名无实,虚悬其位矣。其时寇之武备颇详尽。自诸伪王内讧,人心解体,秀全以为非不次拔擢,无以安诸将之心,然自此大封之后,几至无人不王,而丞相、天将之职多摄行。于是各持一军,势不相下,而调遣诸王者,仅陈玉成一人。故八年以前,寇之用兵,攻守并用。八年以后,不过用攻以救守,战局遂至日危,以底于亡。

　　十年正月,伪匡王、伪奉王、伪襄王纠合伪摄王自南陵犯泾县湾滩,游击王熊飞退走,寇遂蔓延黄屯、焦石埠,进攻副将李嘉万,援师为杨名声所败,斩伪冈天燕、赖文禾。寇窜踞黄柏岭,其党寻大至,陷泾县。杨名声等退走旌德,寇踵至,明日亦陷。我军还守宁国。是时秀成自率悍党数千,已由宁国县间道犯广德。张国梁督水陆诸军渡江期大举,克浦口八垒,黄子隆、陈赞明遁。攻九洑洲,克其老巢,焚之。寇自咸丰四年筑垒九洑洲,内蔽江宁,外通大江,踞为南北水陆要区。江宁长围成后,浦口、九洑洲皆克,势大困。

　　秀成由皖犯浙,分我兵势,而诸将又以寇在陷阱,无能为役,习为骄佚,战志渐消,故有闰三月大营失败之祸。太湖寇、捻分四股来犯我军,知府金国琛会集诸军败之仰天庵、高横岭,生禽悍目蓝承宣,向扰害蕲、黄者,寸磔之。金国琛等生败寇、捻于潜山广福寨。玉成率龚得树、张洛行来援,乘雾移营于罗山冲、白沙畈,冀与城寇相通,以图牵缀我军。诸军会击,寇大败,擒斩伪庶天侯麦乌宿、伪军师汪遂林等。明日,鲍超等进攻小池驿,当东路。蒋凝学等攻罗山冲,当西路。多隆阿居中路策应。罗山冲寇蜂拥来扑,凝学连破冲口,攻入内山,马队继之,寇大败。值东南风作,以火焚之,毁垒百有数十。寇夺路狂奔,毙伪丞相叶荣发、伪将军舒春华等。城寇谋宵遁,伏军四起击之。是役也,歼寇二万余,益惶惧,窜入潜山。多隆阿督军尾击,克其城。

秀成、侍贤等至广德,诈为清军,陷之,杭、湖、苏、常并震。巡抚罗遵殿调徽、宁防军援剿广德,以保两浙门户。张芾遣周天孚驰防长兴四安镇,镇距广德四十里,当苏、浙之交。和春遣水陆军来会,秀成留陈坤书、陈炳文守广德,自率谭绍光陈顺德、吴定彩等驰攻四安镇,陷之。和春遣水师曾攻江宁上下两关,七里洲寇谢茂廷、寿德州寇秦礼国遣使诣大营乞降。江宁西北各门皆濒大江,洲堵错互,寇踞上、中、下三关,筑垒于寿德、七里各洲,与北岸九洑洲遥相倚藉。九洑洲既克,茂廷、礼国约举火为号,于是上下关同日而克。国梁增八垒于江东门,增四垒于安德门,毛公渡南北岸关隘悉为我夺,寇益大困。

秀全檄诸寇解金陵围时秀成在皖,与其部下谋曰:"清军清锐悉萃金陵城下,其饷源在苏、杭。今金陵城外长濠已成,清军内围外御。张国梁又嘤喈善战,攻之难得志,不如轻兵从间道急捣杭州。杭州危,苏州亦必震动。清军虑我绝其饷源,必分师奔命以救。我瞷大营虚,还军以破围师,则苏、杭皆我有也。"乃自率数千精卒以行,连陷安吉、孝丰、长兴诸县。以其弟侍贤犯湖州,自率悍党陷武康,间道逾岭犯杭州。预结捻首张洛行、龚瞎子等,使内扰清、淮,以分江、皖兵力。

上命和春兼办浙江军务,而以张玉良总统援浙诸军。玉良分大营兵勇五分之二御之。秀成攻杭州,以地雷崩清波门,陷之,巡抚罗遵殿等均死难。秀成之破杭州也,只一千二百五十先锋。诸处援兵不知虚实，闻城破，皆溃走。迨张玉良援军至，屯武林门。秀成曰：
"中吾计矣！自以兵少，乃多制旗帜作疑兵，潜退出城，委之而去。玉
良与将军瑞昌会击，立复省城。

　　三月，秀成回窜余杭，陷临安。旋为李定泰克复。孝丰、武康寇
亦退走。时秀成及侍贤回广德。杨辅清亦自池州来会。李定泰等
会图广德，寇已分走建平，陷之，连陷东坝、高淳，复诈为官军陷溧
阳。自是江南大营后路骤急，苏、常俱大震。和春驰檄张玉良等还
救常州，熊天喜等克广德，而杨辅清陷溧水，诈为官军袭金坛，为周
天孚等所败，弃垒西窜。句容亦陷，句容当大营后路，饷道所必经，
且与丹阳、镇江接壤，为常州门户。和春遣副将梁克勋赴援。不及，
续遣副将张威邦由淳化进剿。何桂清遣将分防丹阳、镇江、瓜州，冀
通大营至苏、常水陆道路。马德昭等出屯郡城三十余里下弋桥，堵
溧阳、宜兴各路寇内犯。米兴朝自广德进军克建平。闰三月，寇自
昌化出于潜，分犯分水，陷而旋复，进陷淳安。秀成约会诸酋同议救
金陵之策，秀成与侍贤由淳化、辅清由溧水退秣陵关，玉成亦自江
浦渡江来会。江宁寇争出筑垒接应。斯时大营四面受敌，而良将劲
兵援浙西者一万三千人，淳坝、宜兴防军又调去一千有奇，大营空
虚，粮路又截断，乃改月饷积四十五日始一发。兵勇皆怨，心渐携
贰。时群寇麕集，和春急调张玉良回援，何桂清留之不遣。寇至雄
黄镇，我军御之不克。辅清由秣陵关至南门，玉成由江宁镇至头关。
板桥、善桥诸寇皆集南岸。秀成由姚巧门进紫荆山尾，陈坤书、刘官
芳由高桥门而来，侍贤由北门红山而至，辅清由雨花台，玉成由板
桥、善桥，连日攻扑长围。国梁与王浚分督诸将力御，十五日夜，雷
雨雹雪，大寒，总兵黄靖、副将马登富、守备吴天爵战死。大营火起，
全军溃陷。和春、许乃钊退走镇江，再退丹阳，旋驰书趣国梁亦至，
留冯子材守镇江。国梁语和春曰："六年向帅大营失陷，退扼丹阳。
彼时京口未复，今东门之限在于镇江。舍此不守，是导寇而东也。"
和春卒不能用，而宜兴同时亦失陷。

　　寇势大张，而秀全于战士不及奖叙，终日亦不问政事，只教人

认实天情,自有升平之局。仁达、仁发忌秀成功,嗾秀全下严诏,饬秀成率所部限一月取苏、常。寇掠金坛四乡,大书于壁曰:"攻野不攻城,野荒城自破。"我军屯六门,日与贼战,互有胜负。秀成自句容攻丹阳,国梁开南门酣战,秀成命力士溷入我军溃卒中,猝击国梁,被创大呼,入尹公桥下而死。秀全入丹阳,命收国梁尸,曰:"两国交兵,各忠其事。生虽为敌。死尚可为仇乎?"以礼葬之下宝塔。和春奔常州,寇蹑其后。何桂清闻变跳走。是月,楚军援皖南,会克太平、建德、石埭三县。泾县张芾会同周天受等进毁白华、宴公堂一路寇垒,直抵城下,斩关直入,遂复县城。四月,天长、六合寇乘金陵大营退守,分三路进犯。一由陈家集图扬城,一由东沟窥瓜州,一由僧道桥编筏偷渡袭邵伯,皆为我军所截击,不敢逞,乃筑垒僧道桥图久踞。我军分左、右、中三路疾趋会攻,毁二垒,焚木城,积尸枕藉。寇合股退踞陈家集。扬州与镇江相为唇齿,李若珠咨艇师陈泰国等分扼各口。寇大逼常州,张玉良由杭郡率军先至,筑营寨大小四十余,悉为所破。常州陷,玉良连败走无锡。秀成率所部精卒潜出九龙山,附高桥之背,玉良军大败,无锡陷,败走苏州,和春创胸,至苏州济墅关而卒。玉良连败之师不能复战,寇薄苏州,玉良退走杭州。长洲、元和两县广勇李文炳、何信义开门迎秀成入踞之,巡抚徐有壬等同殉难。

　　秀成踞苏后,改北街吴氏复园为伪府。秀成踞苏十有一日,出伪示安民。城厢内外凡收尸八万三千余具,而从者犹盛称秀成爱人不嗜杀也。寇踞苏城,复恣意掳掠,民竞团练为自保计。江、皖援浙诸军以次克复诸城,遂会剿淳安,寇败遁入徽州境。苏寇陷吴江,犯平望,浙江防军溃,江长贵负伤还走仁和塘栖镇,副将张守元亦溃于清杉闸。嘉兴危急。杭省大震。侍贤烧嘉兴南门入踞之。玉良攻嘉兴西、南两门,陈坤书、陈炳文求救于苏。适青浦周天嘉与洋军战,来告急,秀成乃先援青浦,击退洋军,直攻上海,不克,遂应嘉兴之援,由松江、浦邑而回战,取嘉兴、平湖,顺至嘉兴,连战五日,分一股上石门,断玉良来路,兵多降者,玉良回杭州。

五月，贵池、青阳寇犯泾县，总兵李嘉万等败死，杨名声退至太平黄花岭。寇陷广德，米兴朝军溃，奔孝丰，再退歙北箬岭外。初，泾县、广德同时告警，周天受遣援皆不及，而参将丁文尚守泾，又退走，寇遂由三溪窜旌德孙村。广德寇窥伺宁国、天受击却之。寇由宁国县东岸至旌德，与泾县合势，嘉定陷，薛焕寻克之，收太仓。寇攻镇江，陷青浦，陷松江。

寇之守江宁也，以安庆、庐州为犄角，以太平、芜湖为卫护。芜湖之南，有固城南漪、丹阳白臼诸湖，上可通宁国之水阳江、清弋江，下则止于东坝。掘东坝而放之，则可经太湖历苏州以达于娄江。芜湖孤悬水中，寇守之则易，官军攻之则难。是以踞五年血战不退，而黄池、湾沚屡次失利，皆以我无水师，寇坚忍善守。官军围攻屡年，往往因水路无兵，不能断其接济。今苏州既失，面面皆水，寇若阻河为守，陆军几无进攻之路，城外几无立营之所，则欲攻苏州，须立太湖水师，使太湖尽为我有，而后西可通宁国之气，东可附苏州之背。因建淮阳、宁国、太湖速立水师之策。

寇陷江阴，玉良连以炮艇破嘉兴三塔、普济二寺，平新塍寇垒，移营逼西门、南门，破垒七。平望镇者，浙江之嘉兴、湖州，江苏之吴江总汇处也。寇踞沿河六里桥、梅堰诸处，遍筑坚垒，密钉排椿，扼险以阻江、浙之路。湖州赵景贤毁沿河寇垒，分军进克平望，会军于米市湖，尽毁炮台巢穴，进围嘉兴。寇既陷松江，遣其党窥上海。薛焕乘其不备，直捣南门而入，杀黄衣目十三名，夺船七十余艘，立复府城。自松江至上海，沿途团练截杀殆尽。

六月，杨辅清纠旌德、太平大股犯宁国。寇自长兴窜陷安吉，王有龄遣彭斯举赴援，遇于孝丰，失利，退走昌化。寇直犯于潜，陷之，杭省大恐。寇复由黄渡再陷嘉定，纠土匪进踞南翔镇，逼上海四十余里，再陷平望。苏州、嘉兴寇势复合。于潜寇连陷临安、余杭，分扰富阳。吴云会洋将华尔攻青浦急，伪宁王周文嘉乞援于苏州，秀成率大股亲援，我军败绩。寇收枪炮乘船再犯松江，陷之。江阴寇分党筑垒申港，掠船谋北渡，李若珠饬艇师破毁之，伪丞相方得胜遁。玉良以地雷崩嘉兴南门城垣，寇严拒不得进。刘季三等连克余杭、临安。浙西寇回窜孝丰，突犯建德。七月，秀成毁松江城堞，率伪会王蔡元隆、伪纳王郝永宽北犯上海，号十万、焚掠泗泾，七宝民团御之，多死伤。寇屯徐家汇，薛焕督文武登陴固守。寇诈为官军赚城，城上诇知，创却之。洋轮之泊黄浦江者，升开花炮于桅发之，寇始败退。孝丰寇陷广德，游击黄占起、江国霖战死。江长贵突围退至安吉，米兴朝奔四安。未几，赵景贤复广德，寇再陷踞之。寇复陷江阴杨库汛城，逼常熟二十余里。黄浦轮船洋兵以开花炮测击上海寇垒，六发，创及秀成。是夜秀成解围还青浦。时嘉兴寇告急，遂趋浙江。

初，副将陈汝霖率民团救松江，追上海解围，洋将华尔会守松江，赐号常胜军。秀成陷嘉善，陷平湖，锡龄阿兵勇皆溃，寇旋去，收之。寇陷金坛，知县李淮守百四十余日。粮尽援绝，川兵通寇，杀参将周天孚，陷之，李淮等皆战死。丹阳寇纠党六七千由新丰等处分道扑水师，谋掠舟北渡，并沿河筑垒，架炮轰射。周希濂督艇师乘烟雾对击，寇不支，遁回丹阳。玉良攻嘉兴两月不下，先后集兵三万有奇，而苏、常以北无牵制之师，松江、青浦之寇可直入嘉兴，常州、宜兴之寇可直入长兴，建平、广德之寇可直入安吉，宁玉良攻嘉兴两月不下可直入于潜。

寇前自长兴迳逼省垣，虽经击退，并立复数城，而广德遂至不守。追收复广德，而嘉善、平湖又复失陷。寇处处牵制我军，近复添筑营垒炮台，又偷劫五龙桥头卡，多方误我军。实有罢乏不堪之势。秀成以嘉兴围急，率大股来援。玉良督战五日，胜负未决。秀成分股上趋石门，谋断大营后路。地形多支河，塘路绝，无可归。我军惧奔，玉良负创，疾驰还杭省。贼既解嘉兴之困，复陷石门，分两路直逼杭省：一趋塘栖，民团御之，退掠新市。一趋临平，吴再升败之。转走海宁。彭斯举等击斩颇众，寇悉退还石门。未几，石门寇亦退，再升进驻石门。马德昭由临平、长安相继前进。

八月，寇陷昭、常，再攻平湖、嘉善，陷之。是时秀成自嘉兴还苏州,奉秀全伪诏,趋还江宁,令经营北路。初,咸丰三年,林凤祥、李开芳北犯不返,秀成未敢轻举。适江西、湖北匪目四十余人具降书投秀成,邀其上窜,自称有众数十万备调遣。秀成覆书允之,留陈坤书驻守苏州,自返江宁,请先赴上游招集各股,再筹进止。秀全大怒,责其违令。秀成反复争辩,坚执不从,秀全卒不能强。于是取道皖南,上窜江、鄂。

秀成之在伪京与诸党会议也。曰:"曾国藩善用兵,将士听命,非向、张可比。将来七困天京,必属此人。若皖省无他故,尚不足虑。一旦有失,则保固京城,必须多购粮食,为持久之计。"秀全闻之,责秀成曰:"尔怕死!我天生真主,不待用兵而天下一统,何过虑也?"秀成叹息而出,因与蒙得恩、林绍璋等再三计议,金以秀成之策为然。因议定自伪王侯以下,凡有一命于朝者,各量其力出家财,广购米谷储公仓,设官经理之。俟阙乏时,平价出粜,如均输故事,以为思患预防之计。洪仁发等相谓曰:"此亦一权利也。"因说秀全用盐引、牙帖之法,分上、中、下三等:上帖取米若干石,中、下以次递减,此帖即充伪枢府诸伪王禄秩。收入后无须拨解,而稍提其税入公,大半皆入私囊。商贩非执有帖者,粒米不得入城,犯者以私贩论罪。如是,则法可行而利可获矣。洪氏诸伪王乃分售帖利。上帖售价有贵至数千金者。及商贩至下关,验帖官皆仁发辈鹰犬,百端挑剔,任意勒索。商贩呼吁无门。渐皆裹足。而诸伪王侯又因成本加重,售价过昂,不愿多出资金,米粮反绝。秀成言之秀全,请废洪氏帖。秀全以诘仁发,仁发以:"奸商每借贩米为名,私代清营传递消息。设非洪氏,谁能别其真伪?此实我兄弟辈之苦心,所以防奸,非以罔利也。"秀全信其言,置之不问,秀成愤然而去。

寇陷宁国,提督周天受等死之。宁国之陷也,玉成与赖裕新、古隆贤、杨辅清四面围击。周天受等死之。国之陷也,玉成与赖裕新、古隆贤、杨辅清四面围击。周天受战守七十余日,军中食乏,饷阻不能达,寇破竹塘、庙埠诸垒,副将朱景山等皆战死。旌德、太平两军力单不能救,寇乘势尽扫城外诸垒,城陷,天受遂遇害。宁国既失。

南陵孤悬。总兵陈大富苦守阅半载,国藩檄令自拔出城,遣水师迎之,难民从者十余万。寇再陷太仓。玉成纠合江宁、丹阳、句容寇十余万,自九洑洲、新江头掠船二百余,日夜更番,意图乘虚下窜,为军团所败,窜六合。镇江寇船驶入丹徒、谏壁两镇港口。为水师李新明击退,冯子材寻进解镇江城围。侍贤率寇四万出广德攻陷徽州,署皖南道李元度溃走开化。寇趋祁门甚急,国藩檄邀运兰屯霍县,趣鲍超自太平还屯渔亭,以捍大营。徽州既失,杭、严两府防务益急。寇之踞苏城也,同时城邑陷者数十。江阴居大江尾间狼山对岸再陷于寇,寇踞之以窥江北,人心惶然。九月,通州知州张富年等会水师攻复其城。上月玉成率悍寇二十余万进陷白炉桥尹善廷垒,旋至马厂集,犯东津渡,黄鸣铎击却之。至是图取寿州内东肥河,跨山越谷,盘行抵淮河岸,联营栉比。余党窜入姚家湾,掳船。欲水陆会攻。巡抚翁同书派炮艇沿河截击,寇乘雾凫水入小港,为黄庆仁围杀。复以步骑扑北关,城上弹丸雨下,夜纵火焚寇垒皆烬,城围立解。寇窜南路:一还定远山,一走庐江,一赴六安。徽州寇自淳安窜陷严州,进踞乌龙岭。江宁寇纠九洑洲寇船二百余艘下窜仪徵,我军大败之东沟。副将格洪额会破盱眙竹镇集寇屯,擒斩伪检点汪王发等,曾秉忠破青浦寇于米家角,攻城三日不下,秉忠中创。参将李廷举攻宝山罗店,寇败并嘉定,旋再窜罗店踞之。寇拦入寿昌、金华,兵团复之。旋再陷再复。

十月,寇自淳安扰及威坪,兵团御之,回窜蜀口。徽州北路寇窜至杞樟里,逼昌化昱岭二十里。先是江西瑞金、广昌、新城、泸溪大股寇窥伺福建,汀州、邵武防军力御之,遂折窜建昌,而瑞金一股窜踞福建之武平,寻陷汀州,凶焰甚张。句容寇至镇江汤冈筑垒,冯子材击之不下。宁国寇直趋四安,破长兴长桥卡防,分窜广坤、梅溪。严州寇连陷桐庐、新城。苏州寇分股扑金山,我军击败之,遂克枫泾镇。寇复纠苏、常大股袭广富林,图犯松江。守将向奎军单,败退。曾秉忠回援,寇窜宝山罗店,都司姜德设伏败之,还青浦。玉良克严州。

新城寇窜陷临安。初，寿昌被陷，金华知府程兆纶督民团复之，桐庐亦收复。于是寇众悉趋富阳，副将刘贵芳、总兵刘季三败死，城遂陷。旋收复，毁江口浮桥。侍贤复纠集临安寇陷余杭，逼杭州省城。侍贤由严州还顾徽州，瑞昌等败寇秦山亭、古荡、观音桥，追至留下，寇弃垒走。省城解围，遂复余杭。侍贤不得志于杭州，自余杭直犯湖州。建昌寇间道犯铅山河口镇踞之。福建浦城、崇安，浙江衢州、常山、开化边防皆急。时徽州寇自深渡街口下窜天长，防军会水师大破于三河、衡阳等处。是股为天长葵天玉、陈天福曾合秀成党三万余众，将谋渡河分扰淮阳。秀成窜皖南，逾羊栈岭，陷黟县，鲍超大创之，城立复，再破之庐屯，阵斩伪丞相吴桂先，秀成受伤遁徽州。国藩饬将屯守庐屯，屯距黟县二十五里。是时侍贤自严还徽，辅清盘踞旌德，环二百里皆寇。秀成复由江苏上犯，越岭肆扰。我军疾驰百余里，力战两日，驱出岭，祁门大营始安。

赵景贤大破贼，解湖州城围。湖州自三月以来，迭被贼困，此赵景贤第三次解围也。先是寇踞杨家庄为老巢，以砺山、仁黄山为犄角，焚掠双林诸屯镇，蔓延长兴、四安、太湖。景贤会军先攻砺山、仁黄，以孤老巢之势，我军踞仁黄，毁杨家庄，败寇西窜。天长寇掠下五庄舟船数百艘，欲犯湖路。我军克河口镇，复创之石溪。窜广丰、道员段起御之，寇间道走玉山。多隆阿、李续宜会军大破桐城寇陈玉成、龚得树于挂车河、鹤墩、香铺街等处，平寇垒四十余，寇退奔舒城。

安庆者，江表之咽喉，实平吴之根本也。寇援安庆，水陆阻梗，不能直抵江宁。玉成眷属悉在安庆城中，邀合发、捻十余万人，图解城围。多隆阿、李续宜虽力挫之，仍分屯庐江、桐城，复纠集下游江宁、苏、常援寇并力上犯，逼近枞阳、桐城乡村，眈眈以伺我军之隙，将挟江南寇势全力谋楚军。时届冬令，安徽城河水涸，道路纷歧。我军四路告急之书应接不暇，皖南、浙江之寇分三大枝窜入江西，祁门各营围裹于中，势颇危急。湖南道州寇亦窜江西。寇既陷吴，势必全力犯楚，此其深谋诡计。故安庆一城，寇以死力争之。

左宗棠之入景德也,闻南赣寇分党由贵溪过安仁,直扑饶、景,遣军迎败之周坊,寇窜陷德兴踞之。十一月,宗棠进克德兴,寇奔婺源,又克之。十日内转战三百余里,寇惊为神速。彭斯举解玉山城围,寇窜衢境,犯常山,与兵团战,败走开化埠。杨辅清自池州率党窜陷东流,进陷建德。水师收东流,而建德防军溃退。国藩遣唐义训驰击,至利涉口,寇筑垒河洲,列队以待,并以马队扼拒各卡。我军分东西两路缘山上,立破其卡。前军夹击河洲寇,后军抄其背,寇败走。我军复分为三进攻,寇出东门逸,遂复其城。寇复陷彭泽,兰入浮梁,越一日复之。寇趋马影桥,逼湖口。玉麟督水陆军力击之,遂收彭泽。寇宵遁,陷都昌、鄱阳。我师驰至都昌,击退踞寇,复之。

休宁寇犯上溪口,陷副将王梦麟垒。屯溪寇犯江湾,陷副将杨名声垒。古隆贤、赖裕新纠大股犯羊栈、桐林二岭,张运兰会军击之,寇由新岭退去,犯婺源。国藩督饬鲍超大破于黟县庐屯,别军绕出羊栈,断寇归路。寇沿崖逃走,追军反出其前,迫之,坠崖死无算。而休宁城寇以鲍超回剿景德,由蓝田扰及小溪一带,张运兰击败之,别股屯郑家桥者进逼渔亭。我军两路抄击,寇狂奔,毙黄世湖等。复败上溪口寇,追至马全街而还。自是岭外寇不敢轻入,玉成率众万余犯桐城、枞阳,我军镇静固守。完踞七里亭,韦志俊扼枞阳街口。李成谋舁三版入莲花池护卫营卡,寇不得逞。

寇再犯景德镇,宗棠败之。鲍超进扰洋塘,宗棠进扼梅源桥。寇自下游纠大股屯洋塘对岸,我军大破之,伪定南主将黄文金负创西奔。时祁门三面皆寇,仅留景德镇一路以通接济,寇尽锐攻扑,欲得甘心焉。时国荃围安庆,寇势穷。十二月,玉成纠约秀成、辅清及捻匪并力西犯,其大股寇、捻俱从南岸渡江而北,会于无为、庐江,以图急援怀宁、桐城,势甚猖狓。多隆阿等会于枞阳一带,布署战守。皖南寇大股窜孝丰,又别股由昌化窜分水。嘉兴踞寇备具炮船,意图南下,寇势蔓延,浙东西同时告警。

十一年正月,傅忠信、谭体元、汪海洋、洪容海各挟众数万,弃石达开归秀成。秀成骤增众二十万,势大炽,由石埭分两路趋祁门,防军皆败。江长贵援大洪，唐义训迎战历口，斩伪麟天豫古得金，寇溃走常山。富阳、新城、临安皆为我军所克，解广信之围。寇窜铅山、弋阳、贵溪、金溪，渐逼建昌。秀成自去冬犯皖南黟县羊栈岭不得专，窜浙江常山、江山等处。今春以全力攻玉山，转围广丰，犯广信，志在踞守要地，以通徽、浙之路。犯建昌，作浮桥渡河，以大股屯水东，环城筑二十余垒，以浮桥通往来。江西寇黄文金犯景德镇，左宗棠、鲍超败之石门、洋塘，毙许茂材、林世发。文金跟跄宵遁，铜陵援寇与败匪合，复入建德，分踞黄麦铺诸处。鲍超督诸军乘胜压之，毙寇万计，追至建德，会水师收复县城，诛林天福。秀成梯攻建昌，参将富安等纵火具创退之，复潜为地道修子城备之。寇船犯太湖，陷东西山。全湖失陷，湖州北路七十二溇港横被窜扰。太湖，巨浸也，襟带苏、常、湖三郡，港口纷歧，多至百余。自苏、常陷后，沿湖要隘多为寇有。去冬间寇船自湖州出湖。迭犯西山、角头等处，为副将王之敬炮船所败。然所部不满十艘，募民船佐之，卒以众寡不敌败死。

二月，玉成图援安庆，纠合捻首龚瞎子，率五万人攻松子关。成大吉兵仅二千五百，寇多二十倍，分两路抄官军后。大吉令参将王名滔从左侧山横截而出，阵斩龚瞎子，寇惊溃，复选悍党分五路进，再战再败，捻散亡三万人。初，玉成嗾龚瞎子犯松江关，而自率悍党十余万，从霍山之黑石渡，袭余际昌营于乐儿岭，相持四昼夜，力竭而溃，遂抵英山，入蕲水，袭陷黄州。分党取蕲州，扰麻城，阑入黄安、黄坡、孝感、云梦诸县，并陷德安府、随州，势益猖獗，武昌戒严。

秀成闻玉成攻国荃久不下，分攻蕲、黄、广济，欲国藩赴援以分兵力。秀成叹曰："英王误矣！正使国藩得全力以攻皖，彼岂暇救此间城哉？彼有长江之利，而我无战舰，安能绝其粮道？不能以我攻浙救京师为例也。"玉成屯孝感，而以德安、云梦、随州三处为长蛇阵，窥伺荆、襄。官文飞调李续宜、舒保、彭玉麟率水陆诸军回救。

侍贤窜踞休宁城，筑垒上溪口、河屯、石田、小当等处，与休宁屯溪之寇互为犄角。国藩以休城不克，徽郡难图，祁门终属危地。檄朱品隆等进攻,焚诸垒,寇夜遁,收复县城。左宗棠进剿婺源寇,破侍贤于清华街,而城寇忽分党由中云窜入乐平界。宗棠亲率数营屯柳家湾,扼其冲,寇败退。而援寇漫野至,返旆截杀,复大溃而去。侍贤纠徽州悍党围王开林于婺源甲路,越三日,溃围出。还景德。

秀成率党窜抚州,为知府钟峻等击败,窜宜黄,复纠土匪陷遂安。国藩遣大富防景德。宗棠进军鄱阳,次鲇鱼山,闻寇偷渡昌江,图合围景德,旋移驻金桥。寇窜平湖,分由西路榉根岭、北路禾黍岭进犯。副将沈宝成当西面,江长贵出北路拒之。国藩复檄朱品隆由祁门驰援,歼,寇越岭而逃。宗棠击破于乐平范家屯,阵斩伪谢天义黄胜才、伪娆天福李佳普等。

侍贤率数万众潜匿于牛岭、柳家湾、回龙岭,翌日,齐进景德镇,陈大富战死,陷之。金鱼桥坐营后路已绝,遂移屯乐平。初,国藩至皖南,设粮台于江西,以景德镇为转运。寇之窥祁门者,屡遭挫败,遂悉锐再犯景德,冀绝大军饷道,至是陷之。国藩度粮路已断,惟急复徽州,可通浙米,亲至休宁攻徽寇不克,仍屯祁门。而寇环攻不已,誓以身殉。宗棠大破寇于乐平,斩馘数万。侍贤遁,围建昌、抚州,攻之下不,遂陷吉安,大军旋复之,乃进陷瑞州。于是祁门之路始通。

三月,我军克新淦,解麻城围。繁昌荻港、芜湖鲁港寇皆败走。民团克云梦、收应城、黄安、黄坡。金国琛会水师克孝感,进攻德安。逼城为垒,嘉兴寇窜陷海盐、平湖,宗棠败寇于龙珠、桃岭。寇渡吉水海滩,陷吉安,复为知府会咏等攻复。寇由吉安东犯,争股窜峡江,与新喻贼合并,屯阴冈岭,临江告警,玉成分股守德安、随州,牵缀我军,率悍党由蕲州、黄、广回宿松,进太湖大营后路,绕趋宿松桃花铺,迳窜石牌,逼安庆集贤关筑垒。未几,桐城、庐江伪章王林绍璋、伪干王洪仁玕等率二万自新安渡至横山铺、练潭一带,连营三十余里。至马踏石,窜安庆,与玉成会解城围,多隆阿分击败之。玉成兰入集贤关,攻围师各垒。复于菱湖两岸筑垒,阻水师进攻。杨载福遣军异炮船入湖,毁寇船筏,复立垒湖湑。使寇不敢逼水陆大营。多隆阿自桐城挂车河进攻安庆援寇林绍璋等于练潭、横山,逼溺菜子湖无数。黄文金纠芜湖寇及捻二万,筑垒天林庄二十余座,谋入安庆城,多隆阿诱毙二千,国荃围师不少动。水师焚夺寇船。断其接济,以困城寇。

侍贤自广信窜常山,陷之,入踞江山,旋由常山分股犯衢州。先是福建援师自衢防回援汀州,军势骤孤,故寇乘虚回窜。又别股由开化白沙关窜玉山童家坊,伪为难民呼城,炮创之。常山寇复至,会攻城,诈为援兵。奋力击之,退屯三里街、七里街,潜掘地道,道员王德榜缒城出,大破之,寇还常山。遂安寇直抵淳安港口,副将余永春中创败退,茶园寇踵至,再退桐关。严州大震。

四月,国藩自祁门移驻东流,多隆阿击败玉成,叶垒遁,屯集贤关。国藩复拨鲍超一军,胡林翼拨成大吉一军,同赴安庆。初,玉成即菱湖北岸筑垒十三,城寇叶芸来出城接应,亦筑五垒于南岸,以隔国荃与其弟贞干之师。国荃掘长濠,包寇垒于长濠之内。玉成前阻围师,后受鲍、成两军夹攻,计穷遁去,犹死守关内外寇垒,又于随州、德安各留悍寇牵制我兵。官文派军攻德安,筑长围困之。

秀成踞义宁州武宁县,逼近湖南北边境。官文派军分守兴国及崇、通、山、冶四县。寇裹胁七八万人,一由苦竹、南楼二岭犯通城,一由蛇箭岭犯通山。我军众寡不敌,均被阑入,直抵崇阳之白霓桥。其窥伺兴国之寇,扑余际昌营,官军战失利,退大冶,寇随至大冶,并扰武昌。官文咨调李续宜等屯东湖、趾纸坊一带,相机进剿。秀成自孝丰窜四路,陷长兴、寿昌,分犯三里亭、千家村。复自瑞州分窜西路,连陷上高、新昌,北路陷奉新扰义安,以阻援师。连日曾秉忠等水陆诸军破走乍浦、平湖寇于金山各隘。金山与浙之平湖水陆交错,薛焕与秉忠商筹,平湖一日不复,松江属一日不安。谋越境会攻平湖,再图乍浦。

当陈玉成之退走也,多隆阿已进军磨盘山,遣温德勒克西、曹克忠、金顺等分途尾追。玉成复纠合林绍璋、洪仁玕、黄文金及格天义陈时永、捻首孙葵心共三万余,并力上犯,筑八垒于挂车河、崌峐尖迤西棋盘岭。率党破山内黄山铺团卡,仍出山外调黄文金四千余人伏山内,自率悍党分道进犯我垒。多隆阿分军设伏于棋盘岭、老梅树街,而自率马步各军分道拒战,寇后队忽自乱,老梅树街伏骑乘之,势不支。玉成督败党抵敌,而项家河寇垒为舒亮伏兵袭焚,烟焰突起,寇大惊,败奔桐城。八垒悉平。烧山内寇馆数十处,毙八千余。上命左宗棠帮办军务。

寇越衢州陷龙游,军陷汤溪、金华,绍兴、宁波皆大震。宁、绍为浙东完善之区,寇垂涎已久。金华既陷,势将内犯。寇犯丹徒,水军败之,毁寇浮桥。曾秉忠自金山攻青浦,寇坚壁不出,败嘉善援寇于章练塘。宝山防军姜德攻嘉定以分寇势。都兴阿败天长、六合窜寇于扬州西北乡,尽毁甘泉山寇垒。秉忠自金山洙泾率炮船进破白虎头、金泽镇寇巢。直抵浙境,败西塘援寇,进毁俞汇卡,寇退入嘉善。金华寇分股陷兰溪、武义。

五月,鲍超、成大吉破集贤关外赤冈岭寇垒三,歼寇三千余。伪屈天豫贾仁富、伪傅天安李仕福、伪垂天义朱孔棠等皆伏诛。大吉回援武昌,余一垒超独破之,擒斩刘玱林。玱林陷苏、常为前锋,自恃其勇,欲以孤垒遏官军,既伏诛,国荃军势自倍。国藩之移东流也,皖南寇度岭内空虚,纠众由方干岭樟树卫防军而入,潜陷黟县,筑垒西武岭等处,窥伺祁门。张运兰等克黟县,寇并入卢屯十都,增垒抗拒。我军克其七垒,寇悉骈诛。徽州寇闻之窜走。

宗棠追剿侍贤至广信,以建德再陷,窜入鄱阳视田街,急回景德。寇宵遁,宗棠截之,大战枫树岭,寇走建德后河,遂复县城。运兰进攻徽州,复之。汀州寇由江西瑞金回窜。时江西寇窜江山,进陷遂昌,秀成以一股踞瑞州、义宁、武宁,分三路犯湖北,连陷南岸兴国、崇阳、通城、大冶、通山、武昌、咸宁、蒲圻,寇锋逼武昌省城。官文、李续宜会遣水陆军分道进剿,胡林翼亦自太湖移军还省,先援南岸,再图黄、蕲。

寇之窜扰江西者,自去冬以来,前后凡五大股,其由皖境窜入,自北而南者三股:一曰黄文金,连陷建德、鄱阳六县。一曰李侍贤,连陷浮梁、景德等处。此二股均经左宗棠击退，未能深入江西腹地。一日李秀成，连围玉山、广信、广丰三城，又深入内地，围建昌，扑抚州，均未破，窜入崇仁樟树镇、吉安陕江，并踞瑞州府城，分窜奉新、靖安、武宁、义宁各州县，又窜入湖北之兴国、大冶、蒲圻、崇、通等处。此北三股也。其由两广窜入，自南而北二股：一曰广东股，其渠有周姓、许姓，上年由仁化、乐昌阑入江西，与李秀成联合，围攻广信、南丰、建昌各城，连陷湖口、兴安、婺源，经左宗棠攻克德、婺两城，遂归并徽州。一曰广西股，其渠为朱衣点、彭大瞬，本石达开之余党也。由江西窜出湖南，经过南赣，陷福建之汀州，回窜江西，蹂躏宁都、建昌、河口等处。其前队已由婺源窜浙，后队尚留抚州。此南二股也。五大股中，又分为三支、四支，忽分忽合，时南时北。

国藩令鲍超回援江西，由九江直捣建昌，先保江西省城。瑞州及各县踞寇逼近南昌，毓科留张运桂等扼屯城外，刘于浔屯安义堡，后营屯生米，丁峻屯临江，皆为省垣西路屏蔽。李续宜克武昌，寇陷松阳、处州、永康、缙云。缙云既复，寇窜永康。宗棠遣军克建德，国藩移屯婺源，婺源者，界江、皖、浙三省之冲也。赖裕新合汀州寇犯德兴，分党踞九都之新建，遣军败之。寇渡江窜浙江开化华埠，德兴、婺源肃清。游击黄载清克遂昌。松阳踞寇亦闻风遁，载清进攻宣平克之，寇窜武义，处属肃清。金华知府王桐等克永康，寇并趋金华。江阴、常熟寇由海坝窜寿星沙，大肆焚掠。

六月，曾国荃会水师破菱湖北岸十三垒、南岸五垒，斩馘九千余。寇之踞湖北咸宁、蒲圻、通城者，我军均克复。寇由武宁犯建昌。金华寇出扰曹宅等处，李元度克义宁。张玉良等率水陆军围攻兰豁不下。寇侦严州军单，筑垒女埠，下窜严州，陷之，寻为张玉良所复。寇陷上高，扰万载。知县翁延绪等克复武宁。水师李德麟等击毁黄山、黄田石牌三港寇船，寿星沙寇退回江阴。苏州寇扰青浦，李恒嵩自北竿山移屯塘桥，以固松江门户。嘉定寇纠苏州寇犯上海，我军御于真如。寇渡河窜华漕，夺踞参将王占魁垒，薛焕遣军夺还。寇走南翔，再败退嘉定。时江水盛涨，国藩檄杨载福图池州，牵制南岸。载福攻十日不能下,乃率李成谋三营至旧县,侦北岸无为濒江垒寇避水移神塘里河,驶击破之,进攻城城。陈玉成、杨辅清死力抗拒。还军次大通,败青阳寇,还屯黄石矶。

七月,玉成纠辅清众十余万自无为州犯英山,绕宿松,径攻太湖,为救援安庆计。寇排队山冈作长蛇势。复有寇数万自龙山宫对岸至塔下,袤延二十余里,分路诱我军,我军坚守不动。夜大雨,贼汹勇潮进,城中飞丸随雨落,至晨围始解。玉成乃自小池驿进至清河高楼岭,欲结桐城寇包裹我军,以解安庆之围。攻扑六昼夜,玉成、辅清援枹鼓督军,挥刀砍不前者。我军奋击,大挫其锋。玉成、辅清率大队窜至高河铺、马鞍山,桐城围复合,安庆围师悉平城外诸垒。秀成自窜踞瑞州,分陷上高、新昌、奉新等县,以瑞州为老巢。官文檄元度会军攻克新昌、奉新、上高,败寇均趋瑞州。乃遣游击贺接华等会军直捣郡城,攻复之。官文以德安寇谋窥荆襄,派水陆诸军节次严剿,寇坚守,有冒死突出者,诸军击溃,寇不得入城。寇复出抄我军后以援前寇,乃断其归路,寇奔河西,伏兵四合,架梯入,立复府城。

程学启克安庆北门外三石垒,北门寇路已绝。德安寇窜河南信阳,转犯罗山、光山、商城,兵团截击,退奔皖境。鲍超督诸军大破丰城西北岸寇垒,东岸屯寇惊溃,刘于浔乘之,由樟树镇。初,超自九江进军,秀成闻风远遁,率瑞州、奉新、清安、安义之寇,先分万人扰抚州,令玉成率悍党二万攻丰城,而自领大队由临江踞樟树、沙湖、丰城一带,绵亘百余里,先一日,超至丰城对河,值寇在樟树为浮桥,陈山冈、超分中、后、左、右四队齐进,寇摇旗迎拒,战一时许,大败,馘八千余人。

八月,克安庆城城,城外四伪王窜集贤关。安庆既复,东南之势益促。水军进克池州,乘胜下剿,复铜陵县。时伪右军刘官才方盘踞池州,与安庆相犄角。内则坚守石埭、太平,阻徽师进兵之路。外则上犯德、建、郡阳,为江省北边之患。今与安庆相继而下,皖南军势益张。国荃与多隆阿会议,以桐城为七省要道,安庆咽喉,寇死守待援。玉成尚拥众数万，徘徊于集贤关内外，谋与桐城合并。乃会军进击，玉成、辅清皆大败，越山而逸，遂复其城。宿松、黄梅、蕲州、广济相继下。多隆阿进屯蕲州曹家渡，扼下游败寇，以绝黄州寇援。李续燾等会同水师进攻黄州，寇筑垒浚濠以抗我军。蒋凝学令投诚刘维桢服寇衣，伪为援众。复造玉成伪文，诱寇出，而设伏以待，寇果出，为我军所歼，立复黄州。

时秀成窜出丰城，踞白马寨，遣党攻抚州。鲍超驰至，抚围立解。寇走贵豀，得广东新寇，合大众据湖防河口，势甚汹涌。超分五路应之，踢毁七十余垒，进复铅山，国藩移驻安庆省城。初，侍贤攻严州，两月不能下，乃于乌石、方门二滩连环筑垒，逼近外濠。城内粮尽援绝，副将罗大春受重伤，率将士突北门出，城遂陷。秀成自桐卢、新城进陷余杭。寇之窜贵豀者，闻鲍超自抚州至，豫遁走，初，闽寇三起，与花旗广匪先后由建昌窜至广信，与秀成并为一路。鲍超会屈蟠大破广信寇垒，立解城围。秀成败走铅山，筑七垒，与城寇相守御。超踵至，悉覆其垒，渡河攻城，克之。秀成窜围广丰，不克，分窜玉山，筑垒十余，复为道员王德榜所破。

秀成全股悉自江西窜犯浙境，一由玉山陷常山，一由广丰犯江山，龙游踞寇同时出扰，衢州危迫。是月，知府张诗华克复泸溪兴安各城。福建援军张启煊击寇浦江，失利，陷之。寇直犯五指山，金华大股踵至，米兴朝等迎击失利。义乌、东阳相继不守。启煊退守诸暨辟水岭，寇至再溃。九月，寇陷处州。

大军之破安庆也，无为州寇马玉棠妻子居安庆，曾国荃生致之，密谕玉棠献无为城。无为居皖北形势，控金陵，引芜湖，为寇必争之路。附近泥汊口、神塘河诸处，石垒星列，以阻我军。曾国荃会同水师抵泥汊口，垒高难仰攻，乃令筑寨安营，而自率劲旅迅赴杨家桥、凤凰颈，决堤断寇归路。寇大恐，遁入城。越日，攻神塘河，寇亦遁归，乘胜直抵城下。至是玉棠事泄，伪顶王朱王阴幽之。玉棠党举兵攻王阴，我军乘之，寇大溃。毙伪豫侯、丞相等，城立复。

秀成由临浦陷萧山，再由萧山塘路窜杭州，陷诸暨、绍兴府城，分窜新昌、嵊县。上虞、余姚均先后失守。国荃连破运漕镇及东关镇，镇在无为、含山之界，外濒大江，内连巢湖，寇粮皆屯于此，上济安庆、庐州，下输金陵，为南北锁钥。伪巨王洪某率众五六千，并炮船数十，守之。寇失此益胆落。

十月，楚军克复随州。湖北自黄州、德安复后，惟随州以孙捻援应，扰及襄阳，凭坚死抗，官文击退豫捻，复用降将刘维桢取黄州计，诱寇出城败之，克复州城。多隆阿由舒城、庐江、李续宜部将蒋凝学屯六安、霍山，宗棠屯婺源，张运兰等屯徽州。李元度新军出广信，寇悉赴浙江，而皖南寇聚保庐州。宗棠议大举援浙，浙寇猖獗，全省糜烂，逼近省垣。

上命曾国藩管辖江苏、安徽、江西、浙江军务。秀全见各省攻讨严剧，迭克名城，金陵唾手可下，乃大惧，令秀成、侍贤分途窜扰，分我兵力。秀成窜浙江，叠陷各郡邑，直至余杭，浙省戒严。寇从塘路抵杭州，扑武林门外卖鱼桥，踞我营卡。寇队寻大至，运粮道阻。提督张玉良来援，与城军夹守。寇乃自海潮寺至凤凰山，环木栅实土其中为坚壁，使城外隔绝，日以枪炮轰城。玉良攻木栅，中炮死。内外兵益惧，而城中久乏粮，人多饿死。自萧山、诸暨等城陷后，援兵路绝。寇寻陷奉化、台州，十一月，由慈溪犯镇海。台州寇分股陷黄岩、宁波，会同辅清由浙江严州遂安逾岭回窜徽州，复蔓延衢属开化，其谋在深入江、皖腹地，阻我援浙之师。

宗棠于广德奉督办浙江军务之命，以寇围徽郡，当入浙后路，遣军至婺源。会防军援剿。辅清大举分犯徽州、休宁，两败于屯溪、篁墩，遂趋南路，迳逼严郡。而秀成已陷杭州，满城亦相继失守。辅清率宁国寇围攻徽州、休宁两城，伪成天安窜休宁之屯溪，寻又窜篁墩。十二月，总兵张运桂坚守徽城待援，乘间出击破寇垒。寇复踞屯溪、市街、潜口一带，以绝徽军粮道。国藩调总兵朱品隆驰赴休宁。与唐义训先破屯溪街口寇卡，毁河边四垒，进平石桥、潜口寇巢，寻派军护粮赴徽。寇由万安街分股包抄，我军奋击之，寇不敢遏。张运桂以严市街为寇踞，粮道梗阻，与休宁军会商兜剿。毁寇十余垒,辅清受伤。值除夕大雪,寇掠无所得,悉遁去围立解。

是月,提督李世忠克复天长、六合。屡攻不下。黄雅冬思反正,潜约世忠削其外垒,而己为内应。世忠自滁州至六合。寇自八年踞六合,遂大破寇垒,斩冯恩林,直造城下。黄雅冬倒戈,纵火拔关,我军拥入城,擒斩冲天福林国安、顶天燕江玉城、攀天福魏正福五十余人。皆悍党也。诏黄雅冬更名朝栋。世忠以黄朝栋密约天长寇陈世明为内应,朝栋所部未尽剃发,诈为援寇进城下,世明拔关纳军,遂克之。

是岁,汀州寇窜陷连城。分窜上杭。江西寇复阑入武平境,时寇谋分股:一图窥龙岩,一由清流、宁化扰延平、邵武。总督庆端以延平为全省关键,驰往驻扎。克连城,进攻汀州,创洪容海,克之。而江西续窜武平之寇,亦为副将林文察等击败。国藩疏请饬庆端严守浦城。俾寇不得由闽境窜江西。

同治元年正月,是时浙、苏两省膏腴尽为寇有,全浙所存,尚有湖州、海宁两城,又孤悬贼中,独衢州一府尚可图存。国藩疏荐福建延邵建宁道李鸿章署理江苏巡抚,别立一军,由沪图苏,以围攻金陵属曾国荃,以浙事属左宗棠。于是东南寇势日就衰熄。世忠攻江浦。约刘元成、单玉功为内应,杀伪报王、伪王宗、操天福等七十余名,立复江浦。至浦口,复克其城。自江、浙两省寇纠众数十万,并力东犯,连陷奉贤、南汇、川沙等厅县。烽火遍浦东,逼上海。各隘防军遇寇辄溃走。寇既为法船所击退,踞天马山陈防桥,复为李恒嵩所破,败入青浦城中。其浦东大股踞高桥,欲断我要隘。美人华尔、白齐文扑寇巢,毁其壁,进攻浦东、浦南,大破之。寻嘉定、青浦寇进逼七宝,以窥上海围防军郭太平营。薛焕督军解其围,甫还军,寇复大至。

李鸿章率湘淮军援江苏,营上海城南。黄翼升统水师相继至。宗棠出岭攻开化,杨辅清纠众踞张屯、银坑、石佛岭,窥伺衢州,连战走之,阵斩蓝以道,开化肃清。九洑洲寇窜江浦、浦口、和州,分党犯桥林。二月,嘉善、平湖寇水陆犯金山、泖泾,七日,陷之。松江、上海俱震。东梁山伪爱王黄崇发、西梁山伪亲王某、裕溪口伪善王陈观意纠合雍家镇寇，分股上窜五显庙、水家屯、汤家沟，水师李成谋登岸破之，斩黄崇发。初，宗棠既克开化。进军常山璞石，侦李侍贤嗾寿昌兰溪寇纠遂安恭天义赖连绣犯开化马金，谋长围困我。宗棠回攻遂安，乘援寇未集，先剿克之。

三月，李元度败寇于江山碗窑，再败小青湖援寇。江山贼进陷峡口闽军曾元福垒，踞之，连营数十里。宗棠自常山遣军进剿。林文察之克遂昌也，寇并聚松阳，蔓延云和、景宁，寻以次击退，进规处州，破寇松阳平港头寇垒，寇奔处州碧湖。上年国藩檄鲍超平青阳城外寇垒，作长围困之。伪奉王古隆贤潜纠浙江死党三万余人进扑铜陵，分我军势。超率援军尽扫横塘等处百余卡三十六垒。古隆贤侦知大军北出，阴统泾、太悍寇筑九垒于青阳猪婆店阻我师，以通粮道，适超凯旋，进逼青阳，克之。

国荃既募湘勇回安庆，国藩饬令攻取巢县、含山、和州、西梁山等处，以为欲制寇死命，先自巢始，遂进屯县城东北。刘连捷等赴望山冈以扼南路，寇乘我垒未定来犯，拒败之。初，寇踞江岸以北，上援庐州，下卫江宁，分布坚城，拒守要塞，通上下之气，杜我进兵要路。至是攻破巢县铜城闸、雍家镇，旋收巢县，复含山，再会水师大破裕溪口寇屯。

寇之踞金陵也，以全力扼东西梁山，两山对峙，大江至此一束，水急流洄，视小孤山尤为形胜。国荃以此关为金陵锁钥，循江上逼西梁山而阵。寇走江州，水陆争起搏击，遂克之。自是金陵重镇已失其半。伪匡王赖文鸿窜繁昌县，纠约踞寇扑我三山峡营。曾贞干乘寇未逼，督军分道驰剿，寇大乱，殪其渠吴大嘴，遂克繁昌。芜湖援寇潜屯鲁港以图抗拒，贞干会同水师夺其船百余艘，夷三垒十余卡，余悉遁芜湖。贞干督各军驰抵南陵，立复其城。鲍超既克青阳，议先取石埭、太平以固徽州之防，继取泾县以达宁国之路。乃分军五路，由龙口直抵石埭，寇矢石交下，总兵娄云庆从西、北二门攻入，立复县城。寇大惧，纠集南陵援寇大至，屯甘棠镇阻我师。我军分三路进击，破十七全，遂复太平，擒斩伪主将徐国华等三十七人。先是超攻青阳时，有伪佐将张遇春率众万余乞降，超纳之，令暂屯景德三溪。至是太平贼寇将北走，张遇春骤起歼之。超回军挟之，进攻泾县，复其城，遂东渡清弋江，进规宁国。

李侍贤自陷常山，与龙游寇同扑衢州，总兵李定泰等败之，复常山，解衢州之围。宗棠驰至常山，攻克招贤关，以通衢州粮道。其扑江山之寇，檄李元度会攻石门花园港寇巢，毁十四全，寇势不支，乘夜向台州潜遁。是时，杨辅清由淳化犯遂安，宗棠自常山进屯开化图之，寻遣刘典进攻遂安。辅清退走淳安、昌化。窜皖南犯宁国。四月，仪徵寇败后，窜扰沙漫洲等处，水师击走之，扬境肃清。浙军会民团克复州仙台居、黄岩、太平、宁海、缙云、乐清、慈溪等县。擒斩延天义李元徕，伪王李洪藻、李遇茂，伪主将李尚扬。寻进克宁波府镇海、青田二县。台、处寇上窜温州，踞太平岭及任桥、瞿溪，寻分窜瑞安，张启煊营陷，退守县城。楚皖军会克庐州，秀成窜扰苏、常，玉成则盘踞皖、楚之交。

自大军克复安庆，玉成率党自石牌而上，调宿松、黄梅之寇同至野鸡河，欲赴湖北德安、襄阳招集其党，群酋不从，乘夜由六安走庐州，众渐携贰。秀全复督责甚切，玉成惧，力守庐州不敢走，皖、楚诸军困之，日盼外援。而颍郡解围后，伪扶王陈得才西窜，伪天将马融和随张洛行远遁，外援遂绝。多隆阿与皖军张得胜设伏诱贼出战，两军合击，寇大败，遂克府城，诛伪官二百十三名。玉成奔寿州，尚有死党二千，以苗沛霖阴受伪封，往乞援。沛霖缚之，献颍州胜保大营，并擒伪导王陈士才、伪从王陈德、伪统天义陈聚成、伪天军主将向士才、伪虔天义陈安成、伪祷天义梁显新，及亲随伪官二十余，并正法。秀成闻玉成死，顿足叹曰：“吾无助矣！”玉成凶狠亚杨秀清，而战略尤过之，军中号“四眼狗”。自玉成伏诛，楚、皖稍得息肩，而金陵势益孤矣。

民团克宁海、象山、奉化。李世忠大破寇于六合八步桥，寇窜滁州来安，又大败。寇势大馁。华尔等克柘林，谋捣金山卫。知府李庆琛攻太仓，秀成率伪听王陈炳文、伪纳王郜云官来援，逼青浦。李恒嵩失利，退走塘桥。嘉定、宝山皆震。寇别队由娄塘攻陷嘉定，英、法二提督及我军突围走上海。鸿章饬军驻法华镇，扼沪西，寇遂逾青浦，迳逼松江。秀全自窜踞金陵，以东西梁山为锁钥，以芜湖为屏蔽，而尤以金柱关为关键。自国荃破太平府，彭玉麟破金柱关，黄翼升往袭东梁山一战而下，贞干循江进克芜湖，提督王明山等复攻破烈山石垒，未逾三日，上下要隘悉为我有。从此上而宁国，下而江宁，寇均失所恃矣。

国荃进军江宁镇，屯板桥，潜袭秣陵关，进破大胜关、三汊河，直抵雨花台军焉。江北浦口、六合败寇悉聚江边、李世忠蹙之，渡还九洑洲。江北肃清。五月，伪什天安吴建瀛统众聚南汇，与淋天福刘二林屡为秀成养子所凌，至是来降，我军整队入城。秀成养子方踞金山卫，来犯，复纠川沙寇回扑，复为我军所败，直逼沙川。寇由海塘窜出，遂复川沙，进攻松江，寇逼泗泾，防军游击林丛文败退北门。华尔由青浦回援，鸿章令程学启扼虹桥，分青浦、松江后路。寇陷湖州，福建粮储道赵景贤拔刀自刭，贼夺之，囚一年余，秀成礼待之极厚，终日骂不绝口，谭绍光举枪一击而殒。

初，寇围逼松江，鸿章以松江扼青浦东、西之中，为最要地，自赴新桥，令程学启时出兵缀寇。寇初营西门妙岩寺土城，华尔以炮毁之。寇复攫据之，增筑炮台，环合四门。常胜军战寇窦福滨，城军乘夜分门出击，寇窜遁。乃简精卒破天马山寇营，突入青浦，尽焚辎重。寇死战，并力守松江。其分屯广福林及泗泾之寇，鸿章进击败之，寇遁入营，断桥以拒。刘铭传等克奉贤，陈炳文、郜云官等率众数万围新桥程学启营，填濠拔鹿角，学启不及以枪炮御，掷砖石击之，寇藉尸登濠，学启开壁突击，寇始却，而分股逾新桥逼上海。鸿章将七营往援，大破之，追至新桥，学启大呼夹击，寇解围遁。陈炳文、郜云官皆负伤窜走。进军泗泾，寇大溃，尽烧其垒。广福林、塘桥寇亦退。上海、松江俱解严。

初，李世忠遣军自六合通江集南渡，连破石埠桥、龙潭、东阳寇垒，寇悉遁句容。自是九洑洲寇外援尽绝。秀全遣江宁寇大攻石埠桥曾玉梁垒，世忠遣义子李显发往援，入垒会守。陈坤书自句容进攻龙潭、东阳诸垒，守军黄国栋等退并石埠，而寇攻益急，显发会水师力战，尽平其垒，解石埠围。时李秀成自松、沪败还，谋连合杭、湖寇众救援江宁。秀全遣悍党二万攻大营，国荃设伏败之。连日宗棠督军攻衢州，东、南、北三路寇垒皆尽。

初，秀全以大军骤逼城下，日出扑犯，辄被创，趣浙酋李侍贤、苏酋李秀成还救江宁，而宗棠攻衢州，与李侍贤相拒遂安、龙游间。鸿章新克松江厅县，秀成奔命未遑，乃与诸党议曰："曾国荃兵力厚集于金陵，为久困之计。我势日蹙，不如先围宁国、太平，断其后路。我军势既振，敌乃可图也。"秀全以久困，虑粮不继，仍促其入援。秀成不得已，乃先遣悍党数万自苏西援。时宁国余寇窜并江宁，屯于淳化镇者亦不下二万余。六月，宗棠自衢州进军龙潭。侍贤自遂安败后，复纠合金华及温处悍党，分屯南岸湖镇、罗埠，北岸兰溪之永昌、太平、祝家堰、诸葛屯、孟塘、油埠、裘家堰。宗棠驻潭石望，距城十五里。遣睢金城会刘培元驻城西圭塘山，屈蟠、王德榜驻紫金旺，崔大光驻城北封河茶圩，刘典驻高桥。先是，李侍贤侦我军平衢州寇垒，将进军龙游，纠党潜趋兰溪、岩淳，乘虚袭遂安，为就粮江、浙断我饷道计。宗棠遣军大破之，寇由寿昌退还金华。七月，我军进败龙游寇，毁兰溪、油埠寇屯，阵斩伪骏天义邓积士等。宣平、处州、余姚、寿昌均以次收复。

是时杨辅清纠众十余万窜踞宁国府城，复分党屯聚团山、寒亭等处。阻我进兵之路。鲍超饬将卒扑寒亭，寇出巢猛拒，总兵宋国永横跃入阵，伏起扼归路，寇惊溃，平寒亭管家桥、楠家甸、狮子山寇馆数十处，寇垒三十五座。伪卫王杨雄清纠合余众遁回宁郡。辅清闻寒亭战败，即纠党绕城结垒，延三十余里。鲍超进壁乌纱铺，饬娄云庆设伏望城冈，以轻兵诱寇，寇以我兵寡，直压山冈而下，我军张两翼却之。寇见旌帜遍山谷，误为援寇，反斗中伏，我军复断其后，毙无算。望城冈及抱龙冈十数屯皆平。寇复阴结别股筑垒坚拒，鲍超率各军逼垒而营。各伪王出大队于南、北两门夹攻，鲍超分军进搏，寇败走浮桥，我军焚桥截杀，无得脱者。寇复收余烬，再战再败，辅清单骑脱走。立收宁国府、县二城。初，辅清闻超军至，数遣使乞援于江宁，秀全遣伪堡王洪容海率悍寇赴之，容海者石达开死党也。既至，慑超威，乞降，超许之，而郡城已克，容海奔广德，袭献州城，率众六万就抚，复本姓童。

江宁援寇大举犯垒，分二十余队牵制各军，而以锐卒突雨花台。国荃拔卡纵击，大破之，解围去。潘鼎新等会克金山卫城，地界江、浙，为浦东门户，至是一律肃清。是月，鸿章督诸军会攻青浦，克其城。谭绍光方踞湖州，闻青浦已失，恐官军蹑其后，乃合嘉、湖、苏、崑寇犯松、沪西北，进窥青浦，学启会水师击却之。寇攻北竿山垒不获逞，遂东趋攻北新泾、北新泾为上海西路之蔽，防军大战却之。寇分窜法华，逼上海。鸿章调诸军自金山卫、青浦、松陵回援。悍寇二万围官军，学启战逾时，寇大溃。北新泾之寇凭河据垒，伏左右以待我军。鸿章亲督阵，与学启军合，尽毁寇营，绍光遁嘉定。上海危而复安。

八月，寇陷慈溪，华尔复之，受创，寻卒。嵊县、新昌寇陷奉化。闰八月，奉华寇窥宁波，宗棠饬蒋益沣等进平兰溪裘家堰寇垒，毙伪元天福万兴仁、伪尪天福刘茂林等。罗埠踞寇伪戎天义李世祥乞降，益沣攻罗埠，世祥应之，破五垒。湖镇寇闻之遁，我军渡河破五星街。此皆龙游、汤溪要冲也。益沣屡攻汤溪不下，军多死伤。宗棠进营新凉亭，逼龙游城五里，饬益沣由罗埠进攻汤溪。刘典屯扼油埠、湖镇，以堵兰溪、金华援寇。

九月，鸿章会常胜军攻嘉定，克之。绍光及伪听王陈炳文复纠援寇十余万，分道自太仓、崑山来犯，北由蟠龙镇至四江口，图据黄渡以当青浦。南由安亭至方泰镇、图入南翔。寻我军却寇南翔，寇乃于三江口、四江口立左右大寨，设浮桥潜渡，困我水师。而青浦西北洋新泾、赵屯桥、白鹤江寇益蔓延，扰及重固镇张堰，距青浦十余里。黄翼升率水师自青浦出冲敌舟，寇扼白鹤江不得进，别队犯黄渡，李鹤章会击败之。时四江口久被围，绍光屯吴淞江口，炳文踞南岸。鸿章督诸军至黄渡，分三路进击，自辰至未，屡冲不动。鸿章督战益急，诸军逾濠直逼寇营，学启炮伤胸，复裹创疾战，寇由南岸溃而北。四江营守将皆冲围而出，寇退崑山。我军毁其浮桥石卡殆尽，毙数万，夷垒二百座。寇自是不复窥松、沪，悉力坚守崑山、太仓，尤为苏州门户，寇所必几争者也。

宁国再陷，寇复由句容进薄镇江，壁汤冈。冯子材督军破汤冈九垒，寇归青山老巢，乘胜拔之，窜还句容。初，伪护王陈坤书纠众四五万图犯金柱关，彭玉麟御之花津，五战皆捷。寻寇以战舰数百从东坝拖出，我军毁其浮桥，寇乃不敢渡河。至是悍寇结筏偷渡，屡逼金柱关，我军水陆大举，败之花山。寇遁上驷坡，而水师已先毁浮桥，寇回戈转斗，诸军合击，歼万余。其窑头等自尚袤百余里，我军环攻，焚其垒。花津、清山、象山、采石矶诸寇巢悉数平毁。自是芜湖、金柱关六十里之间寇踪以绝。

时大营军士患疫方稍止，秀成亲率十三伪王，号称六十万。麕集金陵，东自方山，西至板桥镇，旗帜林立，直逼我军营垒，尤趋重于东西两隅。曾贞干等击败之小可边城寇援，寇寻由东西两路进攻，分党趋洲上，抄出猛字等营后，我军分路击退之。寇之围逼西路者，历六昼夜，为我军击败。寇悉向东路，逼营而阵，潜通地道，百计环攻。各军将士负墙露立，掷火球击寇。寇负板蛇行而进，填濠欲上。我军丛矛击刺，寇拽尸复进，抵死不退。飞弹伤我荃颊，血流交颐，仍裹创上濠守御。侍贤自浙东来援，急攻吉后营炮台。国荃引军驰救，寇来益众，用箱匮实土排砌濠间，暗凿地道。我军以火箭攒射，随出锐卒击之，贼缝稍挫，遂毁西路寇垒。东路之寇环逼不已，嘉字、吉后两营地道轰发，寇拥入塌口，我军分路冲出决战，塌口以内之寇诛戮无遗。濠外寇复举旗督战，各营同出抄杀，寇精锐悉挫折。复于东路别开地道，西路决江水淹绝运粮之路。贞干在高坡增筑小营，令水师驻双闸护饷道。我军凡破寇地道五处，寇计益穷。国荃乘势进拔十余卡，破东路四垒，西南诸垒望风惊溃，追至南路牛首山一带,平垒数十座,搜剿至方山之西。雨花台守众句结城寇绝我军归路,我军左右荡决,寇分路而遁,重围始解。是役也,秀成自苏,侍贤自浙,先后围攻大营四十六昼夜。国荃率诸将居围中,设奇破之。弟贞干力顾饷道,将士狞目糜面,皮肉几尽。

大营解围后,秀成仍屯秣棱关、六郎桥一带。侍贤谓秀成曰:"今江北方空虚,出其不料,驰攻扬州、六合,括其粮以济军。复分兵攻国藩于安庆,彼必分军驰救。我今屯秣棱、溧水之师,乘虚击之,鲜不济矣。"秀成纳之,别遣伪纳王郝永宽、伪封王洪元春等自九洑洲渡江,窜越江浦、浦口者五六万。洪元春陷巢县、含山、和州,遂踞运漕镇、铜城闸、东关各隘,知无为州米足兵单,径扑州城。提督萧庆衍攻运漕、铜城,会彭玉麟水师焚毁三石卡,进破运漕镇,连覆陶家嘴、崑山冈寇垒,绕出铜城闸后。闸口寇冲围而出,冈东、闸西寇皆遁走。国荃遣军守东西梁山顾江隘,令李昭庆带五营自芜湖北渡援无为,以保皖南各军运道,国藩调李续宜、毛有铭移防庐州。赖文鸿、古隆贤等自广德、宁国窜入旌德,总兵朱品隆败之。解围去。其攻泾县之寇,亦被援军击退。先是昌化寇率众数万窜入绩溪,冀绝旌德防军粮路。唐义训会浙军克之。

十月,我军连复上虞、嵊县、新昌。宗棠屡攻龙游、汤溪、兰溪、岩州诸处,破垒卡三十余,惟附城诸垒不可破。寇以死守城,穴墙开炮,军士多伤亡。龙游、汤溪两城为金华要道,必两城下,后路清,而后可攻金华。兰溪一水直达严州,必兰溪下,饷道通,而后可收严郡。此三城者,所请如骨之梗在喉也。十一月,寇窜太平、黟县,进陷祁门,将窥伺江西饶州、景德。宗棠恐阻粮路,檄军助剿,未至而祁门已克。魏喻义攻岩州,岩州形势,外通怀宁,内达杭州。宗棠援浙,谋首下岩州,而寇在三衢,图犯江西,断我饷道。乃先清衢郡。饬刘典攻兰溪以分寇势,踞寇伪朝将谭富与兰溪谭星为兄弟,互相首尾。喻义屯铜关,据险设卡。谭富纠桐庐、浦江诸寇屡来犯,喻义伏兵钟岭脚,歼寇前锋,寇惊还,闭城固守。是夜我军梯城而入,歼寇万余,立克府城,焚船三百余艘,获伪印二百九十三颗,余弃械投

诚。是时,绍兴伪首王范汝增、伪戴王黄呈忠、伪梯王练业绅率大股
由诸暨、东阳、义乌、永康西窜金华,号称十万,以援汤溪、龙游。分
党窜武义,林文察败之。丹阳、句容寇窜镇江,冯子材督军大破于丁
屯、薛屯诸处。寇踞常熟、昭文二县以窥江北。距城十八里有福山
者,为江南重镇,与江北狼山镇对峙,由江入海之锁钥也。二县守寇
钱桂仁、骆国忠、董正勤与太仓酋钱寿仁密通款我军,李鹤年攻城,
寇约内应,国忠夜饮桂仁酒,就座斫杀伪冯天安钱嘉仁、伪逮天福
姚得时,以城降。明日,会水师周兴隆破平福浒,白、徐六泾诸海口
寇垒,进规太仓,而苏州内应事泄。谭永光众争常熟,招江阴,无锡
寇六七万来会,又令杨舍寇乘隙陷福山。官军固守常、昭。

十二月,寇围而攻之,团勇溃。周兴隆告急,鸿章遣援,而江阴
杨库寇已窜福山各口阻援师。遣常胜军及水师攻福山口河西寇垒
不下。寇攻常熟急,西北门营垒已失,常胜军阻寇福山不得达。李
鹤年攻太仓,寇援甚众,亦难骤进。鸿章增调浦东军由海道绕赴福
山,会师援剿。鹤年等自望仙桥进攻太仓,败之。时蒋益沣攻汤溪
不下,刘璈会攻兰溪寇垒亦失利,刘典合水陆进攻,寇坚伏不出。龙
游、汤溪援寇适大至,乘间西趋扰江皖,益沣等迎击汤溪援寇于金
华白龙桥,大创之。伪扶王陈得才、伪端王蓝成春、伪增王赖文光、
伪顾王梁成富、伪主将马融初,皆陈玉成悍党也。玉成命北犯牵掣
官军,而得才见庐州被围急,欲南援,为防军所扼,奔窜于河南、湖
北、山、陕之间,与诸捻合,遂成流寇。

二年正月,秀成调集常州、丹阳诸寇屯江宁下关、中关,号二十
万。自九洑洲陆续渡江,意欲假道皖北,窜扰鄂疆,截断江、皖各军
运道,图解江宁之困,盖近攻不如取远势也。既渡江,陷浦口,李世
忠退入江浦。伪匡王赖文鸿、伪奉王古隆贤、伪襄王刘官方纠合花
旗广寇数万围泾县。鲍超自宁国驰援,诱之入伏,寇败还垒,而垒已
为我军所焚,寇大奔、立解城围。及还军,而西河寇乘虚犯垒,见超
帜,仓皇遁去。蒋益沣、康国器克汤溪,金华寇恃汤溪、龙游、兰溪三
城为犄角,我军攻汤溪,寇势渐蹙。伪朝将彭禹兰诣营乞降,益沣令

内应,诱诛伪天将李尚扬等八名。是夜彭禹兰启西门纳军,杀九千余,城寇遂尽。伪戴王黄呈忠、伪首王范汝增、伪梯王练业绅自白龙桥退奔金华,龙游寇闻风而遁,左宗棠收之,刘典收兰溪,高连升等收金华。而武义、永康、东阳、义乌、浦江皆相继收复。

浙东败寇从于潜、昌化越丛山关,窜皖南绩溪,复逾箬岭,归旌得,并句容、太平大股麕集石埭,谋西上。建德大震,江西饶州、九江边亦急。刘典等克诸暨,谭星自浦江败后,窜踞桐庐,宗棠饬刘培元会水军合击之,遏其西趋。蒋益沣乘势进攻绍兴,提督叶炳忠会英、法军克之。败寇万余,与桐庐踞寇沿江筑垒抗拒,我军水陆合攻,遂复桐庐。萧山寇亦窜走,浙东肃清。

左宗棠遣益沣进攻杭州。先是杨辅清纠合群党,啸聚西河、红杨树、麟麟山一带,十余万人,以一大股抄出高祖山,先以一小队绕过山背,扬言上犯泾县,实欲图鲍超老营。二月,寇分三四万众围高祖山八营,鲍超分军三路,伏兵茯苓山傍以断其后。战逾时,寇哗乱奔,近茯苓山,伏起,寇骇惧,遂平高岭、周家桥、马家园、小淮窑诸垒。寇之由河西通入湾沚者,为水师击败,并入梅岭、麟麟山。鲍超遣将分攻之,积尸若阜,并收复仰贤圩各处,余分道窜逸。伪怀王周逆等纠众窜至句容城外,会合丹阳伪效天义陈酉,图由九洑洲北渡。冯子材扼桥据险,分队进攻,直趋牧马口,沿村十余里卡林立,官军直突,屹不稍动。守备李耀光阵斩执旗寇,捣中坚,官军无不以一当百,立毁牧马口敌卡。东湖寇亦败溃,进毁南路柏林屯老巢,斩陈酉马下,即四眼狗玉成之叔也,寇骇奔,向西南窜走。

皖西寇犯休宁,分掠建德,西侵江西鄱阳、彭泽,东扰池州,围青阳,续由江浦县新河口迤逦西窜巢、含、全椒之间。南岸则金柱关,时踞皖南寇约有三起:一为胡、黄、古赖诸寇,即踞宁国、太平、石埭、旌德者也。一为花旗,此广东匪,前由广东、湖南、江西入浙、皖者也。一为谭星,即兰溪抗官军者也。徽防诸军纷纷告警。当曾国藩之视师东下也,寇攻常熟悉益急,谭绍光又益以炮船二百艘,突地攻城,降将骆国忠悉力扼守。鸿章遣军攻太仓、崑山分寇势,别遣英将戈登助剿福山，会潘鼎新等水陆军夺石城，夜毁城垒，翌日寇入西山，而福山火起，乃开门悉锐出击，寇尽溃，擒斩悍酋孝天义朱衣点。常熟、昭文城围立解。太平踞寇图祁门。江西军王沐败寇于徽州屯溪。草市寇再败于严寺街、长林、潜口等处，死近万人，退奔休宁、蓝田一带，西通渔亭。未几，寇复进踞潜口，祁门防军御之黟县渔亭，大破之，阵斩伪天将刘官福。

寇之初起也，禁令严明，听民耕种，故取江南数郡之粮出金柱关，江北数郡之粮出裕溪口，并输江宁，今耕者废业。烟火断绝，寇行无人之境，而安庆、芜湖、庐州、宁国、东西梁山、金柱关、裕溪口，暨浙之金华、绍兴，山川筋络必争之地，寇悉丧失，我军足制其死命。昔年寇之所至，筑垒如城，掘濠如川，近乃日近草率，群酋受封至九十余王之多，各争雄长，败不相救，识者知其亡无日矣。

寇复由宁国绕出青阳，分扰建德、东流。三月，由东流犯江西彭泽，进逼祁门。由建德窥饶州，犯梅林营垒。刘典督军败之，遂大破潜口寇屯。徽州、休宁解严。乃赴渔亭，会克黟县。斩伪绚天义古文佑。追寇出岭外，平寇垒二十余，岭内一律肃清。太仓踞寇伪会王蔡元隆诈降郊迎，我军至城下，伏起，枪伤李鹤章，程学启殿军而退。鸿章橔戈登会攻太仓，克之。黄文金合许家山各处寇十余万，由祁门进逼，与参将韩进春血战四时。阵斩伪孝王胡鼎文，群寇夺气。

寇攻庐州，犯舒城。李秀成将由舒城、六安上窜，一出黄州，一出汉口，扰犯湖北，掣我南岸之师以援北岸，掣我下游之师以援上游，皆为解金陵围计也。湖北为数省枢纽，曾国藩调成大吉回屯潈口，橔水师赴武汉严防。秀成来犯石涧埠，进逼我军，昼夜猛攻，相持不下。寇复于前营增百垒，层层合围。彭玉麟派队来援，会军夹击，尽平群垒，秀成遁走。其犯庐江、舒城者悉败走。悍寇马融和自豫间道犯桐城。我军败之三里街，遁往孔城，与秀成合而为一。秀成遣伪富天豫张承得等围六安，败死，六安者淮南要冲也。余寇走庐州，鲍超追击，会攻巢县，先破东关、铜城闸二隘，遂克其城。金山、和州相继皆下。

李待贤自金陵败遁，纠悍党数万屡犯金柱关，花津、上驷渡、万顷湖、涂家渡及燕子矶、伏龙桥、护驾墩、湾沚、黄池诸处寇垒，皆为我军所覆。自是寇不敢轻渡西岸，遁溧水、丹阳一带。四月，水师杨政谟袭破杭州闸口寇船，登岸进毁望江门寇垒，寇大震，急招新城寇还救。蒋益沣进攻富阳，富阳一城为杭州上游关键，贼严防御，船垒相辅。杭州援寇屯新桥，与城寇相为犄角。秀成令陈炳文等舍苏州、常、昭，急援富阳，并纠苏、常、嘉兴悍党由余杭趋临安，窜新城，扰富阳军后路，魏喻义等督兵进击，寇复乘雾分道攻扑新城，大败，向临安遁走。伪慕王谭绍光、伪来王陆顺德等率大股犯太仓双凤镇，攻崑山后路，图解城围。我军鏖战三昼夜，破之。伪天将夏天义率悍党数万久踞崑山、新阳县城，鸿章督率程学启、戈登会水师大破崑山寇垒二十四，毙万余。有正义镇者，为苏城援崑山必由之路，学启攻之，破石垒二。寇见归路已断，夺路狂奔，遂进克同城崑山新阳。王沐自黟县回援景德，寇败于陈家畈、包家霞，窜安宁岭外。

时江宁攻围久，百计欲解城围，既分股由徽、宁窥伺江西，由含、和一带图犯湖北，而由湖北下窜之捻，自蕲水分为四枝，一回窜黄州，一扑宿松，越潜、太，以扑庐、桐。寇、捻句合，凶焰甚张。此皆李秀成所规画也。我军克复福山后，江阴县属扬库汛为江边险要，寇纠众死守，以蔽江阴。我军水陆会攻，斩赵尚林等，立复汛城，而涢北、涢西、塘市屯寇均弃遁还无锡、常州。我军克复建德，连复巢、含、和三城。于是皖北寇全遁，皖南寇势亦衰。

初，秀成自六安败后，率众东窜，声言回救苏州。国荃急争江宁老巢，攻其必救，使城下之寇不暇远趋苏郡，而北岸之寇亦不敢专注扬州。乃率军分六路并进，潜袭雨花台及聚宝南门石垒，肉薄登城，遂夺雨花台，乘胜猛攻东、西、南各卡九垒，皆克之。群溃奔，我军追击于长干桥，蹙入水者无数。未几，城寇出，又败退，毙六千余，寇势从此衰减。秀成在江北，闻雨花台失，益惶惧，又以崑山新克，苏州亦受逼，乃与诸伪王改图南渡。于是天长、六合、来安次第解围。而寇之分踞乔林小店者,冒雨掠舟,喧阗不绝。五月,浦口寇弃城遁走,而江浦寇忽献书乞降,鲍超等察其诈,引军急进,水师次江浦。寇闻风亦宵遁,九洑洲伪城踞寇闭门不纳,寇骇窜芦苇中,溺死者无算。江浦、浦口两城寇,尽歼之入江,江北肃清。

曾国荃连日破平下关、草鞋夹、燕子矶,收宝金圩,距芜湖。金柱关百里内已无寇踪。进攻克九洑洲,寇之在中关者,附城为垒,卒不稍动。其坚踞九洑洲者,下有列船,上有伪城,群炮轰发不息。复于东、西、南三面分伏洋枪阴,伺间出击,我军多损伤。彭楚汉等负创角战,乘风纵火,夜二鼓,扑墙而入,聚歼无一脱者。九洑洲既克,谋者谓浙军攻富阳,沪军攻苏州,江宁亦宜速合围,使备多力分。国藩亦主合围制敌为上策。秀成南渡后,连营于江阴、无锡数十里,声言援江阴攻常熟。鸿章督诸军攻破七十五垒,顾山以西寇皆尽。

寇自失九洑洲,下关江上接济已断,粮食渐乏,谍赴苏州、嘉兴,力图接济。秀全以城围日逼,留秀成共守老巢,缓援苏州。六月,秀全遣党出仪凤门犯鲍超营,出太平门犯刘连捷营,不克而退,犯下关,亦为我军击却。八月,国荃攻印子山,破其石垒,阵斩伪佩王冯真林。明日,破七桥瓮石垒一、土垒三,伪梯王练茶发伏诛。国荃调江浦、浦口防军,别募万人,为火举围城之计。是日程学启会水师逼娄、蓻,规取苏州。

初,建德南窜寇败于汪村,伪匡王赖文鸿创而堕马。群寇卫之遁。越二日,复败于分流木塔曹家渡,自是浮梁北路稍靖。先是黄文金纠合诸酋由皖入江。分扰鄱阳、浮梁、祁门、都昌境内,每为我军所扼,不得深入。乃折而西趋湖口,分三路:上路由文桥,中路由梧桐岭,下路由太平关,而文桥寇势最盛,文金亲踞其中。寻自文桥扑犯坚山大营,江忠义会诸军直前迎击,破其七垒,文金窜皖南,江西肃清。

文金绕越池州围青阳。八月,富阳寇与新桥寇互相犄角,抗我围师。蒋益沣督诸军日夜轰击,先破寇援,毁偪城大垒及大小诸卡,城寇不支,逃入新桥,城立复。我军复由鸡笼山绕出新桥,并力追杀，寇垒悉数芟夷。江阴踞寇日久负嵎，我军攻之，势渐蹙。是月，陈坤书及潮武齐区五大股众十余万分道来援，亘数十里，西自江边，东至山口，沿途扎木城十余，其中营垒大小百余，守御坚固。我军水陆分攻，郭松林潜自山后噪而入，纵横冲突。铭传直捣中坚，寇大溃。有内应者，夜三鼓，梯城而入。伪广王李恺顺坠水死，遂克其城。

秀成自江宁返苏，谋解城围，与程学启、戈登战苏州宝带桥，败北，奔至盘门。我军毁沿途诸卡，秀成率大股来争，我军力击败之。初，寇于娄门外附城筑十九垒，学启屯外跨塘，炮力不能及寇垒，乃移壁永安桥，城中出夷人百余，发炸炮助之。未几，寇分门大出，水陆军力御，寇败退。学启以寇垒既多且固，不得前。而城东南宝带桥为太湖锁钥，寇立石营一、土营三，悉力拒守，遂谋先破之以挫其势。乃分水陆军三路，先破土营，寇弃垒走，石营亦旋溃。秀成亲率援师抵御，学启督军却之。我军攻无锡贼，败之芙蓉山。伪潮王黄子隆出拒，再败走。刃及其肩，几成擒。郭松林追及城下，破平西北两城垒，烧寇船百余艘。

蒋益沣既克富阳，移师杭州，康国器趋余杭。伪归王邓光明、伪听王陈炳文、伪享王刘酉及伪朝将汪海洋，于附城要隘筑垒树棚，自前仓桥、女儿桥、老人畈、东塘、西溪埠、观音桥、三墩，直至武林门、北新关，横至古荡，连营四十余里，以拒我军。海洋自杭州上援余杭，为我军击败。寇旋由前仓渡河，结垒西葛村，我军再击走之。我军攻杭州江干十里街，破街口寇垒。我水陆军大举攻青阳。初，黄文金在都昌、湖口等处战败而东，遂略地池州，直薄青阳城外，近城半里，环筑六十六垒。又数里，筑七十余垒。曾国藩调水陆军进攻，江忠义督所部渡河，从山后缘岩而上，骤攻寇磊，寇纠众抄我军后路，忠羲挥众荡决，寇败若潮涌，平一百三十余垒，歼万余，寇遁归石埭一带，城围立解。

李侍贤、林绍璋等合股内犯，由无锡南门至坊前梅村三十里。高桥大股亦分众七八千人扰至西高山，出芙蓉山后。城寇出北门犯塘头东亭。官军分路迎剿，设伏诱击，寇大乱，败走，陆寇歼诛追尽，夺寇船六十余、民船五百余。秀成自苏州率伪纳王郜云官、伪来王陆顺德、伪趋王黄章桂、伪祥王黄隆芸、伪纪王黄金爱来援，进逼大桥角营。夷酋白齐文以轮船大炮为寇前驱，李鹤章以连珠喷筒破之。寇水陆皆败，毙万余。别股犯猴山，亦败走。秀成子及宿祥玉、黄隆芸皆溺死，秀成顿足大哭。程学启再败寇于齐、娄、葑三门，追至护城河边始敛军。

九月，杭州城寇大出，由蛮头山、凤凰山、九耀山、雷峰塔犯我军新垒，蒋益沣督诸军迎击，大破之。我军进壁天马山、南屏山、翁家山。时杭寇凶狡者，以邓光明、汪海洋为最，陈炳文次之。其计以杭州为老巢，以余杭为犄角，均赖嘉兴、湖州之援，便资其接济。嘉兴入杭之路，则在余杭，故我军议先克余杭，扼截嘉、湖之路，以并合围。蒋益沣一军逼扎凤山、清波各门，扼其西面。余杭一城已围其东南，而北路无重兵，两城之寇往来如故。

寇自大桥角战败，势渐蹙。秀成纠无锡、溧阳、宜兴贼八九万、船千余艘，泊连河口。而自率悍党踞金匮县后宅，连营互进。李鹤章谓寇以河为固，不宜浪战，宜结营制之。我军垒败坊前、梅村、安镇、鸿山之寇，而寇之大股全集西路，志在保无锡以援苏州。郎中潘增玮进攻蠡口、黄埭之策，程学启乃与戈登攻破蠡口，进击黄埭，毁其四垒，擒斩伪天将万国镇。五龙桥者在宝带桥西五里，由澹台湖鲇鱼口达太湖以通浙之要隘也。学启率戈登会水师先后破寇六营。于是我军扎永安桥而娄门路断，札宝带桥而葑门路断，克五龙桥而盘门、太湖之路又断。寇乃句结浙党。图扑吴江，以扰我后。学启率水陆军击破嘉、湖援寇，擒斩伪贵王陈得胜及悍党四十余，追至平望，断其桥。从此攻苏之军无牵掣之患。

伪平东王何明亮等以刘典屯绩溪，不克上犯徽、歙，遂由宁国千秋关窜浙江，陷昌化，扰于潜。其前窜广德者，复折踞孝丰。刘典遣军出绩溪昱岭关援剿。江宁军自攻克江东桥、上方桥，而城东数隘未下。近城者曰中和桥，曰双桥，曰七桥瓮，稍远者曰方山、土山，曰上方门、高桥门，迤南则为秣陵，以至博望镇，皆金陵外辅也。国荃以东路未平，不能制寇死命，令诸军东渡。提督萧衍庆过河破五垒，城寇出争，击退之，遂克上方门、高桥门、双桥门。右路方山、土山之寇亦弃垒而奔。七桥瓮踞寇仓皇欲遁，而城中忽出大股来援，两军相搏，总兵萧孚泗乘夜纵火，寇冒火突出，遂克七桥瓮。其博望镇，总兵朱南桂已先五日袭取之。博望镇既失，则秣陵关之势孤。七桥瓮既失，则中和桥之势孤。总兵伍维寿等南略秣陵关，寇弃垒奔溃。自是钟山西南无一寇巢。

伪奉王古隆贤诣朱品隆降，收复石埭、太平、景德三城，徽州肃清。余寇窜踞宁国、广德、孝丰之间，势甚涣散。宗棠伤刘典由昌化、于潜趋临安，进剿孝丰，为规取湖州之地。十月，易开俊克宁国县城。自是东坝黎立新上书请为内应，建平张胜禄上书请献城池。鲍超等遂合趋东坝，绕垒环攻。杨辅清从乱军中逸出，寇立献伪城。东坝既克，建平张胜禄等即于是日斩伪跟王蓝得仁，举城降，而溧水寇杨英清亦缴械降，遂收二城。国荃克淳化镇、解溪、龙都、湖墅、三岔镇等隘，毁寇垒二十余。江宁城东南百里内寇巢略尽。

苏州军自黄埭攻浒墅关，破王瓜泾、观音庙寇垒，直抵浒墅，击走伪来王陆顺德，进毁十里亭。虎丘、枫桥寇皆遁。踞至阊门，寇大恐。李鹤章败寇无锡鸭城桥，破西仓寇垒，直抵茅塘桥。李侍贤调常州陈坤书来援，城寇黄子澄出迎，我军纵击败之。秀成闻浒关已失，退屯北望亭，谋返苏州老巢。坤书还走常州，侍贤遁宜兴、溧阳，我军乘之，下寇垒百余。鸿章督军攻娄门寇。苏州四年自我军克要隘，乃于胥、葑、娄等门凭河筑垒数十，娄门外石垒尤坚。至是我军由南北岸而进，秀成等突出娄门拒战，程学启与常胜军分队以应，援寇遁入城。水师会攻娄葑门外寇垒二十余皆下。我军连克齐盘门各垒，三面薄城，寇众恟惧，而秀成及谭绍光犹图固守，他酋郜云官等皆有贰心，密请于鸿章乞反正，许之。学启、戈登单舸见云官等，命斩秀成、绍光以献。而云官不忍杀秀成，许图绍光。秀成觉之，涕泗握绍光手为别，乘夜率万人自胥门出走嘉善。郜云官杀谭绍

光。率伪比王伍贵文，伪康王汪安均，伪宁王周文佳，伪天将范起
发、张大洲、汪环武、汪有为，开齐化门迎降，鸿章受之。云官等未剃
发，要总兵、副将等官，并请自领其众屯守盘、齐、胥、阊四门。程学
启虑其不可制，密请于鸿章诛之，立复苏省。

秀成以轮船炸炮越无锡水师北窜。十一月，李鹤章克同城无
锡、金匮，追擒黄子隆与子德懋并诛之。刘秉章等攻浙西，平湖寇陈
殿选献城乞降。连日乍浦贼熊建勋、海盐澉浦贼皆反正。十二月，
秀成留苏州败党分布丹阳、句容间，自率数百骑潜入江宁太平门，
苦劝秀全弃城同走。秀全佻然高座曰："我奉天、父、天兄命，令为天
下万国独立真主，天兵众多，何惧之有？"秀成又曰："粮道已绝，饥
死可立待也！"秀全曰："食天生甜露，自能救饥。"甜露，杂草也。秀
成以秀全恋老巢不肯去，非口舌所能争，乃贻书溧阳约李侍贤，锐
意走江西。

初，寇自咸丰十年破江宁长围，迭陷苏、常、嘉、湖，上窜江西、
湖北，掳胁溃兵、游匪以百万计，尽得东南财赋之区，日以强大。自
去岁屡战屡败，各城精锐散亡不下十万。今年春夏间窜皖北，我军
截杀解散又十数万。其自九洑洲过江，仅存四五万人。秀全惊惶失
措，赖秀成回江宁主持守局。而秀成以苏州为分地，事急回援。今
巢穴已失，党羽又孤，踉跄而走，随行仅两万余人，欲赴金陵，解围
无术。力劝秀全突围上窜回粤，以图再举。常州陈坤书、溧阳李侍
贤皆听秀成为进止，而杭州陈炳文系安徽人，邓光明湖南人，闻秀
成有回粤之谋，皆不愿从，秀全亦屡劝不听。

国荃自四月间掘地道，至是始成，而寇附城筑墙号"月围"，下
穿横洞以防隧道。故城崩，而犹阻月围横洞不能克。刘铭传进攻常
州西路，奔牛踞寇邵南伦，罗墅湾踞寇夏登山、万锡阶，石桥湾踞寇
张邦振皆诣我军乞降，收众万六千人。惟孟河贼尚踞汛城。辄出犯
降人垒，铭传一鼓下之。潘鼎新克屿城，李鸿章等破常州东门、南门
石垒。明日，张树声傍城东北筑垒，破小门、土门。连日嘉兴、桐乡、
石门寇犯屿城，海宁寇犯澉浦、海盐，伪章王林绍章自句容援常州，

均为我军击走。

程学启克平望镇。平望东连嘉兴，西接湖州，南通杭郡，为苏浙枢纽，浙寇精锐多聚守此，今被我军攻克，嘉兴藩篱已失，踞寇夺气。寇犯镇江甘棠桥张文德垒，冯子材等助击破之，斩李秀成养子伪冈天义黄酋。十二月，伪会王蔡元隆献城降，左宗棠受之，改名元吉。海宁澉海，为杭州东北屏蔽。元吉拥众，致攻杭之师未能合围。今幡然附款，杭州之势益孤，东北两面围渐合。嘉兴贼伪荣王廖发受呈降书，程学启虑有狡谋，诫军严备。杭州踞寇伪听王陈炳文遣人诣降，而无降书，宗棠趣蒋益沣攻城益急。

秀成会李侍贤犯江西，既以溧阳至饶州浮梁数百里处处乏食，虑裹粮疾趋为难。因趣侍贤持二十日粮，道长兴、广德、宁国入江西，先踞腴区待已。于是侍贤遣党西窜，行甚疾。曾国藩遣军屯休宁，沈宝桢遣军屯婺源、玉山拒之。四月，川督骆秉璋破贼天全，生擒伪翼王石达开，磔于市。自洪秀全倡乱，封五伪王：冯云山、萧朝贵皆败死，杨秀清、韦昌辉自相贼杀，石达开避祸出奔，自树一帜，历犯浙江、福建、两湖、两广诸省，并扰及滇、黔，蓄意入川，以图窃据，至是为川军擒戮。凡伪五王前后皆诛灭矣。

三年正月，蒋益沣饬降人蔡元吉袭桐乡不下。桐乡为杭、嘉要道，益沣遣将分屯东北门。伪朝将何培章来降，遂收桐乡，令培章率降众屯乌镇、双桥，阻杭、嘉道，绝寇粮。湖、杭寇皆来争，击走之。我军进屯嘉兴，联络苏师，规复郡城。广德、宁国寇窜犯浙江昌化，副将刘明珍不知寇众寡，进击，创矛，退扼河桥。寇寻分党：一窜徽州绩溪，一窜淳安，谋渡威坪河进窥遂安。时侍贤上犯，冀冲过徽州，就食江西。其大势趋重遂安，扰及开化马金街，其地与休宁、婺源、常山、玉山接壤。王开琳自徽州进遂安，连破寇于中州昏口。黄少春驰入县城，败寇遂安城北，蹙入郭村，歼之。寇后队仍由章村窜昏口，少春击破之新桥，开琳复绕出昏口败之。其窜往开化华埠仅千余。

侍贤句合黄文金及广德余党由宁国上窜，陷绩溪，退踞雄路、孔灵等处,图扑徽州。唐义训自徽州出札吴山铺,败之,毁雄路寇馆。援寇至,我军奋击,再破之,县城立复。鸿章派郭松林、戈登等攻宜兴、荆溪,寇开城出拒,枪子伤松林右肘。我军屯三里桥,与常胜军会击,伪代王黄精忠由溧阳来援,拚死相扑,我军屹立不动,以洋枪排击之,寇死伤相继,无退志。我军三路包抄,寇始夺路狂奔,城寇势益不支,开西门而逸,遂复两县城。是城濒太湖西岸,当江、浙冲道,为常郡后路。自是常郡寇益蹙,苏州、无锡之防益固。

戈登进围溧阳。溧阳为李侍贤老巢,又江宁后路要隘。常州、金坛在其北,句容、丹阳值其西,长兴、广德当其南,面面寇巢,前与鲍超东坝、溧水之师相隔绝,后距李鸿章常州军亦稍远。孤军深入,李鸿章戒戈登慎进止。寻溧阳酋吴人杰降,戈登复其城。郭松林等进攻金坛,败伪列王古宗成、伪襄王刘官方于杨巷。是时常州陈坤书合丹阳、句容之寇十余万,由西路绕出常州之北,日犯我军,李鹤章督军击败之。寇以我军城围日紧,分犯江阴、常熟、无锡,以图分我兵势。李鹤章撤围师,坚守勿战,别调军援三县。李鹤章等寻解无锡城围。江阴守将骆秉忠与杨鼎勋等内外夹攻,寇亦败走,乃并趋常熟,北自杨舍、福山,南自颜山、王庄,数十里皆寇。黄翼升会同城军夹击,克王庄、颜山、陈市寇垒,追杀二十余里。寇由由大河回扑常熟,水师截之,首尾不能相顾,掩杀无算。常熟之围立解。

初,秀成入江宁说秀全出走,不听,秀成忧粮食不继,遣党百计偷运。国荃约杨岳斌水陆巡逻,遇奸民运米入城,辄夺之。秀成遣养子李士贵率党数千出太平门赴句容接粮入城,伏兵要之,寇弃粮走。国荃锐意合围,江宁城延亘百余里,自我军驻师雨花台,夺取附近诸隘,东、西、南三面为官军所据,惟钟山石垒未克,城北两门尚未合围。秀成自将出钟山南。攻朱洪章营,败退登山。沈鸿宾等挟火球箭掷垒中,寇突火跳,遂克钟山石垒,寇所署伪天保城者也。国荃分檄诸将屯太平门、洪山、北固山,塞神策门,余玄武湖阻水为围。于是江宁四面成包举之势,寇援及粮路皆绝。

二月,寇以运粮路绝,日驱妇孺出城以谋节食。城西北多园圃,豫种麦济饥。初，程学启进攻嘉兴，破小西门、北门寇营，歼除净尽，擒伪天将刘得福、慕天义贾慕仁。而湖州寇屡窜南木、坛邱、四亭子、新塍，思犯盛泽、平望，以图嘉兴，不得逞。又犯盛泽，围王江泾后路营，亦为我军所败，而城守甚固，我军多伤亡。又遇雨不能进攻，学启急思复嘉兴，分门攻击，增筑月墙，寇拼死抗拒。又以地雷巨炮轰踢城垣百余丈，击毁炮台，贼争负土填城缺。湖州贼又自新塍来援，学启会军猛攻，肉薄登城，丸创其首，部将大愤，纵横刺射，寇众溃，遂克嘉兴。伪荣王廖发受、伪挺王刘得功皆伏诛。援寇黄文金还湖州。

寇之分窜江西者，叠经我军截杀，阑入金溪。道员席宝田由安仁驰击，复其县城。寇由沪溪趋建昌，宝田会军败之，寇蔓延于新城、南丰。提督黄仁翼进攻新城，克之，余窜入福建建宁县境。南丰之寇亦经宝田击败，斩伪天侯张在朋，寇弃垒狂奔，退至城下，合围攻之。

蒋益沣克杭州，康国器等同日收余杭，寇分窜德清、武康等处。宗棠饬军分路进取。三月，罗大春等各率所部扑垒环攻，降人杨芸桂开门迎纳官军。援贼回斗，炮击之，败走。德清寇鏖战四时亦大败。武康、德清皆复。我军进逼石门，踞寇邓光明降。其图窜孝义之寇，亦截杀无算。鲍超等会克句容，伪汉王项大英、伪列王方成宗皆伏诛。伪守王方海宗遁金坛、宝堰，宝堰南距金坛城四十五里，北达丹阳。方海宗与垒伪显王袁得厚合谋阻进兵之路，鲍超攻之，闭垒不出。乃负草填濠，一跃而入，寇向金坛、丹阳遁去。

鲍超进攻金坛，设伏茅山，大败追寇，城寇丧胆，启南门遁走，遂复其城。败寇二三千，屯踞南渡，伪植王林得英约会常州西路孟河、吕城诸寇，欲由金坛归并广德，同踞南渡。鸿章檄道员吴毓芬等会水陆军分三路夜袭其巢，阵斩林得英及秋天安黄有才等，殄寇殆尽。其攻丹阳者，为镇江、扬州防军，援寇一由常州运河，一由江阴孟河大至，詹启纶、张文德会击败之，援寇退屯丹阳东北一带。丹阳一城多聚巨酋，伪然王陈时永为陈玉成叔父，伪来王赖桂芳为洪秀全妻弟。因其内哄，我军乘之，陈时永创仆，斩之。其党自缚赖桂芳及伪广王李恺瞬、伪列王金友顺、伪梁王凌郭钧、伪邹王周林保，并伪义安福、燕、豫诸目，献军前乞降，皆骈诛，遂克其城。至是常州、镇江各属俱告肃清。

寇自德清、武康、石门克后，李侍贤及伪听王陈炳文、伪康王汪海洋等仍坚踞湖州。是时浙江惟湖州、长兴、安吉三城未下，湖州寇于附城二三十里修筑坚垒，复于长兴、安吉各隘连营数十里，相为犄角。高连升击之于湖州境，寇分窜昌化、分水，防军刘明珍截斩数百。李侍贤绕越老竺岭，窜皖南绩溪，复间道走歙西，窜屯溪。陈文炳、汪海洋由歙北窜浙境，分犯淳化、遂安。遂安防军截击歙南小川，窜寇败还杨村。唐义训等进剿失利，于是岭内遍地皆寇，徽、休、祁、黟岌岌难保。寇前队由龙湾、婺源窜江西，后之续至者络绎不绝。国藩调石埭、青杨防军入岭援徽，檄鲍超率全军援江西。

陈坤书之踞常州四年矣，自苏军力攻，以炸炮毁城，寇死守，取旧棺败船堵城阙，以枪炮拒我军。时城西寇垒二十里夹河环列，刘铭传等攻破十四垒，余垒皆不战而溃，而河干寇垒二十余又为张树声等所破，于是寇西道皆绝，惟小南门、西门附城十余垒，我军复击平之。陈坤书塞门不纳败党，恐官军夺入，悍贼皆死城下。城围既合，筑长墙，伏奇兵，备大举，水陆军发炮轰城，风烟迷漫，寇如坠雾中。俄，城坏数十丈，寇以人塞撰口，炸丸迸裂，人与砖石齐起天际，然旋散旋集，盖苏省各路败寇，积年麋聚于此，犹图万死一生计也。鸿章益挥军迫登，我军偕藤牌喷筒直前，寇倾火药，以长矛格刺，军士十坠六七。龚生阳突入，擒陈坤书，周盛波擒伪列王费天将，战城上良久，寇大溃，缒城出者复为我军所歼，我军亦死亡千数百人。常州之失以咸丰十年四月初六日，越四年而复，日月皆不爽，亦一奇也。陈坤书凌迟处死，枭示东门。

时常州败寇窜徽州，我军击破之。余窜江西，围玉山，副将刘明珍等，阵斩珊天安等，毙寇二千。李侍贤越金溪犯抚州河东湾，猛攻东门，为我军击退。忽突起攻桥，环呼城中内应，冀乱我军，刘于淳炮毙多名，余遁金溪，城围立解。伪列王林彩新窜江西弋阳，我军追抵湖西，挥军抄击，寇败窜黄沙港。对岸杨家坡寇党从上游渡寇千余来援，诸军沿河截击，鏖战逾时，寇始蹙，多落水死。

侍贤等先后由浙犯徽，由徽入江西。江阴杨舍及常州城外之寇，由丹阳、湖州上窜徽南，其酋为林彩新及伪麟王朱某、伪爵潘忠义等，从昌化进老竹岭，阑入歙境。唐义训伏兵钟塘岭后，以五营进，遇寇大战，伏起，歼其前锋。时金国琛等行抵富阳，隔河而屯，寇众列山冈上下，我军俟寇涉水将半，突出奋击。唐义训尾而至，夹击之，寇不支，遁向黄山小路。我军驰抵五弓桥，再败寇，因循河埋伏兵。寇正渡时，伏突起，寇大惊乱，生擒林彩新等十名，阵斩潘忠义等十四酋，死亡者二万余人。

是月，洪秀全以金陵危急，服毒死。群酋用上帝教殓法，绣缎裹尸，无棺椁，瘗伪宫内，秘不发丧。其子年十六，袭伪位。秀全生时即号其子为幼主，或曰本名天贵福。其刻印称洪福，旁列"真王"二文，误合为"瑱"，其称洪福瑱以比，然谛观印文，实"真主"二小字，非真王也。

时湖州寇方窜湖滨杨溇大钱口，潘鼎新分军屯南浔，而寇恃长兴为声援。长兴在湖州西，毗连宜兴、溧阳及广德州。宗棠贻书鸿章，移嘉兴之师助攻长兴。鸿章遣诸军分道往取，水师入夹浦口。五月，鼎新进扎吴溇，水师破平夹浦石垒。鼎新连破吴溇、殷溇村，毁其卡垒。郭松林毁长兴城东上莘桥、跨塘桥寇垒。湖州、广德、四安寇率数万分路来援，依山筑垒，绵亘林谷。松林等击湖州援寇，刘士奇击广德、四安援寇，寇垒悉平毁，歼溺万余人。而湖北广德寇复添拨大股折回，我军乘贼众喘息未定，合力痛剿，追杀二十余里，寇乃远遁。我军乘夜攻城，以炸炮轰踢城垣十余丈，松林等首先冲入，遂复长兴县城。

江西贵溪盛源洞等处寇分踞小巷一带，筑垒修卡，我军饬炮船驰赴黄土墩，以枪炮击之，寇仓皇败窜，水陆诸军扑卡而入，擒斩多名，寇大溃。贵溪寇垒一律肃清。浙军进规湖州，攻复孝丰县城，生擒伪感王陈荣,毙千余。是月伪扶王陈得才等合捻窜扰孝感、云梦等县。

上以江宁垂克,而河南捻犯麻城、皖城,深入江西,恐掣全局,趣国荃迅取金陵。国荃进攻钟山龙脖子,寇所称地保城也。我军自得伪天保城后,城寇防守益严。是城扼要害,寻为李祥和所破,国荃筑炮台其上,日发巨炮轰击,居高临下,全城形势皆在掌中。六月十六日,国荃饬诸军发太平门地雷,蹋城垣二十余丈,前敌总兵李臣典、朱洪章等九人先登,诸将分门合力,攻克江宁省城,获伪玉玺二方、金印一方。是夜,寇自焚伪天王府,秀成携秀全幼子从城垣倒口遁去,并以己马与之乘以行。国荃令闭门封缺口,搜杀三日,毙寇十余万,凡伪王以下大小酋目约三千余。最后城西北隅清凉山伏寇数千出与官军死战,卒歼之。其伪天王府妇女多自缢,及溺城河而死。国荃派马队追至淳化镇,生擒伪烈王李万才。其自城破后逸出者,洪秀全之兄伪巨王、伪幼西王、伪幼南王、伪定王、伪崇王、伪璋王悉为马队杀毙。萧孚泗搜获李秀成及洪仁发、洪仁达于江宁天印山,搜掘洪秀全尸于伪宫,戮而焚之。国藩亲讯秀成等,供谳成,骈诛于市。

七月,鲍超连克东乡、金溪,杨岳斌等连克崇仁、宜黄,潘鼎新会克湖州,杨昌浚等克安吉,斩伪驸马列王王徐朗。寇并窜广德、长兴,守军吴毓芬克四安镇,刘铭传克广德。初,秀全幼子自江宁出亡,悍党卫至州城。至是城克,伪昭王黄文英等挟之走宁国。八月,唐义训等败湖州余寇于歙县,歼酋目伪幼孝王等九人。连日刘光明等大破寇于昌化、淳安,伪堵王黄文金、伪偕王谭体元伏诛。李远继挟秀全幼子奔江西广信,于是浙江平。

初,秀全幼子及黄、李诸酋由宁国趋昌化之白牛桥,谭酋及伪乐王之子莫桂先、伪首王范汝增等由宁国趋淳安威坪,约同窜徽境,众尚十数万。刘光明击白牛桥寇,黄酋中炮死,弟文英代领其众,跟踉西奔。黄少春斩谭体元于洪桥,并诛莫桂先等酋百五十余人。刘明珍率所部由淳化上趋,值黄文英、李远继来犯,明珍偕魏喻义等分兵御之，创黄文英于阵。李远继挟秀全幼子遁至徽、歙之交，寇由建口渡河，我军乘其半济击之，大溃，斩伪列王邱国文等，收降卒六千余。余党向绩溪而逸。其已渡建口者，窜至遂安，黄少春等复击走之。伪列王刘得义、萧雅泗等率二万人投诚。洪氏势益孤，乃由遂安昏口遁走开化，窜入江西。

九月，鲍超击伪康王汪海洋于宁郡，大破之，擒斩伪朝将王金瑞等百二十余人。席宝田追剿湖州逃寇，大歼于广昌白水岭，擒伪干王洪仁玕、伪恤王洪仁政及伪昭王黄文英，皆伏诛。沈葆桢克雩都、会昌，练勇克瑞金。宝田追寇于石城，游击周家良搜获秀全幼子于黄谷，槛致南昌省城，诛之。各路官军截剿余寇殆尽，于是洪氏遂灭。

论曰：秀全以匹夫倡革命，改元易服，建号定都，立国逾十余年，用兵至十余省，南北交争，隐然敌国。当时竭天下之力，始克平之，而元气遂已伤矣。中国危亡，实兆于此。成则王，败则寇，故不必以一时之是非论定焉。唯初起必托言上帝，设会传教，假"天父"之号，应"红羊"之谶，名不正则言不顺，世多疑之。而攻城略地，杀戮太过，又严种族之见，人心不属。此其所以败欤？

清史稿卷四七六
列传第二六三

循吏一

白登明　汤家相　任辰旦　于宗尧

宋必达　陆在新　张沐　张埙　陈汝咸

缪燧　陈时临　姚文燮　黄贞麟

骆钟麟　崔宗泰　祖进朝　赵吉士　张瑾

江皋　张克嶷　贾朴　邵嗣尧　卫立鼎

高荫爵　靳让　崔华　周中铉　刘榮

陶元淳　廖冀亨　佟国珑　陆师

龚鉴

　　清初以武功定天下，日不暇给。世祖亲政，始课吏治，诏严举劾，树之风声。圣祖平定三藩之后，与民休息，拔擢廉吏，如于成龙、彭鹏、陈瑸、郭琇、赵申乔、陈鹏年等，皆由县令洊历部院封疆，治理蒸蒸，于斯为盛。世宗综核名实，人知奉法。乾隆初政，循而勿失。国家丰亨豫大之休，盖数十年吏治修明之效也。及后权相用事，政以贿成，蠹国病民，乱萌以作。仁宗矫之，冀涤瑕秽。道、咸以来，军事兴而吏治疏。同治中兴，疆吏贤者犹能激扬清浊，以弥缝其间。然保举冒滥，捐例大开，猥杂不易爬梳。末造财政紊乱，新令繁兴，簿书期会，救过之不遑。又迁调不时，虽有洁己爱民者，亦不易自举其职。论者谓有清一代，治民宽而治吏严，其敝也奉行故事，实政不修，吏道媮而民生益蹙。迨纪纲渐隳，康、雍澄清之治，邈焉不可见。观此，诚得失之林也。《明史》所载，以官至监司为限，今从之。尤以亲民为重，其非由守令起家者不与焉。

白登明，字林九，奉天盖平人，隶汉军镶白旗。顺治二年拔贡，五年，授河南柘城知县。时大兵之后，所在萑苻啸聚。登明治尚严肃，擒诸盗魁按以法，境内晏然。悯遗黎荒残，多方招抚，停止增派河夫，设条以劝耕读。十年，考最，擢江南太仓知州。厘赋税，除耗羡，雪诸冤狱，访察利弊，所摘发辄中。邻境有冤抑，赴诉上官，辄愿下州为理。海滨居民因乱荡析，登明召民开垦，复成聚落。是年九月，海寇犯刘河堡，登明尽力守御，寇不得逞，遂退。十六年，海寇破镇江，由江宁败走，急攻崇明。巡抚蒋国柱治兵策应，欲遣告师期，莫敢前。登明独驾一艘夜半往，缒城入，众知援至，守益力，寇乃遁。

刘河北支有朱泾者，宋范仲淹新塘遗迹也，久淤塞。登明请于上官，疏凿五十里。巡按李森先知其能，复令大开刘河六十里，于是震泽在北诸水悉导入海，旱潦有备，为一郡利。先是寇急时，需饷无出，以云南协饷应之，卒为大吏所劾落职。州民列治状请留，弗得，坐废二十余年。

康熙十八年，会台湾用兵，福建总督姚启圣、巡抚吴兴祚素知登明，代为入赀，疏荐，起授高邮知州。值岁旱蝗，继而大水，湖涨。决清水潭，筑堤御之。严禁胥吏克减，役者踊跃从事。次年复灾，再请蠲赈，劝富民分食，全活无算。时三藩初平，军檄犹繁。登明与民约，凡供亿驿夫，闻吹筛而至，免夺民时。上官有所征调，不轻给，然皆谅其清廉，亦无相督过者。以积劳卒官，贫无余赀，州人醵金以殓。入祀名宦祠，乡民多肖像立祠私祀焉。

时江南以良吏称者，汤家相、任辰旦、于宗尧，皆与登明相先后云。

　　家相，字泰瞻，山西赵城人。顺治六年进士。八年，授常熟知县。洁己爱民，厘剔耗蠹，抚恤凋残，善政具举。前令被劾逮问，家相左右之，力白其诬，以是忤巡按御史。时江南逋赋数百万，严旨夺各官职，家相坐免。士民争先输纳，不逾宿而额足，且以治状诉大吏，请留，勿获。既而给事中周之桂疏上其事，十三年，起授湖北南漳县。县居万山中，寇盗窟穴，时出肆掠，戍官，人咸危之。家相下车，即令坚壁清野。寇大至，家相谓同城守备曰："寇众我寡，当效罗士信破卢明月法，可胜。"密授方略，寇果堕伏中，遂擒其魁党马成、孙信辈，斩首数百级。寇大创，远遁。于是招流亡，修学校，教养兼施，垦田六百余顷。筑永泉、八观诸堰，民赖其力，邑以大治。疆吏交章荐之，以病乞归。

　　辰旦，字千之，浙江萧山人。顺治十三年进士。康熙初，授上海知县。清苦自励，敏于听断，数决疑狱，豪猾敛迹。催科以时，不大用鞭朴，百姓感其仁，输纳恐后。濒海防军将撤，密请行期，故邀军主欢饮，宣言期须少缓，次日令下，促急行。乃厚其牛酒，道上劳军，军无敢迁延他顾，居民帖然。黄龙浦为吴淞江入海要口，建闸屡圮。故事，修闸必筑坝，费不赀。辰旦仿浙人为梁法，度基广狭，约丈尺伐石，识其甲乙，下之水，使善泅者厝之，悉中程。复广左右护堤，约水就道，十阅月而工成。不病役，不縻帑，邑人颂之。县田没水者六千亩，赋额未除，输者率破家。前令屡勘虚实贸乱，至是巡抚慕天颜疏请复勘。辰旦喜曰："是吾志也。"日往来泥沙中，按旧册履丈，厘其荒者，阅二月，费皆自办，俸不足，出银钏棉布偿之。籍上，得减除额征有差。十八年，举博学鸿儒，放还故官。复以良吏荐，入为给事中，论事切直，改大理寺丞。母忧归。旋以前廷推事违误落职，卒于家。

　　宗尧，字二巍，汉军正白旗人，广西总督时曜子。以荫入监读书。康熙七年，授常熟知县，年甫十九。兴利除弊，勇于为治，老于吏事者勿逮也。时漕政积弊，粮皆民运，往往破家。宗尧议定官收官兑之法，重困得苏。其征粮则戒期令各自输，胥吏莫由上下其手，民便之。兴文教，戢豪强，救荒疗疫，皆以诚恳肫挚出之，四年如一日。以劳致疾，卒于官，年二十有三耳。民为罢市，醵金发丧，遂葬之虞山南麓，题其阡曰"万民留葬"。

宋必达，字其在，湖北黄州人。顺治八年进士，授江西宁都知县。土瘠民贫，清泰、怀德二乡久罹寇，民多迁徙，地不治。请尽蠲逋赋以徕之，二岁田尽辟。县治濒河，夏雨暴涨，城且没。祷于神，水落，按故道疏治之，自是无水患。

康熙十三年，耿精忠叛，自福建出攻掠旁近地，江西大震，群贼响应。宁都故有南、北二城，南民北兵。必达曰："古有保甲、义勇、弓弩社，民皆可兵也。王守仁破宸濠尝用之矣。"如其法训练，得义勇二千。及贼前锋薄城下，营将邀必达议事，曰："众寡食乏，奈何？"必达曰："人臣之义，有死无二。贼本乌合，掩其始至，可一鼓破也。"营将遂率所部进，贼少却，必达以义勇横击之，贼奔。已而复率众来攻，巨炮隳雉堞，辄垒补其缺，随方备御益坚。会援至，贼解去。或言于巡抚，县堡砦多从贼，巡抚将发兵，必达刺血上书争之，乃止。官军有自汀州还者，妇女在军中悲号声相属，自倾橐计口赎之，询其姓氏里居，护之归。

县初食淮盐，自明王守仁治赣，改食粤盐，其后苦销引之累，必达请以粤额增淮额，商民皆便。卒以粤引不中额，被论罢职，宁都人哭而送之，饯贶皆不受，间道赴南昌，中途为贼所得，胁降不屈，系旬有七日。忽夜半有数十人持兵逾垣入，曰："宋爷安在？吾等皆宁都民。"拥而出，乃得脱。

既归里，江西总督董卫国移镇湖广，见之，叹曰："是死守孤城者耶？吾为若咨部还故职，且以军功叙。"必达逊谢之。既而语人曰："故吏如弃妇，忍自媒乎？"褐衣蔬食，老于田间，宁都人岁时祀之。越数年，滇寇韩大任自吉安窜入宁都境，后令万疆生踵必达乡勇之制御之，卒保其城云。

陆在新，字文蔚，江南长洲人。康熙五年，以策论取士，在新凤讲经济，遂得举，除松江府学教授，教诸生以质行为先，其以金赟者却之，用不足，知府鲁某分俸助之。巡抚汤斌察其廉勤，以卓异荐。是岁江南七府一州诸长吏被荐者独在新一人，时以此服斌之知人。二十五年，擢江西庐陵知县，严重有威，境内贴然。誓不以一钱自污，钱谷耗羡，革除都尽。傍水设五仓，便民输纳。建问苦亭于衙西，访求民隐。时裹粮历山谷间，劳苦百姓，轸其灾患而导之于善。召诸生，考德论艺，如为校官时。设四门义学，刻《孝经》、《小学》颁行之。二十六年，江溢，民多溺。在新急出钱募民船往救，躬自倡率，出入洪涛中，全活无算。以受前官亏帑盈万无所抵，忧卒。初赴官时，子孔夐在京师，蹙然曰：“吾父此行，必殉是官矣。”亟从之。卒之日，鬻书数箧以敛。庐陵人为罢市三日，请祀名宦祠，长洲人亦以乡贤祀之。

张沐，字仲诚，河南上蔡人。顺治十五年进士。康熙元年，授直隶内黄知县。县苦赋役不均，沐令田主自首，不丈而清。严行十家牌法，奸宄敛迹。大旱，自八月不雨至明年九月，民饥甚。沐力筹赈，捐赀为倡，劝富民贷粟，官为书其数，俟秋获取偿，人争应之，民免转徙。沐为政务德化，令民各书“为善最乐”四字于门以自警。著《六谕敷言》，俾人各诵习，反覆譬喻，虽妇孺闻之，莫不欣欣向善。五年，坐事免。十八年，以左都御史魏象枢荐，起授四川资阳县，途出内黄，民遮道慰问，日行仅数里。既抵任，值吴三桂扰泸州，相去数百里，羽檄如织。城中人户不满二百，沐入山招抚，量为调发，供夫驿不缺。滇事平，以老乞休。

沐自幼励志为圣贤，初官内黄，讲学明伦堂，请业恒数百人。汤斌过境，与语大悦，遗书孙奇逢，称其任道甚勇，求道甚切。沐因以礼币迎奇逢至内黄讲学，俾多士有所宗仰。及在资阳，供亿军兴之暇，犹进诸生诲导不倦。退休后，主讲汴中，两河之士翕然归之，多所成就。年八十三，卒。沐之自内黄罢归也，值登封令张埙兴书院，偕耿介同讲学，为文纪其事，一时称盛。

埙字腩如,江苏长洲人。以官学教习议叙知县。康熙十七年,授登封县,单骑之任。途中与登封吏同宿逆旅,吏不知也。至县三日,拜岳,誓不取一钱,不枉一人。衙前树巨石镌曰"永除私派"。设柜,民自封投,无羡折。招集流亡,督之耕种,相其土宜,课植木棉及诸果实。大修学宫,复嵩阳书院,宋四大书院之一也,延耿介为之师。导诸生以程、朱之学。自县治达郊鄙,立学舍二十一所。课童子,以时巡阅,正句读,导之以揖让进退之礼。间策蹇驴历诸郊问所苦,有小争讼,辄于阡陌间决之。西境有吕店者,俗好讼。埙察里长张文约贤,举为乡约,俾行化导,浇风一变。里长申尔瑞负课且受杖,路拾人输税金,返之,宁受责,不利人财,埙义之,旌其门。乡民高鹏举死,妻孟年少,舅欲强嫁之,孟哭夫墓将自缢,埙适微行,问其故,给以银米劝还家而免其徭,岁时存问,俾终其节。县故多胥役,时狱讼日觊,奸伪无所容,诸胥多自引去。其更番执事者,退则操末耜为农,以在官无所得钱也。开莘岭二百里,复古辕辕路。建古贤令祠,修鄢公墓,崇祯末为令守城抗贼死者也。在官五年,民知向方,生聚日盛,大书"官清民乐"于门。耿介尝叹曰:"年来嵩、洛间,别一世界矣!"二十二年,以卓异荐,擢广西南宁通判。去之日,民遮道哭,立祠于四乡,肖像祀焉,榜曰"天下清官第一"。至南宁,未几,乞归。母丧,服除,赴京师,卒。

陈汝咸,字华学,浙江鄞县人。少随父锡嘏讲学证人社,黄宗羲曰:"此程门之杨迪,朱门之蔡沈也。"康熙三十年,会试第一,成进士,选庶吉士,散馆授福建漳浦知县。民好讼,严惩讼师,无敢欺者。县中赋役故责户长主办,版籍混淆,吏缘为奸。汝咸躬自编审人丁,各归现籍。粮户自封投纳,用滚单法输催,以三百户为一保,第其人口多寡供役。五年一编丁,而役法平。吏胥以不便挠之,大吏摇惑,汝咸毅然不回,奸人无所施技。民乐输将,赋无逋负。

俗轻生,多因细故服断肠草死,挟以图财,力惩其弊,令当刑者掘草根赎罪。禁异神疗病,晓示方证,自制药以济贫者。毁学宫伽蓝祠,茸故儒陈真晟、周瑛、高登诸人所著书表章之。归诚书院,乃黄道周讲学地,为僧据,逐而新之。无为教者,男女群聚茹蔬礼佛,籍其居为育婴堂。西洋天主教要大吏将于漳浦开堂,却止之。修文庙,造祭器,时会邑中士绅于明伦堂讲经史性理诸书。设义学,延诸生有学行者为之师。修朱子祠。教养兼旋,风俗为之一变。会大水骤涨,几及城堞,舆钱登城,多为木筏,渡一人与钱三十,人皆以钱助拯,活者数千。多方抚恤,虽灾不害。

土寇伏七里洞,将入海,发兵击之,走山中。密招贼党,诱擒其渠曾睦等,余党悉散。又擒海盗徐容,尽得贼中委曲,赦其罪,责以招抚。诸盗归诚,海氛遂清。汝咸任漳浦凡十有八年,大吏因南靖多盗,调使治之,县民请留不得,搆生祠曰月湖书院,岁时祀之。汝咸至南靖,诸盗自首就抚,开示威信,颂声大作。

四十八年,内迁刑部主事,擢御史。疏言:"商船出海,挂号无益,徒以滋累。"又言:"海贼入内地,必返其家。下海劫掠,责之巡哨官;未下海之踪迹,责之本籍县令;当力行各澳保甲。"会海盗陈尚义乞降,汝咸自请往抚。圣祖命郎中雅奇偕汝咸所荐阮蔡生往,尚义率其党百余人果就抚,擢通政使参议。五十二年,奉使祭炎帝神农、帝舜陵,并颁赉驻防兵。遍历苗疆,审度形势抚驭之策。历鸿胪寺少卿、大理寺少卿。五十三年,命赴甘肃赈荒,徒步穷乡,感疫,卒于固原。漳浦士民闻之,奔哭于月湖书院,醵金置田,岁祀不绝。著有《兼山堂遗稿》、《漳浦政略》诸书。

缪燧,字雯曜,江苏江阴人。贡生,入赀为知县。康熙十七年,授山东沂水县。时山左饥,朝使发赈,将购米济南。燧以路远往返需日,且运费多,不便。请以银给民自买,当事以违旨勿听。燧力争以因地制宜之义,代草疏奏请,得允。既而帑金不足,倾囊以济之。沛饥之后,民多流亡,出私钱为偿逋欠,购牛种,招徕复业。因捕剧盗已获复逸,被议归。寻复官。

三十四年,授浙江定海县,故舟山也,设治未久,百度草创。海水不宜谷，筑塘岸以御咸蓄淡，修复塘碶百余所，田日增辟。缮城浚濠，葺学宫，建祠庙，役繁而不扰。地瘠民贫，完赋不能以时，逾限者先为垫解，秋后输还。旧有涂税，出自渔户网捕之地，后渔涂被占，苦赔累，为请罢之。地故产盐，无灶户，盐运使屡檄设厂砌盘，官为收卖。燧持不可，请仿江南崇明县计丁销引，岁完盐税银四十二两有奇，著为例。学额多为外籍窜冒，援宣平县例，半为土著，半令他县人认垦入籍以充赋。又以土著不能副额，扩建义学，增廪额以鼓舞之，文教兴焉。民间日用所需，多航海市诸郡城，关胥苛索，请永禁，立石海关。海屿为盗薮，随监司历勘，凡羊衕、下八、尽山、花脑、玉环、半边、牛韭诸岛，权度要害措置之，盗风顿戢。同归域者，海上死事诸人瘗骨处，捐赀修葺，建成仁祠，以劝忠义。

历权慈谿、镇海、鄞县及宁波府事，皆有惠政。擢杭州府同知，未任。五十六年，卒于定海。士民援唐王渔、宋赵师旦故事，留葬衣冠，奉祀于义学，名之曰蓉浦书院，蓉浦，燧自号也。遗爱久而不湮，光绪中复请祀名宦祠。燧任定海前后二十二年，赐四品顶戴，赐御书。后虽擢官，迄未离任。时朝廷重守令，循良多久于其职。陈汝咸治漳浦十有八年，陈时临治汝阳亦二十年。一邑利病，无所不知，视如家事，故吏治蒸蒸日上云。

时临，字二咸，浙江鄞县人。少从陈锡嘏学，得闻证人书院之教。家贫，游京师。三藩之变，从军叙功，授湖南城步知县。父忧归，庐墓三年。康熙三十年，起授河南汝阳县，兵乱之后，风俗大坏，民不知丧礼。时临为斟酌古今所可通行者，衰绖聚饮之风以息。杨埠有支河，久淤，浚复其旧，民获灌溉之利。河南诸县多食芦盐，独汝宁一郡食淮盐，芦商欲并之，时临谓："芦盐计口而授，不问其所需之多寡，以成额给之，是厉民也。吾不能为河南尽革其害，反徇商人意以害境内乎？"力争得止。巡抚徐潮亟称之，于是前后诸大吏皆以为循吏当令久任，数报最，数留之。时临亦与民相安于无事。后擢兵部主事，宦橐萧寥，临行，百姓扶老载弱相送数十里。逾年，以病乞归，卒。

姚文燮,字经三,安徽桐城人。顺治十六年进士,授福建建宁府推官。建宁俗号犷悍,以睚眦仇杀者案山积,文燮片言立剖,未数月囹圄为空。有方秘者,杀方飞熊,前令已谳定大辟。文燮鞫得飞熊初为盗,尝杀秘一家,既就抚,秘乃乘间复仇,不可与杀平人等,秘得活。大吏谓文燮明允,凡疑狱辄委决之。有武弁被杀,株连众,文燮仅坐数人罪。大吏骇曰:“此叛案,何遽轻率?”文燮曰:“某所据初报文及盗供也。”盖乡民逐盗,弁适遇之,从骑未至,为盗所杀而盗逸,营中执为民叛杀弁。文燮检得初报文,而盗亦获,自供杀弁,故得其情。

时耿氏建藩,其下多怙势虐民,贷民钱而夺其妻女。文燮悉使讦发,为捐募代偿,赎归百数。奉檄主丈田事,建宁环郡皆山,民依山凿田,每陡峻不能施弓绳,文燮授吏勾股法,计田广狭,增减为亩,区画悉当。值边海修战船,或拟按户口出钱,文燮上陈疾苦,筹款以代,民乃安。秩满,报最。康熙六年,诏裁各府推官,去职。

八年,改直隶雄县知县。浑河泛溢,浸城,文燮修城筑堤,造桥利涉者。邑贡狐皮为民累,条上其弊,获免。地近京畿,膏腴多圈占为旗产,文燮为民争之。旗人请于户部,遣司官至,牵绳量地,绳所及,民不得有。文燮拔刀断绳,司官见其刚直,词稍逊。未几,有旨退地还民。团练屯丁,以资守望,盗贼屏迹。报垦地,蠲耗羡,减盐引,恤驿政,拊循疮痍,民庆更生。

擢云南开化府同知,摄曲靖府阿迷州事。吴三桂叛,文燮陷贼中。密与建义将军林兴珠有约,为贼所觉,被系,乘隙遁,谒安亲王岳乐军中。王以闻,召至京,赐对,询军事甚悉。滇寇平,乃乞养归。

黄贞麟,字振侯,山东即墨人。顺治十二年进士。十八年,授安徽凤阳推官,严惩讼师,阖郡懔然。大旱,祷雨未应,贞麟曰:“得无有沉冤未雪,上干天和乎?”于祷雨坛下,立判诸大狱,三日果雨。江南逋赋案兴,蒙城、怀远、天长、盱眙各逮绅民百余人系狱候勘。狱不能容,人皆立,贞麟曰:“彼逋赋皆未验实,忍令僵死于狱乎?”悉还其家。及讯，则或舞文吏妄为注名，或误报，或续完，悉原而释之，保全者五百家。

河南优人朱虎山，游食太和，发长数寸，土猾范之谏与昝姓有隙，诬以藏匿故明宗室谋不轨。事发，江宁推官不敢问，以委贞麟，贞麟力白其诬。逮至京师复勘，刑鞫无异，乃释昝姓而治之谏罪。颍州民吴月以邪教惑众，株连千余人，贞麟勘多愚民无知，止坐月及为首者。捕人索财于水姓，不得，指为月党，追至新蔡杀之。乡人来救，并诬为月党。抚镇发兵围之，系其众至凤阳。贞麟廉得实，惩捕而尽释新蔡乡人。其理枉活人类如此。旋以他事解官，得白。

康熙九年，改授直隶盐山知县，地瘠而多盗，立法牌甲互相救护。有警，一村中半守半援，盗日以息。清里役，逃亡者悉与豁除，不期年，流民复业数百家。十二年，旱，谓父老曰："大吏使勘灾者至，供给惟官是责，不费民一钱。"及秋征，吏仍以旧额进。贞麟曰："下输上易，上反下难。待准蠲而还之，反覆间民必受损。"立令除之。又永革杂派陋例，民皆感惠。内擢户部山西司主事，山西闻喜丁徭重，力请减之。监督京左、右翼仓，因失察侵盗罢职，卒于家。

骆钟麟，字挺生，浙江临安人。顺治四年进士副榜，授安吉学正。十六年，迁陕西盩厔知县。为政先教化，春秋大会明伦堂，进诸生迪以仁义忠信之道。增删《吕氏士约》，颁学舍。朔望诣里社讲演，访耆年有德、孝弟著闻者，见与钧礼，岁时劳以粟肉。立学社，择民间子弟授以《小学》、《孝经》。饬保伍，修社仓。莅狱明决，所案治即势豪居间莫能夺，人畏而爱之。县城去渭不十里，钟麟行河畔，知水势将南浸，议自览家寨迤东开复故道，众难之。康熙元年夏，大雨，渭南溢，且及城，斋沐临祷，自跪水中，幸雨止，水顿减，徙而北流者数里。兼摄兴平、鄠两县，兴平豪右分为部党，前令不能治，廉得其状，收案以法。奏最，内迁北城兵马司指挥，复出为西安府同知。

八年，擢江南常州知府。常州、县赋重，科条繁多，吏缘为奸。钟麟立法钩稽清逋，吏受成事而已。属邑岁例馈漕羡三千金，钟麟曰：

"利若金,如吾民何?"峻却之。诸漕卒咸敛手奉法。

初,钟麟在盩厔以师礼数造李颙庐,至是创延陵书院,迎颙讲学,率僚属及荐绅学士北面听。问为学之要,颙曰:"天下之治乱在人心,人心之邪正在学术。人心正,风俗移,治道毕矣。"钟麟书其言,终身诵之。已而江阴、靖江、无锡诸有司争礼致颙,颙为发明性善之旨,格物致知之说,士林蒸蒸向风,吏治亦和。

九年,大水,发仓廪,劝富人出粟赈,民无荒亡。十年夏,大旱,葛衣草履,步祷不应,责躬吁天,言知府不德累民,涕泣并下。寻丁母忧,士民乞留,不可。既归,连遭父丧,以毁卒。郡人论贤有司知治体必首推钟麟。先钟麟守常州者,祖重光、崔宗泰,皆有名。其后有祖进朝,政声尤著。重光官至天津巡抚。

宗泰,奉天人。顺治初,授松江府同知,以敏干称。擢常州知府,政尚严厉,善钩距,吏民惊为神明。十三年,大兵征闽,过郡久驻,人情怔扰,宗泰先期储偫,纤悉备具。有游骑入村落,逐妇女溺水死,宗泰夜叩营门,白将军缚之法。时时单骑巡行,遇小有剽夺,隶传呼"崔太守来",皆引避去,民得安堵。令甲,府漕以推官监兑,推官懦而卫弁横。宗泰自请于漕督,檄之监兑,盛驺从,带刀鞭临仓,弁卒悚惧,竟事无哗。寻以事左迁福建延平府同知。后乞免归。

进朝,亦奉天人。以荫监起家。康熙二十三年,由部郎擢授常州知府,有惠政,以失察镪级去,士民呼吁于巡抚汤斌,请留进朝。斌上疏言:"进朝履任未一载,操守廉、治事勤,臣私心重之。顷缘失察法宝事降调,常州五县士民辄号泣罢市,赴臣请留,日不下数千人。臣谕以保留例已久停,士民谓常州四十年未有爱民如进朝者,其减蠲轻耗,兴学正俗,戢奸除暴,息讼安民,穷乡僻壤,尽沾惠泽。朝廷轸念东南,如江宁府知府于成龙,特恩超擢,吏治丕变。进朝操守才干可与成龙颉颃,而独以一眚被谪,士民攀留,言之泣下,臣不知进朝何以感人之深如此。臣受事四日始获法宝,是受事之日,已为失察之日,且当候处分,何敢代为渎奏?惟臣蒙恩简畀封疆大任,属吏之败检者得纠劾之,廉能者不能为之一言,非公也。民情皇皇如是，而不为之解慰安辑，非仁也。畏罪缄默而使舆情不上闻，非忠也。敢据情陈奏。"章下部议，格不行。圣祖谕曰："设官原以养民，汤斌保奏祖进朝清廉，百姓同声恳留，可从所请，以劝廉吏。"进朝复任。未几，以老疾乞免，民恒思之不置云。

赵吉士，字天羽，安徽休宁人，寄籍杭州。顺治八年举人。康熙七年，授山西交城知县。县居万山中，地产马，饶灌木，时禁民间牧马，停南堡村木厂，民困，往往去为盗。武弁路时运贪而扰民，民杀时运作乱，与大同叛将姜瓖合，连破诸邑。及瓖诛，余盗匿山中。吉士到官，定先抚后剿之策，有投抚者，给示令招其党。诇知群盗阴事，选乡兵，得技优者百人。令绅户家出一丁，与民均役。分夕巡城，行保甲法，匿贼者连坐，邻盗相戒不入境。

时交城多抗赋，河北都者赋倍他都。吉士往谕朝廷德意，勖以力耕勿为盗，众悚息。日暮寝陶穴中听讼，左右多贼党，吉士阳若勿知，诘朝深入，察其形势。最险者曰三坐崖，东西两葫芦川绕其下。塞葫芦口，则官军不得登。吉士默识之而还。交山贼杨芒林、芳清等时出肆掠，九年春，吉士入山劝农，抚姜瓖旧卒惠崇德，询得二杨所在，命二卒立擒至，杖系之。贼渠任国铉、钟斗等纠众尾之不敢发。会有陕西叛弁黄某入葫芦川与国铉合，吉士谋间之，遣山民持书付国铉等，伪误投黄所，黄得书疑国铉等，率众去。国铉等既失黄弁，无所恃，有投诚意。静乐盗李宗盛踞雨洪山，遣其党赵应龙劫清源，吉士遣惠崇德入山说国铉等，令献赵应龙可免罪。国铉与宗盛给应龙缚付崇德，应龙恨为所卖，尽发诸盗阴谋。吉士会兵剿宗盛，复遣崇德往说国铉等使无动，遂擒宗盛，贼党益涣。

十年，廷旨下总督治群盗，期尽剿绝。吉士曰："交山剧贼不过十余人，其它率乌合，一闻尽剿，恐山中向化之民畏罪自疑，反为贼用。今靖安堡初复，请协兵三百以驻防为名，克期入山，可一战擒也。"靖安堡者，近葫芦口三十里，昔以屯兵，吉士就废垒新筑之。守备姚顺率兵至县，吉士约期进屯。先期七日置酒大享客，夜半，席未散,吉士上马会师,疾驱四十里至水泉滩。分三队,一袭东葫芦,一袭西葫芦,自偕姚顺进驻东坡底,为两葫芦要道。东西贼援并绝,国铉等为内应,呼曰:"官兵入山矣!"两葫芦贼皆走上三坐崖。吉士遣人至崖下语之曰:"汝等良民,毋为贼胁,官且按户稽丁,不在即以贼论。"众乃稍稍去,仅存二百余人。分兵要贼去路,贼四窜,被获颇众。分搜巢穴,纵降贼,质其妻子,俾捕他贼以自赎。入山旬有六日,盗悉平。乃召山中民始终不附贼者三十七家,赉以羊酒,立为约正;其素不与徭役者千四百三十家,编其籍入都图。自后交山无贼患。吉士初患山路险阻,命每都具一图,鳞比为大图,召父老询径途曲折注之,以次及永宁、静乐邻县诸山。每获贼,善遇之,因得诸贼踪迹。上官知其能,不拘以文法,用卒成功。

治交城五年,百废俱举,内迁户部主事,监扬州钞关,擢户科给事中。忌者劾其父子异籍被黜,寻补国子监学正。四十五年,卒,祀交城名宦祠。

张瑾,字去瑕,江南江都人。康熙二年举人。十九年,授云南昆明知县。时吴三桂初平,故军卫田隶藩府者,征租量丰歉收之,事平沿为额,民不能供。又军兴后官司府署器用皆里下供应,而取给于县,故昆明之徭,尤重于赋;瑾请于大吏,奏减其赋,不可;乃疆画荒地,招流亡,给牛种,薄其征以济军卫之赋。一年垦田千三百余亩,三年得万余亩。又均其徭,里蠹无科派,奸民无包收,诸侵渔弊皆绝。民旧供县公费日十金,瑾曰:"吾食禄于君,不食佣于民。"革之。总督曰:"陈仲子之廉,能理剧乎?"又问:"今家几何人?"对曰:"子一,客与仆各二。"晌之,信,皆惊异。自公费除而上之取给者亦减。

昆明池受四山之水,夏秋暴涨,怒流入闸河。沙石壅塞,水乃溢。浸灞池田,岁劳民力浚之。晋宁州境毘于昆明,受东南诸箐之水,旧迹有河道入江,上官议凿之以通闸河。瑾按地势为图白之曰:"闸河独受昆明之水,已不能吐纳,沙石旁溢为害,岂可更受晋宁水乎?且其地高若建瓴,沙石荦确尤甚,殆不可治。"台司持之坚,则指图争曰:"高下在目,何忍陷民于死!"总督范承勋曰:"令言是也。"议遂寝。

县有止善、春登、利城诸里田,坳垤错出,不旱则潦。瑾廉得旁近有白沙、马袅、清水三河,可资蓄泄,年久湮塞,率民浚治。三月河复,田以常稔。大小东门外旧皆市,兵后为墟,盗贼窟其中。为创造室庐,以居流亡,移城中骡、马、羊诸市实之。货廛牧场相比,盗遂绝迹。安阜园者,故藩囿也,请耕之以食孤贫废疾而无告者。

是时上官多贤者,每倚信瑾。兵备道欲以流民所垦田牧马,求之期年,不与,久亦称其直。将军仆杀人,按察使置酒为请,阳诺之,退而正其罪。巡抚仆子谋夺士人聘妻,即县庭令士人行合卺礼,判曰:"法不得娶有夫之妇,妇乘我舆,婿乘我马,役送之归,有夺者治其罪。"时人作歌诗以传之。初至,滞狱以百数,断讫皆当。后一省疑狱辄付瑾治,屡有平反。居三年,病卒。士民图其像藏之,请祀名宦祠。

江皋,字在湄,安徽桐城人。顺治十八年进士,观政刑部。父病,乞养归。丧除,授江西瑞昌知县。故事,岁一巡乡堡、校户籍,敛舆马费,皋罢之。县城近河,壖岸善崩,屡决改道,环城无隍,民病汲。皋出俸金,率先众力,筑坚堤,浚壅塞。水复其故,形势益壮,民居遂蕃。三藩叛,县界连湖南,土寇乘间起。皋曰:"吾民缘饥寒出此,迫之则走藉寇。"饬乡、保长开谕抚安,而密督丁壮巡查,屡擒其魁,盗遂息。居七岁,考最,迁九江府同知,寻擢甘肃巩昌知府。大军入蜀,治办军需。值岁除,檄征骒马千匹,荄刍器具,取具仓猝。皋策画便宜,供应无缺。士卒骄悍,所过渔夺百姓,皋遇,辄缚送军主,斩以徇,繇是肃然。

赵四岁,调广西柳州。时新收岭西,兵犹留镇。军中多掠妇女,皋白大吏,檄营帅,籍所掠送郡资遣,凡数百人。军饷不继,士哗哗将变,皋驰谕缓期,趣台司发饷,应期至,军乃戢。郡民王缵绪,故官家子,经乱,产为四奴所据,只身寄食僧舍。皋诘得之,悉逮捕诸奴。

奴惧，纳二千金乞免，佯受之。讯伏罪，乃出金授缵绪，命奴从归，尽还其产，柳人歌诵之。太和殿大工兴，使者采木，民大恐。长老言故明采木于此，僵仆溪谷，横藉不可数。皋曰："上命也，何敢匿讳！"使者至，令民前导，自控骑偕使者往视。巨木森挺绝巇，下临深谷。下骑，披使者攀援以登，崖益峻，无侧足所。使者咋舌曰："是不可取。"还奏免役。民欢呼，戴上恩德。

寻被荐提学四川，以母丧解官。服阕，补陕西平庆道副使，迁福建兴泉道参政。以事左迁，旋以恩复职，卒于家。皋于广西声绩最著。其后称张克嶷、贾朴。

克嶷，字伟公，山西闻喜人。康熙十八年进士，选庶吉士，改刑部主事，累迁郎中。有狱连执政族人，诸司莫敢任，克嶷请独任之。内务府以其人出使为辞，克嶷钩提益急。牒问奉使何地、归何期，力请部长入告。事虽格，闻者肃然。出为广西平乐知府，瑶、僮杂居，盗不可诘。克嶷至浃月，以信义服苗酋。获巨盗二人，毙其一，宥其一，责以侦缉，终其任盗不敢窥。调广东潮州，属县贼蜂起，或称明裔，聚众千余人。克嶷疾驰至其地，命吏士速据白叶祁山，投疑兵，贼不敢逼。会夜半，大风起，简健卒二百斫其营，呼曰："大兵至矣！"城中鼓噪出兵以助之，贼奔祁山，要击之，斩其渠魁三人，众散乞降。巡抚将上其功，克嶷曰："此盗耳，而称明裔，兴大狱，株连多，恐转生变。"乃以盗案结。郡有大豪戎亲迎者于路而夺其妻，克嶷微行迹而得之。狱成，当大辟。监司以督抚命为之请，曰："稍辽缓之，当有以报。"克嶷曰："吾官可罢，狱不可鬻也。"卒置诸法。或假亲王命以开矿，缚执之。其人出龙牌，克嶷命系之狱，以牌申大府。情既得，立杖杀之。丁父忧归，遂不出。年七十六，卒。

朴，字素庵，直隶故城人。贡生。康熙二十三年，授广西柳州同知，有政声。思明土属负固抗官，大吏知其能，调任思明治之。夜遣健卒潜入山，焚贼寨，遂出降。署思明知府，土田州岑氏母子相争，土目陆师等搆之以为利，杀人千余。朴至切谕，母子俱感泣。师等聚众谋不轨，先慑以兵，单骑往，晓以祸福，乃听命。建明伦堂，设义学,代完寒士逋粮。民立生祠奉之。擢贵州平越知府,罣误去官。朴在广西,尝条上边事,巡抚彭鹏奇其才。四十年,诏举廉吏,鹏特疏荐,授江南苏州知府。与吏民相见以诚,屏绝请托,政声大起。四十六年,圣祖南巡,幸苏州,嘉其清廉为吴中最,擢江常镇道,吴民数千人遮道请留贤守,御书"宜民"匾额赐之。调苏松常镇太粮储道、布政使参政,仍兼管苏州府事,从民愿也。革四府征粮例规,积弊一清。忤总督噶礼,摭事劾之,四十九年,去官。留吴门三年,归里卒。

邵嗣尧,字子昆,山西猗氏人。康熙九年进士,授山东临淄知县。有惠政,以忧去。十九年,服阕,补直隶柏乡。兴水利,减火耗,禁差扰,民安之。县人大学士魏裔介为嗣尧会试座主,家人犯法,严治之,不少贷。又有旗丁毒殴子钱家,入县庭,势汹汹。嗣尧不稍屈,系之狱,移文都统讯主者,主者不敢承,具论如法。值岁饥,或言勒积粟家出粟,嗣尧曰:"人惟不积粟,故岁饥则束手,吾方蕲令积粟家获厚利,何勒为?"已而蠲粟者众,岁不为灾。有言开滏阳河通舟楫者,巡抚于成龙使嗣尧往相度,嗣尧力持不可,谓:"此河旱潦不常,未可通舟楫。即或能通,恐舟楫之利归商贾,挑浚之害归穷民矣。"事遂寝。

盗杀人于县界,立捕至,置之法。或毁于上官,以酷刑夺职。尚书魏象枢奉命巡视畿辅,民为申诉,事得白。于成龙复荐之,补清苑。嗣尧益感奋自励,屡断疑狱。人以包孝肃比之。二十九年,尚书王骘荐嗣尧清廉慈惠,行取,擢御史。三十年,出为直隶守道,持躬清介,苞苴杜绝。遇事霆发机激,势要惮之。所属州县,肃然奉法。

三十三年,江南学政缺,圣祖谕曰:"学政关系人材,朕观陆陇其、邵嗣尧操守学问俱优,若以补授,必能秉公校士,革除积弊。"时陇其已卒,遂命嗣尧以参议督学江南。既莅事,虚衷衡校,论文宗尚简质,著《四书讲义》,传示学者。甫试三郡,以积劳遘疾卒。身无长物,同官敛资致赙乃得归葬。士民思之,为立祠肖像以祀焉。

圣祖澄清吏治,拔擢廉明,近畿尤多贤吏,如彭鹏、陆陇其及嗣尧,当时皆循名上达,闻于天下。鹏及陇其自有传。又有卫立鼎、高荫爵、靳让,治绩亦足媲美。

立鼎,字慎之,山西阳城人。康熙二年举人,授直隶卢龙知县。地当两京孔道,驿使旁午,供张糗糒,悉自营办,不以扰民。先是县中征粮,勺杪以下,皆用升合量。纳草以银代,仍抑价买诸民间。立鼎令输户含纳奇零,统归斛斗,征草则以本色输,民甚便之。兴行教化,奖拔士类,丕变其俗,尤以清廉著称。尚书魏象枢及侍郎科尔坤奉命巡畿内,至卢龙,已治具,不肯食,仅啜一瓯。曰:"令饮卢龙一杯水耳,吾亦饮令一杯水。"诸大狱悉以咨之,立鼎引经准律,象枢大称善。于成龙之巡抚直隶也,尝迎驾于霸州,奏举循吏,以立鼎、陆陇其并称。嗣巡抚格尔古德以事至卢龙,谓立鼎曰:"令之苦,无异秀才时。秀才徒自苦,今令苦而百姓乐,非苦中之乐乎?"疏荐立鼎治行第一,灵寿令陆陇其次之。内迁户部郎中,秩满授福建福州知府,以年老致仕归。教授乡里,以倡论道学为事。年七十有六,卒。

荫爵,字子和,奉天铁岭人,隶汉军。康熙初,谒选,授直隶蠡县知县。县多旗屯,居民田之半,佃者倚勋贵为奸利,持吏长短。河数决孟尝村,岁比不登,民大饥。荫爵至,曰:"吾未暇理他政,且活民。"仓有粟二万石,请发以赈。牍再上,不许;请解官,乃许之五千石。荫爵曰:"若今岁又恶,民不能偿,二万石、五千石等死耳,吾且活吾民。"乃尽发之。更出帑五百金贷民种麦。夏旱,蝗起,捕蝗尽。秋又大霖雨,河暴溢,率吏民冒风雨捍御,堤完而岁大熟,民乃安。某甲以财雄诸佃,多为不法,诬诸生为奴,而籍其田。按治得实,置之法。豪猾慑服,莫敢犯令。于是设义仓,置乡学,尊礼贤士,民大和悦。调三河,一以简易为治。或问之,曰:"前令已治矣,何纷更为?"前令,彭鹏也。圣祖校猎至三河,问父老:"高令与彭令孰贤?"对曰:"彭廉而毅,高廉而和。"上称善,擢顺天府南路同知。于成龙问以捕盗方略,条上三事,略言:"盗旗屯为逋逃薮,请严保甲首实之令,使无所匿,而平日能使之衣食粗足,则可不至为盗。"成龙韪之。会丁父艰归。成龙总督南河,筑界首堤,以属荫爵。堤成,上南巡阅工，召见，赐克食。起复补湖北德安府同知，累擢四川松茂道、直隶口北道，皆有惠政，卒于官。子其倬，官至大学士，自有传。

让，字益庵，河南尉氏人。康熙十八年进士，授浙江宣平知县。旱灾，请蠲甚力，巡抚张鹏翮以为贤。父忧去，服阕，授山西汾西。会亲征漠北，供张杜绝扰累，民力不足，请以正赋办治。行取，擢御史，数上疏言察吏安民，实行教养。圣祖谕曰："朕御极四十年，惟冀天下黎庶尽获安全，边疆无事。如靳让所言，必令家给人足，无一人冻馁，此非朕所可必者，恐其不过徒为大言。曩者钱珏、卫既齐亦曾为此言，及后用为大吏，皆不能自践其语。靳让曾为县令，其所为能如是乎？通州驿马事繁，著调为通州知州，果能如所言，朕即超用。"上意欲试之也，许其便宜启奏。让布衣羸马之官，皇庄、旗庄恣肆病民，绳以法，不少贷。私钱、私铸悉禁止。时禁河捕鱼，诬累平民，让分别治之。奸商藉权贵，势谋专卖麦豆及设姜肆牟利，并拒绝。上闻，皆韪之。会学政更替，命九卿举所知。上曰："朕亦举一人。"命以佥事督学广西。逾年，调浙江，除弊务尽，教士先德行而后文艺。值南巡，召对，褒奖曰："汝不负朕举，朕将用汝为巡抚。"让以母老乞终养，赐御书"天麻堂"额以荣其母。寻母丧，以毁卒。

崔华，字莲生，直隶平山人。顺治十六年进士。康熙六年，授浙江开化知县。政务宽平，建塾校艺，士争向学。县旧有里总，主赋税，横派滋扰，除之。又以虚粮为累，请豁于上官，未竟其事。十三年，耿藩乱作，县南垦户多闽人，竖旗以应，城守千总吴正通贼，陷城，露刃相逼。华从间道出，檄召十六都义勇郑大来、夏祚等，涕泣开谕，立聚万人，躬冒矢石，阅五日，城遂复。总督李之芳上其事，诏嘉之。

时闽寇方炽，分三路犯浙。衢州当中路之冲，县城再陷，惨掠尤甚，民无叛志。华率兵退保遂安，图恢复，时出有所擒斩。大兵扼衢州，久与贼持。十五年春，始遣将由遂安复开化，至秋，大破贼军。浙境渐清，流亡初集，积逋尤多。华图上遗黎困苦状，乞为请命，尽蠲十三年至十六年额赋。赎民之流徙者,俾得完聚。疫疠盛行,广施药饵,全活无算。

先后论功,十九年,擢江南扬州知府。值湖、河并涨,属县被灾者众,华加意抚恤。二十三年,命九卿举中外清廉之吏,廷推七人,外吏居其三,华为首焉。擢署两淮盐运使,军兴商困,乃权宜变通,令先行盐、后纳课,务与休息,商力苏而赋亦无缺。先是湖南诸府因兵燹引三十九万有奇,至是有请补行燹引者。华以两淮浮课重,又带加斤,若补燹引,必致额售者滞销误课,力言不便,事得寝。三十一年,迁甘肃庄凉道,未行,卒。淮南祠祀之。

周中铉,字子振,浙江山阴人。康熙中为江南崇明县丞。崇明故重镇,兵籍千人,欲预取军食于官,不获,彀刃哗噪。官吏咸避匿,中铉独挺身前,宣布顺逆利害,感切耸动,众皆投械散。擢华亭知县,民有被诬杀人久系狱,中铉立出之,而坐其实杀人者。提标兵庇盗,前令莫敢问,中铉捕治置诸法,境内乂安。四十三年秋,大霖雨以风,海水骤溢,漂数县。乃具衣糇棺椁救恤之,又为请赈蠲租,活民甚众。雍正四年,以催科不及格罢,县民万数遮言,上官闻于朝,得复职。

时左都御史朱轼被命修海塘,知中铉贤,悉以事付之。塘成,丁母忧,民复吁留,中铉先已擢松江知府,至是予假治丧,还视府事。五年,议浚淞、娄诸水,以中铉署太仓知州,董其役。六年二月,筑坝于陈家渡,一再溃,与千总陆某昼夜冒险指挥,仓卒覆其舟,既殁而筑合。事闻,赠太仆寺少卿。

当中铉令华亭时,奉贤犹隶境内,后析为县,中铉适为知府,至是民怀其泽,奉以为奉贤城隍之神,岁时祈报,著灵异,长洲王芑孙为庙碑纪其事。道光七年,巡抚铁澍复浚吴淞江,疏请立庙江干。

刘棨,字韬子,山东诸城人。康熙二十四年进士,三十四年,授湖南长沙知县,以廉明称。时讹言裁兵,抚标千人环辕门大噪,棨为开陈大义,预给三月饷,示无裁意,众乃定。总督吴琠以循良荐之。

三十七年,擢陕西宁羌知州。关中大饥,汉南尤甚。州无宿储,介万山中,艰于挽运。棨请贷邻邑仓粟,约民能负一斗至者予三升,不十日挽三千石。大吏下其法赈他邑,咸称便。又奉檄赈洋县,移粟沿汉而下。棨先偏历审勘,克期给发,数日而毕。谓洋令曰:"此粟贷之官,倘民不能偿,吾两人当代任。"比秋大熟,洋县民相勉还粟,不烦催督。

始宁羌地苦凋瘵,棨为均田额,完逋赋,补栈道,修旅舍。安辑招徕,期年而庐舍萃集。山多槲叶,民未知蚕,遣人旋乡里,赍蚕种,募善蚕者教之,人习其利,名所织曰:"刘公绸。"士苦无书,为召贾列肆,分购经籍,建义塾,亲为讲解。

四十一年,擢甘肃宁夏中路同知,末赴,母忧去。以代民完赋,负累不能行,属弟代售遗产,不足,弟并以己产易金偿负。民闻之,争输金为助,却不受。服阕,补长沙府同知。入觐,奉温旨,试文艺于乾清门,即日擢山西平阳知府。裁汰陋例,蠲除烦苛,讼牍皆立剖决之。

四十八年,九卿应诏举廉能吏,以知府被举者,惟棨与陈鹏年二人。四十九年,擢直隶天津道副使,迎驾淀津,诏许从官恭瞻亲洒宸翰。棨因奏兄果昔官河间知县,奉"清廉爱民"之褒,乞赐御书"清爱堂"额,上允之。历江西按察使、四川布政使。五十五年,上询九卿,本朝清介大臣数人,求可与伦比者。九卿举四人,棨与焉。驾幸汤泉,又以棨治状语诸从臣,会廷推巡抚,共荐棨,上嘉纳之。以四川用兵,未轻调。五十七年,卒于官。

兄果,官山西太原府推官,有声。改河间知县,康熙八年,驾幸河间,问民疾苦,父老陈果治状,召见褒之。卒,祀名宦。棨子统勋、孙埔、曾孙镮之,并为时名臣,自有传。

陶元淳,字子师,江苏常熟人。康熙中举博学鸿词,以疾不与试。二十七年,成进士,廷对,论西北赋轻而役重,东南役均而赋重,愿减浮额之粮,罢无益之费。阅者以其言戆,置二甲。三十三年,授广东昌化知县,到官,首定赋役,均粮于米,均役于粮。裁革杂征,自坊里供帐始,相率以力耕为业。县隶琼州,与黎为界,旧设土舍,制其出入,吏得因缘为奸,元淳立撤去,一权量,定法度,黎人便之。城中居人,旧不满百家,至此户口渐蕃。元淳时步行间里间,周咨疾苦,煦妪如家人。

琼郡处海外,军将多骄横,崖州尤甚。元淳尝署州,守备黄镇中以非刑杀人,游击余虎纵不问,且贪,索黎人献纳。元淳廉得其状,列款以上,虎私以金赂之不得,造蜚语揭之。总督石琳下琼州总兵会讯,元淳申牍曰:"私揭不应发审,镇臣不应侵官,必挫执法之气,灰任事之心。元淳当弃官以全政体,不能蒲伏武臣,贻县官羞也。"初鞫是狱,镇中令甲士百人佩刀入署,元淳据案怒叱曰:"吾奉命治事,守备敢令甲士劫持,是藐国法也。"镇中气慑,疾挥去,卒定谳,论罪如律。崖人为语曰:"虽有余虎,不敌陶公一怒。"而总督卒因元淳倔强,坐不检验失实,会赦免。复欲于计典黜之,巡抚萧永藻初授事,曰:"吾初下车,便劾廉,吏何以率属?"为言于总督,乃已。

元淳自奉俭约,在官惟日供韭一束。喜接诸生,讲论至夜分不倦。屡乞病未果,竟以劳卒于官。昌化额田四百余顷,半沦于海,赋不及二千,浮粮居三之一,民重困。元淳为浮粮考,屡请于上官,乞豁除,无应者。乾隆三年,元淳子正靖官御史,疏以入告,竟获俞旨免焉。

廖冀亨,字瀛海,福建永定人。康熙二十九年举人,四十七年,授江苏吴县知县。值岁旱,留漕赈饥,不足,自贷金易米以济。士人感其诚,相率捐助,赈以无乏。吴中赋额甲天下,县尤重,冀亨减火耗,用滚单,民皆称便。知收漕弊多,拘不法者重治之,凡留难、勒索、踢斛、淋尖、高扬、重筛诸害,埽除一清。太湖中有芦洲,或垦成田,或种莲养鱼,官吏辄假清丈增粮名以自利。冀亨曰:"湖荡偶尔成田,未可久持,今增其赋,朝廷所得几何,而民累无尽期。"一无所问。初,冀亨莅任时,在吴人语之曰:"吴俗健讼,然其人两粥一饭,肢体薄弱，凡讼宜少准、速决，更加二字曰'从宽'。"冀亨悚然受之。收词不立定期，民隐悉达。尝自谓讼贵听，听之明，乃能速决而无冤抑。在吴三年，非奸盗巨猾，行杖无过二十，盖守此六字箴也。

有庠生授徒盐商家，自刭死，勘得实。或有谤其受贿者，冀亨无所避，卒释盐商勿罪。东山巡检报乡人弑父屠嫂，未遂，自尽。冀亨方秉二烛阅其词，烛无风齐灭，知有冤。克日渡湖往验，大风，舟几覆，从者色变。冀亨曰："县官伸冤理枉而来，神必佑之，何惧！"须臾抵岸。讯得父故杀状，巡检得贿诬报，俱论如律。

冀亨既有声于吴，他县疑狱，往往令推治。会有宜兴知县诬揭典史故勘平民为盗，刑夹致死，冀亨奉檄按验。知县者总督噶礼之私人也，或告宜少假借，冀亨不为动。检踝骨无伤，原揭皆诬。狱上，噶礼屡驳诘。再三审，卒如冀亨议，以是忤总督。时巡抚张伯行以清廉著，深契冀亨，布政使陈鹏年尤重之。而噶礼不怿于伯行，尤恶鹏年。四十九年，鹏年被劾，并及冀亨，以亏帑夺职。逾年，噶礼败，冀亨始复原官，以病不赴选。及卒，吴人祀之百花书院。

冀亨殁后，家留于吴，入籍嘉定。曾孙文锦，嘉庆十六年进士，由翰林出为河南卫辉知府，有惠政，祀名宦。文锦子惟勋，道光十三年进士，亦由翰林为贵州镇远知府，抚苗有法，终贵阳府。

佟国珑，字信侯，奉天人，隶汉军籍。康熙三十年，由笔帖式授山东文登知县。县俗愚悍，有劝治宜严峻者，国珑曰："为政在诚心爱民，兴利除害，化导之而已，严峻非民之福也。"副将某以嘿妓蚀饷，军大噪，夜半斩关出屯东郊。国珑闻变，单骑往谕曰："吾与军民同疾苦，有冤当诉我，何妄动为？"众犹汹汹，国珑当炮立，曰："吾不忍见尔曹族诛，请先试若炮。"众动色，曰："公廉明，军何敢犯，然事已至此，奈何？"国珑力任保全。究其故，得实。缚妓扶之，众泣拜而散，副将寻被劾去。

岁饥，奸民骚动，国珑历村墟，给赈抚，谕捕治凶渠，民赖以安。邑豪宋某以邻妇贷钱不偿息杀之。吏役得赂，皆为豪掩，又以千金

贿国珑。国珑怒,覆验妇有重伤,鞫得其情,置豪于法。邑故濒海,
副将林某缚商舶之泊岛屿者数千人,指为寇,国珑讯释之,别捕诛
真盗四十余人。

五十年,擢山西泽州知州。岁祲,发常平仓以贷民,克期输还无
爽。又减耗羡,革陋规,省徭役,平物价,民情大悦。国珑尝以论事
忤太原知府,某某嗾人诬揭之,坐罢任。州民鸣钟鼓罢市,欲诣阙。
既而得白,留原任。时平阳民变,巡抚檄国珑以兵往,国珑曰:"是速
之乱也。"单骑驰赴,民皆额手曰:"佟公至,吾属无虑矣!"乃安堵受
抚。五十九年,以疾乞免。后以所属高平令亏帑被逮,责偿万金,民
感其惠,捐金投州库代偿其半云。

陆师,字麟度,浙江归安人。少负文名。康熙四十年进士,授河
南新安知县。修学校,集诸生治经,童子能应试者免其徭,民兴于
学。响马贼季国玉为患久,捕诛之。巡盐使者下县,取盐犯四十人。
师曰:"律以人盐并获始为犯,今勘犯止二人,何滥为?"父忧归,在
途,有六七骑挟弓矢,驱牛车,载妇女三十余人,言归德饥民,某将
军买以归者也。师叱止之,令官还妇女于其家,白将军收其骑卒。或
谓已去官忤将军,师曰:"知县一日未出境,忍以饥民妇女媚将军
耶?"

服阕,补江苏仪徵。有盗引良民为党,师亲驰往捕见,坏器满
地,言有暴客食此不偿值,因而斗毁。诘其人,状与盗肖,事得白。春
征,劝富户先输,秋则减其耗,令自封投柜。故事,驿夫临时取给铺
户,仓猝滋扰。一切禁革,但令户日赋一钱归驿,商贾以安。扬州五
县饥,大吏令县各以五千金籴谷备赈,具舟车往,则虚而归。师察知
府意欲县官借补所亏也,力争,于是五县皆得谷以赈。

却盐商例馈,固请,乃籍其入以修学宫,具祭器乐舞,浚泮池,
植桃李其上。修宋文天祥祠,又以其余建仓廒,洁治圊圂。质库书
票,故有月无日,勿论久近,皆取一月息。师辞其岁馈,令视他县月
让五日。旧有潞税,下令蠲除之。

课最，行取擢吏部主事，升员外郎。掌选，有要人求官，力持不可。督山东矿务，条上开采无益，罢其役。还，擢御史，巡河、谳狱皆称职。康熙六十一年，河督陈鹏年疏请以师为山东兖沂曹道，未到官，卒。祀名宦祠。

龚鉴，字明水，浙江钱塘人。早与同郡杭世骏齐名。雍正初，以拔贡就选籍，授江苏甘泉知县。县新以江都析置，故脂膏之地，鉴耻为俗吏，一以子惠黎元、振兴文教为已任。故某侍郎子与有旧，入谒，有所属，拒之。有同城官为大吏所昵，令伺察属吏者，有挟而请，又拒之。巨室延饮，又拒之。于是大江南北盛传甘泉令不近人情。鉴益自刻苦，无一长物。

县境邵伯埭受高、宝诸湖之水，地卑下。鉴谓当于农隙运土筑高埝沿堤为防，以徐议沟洫。堤上即植桑，兴蚕事。其西境地高，浃旬不雨即龟坼，宜每一里为水塘以蓄之。如是则高下之田俱无患。大吏韪之，然不能行。邵伯埭下有芒稻河，设闸泄水尤要。值大水泛溢。鉴冒雨至，呼闸官泄之。闸官以盐漕为言，不可。曾总河稽曾筠视河至，鉴直陈，厉声诃闸官，曾筠即令启闸。又用鉴言，定盐漕船过湖需水不过六尺，过即启闸，无得藉口蓄水，为民田患。每岁晏，江都之鳏寡孤独多入甘泉部中。

西湖圣因寺僧明慧者，恃前在内廷法会恩宠，干求偏于江、浙。一日以书币关白，鉴杖其使而遣之。事流传，上闻。世宗召明慧还京，锢不许出。当是时，甘泉令声闻天下，在任六年，以父忧去官，贫，至无以葬。河南巡抚尹会一故为扬州守，雅与鉴善，招之，欲使主大梁书院，以修脯助葬。遂卒于河南。

鉴湛深经术，能摘先儒之误，顾书多未成。所成者《毛诗疏说》，阐明李光地之说为多。

清史稿卷四七七
列传第二六四

循吏二

陈德荣　**芮复传** 蒋林　**阎尧熙**

王时翔　**蓝鼎元**　**叶新** 施昭庭

陈庆门　**周人龙**　**童华** 黄世发

李渭　**谢仲坑** 李大本　**牛运震**

张甄陶　**邵大业**　**周克开** 郑基　康基渊

言如泗　周纪华　**汪辉祖** 茹敦和　朱休度

刘大绅 吴焕彩　纪大奎　邵希曾

陈德荣,字廷彦,直隶安州人。康熙五十一年进士,授湖北枝江知县。修百里洲堤,除转饷杂派。雍正三年,迁贵州黔西知州,父忧归。服阕,署威宁府。未几,威宁改州,补大定知府。乌蒙土司叛,东川、镇雄附之。德荣赴威宁防守。城陴颓圮,仓猝聚米桶,实土石,比次甃筑,堞堞屹然。贼焚牛卫镇,去城三十里。德荣日夜备战,贼不敢逼。总兵哈元生援至,贼败走。寻以母忧去官。服阕,授江西上饶九南道。九江、大孤两关锢弊尽革之。

乾隆元年,经略张广泗疏荐,擢贵州按察使。时群苗交煽,军事方殷,古州姑卢朱洪文诸叛案,德荣治鞫,详慎重轻,咸称其情,众心始安。及苗疆渐定,驻师与屯将吏多以刻急见能。二年,贵阳大火,德荣谒经略曰:"天意如此,当竭诚修省,苗亦人类,曷可尽杀?"广泗感动,戒将吏如德荣言。

四年,署布政使,疏言:"黔地山多水足,可以疏土成田。小民难于工本,不能变瘠为腴。山荒尤多,流民思垦,辄见挠阻。桑条肥沃,亦不知蚕缫之法。自非牧民者经营而劝率之,利不可得而兴也。今就邻省雇募种棉、织布、饲蚕、纺绩之人,择地试种,设局教习,转相信效,可以有成。应责各道因地制宜,随时设教。一年必有规模,三年渐期成效。"诏允行。乃给工本,筑坝堰,引出泉,治水田,导以蓄泄之法。官署自育蚕,于省城大兴寺缫丝织作,使民知其利。六年,疏陈课民树杉,得六万株。七年,贵筑、贵阳、开州、咸宁、余庆、施秉诸州、县报垦田至三万六千亩。开野蚕山场百余所,比户机杼相闻。德荣据以入告,数被温旨嘉奖。又大修城郭、坛庙、学舍。广置栖流所,收行旅之病者。益囚粮。冬寒,恤老疾嫠孤之无衣者。亲课诸生,勖以为己之学。设义学二十四于苗疆,风气丕变。十一年,迁安徽布政使,振凤、颍水灾,流移获安。十二年,卒于官。

德荣在贵州兴蚕桑,为百世之利。时遵义知府陈玉璧,山东历城人,到郡见多蚕树,士人取为薪炭。玉璧曰:"此青莱树也,吾得以富吾民矣。"乃购历城山蚕种,兼以蚕师来,试育五年,而蚕大熟,获茧八百万,自是遵绸之名大著。正安州吏目徐阶平,亦自浙江购茧种,仿玉璧行之正安,亦大食其利。遵义郑珍著樗茧谱,以传玉璧遗法。

芮复传,字衣亭,顺天宝坻人,原籍江苏溧阳。康熙四十八年进士,授浙江钱塘知县。悉除诸无名钱,曰:"官足给饔飧而已。"有金三者,交通上官署,为奸利,立逮杖毙之,一时大快。

五十八年,大旱,复传勘实上状。上官欲寝之,固争曰:"律有捏灾、匿灾并当劾,某今日请受捏灾罪。"时同城仁和民千人,跣走围署,曰:"钱塘为民父母,仁和独不父母我耶!"上官感动,竟以灾闻。

开仓行赈,复传设粥厂二十有七。微行觇视,治胥吏之侵扰者,帑不费而赈溥。驻防营卒驰躏民田,便宜责治,辄缚而鞭之。

治绩上闻,世宗特召引见,擢温州知府。故事,贡柑,岁期至。织造封园,民以为累。复传第取足供贡,不使扰民。府境私盐充斥,设三团,集灶户,平其直,私贩息,官盐不督自行。天台山东南有山曰玉环,在海中,总督李卫欲开田设治,檄复传往勘,以徒费无益,陈请罢之。卫怒,檄他吏往,意必行,时山中田仅二万亩,乃割天台、乐清两县民田隶玉环,经费不足,则捐通省官俸,又加关津一切杂税以给之。弛山禁,渔者往来并税,曰涂税。既而渔者不入,山者度关纳税,亦征其涂税。复传争曰“是重税也”,具牍凡七上。卫益怒,以为阻挠玉环垦田事,蜚语颇闻,刘统勋奉使视海塘,过温州,语之曰:“君与李宫保,两雄不相下,不移不屈,君之谓乎?”

寻擢温处道,会铜商积弊败露,复传持法,又揭劾知府尹士份不职,士份反诬以阻商误铜,大吏故嫉之,遂并劾复传。解任,总督赵宏恩质讯,坐失察关吏舞弊夺职。会高宗登极,诏仍留浙江办铜,事竣,例得复官,以亲丧归,遂不出家。居三十余年,卒,年九十有四。

蒋林,字元楚,广西全州人。康熙五十四年进士,选庶吉士,授检讨。直南书房,十年不迁。大将军年羹尧欲辟为幕僚,林急告归。寻调户部郎中,出为福建邵武知府,以事解职,诏发浙江,历杭州、严、金华三府。在杭州,值织造隆升建议改海门尖山海口,别开河以固海塘。林极言不可,曰:“能使海不潮,则役可兴。否则劳民伤财,万无成理。”上书督抚,俱不省。雍正十二年三月夜,牒下,索杭夫万五千人,合旁郡无虑数万人。期三日集海上。林又争曰:“田蚕方亟,期会迫,万一勿载,奈何?必不得已,俟蚕功毕。”隆升怒,督益急,以抗旨胁之。四月,送役往,面诘以工不可成状,隆升益怒,留林督役以困之。冒雨抚循,泥深没胫,役人感其诚,咸尽力。隆升复虐使,动以捶挞,众屡哗噪。微林,事几殆。役迄无成,隆升得罪去。乾隆初,召至京,入对,即日擢长芦盐运使。曩时院司岁各费数万缗,林率以俭,岁费百缗而已,羡余悉归公。居四年,以亲老乞养。高宗曰:"世乃有不愿久为长芦运使者耶?"久之,卒于家。

阎尧熙,字涑阳,河南夏邑人,原籍山西太原。康熙四十五年进士。五十二年,授直隶藁城知县。滹沱常以秋溢,筑堤树木椿,以捍其冲,夹岸种柳,堤固,水不为患。

雍正元年,调南宫,擢晋州知州。州濒滹沱河,河决徙道,荡析民居。尧熙为筹安集,民免于患,扶携老稚来谢。尧熙曰:"此朝廷恩,我何与?"令望阙拜,人给百钱,以资裹粮,散钱十万,咸感泣曰:"真父母也!"怡贤亲王奉使过境,闻其名,奏循良第一。擢山东青州知府,未之官,改授浙江嘉兴。俗健讼,良懦不得直。讼府,下县,或不理,奸猾益无忌。尧熙始至,日受状三百。比对簿,自请息者二百余,庭折数十,各得其情。豪民张某稔恶,讯实,杖杀之,民皆称快。属县赋重,名自纠纷,里胥因缘为奸。民完如额,官不知,民亦不自知,官累以缺赋课殿去。尧熙巡行清理,民始知额,岁无逋赋。

海盐县塘工不就,总督李卫听浮言,欲开引河泄潮,尧熙言:"卤水入内河,田皆伤,非特坏庐舍、糜帑金已也。"议遂罢。营弁缉私盐,纵其枭,持他人抵罪。尧熙言其诬,总督不听,庭争再三,总督乃自勘,释之,愈以贤尧熙。累擢湖北按察使、四川布政使,皆持大体,有惠政。乾隆七年,卒于官。

尧熙质直,好面折人过,虽上官不少避。然勇于从善,在川蕃多得成都知府王时翔之助,人两贤之。

时翔,字皋谟,江苏镇洋人。为诸生,绩学未遇。雍正六年,世宗重选守令,命中外官各举一人,同州人沈起元,官兴化知府,以时翔应诏,即授福建晋江知县。时福建吏治颓废,遣使按视,多更诸守令有司,颇尚操切。晋江民好讼,时翔至,曰:"此吾赤子,忍以盗贼视乎?"一以宽和为治。坐堂皇,邪邪作家人语。曲直既判,令两造释岔,相对揖,由是讼者日衰。观风整俗使刘师恕按泉州,委时翔鞫疑狱二十余事,语人曰:"晋江长者,决狱又何精敏也!"寻调政和,又调瓯宁。擢漳州府同知,驻南胜。南胜民族居峒中,多械斗。有赖唱者,纠众夺犯,匿险自固。时翔亲入山谕之,曰:"汝诸赖万人,奈何庇一人而以殆殉耶?为我缚唱来即无事。"唱不得已自缚出,治如律。濑子坑民叶扬煽乱,时翔谓缓之可一纸定,或张其事,大吏檄入山剿之。事平,意不自得,乞病归。

乾隆元年,以荐起山西蒲州府同知,擢成都知府。以廉率属,善审机要。钱价腾,布政使榜平其直,市大哗。时翔方在假,召成都、华阳二令曰:"市直当顺民情,抑之,钱闭不出,奈何?"言于布政撤其榜,钱价寻平。议徙凉州兵于成都,拓驻防城,当夺民居二千家。时翔检故牍,请曰:"城故容兵三千,见兵一千五百,尚虚其半。第出见所侵地足矣,奚拓为?"已而凉州兵亦不果徙。成都当康熙时,人希谷贱,旗兵利得银。至雍正以后,生聚多,谷贵,又愿得谷。或徇其意,令民受银,购谷给兵。未几,汉兵亦欲仿行,时翔曰:"旗兵例不出城,语言与土人殊,故代购。汉兵皆土著,奚代为?二事亦赖布政力主其议得止。至七年,江南、湖广灾,巡抚奏运蜀米四十万石济之。湖广急米,来领运,江南则否。巡抚乃檄下县馈运,舳舻蔽江,商贾不通,成都薪炭俱绝。时翔谓江南运可缓,徒病蜀。请独运楚,而听商人自运江南。时尧熙既殁,竟无用其言者。时翔在成都,屡雪疑狱,时称神明。九年,卒。

蓝鼎元,字玉霖,福建漳浦人。少孤力学,通达治体,尝泛海考求闽、浙形势。巡抚张伯行器之,曰:"蓝生经世之良材,吾道之羽翼也。"

康熙六十年,台湾朱一贵倡乱,鼎元从兄南澳镇总兵廷珍率师进讨,多出赞画,七日台湾平。复从廷珍招降人,殄遗孽,抚流民,绥番社,岁余始返。著论言治台之策,大意谓:"土地有日辟、无日蹙,经营疆理,则为户口贡赋之区;废置空虚,则为盗贼倡乱之所。山高地肥,最利垦辟。利之所在,人所必趋。不归之民,则归之番与贼。即使内乱不生,寇自外来,将有日本、荷兰之患,不可不早为措置。"

时议者谓台湾镇当移澎湖，鼎元力言不可，大吏采其说，见诸施行。鼎元复为台湾道条十九事，曰："信赏罚、惩讼师、除草窃、治客民。禁恶俗、儆吏胥、革规例、崇节俭、正婚嫁、兴学校、修武备、严守御、教树畜、宽租赋、行垦田、复官庄、恤澎民、抚土番、招生番。"后之治台者，多以为法。

雍正元年，以选拔入京师，分修《一统志》。六年，大学士朱轼荐之，引见，奏陈时务六，事世宗善之。寻授广东普宁知县，在官有惠政，听断如神。集邑士秀异者讲明正学，风俗一变。调权潮阳县事，岁荐饥，多逋赋，减耗粮，除苛累，民争趋纳。妖女林妙贵惑众，置之法。籍其居，建棉阳书院。以忤监司罢职，总督鄂弥达疏白其诬，征诣阙。逾年，命署广州知府，抵官一月，卒。

鼎元尤善治盗及讼师，多置耳目，劲捕不稍贷，而断狱多所平反，论者以为严而不残。志在经世，而不竟其用。著《鹿洲集》、《东征集》、《平台纪略》、《棉旭学准》、《鹿洲公案传》于世。

叶新，字惟一浙江金华人。康熙五十一年，顺天举人。从蠡县李塨受业，立日谱自检，尤严义利之辨。

雍正五年，以知县拣发四川，授仁寿县。有与邻县争地界者，当会勘，乡保因阍人以贿请，新怒，悉下之狱。勘毕，各按其罪，由是吏民敛手奉法。

署嘉定州，故有没水田，多逋赋。新视旷土可耕者，召民垦辟，以新科抵赋额，旧逋悉免。时仁寿采木，部匠倚官为暴，民勿堪，纠众相抗。县以变告，檄新往治之，抵匠头及首纠众者于法，余释不问。迁邛州知州，再迁夔州府同知，署龙安及成都知府。又署泸州知州，讼者至，立剖决，滞狱一空。治泸两载，俗一变焉。新自授夔州同知，阅五载，始一莅任。寻又署保宁、顺庆两府，擢雅州知府，母忧归。

乾隆十年，服阕，补江西建昌。修盱江书院，招引文士与讲论学术。复南城黄孝子祠，以励民俗。十三年，南丰令报县民饶令德谋反,令德好拳勇,令以风闻遣役往侦,误探其雠,谓谋反有据,遂逮令德,适他往,乃逮其弟系狱。令德归,自诣县,受刑诬服,杂引亲故及邻境知识为同谋,追捕蔓及旁郡。新得报,集诸囚亲鞫,株连者已七十余人,言人人殊。新诘县役捕令德弟状,役言初至其家,获一箧,疑有金宝匿之。及发视,无所有,弃之野。令闻,意箧有反迹,讯以刑。妄称发箧得簿札,纳贿毁之矣,令谓实然,遂逼令德诬服。新于是尽释七十余人缧线,命随往南昌。戒之曰:"有一逋者,吾代汝死矣。"及至,七十余人则皆在。谒巡抚,具道所以,巡抚谔不信,集才能之吏会勘,益杂逮诸所牵引,卒无据,而巡抚已于得报时遽上奏。朝命两江总督委官就谳,新为一一剖解得白,所全活二百余人。

十七年,调赣州,有赣县抢夺拒捕之狱,值改例,新旧轻重悬殊。新谓事在例前,当依旧比,争之不得。复以宁都民狱事,与同官持异同,不得直,谢事闭门候代。上官慰谕,不从,遂以任性被劾免归。欣然曰:"今而后可无疚于心矣!"家居十余年,卒。

施昭庭,字筠瞻,江苏吴县人。康熙五十四年进士,授江西万载知县,地僻多山,客民自闽、粤来,居之累年,积三万余人,号曰"棚民"。温尚贵者,台湾逸盗也,亦处山中。雍正元年,福建移捕盗党急,尚贵谋为变。始昭庭之至也,以棚民为虑,厚礼县人易廉野使侦之。廉野积粟贷棚民,不取息,或免偿,得棚民心。其才者严林生、罗老满,从廉野游,尽得山中要领。尚贵将举事,廉野以闻,昭庭、林生、老满率勇敢三百人待之。尚贵有众二千肆掠,昭庭曰:"贼易被破也,然虑其扰傍县。"抚贼谍使诳尚贵趋万载。乃张疑兵于山径,贼不敢入,由官道来。预设伏丛棘中,伺贼过,突出击杀。贼数中伏,疑骇,逆击之,一战获尚贵。尚贵起二日而败,又二日而抚标兵至。

初,棚民与市人积嫌,事起,道路汹汹,指目棚民。昭庭以免死帖与诸降者,取棚民不从贼者结状,兵至搜山,不戮一人。巡抚初到官,张其事入奏,既见县申状不合,欲改之,昭庭不可,又谓棚民匿盗从乱,今虽赦之,必驱归本籍。昭庭曰:"棚民种植自给,非刀手老瓜贼之比。历年多,生齿众,间与居民争讦细故,不必深惩。今乱由台湾逸盗,而平盗悉资棚民。"力请:"核户口,编保甲,泯其主客之形,宽其衣食之路,长治久安,于计便。"总督查弼纳许之,巡抚寻亦悟,如昭庭策,棚民乃安。事闻,世宗谕九卿曰:"知县以数年心力办贼,巡抚到官几日,岂得有其功耶?"独下总督疏,议叙,以主事知州用。寻引疾归,卒于家。

陈庆门,字容驷,陕西盩厔人。雍正元年进士,从鄂王心敬讲学,养亲不仕。母王趣之,乃谒选。七年,授安徽庐江知县,修建文庙,规制悉备。大浚城濠。置义田二百亩有奇,赡养茕独,立社仓四所,积谷以贷平民,县民旧习,止知平畴种稻,高阜皆为弃坏。因市牛具,仿北方种植法,躬督垦辟,逐享其利。寻署无为州事。州濒江,上下二百里,率当水冲,前人筑坝四,常没于水。庆门于鲍鱼桥、鮇鱼口二处,树椿编竹,实土为坦坡,又取乱石填掷水中,水停沙淤,久而洲,民免垫溺之患。又署六安州,旧有水塘,议者欲垦塘以为田,将绝灌溉之利。庆门力言于上官,事乃寝。

十一年,擢亳州知州,俗悍,好群斗,倚蠹役,表里为奸,庆门廉得其魁党,先后杖遣数百人。又好讼,仿古乡约法,使之宣导排解,勤于听断,日决数十事,不数月,浇风一变。州濒湖,地洼下,用秦中收淀之犁法,督民挑浚,地下者渐高,水归其壑,农田赖焉。母忧归。

乾隆元年,服阕,以大臣荐,补四川达州知州。境环万山,岁常苦旱,教民种旱稻,始无艰食之忧,邻郡巴州,桑柘素饶,乃买桑遍植,教以分茧缫丝之法,获利与巴州等。时川东多流民,官廪不给,遂厘剔腴田之被隐占者,为义产以赡之,全活甚众。建宣汉书院,聘名流教授,文风渐振,未几,乞病归。著《仕学一贯录》,世以儒吏称之。

周人龙,字云上,直隶天津人。康熙四十八年进士,授山西屯留知县。兴学赈荒,有声。调清源,境内洞涡、嵝峪诸河入汾,常有水患,浚渠筑堰,民赖之。历忻州直隶州知州、蒲州知府。蒲郡濒黄河,河水迁徙无常。山、陕两省民隔河争地，讼数十年不结。人龙请于大吏曰："临河滩地，当以河为界。河东迁，则山西无地之粮归陕西；河西迁，则陕西无地之粮归山西。粮随地起，不缺正赋。因地纳粮，无累民生。山、陕沿河二千余里，凡两省湮没之地，令地方官照粮查地，按地过粮。除卤碱者照例题请免征，其余水退之地，招令沿河民认粮承种，庶事无偏枯，争讼可息。"大吏从其议，至今便之。

雍正初，有言丁粮归地，便于无力之丁，不便于有田之家。人龙驳之，略曰："有田者，尚以输纳为艰，岂无田者反易？君子平其政，焉得人人悦之？今不悦者，不过绅衿富户；而大悦者，乃在茕茕无告之小民。若因其控告而不行，则豪强得志，而穷民终于无告。此议在当日未行则已耳，今行之数年，势难中止。穷民狃于数年乐利，必不安于一旦变更。且富民少而穷民多，不当以彼易此。"议上，事乃定。以忧去官。

服阕，补湖北安陆。数月，擢江西督粮道，未行，江水决钟祥三官庙堤及天门沙沟垸，招集邻县民，谕以利害，同筑御，踊跃荷畚锸至者数万人，亲冒风雨，率以施工。或劝其"已迁官，何自苦"，人龙曰："助夫由我招至，我去即散矣。伏汛一至，民何以堪？"阅两月，工成，安陆人尸祝之。江西漕粮征运素多弊，严立规条，宿蠹一清。乾隆十年，乞病归，卒。

童华，字心朴，浙江山阴人。年未冠为诸生，长习名法家言，出佐郡邑。雍正初，入赀为知县。时方修律例，大学士朱轼荐其才，世宗召见，命察赈直隶。乐亭、卢龙两县报饥口不实，华倍增其数。怡贤亲王与朱轼治营田水利，至永平，问滦河形势，华对甚晰，王器之。寻授平山知县，邑灾，不待报，遽出仓粟七千石贷民。擢真定知府，权按察使。以前在平山发粟事，部议免官，特诏原之。

怡贤亲王奏以华理京南局水利，华度真定城外得泉十八，疏为渠，溉田六百亩，先后营田三百余顷。滏阳河发源磁州，州民欲独擅其利。自春徂秋，闭闸蓄水，下游永年、曲周滴涓不得。时改州归直隶，以便控制。华建议仿唐李泌、明汤绍恩西湖三江两闸遗规，计板放水，数县争水之端永息。华又以北人不食稻，请发钱买水田谷运通仓，省漕费，民得市稷黍以为食，从之。

调江苏苏州，会清查康熙五十一年以来江苏负课千二百余万，巡抚督责急，逮捕追比无虚日，华固请宽之。巡抚怒曰："汝敢逆旨耶？"对曰："华非逆旨，乃遵旨也。上知有积欠，不命严追而命清查，正欲晰其来历，查其委曲，或在官，或在役，或在民，或应征，或应免，了然分晓，奏请上裁，乃称诏书意。今奉行者不顾名思义，徒以十五年积欠立求完纳，是暴征，非清查也。今请宽三月限，当部居别白，分牒以报。"巡抚从其请，乃尽释狱系千余人，次第造册请奏。时朝廷亦闻江南清查不善，下诏切责，如华言。

浙江总督李卫尝捕人于苏，华以无牒不与，卫怒，蜚语上闻。世宗召见，责以沽名干誉，对曰："臣竭力为国，近沽名；实心为民，近干誉。"上意解，命往陕西以知府用。署肃州，佐经略鄂尔泰屯田事，凿通九家窑五山，引水穿渠，溉田万顷。以忤巡抚被劾罢官。乾隆元年，起福州知府，调漳州。颇好长生术，招集方士，习丹家言，复劾罢归。数年卒。

华刚而忤时，屡起屡蹶。在苏州，民德之尤深，以比明知府况钟。当世宗治畿辅营田时，所用者多一时贤守令，有黄世发，名与华相媲云。

世发，字成宪，贵州印江人。康熙三十五年举人，授直隶肃宁知县。旧例，钱粮加一二作耗银，世发亦收之而不自用，杂派亩银三四钱悉除之。县有役事，若修学校、缮城垣及上官别有摊派，即以耗银应。河间府檄修府城，亲赉糇粮，出钱雇役，不以扰社甲。视民如家人，教以生计。坑碱荒地，令穿井耕种。缘城植桑柳树万株，凡水车、蚕箔、粪灌、纺绩，悉为经画。复辟护城废地，穿池种稻以导之。建社学，教以孝亲敬长，赎官田九十余亩，以其租为学者膏火。旬三日集诸生讲学会文，士有自邻县来学者。雍正三年，水灾，大吏遣官履勘，世发不能得其意，被劾罢。士民呼吁挽留，特诏复官，加四品衔。

已,晋授按察使兼直隶营田观察使,巡行劝民农桑,察水利可兴者。所至剀切宣谕,民多兴起。修堤垦田,变污下为沃壤。最后开易州水峪田,经营年余,以劳卒。

李渭,字菉涯,直隶高邑人。父兆龄,康熙中官福建闽清知县,以廉能称。渭,康熙六十年进士,授内阁中书,迁刑部主事。

雍正二年,出为湖南岳州知府,诏许密摺奏事。忤大吏,左迁武昌府同知,未之任,丁母忧。服阕,授四川嘉定知府,复以争冤狱忤上官。渭曰:“吾官可弃,杀人媚人不为也。”奉檄赈重庆水灾,多所全活。父忧归。后补河南彰德,万金渠源出善应山,环府城,入洹河,灌田千数百顷,山水暴发易淤。渭履勘浚治,增开支河,建闸启闭,定各村分日用水,岁以有秋。漳河当孔道,旧设草桥于临漳,道回远,移于丰乐镇,行旅便之。雪武安民班某诬杀族兄狱。林县富室殴人死,赂尸属以病报,渭验尸腿骨尽碎,治如律。举卓异。

乾隆九年,擢山东盐运使,时议增盐引,渭以增引则商不能赔,必增盐价,商、民且两病,持不可。十二年,山东大水,大吏檄渭勘灾,至益都、博兴、乐安诸县,饿莩载途,而有司先以未成灾报,已入告,难之。乃请以借作赈,异日免追,民乃苏。十三年,就迁按察使,折狱平,尝曰:“古人言求其生而不得,今俗吏移易狱词,何求生不得之有?然如死者何!此妇寺之仁,非持法之正。”寻迁安徽布政使,禁革征粮长单差催法,以杜诡寄。调山东,垦荒,令客民带完旧欠,免邻保代赔逃户之累,民便。为政持大体,不吝出纳,不轻揭一官,驭吏严而不念旧过。十九年,卒于官。

子经芳,乾隆中官至湖南施南知府,亦廉谨守其家风。

谢仲坃,字孔六,广东阳春人。雍正元年举人,登明通榜。初官长宁教谕,乾隆初,擢授湖南常宁知县,峻却馈遗。履乡自裹行粮,嚼生菜菔供馔。月两课士,以节行相劝勉。调平江,再调衡阳。前令李澎征漕米浮收斛面,粮储道谢济世发其奸。时巡抚许容方以浮收诬劾济世,总督孙嘉淦亦徇巡抚意,故济世与彭并免。言官论奏,朝命侍郎阿里衮往按。署粮道仓德又因布政使函属改换衡阳浮收详文,据以上揭,诏责切究。事急,澎则尽出贿赠簿以胁上官,阿里衮重兴大狱,欲出澎浮收罪,与济世俱复官。仲坅乃重治澎丁役,以决罚过当被劾罢官。逾年,特起衡山知县。以谳巴陵狱,巡抚与按察使互奏,奉旨引见,擢荆州府通判。又以归州纵盗冤良之狱,自巡抚按察以下皆被重谴,仲坅承审时,坚不会印,特旨召对。擢常德府同知,历署襄阳、宝庆、宜昌、武昌、永顺、岳州、永州七府知府,护永郴桂道。正躬率属,屏绝请托,暇辄延耆士论学不倦。

仲坅官湖南先后三十年,长于折狱,大吏倚重。历奉檄鞫狱二百余,多所平反,以直戆名。乾隆三十七年,在永州议改淮引食粤盐,格于例不行,遂以目疾请告。解组日,贫如故,卒于家。

李大本,字立斋,山东安邱人。雍正十三年举人。乾隆九年,铨授湖北枣阳知县,改湖南益阳。居官自奉俭约,勤于吏事。益阳人不知蚕,大本教之树桑,后赖其利。调长沙,迁宝庆府理瑶同知。所隶通通水峒有苗僧行贾临桂,知县田志隆见之,意为贼党。吴方曙者,从马朝桂谋叛,时方绘图悬购者也。僧畏刑诬服,又讯朝桂所在,妄言在峒中。广西巡抚定长立上奏,率兵出,命大本从行。大本曰:“僧言真伪不可知,大兵猝至,苗必骇,且生变,请潜访之。”既而白僧言实妄,巡抚疑未释,复欲以兵往,大本力谏乃止。后廷讯苗僧果诬如大本言。横岭峒苗乏食,吁官求粟,大本多方赈之。复为苗民筹生计,请于上官曰:“横岭峒自逆渠授首,安插余苗,因恶其人,故薄其产,每口授田才三十稷至四十稷。每稷上田获米六升,中田五升,下田四升,得米无多。又峒田稍腴者尽与堡卒,极恶者方畀苗民,岁入不足,男则斫柴易米,女则刳蕨为粉,给口食。年来生齿日繁,材木竭,米价益昂,饥饿愁叹,深可怜悯,恐不可坐视而不为之所。见有入官苗田一千三百四十八亩,旧募汉民佃种,出租供饷,奸良不一,屡经陶汰。请视苗民家贫丁众者书诸簿,有汉佃应除者,即书簿之苗丁次第受种,出租如故,则苗民得食而饷亦无亏,乃补救之一端。"议上,不许。后巡无陈宏谋见之,曰:"此识时务之言也。"将陈其事,会他迁,未果。二十一年,题请升授知府,因病足归,卒于家。

牛运震,字阶平,山东滋阳人。雍正十一年进士。乾隆元年,召试博学鸿词,不遇。寻授甘肃秦安知县,开九渠,溉田万亩。县北玉钟峡山崩塞河,水溢为灾。运震率丁夫开浚,凡四日夜,水退,缘山步行,以钱米给灾户。县聚曰西固,去治二百余里,输粮苦运艰,多积逋。运震许以银代纳,民便之。先是巡检某诬马得才兄弟五人为盗,前令弗察,得才自刎死。其兄马都上控,令又诱而毙之狱。其三人者将解府,运震鞫得情,昭雪之。又清水县某令冤武生杜其陶父子谋杀罪,上官檄运震覆治,验得得自刎状,以移尸罪其陶而释其子。他讼狱多所平反。

官秦安八年,惠农通商。暇则行视郊野,铸农具,教民耕耨。称贷贩褐户,不求其息。设陇川书院,日与诸生讲习,民始向学。兼摄徽县,又摄两当县,茇舍于三县之中,曰大门镇,以听讼。徽县多虎,募壮士杀虎二十六,道始通。调平番,值县境五道峍告馑,捐粟二百石以赈,民感之。人输一钱,制衣铭德,运震受衣返币。固原兵变四掠,督抚皆至凉州,檄召运震问方略。运震请勿以兵往,但屯城外为声援,令城内捈出乱者。游击某执三百余人,众汹惧运震请释无辜,入城慰谕。斩三人,监候四人,余予杖徒有差,反侧遂安。有忌者摭前受万民衣事,劾免官。贫不能归,留主皋兰书院,教学得士心。及归,有走千里送至灞桥者。

运震居官,不假手幕下,事辄自治。所至严行保甲,斗争讼狱日即于少,遇人干讼,必严惩。治盗尤严,曰:"边鄙风俗疵悍,不如此,则法不立;令不行,民不可得而治。且与其轻刑十人,不如重处一人而九人畏,是惩一而恕九也。"去官归后,闭门治经,搜考金石,所著经义、史论、文集及《金石图》,皆行于世。尝主晋阳、河东两书院,所造多名隽士,世称"空山先生"。

张甄陶，字希周，福建福清人。举鸿博，补试未合格罢。大学士朱轼、侍郎方苞荐修三礼，辞，而请受业于苞。乾隆十五年，成进士。时方许极言直谏，甄陶对策，因极陈时务。选庶吉士，授编修，寻改授广东鹤山知县。历香山、新会、高要、揭阳，皆剧邑，所至有声。疆田畴，修堤圩，弛蛋户蚝蚬之禁，增建书院、社仓，平反冤狱，诘捕盗贼，为政务无怫逆于民。以忧去官，服除，起授云南昆明，弗狱于上官，坐事免。主讲五华书院，尹壮图、钱沣皆其弟子。复移掌贵州贵山书院，课士有法。总督刘藻疏荐，诏加国子监司业衔。晚以病归闽，主鳌峰书院。以经义教闽士，于是咸通汉、唐注疏之学。在滇时著经解百余卷。方甄陶之补外，人咸惜之。大学士陈世倌赠以明吕坤《呻吟语》，甄陶读其《实政录》而慕之，在粤作《学实政录》，见其书者，咸曰："循吏之言也。"

邵大业，字在中，顺天大兴人，旧籍浙江余姚。雍正十一年进士。乾隆元年，授湖北黄陂知县。初到官，投讼牒者坌至，不移晷，决遣立尽。吏人一见问姓名，后无不识，众莫敢弄以事。有兄弟争产讼，皆颁白，貌相类。令以镜镜面，问曰："类乎？"曰："类。"则进与为家人语曰："吾新丧弟，独不得如尔两人白首相保也。"二人感动罢去。蛟水坏城，当坏处立，誓以殉，水骤止，振溺铺饥，完堤岸，民得免患。总督以其名上闻，会父忧去。

服阕，授河南禹州知州，调睢州。频涝，请粜请赈，民以免患。浚惠济河，以俸钱更直，擢江南苏州知府。松江盗狱久不决，株连瘐毙者众，奉檄鞫台。见群犯皆断胫折踝，蹴然曰："尔等亦人子，迫饥寒至此，尤茹刑颠倒首从，诬连非罪人，何益于尔？"有盗幡然曰："官以人类待我，我不忍欺。"狱辞立具。

兼署苏松太道，寻摄布政使事，大吏交章荐。十六年，高宗南巡，御舟左右挽行，名毈须纤，大业语从臣，除道增纤必病民，非所以宣上德意，遂改单纤。会积雨，治吴江帐殿未就，总督劾大业观望。及乘舆至，则供备已具，然大业卒因左迁。寻授河南开封知府，属县封邱民被控侵占田亩,及勘丈,非侵占,而亩浮于额。大业考志乘,河南赋则,自明万历改并,中地十亩,作上地七亩。十地十亩,作上地三亩。上官以昔为下则,今则膏腴,议加赋。大业曰:"此河冲淤积,百姓以填墓田庐所易之微利也。今日为退滩淤地,异日即可为沙压水冲。冬春播种,夏秋之收获不可知。上年河决,屋宇未尽葺,流亡未尽复,遽增岁额,何以堪?"旋从部议试种三年,次年果没入水,乃止。未几,以河溢,降江南六安州,知州又以盗案镌级。引见,再还江南,署江南宁府。

二十八年,授徐州知府,府城三面濒黄河,西北隅尤当冲,虽有重堤,恃韩家山埽为固。大业按视得苏公旧堤,起城西云龙山,迄城北月堤,长三里,湮为民居,复其旧。越岁,韩家山埽几溃,民恃此堤以无恐。复浚荆山桥河,于水利宣泄,规画尽善。治徐七年,间有水患,不病民。三十四年,坐妖匪割辫事罢职,谪戍军台,数年卒。

大业所至以劝学为务,因黄陂二程子祠建义学,葺睢州洛学书院,集诸生亲为之师焉。

周克开,字乾三,湖南长沙人。乾隆十二年举人。十九年,以明通榜授甘肃陇西知县。调宁朔,县属宁夏府,并河有三渠,曰汉来、唐延、大清,皆引河入渠灌田。唐延渠所经地多沙易漫,克开治之使深狭,又颇改其水道,渠行得安。渠有石窦,泄水于河,以备旱涝,民谓之暗洞,时暗洞崩塞,渠水不行,上官欲填暗洞而竭唐延入汉来,以便宁夏县之引河,宁夏利而宁朔必病。克开恐夏、秋水盛无所宣泄,时新水将至,不可待。克开请五日为期,取故渠及废闸之石,昼夜督工,五日而暗洞复,两县皆利。大清渠长三十余里,凿自康熙间,久而石门首尾坏,民失其利,克开亦修之,皆费省而工速。再以卓异荐,擢固原知州,父忧去。

服阕,补洮州。寻擢贵州都匀知府。从总督吴达善、侍郎钱维城治贵州逆苗狱,用法有失当者,力争无少逊。调贵阳,亦以强直忤巡抚宫兆麟,因公累解职。引见,复授山西浦州知府,调太原。清厘积狱,修复风峪口堤堰,障山潦,导之入汾,民德之。擢江西吉南戆宁道,署布政使,以王锡侯书案被议。高宗知其贤,发江南,以同知用。会南巡,克开署江宁,迎驾,授江西九江知府,寻擢浙江粮储道。时巡抚王亶望贪黩,属吏多重征以奉上官,克开至,誓不取一钱,请于巡抚,约与之同心。亶望姑应之,心厌克开,乃奏克开才优,请移治海塘,于是调杭嘉湖道。会改建海岸石塘,总督欲徙柴塘近数百丈以避潮,克开曰:“海与河异,让之则潮必益侵,无益也。”乃止。年余,以督工劳瘁卒。

克开在宁湖朔治水绩最著,生平治狱多平反,礼儒士,尝以私钱兴书院。没无余资,天下称清吏。当时守令以兴水利著者,又有郑基,康基渊,言如泗,后有周际华。

基,字筑平,广东香山人。以诸生入赀为知县。乾隆间铨授安徽凤台县,东乡有通川三:曰黑濠,曰泾泥,曰裔沟。汇颍上、蒙城诸县水以达淮,岁久尽湮,秋潦辄成巨浸,侍郎裘曰修奉使治汇、颍诸水,独不及凤台。基具牍陈利害及工事甚悉,曰修允其请。基察土宜,穿故渠,三河交畅。酾上游诸水以通汇流,不逾时工成。鲁松湾地远淮而卑,频患潦,捐俸倡筑堤障,遂成膏腴。调定远,举卓异,擢寿州知州。安丰塘,古芍陂也。塘圮,基审核旧制,缮复之,为水门三十六,为闸六,为桥一。其旁则为堨、为堰、为圩,启闭以时,污莱尽辟。尝循行阡陌,见沙地硗确多不治,教民种薯蓣,佐菽麦,俾无旷土。寿州不知蚕织,而地多椿樗,可饲蚕。购蚕种,教民饲之,农桑并兴。其后遇旱,独凤台、寿州秋成稔于他县,以水利修也。迁泗州直隶州知州。振水灾,饥而不害。擢江苏淮安知府,淮安为众水所聚,于城东浚涧市河,于北开渔滨山字河,于西开护城河,壅滞悉通,民便之。基博览前史,于河渠水利图经,丹铅殆遍,施行辄有成效。乾隆四十一年,擢江南守巡道,命甫下而卒。

基渊,字静溪,山西兴县人。乾隆十七年进士,归班铨授河南嵩县知县。旧傍伊水有渠十一,久湮绝。基渊按行旧址,劝民修复。山涧诸流可引溉者,皆为开渠。渠身高不下一者,分段设闸以蓄泄之。

田高渠下者，则教为水车引溉。凡开新、旧渠十八，灌田六万二千余亩。巡抚上其事，优诏议叙，寻以忧去。服阕，授甘肃镇原，调皋兰，擢肃州直隶州知州。洪水渠岸竣易崩，基渊度势于南石，冈引凿渠口避冲陷之害。野猪沟有荒田，无水久废。基渊询访耆旧，加宽柳树闸龙口，别开子渠。界荒田为七区，招民佃种，区取租十二石，给各社学，名曰新文渠。州东南九家窑，凿山后渠开屯田，旧驻州判主之，久之田益薄瘠，民租入不足支官役。基渊请汰州判，改屯升科，为筹岁修费，民于是有恒产。基渊治官事如家事，博求利病。在嵩县，植桑教蚕，出丝甲于他邑。以无业之地，建社学三十二所。在肃州，开郊州废滩，种杨十余万株。遍谕乡堡种树，薪樵取给，建社学二十一所。又于金佛、清水两乡建仓，以免征粮借囤民房之累。革番、民采买需索，皆有实惠。四十四年，擢江西广信知府，卒于官。

如泗，字素园，江苏昭文人，言子七十五世孙。乾隆三年，高宗临雍，如泗以贤裔陪祀，赐恩贡生，充正黄旗官学教习。十四年，铨授山西垣曲知县，城滨黄河，修石堤以捍水。亳河故有数渠，复于上游浚之，分以溉田，民称"言公渠"。调闻喜，涑水湍急，旧渠多圮，别浚新渠，食其利者五村。举卓异，擢保德直隶州知州。新疆军兴，征调过境，值歉岁，如泗经画曲当，民无所累。陕西巡抚明德闻其能而荐之，乞养归。父丧除，补解州。白沙河在城南，地如建瓴，南决则害盐池，北决则坏城。如泗请于大吏，用盐帑修筑两岸石堰，长五里。又姚暹渠本以护盐池，民田不能灌溉。故事，商民分修，商尽诿之于民，力争，乃仍旧贯。二十九年，擢湖北襄阳知府。如泗爱士恤民而治盗严，在解州，民间夜不闭户。襄阳素为盗薮，闻其至，盗皆远遁。三十四年，因失察属员罢职。寻以皇太后万寿祝嘏复原官，遂不出。嘉庆十一年，卒于家，年九十一。光绪中，祀名宦。

际华，字石藩，贵州贵筑人。嘉庆六年进士，内阁中书，亲老乞改教职。历遵义、都匀两府教授，以荐擢知县。道光六年，授河南辉县。百泉出县北苏门山，卫河之源也。其西诸山水经县南入卫，曰峪。河其北诸涧水历县东入新河，曰东石河。新河者，自县北凿渠引卫河，至县南复入卫，又称玉带河，皆赀疏泄、利灌溉。时并淤塞，遇水辄苦漂溺。际华履视沟、渠，出俸钱率民醵资浚峪河，修红石堰，疏新河。凿东石河六十余丈，坚筑其岸。诸渠绮交脉注，潦患以息。课民种桑四万株，教之育蚕，他树亦十五万株，于是邑有丝絮、材木之利。苏门故多名贤祠宇，咸新之，修明祀事，以厉风教焉。署陕州直隶州知州。自渑池入陕，道硖石五十余里，险恶为行旅所苦。际华别开平道，往来者便之。回避，改授江苏兴化县。当里下河之下游，水患尤急。际华议开拦江坝以泄湖、河之水，盐官及商皆力争，以为坝开则水南下溜急，于盐舟牵挽不便。际华曰："彼所争者，十四里牵挽之劳，以较扬州东七县田庐场灶之漂溺，蠲免赈恤之烦费，轻重何如？"总督林则徐韪其议。调江都，兼署泰州，毁淫祠百余区，改为义学。则徐疏荐之，寻告归。卒于家。先是辉县及兴化民皆不习织，际华辄自出资置织器教之，转相授，于是二县有衣被贩贸之利，至今赖之。辉县请祀名宦祠。

汪辉祖，字龙庄，浙江萧山人。少孤，继母王、生母徐教之成立。习法家言，佐州县幕，持正不阿，为时所称。乾隆二十一年成进士，授湖南宁远知县。县杂瑶欲，积逋而多讼，前令被讦去，黠桀益肆挟持。又流丐多强横。辉祖下车，即捕其尤，驱余党出境。民纳赋不及期，手书谕之曰："官民一体，听讼责在官，完赋责在民。官不勤职，咎有难辞；民不奉公，法所不恕。今约每旬以七日听讼，二日较赋，一日手办详稿。较赋之日亦兼听讼。若民皆遵期完课，则少费较赋之精力，即多听讼之功夫。"民感其诚，不逾月而赋额足。

治事廉平，尤善色听，援据比附，律穷者，通以经术，证以古事。据《汉书·赵广汉传》钩距法，断县民匡学义狱，据《唐书·刘蒉传》断李、萧两氏争先陇狱；判决皆曲当，而心每欿然。遇匪人当予杖，辄呼之前曰："律不可逭，然若父母肤体，奈何行不肖亏辱之？"再三语，罪人泣，亦泣。或对簿者，反代请得免，卒改行为善良。每决狱，纵民观听。又延绅耆问民疾苦、四乡广狭肥瘠，人情良莠，皆籍记之。

　　宁远例食淮盐,直数倍于粤盐,民食粤私,大吏遣营弁侦捕。辉祖白上官,以盐愈禁则值愈增,私不可纵,而食淡可虞,请改淮引为粤引。未及报,辉祖即张示:"盐不及十斤者听。"侦弁谓其纵私,辉祖揭辨,总督毕沅嘉之,立弛零盐禁,时伟其议。两署道州,又兼署新田县,皆有惠政。以足疾请告,时大吏已疏调辉祖善化,又檄讯邻邑狱,因足疾久不赴,疑其规避,夺职。归里,闭户读书,不问外事。值绍兴西江塘圮,巡抚吉庆强辉祖任其事,帑节工坚。时称之。举孝廉方正,固辞免。

　　辉祖少尚气节,及为令,持谕挺特不屈,而从善如转圜。所著《学治臆说》、《佐治药言》,皆阅历有得之言,为言治者所宗。初通籍在京师待铨,主同郡茹敦和,论治最契。同时朱休度并以慈惠称。

　　敦和,字三樵,浙江会稽人。初嗣妇翁李为子,占籍广东。乾隆十九年成进士,归本宗,授直隶南乐知县。慎于折狱,以片纸召两造,立剖曲直,当笞者薄责之,民辄感悔正新。择清白谨愿者充社长、里正,令密陈利弊,以次行之。县当猪龙河之冲,察河源委,于开州、清丰之间审地形高下,因势利导,水不为患。地多茅沙盐咸,教以土化之法,广植杂树。乡民以麦秸编笠为生,敦和劝种桑。调大名,漳水患剧,旁有渠河,敦和谋开渠以杀其势,适内迁大理寺评事,不及上请。乃手书揭城门,劝民刻期集河干,亲为指示,民具奋锸来者以万计。经旬而渠成,后利赖之。寻复出为湖北德安府同知,署宜昌知府,缘事降秩。卒,祀直隶名宦祠。子棻,以一甲一名进士官至兵部尚书。

　　休度,字介斐,浙江秀水人。乾隆十八年举人,官嵊县训导,以荐授山西广灵知县。值大荒疫,流亡过半,休度安抚招徕。粮籍旧未清,履勘劝耕,一年而荒者垦,三年而无旷土。粮清赋办,获优叙。尤善决狱,刘把子妻张,以夫出,饥欲死,易姓改嫁郭添保。疑郭为略卖,诟朝手刃所生子女二而自到。休度诣验,妇犹未绝,目郭作声曰:"贩,贩!"察其无他情,谳定,杷子乃归。众曰:"汝欲知妇所由

死,问朱爷。"休度语之状,并及其家某事某事。杷子泣曰:"我归愆
期至此,勿怨他人矣。"稽首去。薛石头偕妹观剧,其友目送之。薛
怒,刃伤其左乳,死。自承曰:"早欲杀之,死无恨。"越日,复诘之曰:
"一刃何即死也?"薛曰:"刃时不料即死。"曰:"何不再刃?"薛曰:见
其血出不止,心惕息,何忍再刃?"遂以误杀论,减戍。休度尝曰:"南
方狱多法轻情重,北方狱多法重情轻,稍忽之,失其情矣。"待人以
诚,人亦不忍欺。周知民情,诉曲直者,数语处分,民皆悦服。数年
圄圈一空,举卓异。嘉庆元年,引疾归,县人恳留不得,乞其"壶山垂
钓"小像勒诸石。殁后,祀名宦。休度博闻通识,尤深于诗,以其乡
朱彝尊、钱载为法。任校官时,采访遗书,得四千五百余种,撰总目
上诸《四库》。大学士王杰为学政,任其一人以集事,时盛称焉。

　　刘大绅,字寄庵,云南宁州人。乾隆三十七年进士,四十八年,
授山东新城知县。连三岁旱,大绅力拯之。调曹县,代者至,民数千
遮道乞留,大吏为留大绅三月。及至曹县,旱灾更重于新城。大绅
方务与休息,河督檄修赵王河决堤,集夫万余人,以工代赈,两月竣
事,无疾病逃亡者。既又檄办河工秸料三百万,大绅以时方收敛,请
缓之。大吏督责益急,将按以罪,请限十日,民闻,争先输纳,未即期
而数足。一日巡行乡间,有于马后议谷贱银贵开征期迫者,大绅顾
语之曰:"俟谷得价再输未迟也。"语闻于大吏,怒其擅自缓征,遣能
吏代之。民虑失大绅,争输赋,代者至,已毕完。大吏因责征累年逋,
久倘不足,终以代者受事。民益恐,昼夜输将,不数日得三万余两。
初,大绅以忤上官意,自劾求去,民环署泣留,相率走诉大吏。适大
吏有事泰山,路见而谕止之,不得去。至是密自申请,民知之,已无
及,乃得引疾归。

　　五十八年,病起,仍发山东,补文登。值新城修城,大吏徇士民
请,檄大绅督工,逾所始竣。寻以曹县旧狱被议,罢职遣戍。新城、
曹县民为捐金请赎,得免归。嘉庆五年,有密荐者,诏以大绅操守廉
洁、兼有才能,办理城工、渡船二事,民情爱戴,引见,复发山东,摄

福山，补朝城。大水，大绅以灾报，大吏驳减其分数，民感大绅，虽未获减征，亦无怨谤者。大绅又力以病求去，移摄青州府同知，寻擢武定府同知。捕蝗查赈，并著劳勚。以母老终养归，遂不出。卒，祀名宦祠。

大绅素讲学能文章，在官公暇，辄诣书院课士。尝训诸生曰："朱子《小学》，为作圣阶梯，入德涂轨。必读此书，身体力行，庶几明体达用，有益于天下国家之大。"于是士知实学，风气一变。

吴焕彩，字蕴之，福建安定人。乾隆二十五年进士，授山东范县知县。民苦充牌头，吏列多名进，以次需索，焕彩革其弊。清河水溢为灾，其岸左高右卑，因开五顷注，以泻其东南，筑福金堤，以防其西北，岁得麦田四万亩。塽地民苦纳租，欲请免而格于例，代输租之半，教之种番薯，民困乃纾。三十九年，寿张逆匪王伦作乱，距范县四十里，焕彩修城筹守御，力清保甲，凡村落大小，人民贤愚可指数。有孟兴璧者，与黄昌吉等有隙，上变列三十余人，朝命侍郎高朴与巡抚往察治。使者出牒示，焕彩曰："某已死，某为某之父，某之子皆良民，呼之即至。"使者欲以兵往，焕彩曰："兵至，愚民非死即走，无可讯，咎将谁执？"焕彩夜抵村中呼告之，皆呼冤。焕彩曰："惟无其事，必出就讯，亟从我去。不然，祸立至。"民皆裹粮从。使者按籍，少二人，焕彩曰："一已死，一外出，已命其兄招之。"言未毕，有跪门外者，则已来矣。讯之皆诬，遂坐告变者。巡抚曰："知县者，知一县事，君可谓之知县矣。知县者，民之父母，君可谓之民之父母矣。"以卓异荐，擢湖北鹤峰知州。地本苗疆，改流未久，奸宄杂居。焕彩勤于听讼，积弊一清。土司族裔，每借祖坟诈人财，惩治之，浇风自息。民朴陋不知书，设义塾，资以膏火，至五十三年，始有举于乡者。后以病归，鹤峰请祀名宦，范县亦为建生祠。年逾八十，卒。

纪大奎，字慎斋，江西临川人。乾隆四十四年举人，充四库馆誊录。五十年，议叙知县，发山东，署商河。会李文功等倡邪教，诱民为乱，讹言四起。大奎集县民，谕以祸福，皆惊悟。邻郡惑者闻之，亦相率解散。补邱县，历署昌乐、栖霞、福山、博平，民皆敬而亲之。

父忧归。嘉庆中复出，授四川什邡县。或谓："什邡俗强梗，宜示以威。"答曰："无德可怀，徒以威示，何益？"奸民吴中友据山中聚众积粟，讲清凉教。大奎躬率健役，夜半捣其巢，获忠友，余众惊散。下令受邪书者三日缴，予自新，民遂安。擢合州知州，道光二年，引疾归。年八十，卒，祀合州名宦。

邵希曾，字鲁斋，浙江钱塘人。乾隆五十四年举人，嘉庆中，官河南知县。历权通许、卢氏、鄢陵、西华、沈邱、太康、扶构、淮宁、新乡，皆有声。滑县教匪之役，司粮台。及匪平，讯鞫俘虏，治余匪，凡良民被胁者皆得释，保全甚众。晚授桐柏，民苦盗，令村集建棚巡更，乡数家出一人为门夫，有警环集，无事归业。访捕强暴者绳以法，积匪率远徙。慎于所折狱，皆速结，讼日以稀。朔望莅学，集诸生讲论，增书院膏火，亲课之如师。道光六年，邑人王四杰始登进士第，自明初以来所未有。募钱万缗，建义学。凡经塾三，蒙塾十五。择其秀者入书院肄业，文教兴而悍俗渐化。在任十年，民安之。老病，大吏不令去，卒于官。

清史稿卷四七八
列传第二六五

循吏三

张吉安 李毓昌　　龚景瀚　　盖方泌

史绍登　李赓芸　　伊秉绶　　狄尚絅

张敦仁 郑敦允　李文耕　　刘体重

子煦　张琦 石家绍　刘衡 徐栋

姚柬之 吴均　王肇谦 曹瑾

桂超万 张作楠 云茂琦

　　张吉安,字迪民,江苏吴县人。乾隆四十二年举人,六十年,大挑知县,发浙江。时清治各县亏空,责弥补。富阳令恽敬独不奉上官意旨,檄吉安往摘印署事。至则士民群集,乞留敬。吉安见之,默然徒手返,白台司曰:"恽敬贤吏,乞保全之。且州县赋入有常经,前官不谨致亏,责弥补于后来者,恐开掊克之渐。方今楚、豫奸民蜂起,皆以有司贪残为口实。宜用读书人加意拊循,乃无形之弥补耳。"闻者迂其言。委摄县丞及杭州府通判,吉安自以不谐于时,乞改教职,上官留之。

　　嘉庆二年,署淳安,寻调象山。海盗由闽扰浙,沿海穷民业鱼盐者,多以米及淡水火药济盗,且为向导。吉安革船埠商渔之税,严禁水、米出洋,盗渐穷蹙。值飓风覆盗艇,泅至岸,悉为舟师所获。提督李长庚叹曰:"牧令尽如张象山,盗不足平也。"又建议县境南田为海中大岛,宜如明汤和策,封禁以断盗翼。韭山当海盗之冲,石浦、昌国兵力皆薄,请增兵以资镇慑。事虽见格,后卒如所议。

四年,署新城,漕仓设省城,民输折色,县官浮收,运丁需索,习以为常。吉安平其折价,不及旧时十之六七,民感之。五年,署永康,蛟水猝发,田庐荡析,为棚厂以凄灾民,阻水者其舟饷之,溺者具棺厝之,不待申详报可,所以振洫者甚。至上官或斥其有违成例,巡抚阮元素重之,悉如所请。六年,调署丽水,竭诚祷雨,旱不为灾。县多山,民处险远者,艰于赴诉。吉安辄巡行就山寺谳狱,咸乐其便。

八年,署浦江,值水灾,奸民纠众掠富室,伐墓树,邻邑咸煽动。吉安曰:"非法无以止奸民,非米无以安良民,良民安则奸民气散。"请运兵米所余以振之,民心渐定,乃擒首恶治如律。补余杭。

九年春,雨伤禾,粜仓谷以平米价,又运川米千石济之。十年,复被水,分乡设厂,煮粥以振,规画详密,竟事无拥挤之扰。邑多名区,次第修复之。惩讼师,勤听断,修志、葺学,文教丕振。在余杭七年,引疾归,遂不出。殁后,永康士民请祀名宦,建立专祠。

当时吏治积弊,有南漕北赈之说,南利在漕,相率讳灾。督抚藉词酌剂,置灾民于不问。苟有切求民瘼者,转不得安于位。吉安官浙前后几二十年,所莅多灾区,皆能举职。在新城减漕之三四,时论尤以为难。北赈之弊亦然。同时江苏知县李毓昌,以不扶同侵赈致祸,仁宗优恤之,重惩诸贪吏,盖欲以力挽颓风云。

毓昌,字皋言,山东即墨人。嘉庆十三年进士,以知县发江苏。十四年,总督铁保使勘山阳县赈事,亲行乡曲,钩稽户口,廉得山阳知县王伸汉冒赈状,具清册,将上揭。伸汉患之,赂以重金,不为动,则谋窃其册,使仆包祥与毓昌仆李祥、顾祥、马连升谋,不可得,遂设计死之。毓昌饮于伸汉所,夜归而渴,李祥以药置汤中进。毓昌寝,苦腹痛而起,包祥从后持其头,叱曰:"若何为?"李祥曰:"仆等不能事君矣。"马连升解己所系带缢之。伸汉以毓昌自缢闻。淮安知府王毅遣验视之，报曰："尸口有血。"毅怒，杖验者，遂以自缢状上。其族叔李太清与沈某至山阳迎丧，检视其籍，有残稿半纸，曰："山阳知县冒赈，以利啖毓昌，毓昌不敢受，恐负天子。"盖上总督书稿，诸仆所未及毁去者。丧归，毓昌妻有噩梦，启棺视，面如生。以银针刺之，针黑。李太清走京师诉都察院，命逮王毅、王伸汉及诸仆，至刑部会讯。山东按察使朱锡爵验毓昌尸，惟胸前骨如故，余尽黑。盖受毒未至死，乃以缢死也。仁宗震怒，斩包祥，置顾祥、马连升极刑，剖李祥心祭毓昌墓。毅、伸汉各论如律，总督以下贬谪有差。赠毓昌知府衔，封其墓。御制愍忠诗，命勒于墓上。毓昌无子，诏为立后，嗣子希佐赐举人，太清亦赐武举。

龚景瀚，字海峰，福建闽县人。先世累叶为名宦。曾祖其裕，康熙初，以诸生从军，援江西瑞州府通判。滇、闽变起，率乡勇为大军向导，擢吉安知府。时府城为逆将所据，大军驻螺子山，其裕供饷无乏。城复，抚疮痍，多惠政。后官河南怀庆知府，浚顺利渠，引济水入城便民，终于两淮盐运使。殁祀瑞州、吉安怀庆名宦祠。祖嵘，初仕浙江余杭知县，治县民杀仆疑狱，为时所称。擢直隶赵州直隶州知州，浚河兴水利。再擢江苏松江知府，渡海赈崇明灾黎，全活甚众。官至江西广饶九南道，单骑定万年县匪乱，殁祀饶州名宦祠。父一发，乾隆十五年举人，官河南知县，历宜阳、密县、林县、虞城四县，治狱明敏，能以德化。在虞城值水灾，勤于赈恤。朝使疏治积水，酾为惠民、永便诸渠，一发与灾民共劳苦，治称最。以病去，复起补直隶高阳。擢云南镇南知州，殁祀虞城名宦祠。

景瀚承家学，幼即知名。大学士朱珪督闽学，激赏之。乾隆三十六年成进士，归班铨选。四十九年，授甘肃靖远知县，未到官。总督福康安知其能，檄署中卫县，判牍如流，见者不知为初仕也。七星渠久淤，常苦旱，景瀚筑石坝，遏水入渠，始通流。又浚常乐、镇静诸渠，重修红柳沟环洞及减水各闸，溉田共三十万亩，民享其利。

五十二年，调平凉、地硗瘠，缺米粟，景瀚请邻邑无遏粜。又当西域孔道，车马取给商贾，盐引敕派于民，官吏强买煤炭，皆为民病，一切罢之。由是商贾辐辏，食货流通，修柳湖书院，与诸生讲学，文风渐振。

五十五年，署固原州，汉、回杂处，时构衅。景瀚密侦诸堡，诛积匪，境内以安。五十九年，迁陕西邠州知州，嘉庆元年，总督宜绵巡边，调景瀚入军幕，遂从剿教匪，以功擢庆阳知府。宜绵总辖三省，从入蜀，幕府文书皆属景瀚。寻调兰州，仍在军充翼长。

景瀚从军久，见劳师糜饷，流贼仍炽，因上议备陈调兵、增兵、募勇三害，剿贼四难，谓：“先安民然后能杀贼，民志固则贼势衰，使之无所裹胁。多一民即少一贼，民居奠则贼食绝，使之无所掳掠。民有一日之粮，即贼少一日之食。用坚壁清野之法，令百姓自相保聚，贼未至则力农贸易，各安其生；贼既至则闭栅登陴，相与为守。民有恃无恐，自不至于逃亡。其要先慎简良吏，次相度形势，次选择头人，次清查保甲，次训练壮丁，次积贮粮谷，次筹画经费。如是行之有十利。”反复数千言，切中事理。嗣是被兵各省举仿其法，民获自保，贼无所逞，成效大著。论者谓三省教匪之平，以此为要领。

五年，始到兰州任，七年，送部引见，卒于京师。其后续编《皇清文颖》，仁宗特出其《坚壁清野议》付馆臣载入。祀兰州名宦祠。自其裕至景瀚，四世皆祀名宦，海内称之。

景瀚子丰谷，官湖北天门知县，亦有治绩，不隳家声焉。

盖方泌，字季源，山东蒲台人。嘉庆初，以拔贡就职州判，发陕西，署汉阴厅通判、石泉知县。三年，署商州州同。治州东百里曰龙驹寨，寨之东为河南，南出武关为湖北。路四通，多林莽山径，易凭匿。时川、楚教匪屡由武关入陕西。方泌始至，民吏扫地赤立，贼酋张汉潮拥众至，乃置药面中，诱贼劫食，多死，遂西走，大军乘之，汉潮由是不振。方泌集众谋曰：“贼虽去，必复来。若等逃亦死，守不得耕种亦死。我文官无兵，若能为吾兵，当全活尔。”众曰：“惟命。”乃筑堡聚粮，户三丁抽一，得三千人，无丁者以财佐粮糒兵械，亲教之战,辰集午散,无废农事。

四年,贼屯山阳、镇安,将东走河南,迎击败之。又击贼于铁峪铺,贼据山上,而伏其半于沟,乃分兵薮伏,夺据东山上,数乘懈击之,贼宵遁。后贼由雒南东逸,方泌驰至分水岭,间道走铁洞沟出贼前伏待之,贼错愕迎战,遂败,斩首数百,乡兵名由是大振。自武关至竹林关,乡兵皆请隶龙驹寨。

五年,知州困于贼,方泌驰百九十里至北湾,贼惊曰:“龙驹寨兵至矣!”时贼屯州西及雒南、山阳各万余人,欲东出。方泌勒乡兵二万,列三大营以待。会官军至,夹攻,贼大败,几尽歼。是役枕戈而寝者五十日,游击某诬以事,解职,大吏直之,得留任。贼遂相戒无过商州。

八年,授盩厔知县,犹时时入山搜贼,又获宁陕倡乱者四十余人。境内甫定,捐俸赈饥,旌死节妇,河滩、马厂、盐法,皆区画久远。擢宁陕厅同知。仁宗召见,问商州事甚悉。擢四川顺庆知府。渠县民变,大吏属以兵。方泌曰:“此赛会人众,至各相惊疑,讹言横兴,非叛也。”捕十二人而变息。调成都,母忧归。服阕,授福建延平。寻调台湾,两署台湾道。屡谳大狱,皆聚众汹汹,稍激则变。方泌一以理谕,蔽罪如法。道光十八年,卒。

史绍登,字倬云,江苏溧阳人,大学士贻直之孙。以誊录叙布政司经历,发云南。乾隆六十年,署文水知县。时滇盐归官办,民苦抑配,绍登弛其禁,释通课者数百人。阅三载,配盐之五十七州县悉改商办,以文山为法。贵州苗乱,距文山尚数郡,绍登策其必至,集胥役健者亲教技击以备之。嘉庆元年,苗窜邻境之邱北,潜与文山侬、僰通。绍登谓不救邱北,文山侬、僰必不靖,亲率三百人往,人授刀一、铁镖三十。既至,当者辄仆,邱北廓清。而总督勒保剿苗失利,被围于贵州黄草坪,巡抚江兰檄绍登往援。至则贼围数重,内外不相闻,七战皆捷,乃达黄草坪。会贵州援兵亦至。比绍登上谒,总督曰:“若文官,亦远来问我耶?”绍登陈解围状,不信。绍登请视战所贼尸,镖伤者,文山民壮所击;若刃伤,请伏冒功罪。总督初欲劾之,勘实乃已。巡抚闻绍登忤总督，大惧，令所用军费不得入报销，以是亏帑二万。寻兼署蒙自县事，两城相距三百里，交址贼侬福结粤匪犯文山，绍登驰一昼夜入城，率民壮出剿，禽其渠，峒卡悉复。擢云州知州，仍留文山任。

四年，初彭龄来为巡抚，性好察，开化总兵因蒙自变时怯懦为民所轻，衔绍登，谮之，遂以亏空劾。士民刊章胪绍登政绩，设瓯醵金至三万。彭龄闻之悔，以完亏奏留任，余金无可返，建开阳书院焉。七年，署维西厅通判。厅民恒乍绷为乱，巢险不可攻。绍登廉得巢后岩壁陡绝阻，大溪，乃以篾为缅，募善泅者击缅岩树，对岸急引，如筏桥，攀援以登，壮士三百人从之。贼大惊乱，擒馘净尽。九年，卒。

李赓芸，字邪斋，江苏嘉定人。少受学于同县钱大昕，通六书，苍、雅，三礼。乾隆五十五年进士。授浙江孝丰知县。调德清，再调平湖。下车谒陆陇其祠，以陇其曾宰嘉定，而己以嘉定人宰平湖，奉陇其为法，尽心抚字，训士除奸，邑中称神明。

嘉庆三年，九卿中有密荐之者，诏询巡抚阮元，元奏：“赓芸守第洁才优，久协舆论，为浙中　一良吏。”引见，以同知升用。五年，金华、处州两郡水灾，金华苦无钱，处州苦无米。赓芸奉檄，于恩赈外领银二万，便宜为之。以银之半易钱，运金华加赈，人百钱而钱价平。又以银之半运米至处州，减价粜，辗辘转运，而米亦贱。升处州府同知，调嘉兴海防同知，署台州府。寻擢嘉兴知府，正己率属，无敢以苞苴进者。治漕，持官、民、军三者之平，上官每用其言。

十年，水灾，减粜有实惠，赈民以粥。全活者众，以继母忧去官。服阕，补福建汀州，调漳州。俗悍，多械斗，号难治。赓芸召乡约、里正问之曰：“何不告官而私斗为？”皆曰：“告官，或一二年狱不竟，竟亦是非不可知，先为身累。”赓芸曰：“今吾在，狱至立剖。有不当，更言之，无所徇护。为我告乡民，后更有斗者，必禽其渠，焚其居，毋恃贿脱。”众皆唯唯退。已而有斗者，赓芸立调兵捕治，悉如所言，民大惧。赓芸曰坐堂皇,重门洞开,诉者直入,命役与俱。召所当治者,限时日。不至,则杖役。至则立平之释去。即案前书狱词,无一钱费。民皆欢呼曰:"李公活我!"漳属九龙岭多盗,下所属严捕,擒其魁十数,商旅坦行。故事,获盗当甄叙,悉以归属吏。寻擢汀漳龙道。

二十年,擢福建按察使,署布政使逾年实授。赓芸守漳州时,龙溪县有械斗,令懦不治。署和平令朱履中内狡而外朴,赓芸误信之,请以移龙溪。久之,事不办,始稔其诈。洎署布政使,改履中教职。履中亏盐课,恐获罪。具揭于总督汪志伊、巡抚王绍兰,谓亏帑由道府婪索。督抚密以闻,解赓芸职质讯。赓芸之去漳,监造战船工未竣,留仆督率之,仆假履中洋银三百圆,诡以垫用告。赓芸如数给之,仆匿不以偿。福州知府涂以辀鞫之,阿总督意,增其数为一千六百,逼令自承,辞色俱厉,赓芸终不肯诬服。虑为狱吏所辱,遂自经。事闻,命侍郎熙昌、副都御史王引之往按其狱,得白。上以赓芸操守清廉,众所共知。其死由汪志伊固执苛求,而成于涂以辀勒供凌逼,褫志伊职,永不叙用。以辀、履中俱遣戍黑龙江,绍兰亦以附和革职。

赓芸家不名一钱,殁无以殓。盐法道孙尔准与之善,为经纪其丧。初,志伊亦重赓芸,曾荐举之。及擢布政,乘新舆上谒,志伊讽以戒奢,赓芸曰:"不肖为大员,不欲效布被脱粟之欺罔。"志伊素矫廉,衔其语。又以遇事抗执,嫌益深。及狱起,履中忽自承妄奸,诿原揭为其仆窃印,志伊怒,必穷诘之。论者谓漳厂修船,例由龙溪县垫款,藩司发款,至道乃偿之,非赃私也。赓芸狷急,负清名,虑涉嫌不承,而志伊峻待绅士,不理于众与。赓芸善者,或以飞语中之。

方治狱使者至闽,士民上书为赓芸讼冤,感泣祭奠,踵接于门,为建遗爱祠。熙昌等据情奏请赐额表扬,仁宗以"大员缘事逮问,当静俟国法,若此心皦然,横遭冤枉,亦应据实控告,朝廷必为昭雪;乃效匹夫沟渎之谅,殊为褊急,不应特予旌扬。士民追思惠政,捐资立祠,斯则斯民直道之公,听之"。

伊秉绶，字墨卿，福建宁化人。乾隆五十四年进士，授刑部主事，迁员外郎。嘉庆三年，出为广东惠州知府，问民疾苦，裁汰陋规，行法不避豪右，故练刑名，大吏屡以重狱委之，多所矜恤。陆丰巨猾肆劫勒赎，秉绶设方略，缚其渠七人戮之。

六年，归善陈亚本将为乱，提督孙全谋不发兵，秉绶乃遣役七十余人夜捣其巢，禽亚本，余党窜入羊矢坑。未几，博罗陈烂屐屦起事，请兵，提督复沮之。秉绶争曰："发兵愈迟，民之伤残愈甚。"提督不得已，予三百人。秉绶复曰："侦虚实，则三四人足矣。如用兵，以寡敌众，徒偾事耳。"提督不听，令游击郑文照率三百人往，孑身跳归，乱遂成。秉绶适以他事罣议去官，士民吁留军营。时提督既拥兵不前，其标兵卓亚五、朱得贵均通贼纵掠，为伪渠帅。秉绶愤懑，请兵益力，逢总督吉庆之怒，复以失察教匪论戍。会新总督倭什布至惠州，士民数千人诉秉绶冤，上闻，特免其罪，捐复原官，发南河，授扬州知府。

时秉绶方奉檄勘高邮、宝庆水灾，拉一小舟，凄户枉渚，必亲阅手记。及莅任，劬躬率属，赈贷之事，锱铢必核，吏无所容其奸。倡富商巨室捐设粥厂，费以万计。诛北湖剧盗铁库子辈，杖诡道诳愚之聂道和，它奸猾扰民者，悉严治之。民虽饥困，安堵无惶惑。历署河库道、盐运使，胥称职。寻以父忧去，家居八年。嘉庆二十年，入都，道经扬州，卒。

秉绶承其父朝栋学，以宋儒为宗。在惠州，建丰湖书院，以小学、近思录课诸生。在扬州，宏奖文学。殁后士民怀思不衰，以之配食宋欧阳修、苏轼及清王士禛，称四贤祠。

狄尚䌹，字文伯，江苏溧阳人，寄籍顺天。乾隆四十六年进士。五十七年，授安徽黟县知县，父忧去。

嘉庆四年，起复，发广东，署化州知州。濒海犷悍，尚䌹解除烦苛，治以简易。补花县，以乡兵助剿博罗乱匪有功，旋摄香山。十年，铨授江西南康知府。有武举调族侄妇，羞忿自尽，以无告发，事寝有年矣。尚绹甫下车,武举以他事涉讼,反覆诘问,忽露前情。穷究得实,置诸法,群惊为神。不期年,理滞狱百余,尽得情实。饶州有两姓争田,世相仇杀,尚绹为判断调和,争端永息。南安会匪李详诰传徒聚众,事发,大吏檄尚绹案之。戴奉飞实罪首,详诰为从,当减死。承审同官以详诰巨富,欲引嫌。尚绹曰:"无愧于中,何嫌可避?"大吏亦虑与原奏不符,尚绹曰:"不护前非,乃见至公。圣明在上,何虑焉?"卒从其议,株连者亦多省释。尝言:"狱不难于无枉纵,惟干证之牵累,吏胥之需求,受害者不可穷诘。生平思此,时用疚心。"又曰:"人知命、盗巨案之当慎,不知婚姻、财产细务,尤不可忽。盖必原情度势,使可相安于异日,不酿成别故,斯为善耳。"

南康治滨湖,风涛险恶,宋郡守孙乔年筑石堤百余丈,内浚二澳,可泊千艘。朱子知南康,增筑之,名紫阳堤。迤东水啮,侵及城址,明知府田琯增筑石堤百余丈以卫之,久俱圮。尚绹增修两堤,一准旧制,坚固经久。蓼花池周五十里,受庐山九十九湾之水,北入湖,水门浅隘,尚绹疏浚之,积潦消泄,岁增收谷万石。在任先后二十四年,所设施多规久远。历署饶州、吉安、广信三府,摄粮道。敝衣疏食,不问生产。引疾去官,不能归,卒于南康。

张敦仁,字古愚,山西阳城人。乾隆四十年进士,授江西高安知县,调庐陵。精于吏事,有循声。迁铜鼓营同知,署九江、抚州、南安、饶州诸府事。嘉庆初,改官江苏,历松江、苏州、江宁知府。六年,调授江西吉安。沿赣江多盗,遴健吏专司巡缉,责盗族禽首恶,毋匿通逃,崔苻以靖,民德之。再署南昌,寻实授。所属武宁民妇与二人私,杀其夫,前守以夫死途中,非由妇奸报。敦仁覆鞠词无异,而其幼子但哭不言,疑之。请留前守同谳,遂得谋杀移尸状,狱乃定。龙泉天地会匪滋事,巡抚檄敦仁往按,未至,镇道已发兵禽二百余人,民惶惧。敦仁廉知匪党与温氏子有隙,非叛逆,法当末减,坐为首二人。又会匪素肆掠,富室为保家计,多佯附,实未身与。事发株连,囹圄为满。讯察其冤,尽得释。道光二年,擢云南盐法道,寻以病乞致仕。敦仁博学,精考订,公暇即事著述,所刻书多称善本。寄寓江宁,卒,年八十有二。著书遭乱多佚。

郑敦允，字芝泉，湖南长沙人。嘉庆十九年进士，选庶吉士，散馆授刑部主事，迁员外郎。道光八年，出为湖北襄阳知府。襄阳俗朴，讼事多出教唆。敦允长于听断，积牍为空。访所属衙蠹莠民最为民患苦者十余人，论如律。地号盗薮，请帑筹充缉捕费，多设方略，获盗百余。巨盗梅权者，勇悍多徒党，捕者人少莫能近，众至则逸。侦知所在，夜往擒之，其徒追者数百人。令曰：“欲夺犯者，杀而以尸与之。”众不敢逼。诉者麋储，曰：“久不敢言，言辄火其居。”敦允曰：“苦吾民矣！”遂置之法。枣阳地瘠民贫，客商以重利称贷田产折入客籍者多。敦允许贷户自陈，子浮于母则除之，积困顿苏。汉水啮樊城，坏民居，议甃石堤四百余丈，二年而成。明年，汉水大涨，樊城赖以全。襄阳岸高水下，遇旱，艰于引溉。颁筒车式，使民仿制，民便之。调署武昌，会大水，樊城石工制损，敦允固请回任修守。襄人走迎三百里，日夜牵挽而至，议增筑子埝护堤根。灾民就食者数万，为草舍居老疾稚弱，令壮者赴工自食。敦允昕夕巡视，工未竟，致疾，未几卒。祀名宦。

李文耕，字心田，云南昆阳人。家贫，事亲孝，服膺宋儒之学。嘉庆七年进士，以知县发山东，假归养母。母丧，服阕，补邹平。到官四阅月，不得行其志，引疾去。以官累，不得归。

十九年，教匪起，寿张令以文耕娴武事，招助城守，训练、防御皆有法，贼不敢窥境。大吏闻其干略，起复补原官。在邹平五年，治尚教化。民妇陈诉其子忤逆。文耕引咎自责，其子叩头流血，母感动请释，卒改行。听讼无株累，久之，讼者日稀。善捕盗，养捕役，使足自赡，无豢贼。数亲巡，穷诘窝顿。尝曰：“治盗必真心卫民，身虽不能及者，精神及之，声名及之。”终任，盗风屏息。课诸生，亲为指授，勉以为己之学。民呼李教官，又呼为李青天。调冠县，迁胶州。浚云、墨二河。

道光二年，擢济宁直隶州，未之任。巡抚琦善特荐之，宣宗夙知其名,即擢泰安知府。调沂州,立属吏程课,谓:"官不勤则事废,民受其害。教化本于身,能对百姓,然后可以教百姓。"属吏皆化之。沂郡产檞树,劝民兴蚕,建义仓备荒,捕盗如为令时。寻擢兖沂曹道。司河事,修防必躬亲。属厅请浚淤沙,需银五万,往视之,曰:"无庸!春涨,即刷去矣。"果如其言。

五年,迁浙江盐运使,未几,调山东。时鹾业疲累,充商者多无籍游民,文耕知其弊,请分别征缓,以纾商力。责富商领运,不得因引滞贱价私卖,课渐裕。七年,擢湖北按察使,复调山东。严治胥役,诈赃犯辄置重典。断狱宽平,责属吏清滞狱,数月,积牍一空。谓:"山东民气粗而性直,易犯法,亦易为善,故教化不可不先。"

居三岁,调贵州。州县瘠苦,希更调,不事事。适权布政使,请以殿最为调剂,俾久任专责成。凿桐梓胡芦口,以息水患。黔产䌷,无绵布,设局教之纺织。贫民艰生计,重利而薄伦常,撰文劝导,曰《家喻户晓篇》。十三年,休致归。

文耕平生以崇正学、挽浇风为已任,在山东久,民感之尤深,殁祀名宦。

刘体重,山西赵城人。乾隆五十四年举人。嘉庆初,以知县发湖南,历署石门、新化、衡阳、宁武、衡山、湘阴。晋秩同知,改江西。道光中,补袁州同知,擢广信知府。调吉安,又调抚州,所至有声。在抚州治绩最著,巡历属县,问民疾苦,集父老子弟勉以孝弟力田。属吏不职,参劾无徇。胥吏揽讼,痛惩之。厚书院廪饩。课士以经,动绳以礼法。遇大水,尽心赈恤,灾不为害,建义仓,积谷五万石。

十四年,擢河南彰卫怀道,管河事,修防有法。终任,黄流安澜。沁水堤由民筑,多单薄,择其要区加筑子埝,筹岁修费垂永久。漳河无堤防,勤疏浚,水患并息。创建河朔书院,仿朱子白鹿洞规条,以课三郡之士。十九年,擢江西按察使,迁湖北布政使。二十二年,乞病归,卒于家。

体重廉平不苛,尤长治狱。所居,吏畏民怀,讼狱日简。河北士民尤感之,殁祀名宦祠。

子煦,由拔贡授直隶知县,历权繁剧。咸丰初,迁开州知州。河决,赈灾,全活数万。治团练有功,署大名知府。十一年春,直隶、山东匪迭起,守城四十日,乘间出奇击贼,城获安。既而东匪西窜,势甚张,畿辅震动。煦督师破清丰贼垒,乘胜进攻濮州老巢。遇大雨,贼决河自卫,煦激励兵团,坚持不懈,贼穷蹙乞降,遂复濮州。开、濮之间,积水多沮洳,土人谓之水套,匪辄凭匿。至冬,复竖旗起事。煦率乡团八千人,追贼于冰天泥淖之中,三战皆捷,水套底定。同治元年,擢大顺广道,命偕副都统摅克敦布办理直、东交界防剿事宜,以劳卒于官。优诏赐恤,大名及原籍并建专祠。

张琦,初名翊,字翰风,江苏阳湖人。嘉庆十八年举人,以誊录议叙知县。道光三年,发山东,署邹平县。抵任,岁且尽。阅四百七十村,麦无种者。即申牒报灾,亲谒上官陈状。破成例请缓征,因邹平得缓者十六州县。民失物,误讼邻邑长山,归狱于琦。琦曰:“汝失物地,大树北抑大树南?”曰:“树北。”琦曰:“若是,则我界也。”民愕然,曰:“诚邹平耶?”即不欲以数匹布烦父母官。持牒去。后权章邱,邹平民时赴诉,琦曰:“此于法不当受。”慰遣之。章邱民好讼,院、司、道、府五府吏皆籍章邱,走书请托,倚摭短长。琦任岁余,无一私书至。结案二千有奇,无翻控者。

五年,补馆陶,会久旱风霾,麦苗皆死,饥民聚掠。琦祷雨既应,严捕倡掠者。廉得富家闭粜居奇状,按治之,民大悦。乃请普赈两月。馆陶地褊小,赈数多邻邑数倍,大吏呵之。寻有诏责问岁饥状甚切,乃按临灾区,民迎诉赈弊,惟馆陶得实。始劾罢他邑令,厚慰琦。士有讼者,阅其辞不直,则曰:“课汝文不至,讼乃至耶?”先试以文,不中程,责后乃决事,士讼遂稀。馆陶地斥卤,不宜谷,又卫水数败田。琦精求古沟防及区田法试行之,未竟,病卒。

在馆陶八年,民爱戴之,理讼不待两造集,即决遣之。以其辞质后至者,莫敢狡饰。有疑狱,亦不过再讯。胥吏扰民,必严论如法。

然筹其生计必周，故无怨者。琦少工文学，与兄编修惠言齐名，舆地、医学、诗词皆深造。五十后始为吏，治绩尤著。时江西同知石家绍亦儒者，为治有古风，殆相亚云。

家绍，字瑶辰，山西翼城人。以拔贡为壶关县教谕。道光二年成进士，授江西龙门知县。发奸摘伏，以神明称。调上饶，再调南昌。首邑繁剧，而尽心民事，理讼尝至夜不辍。连年水患，饥民闻省会散赈，麕聚郭外。家绍与新建令同主赈，始散米，令饥民自爨。来者益众，赈所濒河，几莫能容。乃改散钱，令各返乡里，候截留漕米济之。时水灾益棘，家绍请开仓平粜，复分厂煮粥以赈。主者循例备三千人食，而就食者五万，汹汹不可止。家绍至，谕之曰："食少人众，咄嗟不能办。汝等姑退，诘朝来，不使一饥民无粥啖也。"众皆迎拜曰："石爹爹不欺人，愿听处置。"爹爹者，江西民呼父也。历署大庾、新城、新建三县，擢铜鼓营同知，署饶州、赣州二府，所至皆得民心。家绍口呐呐若不得辞，自大吏、僚友、缙绅、士民、卒隶无不称为循吏，顾自视欿然。尝曰："吏而良，民父母也；不良，则民贼也。父母，吾不能；民贼也，吾不敢，吾其为民佣乎！"十九年，卒。五县皆祀名宦，南昌民尤德之，建祠于百花洲。

刘衡，字廉舫，江西南丰人。嘉庆五年副榜贡生，充官学教习。十八年，以知县发广东。奉檄巡河，日夜坐卧舟中，与兵役同劳苦，俾不得通盗，河道敛戢。署四会县，地瘠盗炽。衡团练壮丁，连村自保。诇捕会匪，焚其籍，以安反侧。只治渠魁，众乃定。调署博罗，城中故设征粮店数家，乡又设十站，民以为累，衡至即除之。俗多自戕，里豪蠹役杂持之，害滋甚。衡释诬滥，严惩主使，锢习一清。补新兴，父忧去。

服阕，道光三年，授四川垫江，俗轻生亦如博罗，衡先事劝谕，民化之。获咽匪初犯者，曰："饥寒迫尔。"给资使自谋生，再犯不宥，匪辄感泣改行。调署梁山，处万山中，去水道远，岁苦旱。衡相地修塘堰，以时蓄泄，为永久之计。捐田建屋，养孤贫，岁得谷数百石，上官下其法通省仿行。寻调巴县，为重庆府附郭，号难治。白役七千余人，倚食衙前。衡至，役皆无所得食，散为民，存百余人，备使令而已。岁歉，衡谓济荒之法，聚不如散，命各归各保，以便赈恤，是年虽饥不害。

衡尝谓律意忠厚，本之为治，求达爱民之心。然爱民必先去其病民者，故恒寓宽于严。官民之阻隔，皆缘丁胥表里为奸。所至设长几于堂左右，分六曹为六柜。吏呈案，则各就所几柜庋之，击磬以闻。衡自取，立与核办，置之右几。吏以次承领，壅蔽悉除。有诉讼，坐堂皇受牒，亲书牒令原告交里正，转摄所讼之人，到即讯结。非重狱，不遣隶勾摄。即遣，必注隶之姓名齿貌于签，又令互相保结，设连坐法，蠹役无所施技。性素严，临讼辄霁颜，俾得通其情，扶不过十，惟于豪猾则痛惩不稍贷。尝访延士绅，周知地方利害，次第举革。待丞、尉、营弁必和衷，时周其乏，缓急可相倚。城乡立义学，公余亲课之。为治大要，以恤贫保富、正人心、端士习为主。总督戴三锡巡川东，其旁邑民诉冤者皆乞付刘青天决之，语上闻。

七年，擢绵州直隶州知州，宣宗召对，嘉其公勤。八年，擢保宁知府，九年，调成都。每语人曰："牧令亲民，随事可尽吾心。太守渐远民，安静率属而已，不如州县之得一意民事也。"然所在属吏化之，无厉民者。后擢河南开归陈许道，未几，病。巡抚为陈情及治蜀状，请优待之，以风有位。特诏给假调理。久之，病不愈，遂乞归。数年始卒。博罗、垫江、梁山、巴县皆请祀名宦祠。

同治初，四川学政杨秉璋疏陈衡循绩，并上遗书。穆宗谕曰："刘衡历任广东、四川守令，所至循声卓著。去官四十余年，至今民间称道弗衰。所著《庸吏》、《庸言》、《蜀僚问答》、《读律心得》等书，尤为洞悉闾阎休戚，于兴利除弊之道，筹画详备，洵无愧循良之吏。将历任政绩宣付史馆，编入《循吏传》，以资观感。"衡所著书，皆阅历有得之言，当世论治者，与汪辉祖《学治臆说》诸书同奉为圭臬。其后有徐栋著《牧令》诸书，亦并称焉。

栋，字致初，直隶安肃人。道光二年进士，授工部主事，累迁郎中。究心吏治，以为天下事莫不起于州县，州县理，则天下无不理。称州县之职，不外于更事久，读书多。然更事在既事之后，读书在未事之先，乃汇诸家之说为牧令书三十卷。又以保甲为庶政之纲，天下非一人所能理，于是有乡、有保、有甲。自明王守仁立十家牌之法，后世踵行，为弭盗设，此未知其本也。亦集诸说，成保甲书四卷。二十一年，出为陕西兴安知府，调汉中，又调西安，所至行保甲，皆有成效。兴安临汉江，栋补修惠春、石泉两堤，加于旧五尺，民颇苦其役。十数年后，大水冒旧堤二尺，乃感念之，肖像以祀。旧禁运粮下游，栋以兴安卑湿，积谷易霉变。既不能久储，又不能出境，图利者改种菸叶、蓝靛，歉年每至乏食。乃弛运粮之禁，民便之。举卓异，二十九年，以病归。咸同之间，在籍治团练，修省城，有诏录用，以老病辞，寻卒。祀兴安名宦祠。

　　姚柬之，字伯山，安徽桐城人。七世祖文燮，见本传。柬之少负异才，从族祖蒪学，道光二年成进士，授河南临漳知县，屡决疑狱。县民张鸣武控贼杀妻，称贼攀二窗桎入室。柬之勘窗桎窄，且夫未远出。诘之，果夫因逐贼，误斫杀妻。又常姚氏被杀，罪人不得。柬之察其时为县试招覆之前夜，所取第一名杨某不赴试，疑之。召至，神色惶惑，询其居，与常邻。乃夜至城隍庙，命妇人以血污面，与杨语，遂得图奸不从强杀状。每巡行乡曲，劝民息讼，有诉曲直者即平之。漳水溢，赍粮赴灾区，且勘且赈，全活者众。兼摄内黄，民服其治，闹漕之风顿革。境与直隶大名毗连，多贼巢，掘地为窟，积匪聚赌，排枪手为拒捕计。柬之约大名会捕，赌窟除而盗风息。母忧去。

　　十二年，服阕，补广东揭阳。濒海民悍，械斗掳掠，抗赋戕官，习以为常。柬之训练壮勇，集绅耆于西郊，谕以保护善良，与民更化。最顽梗之区曰下滩，盗贼、土豪相勾结，柬之会营往捕，拒者或死或擒。一盗积犯十八案，召被害者环观，僇之，境内称快。有凶盗居钱坑，其地四面皆山，不可攻。潮州故事，凡捕匪不得，则爇其庐，空其积聚。柬之戒勿焚烧，召耆老，谕交犯，不敢出。乃乘舆张盖入村，从仅数人，见耆老一一慰劳，皆感泣，愿更始。民在四山高望者，咸呼"好官"，次日遂交犯。自下滩示威，钱坑示德，恩信大著。收获时，巡乡为之保护，树催科旗。值械斗，则树止斗旗。一日，涂遇持火枪者，结队行，望见官至，悉没水中，命以渔网取之。讯为助斗者，按以法，自此械斗浸止。兴复书院，厚待诸生，回乡以新政告乡人，有变则密以闻，官民无隔阂。通赋者相率输将，强梗渐化，县大治。

迁连州绥瑶厅同知，民、瑶构讼，判决时必使相安，遂无事。普宁县匪徒戕官肆劫，奉檄从镇道往捕治。匪以涂祥为巢穴，磨盘山为声援，地皆险。乃设方略，正军攻涂祥，调揭阳壮勇自磨盘岭突进破贼巢，获六百余人。事定，言官误论劾。朝使查勘，其诬得白。

十七年，署肇庆府，端溪大涨，城不没数版，𤁊之日夜立城下守御，预放兵粮，以平米价，民不知灾。十九年，擢贵州大定知府，俗好讼，𤁊之速讯速结，不能售其欺，期年而讼稀。白蟒洞地僻产煤、铁，有汪摆片者，据其地聚众结会，为一方害，捕灭解散，地连川、滇得，弭钜患焉。大定民、苗杂居，宜治以安静。大吏下令，𤁊之必酌地方之宜，不使累民。见多不合，疾引遂归。数年始卒。

吴均，字云帆，浙江钱塘人。嘉庆二十四年举人，道光十五年，大挑知县，发广东，授乳源，调潮阳。历署揭阳、惠来、嘉应、海阳。在海阳捕双刀会匪黄悟空，置之法。举卓异，署盐运司运同，擢佛冈厅同知，署潮州知府。咸丰二年，惠州土匪肆劫，均奉檄往，获匪千余，分轻重惩治，遂肃清。三年，实授。时东南各行省军事亟，福建、湖南大吏闻均名，先后奉调往襄剿匪，广东方倚为保障，坚留之。四年，江南大营散兵回粤，结匪为乱。贼首陈娘康拥众围潮阳，分党陷惠来，攻普宁。援军失利，均亲督战，败贼。甫解潮阳围，海阳彩阳乡匪首吴中庶乘间纠党陈阿拾煽众，旬日至万余人。大掠海阳，逼攻郡城，澄海匪首王兴顺亦与合。均檄潮阳令汪政分兵援郡城，战城下，歼贼数千，围解。自移军澄海，冒雨破贼巢，分路搜捕，清余孽。旋克惠来，斩陈娘康等于阵。未几，以积劳卒于官。均性清介，治潮最久，诛盗尤严。每巡乡，辄以二旗开导，大书曰："但愿百姓回心，免试一番辣手。"化莠为良保全弥众。从役有取民间丝粟者，立斩马前，民益畏服。在潮阳以滨海地咸卤，开渠以通溪水，筑堤六千余丈，淡水溉田，瘠土悉沃。在海阳浚三利溪，加筑北堤，为郡城保障。及守潮州，修复州东广济大桥。附郭西湖山高出城上，登瞰全城如指掌，旧有高埠为犄角，久圮。均筑展新城，跨濠而过，围山于城内。至是匪乱围攻，竟不能破，民咸颂之。殁后，追赠太仆寺卿。光绪间，潮州建专祠。

王肇谦，字琴航，直隶深泽人。道光十四年举人，授福建海澄知县。马口乡民构衅互掠，亲谕利害，积嫌顿解。捕巨盗许蚪置诸法，群盗敛迹。富绅争产累讼，男妇数十人环跪堂下，援引古义喻之，更反自责。众赧然，谓今日始知礼义，讼以是止。邑民李顺发负杨茄柱金，为杨所留，乃以劫财诉诸教堂。教主移牒请严究，众汹汹。肇谦白上官："茄柱无罪，不必治；教士骄心，不可长。"总督刘韵珂嘉其抗直。闽县上篁村故盗薮，檄肇谦往捕。至则召其父老开陈大义，曰："我来活若一乡，若列铳拒官，大府欲屠之，尚不知耶？"众大恐，肇谦曰："某某皆大盗，速缚来！三日缮齐保甲册，吾保若无事。"遂立以盗献。厦门洋人因赁屋与民龃龉，奉檄往治，据理剖决两无所徇，洋人帖服。

咸丰二年，署上杭，时粤匪据江宁，福建贼林俊遥应之，陷漳州、永春、大田诸郡县。肇谦建碉储粟，制器械，简丁壮，为坚壁清野计，赖以无虞。三年，淫雨为灾，且赈且治军，率团勇越境剿松源县贼四千。擢永春直隶州知州，募乡兵二万，破林俊于城南山，擒土匪邱师、宰八等。

署漳州知府，漳浦古竹社蔡全等为乱，肇谦设方略，约内应，生擒全，诏嘉之，晋秩知府。漳俗犷悍难治，肇谦谓民不奉法，由吏不称职。课所属清案牍，勤催科，惩械斗，严缉捕，表义行，振文教，以能否为殿最，漳人以为保障。署延建邵道，调署兴泉永道，未行，粤匪窜入境，肇谦誓以死守，督军随按察使赵印川十三战皆捷，以劳卒。诏赠光禄寺卿，祀上杭名宦祠。

曹瑾，字怀朴，河南河内人。嘉庆十二年举人。初官直隶知县，历署平山、饶阳、宁津，皆得民心。赈饥惩盗，多惠政。补威县，调丰润，以事落职。寻复官，发福建，署将乐。又以失察邪教被劾，引见，仍以原官用。道光十三年，署闽县，旗兵与民械斗，持平晓谕利害，皆帖伏。值旱，迎胡神于鼓山祷雨，官吏奔走跪拜街衢间，瑾斥其不载祀典，独屹立不拜。大吏奇之，以为可任艰钜。时台湾岁歉多盗，遂补凤山。问疾苦，诘盗贼，剔除弊蠹，顺民之欲。淡水溪在县东南，由九曲塘穿池以引溪水，筑埤导圳。凡掘圳四万余丈，灌田三万亩，定启闭蓄泄之法，设圳长经理之。

二十年，擢淡水厅同知，海盗剽劫商贾，漳、泉二郡人居其间，常相仇杀，又当海防告警。瑾至，行保甲，练乡勇，清内匪而备外侮。英吉利兵舰犯鸡笼口，瑾禁渔船勿出，绝其乡导，悬赏购敌酋，民争赴之。敌船触石，禽百二十四人。屡至，屡却之。明年，又犯淡水南口，设伏诱击，俘汉奸五、敌兵四十九人。事闻，被优赉。未几，和议成，英人有责言。总督怡良知瑾刚直，谓曰："事将若何？"瑾曰："但论国家事若何，某官无足重，罪所应任者，甘心当之。但百姓出死力杀贼，不宜有负。"怡良叹曰："真丈夫也！"卒以是夺级。后以捕盗功晋秩，以海疆知府用。瑾遂乞病归，数年始卒。

桂超万，字丹盟，安徽贵池人。道光十二年进士，以知县发江苏。署阳湖四十日，巡抚林则徐贤之，补荆溪。未任，父忧去。

十六年，服阕，授直隶栾城。捕盗不分畛域，每于邻邑交界处破贼巢，盗风息。浚洨河、金水河及城河，通沟洫，平道路，水潦无患。限绅户免役不得过三十亩，免累民。劝树畜，修井粪田，种薯芋以备荒。复书院，设义塾，化导乡民，习异教者多改行。调万全，署丰润。值英吉利犯天津，沿海戒严。超万训练乡勇，募打鸭善枪法者以备战。后粤匪犯畿辅，天津练勇效超万法，颇收鸭枪狙击之效。诏举贤吏，总督讷尔经额荐超万持躬廉谨，尽心民事，迁北运河务关同知。

二十三年，擢授江苏扬州知府。扬俗浮靡，超万励勤俭，严禁令，凡衙蠹、营兵、地棍、讼师诸害民者，悉绳以法。讼于府者，一讯即结。逾两年，调苏州。时漕弊积重，大户短欠，且得规包纳运丁，需索日增，官民交困。超万为减帮费、均赋户之议。乃访惩豪猾，示均收章程，依限完纳，即赦既往。请大吏奏定通行，积困稍苏。屯佃求减租，聚众殴业主，粮艘水手因行海运失业，勾结滋事，势皆汹汹。超万处以镇静，先事戒备，得弭乱萌。署粮储道。二十九年，擢福建汀龙漳道。乞病归。咸丰中，粤匪扰安徽，超万在籍治乡团。同治初，福建巡抚徐宋干荐之，署福建粮储道，寻擢按察使。年八十，卒于官。

张作楠，字丹邨，浙江金华人。嘉庆十三年进士，铨授处州府教授。擢江苏桃源知县，调阳湖。治事廉平，人称儒吏。道光元年，擢太仓直隶州知州。三年，大水，作楠冒雨履勘灾乡，问民疾苦，停征请赈，借帑平粜。疏浚境内河道，以工代赈。水得速泄，涸出田亩，不误春耕，人刊《娄东荒政编》纪其事。寻奉檄赴松江谳狱，乡民讹传去官，虑仍收漕，纷纷奔诉。会濒海奸徒乘间蠢动，作楠闻变，驰回，中途檄主簿萧翷赴茜泾捕首恶，胁从罔治，事遂定。作楠勤于治事，案无滞牍。暇则篝灯课读，妻、女纺织，常至夜分。人笑其为校官久，未改故态。

五年，擢徐州知府，受代以平粜亏帑二万金，弥补未完。作楠自危，巡抚陶澍曰："救灾民如哺儿，失乳即死。吾方咎汝请粜时，顾虑折耗不免稍稽。遇大投艰者，胡亦泥此？且绅民已代致万金，不汝责也！"徐州亦被灾，筹赈甚力，民赖以苏。在任两载，乞养归。乡居二十余年，足迹不入城市。三子皆令务农、工，或问："何不仍业儒？"曰："世俗读书为科名，及入仕，则心术坏，吾不欲其堕落也。"作楠精算学，贯通中西。在官以工匠自随，制仪器，刊算书。所著书，汇刻曰《翠微山房丛书》，行于世，学者奉为圭臬焉。卒，祀乡贤祠。

云茂琦，广东文昌人。道光六年进士，授江苏沛县知县。询民疾苦,恳恳如家人。劝以务本分、忍忿争,讼顿稀。县地卑,多积潦,开浚沟洫,岁获屡丰。筹缉捕经费,获盗多,给重赏,盗贼屏迹。课诸生,先德行。后文艺,语以身心性命之学。邻邑闻风而来,书院斋舍至不能容。总督蒋攸铦称其有儒者气象。调六合,连年大水,灾民得赈,无流亡。邑多淫祀,毁其像,改书院。卫田多典质,为清理复业,运户得所津贴,漕累以纾。考最,入觐,改官兵部郎中,又改吏部。未几,告养归。家居十数年,设田赡族,乡邑兴革,无不尽力。主讲课士有法。卒,祀名宦祠。

清史稿卷四七九
列传第二六六

循吏四

徐台英　　**牛树梅**　何曰愈　吴应连

刘秉琳　夏崇砥　夏子龄　萧世本

李炳涛　俞澍　朱根仁　邹钟俊　王懋勋

蒯德模　林达泉　**方大湜**　陈豪

杨荣绪　林启　**冷鼎亨**　**孙葆田**

柯劭憼　朱光第　**涂官俊**　陈文騄　李素

张楷　**王仁堪**

　　徐台英，字佩章，广东南海人。道光二十一年进士，授湖南华容知县。俗好讼，台英谓讼狱纠缠，由于上下不通。与民约，传到即审结，胥役需索者痛惩之。一日，阅呈词，不类讼师胥吏笔，鞠之，果诸生也。拘至，试以诗、文，文工而诗劣。谕曰："诗本性情，汝性情卑鄙，宜其劣。念初犯，姑宥，其改行！"其人感泣。去规复沱江书院，月自课之。曰："陆清献作令，日与诸生讲学。吾不晓讲学，若教人作文，因而诱之读书立品，是吾志也。"县田有圩田、塃田、山田之分。濒湖地，旱少潦多，塃、圩例有蠲缓，田无底册，影射多。书役垫征，官给空票。花户粮数，任其自注。役指为欠者，拘而索之，官不知所征之数。保户包纳漕米,相沿以为便,挟制浮收,无过问者。积欠数万,官民交病。台英知其弊,乃清田册,注花户粮数、姓名、住,址立碑垛上,使册不能改。应缓、应征者可亲勘,而影射之弊绝。申粮随业转之例,即时过割,而飞洒之弊绝。收漕分设四局,俾升合小户,就近输民,免保户之加收,而包纳之弊绝。垛田旧有堤修费,出田主。有挪垛田作圩田,冀免堤费者。有卖田留税,派费赔累者。有卖税留田,派费不至者,堤费不充。一垛堤溃,他垛同希豁免。凡借帑修堤者,久无偿,相率亡匿。台英丈田均费,低洼者许减派,不许匿亩。其人户俱绝,归宗祠管业承费。巨族有抗者罪之。行之期年,堤工皆固,逋赋尽输。

调耒阳。耒阳征粮,由柜书里差收解,取入倍于官。刁健之户轻,良善之户重,民积忿。有杨大鹏者,以除害为名,欲揭竿为乱。事平,台英遂尽革里差。时上官欲命举甲长以代里差,仍主包收包解。台英以甲长之害,与里差同。因集乡绅问之曰:"巡抚命汝等举甲长,何如?"曰:"无人愿充。"台英曰:"甲长所虑在不知花户住址,汝等所虑在甲长包收。吾今并户于村,分村立册。以各村粮数合一乡,以四乡粮数合一县。各村纳粮,就近投柜,粮入串出,胥吏不得预。甲长祗任催科,无昔日包收之害。此可行否?"众皆拜曰:"诺。"台英曰:"隐匿何由核?"众曰:"取清册磨对,有漏,补入可耳。"曰:"虚粮何由垫?"曰:"虚粮无几,有则按亩匀摊可耳。"数月而清册成,粮法大定。大鹏之乱,诱胁者多。台英禁告讦,一县获安。以忧去官。

同治元年,诏起用,发浙江,署台州知府,未任,卒。

牛树梅,字雪桥,甘肃通渭人。道光二十一年进士,授四川彰明知县,以不扰为治。决狱明慎,民隐无不达,咸爱戴之。邻县江油匪徒何远富纠众劫中坝场,地与彰明之太平场相近。树梅率民团御之,匪言我不践彰明一草一木也。迨官军击散匪众,远富匿下庄白鹤洞,恃险负隅。遥呼曰:"须牛青天来,吾即出。"树梅至,果自缚出。擢茂州直隶州知州,寻署宁远知府。地大震,全城陷没,死伤甚众。树梅压于土，获生。蜀人谓天留牛青天以劝善。树梅自咎德薄，不能庇民，益修省。所以赈恤灾黎甚厚，民愈戴之。父忧去官。

咸丰三年，尚书徐泽醇荐其朴诚廉干，诏参陕甘总督舒兴阿军事。八年，湖广总督官文荐循良第一，发湖北，病未往。

同治元年，四川总督骆秉章复荐之，擢授四川按察使，百姓喜相告曰：“牛青天再至矣！”三年，内召，以老病不出，主成都锦江书院。时甘肃回匪尚炽，树梅眷念乡里，遗书当事，论剿回宜用土勇。略云：“军兴以来，剧寇皆南勇所扫荡。今金积堡既平，河州水土尤恶。若参用本省黑头勇，其利有六：饱粗粝，耐冰霜，一也；有父母兄弟妻子之仇，有田园庐墓之恋，二也；给南勇半饷，即乐为用，三也；无归之民，收之，不致散为贼，四也；久战狄、河一带，不费操练，五也；地势熟习，设伏用奇，无意外虞，六也。”后总督左宗棠采其说，主用甘军，卒收其效。光绪初，归里，卒，年八十四。

何曰愈，字云畹，广东香山人。父文明，河南淯川知县，有惠政。曰愈少随父宦，读书励志，有干材。道光初，授四川会理州吏目。土司某桀骜，所部夷人杀汉民，知州檄曰愈往验，以贿乞免，却之。乃率众来劫，不为动，卒成验而还。狱上，大吏廉得直，曰愈由是知名。捐升知县，以习边事，办西藏粮台，三载，还补岳池县。不畏强御，豪右敛戢。练乡团，缮城郭，庀器械。逾数年，滇匪犯岳池，后令赖所遗械以拒贼，时比张孟谈之治晋阳云。调署平山，以母忧去。

咸丰六年，服阕，宁远府野夷出巢焚掠，大吏檄曰愈参建昌镇军事。川西猓夷凡数十支，自雷波、峨边，滇南二十四塞，频年肆扰。值西昌县告变，曰愈驰至，众大哗，曰：“夷伤吾人。”曰愈曰：“若等平日欺夷如鹿豕，使无所控告，故酿祸。今且少息，吾为若治之。”乃集兵练出不意捣夷巢，夷皆匍匐听约束。汉民屋毁粟罄，夷请以山木供屋材，并贷谷为食。曰愈谕民曰：“此见夷人具有天良，若等毋再生衅。汉民遂相安。曰愈既益悉夷、番之情伪，山川之险隘，拟绥边十二策，格不得上。未几，滇匪韩登鸾纠众入会理州境，声言与回民寻仇。回民疑汉民召匪，因焚民居。曰愈率一旅往，闻流言奸细伏城内,乃下令毋闭城。三日后,按户搜查,容奸细者从军法。越三日,城内外贼党悉遁。曰愈曰:"吾不闭门、不遽搜者,正开其逃路耳。"众皆服。遣人持榜文谕登鸾,遵示释怨退去。复持谕回民,回民曰:"昔日被水灾,田庐尽没,何公一骑渡水赈我,又为我浚河,至今无水患。戴德未忘,今敢不遵谕!违者诛之。"自是回民亦不扰州境。事定,镇府上其功,会有攘之者,遂不叙。比粤匪犯蜀,曰愈数陈机宜,当事不能用。退居灌县,后归,卒于家。子璟,官至浙闽总督。

吴应连,江西南城人。道光元年举人,以知县拣发四川。历署天全、涪州、永川、安岳、蒲江、新津、绵竹、仁寿诸州县。补石泉,调彭县。宦蜀先后二十年,所至修塘堰,浚河渠,平治水陆道涂,捕盗贼、土豪,抚灾民,皆有实政。咸丰初,蜀匪渐炽,应连在彭县,编团储械,以备不虞。四年,卒于官。未几,悍匪迭来犯,赖乡勇保全危城,民思遗绩,留殡于城内三忠祠旁,岁时祀之。涪州、安岳、永川、石泉、仁寿先后请祀名宦祠。

刘秉琳,字昆圃,湖北黄安人。咸丰二年进士,授顺天宝坻知县。持躬清苦,恤孤寡,惩豪猾,悉去杂派及榷酷赢余者。索伦兵伐民墓树,纵马蹂田禾,反诬村民絷其马,秉琳力争得直。蝗起,督民自捕,集资购之,被蝗者得钱以代赈,且免践田苗。迁宛平京县。十年,英法联军犯京师,秉琳奉檄赴营议犒,纳刀靴中,虑以非礼相加,义不受辱。抗论无少屈,犒具皆如议。寻引疾归。

穆宗登极,有密荐者复至直隶,署任邱。民以驿车为累,筹资招雇,永除其害。擢深州直隶州知州。七年,捻匪张总愚窜畿辅,且至,人劝其眷属可避,秉琳曰:"吾家人皆食禄者,义不可去。"授兵登郫,乡民及邻境闻之,咸挈入保,至十余万人。婴城四十余日,贼围之,不破。秉琳上书统帅,言贼入滹沱,河套势益蹙,宜兜围急击,缓将偷渡东窜。卒如其言。寇平,优叙。州地多斥卤,民以盐为恒产,课与常赋埒,水旱不得报灾,非滤盐无以应正供。秉琳议官销法,以杜私贩,民悦服。

九年,擢正定知府。滹沱溢,发所储兵米以赈。筑曹马口、回水、斜角三堤,水不啮城,民用安集。郡与山西接壤,固关守弁,苛税煤铁,商贩委物于路,聚众上诉。秉琳往解散,除其重征。镇将获盗三,已诬服,秉琳鞫之,乃兵挟负博嫌,栽赃刑逼,以成其狱,释三人者而重惩其兵。

光绪元年,擢天津河间道,兼辖南运河工。请复岁修银额,河兵口食足,乃无偷减工料之弊。筑中亭河北堤,涸出腴田千余顷。时方旱,流民集天津,设粥厂,躬亲其事,所活甚众。尝太息曰:"哺饥衣寒,救荒末策也。本计当于河渠书、农桑谱中求之。"四年,乞病归,数年卒。同治初年,军事渐定,始课吏治。大学士曾国藩为直隶总督,下车即举贤员,如李文敏、任道镕、李秉衡,后并至巡抚。秉琳及陈崇砥、夏子龄、萧世本诸人,治行皆卓著,当时风气为之一振云。

崇砥,字亦香,福建侯官人。道光二十五年举人,咸丰三年,大挑知县,发直隶,授献县。盗贼充斥,严缉捕,渠魁多就擒。治乡团十六区,合千五百人,分班轮值,邑以有备。捻匪张锡珠扰畿辅,崇砥开城纳逃亡,誓众效死。县境臧家桥为通衢,河间守欲毁桥阻贼,崇砥谓:"方宜安集难民,遥为声援,岂可夷险示弱?且委东乡于贼,非计也。"竟不毁桥,贼旋引去。大学士祁寯藻疏荐之,擢保定府同知,管水利。崇砥以府河港汊纷歧,苦易淤。设水志,增夫役、器具,以时汰淤。商船打坝阻水,为设坝船,给板椿,过浅构桥咸称便。同治八年,署大名知府,兵乱时,民多筑寨堡自卫,后事定,浸至藏奸抗官。崇砥亲履勘,收缴军械,易正绅司之,浇风渐息。畿南久苦旱,赈难普及,崇砥议有田十亩以上者不赈;极贫,大口钱千,小口半之,壮者不给。先编保甲,造细册,不曰赈而曰贷。事毕,奏请蠲贷,民安之。南乐县民抗徭聚众,令告变。崇砥轻骑往,平其轻重,众欢然输纳。副将驻兵献县,兵不戢,乡团疑其匪也,戕副将。既而知误,畏罪,众聚不散。檄崇砥往治,令缚首祸者,胁从皆免之。调署顺德府,寻擢河间知府。河间素多讼,崇砥克期审结,数决疑狱,期年而清。滹沱下游为灾,崇砥请筑古洋河堤,自献县至肃宁六十里。于蔡家桥作堤防支流,开沟六千丈,以资宣泄。自冯家村至高旦口,造桥建闸,防子牙河暴涨。于是古洋通流,近地皆大稔。光绪元年,卒于官,祀名宦。

夏子龄,字百初,江苏江阴人。道光十六年,会试第一,成进士。初官礼部主事,任事果决,尚气节。库丁贿当事,请准捐考,力持驳议,时称之。改授河南汲县知县,勤听讼,严治盗,遇事持大体。咸丰初,诏求人才,巡抚潘铎特荐之,会母忧去官。服阕,授直隶深泽,调饶阳。比岁旱蝗,盗劫肆扰,选健役百人,教以技击,更番直。有事,虽午夜立率以出,捕剧盗几尽。分境内团练为八区,轮期会操,久之皆可用。十年,英法联军入京师,畿南土匪蜂起,冀州王洛悦、河间刘四、贾滩等,各麇集千人,连扰郡邑。子龄率团勇迎击境上,斩获数百。刘四受创遁,王洛悦闻风惊溃。刘四等寻于他县被擒伏法,王洛悦亦就抚。事平,优叙。县旧为滹沱所经,北徙已久。十一年,上游决溢,水骤至,近郊为泽国。访寻故道,浚老洞沟,上接安平境,下入献县之廉颇洼,以资宣泄。次年,水复至,畅流不为患。城西官道冲刷成河,建长桥五十丈,民便之。迁宛平京县。擢易州直隶州知州。西陵在州境,故事,护陵俸饷及祭品、牛羊、刍豆、州领帑给之。陵员与州吏因缘为侵蚀,数烦朝使察治。子龄与守陵大臣议订章程,弊去泰甚,始相安焉。岁旱,奸民聚众扰大户,立杖毙煽众者。劝捐赈恤,灾不为害。同治六年,河北马贼起,扰及邻境,募勇治团如饶阳时,匪慑其名不敢犯。次年,捻匪窜扰畿辅,守要隘,清内匪,防军久驻,有淫掠者,立斩以徇,阖境肃然。论功,晋秩如府。美利坚教会私购民居为耶苏堂,执条约与争。以其无游历执照,购屋未先告,州境附近陵寝,有关风水,皆与约背,竟退价撤契,且杜其后至。寻请离任,以知府候补。未几,卒。易州、饶阳并祀名宦祠。子诒钰,官永年知县,亦以廉平称,有治绩。

世本,字廉甫,四川富顺人。同治二年进士,选庶吉士,散馆授刑部主事,改直隶知县。先在籍治团练有声,曾国藩莅直隶,辟为幕僚。九年,天津民、教相哄,戕法国领事,几肇大衅,遂以世本署天津县,寻实授。天津民悍好斗,锅夥匪动为地方害,世本严惩之。地为通商大埠,讼狱殷繁,世本手批口鞫,断决如神。逾年,父忧去。服阕,仍补天津。岁旱,灾黎就食万数,给粥、施医无失所。调清苑,擢遵化直隶州知州,复以母忧去。服阕,以知府候补,管天津守望局。捕诛大盗王洛八、谢昆,海道肃清。倡修运河堤,以免水患。疏潴龙河故道,开范家堤及石碑河、宣惠河、金沙岭下水道四十余里。皆藉赈兴工,民利赖之。署天津、正定两府。十三年,卒。附祀曾国藩祠。

李炳涛,字秋槎,河南河内人。咸丰中,就职州判,谒曾国藩于军中,寻佐皖军营务。能调和将士,积功晋同知,留安徽。同治四年,国藩北征捻匪,炳涛上书言四事:一,专责防堵,以严分窜;一联络民团,以孤贼势;一,设局开荒,以资解散;一,多备火器,以夺贼长。国藩颇采其言。檄查亳州圩,炳涛微服出入,尽得诸匪徒姓名及蠹役胡采林通匪虐民状,诱采林诛之,竿其首,一州惊欢。自是讼狱者咸取决于炳涛。按圩查阅,立条教,别良莠,戮悍贼二百,予自新者三千。期年而俗变,无盗窃者。

五年,捻匪窜州境,晓诸圩以大义,虽与寇有亲故者,无敢出应,捻匪引去。六年,署蒙城县。蒙、亳接壤,瘠苦尤甚。炳涛锄强梗,抚良懦,振兴书院,弦诵声作。捻匪余党解散及各军凯撤还乡者数千人,弹压安辑,民用晏然。巡抚英翰疏陈炳涛治行为安徽第一,被诏嘉奖。十年,调署亳州。

寻擢庐知府。庐州故剧郡,中兴以来,元勋宿将相望,豪猾藉倚声势为不法,官吏莫敢谁何,炳涛严治之,稍戢。无为州江堤,官督民修,炳涛禁胥吏索规费,工必核实。府东施河口为冲途,冬涸,商船以数牛牵挽始行。时值旱灾,以工代赈,浚河深通,运赈者皆至,商民便之。西洋人欲于城内立教堂,成有日矣。炳涛谕地主曰:"尔不闻宁国之变耶?他日民、教有争端,尔家首祸。"其人惧,事得寝。

光绪二年，大江南北讹言有妖术剪人发者，民情汹汹，奸民藉以倡团立卡，多苦行旅。炳涛遍示城邑无妄动，诛一真匪，其疑似者悉不问，人心旋定。三年，母忧去官。皖南兴办保甲恳荒，大吏奏调炳涛主其事。五年，卒于宁国。

炳涛机警，善断狱。在蒙城，营马为贼所劫。乃传谕，诘旦城但启一门。见有马奔出，有鞍而无辔，命羁之。俄一人手持一封，将出城，回顾者再，缚之。发其封，则辔与劫物皆在，其人伏罪。在亳州，田父报子夜投井死，验无伤，井旁有汲水器。炳涛念夜非取水时，既愿死，何暇持器。询其妇，无戚容。侦其平日与邻妇往来，拘邻妇鞠之，果得状。盖邻妇弟与妇通，欲害其夫。适其夫以事忤父，邻妇邀醉以酒而投之井。置汲器者，欲人信其取水投井也。于是皆伏法。时皖北被兵久，抚辑遗黎，多赖良吏，炳涛为最。又有俞澎、朱根仁、邹钟俊、王懋勋，并为时所称。

澍，直隶天津人。以县丞发安徽，襄寿春镇军事。咸丰六年，署蒙城知县。时县城初复，人烟寥落，招集流亡，以大义激绅民，筑城筹守御，趋工者踊跃，不费公家一钱。捻渠苗沛霖，反侧叵测，窥县城十余次，不能破城。有内应贼者，捕斩三人而贼退。七年，攻贼于鄎墟，擒其酋徒成德等。八年，攻克龙元贼垒。捻酋孙葵心来犯，出奇计击走之。附近捻墟，摄于声威，往往反正受约束。九年，实授。先后叙功，晋同知直隶州。在官数年，洁己爱民。及殁，民皆痛哭，送其柩二千里归葬。诏赠道衔，建专祠。

根仁，字礼斋，江苏常熟人。以州判从军，晋秩知县，留安徽。同治三年，署定远。兵燹初定，征调尚繁。前令试办开征，根仁以民不堪命，请缓之。筹备供亿，民无所扰。捕巨猾雍秀春未获，得党羽名册，根仁曰："我何忍兴大狱以博能名？丧乱未平，民气未固，激之生变，可胜诛乎？"遂火其册，闻者为之改行。踮鸡冈周姓聚旅居，有从逆者已死，里人利其田庐，致周族人于狱，根仁一讯释之。后再署定远，捻匪扰境，根仁修城浚隍，聚粮固守。暇辄轻骑巡乡，劝民修复陂堰，十家治一井，田二顷辟一塘，旱不为灾。历署阜阳、怀宁，捕阜阳积匪程黑,置之法。补全椒,兴水利,有实政。光绪四年,卒。

钟俊,字隽之,江苏吴县人。同治中,以州判官安徽,积劳晋秩知县,补太平。平反冤狱,慈祥而人不欺。垦荒劝农,蒿莱尽辟,不追呼而赋办。邑行淮盐,与浙引接界,屡以缉私酿大狱,乃请以官牒领盐,试办分销,民始安。修复水利,兴书院,储书七万卷。辑儒先格言,曰《人生必读书》。训士敦本行,旌节孝,修祠祀,举行宾兴乡饮酒礼。在任五年,以兴养立教为务。调太和,历署怀宁、六安、阜阳、芜湖、涡阳,所至有声。光绪中,乞休,卒于家。清贫如故。子嘉来,官至外务部尚书,守其家法焉。

懋勋,字弼丞,湖北松滋人。咸丰中,以议叙县丞,发安徽,从军有功,晋知县。历署颍上、合肥、亳州、泗州。补六安直隶州知州,因事去职。寻因筹赈捐,奖以知府候补。懋勋先后官安徽近五十年,任亳州、泗州皆三次。初至亳,捻匪苗沛霖初平,清查户口,收缴军械,平毁寨堡数百,民始复业。惩械斗,清积案,厘学产,复书院,士民戴之。以父忧去,会巡抚过境,州人万众乞留懋勋,巡抚许以俟服阕重任,后如其言,夹道欢迎。光绪初,存饥,煮粥以赈。河南、山西、陕西饥民流转入境,留养资遣,全活无算。泗州濒洪泽湖,为匪薮,捕诛剧盗数十,闾阎得安。治狱无株连,禁差保扰民。劝农事,励风化,亲历乡曲,民隐悉达。最后至泗,距前已二十余年,盗贼闻风远窜,奸胥皆避归田野。宣统元年,卒。

蒯德模,字子范,安徽合肥人。咸丰末,以诸生治团练,积功存保知县,留江苏。

同治三年,署长洲。时苏州新复,盗日数发,德模侦之辄获。有匿镇将营者,亲往擒以归,置之法。车渡民聚众抗租,或欲慑以兵。德模曰:“是激之变也。”扁舟往,治首恶,散胁从,事立平。治有天主堂,雍正间鄂尔泰抚苏,改祠孔子,泰西人伊宗伊以故址请。德模曰:“某官可罢,此祠非若有也。”卒不行。奸人诱买良家女,倚势豪为庇,德模挈女亲属往出之,豪亦屈服,其不畏强御类此。常周行乡

陌,田夫走卒相酬答,周知民隐。驭下严而恤其私,胥役奉法,不敢
为蠹。附郭讼狱故繁,日坐堂皇判决,间用俳语钩距发摘,豪猾屏
息。然执法平,不为核刻。上官遇疑狱,辄移鞫治,多所平反。治长
洲四年,判八百余牍,尽惬民意,或播歌谣焉。

　　江北大水,灾民麇集,德模请于大吏,分各县留养,三万余人无
失所。民有为饥寒偷窃者,设化莠室,给衣食,使习艺,艺成遣归。为
浒墅关营筹刍秣费,永免比闾供役。修望亭塘,为桥二十八,以利行
旅。兵燹之后,百废待举,坛庙、仓庾、书院、善堂、祠宇及先贤祠墓,
率先修复。不足,则斥俸助之。征漕,旧有淋尖、踢斛、花边、样米、
捉猪诸色目,又有截串、差追诸弊,一皆革除,不追呼而赋办。惟大
小户均一,便于民而不便于绅,御史朱镇以浮收劾奏,事下按治。总
督曾国藩、巡抚郭柏荫奏雪之。诏以"是非倒置"切责原奏官。旋署
太仓直隶州知州、苏州知府。

　　九年,调署镇江,时天津民击毙法兰西领事丰大业,沿江戒严。
德模至,则葺外城,浚甘露港,召还居民之闻警远徙者,人心始定。
调署江宁,未几,擢四川夔州知府。府城滨江,屡圮于水,修筑辄不
就。德模自出方略,筑保坎十三道,鬶以方丈大石,层累而上。捐万
金以倡其役,不二年遂成。附郭有臭盐碛,盛涨则没水,水落,贫民
相聚煎盐。嗣为云阳灶户所持,请封禁,然冬令私煎如故,聚众抗捕
无如何。德模请弛禁,官买其盐,运销宜昌。不夺奉节贫民之业,不
侵云阳销引之岸,遂著为令。劝民种桑,奉节一县二十二万株,他邑
称是。在夔四年,卒于官。长洲、太仓、夔州皆祠祀之。

　　林达泉,字海岩,广东大埔人。咸丰十一年举人,江苏巡抚丁日
昌辟佐幕府。留心经济,每论古今舆图、武备及海外各国形势,历历
如指掌,日昌雅重之。同治三年,粤匪余孽窜扰广东,达泉归里练乡
勇,筹防御,大埔得无患。叙绩,以知县选用。七年,随剿山东捻匪
有功,晋直隶州知州,发江苏。八年,署崇明知县。乱后凋敝,达泉
革陋规,清积狱,修城垣,浚河渠,建桥梁,置义冢,增书院膏火,设
同仁育婴堂。利民之政,知无不为。及去任,父老遮道攀留。其后

兵部侍郎彭玉麟巡阅过境，见老者饥踣于道，与之食，曰："若林公久任于此，吾邑岂有饥人哉？"十一年，署江阴。城河通江潮，又县境东横河关，农田十余万亩，灌溉之利，乱后皆淤塞，大浚之。建义仓，劝捐积谷。所定章程，历久遵守。光绪元年，授海州。达泉先奉檄勘海、沭盐河，请以工代赈，下车次第举办。浚甲子河及玉带河，复桥路，增堤防，民咸称便。州地瘠民贫，素为盗薮。达泉时出巡，擒巨憝，置之法。土宜棉，设局教民纺绩，广植桐柏杂树于郭外锦屏山，所规画多及久远。时方经营台湾，船政大臣沈葆桢疏荐达泉器识宏远，洁己爱民，请调署新设之台北府。格于部议，特诏从之。达泉至，陈治台诸策。议建置，减征收，整饬防军，招民垦荒，皆因地制宜，事事草创，积劳致疾。四年，丁父忧，以毁卒。

方大湜，字菊人，湖南巴陵人。咸丰五年，以诸生从巡抚胡林翼军中，荐保知县，授广济县。清保甲，治团练，盗贼屏息。筑盘塘石堤，下游数县皆免水患。十年，土匪何致祥等谋结皖贼，袭攻官军，大湜偕员外郎阎敬铭驰往擒之。十一年，皖贼窜湖北，黄州、德安诸属县先后陷，广济亦被扰。大湜被吏议，革职留任。调署襄阳，飞蝗遍野，大湜蹀湜持竿，躬率农民扑捕，三日而尽。浚城南襄水故道，渠成，涸复田数万亩。

同治初，巡抚严树森疏陈大湜政绩优异，复原职。八年，擢宜昌知府。九年，大水，难民避高阜，绝食两日。大湜捐资煮粥糜，又为馎饦数万赈之。谕米商招民负米，日致数十石，计口散给，灾户无失所。摄荆宜施道。十年，调武昌。樊口有港蜿蜒九十余里，外通江，内则重湖环列，周五百里。江水盛涨，由港倒灌，近湖居者苦之。金清筑坝樊口，以御江水。大湜谓闭樊口则湖水无所泄，环湖数县受其害，上下江堤亦危，力持不可。

光绪五年，再署荆宜施道，寻擢安襄郧荆道，历直隶按察使、山西布政使。八年，开缺，另候简用，遂乞病。为言者所劾，镌级归。

大湜生平政绩，多在为守令时。所至兴学校，课蚕桑，事必亲理，胥吏无所容奸，民亲而信之。时周历民间，一吏一担夫自随，即田陇间判讼。守武昌时，勘堤过属县，暮宿民家，已去而县官犹不知。严义利之辨，尝曰："以利诱者，初皆在可取不可取之间。偶一为之，自谓无损，久则顾忌渐忘。自爱者当视为鸩毒，饥渴至死，不可入口。"又曰："居官廉，如妇人贞节，不过妇道一端。若恃贞节，而不孝、不敬、不勤、不慎，岂得谓贤乎？"公暇辄读书，所著平平言及蚕桑、捕蝗、修堤、区田诸书，皆自道所得。归田后，谓所亲曰："官至两司，不如守令之与民亲，措置自如也。"遂不出，卒于家。

陈豪，字蓝洲，浙江仁和人。同治九年优贡，以知县发湖北。光绪三年，署房县。勤于听讼，每履乡，恒提楗张幕，憩息荒祠，与隶卒同甘苦。会匪柯三江谋乱，立擒置之法。置瓯县门，谕胁从自首，杖而释之。征米斗斛必平，不留难，不挑剔，民大悦，刁绅感而戢讼。禁种罂粟，募崇阳人教之植茶，咸赖其利。历署应城、蕲水。授汉川，频年襄河溢，修筑香花垸、彭公垸、天兴垸诸堤，疏浚茶壶沟、县河口，以工代赈。新沟者，毗汉阳，冬涸舟涩。江口奸民辄恃众索诈，捕治，谕禁之。因病乞休沐，将去任，有淹讼久未，决虑贻后累，畀胡床至厅事判定，两造感泣听命。值年饥，发赈，大吏知豪得民心，强起，力疾往，民夹道欢呼。赈未半，复以疾去。寻署随州，素多盗，豪如治房县时，置瓯令自首。选贤绅，行保甲，盗风顿戢。俗多自戕图诈，豪遇讼，实究虚坐，不稍徇，浇风革焉。立辅文社，选才隽者亲教之，多所成就。治随二年，濒行，闻代者好杀，竭数昼夜之力，凡狱情可原者，悉与判决免死。后因养母乞免，归。浙中大吏辄咨要政，多所匡益。家居十余年，卒。豪在随州，重修季梁祠。及卒，随人思其德，于西偏为建遗爱祠祀之。

杨荣绪，字黼香，广东番禺人。咸丰三年进士，选庶吉士，授编修，擢御史。英法联师犯京师，驾幸热河，荣绪与同官抗疏请回銮，又劾参赞国瑞舛法营私，风裁颇著。

同治二年，出为浙江湖州知府。粤匪据湖州四年，时甫克复，荒墟白骨,阒无人烟。荣绪置善后局,规画庶政,安集流亡,闾阎渐复。属县粮册无存,荣绪招来垦辟,试办开征,岁有起色。湖蚕利甲天下,经乱,桑尽伐,课民复种,贫者给以桑苗,丝业复兴。郡称泽国,汇天目诸山之水入太湖,乌程、长兴境内旧有溇港,各三十六,以为宣泄,乱后多淤塞。五年,荣绪奉檄开浚,至八年粗毕,乌程溇港尤易淤,赖设闸以御湖水之倒灌。九年,重修诸闸,因经费不充,频年经营,犹未尽也。

十年,内阁侍读学士钟佩贤疏陈其事,朝命大加浚治,时荣绪举卓异入觐,宗源瀚代摄郡,源瀚亦能事,规画举工。及荣绪回任,集丝捐,得巨款,以资兴作。屏去兼从,轻舟巡验,常驻湖滨,逾年工始竣。以溇港旋开旋淤,议定分年疏浚之法及铲芦、捞浅、闸版启闭章程,数十年遵守不辍。又开碧浪湖,疏北塘河及城河。葺学校,建考舍,修书院,建仓库,造桥梁,复育婴堂,百废具举。

鞫狱详审,吏胥立侍相更代,终日无倦容。亲受讼牒,指其虚谬,曰:"勿为胥吏所用也。"手书牒尾,辄数百言,剖析曲直,人咸服之。讼以日稀,刑具朽敝。隶役坐府门,卖瓜果自活。客坐无供张,俭素如布衣时,远近颂为贤守。在任十年,嗣为人所潸,遂求去。捐升道员,离任。寻卒。郡人思之,请祀名宦祠。

林启,字迪臣,福建侯官人。光绪二年进士,选庶吉士,授编修。督陕西学政,驭士严正。任满,迁御史,直言敢谏,稽察禄米仓,不受陋规,为时所称。十九年,出为浙江衢州知府,多惠政。二十二年,调杭州,除衙蠹,通民隐。禁无名苛税。余杭巨猾杨乃武,因奸通民妇葛毕氏,兴大狱。刑部讯治,幸免重罪。归则益横,揽讼事,挟制官吏,莫敢谁何。启捕治之,乃武控京师,不为动,卒论如法。尤以兴学为急务,时各行省学堂犹未普立,杭郡甫建求是书院,启复养正书塾,并课新学。旧有东城讲舍,益振兴之。兼经义、治事,阴主程、朱之说,而变其面目。诱诸生研寻义理,以成有用,一时优秀之士皆归之。又以浙中蚕业甲天下,设蚕学馆于西湖,讲求新法,成效颇著。遇国外交涉事,持正无迁就,远人亦心服。治杭四年,刚直不阿,喜接布衣,士民翕然颂之。卒官,葬于孤山林处士墓侧,杭人岁设祭焉,号曰林社,久而勿辍。启之治杭,得友高凤岐为之助,后官广西梧州知府,亦有声。殁而杭人附祀于林社云。

王仁福,字竹林,江苏吴县人。少诚悫,勇于任事。祖宦河南,殁后,仁福扶枢归葬。道经徐州,遇捻匪,徒步率厮役出入烽火,肩行四十里,竟免。寻入赀为东河同知。粤匪犯开封,城壕沙淤如平地,仁福奉檄督工浚治,克期蒇事而贼至,城守赖之。

同治五年,署祥河厅同知。黄河自北徙,中原多故,工帑大减。频年军事亟,发帑复不以时。岁修不敷,堤埽残缺,料无宿储。祥河汛地当冲,险工迭出,人皆视为畏途。仁福尽力修守,不避艰危。六年秋,汛水骤涨,制埽去如削木柿。仁福奔走风雨泥淖中,抢护历七昼夜。款料俱竭,堤岌岌将破。居民蚁附堤上,仁福对之流涕,曰:"我为河官,挤汝等于死,我之罪也,当身先之!"跃立埽巅。风浪卷埽,走入大溜沉没。河声如吼,堤前水陡落。风止浪定,大溜改趋,残堤得保。众咸惊为精诚所格,令善泅者觅其尸,不得,乃以衣冠敛。事闻,诏依阵亡例赐恤,附祀河神祠。

朱光第,字杏簪,浙河归安人。少孤贫,幕游江南,奉汪辉祖《佐治药言》为圭臬。咸丰末,捻匪方炽,佐萧县令筹防御,屡破贼。都统伊兴额上其功,累晋秩知州,分发河南,佐献局,治狱平。光绪中,补邓州。在任三年,大祲之后,壹意休养。善治盗,民戴之。王树汶者,邓人,为镇平盗魁胡体安执爨。镇平令捕体安急,乃贿役以树汶伪冒,致之狱。既定谳,临刑呼冤。重鞫,则檄光第逮其父季福为验。开归陈许道任恺先守南阳,尝谳是狱,驰书阻母逮季福,且诱怵之。光第曰:"吾安能惜此官以陷无辜?"竟以季福上,则树汶果其子。巡抚李鹤年祖恺,持初谳益坚。河南官科道者,交章论其事。命东河总督梅启照覆讯,树汶犹不得直,众论大哗。刑部提鞫,乃得实。释树汶,自鹤年、启照以次谴黜有差,而光第已先为鹤年摭他事劾去官,贫不能归,卒于河南。后邓州士民请祀名宦,以子祖谋官礼部侍郎,格于例,不行。

　　冷鼎亨，字镇雄，山东招远人。同治四年进士，即用知县，发江西，署瑞昌。地瘠而健讼，乡愚辄因之破家。捕讼师及猾吏数人。绳以法。因事诣乡，使胥役尽随舆后，反则令居前而已殿之，未尝以杯勺累民。调署德化，惩防军之陵民者，境内肃。然修濂江堤塘，费省工速。德化、瑞昌、黄梅三邑民争芦州，累岁相斗杀。鼎亨谕解之，建台于斗所，官吏誓不私，民皆悦服。白鹤乡人叔与侄争田，即树下谕解，遂悔悟如初。旱，蝗起，徒步烈日中，掩捕经月，露宿祷神，得雨，蝗皆死。历署新昌、彭泽，皆有实政。上官以为贤，调补新建。附省首邑，官斯者多昕夕伺上官，不遑治民事。鼎亨先与上官约，屏酬应，亲听断，民歌颂之。

　　寻调鄱阳，值大水，发赈亲勘给印票，尽除侵蚀旧习。次年，复灾，跣足立沮洳中，泾疾遍体，十阅月。常小舟行骇浪中，屡濒于危，深夜返署理讼牒。侍郎彭玉麟巡江过境，寄书巡抚曰："某所至三江五湖数千里，未见坚刚耐苦如冷知县者也。"

　　历官十年，食无兼味，妻子衣履皆自制。以廉率下，胥吏几无以为生。俸入辄捐为地方兴利，训士以气节为先。鄱阳俗好斗，鼎亨曰："化民有本，未教而杀之，非义也。"以孝经证圣祖圣谕广训为浅说，妇孺闻之皆感动。治教案必持平，屡遇民、教龃龉事，桀黠者欲借以鼓众毁教堂，虑遗祸好官而止，盖有以感之。光绪十年，擢南昌府同知，巡抚潘鼐疏荐入觐，遂乞归，卒于家。

　　孙葆田，字佩南山东荣成人。同治十三年进士，授刑部主事，改知县，铨授安徽宿松。勤政爱民，日坐堂皇，妻纺绩，室中萧然如寒士。调合肥，大学士李鸿章弟子之兼人横于乡，以逼债殴人死。葆田检验尸伤，观者数万人，恐县令为豪强迫胁验不实。葆田命忤作曰："敢欺罔者论如律。"得致命伏，人皆欢噪，谓包龙图复出，谳遂定。有御史劾葆田误入人死罪，诏巡抚陈彝按之，卒直原谳。葆田遂自免归，名闻天下。逾数年，安徽将清丈民田，巡抚福润疏调葆田主其事,辞不赴。贻书当事,言清丈病民,陈:"清赋之要,熟地报荒者,当宽其既往,限年垦复。平岁报灾者,当警其将来,分年带征。弊自可除,无事纷扰。"时以为名言。

葆田故从武昌张裕钊受古文法,治经,实事求是,不薄宋儒。历主山东、河南书院,学者奉为大师。巡抚张曜疏陈其学行,赐五品卿衔。中外大臣迭荐之,诏征,不出。宣统元年,卒,年七十。

柯劭憼,字敬儒,山东胶州人。光绪十五年进士,即用知县。亦官安徽,署贵池,补太湖。贵池自粤匪乱后,地丁册为吏所匿,托言已毁。征赋由吏包纳,十不及四五,而浮收日甚,民苦之。劭憼知其弊,令花户自封投柜,吏百计挠之,不为动。民输将恐后,增收银二万余两,民所节省数且倍。巡抚邓华熙初听浮言将奏劾,总督刘坤一曰:"柯令,皖中循吏,奈何登于弹章?"华熙悟,遂疏荐送觐,晋秩直隶州。劭憼为治清简,断狱明决,所至民爱戴。亦绩学,善为古今体诗。时与葆田并称儒吏。

涂官俊,字劭卿,江西东乡人。光绪二年进士,截取知县,发陕西,署富平、泾阳、长安诸县。补宜君,山邑地瘠民朴,官此者多不事事。官俊劝农桑,兴水利,成稻田数百亩。躬巡阡陌,与民絮语如家人。调泾阳历官皆有声。凡两任泾阳,政绩尤著。初至,值回乱后,清积讼千余,庶政以次规复,期年而改观。龙洞渠,故白渠也,官俊倡言开浚,众议以工钜为难,独毅然为之。由梯子关而下,水量增三分之一,复于清冶河畔修复废渠二,水所不至者,劝民凿井以济之。先后增井五百有余,无旱忧。

泾民多逐末,不重盖藏,义仓无实储。官俊谓积谷备荒,莫善于年出年收。躬诣各乡劝谕捐谷,严定收放之法,民感其诚,输纳恐后,仓皆充实。十九年,旱荒,全活凡数万人。编保甲,捕盗贼,地方靖谧。官俊故绩学,立宾兴堂,置性理、经济有用之书,日与诸生讲习。增义塾,定课程,亲考校之。凡有利于民者,为之无不力。二十年,卒。疾笃时,犹强起治事,捐俸千金以恤孤贫,民为祠,岁时祀之。

　　陈文黻,湖南长沙人。以诸生入赀为通判。同治间,从军,积功晋同知,留陕西。光绪七年,署鄠县知县,以教化为先,政平讼理。九年,授留坝厅同知。厅狱旧有枣茨,经费岁征之民,文黻革之。境内无质库,贫民称贷,盘剥者要重息。文黻设裕民公所,贷民钱,息以十一,取嬴以备公用,民便之。厅境山多于田,无物产以资生。乃周历山谷,辨其土宜,作《种橡说》及《山蚕四要》,遍谕乡民。颁给树秧蚕种,募工导之。丝成,制机教织,设局收买,重其值以招。又购紫阳茶种,课之树艺,于是地无弃利。俗素朴陋,岁科试附凤县额,每试或不得一人。建书院、义塾,置书籍,延高才者为之师。数年之后,横舍彬彬,遂请奏设厅学,建官置额。溪河多壅阏,横溢为患。陈开河策,未果行,值水猝发,已逾报灾例,限便宜开仓赈之。跋涉沮洳,劳疾不辍。煮粥赈近郊,多所全活。久之,流民坌集,复申开河议,以工代赈,不得请。则因其众治道路,浚沟渠,出私钱给值,负累至数千缗,民感其德。厅介万山中,林谷深阻,奸民狙伏行劫,或掠妇孺卖境外。文黻密图其处示捕役,时复微服迹之,多就擒治。实行保甲,于民户职业、田产、丁口、年岁、婚嫁,载册不厌烦琐,及赈饥,稽之册,如家至户睹,诉讼亦莫敢欺,事益简焉。民有杀子妇匿其尸者,母家以无左验,不得直。文黻偶行山径,群鸦噪于前,索而得之,一讯具服,人以为神。十八年,调署潼关厅,未任,卒。

　　李素,字少白,云南保山人。同治六年举人。光绪初,授陕西商州直隶州知州。值州境歉收,饥民聚掠。时山西大祲,商州为转运要冲。素招民运赈粮,使饥者得食。集资数万缗,购籽粮散给。设粥厂十余所,灾后仓储一空,捐谷万石。六年,大水,加意抚恤,灾不为害。州城滨丹河,遇盛涨则负郭田庐漂没,城中亦半为泽国。素创筑石堤二百余丈,城门月堤十余丈,遂无水患。开州东隶花河山路三十余里、州西麻埫岭山路二十余里,行旅便之。扩充商山书院,延硕儒课士,设义塾三十余区,弦诵闻于比户。陋规病民者悉除之。每岁寒冬,出私钱给孤寡。缉捕筹经常之费。绿营饷薄,岁资助之。

凡赈饥、积谷、筑堤、修城、兴学，莫不以巨资倡。一署同州知府。先后在官十八年，两举卓异。以病免归，卒。士民感之，多私祠祀焉。

张楷，字仲模，湖北蕲水人。同治十年进士，选庶吉士，授编修，累迁至侍讲。光绪初，疏论伊犁事，又请撤销总兵周全有恤典，为时所称。八年，出为浙江金华知府。永康山中七堡、八堡，地险僻，盗薮也。楷设方略，捕诛匪首蒋元地，移县丞驻山麓，犷俗一变。父忧去，服阕，补山西汾州。汾阳、平遥两县濒河，乡民冬令拦河筑堰，引水灌田，水不得畅流。夏秋涨溢，各筑护堤。以邻为壑，辄械斗蔓讼。楷禁筑拦河堰，浚引渠以泄水，患纾而讼息。以南方圩水法导民，使开稻田，植桑课蚕。有山曰黑烟，与交山葫芦峪相连匪徒窟穴其间，侦其姓名，掩捕尽获之。治汾州七年，考绩为山西最。调太原，未任，母忧去。服阕，补河南府。巩、洛之间素多盗，捕治巨魁，椎理敛迹。治狱多平反。调开封。

二十五年，畿辅拳匪乱起，大河南北，群情汹汹，大吏持重不敢决。楷力陈邪教不可信，外衅不可开，揭示："义和团既号义民，谓能避枪炮。令诣城外空营候试，以枪击果不入，编伍充兵。"奸民不得逞。联军入都，溃兵南下，楷创议守河。自汜水迄兰仪，严稽渡口，凡持械之士，悉阻之不令入城，属境安堵。论者谓微楷之坚定，中原祸未艾也。事定，开缺，以道员候补。三十年，卒。

王仁堪，字可庄，福建闽县人。尚书庆云之孙。光绪三年一甲一名进士，授修撰。督山西学政，历典贵州、江南广东乡试，入直上书房。时俄罗斯索伊犁，使臣崇厚擅定条约，仁堪与修撰曹鸿勋等合疏劾之。太和门灾，复与鸿勋应诏陈言，极论时政。其请罢颐和园工程，谓："工费指明不动正款，夫出之管库，何非小民膏血？计臣可执未动正款之说以告朝廷，朝廷何能执未动正款之说以谢天下？"言尤切直。

十七年，出为江苏镇江知府。甫下车，丹阳教案起，由于教堂发见孩尸。仁堪亲验孩尸七十余具，陈于总督刘绅一曰："名为天主教堂，不应有死孩骨。即兼育婴局，不应无活婴儿。传教约本无准外国人育婴之条，教士于约外兼办育婴，不遵奏行章程，使地方官得司稽察，祸由自召。请曲贷愚民之罪，以安众心；别给抚恤之费，以赡彼族。"坤一迁之，卒定犯罪军流有差。时外使屡责保护教堂，仁堪请奏定专律，谓："条约无若何惩办明文，每出一事，任意要挟。宜明定焚毁教堂，作何赔偿；杀伤教士，作何论抵；以及口角斗殴等事，有定律可遵。人心既平，讹言自息。"英人梅生为匪首李鸿购军火，事觉，领事坐梅生罪仅监禁，仁堪上书总理各国事务衙门论之。又洋人忻爱珩遍谒守令，募捐义学，无游历护照。仁堪请关道送领事查办，复议无照私入内地，应按中国律法科罪。虽皆未果行，时论韪之。郡地多冈珑，旱易成灾，仁堪以设渠塘为急务，不欲扰民，捐廉为倡。驰书乞诸亲旧，商富感而输助，得钱三万缗，开塘二千三百有奇，沟渠闸坝以百计。

十八年秋，丹阳大祲，恩赈之外，劝绅商捐资，全活甚众。又假官钱与民，使勿卖牛，名曰牛赈。浚太平港、沙腰河、练湖、越渎、萧河、香草、简渎之属，凡二十余所，支沟别渠二百三十有奇。又凿塘四千六百，以蓄高原之水。皆以工代赈，东西百余里间，水利毕举。次年春，赈毕，余四万金，生息备积谷。牛赈余钱，仿社仓法创社钱，按区分储，为修沟洫、广义塾之用。郡西乡僻陋不知学，立榛思文社以教之。出私钱于府治前建南氵蠡学舍。在任两年，于教养诸端，尽力为之。

调苏州，已积劳致疾，日坐谳局清积案，风采动一时。甫三阅月，猝病卒，时论惜之。镇江士民列政绩，吁请大吏上闻，谓其"视民事如家事，一以扶植善类、培养元气为任，卓然有古循吏风。"诏允宣付史馆立传，以表循良。自光绪初定制，官吏殁后三十年，始得请祀名宦。于是疆臣率徇众意，辄请宣付立传表章，旷典日致猥滥，仁堪为不愧云。

清史稿卷四八〇
列传第二六七

儒林一

孙奇逢 耿介 黄宗羲 弟宗炎 宗会

子百家 王夫之 李颙 李因笃 李柏

王心敬 沈国模 史孝咸 韩当 邵曾可

曾可孙廷采 王朝式 谢文洊 甘京 黄熙

曾日都 危龙光 汤其仁 宋之盛 邓元昌

高愈 顾培 彭定求 汤之锜 施璜 张夏

吴日慎 陆世仪 陈瑚 盛敬 江士韶

张履祥 钱寅 何汝霖 凌克贞 屠安世 郑宏

祝洤 沈昀 姚宏任 叶敦艮 刘汋

应扐谦 朱鹤龄 陈启源 范镐鼎

党成 李生光 白奂彩 党湛 王化泰

孙景烈 曹本荣 张贞生 刘原渌 姜国霖

刘以贵 韩梦周 梁鸿翥 法坤宏 阎循观

任瑗 颜元 王源 程廷祚 恽鹤生 李塨

刁包 王余佑 李来章 冉觐祖 窦克勤

李光坡 从子钟伦 庄亨阳 官献瑶

王懋竑 朱泽沄 乔仪 李梦箕 子图南

张鹏翼 童能灵 胡方 冯成修 劳潼

劳史 桑调元 汪鉴 顾栋高 陈祖范

吴鼎 梁锡玙 孟超然 汪绂 余元遴

姚学塽 潘谘 唐鉴 吴嘉宾

刘传莹 刘熙载 朱次琦 成瓘

邵懿辰 伊乐尧 高均儒

　　昔周公制礼,太宰九两系邦国,三曰师,四曰儒,复于司徒本俗联以师儒。师以德行教民,儒以六艺教民。分合同异,周初已然矣。数百年后,周礼在鲁,儒术为盛。孔子以王法作述,道与艺合,兼备师儒。颜、曾所传,以道兼艺,游、夏之徒,以艺兼道。定、哀之间,儒术极醇,无少差缪者此也。荀卿著论,儒术已乖。然《六经》传说,各有师授。秦弃儒籍,入汉复兴。虽黄老、刑名犹复淆杂,迨孝武尽黜百家,公、卿、大夫、士、吏,彬彬多文学矣。东汉以后,学徒数万,章句渐疏。高名善士,半入党流。迄乎魏、晋,儒风盖已衰矣。司马、班范,皆以《儒林》立传,叙述经师家法,授受秩然。虽于《周礼》师教未尽克兼,然名儒大臣,匡时植教,祖述经说,文饰章疏,皆与《儒林传》相出入。是以朝秉纲常,士敦名节,拯衰销逆,多历年所,则周、鲁儒学之效也。两晋玄学盛兴,儒道衰弱,南北割据,传授渐殊。北魏、萧梁,义疏甚密。北学守旧而疑新,南学喜新而得伪。至隋、唐《五经正义》成,而儒者鲜以专家古学相授受焉。宋初名臣,皆敦道谊。濂、洛以后,遂启紫阳。阐发心性,分析道理,孔、孟学行不明著于天下哉!《宋史》以《道学》、《儒林》分为二传,不知此即《周礼》师、儒之异,后人创分,而暗合周道也。元、明之间,守先启后,在于金华。洎乎河东、姚江，门户分岐，递兴递灭，然终不出朱、陆而已。终明之世，学案百出，而经训家法，寂然无闻。揆之《周礼》，有师无儒，空疏甚矣。然其间台阁风厉，持正扶危，学士名流，知能激发。虽多私义，或伤国体，然其正道，实拯世心。是故两汉名教，得儒经之功。宋、明讲学得师道之益：皆于周、孔之道，得其分合，未可偏讥而互诮也。

清兴，崇宋学之性道，而以汉儒经义实之。御纂诸经，兼收历代之说。四库馆开，风气益精博矣。国初讲学，如孙奇逢、李颙等，沿前明王、薛之派，陆陇其、王懋竑等，始专守朱子，辨伪得真。高愈、应㧑谦等，坚苦自持，不愧实践。阎若璩、胡渭等，卓然不惑，求是辨诬。惠栋、戴震等，精发古义，诂释圣言。后如孔广森之于《公羊春秋》，张惠言之于孟、虞《易》说，凌廷堪、胡培翚之于《仪礼》，孙诒让之于《周礼》，陈奂之于《毛诗》，皆专家孤学也。且诸儒好古敏求，各造其域，不立门户，不相党伐，束身践行，暗然自修。周、鲁师儒之道，可谓兼古昔所不能兼者矣。

综而论之。圣人之道譬若宫墙，文字训诂，其门径也。门迳苟误，跬步皆歧，安能升堂入室？学人求道太高，卑视章句，譬犹天际之翔，出于丰屋之上，高则同矣，户奥之间，未实窥也。或者但求名物，不论圣道，又若终年寝馈于门庑之间，无复知有堂室矣。是故但立宗旨，即居大名，此一蔽也。经义确然，虽不逾闲，德便出入，此又一蔽也。今为《儒林传》，未敢匹分门径，惟期记述学行。若有事可见，已列于正传者，兹不复载焉。

孙奇逢，字启泰，又字钟元，容城人。少倜傥，好奇节，而内行笃修负经世之学，欲以功业自著。年十七，举明万历二十八年顺天乡试。连丁父母忧，庐墓六年，旌表孝行。与定兴鹿善继讲学，一室默对，以圣贤相期。

天启时，逆阉魏忠贤窃朝柄，左光斗、魏大中、周顺昌以党祸被逮。奇逢、善继故与三人友善。是时善继以主事赞大学士孙承宗军事。奇逢上书承宗，责以大义，请急疏救。承宗欲假入觐面陈，谋未就而光斗等已死厂狱。逆阉诬坐光斗等赃巨万，严追家属。奇逢与善继之父鹿正、新城张果中集士民醵金代输。光斗等卒赖以归骨，世所传范阳三烈士也。台垣及巡抚交章论荐，不起。孙承宗欲疏请以职方起赞军事，其后尚书范景文聘为赞画，俱辞不就。时畿内贼盗纵横，奇逢携家入易州五峰山，门生亲故从而相保者数百家。奇逢为部署守御，弦歌不辍。

顺治二年，祭酒薛所蕴以奇逢学行可比元许衡、吴澄，荐长成均，奇逢以病辞。七年，南徙辉县之苏门。九年，工部郎马光裕奉以夏峰田庐，遂率子弟躬耕，四方来学者亦授田使耕，所居成聚。居夏峰二十有五年，屡征不起。

奇逢之学，原本象山、阳明，以慎独为宗，以体认天理为要，以日用伦常为实际。其治身务自刻厉。人无贤愚，苟问学。必开以性之所近，使自力于庸行。其与人无町畦，虽武夫悍卒、野夫牧竖，必以诚意接之。用此名在天下而人无忌嫉。著《读易大旨》五卷。奇逢学易于雄县李辅，至年老，乃撮其体要以示门人。发明义理，切近人事。以象、传通一卦之旨由一卦通六十四卦之义其生平之学主于实用故所言皆关法戒又著《理学传心纂要》八卷，录周子、二程子、张子、邵子、朱子、陆九渊、薛瑄、王守仁、罗洪先、顾宪成十一人，以为直接道统之传。

康熙十四年，卒，年九十二。河南北学者祀之百泉书院。道光八年，从祀文庙。奇逢弟子甚众，而新安魏一鳌、清苑高鈵、范阳耿极等从游最早。及门问答，一鳌为多。睢州汤斌、登封耿介皆仕至监司后往受业，斌自有传。

介，字介石登封人。顺治九年进士，翰林院检讨。出为福建巡海道，筑石城以防盗。康熙元年，转江西湖东道，因改官制，除直隶大名道。丁母忧，服除不出。笃志躬行，兴复嵩阳书院。二十五年，尚书汤斌疏荐介践履笃实，冰蘖自矢，召为少詹事。会斌被劾，介引疾乞休。詹事尹泰等劾介诈疾，并劾斌不当荐介。寻予假归，卒。所著有《中州道学编》、《性学要旨》、《孝经易知》、《理学正宗》、大旨以朱子为宗。中州讲学者，有仪封张伯行、柘城窦克勤、上蔡张沐等，皆与斌、介同时。伯行自有传，沐见《循使传》，克勤附《李来章传》。

　　黄宗羲，字太冲，余姚人，明御史黄尊素长子。尊素为杨、左同志，以劾魏阉死诏狱，事具明史。思宗即位，宗羲入都讼冤。至则逆阉已磔，即具疏请诛曹钦程、李实。会庭鞫许显纯、崔应元，宗羲对簿，出所袖锥锥显纯，流血被体。又殴应元，拔其须归祭尊素神主前，又追杀牢卒叶咨、颜文仲，盖尊素绝命于二卒手也。时钦程已入逆案，实疏辨原疏非已出，阴致金三千求宗羲弗质。宗羲立奏之，谓："实今日犹能贿赂公行，其所辨岂足信？"于对簿时复以锥锥之。狱竟，偕诸家子弟设祭狱门，哭声达禁中。思宗闻之，叹曰："忠臣孤子，甚恻朕怀。"归，益肆力于学。愤科举之学锢人，思所以变之。既，尽发家藏书读之，不足，则钞之同里世学楼钮氏、澹生堂祁氏，南中则千顷堂黄氏、绛云楼钱氏，且建续钞堂于南雷，以承东发之绪。山阴刘宗周倡道蕺山，以忠端遗命从之游。而越中承海门周氏之绪，援儒入释，姚江之绪几坏。宗羲独约同学六十余人力排其说。故蕺山弟子如祁、章诸子皆以名德重，而御侮之功莫如宗羲。弟宗炎、宗会，并负异才，自教之，有"东浙三黄"之目。

　　戊寅，南都作防乱揭攻阮大铖。东林子弟推无锡顾杲居首，天启被难诸家推宗羲居首。大铖恨之刺骨，骤起，遂按揭中一百四十人姓氏，欲尽杀之。时宗羲方上书阙下而祸作，遂与杲并逮。母氏姚叹曰："章妻、滂母乃萃吾一身耶？"驾帖未行，南都已破，宗羲踉跄归。会孙嘉绩、熊汝霖奉鲁王监国，画江而守。宗羲纠里中子弟数百人从之，号世忠营。授职方郎，寻改御史，作《监国鲁元年大统历》颁之浙东。马士英奔方国安营，众言其当诛，熊汝霖恐其挟国安为患也。好言慰之。宗羲曰："诸臣力不能杀耳！春秋之孔子，岂能加于陈恒。但不谓其不当诛也。"汝霖谢焉。又遗书王之仁曰："诸公不沈舟决战，盖意在自守也。蕞尔三府，以共十万之众，必不久支，何守之能为？”闻者皆韪其言而不能用。

至是孙嘉绩以营卒付宗义，与王正中合军得三千人。正中者，之仁从子也，以忠义自奋。宗羲深结之，使之仁不得挠军事。遂渡海屯潭山，由海道入太湖，招吴中豪杰，直抵乍浦，约崇德义士孙奭等内应。会清师纂严不得前，而江上已溃。宗羲入四明山结寨自固，余兵尚五百人，驻兵杖锡寺。微服出访监国，戒部下善与山民结。部下不尽遵节制，山民畏祸，潜爇其寨，部将茅翰、汪涵死之。宗羲无所归，捕檄累下，携子弟入剡中。闻鲁王在海上，仍赴之，授左副都御史。日与吴钟峦坐舟中，正襟讲学，暇则注授时、泰西、回回三历而已。

宗羲之从亡也，母氏尚居故里。清廷以胜国遗臣不顺命者，录其家口以闻。宗羲闻之，亟陈情监国，得请，遂变姓名间行归家。是年监国由健跳至滃洲，复召之，副冯京第乞师日本。抵长崎，不得请，为赋《式微》之章以感将士。自是东西迁徙无宁居。弟宗炎坐与冯京第交通，刑有日矣，宗羲以计脱之。甲午，张名振间使至，被执，又名捕宗羲。丙申，慈水寨主沈尔绪祸作，亦以宗羲为首。其得不死，皆有天幸，而宗羲不慑也。其后海上倾覆，宗羲无复望，乃奉母返里门，毕力著述，而四方请业之士渐至矣。

戊午，诏征博学鸿儒。掌院学士叶方蔼寓以诗，敦促就道，再辞以免。未几，方蔼奉诏同掌院学士徐元文监修《明史》，将征之备顾问，督抚以礼来聘，又辞之。朝论必不可致，请敕下浙抚钞其所著书关史事者送入京，其子百家得预参史局事。徐乾学侍直，上访及遗献复以宗羲对，且言：“曾经臣弟元文疏荐，惜老不能来。”上曰：“可召至京，朕不授以事。即欲归，当遣官送之。”乾学对以笃老无来意，上叹息不置，以为人材之难。宗羲虽不赴征车，而史局大议必咨之。《历志》出吴任臣之手，总裁千里遗书，乞审正而后定。尝论《宋史》别立《道学传》，为元儒之陋，《明史》不当仍其例。朱彝尊适有此议，得宗羲书示众，遂去之。卒，年八十六。

宗羲之学，出于蕺山，闻诚意慎独之说，缜密平实。尝谓明人讲学,袭语录之糟粕,不以六经为根柢,束书而从事于游谈。故问学者必先穷经,经术所以经世,不为迂儒,必兼读史。读史不多,无以证理之变化。多而不求于心,则为俗学。故上下古今,穿穴群言,自天官、地志、九流百家之教,无不精研。所著《易学象数论》六卷,《授书随笔》一卷,《律品新义》二卷,《孟子师说》二卷。文集则有《南雷文案》、《诗案》。今共存《南雷文定》十一卷,《文约》四卷。又著《明儒学案》六十二卷,叙述明代讲学诸儒派分合得失颇详,《明文海》四百八十二卷,阅明人文集二千余家,自言与《十朝国史》相首尾。又《深衣考》一卷,《今水经》一卷,《四明山志》九卷,《历代甲子考》一卷,《二程学案》二卷,辑《明史案》二百四十四卷,又《明夷待访录》一卷,皆经世大政。顾炎武见而叹曰:"三代之治可复也!"天文则有《大统法辨》四卷,《时宪书法解新推交食法》一卷,《圜解》一卷,《割圜八线解》一卷,《授时法假如》一卷,《西洋法假如》一卷,《回回法假如》一卷。其后梅文鼎本《周髀》言天文,世惊为不传之秘,而不知宗羲实开之。晚年又辑《宋元学案》,合之《明儒学案》,以志七百年儒苑门户。宣统元年从祀文庙。

宗炎,字晦木。与兄宗羲、弟宗会俱从宗周游。其学术大略与宗羲等。著有《周易象辞》三十一卷,《寻门余论》二卷,《图书辨惑》一卷,力辟陈抟之学。谓《周易》未经秦火,不应独禁其图,至为道家藏匿二千年始出。又著《六书会通》,以正小学。谓扬雄但知识奇字,不知识常字,不知常字乃奇字所自出也。又有《二晦》、《山栖》诸集,以故居被火俱亡。康熙二十五年,卒,年七十一。

宗会,字泽望。明拔贡生。读书一再过不忘。有《缩斋文集》十卷。

百家,字主一。国子监生。传宗羲学,又从梅文鼎问推步法。著《句股矩测解原》二卷。康熙中,明史馆开,宗羲以老病不能行,徐乾学延百家入史馆,成史志数种。

王夫之,字而农,衡阳人。与兄介之同举明崇祯壬午乡试。张献忠陷衡州,夫之匿南岳,贼执其父以为质。夫之自引刀遍刺肢体,舁往易父。贼见其重创,免之,与父俱归。明王驻桂林,大学士瞿式耜荐之,授行人。时国势阽危,诸臣仍日相水火。夫之说严起恒救金堡等,又三劾王化澄,化澄欲杀之。闻母病,间道归。明亡,益自韬晦。归衡阳之石船山,筑土室曰观生居,晨夕杜门,学者称船山先生。

所著书三百二十卷,其著录于《四库》者,曰《周易稗疏》、《考异》、《尚书稗疏》、《诗稗疏》、《考异》、《春秋稗疏》。存目者,曰《尚书引义》、《春秋家说》。夫之论学,以汉儒为门户,以宋五子为堂奥。其所作《大学衍》、《中庸衍》,皆力辟致良知之说,以羽翼朱子。于张子《正蒙》一书,尤有神契,谓张子之学,上承孔、孟,而以布衣贞隐,无钜公资其羽翼。其道之行,曾不逮邵康节,是以不百年而异说兴。夫之乃究观天人之故,推本阴阳法象之原,就《正蒙》精绎而畅衍之,与自著《思问录》二篇皆本隐之显,原始要终,炳然如揭日月。至其扶树道教,辨上蔡、象山、姚江之误,或疑其言稍过,然议论精严,粹然皆轨于正也。康熙十八年,吴三桂僭号于衡州,有以《劝进表》相属者,夫之曰:“亡国遗臣,所欠一死耳,今安用此不祥之人哉!”遂逃入深山,作《祓禊赋》以示意。三桂平,大吏闻而嘉之,属郡守馈粟帛,请见,夫之以疾辞。未几,卒,葬大乐山之高节里,自题墓碣曰:“明遗臣王某之墓。”

当是时,海内硕儒,推容城、盩厔、余姚、昆山。夫之刻苦似二曲,贞晦过夏峰,多闻博学,志节皎然,不愧黄、顾两君子。然诸人肥遁自甘,声望益炳,虽荐辟皆以死拒,而公卿交口,天子动容,其著述易行于世。惟夫之窜身瑶峒,声影不出林葬,遂得完发以汲身。后四十年,其子敔抱遗书上之督学宜兴潘宗洛,因缘得入《四库》,上史馆,立传《儒林》,而其书仍不传。同治二年,曾国荃刻于江南,海内学者始得见其全书焉。

兄介之,字石子。国变,隐不出。先夫之卒。

李颙，字中孚，盩厔人。又字二曲。二曲者，水曲曰周，山曲曰至也。布衣安贫，以理学倡导关中，关中士子多宗之。父可从，为明材官。崇祯十五年，张献忠寇郿西，巡抚汪乔年总督军务，可从随征讨贼。临行，抉一齿与颙母曰："如不捷，吾当委骨沙场。子善教吾儿矣。"遂行。兵败死之。颙母葬其齿，曰"齿塚"。时颙年十六，母彭氏，日言忠孝节义以督之，颙亦事母孝。饥寒清苦，无所凭藉，而自拔流俗。以昌明关学为己任。有馈遗者，虽十反不受。或曰："交道接礼，孟子不却。"颙曰："我辈百不能学孟子，即此一事不守孟子家法，正自无害。"

先是颙闻父丧，欲之襄城求遗骸，以母老不可一日离，乃止。既丁母忧，庐墓三年，乃徒步之襄城，觅遗骸，不得，服斩衰昼夜哭。知县张允中为其父立祠，且造塚于战场，名之曰"义林。"常州知府骆钟麟尝师事颙，谓祠未能旦夕竣，请南下谒道南书院，且讲学以慰学者之望，颙赴之，凡讲于无锡，于江阴，于靖江、宜兴，所至学者云集。既而幡悔曰："不孝！汝此行何事，而喋喋于此？"即戒行赴襄城。常州人士思慕之，为肖像于延陵书院。颙既至襄城，适祠成，乃哭祭招魂，取塚土西归附诸墓。持服如初丧。

康熙十八年，荐举博学鸿儒，称疾笃，舁床至省，水浆不入口，乃得予假。自是闭关，宴息土室，惟昆山顾炎武至则款之。四十二年，圣祖西巡，召颙见，时颙已衰老，遣子慎言诣行在陈情，以所著《四书反身录》《二曲集》奏进。上特赐御书"操志高洁"以奖之。颙谓："孔、曾、思、孟，立言垂训，以成《四书》，盖欲学者体诸身，见诸行。充之为天德，达之为王道，有体有用，有补于世。否则假途干进，于世无补，夫岂圣贤立言之初心，国家期望之本意耶？"居恒教人，一以反身实践为事，门人录之，为七卷。是时容城孙奇逢之学盛于北，余姚黄宗羲之学盛于南，与颙鼎足称三大儒。晚年寓富平，关中儒者咸称"三李。"三李者，颙及富平李因笃、郿李柏也。

李因笃，字天生，富平人。明庠生。博学强记，贯串注疏。举博学鸿儒，试授检讨。未逾月，以母老乞养，诏许之。母殁，仍不出。因笃深于经学，著《诗说》，顾炎武称之曰："毛、郑有嗣音矣！"又著《春秋说》，汪琬亦折服焉。

李柏，字雪木，郿县人。九岁失怙，事母至孝。称长，读《小学》，曰："道在是矣！"遂尽焚帖括，而日诵古书，避荒居洋县，入山屏迹读书者数十年。尝一日两粥，或半月食无盐。时时忍饥默坐，间临水把钓，夷然不屑也。昕夕讴吟，拾山中树叶书之。门人都其集曰《槲叶集》。年六十六，卒。

心敬，字尔缉，户县人。乾隆元年，举孝廉方正。心敬论学，以明、新、正至善为归。谨严不逮其师，注经好为异论，而《易说》为笃实。其言曰："学《易》可以无大过矣，是孔子论《易》，切于人身，即可知四圣之本旨。"著有《丰川集》、《关学编》、《丰川易说》。

沈国模，字求如，余姚人。明诸生。余姚自王守仁讲致良知之学，弟子遍天下。同邑传其学者，推徐爱、钱德洪、胡瀚、闻人诠，再传而得国模。少以明道为己任。尝预刘宗周证人讲会，归而辟姚江书院，与同里管宗圣、史孝咸辈，讲明良知之说。其所学或以为近禅，而言行敦洁，较然不欺其志，故推纯儒山阴祁彪佳以御史按江东，一日，杖杀大憝数人，适国模至，欣然述之。国模膛目字祁曰："世培，尔亦曾闻曾子曰'如得其情，则哀矜而勿喜'乎？"后彪佳尝语人曰："吾每虑囚，必念求如言。恐仓卒喜怒过差，负此良友也。"明亡，闻宗周死节，为位哭之痛，已而讲学益勤，顺治十三年，卒，年八十有二。

孝咸，字子虚。继国模主姚江书院。尝曰："良知非致不真。"又曰："空谈易，对境难，于'居处恭，执事敬，与人忠'三语，精察而力行之，其庶几乎！"家贫，日食一粥，泊如也。顺治十六年，卒，年七十有八。

韩当，字仁父。国模弟子。自沈、史殁后，书院辍讲垂十年，而当继之。其学兼综诸儒，以名教经世，严于儒、佛之辨。家贫，未尝向人称贷。每言立身须自节用始。人有过，于讲学时以危言动之，而不明言其过。闻者内愧沾汗，退而相语曰："比从韩先生来，不觉自失。"疾极，谓弟子曰："吾于文成宗旨，觉有新得。然检点于心，终无受用，小子识之！"昧其言，则知其学守仁之外，亦近朱子矣。

邵曾可，字子唯，与韩当同时。性孝友恺悌。少爱书画，一日读孟子"伯夷圣之清者也"句，忽有悟，悉弃去，壹志于学。姚江书院初立时，人颇迂笑之。曾可厉色曰："不如是，便虚度此生。"遂往学。其初以主敬为宗，自师孝咸之后，专守良知。尝曰："于今乃知知之不可以已。日月有明，容光必照。不尔，日用跬步，鲜不贸贸者矣。"孝咸病，晨走十余里叩床下问疾，不食而反。如是月余，亦病。同侪共推为笃行之士焉。卒，年五十有一。曾可子贞显，贞显子廷采，世其学。

廷采，字允斯，又字念鲁。诸生。从韩当受业，又问学于黄宗羲。初读《传习录》无所得，既读刘宗周《人谱》，曰："吾知王氏学所始事矣。"蠡县李塨贻廷采书，论明儒异同，兼问所学。廷采曰："致良知者主诚意，阳明而后，愿学蕺山。"又私念师友渊源，思托著述以自见。以为阳明扶世翼教。作《王子传》，蕺山功主慎独，作《刘子传》。王学盛行，务使合乎准则，作《王门弟子》传。金铉、祁彪佳等能守师说，作《刘门弟子传》。康熙五十年，卒，年六十四。

王朝式，字金如，山阴人。亦国模弟子。尝入证人社，宗周主诚意，朝式守致知。曰："学不从良知入，必有诚非所诚之蔽。"亦笃论也。顺治初，卒，年三十有八。

谢文洊，字秋水，南丰人。明诸生。年二十余，入广昌之香山，阅佛书，学禅。既，读龙溪王氏书，遂与友讲阳明之学。年四十，会讲于新城之神童峰。有王圣瑞者，力攻阳明。文洊与争辩累日，为所动，取罗钦顺困知记读之，始一意程、朱。辟程山学舍于城西，名其堂曰尊雒。著《大学中庸切己录》，发明张子主敬之旨。以为为学之本，"畏天命"一言尽之，学者当以此为心法。注目倾耳，一念之私，醒悔刻责，无犯帝天之怒。其《程山十则》亦以躬行实践为主。时宁都"易堂九子",节行文章为海内所重,"髻山七子",亦以节概名,而文㳇独反已暗修,务求自得。髻山宋之盛过访文㳇,遂邀易堂魏禧、彭任会程山,讲学旬余。于是皆推程山,谓其笃躬行,识道本。甘京与文㳇为友,后遂师之。康熙二十年,卒,年六十有七。

京,字建齐,南丰人。负气慷慨,期有济于世。慕陈同甫之为人,讲求有用之学。与同邑封浚,曾曰都、危龙光、汤其仁、黄熙师事文㳇,粹然有儒者气象,时号"程山六君子。"著轴园稿十卷。

熙,字维。缉顺治十五年进士。文㳇长熙仅六岁,熙服弟子之事,常与及门之最幼者旅进退。朔望四拜,侍食起馈,唯诺步趋,进退维谨,不以为劳。彭士望比之朱子之事延平。母丧未葬,邻不戒于火,延燎将及。熙抚棺大恸,愿以身同烬。俄而风返,人以为纯孝所感。

曰都,字姜公。诸生。其学务实体诸己,因自号体斋。以学行为乡里所矜式。

龙光,字二为。善事继母,继母遇之非理,委曲承顺,久而爱之若亲子焉。

其仁,字长人。著《四书切问》、《省克堂集》。

与文㳇同时者,有宋之盛、邓元昌。

之盛,字未有,星子人。明崇祯己卯举人。结庐髻山,足不入城市,以讲学为己任。其学以明道为宗,识仁为要,于二氏微言奥旨,皆能抉摘异同。与文㳇交最笃。晚读胡敬斋《居易录》,持敬之功益密。与甘京论祭立尸丧复之礼不可废,魏禧亟称之。

元昌,字慕濂,赣县人。诸生。年十七,得宋五子书,遂弃举子业,致力于学。雩都宋昌图以通家子谒之,元昌喜之曰:"吾小友也!"馆之于家,昕夕论学为日程,言动必记之,互相考核。一日,昌图读朱子《大学或问》首章,元昌过窗外驻听之,谓昌图曰:"子勉之!毋蹈吾所悔,永为朱子罪人,偷息天地也。"其互相切剂如此。

高愈,字紫超,无锡人,明高攀龙之兄孙也。十岁,读攀龙遗书,即有向学之志。既壮，补诸生。日诵遗经及先儒语录，谨言行，严取舍之辨，不尚议论。尝曰："士求自立，须自不忘沟壑始。"事亲孝，居丧，不饮酒食肉，不内寝。晚年穷困，馇粥七日矣，方掣其子登城眺望，充然乐也。仪封张伯行巡抚江苏，延愈主东林书院讲会，愈以疾辞。平居体安气和，有忿争者，至愈前辄愧悔。乡人素好以道学相诋諆，独于愈，佥曰："君子也。"顾栋高尝从愈游，说经娓娓忘倦。年七十八，卒。尝《撰朱子小学注》，又所著有《读易偶存》、《春秋经传日钞》、《春秋类》、《春秋疑义》、《周礼疏义》、《仪礼丧服或问》。东林顾、高子弟顾枢、高世泰等，鼎革后尚传其学。

初，世泰为攀龙从子，少侍讲席，晚年以东林先绪为己任，葺道南祠、丽泽堂于梁溪，一时同志恪遵遗规。祁州刁包等相与论学。学者有南梁、北祁之称。大学士熊赐履讲学出世泰门下，仪封张伯行、平湖陆陇其亦尝至东林讲学。赐履、陇其自有传。

顾培，字昀滋，无锡人。少从宜兴汤之锜学，幡然悔曰："道在人伦庶物而已。"之锜殁，有弟子金敞。培筑共学山居以延，敞晨夕讲会。遵攀龙静坐法，以整齐严肃为入德之方。默识未发之中，笃守性善之旨。晚岁，四言来学日众。张伯行颇疑静坐之说，培往复千言，畅高氏之旨。

彭定求，字勤止，又字南畇，长洲人。父珑授以梁溪高氏之学，又尝师事汤斌。康熙二十五年一甲一名进士，授翰林院修撰。历官国子监司业、翰林院侍讲，充日讲起居注官。前后在翰林才四年，即归里不复出。作《高望吟》七章，以慕七贤。七贤者，白沙、阳明、东廓、念庵、梁谿、念台、漳浦也。又著《阳明释毁录》、《儒门法语》、《南畇文集》。尝与门人林云銘书云："有愿进于足下者有二：一曰无遽求高远而略庸近。子臣弟友，君子之道。至圣以有余不足为斤斤，孟子以尧、舜之道孝弟而已。然则舍伦常日用事亲从兄之事不为，而钩深索隐，以为圣人之道有出于人心同然之外者，必且流于异端坚僻之行矣。一曰无妄生门户异同之见，滕口说而遗践履。朱子之会于鹅湖也，倾倒于陆子义利之说，此阳明拔本塞源之论，致良知之指,一脉相承。其因时救弊,乃不得已之苦衷,非角人我之见。仆咏遗经。荡涤瑕滓,因有《儒门法语》。足下有志圣贤,当以念台刘子《人谱》、《证人会》二书入门,且无哓哓于紫阳、姚江之辨也。”定求卒年七十有八。其孙启丰官兵部尚书,自有传。

启丰子绍升。颇传家学,述儒行,有《二林居集》。然彭氏学兼朱、陆,识兼顿渐,启丰、绍升颇入于禅。休宁戴震移书绍升辨之。绍升又与吴县汪缙共讲儒学。缙著《三录》、《二录》,尊孔子而游乎二氏。此后江南理学微矣。

汤之锜,字世调,宜兴人。安贫力学,于书无所不读,尤笃信周子主静之说。或议其近于禅,之锜曰:“程子见学者静坐,即叹其善学,易言‘斋戒,以神明其德’。静坐,即古人之斋戒,非禅也。”居亲丧,一循古礼,就地寝苦。事诸父如父,昆弟无间言。既而得高攀龙《复七规》,喟然曰:“此其入学之门乎?”仿其说为春秋两会,闻风者不惮数千里来就学焉。明亡,之锜年二十四,即弃举子业。尝论出处之道,曰:“‘潜龙勿用’潜要确,若不确,则遁世不见知而悔矣。古来多少高明,只为此一悔所误。”常州知府骆钟麟请关西李颙讲学毗陵,特遣使聘之,之锜坚辞不赴。后延主东林、延陵诸讲席,又不就。之锜为学,专务切近,绝无缘饰。或询阳明致良知之说及朱、陆异同者,之锜曰:“顾吾力行何如耳,多辨论何益?”一日,抱微疾,整襟危坐而逝,年六十二。及门金厂、顾培辈,建书院于惠山之麓,奉其主祀之,著《偶然云集》。

施璜,字虹玉,休宁人。少应试,见乡先生讲学紫阳,瞿然曰:“学者当如是矣!”遂弃举业,发愤躬行。日以存何念、接何人、行何事、读何书、吐何语五者自勘。教学者九容以养其外。九思以养其内,九德以要其成,学者称诚斋先生。已而游梁溪,事高世泰。将归,与世泰期某年月日当赴讲。及期,世泰设榻以待,或曰:“千里之期,能必信乎?”世泰曰:“施生笃行君子也。如不信,吾不复交天下士矣。”言未既,璜果挈弟子至。著有《思诚录》、《小学》、《近思录发明》。

　　张夏,字秋韶,亦无锡人。隐居菰川之上,孝友力学。初从马世奇受经,后入东林书院,从高世泰学。积十余年,遂入世泰之室。世泰卒,其子弟相与立夏为师,事之如世泰。汤斌抚江苏,至东林,与夏讲学,韪其言。延至苏州学宫,为诸生讲《孝经》、《小学》。退而注《孝经解义》、《小学瀹注》。

　　吴曰慎,字徽仲,歙县人。诸生。尽心于宋五子书。论学主乎敬,故自号曰静庵。初游梁溪,讲学东林书院。已而归歙,会讲紫阳、还古两书院,兴起者众。

　　陆世仪,字道威,太仓州人。少从刘宗周讲学。归而凿池十亩,筑亭其中,不通宾客,自号桴亭。与同里陈瑚、盛敬、江士韶相约,为迁善改过之学。或横经论难,或即事穷理,反覆以求一是。甚有商榷未定,彻夜忘寝,质明而后断,或未断而复辨者,著思辨录,分小学、大学、立志、居敬、格致、诚正、修齐、治平、天道、人道、诸儒异学、经、子、史籍十四门。世仪之学,主于敦守礼法。不虚谈诚敬之旨,施行实政,不空为心性之功。于近代讲学诸家,最为笃实。

　　其言曰:"天下无讲学之人,此世道之衰。天下皆讲学之人,亦世道之衰,嘉、乾之间,书院遍天下,呼朋引类,动辄千人,附影逐声,废时失事,甚有借以行其私者,此所谓处士横议也。"又曰:"今所当学者止六艺,如天文、地理、河渠、兵法之类,皆切于世用,不可不讲。"所言深切著明,足砭虚砭之弊。其于明儒薛、胡、陈、王,皆平心论之。又尝谓学者曰:"世有大儒,决不别立宗旨。"故全祖望谓国初儒者,孙奇逢、黄宗羲、李颙最有名,而世仪少知者。同治十一年,从祀文庙。

　　瑚,字言夏,号确庵。明崇祯十六年举人。世仪《格致篇》首提"敬天"二字,瑚由此用力,颇得要领,因定为日纪考德法,而揭敬胜、怠胜于每日之首,格致、诚正、修齐、治平于每月之终,益信"人皆可以为尧舜"非虚语也。复取《小学》分为六:曰入孝,曰出悌,曰

谨行，曰信言，曰亲爱，曰学文。《大学》分为六：曰格致，曰诚意，曰
正心，曰修身，曰齐家，曰治平。谓《小学》先行后知，《大学》先知后
行，《小学》之终，即《大学》之始。瑚之为学，博大精深，以经世自任。
值娄江湮塞，江南大饥，瑚上当事救荒书，皆精切可施行，而时不能
用。明亡，绝意仕进，避地昆山之蔚村。田沮洳，瑚导乡人筑岸御水，
用兵家束伍法，不日而成，父病，刺血吁天，愿以身代。父卒，遗产悉
让之弟。康熙十四年，卒，年六十有二。门人称曰安道先生。巡抚
汤斌即其故居为之立安道书院。

敬，字宗传，号寒溪，诸生。长世仪一岁，矢志存诚主敬之学，笃
于孝友。居丧三年，不饮酒食肉。有弟遇之无礼，敬终始怡怡。

士韶，字虞九，号药园，诸生。其学以世仪为归。同时理学诸儒
多著述，士韶以为圣贤之旨，尽于昔儒之论说，惟在躬行而已。晚年
取所作焚之，故不传于后云。

张履祥，字考夫，桐乡人，明诸生。世居杨园村，学者称为杨园
先生。七岁丧父。家贫，母沈教之曰："孔、孟亦两家无父儿也，只因
有志，便做到圣贤。"长，受业山阴刘宗周之门。时东南文社各立门
户，履祥退然如不胜，惟与同里颜统、钱寅，海盐吴蕃昌辈以文行相
砥刻。统、寅、蕃昌相继殁，为之经纪其家。自是与海盐何汝霖、乌
程凌克贞、归安沈磊切劘讲习，益务躬行。尝以为圣人之于天道，
"庸德之行，庸言之谨"，尽之矣。来学之士，一以友道处之。谓门人
当务经济之学，著《补儒书》。岁耕田十余亩，草履箬笠，提筐佐饁。
尝曰："人须有恒业。无恒业之人，始于丧其本心。终于丧其身。许
鲁斋有言：'学者以治生为急'愚谓治生以稼穑为先。能稼穑则可以
无求于人，无求于人，则能立廉耻。知稼穑之艰难，则不妄求于人，
不妄求于人，则能兴礼让。廉耻立，礼让兴，而人心可正，世道可隆
矣。"初讲宗周慎独之学，晚乃专意程、朱。践履笃实，学术纯正。大
要以为仁为本，以修己为务，而以《中庸》为归。

康熙十三年，卒，年六十四。著有《愿学记》、《读易笔记》、《读史

偶记》、《言行见闻录》、《经正录》、《初学备忘》、《近古录》、《训子语》、《补农书》、《丧葬杂录》、《训门人语》及《文集》四十五卷。同治十年,从祀文庙。

履祥初兄事颜统。周钟之寓桐乡也,至其门者踵接。统曰:"钟为人浮伪,不宜为所惑。"履祥尝曰:"自得士凤,而始闻过。余不失足于周钟、张溥之门者,皆其力也。"

寅,字子虎,与履祥为砚席交。崇祯癸未冬,海宁祝渊以抗疏论救刘宗周被逮,履祥与寅送之吴门。次年,遂偕诣宗周门受业焉。自是寅造履益谨,寇盗充斥不废学。卒,年三十四。

汝霖,字商隐,海盐人。尝与友人曰:"周、程、张、朱一脉,吾辈不可令断绝。"居丧三年,未尝饮酒食肉。隐居澉浦紫云村,学者称紫云先生。履祥子维恭,尝受业于汝霖、克贞之门。又有吴璜、安道、邱云、皆履祥,友并命维恭师事焉。曰:"数人皆深造自得,君子人也。"

璜,秀水人。刚直好义,势利不动心。安道,嘉兴人。云,桐乡人。安道尝言:"君子之异于小人,中国之异于夷狄,人类之异于禽兽,有礼无礼而已。士何可不学礼?"又曰:"东林诸公,大柢是重名节。然止数君子,余皆有名而无节也。"

克贞,字渝安,乌程人。履祥交最笃。尝谓:"父子兄弟安得人人大中、明道、伊川,夫妇安得人人伯鸾、德曜,在处之得其道耳。"与履祥游蕺山之门者,有屠安世、郑宏。

安世,秀水人。闻宗周讲学,喜曰:"苟不闻道,虚生何为!"遂执贽内拜焉。宗周既殁,从父兄偕隐于海盐之乡。病作,不粒食者十有七年。得宗周书,力疾钞录。反躬责己,无时或息。尝曰:"朝闻夕死,何敢不勉!"卒,年四十六。

宏,海盐人。与弟景元俱从刘宗周受业,笃于友爱。景元短世,乙酉后绝意进取,躬灌园蔬养母,屡空,晏如也。敝衣草履,不以屑意。尝徒跣行雨中,人不能识也。卒,年五十六。

洤,字人斋,海宁人。乾隆丙辰举人。私淑履祥,为梓其遗书。

所纂有《淑艾录》。吴蕃昌、沈磊在《孝友传》。

沈昀，字朗思，本名兰先，字甸华，仁和人。刘宗周讲学蕺山，昀渡江往听。与应㧑谦友。其学以诚敬为宗，以适用为主，而力排二氏。家贫绝炊，掘阶前马兰草食之。邻有遗之米者，昀宛转推辞，忽仆于地，其人惊骇潜去。良久方苏，因笑曰："其意可感，然适以困我。"㧑谦叹曰："我于交接之际，自谓不苟。以视沈先生，犹觉愧之。"宗周身后传其学者颇滋诤讼。昀曰："尼父言'躬行君子'，若腾其口说以求胜，非所望于吾侪也。"以丧礼久废，辑《士丧礼说》，以授同郡陆寅。疾革，门人问曰："夫子今日何如？"曰："心中无一物，惟诚敬而已。"卒，年六十三。穷无以为殓，㧑谦涕泣不知所出。曰："我不敢轻授赗襚，以污先生。"其门人姚宏任趋进曰："如宏任者，可以殓先生乎？"㧑谦曰："子笃行，殆可也。"姚遂殓之，葬于湖上。

宏任，字敬恒，钱塘人。少孤，母，贤妇也。宏任隐市厘，其母偶见贸丝银色下劣，愠甚，曰："汝亦为此乎？"宏任长跪谢，愿得改行，乃受业于㧑谦。日诵大学一过，一言一行，服膺师说，遇事必归于忠厚。㧑谦不轻受人物，惟宏任之馈不辞。曰："吾知其非不义也。"宏任每时其乏而致之，终身不倦，㧑谦，执丧如古师弟子之礼。姚江黄宗炎许之曰："是笃行传中人也。"晚年以非罪陷缧绁。宪使阅囚入狱，宏任方朗诵大学，宪使异之，入其室，皆程、朱书。与之语，大惊，即日释之。然宏任卒以贫死。

叶敦艮，字静远，西安人。刘宗周弟子。尝贻书陆世仪，讨论学术。世仪喜曰："证人尚有绪言，吾得慰未见之憾矣。"

刘汋，字伯绳，宗周子。宗周家居讲学，诸弟子闻教未达，辄私于汋。汋应机开譬，具有条理。宗周殉国难，明唐、鲁二王皆遣使祭，荫汋官，汋辞。既葬，居蕺山一小楼二十年，杜门绝人事，考订遗经，以竟父业。有司或请见，虽通家故旧，亦峻拒之。所与接者，惟史孝感、恽日初数人。或劝之举讲会，不应。临卒，戒其子曰："若等安贫读书，守《人谱》以终身足矣。"《人谱》，宗周所著书。所卧之榻，假之祁氏。疾极，彊起易之，曰："吾岂可终于祁氏之榻？"

应㧑谦，字潜斋，钱塘人。明诸生。性至孝。殚心理学，以躬行实践为主，不喜陆、王家言。足迹不出百里，隘屋短垣，贫甚。恬如也。杭州知府稽宗孟数式庐，欲有所赠，嗫嚅未出。及读㧑谦所作无闷先生传，乃不敢言。康熙十七年，诏征博学鸿儒，大臣项景襄、张天馥交章荐之。㧑谦舆床以告有司曰："㧑谦非敢却荐，实病不能行耳！"客有劝者曰："昔太山孙明复尝因石介等请，以成丞相之贤，何果于却荐哉？"㧑谦曰："我不能以我之不可，学明复之可。"乃免征。二十二年，卒，年六十九。

㧑谦于《易》、《书》、《诗》、《礼》、《乐》、《春秋》、《孝经》、《四书》各有著说。又撰《教养全书》四十一卷，分选举、学校、治官、田斌、水利、国计、漕运、治河、师役、盐法十考，略仿《文献通考》，而于明代事实尤详。其不载律算者，以徐光启已有成书。不载舆地者，以顾炎武、顾祖禹方事纂辑也。又有《性理大中》二十八卷。门人钱塘凌嘉邵、沈士则传其学。

朱鹤龄，字长孺，吴江人。明诸生。颖敏嗜学，尝笺注杜甫、李商隐诗，盛行于世。鼎革后，屏居著述。晨夕一编，行不识途路，坐不知寒暑。人或谓之愚，遂自号愚庵。尝自谓"疾恶如仇，嗜古若渴。不妄受人一钱，不虚诳人一语"云。若《愚庵诗文集》。初为文章之学，及与顾炎武友，炎武以本原相勖，乃湛思覃力于经注疏及儒先理学。以易理至宋儒已明，然《左传》、《国语》所载占法，皆言象也。本易精矣，而多未备，撰《易广义略》四卷。以蔡氏释书未精，斟酌于汉学、宋学之间，撰《尚书埤传》十七卷。以朱子掊击《诗小序》太过，与同县陈启源参考诸家说，兼用启源说，疏通序义，撰《诗经通义》二十卷。以胡氏传《春秋》多偏见凿说，乃合唐、宋以来诸儒之解，撰《春秋集说》二十二卷。又以杜氏注《左传》未尽合，俗儒又以林氏注紊之，详证参考，撰《读左日钞》十四卷。又有《禹贡长笺》十二卷，作于胡渭《禹贡锥指》之前，虽不及渭书，而备论古今利害，旁引曲证，亦多创获。年七十余，卒。

启源，字长发。著有《毛诗稽古编》。其诠释经旨，一准毛《传》，而郑《笺》佐之。训诂声音以《尔雅》为主，草木虫鱼以陆《疏》为则，于汉学可谓专门。又有《尚书辨略》二卷，《读书偶笔》二卷，《存耕堂藁》四卷。

范镐鼎，字彪西，洪洞人。性孝友，阐明绛州辛全之学。康熙六年进士，以母老不仕。河、汾间人士多从之受经。十八年，以博学鸿儒荐，未起。立希贤书院，置田赡学者。辑《理学备考》三十卷。《广理学备考》四十八卷。《国朝理学备考》二十六家，采辛全、孙奇逢、熊赐履、张夏、黄宗羲诸家绪论，附以己说，议论醇正。又著《五经堂文集》五卷，《语录》一卷。又以其父芸茂有《垂棘编》，作《续垂棘编》十九卷，《三晋诗选》四十卷。

同时为辛全之学者，有绛州党成、李生光。

成，字宪公。其学以明理去私为本，生平不求人知，镐鼎曾扬之于人，意甚不怿，时目为狷者。其辨朱、陆异同："论者多以陆为尊德性矣，朱为道问学。此言殊未然。盖朱子之道问学，实以尊德性也，陆氏则自锢其德性，何尊之可云？陆子尝曰：'不求本根，驰心外物，理岂在于外物乎？'此告子义外之学也。朱子曰：'本心物理，原无内外。以外物为外者，是告子义外之学也。'即此数语，可以见二家之异同矣。若粗论其同，二家皆欲扶世教，崇天理，去私欲，其秉心似无大异者。而实究其学，则博文约礼者，孔、颜之家法，屡见于《论语》，朱子得其正矣。陆氏乃言'六经皆我注脚'，又言'不识一字，管取堂堂作大丈夫'岂不偏哉！"其辨论如此。

生光，字暗章。未冠为诸生。辛全倡学河、汾。遂往受业。笃于内行，事亲至孝，全深重之。明亡，绝意仕进，自号汾曲逸民。构一草堂，日夕读书其中，以《二南》大义，程、朱微言，训门弟子。著有《儒教辨正》、《崇正黜邪汇编》，凡万余言。

白奂彩，字含贞，华州人。私淑于长安冯从吾，玩《易》洗心，《诗》、《礼》、《春秋》，多所自得。蓄书之富，陕以西罕俪。校雠精详，淹贯靡遗。而冲逊自将，若一无所知。与同州党湛、蒲城王化泰诸人相切磨。率同志结社，不入城市，不谒官府，终日晏坐一室，手不释卷。同知郝斌式庐，聆奂彩论议，退而叹曰："关中文献也。"

湛，字子澄。尝言："人生须作天地间第一等事，为天地间第一等人。"故自号两一。究宋、明以诸儒论学语，揭其会心者于壁，默侍土室，澄心反观，久之，恍然有契。自是动静云为，卓有柄持。闻李颙倡道盩屋，冒雪履冰，不惮数百里访质所学。相与盘桓数日，每至夜半，未尝见惰容。其志笃养邃如此。

化泰，字省庵。性方严峭直，面斥人过，辞色不少贷。人有一长，即欣然推逊，自以为不及。关学初以马嗣煜嗣冯从吾，而奂彩、湛、化泰皆有名于时。武功冯云程、康赐吕、张承烈，同州李士滨、张珥，朝邑王建常、关独可，咸宁罗魁，韩城程良受，蒲城宁维垣，邠州王吉相，淳化宋振麟，皆笃志励学，得知行合一之旨。至乾隆间，武功孙景烈亦能接关中学者之传。

景烈，字酉峰。乾隆三年进士，授检讨，以言事放归。教生徒以克己复礼。居平虽盛暑必肃衣冠。韩城王杰为入室弟子。尝语人曰："先生冬不炉，夏不扇，如邵康节。学行如薛文清。"又曰："先生归籍三十年，虽不废讲学，独绝声气之交。为关中学者宗，有自来矣。

胡承诺，字君信，天门人。明崇祯举人。国变后，隐居不仕，卧天门巾、柘间。顺治十二年，部铨县职。康熙五年，檄征入都。六年，至京师，以诗呈侍郎严正矩云："垂老只思还旧业，暮年所急匪轻肥。"既而告归，得请。构石庄于西村，自号石庄老人。穷年诵读，于书无所不窥，而深自韬晦。

晚著《绎志》。《绎志》者，绎己所志也。凡圣贤、帝王、名臣、贤士与凡民之志业，莫不兼综条贯，原本道德，切近人情，酌古而宜今,为有体有用之学。凡二十余万言,皆根柢于诸经,博稽于诸史,旁罗百家,而折衷于周、程、张、朱之说。承诺自拟其书于徐干《中论》、颜之推《家训》,然其精粹奥衍,非二书所及也。二十六年六月,卒,年七十五。所著有《读书说》六卷,文体类《淮南》、《抱朴》,麟杂细碎,随事观理而体察之,殆《绎志》取材之余,与是书相表里。

曹本荣,字欣木,黄冈人。顺治六年进士,改翰林院庶吉士。布袍蔬食,以清节自励。八年,授秘书院编修。应诏,上《圣学疏》千言,其略云:"皇上得二帝三王之统,则当以二帝三王之学为学。诚宜开张圣听,修德勤学,举《四书》、《五经》及《通鉴》中有裨身心要务治平大道者,内则深宫燕间,朝夕讨论,外则经筵进讲,敷对周祥。君德既修,祈天永命,必基于此。"有诏嘉纳。十年,擢右春坊右赞善兼国子监司业,刊《白鹿洞学规》以教士。十一年,转中允。十二年,世祖甄拔词臣品端学裕者充日讲官,本荣与焉。十三年,升秘书院侍讲、左春坊左庶子兼侍读,日侍讲幄,辨论经义。敕本荣同傅以渐撰《易经通注》九卷,镕铸众说,词理简明,为说经之圭臬。本荣又著《五大儒语》、《周张精义》、《王罗择编》诸书。十四年八月,充顺天乡试正考官,九月,充经筵讲官,十一月,以失察同考官作弊,部议革职。上以其侍从讲幄日久,宥之。十八年,迁翰林院侍读学士,改国史院侍读学士。康熙四年,以病请回籍,卒于扬州。

本荣之学,从阳明致知之说,故论次五大儒,以程、朱、薛与陆、王并行。既告归,宧橐萧然,晏如也。疾革,门生计东在侧,犹教以穷理尽性之学。卒之日,容城孙奇逢痛惜之。子宜溥,由荫生荐举博学鸿儒,试授检讨。

张贞生,字篑山,庐陵人。顺治十五年进士,官翰林院侍讲学士。时议遣大臣巡察,贞生上书谏,召对,所言又过戆。下考功议,革职为民,蒙恩镌二级去官。初阐阳明良知之说,其后乃一宗考亭。居京师,寓吉安馆中,蓬蒿满径,突无炊烟。濒行不能具装,故人馈赆,一无所受,其狷介如此。寻奉特旨起补原官。至京,卒。著《庸书》二十卷,《玉山遗响集》。

刘原渌,字昆石,安邱人。明末盗贼蜂起,原渌与仲兄某率乡人
垒土为堡以御贼。贼至,守堡者多死。仲兄出斗,身中九矢,力战。
原渌从之,发数十矢,矢尽,仲兄麾之去。原渌大呼曰:"离兄一步非
死所。"乃斩二渠帅,获马六匹,贼遁去。乱定,以力耕致富。既而推
膏腴与兄,以其余为长兄立后,兼赡亡姊家。谢人事,求长生之术。
得咯血疾,遂弃去。后读宋儒书,乃笃信朱子之学,集朱子书作《续
近思录》。尝曰:"学者居敬穷理,二者皆法先王而已。'小心翼翼,
昭事上帝',居敬之功也。'不识不知,顺帝之则'穷理之功也。"每五
更起,谒祠后,与弟子讲论,常至夜分。仲兄疾,吁天祈以身代。兄
死,三日内水浆不入口,又为乡人置义仓,俭岁煮粥以食饥人。尝
曰:"人与我一天而已,何畛域之有焉?"卒,年八十二。著《读书日
记》、《四书近思续录》四卷。

后数十年,昌乐有阎循观、周士宏,潍县有姜国霖、刘以贵、韩
梦周,德州有孙于篑、梁鸿翥、胶州有法坤宏,同县有张贞,犹能守
原渌之学。

国霖,字云一,潍县人。父客燕中感病,国霖往省。跣走千里,
至则父已殁。无钱市棺,以衣裹尸,负之行,乞食归里。泣告族党曰:
"父死不能敛,又不能葬,欲以身殉,又以老母在。长者何以教我?"
人怜其孝,为捐金以葬。母易怒,一日怒甚,国霖作小儿嬉戏状,长
跪膝前,执母手,捆其面。母大笑,怒遂已。时年五十矣。师事昌乐
周士宏,尝与国霖至莒,乐其山川,死即葬于莒。国霖筑室墓侧,安
贫守素,不求于人。值歉岁,莒人恐其饿死,闻于官而周之粟,亦弗
却也。昌乐阎循观问国霖喜读何书,曰:"《论语》,终身味之不尽。"

以贵,字沧岚,康熙二十七年进士。任苍梧令。地瑶、壮杂处,
营茶山书院,以《诗》、《书》为教。归里后,杜门著书,有《蔾乘集》。

梦周,字公复。乾隆二十二年进士。其学以存养、省察、致知三
者为入德之资。每跬步必以礼,以耻求闻达为尚。后为来安知县,

有政声。长洲彭绍升称其治来如元鲁山。有《理堂文集》,表方名,奖忠节,皆有关于世道。

鸿焘,字志南,德州人。每治一经,案上不列他书。有疑义,思之累日夜,必得而后已。益都李文藻一见奇之,为之延誉,遂知名于世。以优行贡成均。卒,年五十九。有《周易观运》等书。

坤宏,字镜野,胶州人。得《传习录》,大喜,以为知己意所出。其学以阳明为宗,以不自欺为本。乾隆六年举人,官大理评事。卒,年八十有奇。

循观,字怀庭,昌乐人。专志洛、闽之学,省身克己,刻苦自立。治经不立一家言,而要归于自得。乾隆三十四年进士,吏部考功司主事。著《困勉斋私记》、《西涧文集》及《尚书春秋说》。

任瑗,字恕庵,淮安山阳人。年十八,弃举子业,讲学。静坐三年,叹曰:"圣人之道,归于中庸,极于'精义入神以致用也,利用安身以崇德也',岂是之谓哉?"乾隆元年,大吏举瑗应博学鸿词,廷试罢归,韩梦周语人曰:"任君体用具备,有明以来无此钜儒?"及韩将北归,瑗语之曰:"山左人多质直,君当接引后进,以续正学。"因作《反经说》以示之。年八十二,卒。著有《纂注朱子文类》一百卷,《论语困知录》二卷,《反经说》一卷,《阳明传习录辨》二卷,《知言札记》二卷,《朱子年谱》一卷。

颜元,字易直,博野人。明末,父戍辽东,殁于关外。元贫无立锥,百计觅骨归葬,世称孝子。居丧,守朱氏《家礼》惟谨。古《礼》:"初丧,朝一溢米,夕一溢米,食之无算。"《家礼》删去"无算"句,元遵之。过朝夕不敢食,当朝夕,遇哀至,又不能食,病几殆。又《丧服传》:"既练,舍外寝,始食菜果。饭素食,哭无时。"《家礼》改为"练后,止朝夕哭,惟朔望未除者会哭,凡哀至皆制不哭。"元亦遵之。既觉其过抑情,校以古《丧礼》非是。因叹先生制礼,尽人之性,后儒无德无位,不可作也。于是著《存学》、《存性》、《存治》、《存人》四编以立教。名其居曰习斋。

肥乡漳南书院，邑人郝文灿请元往教。有文事、武备、经史、艺能等科，从游者数十人。会天大雨，漳水溢，墙垣堂舍悉没，人迹殆绝。元欢曰："天不欲行吾道也！"乃辞归。后八年而卒，年七十。门人李塨、王源编元《年谱》二卷，钟䥵辑《言行录》二卷，《辟异录》二卷。

王源，字昆绳，大兴人。兄洁，少从梁以樟游。以樟谈宋儒学，源方髫龀，闻之不首肯，唯喜习知前代典要及关塞险隘攻守方略。年四十，游京师。或病其不为时文，源笑曰："是尚需学而能乎？"因就试，中康熙三十二年举人。或劝更应礼部试，谢曰："吾寄焉为谋生计，使无诟厉已耳！"昆山徐乾学开书局于洞庭山，招致天下名士，源与焉。于侪辈中独与刘献廷善，日讨论天地阴阳之变，伯王大略，兵法、文章、典制、古今兴亡之故，方域要害，近代人才邪正。其意见皆相同。献廷殁，言之辄流涕。未几，遇李塨，大悦之，曰："自献廷殁，岂意复见君乎？"塨微言圣学，源闻之沛然。因持《大学辨业》去，是之。塨乃为极言颜元明亲之道，源曰："吾知所归矣。"遂介塨往博野执贽元门，时年五十有六矣。后客死淮上。所著《平书》十卷，《文集》二十卷。

程廷祚，字启生，上元人。初识武进恽鹤生，始闻颜、李之学。康熙庚子岁，塨南游金陵，廷祚屡过问学。读颜氏《存学编》，题其后云："古之害道，出于儒之外。今之害道，出于儒之中。颜氏起于燕、赵，当四海倡和翕然同气之日，乃能折衷至当，而有以斥其非，盖五百年间一人而已。"故尝谓："为颜氏其势难于孟子，其功倍于孟子。"于是力屏异说，以颜氏为主，而参以顾炎武、黄宗羲。故其读书极博，而皆归于实用。乾隆元年，举博学鸿词，至京师，有要人慕其名，属密友达其意，曰："主我，翰林可得也。"廷祚拒之，卒报罢。十六年，上特诏举经明行修之士，廷祚又以江苏巡抚荐，复罢归。卒，年七十有七。著《易通》六卷，《大易择言》三十卷，《尚书通议》三十卷，《青溪诗说》三十卷，《春秋识小录》三卷，《礼说》二卷，《鲁说》二卷。

恽鹤生，字皋闻，武进人。因交李塨得睹颜氏遗书，自称私淑弟子。于经长《毛诗》，著《诗说》，以毛、郑为宗。

李塨，字刚主，蠡县人。弱冠与王源同师颜元。躬耕善稼穑，虽俭岁必有收，而食必粢粝，妻妾子妇执苦身之役。举康熙二十九年举人。晚岁授通州学正，浃月，以母老告归。塨博学工文辞，与慈溪姜宸英齐名。又尝为其友治剧邑，逾年，政教大行，用此名动公卿间。明珠、索额图当国，皆尝延教其子，不就。安溪李光地抚直隶，荐其学行于朝，固辞而不谢。诸王交聘，辄避而之他。既而从毛奇龄学。著《周易传注》七卷，《筮考》一卷，《郊社考辨》一卷，《论语传注》二卷，《大学传注》一卷，《中庸传注》一卷，《传注问》一卷，《李氏学乐录》二卷，《大学辨业》四卷，《圣经学规》二卷，《论学》二卷，《小学稽业》五卷，《恕谷后集》十三卷。

塨学务以实用为主，解释经义多与宋儒不合。又其自命太高，于程、朱之讲学，陆、王之证悟，皆谓之空谈。盖明季心学盛行，儒禅淆杂，其曲谨者又阔于事情，沿及顺、康朝，犹存余说，盖颜元及塨力以务实相争。存其说可补诸儒枵腹之弊，然不可独以立训，尽废诸家。其论《易》，以观象为主，兼朋互体，谓"圣教罕言性天，《乾坤》四德，必归人事，《屯蒙》以下，亦皆以人事立言。陈抟《龙图》，刘牧《钩隐》，以及控无极、推先天，皆使《易》道入于无用。"排击未免过激。然明人以心学窜入《易》学，率持禅偈以诂经，言数者反置象占于不问。诬饰圣训，弊不可穷。塨引而归之人事，深得垂教之旨。又以《大学》格物为《周礼》三物，谓孔子时古大学教法所谓六德、六行、六艺者，规矩尚存。故格物之学，人人所习，不必再言。惟以明德、亲民标其目，以诚意指其入手而已。格物一传，可不必补。其说本之颜元。毛奇龄恶其异己，作《逸讲笺》以攻之。而当时学者多韪塨说焉。

刁包，字蒙吉，晚号用六居士，祁州人。明天启举人。再上春官，不第。遂弃举子业，有志圣贤之学。初闻孙奇逢讲良知，心向之。既读高攀龙书，大喜，曰："不读此书，几虚过一生。"为主奉之，或有过差，即跪主前自讼，流贼犯祁州，包毁家倡众誓固守，城不得破。时有珰主兵事，探卒报贼势张甚，二珰怒其惑众，将斩之。包厉声曰："必杀彼，请先杀包。"乃止。二珰相谓曰："使若居官者，其不为杨、左乎？"贼既去，流民载道，设屋聚养之，病者给医药，全活尤多。有山左难妇七十余人，择老成家人护以归。临行，八拜以重托，家人皆感泣，竭力卫送。历六府，尽归其家。

甲申，国变，设庄烈愍皇帝主于所居之顺积楼，服斩衰，朝夕哭临如礼。伪命敦趣，包以死拒，几及于难。遂隐居不出，于城隅辟地为斋曰潜室，亭曰肥遁。日闭户读书其中，无间寒暑，学者宗焉，执经之履满户外。居父丧，哀毁，须发尽白。三年不饮酒食肉，不内寝。及母卒，号恸呕血，病数月，卒。

所著有《易酌》、《四书翊注》、《潜室札记》、《用六集》，皆本义理，明白正大。又选《斯文正统》九十六卷，专以品行为主，若言是人非，虽绝技无取。包初与新城王余佑为石交。

余佑，字介祺。父延善，邑诸生，尚气谊。当明末，散万金产结客。有子三，长余恪，季余严，余佑其仲也。明亡，延善率三子与雄县马鲁建义旗，传檄讨贼。时容城孙奇逢亦起兵，共恢复雄、新容三县，斩其伪官。顺治初，延善为仇家所陷，执赴京。余恪挥两弟出，为复仇计，独身赴难，父子死燕市。余严夜率壮士入仇家，歼其老弱三十口，名捕甚急，上官有知其枉者，力解乃免。余佑隐易州之五公山，自号五公山人。尝受业于孙奇逢，学兵法，后更从奇逢讲性命之学。隐居教授，不求闻达。教人以忠孝，务实学。卒，年七十。

李来章，字礼山，襄城人。生有神识。尝观石工集庭中断石，辗转弗合，语之曰："去宿土，当自合。是即吾学人心、道心之谓。"闻者异之。工诗古文辞。康熙十四年举人。尝学于魏象枢，魏戒之曰："欲除妄念，莫如立志。"来章因作《书绅语略》，其持论以不背先儒

有益世用为主。再学于孙奇逢、李颙。时奇逢讲学百泉，来章与冉
觐祖诸人讲学嵩阳，两河相望，一时称极盛焉。再主南阳书院，作
《南阳学规》、《达天录》以教学者，士习日上。寻以母老谢归。重葺
紫云书院，读书其中，学者多自远，而至母病目，来章每夙兴舌舐
之，目复明。

　　谒选广东连山县。连山民仅七村，丁只二千。外瑶户大排居五，
小排一十有七，数且盈万人。重山复岭，瘦石巉削，田居十分之一。
瑶或负险跳梁。来章慨然曰："瑶异类，亦有人性，当推诚以待之。"
乃仿明王守仁遗意，日延耆老问民疾苦，招流亡，劝之开垦，薄其
赋。复深入瑶穴，为之置约延师，以至诚相感。创连山书院，著学规，
日进县人申教之，而瑶民之秀者，亦知向学，诵读声彻岩谷。学使者
交奖曰："忠信笃敬，蛮貊信可行矣。"行取，授兵部主事，监北新仓，
革运官馈遗。旅引疾归。大学士田从典、侍郎李先复交章以实学可
大用荐，得旨征召，不出。年六十八，卒。所著有《礼山园文集》、《洛
学编》、《连阳八排瑶风土记》、《衾影录》。

　　冉觐祖，字永光，先贤郓国公裔。元末有为中牟丞者，因家焉。
康熙二年，乡试第一。杜门潜居，爰取《四书集注》研精覃思二十年。
章求其旨，句求其解，字求其训，身体心验，订正群言，归于一是，名
曰《玩注详说》。递及群经，各有专书，兼采汉儒、宋儒之说。十八年，
开博学鸿儒科，巡抚将荐之。欲一见觐祖。觐祖曰："往见，是求见
也。"坚不往。少詹事耿介延主嵩阳书院，与诸生讲《孟子》一章，剖
析天人，分别理欲，众皆悚听。三十年，成进士，选庶吉士。三十三
年，授检讨。是岁圣祖遍试翰林，御西暖阁，询家世籍贯独详，有"气
度老成"之褒。越日，赐筵瀛台，上独识之，曰："尔是河南解元耶？"
盖以示优异也。寻告归。卒，年八十有二。

　　窦克勤，字敏修，柘城人。闻耿介传百泉之学，从游嵩阳。六年，
乡举至京师，谒睢州汤斌。一夕，请业斌谓师道不立，由教官之失
职。劝克勤就教职，选泌阳教谕。泌阳地小而僻，人鲜知学，克勤立
五社学，月朔稽善过而劝惩之。暇则斋居读书，虽饘粥不继，晏如

也。康熙十七年进士,选庶吉士,丁母忧归,服除,授检讨。一日,圣祖命诸翰林作楷书,克勤书"学宗孔、孟,法在尧、舜,而其要在慎独"十四字以进,圣祖览而器之。寻以父老乞归。尝于柘城东郊立朱阳书院,倡导正学。中州自夏蜂、嵩阳外,朱阳学者称盛。卒,年六十四,著《有孝经阐义》。

李光坡,字耜卿,安溪人,大学士光地之弟也。生五岁,与伯叔兄弟俱陷贼垒。既脱难后,受学家庭,宗尚宋儒及乡先正《蒙引存疑》诸书。次第讲治《十三经》,濂、洛关、闽书,旁及子、史。质不甚敏,以勤苦致熟。论学主程、朱,论易主邵子,兼取扬雄《太玄》,发明性理,以阐大义。壮岁专意《三礼》,以《三礼》之学至宋而微,至明几绝,《仪礼》尤世所罕习,积四十年。成《三礼述注》六十九卷,以郑康成为主,疏解简明,不蹈支离,亦不侈奥博,自成一家言。其兄光地尝著《周官笔记》一篇,光地子钟伦亦著《周礼训纂》二十一卷,皆标举要旨,弗以考证辨论为长,与光坡相近,其家学如是也。

光坡家居不仁,康熙四十五年,入都,与其兄光地讲贯。著《性论》三篇,辨论理气先后动静,以订近儒之差。及归,光地贻以诗曰:"后生茂起须家法,我老栖迟望子传。"其惓惓于光坡如此。光地尝论东吴顾炎武与光坡皆数十年用心经学,精勤不辍,卓然可以传于后云。光坡天性至孝,父病笃,炷香焚掌叩天以祈延寿,病果愈。及举孝廉方正,有司将以光坡应选,而光坡寝疾矣。卒,年七十有三。又有《皋轩文编》。

钟伦,字世得。康熙三十二年举人。初受《三礼》于光坡,又与宣城梅文鼎、长洲何焯、宿迁徐用锡、河间王之锐、同县陈万策等互相讨论,其学具有本原。未仕而卒。

庄亨阳,字复斋,靖南人。康熙五十七年进士,知山东潍县。母就养,卒于途。归而庐墓三年,自是未尝一日离其父。乾隆初元,礼部尚书杨名时荐士七人,亨阳与焉,授国子监助教。当是时,上方响用儒术,尚书杨名时、孙嘉淦,大学士赵国麟咸以耆寿名德领太学事,相与倡明正学。六堂之长,则亨阳与安溪官献瑶、无锡蔡德晋等,皆一时之俊。每朔望谒夫子,释菜礼毕,六堂师登讲座,率国子生以次执经质疑。旬日则六堂师分占一经,各于其书斋会讲南北学,弦诵之声,夜分不绝。都下号为"四贤、五君子"。

迁吏部主事,外补德安府同知,擢徐州府。徐仍岁水灾,亨阳相川泽,谘耆民,具方略,请广开上游水道,以泄异涨,且告石林可危。未及施工而石林决,沛县城将溃,民骇逃。亨阳驾轻舠行告父老曰:"太守来,尔民何往?"亲率众堵筑,七日夜城完。在徐三年,两遇大荒,勤振事,几不暇眠食。九年,迁按察司副使,分巡淮徐海道。亨阳通算术,及董河防,推究高深测量之宜,上书当路,大略谓:"淮、徐水患,在壅毛城铺而徐州坏,壅天然减水坝而凤、颍、泗坏,壅车逻、昭关等坝而淮、扬之上下河皆坏。宜开毛城铺以注洪泽湖,则徐州之患息。开天然坝以注高、宝诸湖,则上江之患息。开三坝以注兴、盐之泽。则高、宝之患息。开范公堤以注之海,则兴、盐、泰诸州、县之患息。"当路者颇韪其言,而未能用。

京察,大臣当自陈。高宗命自陈者各举一人自代。内阁学士李清植举亨阳,时论以为允。勘淮海灾过劳,以羸疾卒。卒之日,淮海诸氓罢市奔走,树帜哭而投赙。讷亲巡江南,监司皆靴袴跪迎,亨阳独长揖,讷责问,曰:"非敢惜此膝于公,其如《会典》所无何?"讷默然。亨阳出巡,属吏循故事馈肴,然一切勿拒,曰:"物以烹饪,却之是暴天物而违人情也。"所从仆皆自饮其马,或犒之,踧而辞曰:"公视奴辈为儿子,不告而受,于心不安。告公,公必命辞,是仍虚君惠也。"强之,皆伏地,暂指其心。其感人如此。

官献瑶,字瑜卿,安溪人。执业于漳浦蔡世远、桐城方苞,称高足弟子。亦以杨名时荐,补助教。甫入学,上事宜六条于其长。乾隆四年进士,选庶吉士,充三礼馆纂修,授编修。九年,典试浙江。寻提督广西、陕甘学政,迁洗马。在关中求得宋张载二十余代孙,属其邑学官教之。识韩城王杰于诸生,以为大器,果如其言。献瑶少孤,事母孝。自陕甘任满归，乞侍养。奉母二十余载，母年九十乃终。抚爱诸子弟，修大小宗祠，增祭器，考《礼经》，遵时制以定仪式，立乡规以教宗人，置义租以恤亲族之贫者。卒，年八十。著《读易偶记》三卷，《尚书偶记》三卷，《尚书讲蒿》，《思问录》一卷，《读诗偶记》二卷，《周官偶记》二卷，《仪礼读》三卷，《丧服私钞》并《杂记》一卷，《春秋传习录》五卷，《孝经刊误》一卷，《文集》十六卷，《诗集》二卷。

王懋竑，字子中，宝应人。少从叔父式丹，学刻励笃志，精研朱子之学，身体力行。康熙五十七年成进士，年已五十一。乞就教职，补安庆府学教授。雍正元年，以荐被召引见，授翰林编修，在上书房行走。二年，以母忧去官，特赐内府白金为丧葬费。懋竑素善病，居丧毁瘠，服阕就职。旋以老病乞归，越十六年卒。

懋竑性恬淡，少尝谓友人曰："老屋三间，破书万卷，平生志愿足矣。"归里后，杜门著书。校定《朱子年谱》，大旨在辨为学次序，以攻姚江之说。又所著《白田杂著》八卷，于《朱子文集》、《语类》考订尤详。谓《易本义》前九图、《筮仪》皆后人依记，非朱子所作，其略云："朱子于《易》，有《本义》，有《启蒙》，与门人讲论甚详，而此九图曾无一语及之。九图之不合《本义》、《启蒙》者多矣，门人何以绝不致疑也？《本义》之叙画卦云：'自下而上再倍而三，以成八卦。八卦之上，各加八卦，以成六十四卦。'初不参邵子说。至《启蒙》，则一本邵子。而邵子所传，止有《先天方圆图》。其《伏羲八卦图》、《文王八卦图》，则以《经世演易图》推而得之。同州王氏、汉上朱氏《易》，皆有此二图，《启蒙》因之。至朱子所自作横图六，则注《大传》及邵子语于下，而不敢题曰《伏羲六十四卦图》，其慎如此。今直云《伏羲八卦次序图》、《伏羲八卦方位图》、《伏羲六十四卦次序图》、《伏羲六十四卦方位图》，是孰受而孰传之耶？乃云伏羲四图，其说皆出邵氏，邵氏止有《先天》一图，其《八卦图》后来所推，六横图朱子所作。以为皆出邵氏，是诬邵氏也。"又云："邵氏得之李之才李之才，得之穆修穆修，得之希夷先生，此明道叙康节学问源流如此。汉上朱氏以《先天图》属之，已无所据。乃今移之四图，若希夷已有此四图也，是并诬希夷也。文王八卦，《说卦》明言之。《本义》以为未详，《启蒙》别为之说，而不以入于《本义》。至于'乾，天也，故称乎父'一节，《本义》以为揲蓍以求爻，《启蒙》以为'乾求于坤坤，求于乾'与'乾为首'两节，皆文王观于已成之卦，而推其未明之象，与《本义》不同。今乃以为文王《八卦次序图》，又孰受而孰传之耶？《卦变图启蒙》详之，盖一卦可变为六十四卦，《彖》传卦变，偶举十九卦以说尔。今图、卦皆不合，其非朱子之书明矣。"其说为宋、元儒者所未发。

又考证诸史，谓："《孟子》七篇，所言齐王皆湣王，非宣王。孟子去齐，当在湣王十三四年。下距湣王之殁，更廿五六年，孟子必不及见，《公孙丑》两篇，称王不称谥，乃其元本。而《梁惠王》两篇称宣王，为后人所增。《通鉴》上增威王十年，下减湣王十年，盖迁就伐燕之岁也。"可谓实事求是矣。同邑与懋竑学朱子学者，有朱泽沄、乔仪。

泽沄，字湘陶。少勤学，得程氏《读书分年日程》，寻序诵习。更学天文于泰州陈厚耀，能得其意，久之，有志于圣人之道。念朱子之学，实继周、程，绍颜、孟，以上溯孔子。有谓朱子为道问学，陆、王为尊德性者，复取《朱子文集》、《语类》读之，一字一句，无不精心研穷，反身体认，质之懋竑，懋竑屡答之。深信朱子居敬、穷理之学，为孔子以来相传之绪，穷即穷其所存之心，存即存其所穷之理，止是一事，喟然叹曰："尊德性者，莫如朱子，道问学者，亦如朱子矣。"

雍正六年，诏大臣各举所知。直隶总督刘师恕欲荐于朝，使其弟造庐请，弗应。晚年得髀疾，然犹五更起，盥沐，观书至夜分不倦。诫其子光进曰："圣贤工夫，正于困苦时验之。"疾甚，谓门人乔仪曰："死生平常事，时至则行，无所恋也。"吟邵雍诗，怡然而逝，年六十有七。所著《止泉文集》八卷，《朱子圣贤考略》十卷。

仪，字星渚。少有气节。水决子婴堤，众走避，仪倡议捍塞，十日堤成。从泽沄受学，恪遵朱子教人读书次第。取朱子书切己体察，有疑辄质泽沄,时年五十矣。泽沄称之曰:"从吾游者众矣,惟乔君刚甚。"因举或《问过》时后学、《语类》训石洪庆语告之,仅益奋。乾隆元年,举孝廉方正,辞不就。与懋竑书,论学问之道凡再三。自谓向道晚,须用已百之功,闻弟卒江陵任,即日冒雪行数千里扶榇归。有潘某贷金不能偿,以券与之。疾革,曰:"吾自顶至踵,无一处不痛。惟此心凝然不乱耳!"命沐浴正衣冠而逝,年六十五。著《日省录》、《训子要言》、《因学堂遗稿》,《汤金钊》序而行之。谓其"学术刚健笃实,发为辉光,粹然有德之言"。

李梦箕,字季豹,连城人。年十五而孤,精进学业,崇向朱子,以孝友著称。其教人辄言为善最乐,人易而忽之。梦箕曰:"为之难,汝为之否乎?"人问之曰:"其乐何如?"曰:"不愧不怍。"孰与孔、颜之乐?"曰:"熟之而已矣!"事兄如严父,抚犹子如子。每语诸子以气质之偏,使知变化。疾亟,谓所亲曰:"吾生平竭力检身,将毋有不及省者?第言之,得闻过而终,亦云幸矣。"卒,年八十一。

子图南,字开士。康熙六十一年举人。能世其学。初工诗古文,既而欢曰:"吾学自有身心性命所宜急者,可以虚名鹜乎?"于是究心濂、洛、关、闽书,以反躬切己为务。居连峰、点石诸山中者久之。尝曰:"学者为利名之念为害最大。越此庶可与共学。"与蔡世远讲明修身穷理之要,世远重之。雍正九年,吏部檄天下举人需次县令者先赴京学习政事,图南至,观政户部。以母病亟归,归先母卒,年五十七。雷铉谓:"学圣人必自狷者始,图南庶足当之。"时邑人张鹏翼、童能灵皆以学行称。

鹏翼,字蜚子。岁贡生。八岁嗜学,十余岁通诸经。塾师教以作文取科第,心疑之。熟读《四书大全》,忽悟曰:"心当在身内,身当在心内。"遂不仕。连城处万山中,无师。鹏翼年已四十,始见《近思录》及《朱子全书》。更十年,始见薛文清《读书录》。尝曰:"考亭易箦之时,乃我下帷之始。"盖俛焉日有孳孳,不知其老且耄也。所居乡曰新泉,男女往来二桥,道不拾遗。市中交易,先让外客,皆服鹏翼教也。著有《读经说略》、《理学入门》、《孝子传》、《历代将相谏臣三谱》、《二十二史案》、《芝坛日读小记》。

能灵,字龙俦。贡生。好学,守程、朱家法,不失尺寸。乾隆元年,举博学鸿词。累举优行皆以母老辞。年九十,兄弟白首同居。居丧以礼,化及乡人。能灵尝与雷竑论《易》,主《河图》以明象数之学。其《乐律古义》,谓:"《洛书》为五音之本,《河图》为《洛书》之源。《河图》圆而为气,《洛书》方而为体。五音者气也,气凝为体,体以聚气,然后声音出焉。蔡氏《律吕新书》沿《淮南子》、《汉书》之说,误以亥为黄钟之实。惟所约寸分厘丝忽之法,其数合于《史记律书》,因取其说为之推究源委以成书。"他著《中天河洛五伦说》、《朱子为学考》、《理学疑问》。

连城理学,始自宋之邱起潜、明之童东皋,而能灵、鹏翼继之。力敦伦纪,严辨朱、陆异同。张伯行抚闽时,建文溪书院,祀起潜、东皋。后增建五贤书院,中祀宋五子,而以能灵、鹏翼配焉。

胡方,字大灵,新会人。岁贡生。方敦崇实行,处道学风气之末,独守坚确。总督吴兴祚闻其名,使招之,方走匿,不能得也。事父母,色养靡不周,而心常如不及。遇有病,忧形于色,药必尝而后进。夜必衣冠侍,未尝就寝。及居丧,藉草宿柩旁,三年不入内。先人田庐,悉以与弟,授徒自给。族姻不能自存者,竭力资之。有达官斋重金乞其文为寿,不应。吏慢之,不应。家人告以绝粮,不应。乡曲子弟偶蹈不题,有愿就鞭扑,不愿闻其事于方者。里中语曰:"可被他人笞,勿使胡君知。他人笞犹可,胡君愧煞我。"其从学者,仕与未仕,白首犹凛凛奉其教。虽困甚,终不入公庭。闻声向慕,以得见为喜,曰:"教我矣!"有以荫得官,则大惭曰:"吾未能信,得无辱我夫子。"方告之曰:"为官能不爱钱,致力于官守,有何不可?"其人卒不负其言。

四十后杜门著述,所居曰盐步。元和惠士奇督学粤东,闻方名,舣舟村外,遣吴生至其家求一见,急挥手曰:"学政未蒇事,不可见!

不可见!"出吴而扃其门。士奇乃索所著书而去。试事毕,仍介吴生以请,则假一冠投刺,至,长揖曰:"今日斋沐谢知己。方年迈,无受教地,不能执弟子礼。"数语遂起。惠握其手曰:"纵不欲多语,敢问先生,乡人谁能为文者?"答曰:"并世中无人,必求之,惟明季梁朝钟耳!"士奇遂求梁文并各家文刻之,名曰《岭南文选》。既而疏荐于朝。士奇尝语吴生曰:"胡君貌似顾炎武,丰厚端伟,必享大名。"盖尝时知方者,士奇一人而已。卒,年七十四。著有《周易本义注》六卷,《四子书注》十卷,《庄子注》四卷,《鸿桷堂诗文集》六卷。集中《谒白沙祠》诸作及《白沙子论》,具见渊源所自。粤中励志笃行者,方后有冯成修、劳潼。

成修,字达夫,南海人。父远出不归,成修生有至性,语及其父,辄涕泗交颐。乾隆四年进士,选庶吉士,散馆改吏部主事。晋礼部祠祭司郎中,典试福建、四川,督学贵州,揭条约十四则以训士。成相处初计偕,即遍访其父踪迹。得官后,两次乞假寻亲,卒无所遇,不复出。授经里中,粹然师范。年八十,计其父已百有一龄。乃持服三年,终身衣布。乙卯重宴鹿鸣,逾所卒,年九十有五。

潼,字润芝,亦南海人。乾隆二十年举人。髫龄时,母常于榻上授《毛诗》,长遂习焉。卢文弨视学湖南,召之往。至冬乃归,母思念殊切。抵家时漏三下,跪母榻前,母且泣且抚之曰:"其梦也耶?"潼悲不自胜,自是绝意进取,侍养十有六年而母卒。潼哀毁骨立,杖而后起。家人或失潼所在,即于殡所觅之,则已恸哭失声矣。又痛早孤,故以"莪野"为号。尝曰:"读孔子书,得一言,曰'务民之义。'读孟子书,得一言,曰'强为善而已矣。'读朱子书,得一言,曰'切己体察。'"著有《四书择粹》十二卷,《孝经考异选注》二卷,《救荒备览》四卷,《荷经堂古文诗稿》四卷。

劳史,字麟书,余姚人。世为农。少就傅读书,长躬耕养父母,夜则披卷庄诵。读朱子《小学》、《中庸序》,慨然发愤,以道自任,举动必依于礼。继读朱子《近思录》,立起设香案,北面稽首,曰:"吾师在是矣!"常自刻责,谓:"天之命我者,若君之诏臣,父之诏子。一废职,即膺严谴,一坠家业,即穷无所归,可不慎哉!"其论学以为始于不妄语,不妄动,即极诸至诚无息。接后学,委曲进诚,虽佣工下录皆引之向道,曰:"尽尔职分,务实做去,终身不懈,即圣贤矣。勿过自薄也。"闻者莫不爽然。里中负贩者近史居,不敢贷伪物。刍儿牧童或折弃矰缴,毁机阱。有斗争,就史质,往往置酒求解。门人桑调元自钱塘来谒,论学数日。将别,送之曰:"吾寿不过三年,恐不复相见。行矣勉之!"后三年九月,谓门人汪鉴曰:"不过今月,吾将去矣!"遂遍诣亲友家,与老者言所以教,少者言所以学,令家人治木饬后事。晦前一夕,沐浴更衣,移榻正寝,炳烛宴坐如平时,旋就寝。明晨,抚之冰矣。调元为刻其遗书十卷,其书谓《易》之为道,细无不该,远无不届,故多本易理以推人物之性。

调元,字弢甫,钱塘人,为孝子天显之子。天显亲病革,合羊脂和粥以进。亲死,抱铛而哭,人为绘《抱铛图》。调元受业于史,得闻性理之学。雍正十一年,召试通知性理,钦赐进士,授工部主事,引疾归。调元主九江濂溪书院,构须友堂,祠余山先生,以著渊源有自,余山,史自号也。调元东皋别业又辟余山书屋,以友教四方之士。为人清鲠绝俗,足迹遍五岳。晚主滦源书院,益畅师说。

鉴,余姚人。父死于云南,鉴护丧归至汉川,遇大风,舟且覆,抱棺大哭,誓以身殉。忽风回得泊沙渚,众呼为孝子。为人尚气节,史戒之曰:"英气,客气也。其以问学融化之。"史之殁也,鉴实左右焉。

顾栋高,字震沧,无锡人。康熙六十年进士,授内阁中书。雍正,引见,以奏对越次罢职。乾隆十五年,特诏内外大臣荐举经明行修之士,所举四十余人。惟大学士张廷玉、尚书王安国、侍郎归宣光举江南举人陈祖范,尚书汪由敦举江南举人吴鼎,侍郎钱陈群举山西举人梁锡玙,大理寺卿邹一桂举栋高,此四人,论者谓名实允乎焉。寻皆授国子监司业。栋高以年老不任职,赐司业衔。皇太后万寿,栋高入京祝嘏,召见,拜起令内侍扶掖。栋高奏对,首及吴敝俗,请以节俭风示海内，上嘉之。陛辞，赐七言律诗二章。二十二年，南巡，召见行在，加祭酒衔，赐御"书传经耆硕"四字。二十四字，卒于家，年八十一。

所学合宋、元、明诸儒门径而一之，援新安以合金溪，为调停之说。著《大儒粹语》二十八卷，又著《春秋大事表》百三十一篇，条理详明，议论精核，多发前人所未发。《毛诗类释》二十一卷，《续编》三卷，采录旧说，发明经义，颇为谨严。其《尚书质疑》二卷，多据臆断，不足以言心得。大抵栋高穷经之功，《春秋》为最，而《书》则用力少也。

陈祖范，字亦韩，常熟人。雍正元年举人，其秋礼部中式，以病不与殿试。归，僦廛华汇之滨，键户读书。居数年，诏天下设书院以教士，大吏争延为师训课有法。或一二年辄辞去，曰："士习难醇，师道难立。且此席似宋时祠禄，仕而不遂者处焉。吾不求仕，而久与其列为汗颜耳。"荐举经学，祖范褒然居首。以年老不任职，赐司业衔。十八年，卒于家，年七十有九。所撰述有《经咫》一卷，膺荐时禄呈御览。《文集》四卷，《诗集》四卷，《掌录》二卷。祖范于学务求心得，论《易》不取先天之学，论《书》不取梅赜，论《诗》不废《小序》，论《春秋》不取《义例》，论《礼》不以古制违人情，皆通达之论。同县顾主事镇传其学。

吴鼎，字尊彝，金匮人。乾隆九年举人，授司业。洊擢翰林院侍讲学士，转侍读学士。大考降左春坊左赞善，迁翰林院侍讲，旋休致。所撰有《易例举要》二卷，《十家易象集说》九十卷。裒宋俞琰、元龙仁夫、明来知德等十家《易》说，以继李鼎祚、董楷之后。其东莞学案，则专攻陈建《学蔀通辨》作也。兄鼐，亦通经，深于《易》、《三礼》。

梁锡玙，字确轩，介休人。雍正二年举人，亦授司业，与吴鼎同食俸办事，不为定员。十七年，命直上书房，累迁詹事府少詹事。大考降左庶子，擢祭酒，坐遗失书籍镌级。应荐时，以所撰《易经揆一》呈御览。鼎、锡玙并蒙召对，面谕曰："汝等以是大学士、九卿公保经学，朕所以用汝等去教人。是汝等积学所致，不是他途幸进。"
又曰："穷经为读书根本。但穷经不徒在口耳，须要躬行实践。汝等
自己躬行实践，方能教人躬行实践。"鼎、锡玙顿首只谢。又奉谕：
"吴鼎、梁锡玙所著经学，著派翰林二十员、中书二十员，在武英殿
各誊写一部进呈。原书给还本人。所有纸札、饭食皆给于官。著梁
诗正、刘统勋董理其事。"稽古之荣，海内所未有也。

　　孟超然，字朝举，闽县人。乾隆二十五年进士，选庶吉士，改兵
部主事，累迁吏部郎中。三十年，典广西试，寻督学四川，廉正不阿，
遇士有礼。以蜀民父子兄弟异居者众，作《厚俗论》以箴其失。旋以
亲老，请急归，年甫四十二，遂不出。性至孝，侍父疾，躬执厕牏。戚
族丧娶，虽空乏必应。尝叹服徐陵"我辈犹有车可卖"之言。其学以
惩忿、窒欲、改过、迁善为主。尝曰："变化气质，当学吕成公。刻意
自责，当学吴聘君。"又曰："谈性命，则先儒之书已详，不如归诸实
践。博见闻，则将衰之年无及，不如返诸身心。"其读《商子》云："论
至德者，不和于俗。成大功者，不谋于众。圣人苟可以强国，不法其
故，苟可以利民，不循其礼，以为此王介甫之先驱也。然鞅犹明于帝
王霸之说，介甫乃以言利为尧、舜、周公之道，又鞅之不如矣。"其论
杨时云：龟山得伊、洛之正传，开道南之先声。然为人身后文，如温
州陈君、李子约、许德占、张进、孙龙图诸墓志，往往述及释氏之学，
而选之曰'定'、曰'安'、曰'静'，毋惑乎后之学者，援儒入墨，纷纷
不已也。"
　　超然性静，家居杜门却扫，久之，巡抚徐嗣曾请主鳌峰书院，倡
明正学。闽之学者，以侯官李光地、宁化雷鋐为最。超然辈行稍后，
而读书有识，不为俗学所牵，则后先一揆也。居丧时，考《士丧礼》、
荀子及宋司马光、程子、朱子说，并采近代诸儒言论，以正闽俗丧葬
之失，著《丧礼辑略》二卷。伤不葬其亲者惑形家言以速祸，取孟子
"掩之诚是"之语，作《诚是录》一卷。他著有《焚香录》、《观复录》、
《晚闻录》。

汪绂，初名烜，字灿人，婺源人。诸生。少禀母教，八岁，《四子书》、《五经》悉成诵。家贫，父淹滞江宁，侍母疾累年，十日未尝一饱。母殁，绂走诣父，劝之归。父曰："昔人言家徒四壁，吾壁亦属人。若持吾安归？"叱之去。绂乃之江西景德镇，画碗，佣其间。然称母丧，不御酒肉。后飘泊至闽中，为童子师。及授学浦城，从者日进。闻父殁，一恸几殆，即日奔丧，迎椠归。

绂自二十后，务博览，著书十余万言，三十后尽烧之。自是凡有述作，凝神直书。自六经下逮乐律、天文、地舆、阵法、术数无不究畅，而一以宋五子之学为归。著有《易经诠义》十五卷，《尚书诠义》十二卷，《诗经诠义》十五卷，《四书诠义》十五卷，《诗韵析》六卷。《春秋集传》十六卷，《礼记章句》十卷、《或问》四卷、《参读礼志疑》二卷，《乐经律吕通解》五卷，《乐经或问》三卷，《孝经章句》一卷。其《参读礼志疑》多得经意，可与陆陇其书并存。

绂之论学谓学，不可不知要。然所以得要，正须从学得多后，乃能拣择出紧要处。谓《易》理全在象、数上乘载而来。谓《书》历象、《禹贡》、《洪范》须著力去考，都是经济。谓《诗》只依字句吟咏，意谓自出。谓看《周礼》，须得周公之心，乃于宏大处见治体之大，于琐屑处见法度之详。谓《春秋》非理明义精，殆未可学。谓"格物"之"格"训"至"，如《书》言"格于上下"，"格于皇天"，皆"至到"之义。上文"致知"字为"推致"，则"格物"为"穷至物理"甚明。谓"性与天道不可得闻"，直是不可得闻，陆、王家因早闻性天，而末尝了悟，又果于自信，遗害后人也。谓周子言"一"，言"无欲"程子言"主一"，言"无适"，微有不同。周子所谓"一"者天也，所谓"欲"者人也。纯乎天，下不参以人，一者即无欲也。程子所谓"一"者事也，所谓"适"者心也。一其心于所事，而不强事以成心，无识之谓一也。当时大兴朱筠读其书，称其信乎以人任已，而颉顽古人。其后善化唐鉴亦称其功夫体勘精密，由不欺以至诚明。绂初聘于江，比归娶，江年二十八矣。江尝语诸弟子曰："吾妇汝师三十年，未尝见一怒言、一怒色

也。"乾隆二十四年,卒,年六十八。子思谦,增生,毁卒。同县余元
遴传其学。

元遴,字秀书,诸生。著有庸言、诗经蒙说、画脂集。

姚学塽,字晋堂,归安人。性静介。孩稚时,见物不取,父兄坐
庭上,久侍立,足不动。既长,读书,毅然以身学。父丧骨毁,感动乡
里。嘉庆元年进士,以中书用。时和珅为大学士,中书于大学士例
执弟子礼,学塽耻之,遂归。后四年和珅伏诛,始入都任职。十三年,
主贵州乡试。归途闻母忧,痛父母不得躬侍禄养,遂终身不以妻子
自随。服阕,至京,转兵部主事,迁职方司郎中。妻张有妇德,畜一
妾请遣侍京寓,不许,乃归妾父。妾方氏,十七,曰:"妇人从一者也,
吾事有主矣。"竟不嫁。

学塽居京师四十年,若旅人之阽者,僦僧寺中,霜华盈席,危坐
不动。居丧时有毡帽一,布羔裘一,终身服之,蓝褛不改,盖所谓终
身之丧者。初彭龄掌兵部,请学塽至堂上,躬起肃揖之,学塽亦不往
谢。大学士百龄兼管兵部,屡询司员姚某何在,欲学塽诣其宅一见
之,终不往也。学塽六十生辰,同里姚文田贻酒二罍为寿,固辞。文
田曰:"他日以此相报可乎?"乃受之。学塽之学,由猖入中行。以敬
存诚,从严毅清苦中发为光风霁月。暗然不求人知,未尝向人讲学。
病笃,握其友潘谘手曰:"君勉矣!人生独知之地,鲜无愧者。我生
平竭蹶,意知此止。君亦就衰尽,所得为俟年而已。"遂逝,年六十有
六。

谘,字少白,会稽人。少卓荦,好独游天下奇山水,足迹逾数万
里。与学塽友善,日求寡过,以无玷古人,与长民者言,言爱人。与
里老言,言耕凿树畜,与士人言,言孝弟忠信。遇名下士,则告以实
行为首务,尤竞竞于义利之辨。居惟一袱被,日两疏食。食有余,则
以给人之困者。有数人赍金为其母寿,不可返,乃各取少许。其母
知之,怒曰:"汝见僧以如来像丐市者乎?吾其为像也!"乃谢而尽散
之。著有《古文》八卷,《诗》五卷,《常语》二卷。

　　唐鉴,字镜海,善化人。父仲冕,陕西布政使,自有传。鉴,嘉庆十四年进士,改庶吉士。十六年,授检讨。二十三年,授浙江道监察御史。坐论淮盐引地一疏,吏议镌级,以六部员外郎降补。会宣宗登极,诏中外大臣各举所知,诸城刘钚之荐鉴出知广西平乐府,擢安徽宁池太广道。调江安粮道,擢山西按察使。迁贵州,擢浙江布政使,调江宁,内召为太常寺卿。海疆事起,严劾琦善、耆英等,直声震天下。鉴潜研性道,宗尚洛、闽诸贤。著《学案小识》,推陆陇其为传道之首,以示宗旨。

　　时蒙古倭仁,湘乡曾国藩,六安吴廷栋,昆明窦垿、何桂珍皆从鉴考问学业,陋室危坐,精思力践,年七十,斯须必敬。致仕南归,主讲金陵书院。文宗践阼,有诏召鉴赴阙,入对十五次,中外利弊,无所不罄。上以其力陈衰老,不复强之服官,令还江南,矜式多士。咸丰二年,还湘,卜居于宁乡之善岭山,深衣疏食,泊然自怡。晚岁著《读易小识》,编次《朱子全集》,别为义例,以发紫阳之蕴。十一年,卒,年八十有四。曾国藩为上遗疏,赐谥确慎。著有《朱子年谱考异》、《省身日课》、《畿辅水利备览》、《易反身录》、《读礼小事记》等书。

　　吴嘉宾,字子序,南丰人。道光十八年进士,改庶吉士,授编修。既通籍,尤究心当世利弊。尝条陈海疆事宜,上嘉纳焉。二十七年,缘事谪戍军台,寻释回。咸丰初,以督团兵援郡城功,赏内阁中书。同治三年,于本邑三都墟口击贼遇害,奉旨赐恤,并建专祠。

　　嘉宾学宗阳明,而治经字疏句释以求据依,非专言心学者,其要归在潜心独悟,力求自得。尤长于《礼》,《成礼说》二卷,自序云:“《小戴记》四十九篇,列于学宫。其高者盖七十子之微言,下者乃诸博士所摭拾耳。宋以来取《大学》、《中庸》与《论》、《孟》列为《四书》,世无异议。则多闻择善,固有不必尽同。余独以《礼运》、《内则》、《乐记》、《孔子闲居》、《表记》诸篇,为古之遗言,备录其文,以资讲肆。其余论说多者亦全录之，否则著吾说所以与郑君别者，以备异同焉。《易》曰'知崇礼卑'，又曰'谦以制礼'。夫礼者，自卑而尊人。古之制礼者上也，上之人能自卑，天下谁敢不为礼者，先王之礼，行于父子兄弟夫妇养生送死之间，而谨于东西出入升降辞让哭泣辟踊之节，使人明乎吾之喜怒哀乐，莫敢逾夫亲疏贵贱长幼男女之分，而其至约者，则在于安定其志气而已，故曰礼、乐不可斯须去身。乐者动于内者也，礼者动于外者也。夫礼、乐不外乎吾身之自动，而奚以求诸千载而上不可究诘之名物象数也乎？"其大旨盖如此，他著有《丧服会通说》四卷，《周易说》十四卷，《书说》四卷，《诗文集》十二卷。与嘉宾同时而专力于学者，有刘传莹。

传莹，字椒云，汉阳人。道光十九年举人，国子监学正。始学考据，杂载于书册之眉，旁求秘本钩校，朱墨并下，达旦不休。其治舆地，以尺纸图一行省所隶之地，墨围界划，仅若牛毛。晨起指诵曰："此某县也，于汉为某县。此某府某州也，于汉为某郡国。"凡三四日而熟一纸，易他行省亦如之。久之疾作，不良食饮，自以所业者繁杂无当于心，乃发愤叹曰："凡吾之所为学者何为也哉！舍孝弟取与之不讲，而旁骛琐琐，不亦真乎？"于是取濂、洛以下切己之说，以意时其离合反复之。尝语曾国藩曰："君子之学务本，专而已。吾之子敝精神于雠校，费日力于文辞。侥幸于身后不知谁何者之誉。自今以往，可一切罢弃，各敦内行。没齿无闻，誓不复悔。"卒，年三十一。病中为日记一编，痛自绳检，遗令处分无憾。国藩尝称其湛深而敦厚，非其视不视，非其听不听，内志外体一准于法，而所以扩充官骸之用，又将推极知识博综百氏，以求竟乎其量。"世以为知言。朱子所编《孟子要略》。自来志艺文者皆不著于录。传莹始于金仁山《孟子集注考证》内搜出之，复还其旧。

刘熙载，字融斋，兴化人。十岁丧父，哭踊如礼。道光二十四年进士，改庶吉士，授编修。咸丰二年，命直上书房。与大学士倭仁以操尚相友重，论学则有异同。倭仁宗程、朱，熙载则兼取陆、王，以慎独主敬为宗，而不喜《学蔀通辨》以下掊击已甚之谈，文宗尝问所养，对以闭户读书，御书"性静清逸"四大字赐之。以病乞假，巡抚胡林翼特疏荐。同治三年，征为国子监司业，迁詹事府左春坊左中允。督学广东，作《惩忿》、《窒欲》、《迁善》、《改过》四箴训士，谓士学圣贤，当先从事于此，所至萧然如寒素，未满任乞归，袱被箧书而已。

熙载治经，无汉、宋门户之见。其论格物，兼取郑义。论《毛诗》古韵，不废吴玩叶音。读《尔雅释诂》至"卬、吾、台、予"以为四字能摄一切之音。以推开齐合撮，无不如矢贯的。又论六书中较难知者莫如谐声，叠韵双声，皆谐声也。许叔重时虽未有叠韵双声之名，然河、可叠韵也。江、工双声也。孙炎以下切音，下一字为韵，取叠韵，上一字为母，取双声，盖开自许氏。又作《天元正负歌》，以明加减乘除相消开方诸法。生平于六经子史及仙释家言靡不通晓，而一以躬行为重。尝戒学者曰："真博必约真约，必博。"又曰："才出于学，器出于养。"又曰："学必尽人道而已。士人所处无论穷达，当以正人心、维世道为已任，不可自待菲薄。"平居尝以"志士不忘在沟壑"、"遁世不见知而不悔"，二语自励。自少至老，未尝作一妄语。表里浑然，夷险一节。主讲上海龙门书院十四年，以正学教弟子，有胡安定风。著《持志塾言》二卷，笃近切实，足为学者法程，光绪七年，卒，年六十九。又有《艺概》六卷，《四音定切》四卷，《说文双声》二卷，《说文叠韵》二卷，《昨非集》四卷。

朱次琦，字九江，南海人。道光二十七年进士，分发山西，摄襄陵县事，引疾归。

次琦生平论学，平实敦大。尝论："汉之学，郑康成集之。宋之学，朱子集之。朱子又即汉学而精之者也。宋末以来，杀身成仁之士，远轶前古，皆朱子力也。然而攻之者互起，有明姚江之学，以致良知为宗，则攻朱子以格物。乾隆中叶至于今日，天下之学，以考据为宗，则攻朱子以空疏。一朱子也，攻之者及矛盾。乌乎！古之言异学也，畔之于道外，而孔子之道隐。今之言汉学、宋学者咻之于道中,而孔子之道歧。果其修行读书蕲之于古之实学,无汉学,无宋学也。"凡示生徒修行之实四:曰敦行孝弟,曰崇尚气节,曰变化气质,曰检摄威仪。读书之实五:曰经学,曰史学,曰掌故之学,曰性理之学,曰词章之学。一时咸推为人伦师表云。

官襄陵时,县有平水,与临汾县分溉田亩,居民争利构狱,数年不决。次琦至,博询讼端,则豪强垄断居奇,有有水无地者,有有地无水者。有地无水者,向无买水券,予之地,弗予之水。有水无地者,向有买水券,虽无地得以市利。于是定以地随粮,以水随地之制。又会临汾县知县躬亲履亩,两邑田相若,税相直也。乃定平水为四十分,县各取其半。复于境内设四纲维持之:曰水则,曰用人,曰行水,曰陡门。实行水田三万四百亩有奇,邑人立碑颂之。系囚赵三不棱,剧盗也,越狱逃。次琦未抵任,先出重资购知其所适。亟假郡捕,前半夕疾驰百二十里,至曲沃郭南以俟。盗众方饮酒家,役前持之,忽楼上下百炬齐明,则赫然襄陵县镫也,乃伏地就缚。比县人迎新尹,尹已尺组击原贼入矣,远近以为神。每行县,所至循侚侚,老稚迎笑,有遮诉者,索木椅在道与决,能引服则已,恒终日不答一人。其他颁《读书日程》,创保甲,追社仓二万石,禁火葬,罪同姓婚,除狼患,卓卓多异政。在任百九十日,民俗大化。

先是南方盗起,北至扬州。次琦犹在襄陵,谓宜绸缪全晋,联络关、陇,为三难、五易、十可守、八河征之策,大吏不能用。居家时称说浦江郑氏、江州陈氏诸义门,及朝廷捐产准旌之例。由是宗人捐产赡族,合金数万。次琦呈请立案,为变通《范氏义庄章程》,设完课、祀先、养老、劝学、矜恤孤寡诸条,刊石世守之。

同治元年,与同邑徐台英奉旨起用,次琦竟不出。光绪七年,赏五品卿衔,逾数月卒。著有《国朝名臣言行录》、《五史实征录》、《晋乘》、《国朝逸民传》、《性学源流》、《蒙古闻见》等书。疾革,尽焚之,仅存手辑《朱氏传芳集》五卷,撰定《南海九江朱氏家谱》十二卷,《大雅堂诗集》一卷,《燔余集》一卷,《橐中集》一卷。

　　成孺，原名蓉镜，字芙卿，宝应人。附生。性至孝，父殁，三日哭，气绝而复属者再。授经养母，岁歉，粗粝或弗继，母所御必精凿。事母垂六十年，起居饮食之节，有礼经所未尝言，而以积诚通之者。早邃经学，旁及象纬、舆地、声韵、字诂，靡不贯彻。于金石审定尤精确，久之，寝馈儒先诸书，益有所得。取紫阳《日用自警诗》，以"味真腴"颜其居，自号曰心巢。

　　孺于汉、宋两家，实事求是，不为门户之见。尝曰："为己，则治宋学真儒也，治汉学亦真儒。为人，则治汉学伪儒也，治宋学亦伪儒。"又曰："义理，《论语》所谓识大是也。考证，识小是也：莫不有圣人之道焉，事父事君，识大也。多识鸟兽草木之名，识小也。皆《诗》教所不废，然不可无本末轻重之差。"湖南学政朱迫然延主校经堂，孺立学程，设"博文"、"约礼"两斋，湘中士大夫争自兴于学。著有《禹贡班义述》三卷，据《地志》解《禹贡》，于今、古文之同异及郑注与班偶殊者，一一辨证。即有不合，亦不曲护其非。《尚书历谱》二卷，以殷历校殷、周历校周，从违以经为断。又考《太初历》即《三统》，为《太初历谱》一卷，《春秋日南至谱》一卷，又有《切韵表》五卷，二百有六表，分二呼而经以四等，纬以三十六母，审辨音声，不容出入。晚年著述，一以朱子为宗。所编《我师录》、《困勉记》、《必自录》、《庸德录》、《东山政教录》，又有《国朝学案备忘录》一卷，《国朝师儒论略》一卷，《经义骈枝》四卷，《五经算术》二卷，《步算释例》六卷，《文录》九卷。

　　邵懿辰，字位西，仁和人。性峭直，能文章，以名节自厉，于近儒尤慕方苞、李光地之学。道光十一年举人，授内阁中书。久官京师，因究悉朝章国故，与曾国藩、梅曾亮、朱琦数辈游处，文益茂美。折节造请高才秀士，有不可，面折之。不为朋党，志量恒在天下。洊升刑部员外郎，入直军机处。大学士琦善以妄杀熟番下狱，发十九事难之。

　　粤乱作，赛尚阿出视师，复上书次辅祁寯藻，力言不可者七端。

时承平久，京朝官率雍容养望，懿辰独无媕阿之习，一切持古义相绳责。由是诸贵人惮之，思屏于外。会粤贼陷江宁，京师震动，乃命视山东河工，未行，复命偕少詹事王履谦巡防河口。咸丰四年，坐无效镌职。既罢归，则大潭思经籍，著《尚书通义》、《礼经通论》、《孝经通论》，颇采汉学考据家言，而要以大义为归。

十年，贼陷杭州，以奉母先去获免。母卒，既葬，返杭州。贼再至，则麾妻子出，独留与巡抚王有龄登陴固守。十一年，城陷，死之。时国藩督师江南，闻而叹曰："嗟乎！贤者之处患难，亲在，则出避。亲殁，则死之：义之至衷者也。"乃迎致其妻子安庆。先是懿辰以协防杭州复原官，死事闻，赠道衔，祀本省昭忠祠。其所著书，遭乱亡佚，长孙章辑录之，为《半岩庐所著书》，共三十余卷。懿辰之友，同里伊乐尧、秀水高均儒，皆知名。

均儒，字伯平。廪贡生，性狷介，严取与之节。治《三礼》主郑氏。尤服膺宋儒，见文士荡行检者则绝之如仇，人苦其难近。著《续东轩集》。

乐尧，字遇羹。咸丰元年举人。学术宗尚与懿辰同。值寇乱，犹商证经义危城中。城破，同殉节死。

清史稿卷四八一
列传第二六八

儒林二

顾炎武　张尔岐　马骕　万斯大

兄斯选　子经　侄言　胡渭　子彦升　叶佩荪

毛奇龄　陆邦烈　阎若璩　李铠　吴玉搢

惠周惕　子士奇　孙栋　余萧客　陈厚耀

臧琳　元孙庸　礼堂　任启运　全祖望

蔡学镛　董秉纯　沈彤　蔡德晋　盛世佐

江永　程瑶田　褚寅亮　卢文弨

顾广圻　钱大昕　族子塘　坫　王鸣盛

金曰追　吴凌云　戴震　金榜　段玉裁

钮树玉　徐承庆　孙志祖　翟灏　梁玉绳　履绳

汪家禧　刘台拱　朱彬　孔广森

邵晋涵　周永年　王念孙　子引之　李惇

贾田祖　宋绵初　汪中　江德量　徐复

汪光燨　武亿　庄述祖　庄绶甲　庄有可

戚学标　江有诰　陈熙晋　李诚　丁杰　周春

孙星衍 毕亨 李贻德　王聘珍
凌廷堪 洪榜 汪龙　桂馥 许瀚
江声 孙沅　钱大昭 子东垣
绎侗 朱骏声

顾炎武,字宁人,原名绛,昆山人。明诸生。生而双瞳,中白边黑。读书目十行下。见明季多故,讲求经世之学。明南都亡,奉嗣母王氏避兵常熟。昆山令杨永言起义师,炎武及归庄从之。鲁王授为兵部司务,事不克,幸而得脱,母遂不食卒,诫炎武弗事二姓。唐王以兵部职方郎召,母丧未赴,遂去家不返。炎武自负用世之略,不得一遂,所至辄小试之。垦田于山东长白山下,畜牧于山西雁门之北、五台之东,累致千金。偏历关塞,四谒孝陵,六谒思陵,始卜居陕之华阴。谓:“秦人慕经学,重处士,持清议,实他邦所少。而华阴绾毂关河之口,虽足不出户,亦能见天下之人,闻天下之事。一旦有警,入山守险,不过十里之遥。若有志四方,则一出关门,亦有建瓴之便。”乃定居焉。

生平精力绝人,自少至老,无一刻离书。所至之地,以二嬴二马载书,过边塞亭障,呼老兵卒询曲折,有与平日所闻不合,即发书对勘,或平原大野,则于鞍上默诵诸经注疏。尝与友人论学云:“百余年来之为学者,往往言心言性,而茫然不得其解也。命与仁,夫子所罕言;性与天道,子贡所未得闻。性命之理,著之《易传》,示尝数以语人。其答问士,则曰‘行己有耻’,其为学,则曰‘好古敏求’。其告哀公明善之功,先之以博学。颜子几于圣人,犹曰‘博我以文’。自曾子而下,笃实无如子夏,言仁,则曰‘博学而笃志,切问而近思’。今之君子则不然,聚宾客门人数十百人,与之言心言性;舍多学而识以求一贯之方，置四海之困穷不言，而讲危微精一；是必其道高于夫子，而其弟子之贤于子贡也。《孟子》一书，言心言性亦谆谆矣，乃至万章、公孙丑、陈代、陈臻、周霄、彭更之所问，与孟子之所答，常在乎出处去就辞受取与之间。是故性也、命也、天也，夫子之所罕言，而今之君子之所恒言也。出处去就辞受取与之辨，孔子、孟子之所恒言，而今之君子之所罕言也。愚所谓圣人之道者如之何？曰'博学于文，行己有耻'。自一身以至于天下国家，皆学之事也。自子臣弟友以至出入往来辞受取与之间，皆有耻之事也。士而不先言耻，则为无本之人，非好古多闻，则为空虚之学。以无本之人，而讲空虚之学，吾见其日从事于圣人，而去之弥远也。"

炎武之学，大抵主于敛华就实。凡国家典制、郡邑掌故、天文仪象、河漕兵农之属，莫不穷原究委，改正得失，撰《天下郡国利病书》百二十卷，别有《肇域志》一编，则考索之余，合图经而成者。精韵学，撰音论三卷。言古韵者，自明陈第，虽创辟榛芜，犹未邃密。炎武乃推寻经传，探讨本原。又《诗本音》十卷，其书主陈第诗无协韵之说，不与吴棫本音争，亦不用棫之例。但即本经之韵互考，且证以他书，明古音原作是读，非由迁就，故曰本音。又《易音》三卷，即《周易》以求古音，考证精确。又《唐韵正》二十卷，《古音表》二卷，《韵补正》一卷，皆能追复三代以来之音，分部正帙而知其变。又撰《金石文字记》、《求古录》，与经史相证。而《日知录》三十卷，尤为精诣之书，盖积三十余年而后成。其论治综核名实，于礼教尤兢兢。谓风俗衰，廉耻之防溃，由无礼以权之，常欲以古制率天下。炎武又以杜预《左传集解》时有阙失，作《杜解补正》三卷。其他著作，有《二十一史年表》、《历代帝王宅京记》、《亭林文集》、《诗集》、《营平二州地名记》、《昌平山水记》、《山东考古录》、《京东考古录》、《谲觚》、《菰中随笔》等书，并有补于学术世道。清初称学有根柢者，以炎武为最，学者称为亭林先生。

又广交贤豪长者，虚怀商榷，不自满假。作《广师篇》云："学究天人，确乎不拔，吾不如王寅旭；读书为己，探赜洞微，吾不如杨雪臣；独精《三礼》，卓然经师，吾不如张稷若；萧然物外，自得天机，吾不如傅青主；坚力苦学，无师而成，吾不如李中孚，险阻备尝，与时屈伸，吾不如路安卿；博闻强记，群书之府，吾不如吴志伊；文章尔雅，宅心和厚，吾不如朱锡鬯；好学不倦，笃于朋友，吾不如王山史；精心六书，信而好古，吾不如张力臣。至于达而在位，其可称述者，亦多有之。然非布衣之所得议也。

康熙十七年，诏举博学鸿儒科，又修《明史》，大臣争荐之，以死自誓。二十一年，卒，年七十。无子，吴江潘耒叙其遗书行世。宣统元年，从祀文庙。

张尔岐，字稷若，济阳人，明诸生。父行素，官石首县丞，罹兵难，尔岐欲身殉，以母老止。顺治七年，贡成均，亦不出。逊志好学，笃守程、朱之说，著《天道论》、《中庸论》，为时所称。又著《学辨》五篇：曰《辨志》，曰《辨术》，曰《辨业》，曰《辨成》，曰《辨征》。又著《立命说辨》，斥袁氏《功过格》、《立命说》之非。年三十，覃思《仪礼》，以郑康成注文古质，贾公彦释义曼衍，学者不能寻其端绪，乃取经与注章分之，定其句读，疏其节，录其要，取其明注而止，有疑义则以意断之，亦附于末。成《仪礼郑注句读》十七卷，附以《监本正误》、《石经正误》二卷。顾炎武游山东，读而善之，曰："炎武年过五十，乃知'不学礼无以立'。若《仪礼郑注句读》一书，根本先儒，立言简当，以其人不求闻达，故无当世名，然书实可传，使朱子见之，必不仅谢监狱之称许矣。"尔岐又著《周易说略》八卷，《诗说略》五卷，《蒿庵集》三卷，《蒿庵闲话》二卷。所居败屋不修，艺蔬果养母，集其弟四人，讲说三代古文于母前，愉愉如也。妻朱婉娩执妇道，劝尔岐勿出，取《蓼莪》诗意，题其室曰"蒿庵"，遂教授乡里终其身。康熙十六年，卒，年六十六。

乾隆中，按察使吴江陆燿建蒿庵书院以祀之，而颜其堂曰"辨志"。山东善治经者，尔岐同时有马骕。

骕，字宛斯，邹平人。顺治十六年进士，除淮安府推官。寻推官议裁,补灵壁县知县。蠲荒除弊,流亡复业。康熙十二年,卒于官,年五十四。士民奉祀名宦祠。骃于《左氏》融会贯通,著《左传事纬》十二卷,《附录》八卷,所论有条理,图表亦考证精详。骃又撰《绎史》一百六十卷,纂录开辟至秦末之事,博引古籍,疏通辨证,非《路史》、《皇王大纪》所可及也。时人称为马三代。四十四年,圣祖命大学士张玉书物色骃所著书,令人至邹平购板入内府。

万斯大,字充宗,鄞县人。父泰,明崇祯丙子举人,与陆符齐名。宁波文学风气,泰实开之,以经、史分授诸子,使从黄宗羲游,各名一家。

斯大治经,以为非通诸经不能通一经,非悟传注之失,则不能通经;非以经释经,则亦无由悟传注之失。其为学尤精《春秋》、《三礼》。于《春秋》、则有专传论世、属辞比事、原情定罪诸义例;于《三礼》,则有《论社》、《论禘》、《论祖宗》、《论明堂泰坛》、《论丧服》诸义;其辨正商、周,改月改时,周《诗》周正及兄弟同昭穆,皆极确实。《宗法》十余篇,亦颇见推衍。答应㧑谦书,辨治朝无堂,尤为精核。根柢《三礼》,以释《三传》,较宋、元以后空谈书法者殊。然其说经以新见长,亦以凿见短,置其非存其是,未始非一家之学。

斯大性刚毅,慕义若渴。明臣张煌言死后弃骨荒郊,斯大葬之南屏。父执陆符死无后,斯大为葬其两世六棺。所著有《学春秋随笔》十卷,《学礼质疑》二卷,《仪礼商》三卷,《礼记偶笺》三卷,《周官辨非》二卷。康熙二十二年,卒,年六十。

兄斯选,字公择。学于黄宗羲。尝谓学者须验之躬行,方为实学。于是切实体认,知意为心之存主,非心之所发。理即在气中,非理先气后,涵养纯粹,年六十,卒。宗羲哭之恸,曰:"甬上从游,能续蕺山之传者,惟斯选一人,而今已矣!"

斯大子经,字授一。黄宗羲移证人书院于鄞,申明刘宗周之学。经侍席末,与闻其教。及长,传父、叔及兄言之学,又学于应㧑谦、阎若璩。康熙四十二年,成进士,选庶吉士,散馆授编修。五十年,充山西乡试副考官。五十三年，提督贵州学政。及还，以派修通州城工罄其家。素工分隶，经乃卖所作字，得钱给朝夕。晚增补斯大《礼记集解》数万言，《春秋》定、哀二公未毕，又续纂数万言。又重修斯同《列代纪年》，又续纂兄言《尚书说》、《明史举要》，皆先代未成之书。乾隆初，举博学鸿词科，不就。年八十二，家遭大火，遗书悉焚。经终日涕洟，自以为负罪先人，逾年卒。著有《分隶偶存》二卷。

言，字贞一，斯选兄斯年子。副榜贡生。少随诸父讲社中，号精博。著有《尚书说》、《明史举要》。尝与修《明史》，独成崇祯长编，故国辅相子弟多以贿求减先人罪，言悉拒之。尤工古文，同县李邺嗣尝曰：“事古而信，笃志不分，吾不如充宗；粹然有得，造次儒者，吾不如公择；学通古今，无所不辨，吾不如季野；文章名世，居然大家，吾不如贞一。吾邑有万氏，诚天下之望。”有《管村文集》。晚出为五河知县，忤大吏，论死，子承勋，狂走数千里，裒金五千，赎之归，时称孝子。

承勋，字开远。诸生。以荐用为磁州知州。工诗，有《冰雪集》。

胡渭，初名渭生，字胐明，德清人。渭年十二而孤，母沈携之避乱山谷间。十五为县学生，入太学，笃志经义，尤精舆地之学。尝馆大学士冯溥邸。尚书徐乾学奉诏修《一统志》，开局洞庭山，延常熟黄仪、顾祖禹，太原阎若璩及渭分纂。渭著《禹贡锥指》二十卷，图四十七篇。谓汉、唐二孔氏，宋蔡氏，于地理多疏舛。如三江当主郑康成说，《禹贡》“达于河”，“河”当从《说文》作“菏”，“荥波既猪”，当从郑康成作“播”；梁州黑水与导川之黑水，不可溷为一。乃博稽载籍，考其同异而折衷之。山川形势，郡国分合，道里远近夷险，一一讨论详明。又汉、唐以来，河道迁徙，为民生国计所系，故于《导河》一章，备考决溢改流之遗迹。留心经济，异于迂儒不通时务。间有千虑一失，则不悄阙疑之过。

又撰《易图明辨》十卷，专为辨定《图》、《书》而作。初，陈抟推阐《易》理衍为诸图，其图本准《易》而生，故以卦爻反复研求无不符合。传者务神其说，遂归其图于伏羲，谓《易》反由图而作。又因《系辞》"河图、洛书"之文，取大衍算数作五十五点之图，以当《河图》，取《乾凿度》太乙行九宫法，造四十五点之图，以当《洛书》，其阴阳奇偶，亦一一与《易》相应。传者益神其说，又真以为龙马神龟之所负，谓伏羲由此而有先天之图。实则唐以前书绝无一字符验，而突出于北宋之初，由邵子以及朱子，亦但取其数之巧合，而示究暇其太古以来从谁授受，故《易学启蒙》、《易本义》前九图皆沿其说。同时袁枢、薛季宣皆有异论，然《宋史儒林传》：《易学启蒙》朱子本属蔡元定创藁，非朱子自撰。《晦庵大全集》载《答刘君房书》曰："《启蒙》本欲学者且就《大传》所言卦画蓍数推寻，不须过为浮说。而自今观之，如《河图》、《洛书》，亦不免尚有剩语。"至于《本义》卷首九图，为门人所依附，朱子当日未尝坚立其说。元陈应润作《爻变义蕴》，始指诸图为道家假。借吴澄、归有光诸人亦相继排击，毛奇龄、黄宗羲争之尤力。然皆各据所见抵其罅隙，尚未能穷溯本末，一一抉所自来。渭则于《河图》、《洛书》，五行、九宫，参同、先天，太极，《龙图》，《易数钩隐图》，《启蒙图》、《书》，先天、后天、卦变、象数流弊，皆引据旧文，互相参证，以箝依托之口。使学者知图、书之说，乃修练、术数二家旁分易学之支流，非作《易》之根柢，视《禹贡锥指》尤为有功经学。

又撰《洪范正论》五卷，谓汉人专取灾祥，推衍五行，穿凿附会，事同谶纬，乱彝伦攸叙之经，其害一。《洛书》本文具在《洪范》，非龟文，宋儒创为黑白之点，方员之体，九十之位，变书为图，以至九数十数，刘牧、蔡季通纷纭更定，其害二。《洪范》元无错简，王柏、胡一中等任意改窜，其害三。渭又撰《大学翼真》七卷，大旨以朱子为主，仅谓《格致》一章不必补传，力辟王学改本之误。所见切实，视泛为性命理气之谈者，胜之远矣。

渭经术湛深，学有根柢，故所论一轨于正。汉儒傅会之谈，宋儒变乱之论，扫而除焉。康熙四十三年，圣祖南巡，渭以《禹贡锥指》献行在，圣祖嘉奖，御书"耆年笃学"四大字赐之，儒者咸以为荣。五十三年,卒,年八十有二。

渭子彦升,字国贤。雍正八年进士,刑部主事,改山东定陶县知县。著《春秋说》、《四书近是》、《业书要录》。又于乐律尤有心得,著《乐律表微》八卷。

渭同郡叶佩荪,字丹颖,归安人。亦治古《易》,不言图、书,著《易守》四十卷。于《易》中三圣人所未言者不加一字,故曰"守"。

毛奇龄,字大可,又名甡,萧山人。四岁,母口授《大学》即成诵。总角,陈子龙为推官,奇爱之,遂补诸生。明亡,哭于学宫三日。山贼起,窜身城南山,筑土室,读书其中。

顺治三年,明保定伯毛有伦以宁波兵至西陵,奇龄入其军中。是时马士英、方国安与有伦犄角,奇龄曰:"方、马国贼也,明公为东南建义旗,何可与二贼共事?"国安闻之大恨,欲杀之,奇龄遂脱去。后怨家屡陷之,乃变姓名为王士方,亡命浪游。及事解,以原名入国学。康熙十八年,荐举博学鸿儒科,试列二等,授翰林院检讨,充《明史》纂修官。二十四年,充会试同考官,寻假归,得痹疾,遂不复出。

初著《毛诗续传》三十八卷,既以避仇流寓江、淮间,失其藁。乃就所记忆著《国风省篇》、《诗札》、《毛诗写官记》。复在江西参议道施闰章所与湖广杨洪才说《诗》,作《白鹭洲主客说诗》一卷。明嘉靖中,鄞人丰坊伪造《子贡诗传》《申培诗说》行世,奇龄作《诗传诗说驳议》五卷,引证诸书,多所纠正。洎通籍,进所著《古今通韵》十二卷,圣祖善之,诏付史馆。

归田后,僦居杭州,著《仲氏易》,一日著一卦,凡六十四日而书成,托于其兄锡龄之绪言,故曰"仲氏"。又著《推易始末》四卷,《春秋占筮书》三卷,《易小帖》五卷,《易韵》四卷,《河图洛书原舛编》一卷,《太极图说遗议》一卷。其言易发明荀、虞、干、侯诸家,旁及卦变、卦综之法。奇龄分校会围时,阅《春秋》房卷,心非胡伦之偏,有意撰述,至是乃就经文起义,著《春秋毛氏传》三十六卷,《春秋简书刊误》二卷,《春秋属辞比事记》四卷,条例明晰,考据精核。又欲全著礼经，以衰病不能，乃次第著昏、丧、祭礼、宗法、庙制及郊、社、禘、祫、明堂、学校诸问答，多发先儒所未及。至于《论语》、《大学》、《中庸》、《孟子》，各有考证，而《大学证文》及《孝经问》，授据古今，辨后儒改经之非，持论甚正。

奇龄淹贯群书，所自负者在经学，然好为驳辨，他人所已言者，必力反其词。古文《尚书》自宋吴棫后多疑其伪，及阎若璩作《疏证》，奇龄力辨伪真，遂作《古文尚书冤词》。又删旧所作《尚书广听录》为五卷，以求胜于若璩，而《周礼》、《仪礼》，奇龄又以为战国之书。所作《经问》，指名攻驳者，惟顾炎武、阎若璩、胡渭三人。以三人博学重望，足以攻击，而余子以下不足齿录，其傲睨如此。

素晓音律，家有明代宗藩所传唐乐笛色谱，直史馆，据以作《竟山乐录》四卷。及在籍，闻胜祖论乐谕群臣以径一围三隔八相生之法，因推阐考证，撰《圣谕乐本解说》二卷，《皇言定声录》八卷。三十八年，圣祖南巡，奇龄迎驾于嘉兴，以《乐本解说》二卷进，温谕奖劳。圣祖三巡至浙，奇龄复谒行在，赐御书一幅。五十二年，卒于家，年九十一。门人蒋枢编辑遗集，分经集、文集二部，经集自《仲氏易》以下凡五十种，文集合诗、赋、序、记及他杂著凡二百三十四卷。《四库全书》书奇龄所著书目多至四十余部。奇龄辨正《图》、《书》，排击异学，尤有功于经义。弟子李塨、陆邦烈、盛唐、王锡、章大来、邵廷采等，著录者甚众。李塨、廷宋自有传。

邦烈，字又超，平湖人。尝取奇龄经说所载哀为《圣门释非录》五卷，谓圣问口语未可尽非云。

阎若璩，字百诗，太原人。世业盐筴，侨寓淮安。父修龄，以诗名家。若璩幼多病，读书暗记不出声，年十五以商籍补山阳县学生员。研究经史，深造自得。尝集陶宏景、皇甫谧语题其柱云："一物不知，以为深耻。遭人而问，少有暇日。"其立志如此。海内名流过淮，必主其家。年二十，读《尚书》至古文二十五篇，即疑其讹。沈潜三十余年，乃尽得其症结所在，作《古文尚书疏证》八卷。引经据古，一一陈其矛盾之故，古文之伪大明。所列一百二十八条，毛奇龄《尚书古文冤词》百计相轧，终不能以强辞夺正理，则有据之言先立于不可败也。

康熙元年，游京师，旋改归太原故籍，补廪膳生。十八年，应博学鸿儒科试，报罢。昆山顾炎武以所撰《日知录》相质，即为改定数条，炎武虚心从之。编修汪琬著《五服考异》，若璩纠其谬，尚书徐乾学叹服。及乾学奉敕修《一统志》，开局洞庭山，若璩与其事。若璩于地理尤精审，山川形势，州郡沿革，了如指掌，撰《四书释地》五卷，及于人名物类训诂典制，事必求其根柢，言必求其依据，旁参互证，多所贯通。又据《孟子》七篇，参以《史记》诸书，作《孟子生卒年月考》一卷。又著《潜邱札记》六卷，《毛朱诗说》一卷，手校《困学纪闻》二十卷，因浚仪之旧而驳正笺说推广之。又有《日知录补正》，《丧服异注》，宋刘攽、李焘、马端临、王应麟四家逸事，《博湖掌录》诸书。

世宗在潜邸闻其名，延入邸中，索观所著书，每进一篇必称善。疾革，请移就城外，以大休为舆，上施青纱帐，二十人昇之出，安稳如床箦。康熙四十三年，卒，年六十九。世宗遣使经纪其丧，亲制诗四章，复为文祭之。有云："读书等身，一字无假，孔思周情，旨深言大。"佥谓非若璩不能当也。

子咏，康熙四十八年进士，官中书舍人，亦能文。同时山阳学者，有李铠、吴玉搢。

铠，字公凯，顺治十八年进士，补奉天盖平县知县。康熙十八年，荐应博学鸿儒科试，授翰林院编修，与修《明史》，沉官内阁学士。所著有《读书杂述》、《史断》，王士禛称为有本之学。

玉搢，字藉五。官凤阳府训导。著《山阳志遗》、《金石存》、《说文引经考》、《六书述部叙考》，又著《别雅》五卷，辨六书之假借，深为有功，非俗儒剽窃所能仿佛也。

惠周惕，字元龙，原名恕，吴县人。父有声，以《九经》教授乡里，与徐枋善。周惕少从枋游，又曾受业于汪琬。康熙十八年，举博学鸿儒科，丁忧，不与试。三十年，成进士，选翰林院庶吉士。散馆，改密云县知县，有善政，卒于官。

周惕邃于经学，为文章有榘度，著有《易传》、《春秋三礼》问及《砚谿诗文集》。其《诗说》二卷，谓大、小雅以音别，不以政别。谓正雅、变雅美刺错陈，不必分《六月》以上为正《六月》以下为变《文王》以下为正、《民劳》以下为变。谓《二南》二十六篇，皆房中之乐，不必泥其所指何人。谓天子诸侯均得有颂，《鲁颂》非僭。其言并有依据。清二百余年谈汉儒之学者，必以东吴惠氏为首。惠氏三世传经，周惕其创始者也。

子士奇，字天牧。康熙五十年进士，选翰林院庶吉士，授编修。两充会试同考官。圣祖尝问廷臣，谁工作赋，内阁学士蒋廷锡以王顼龄、汤右曾及士奇三人对。五十七年，孝惠章皇后升祔礼成，特命祭告炎帝陵、舜陵。故事，祭告使臣，学士以上乃得开列，士奇以编修，与异数也。五十九年，充湖广乡试正考官，寻提督广东学政，以经学倡多士，三年之后，通经者多。又谓："校官古博士也，校官无博士之才，弟子何所效法？"访得海阳进士翁廷资，即具疏题补韶州府教授，部议格不行。圣祖曰："惠士奇所举，谅非徇私，著如所请，后不为例。"雍正初，复命留任。召还，入对不称旨，罚修镇江城，以产尽停工削籍。乾隆元年，复起为侍读，免欠修城银，令纂修《三礼》。越四年，告归，卒于家。士奇盛年兼治经史，晚尤邃于经学，撰《易说》六卷，《礼说》十四卷，《春秋说》十五卷。于《易》，杂释卦爻，以象为主，力矫王弼以来空疏说经之弊。于《礼》，疏通古音、古字，俱使无疑似，复援引诸子百家之文，或以证明周制，或以参考郑氏所引之汉制，以递观周制，而各阐其制作之深意。于《春秋》，事实据《左氏》，论断多采《公》、《谷》，大致出于宋张大亨《春秋五礼例宗》、沈棐《春秋比事》，而典核过之。《大学说》一卷晚出，"亲民"不读"新民"。论格物不外本末终始先后，即絜矩之外上下前后左右，亦能根极理要。又著交食举隅《三卷》，琴笛理数考《四卷》。子七人，栋最知名。

栋,字定宇。元和学生员。自幼笃志向学,家多藏书,日夜讲诵。于经、史、诸子、稗官野乘及七经谶纬之学,靡不津逮。小学本《尔雅》,六书本《说文》,余及《急就章》,《经典释文》,汉、魏碑碣,自《玉篇》、《广韵》而下勿论也。乾隆十五年,诏举经明行修之士,陕甘总督尹继善、两江总督黄廷桂交章论荐。会大学士、九卿索所著书,未及呈进,罢归。栋于诸经熟洽贯串,谓诂训古字古音,非经师不能辨,作《九经古义》二十二卷。尤邃于《易》,其撰《易汉学》八卷,掇拾孟喜、虞翻、荀爽绪论,以见大凡。其末篇附以己意,发明汉《易》之理。以辨正《河图》、《洛书》、先天、太极之学。《易例》二卷,乃熔铸旧说以发明《易》之本例,实为栋论易诸家发凡。其撰《周易述》二十三卷,以荀爽、虞翻为主,而参以郑康成、宋咸、干宝之说,约其旨为注,演其说为疏。书垂成而疾革,遂阙《革》至《未济》十五卦及《序卦》、《杂卦》两传,虽为未善之书,然汉学之绝者千有五百余年,至是而粲然复明。撰《明堂大道录》八卷,《禘说》二卷。谓禘行于明堂,明堂法本于《易》。《古文尚书考》二卷,辨郑康成所传之二十四篇为孔壁真古文,东晋晚出之二十五篇为伪。又撰《后汉书补注》二十四卷,《王士祯精华录训纂》二十四卷,《九曜斋笔记》、《松崖文钞》诸书。嘉定钱大昕尝论:"宋、元以来说经之书盈屋充栋,高者蔑古训以夸心得,下者袭人言以为己有。独惠氏世守古学,而栋所得尤精。拟诸前儒,当在何休、服虔之间,马融、赵岐辈不及也。"卒,年六十二。其弟子知名者,余萧客、江声最为纯实。

萧客,字古农,长洲人。撰《古经解钩沈》三十卷,凡唐以前旧说,自诸家经解所引,旁及史传类书片语单词,悉著于录。清代经学昌明,著述之家,争及于古,萧客是书其一也。萧客又撰《文选纪闻》三十卷,《文选音义》八卷。声自有传。

陈厚耀,字泗源,泰州人。康熙四十五年进士,官苏州府教授。大学士李光地荐其通天文,算法,引见,改内阁中书。上命试以算江,绘三角形,令求中线及弧背尺寸,厚耀具答以进,皆如式。授翰林院编修,入直内廷。厚耀学问渊博,直内廷后,兼通几何算法,于是其学益进。迁国子监司业,转左春坊左谕德,以老乞致仕,卒于家。

厚耀以天算之法治《春秋》,尝补杜预《长历》为《春秋长历》十卷,其凡有四:一曰历证,备引《汉书》、《续汉书》、《晋书》、《隋书》、《唐书》、《宋史》、《元史》、《左传注疏》、《春秋属辞》、《天元历理》诸说,以证推步之异。其引《春秋属辞》载杜预论日月差谬一条,为注疏所无。又引《大衍历义春秋历考》一条,亦《唐志》所未录。二曰古历,以古法十九年为一章,一章之首,推合周历正月朔日冬至,前列算法,后以春秋十二公纪年,横列为四章,纵列十二公,积而成表,以求历元。三曰历编,举春秋二百四十二年,推其朔闰及月之大小,而以经、传干支为证佐,述杜预之说而考辨之。四曰历存,古历推隐公元年正月庚戌朔,杜氏《长历》则为辛巳朔,乃古历所推上年十二月朔,谓元年以前失一闰,盖以经、传干支排次知之。厚耀则谓如预之说,元年至七年中书日者虽多不失,而与二年八月之庚辰、四年二月之戊申又不能合。且隐公三年二月己巳,朔日食,桓公三年七月壬辰朔日食,亦皆失之。盖隐公元年以前非失一闰,乃多一闰。因定隐公元年正月为庚辰朔,较《长历》退两月,推至僖公五年止。以下朔、闰,一一与杜《历》相符,故不复续推焉。

又撰《春秋战国异辞》五十四卷、《通表》二卷、《摭遗》一卷、《春秋世族谱》一卷。邹平马骕为《绎史》,兼采《三传》、《国语》、《国策》,厚耀则皆摭于五书之外,独为其难。氏族一书,与顾栋高《大事表》互证,《春秋》氏族之学,几乎备矣。厚耀又著《礼记分类》、《十七史正讹》诸书,今不传。

臧琳,字玉林,武进人。诸生治经以汉注唐疏为主,教人先以《尔雅》、《说文》,曰:“不解字,何以读书? 不通训诂,何以明经?”键户著述,世无知者。有《尚书集解》百二十卷,《经义杂记》三十卷。阎若璩称其深明两汉之学,钱大昕校定其书,云:"实事求是,别白精审,而未尝轻诋前哲,斯真务实而不近名者。"

元孙庸,本名镛堂,字在东。与弟礼堂俱事钱塘卢文弨。沈默朴厚,学术精审。续其高祖将绝之学,拟《经义杂记》为《拜经日记》八卷,高邮王念孙亟称之。其叙《孟子年谱》,辨齐宣王、痊王之讹,闽县陈寿祺叹为绝识。又著《拜经文集》四卷,《月令杂说》一卷,《乐记二十三篇注》一卷、《孝经考异》一卷、《子夏易传》一卷、《诗考异》四卷、《韩诗遗说》二卷、《订讹》一卷,校郑康成《易注》二卷。其辑《子夏易传》,辨此传为汉韩婴作,非卜子夏。其《诗考异》大旨如王伯厚,但逐条必自考辑,不依循王本。庸初因宝应刘台拱获交仪征阮元,其后馆元署中为多。元写其书为副本,以原本还其家。嘉庆十六年,卒,年四十五。

礼堂,字和贵。事亲孝。父继宏,久疟,冬月畏火,礼堂潜以身温被。居丧如礼,笑不见齿。母遘危疾,刲股合药,私祷于神,减齿以延亲寿。娶妇胡,初婚夕教以孝弟,长言令熟听,乃合卺,一家感而化之。尤精小学,善雠校,为四方贤士所贵。师事钱大昕,业益进。好许氏《说文解字》,为《说文经考》十三卷。慕古孝子、孝女、孝妇事,作《孝传》百数十卷。《尚书集解案》六卷,《三礼注校字》六卷,《春秋注疏校正》六卷。卒,年三十。

任启运,字翼圣,宜兴人。少读《孟子》,至卒章,辄哽咽,大惧道统无传。家贫,无藏书,从人借阅。夜乏膏火,持书就月,至移墙不辍。事父母以孝闻。年五十四,举于乡。雍正十一年,计偕至都,会世宗问有精通性理之学者,尚书张照以启运名上。特诏廷试,以"太极似何物"对,进呈御览,得旨嘉奖。会成进士,遂于胪唱前一日引见,特授翰林院检讨,在阿哥房行走。上尝问以"朝闻夕死"之旨,启运对以"生死一理,未知生,焉知死"。上曰:"此是贤人分上事,未到圣人地位。从此作去,久自知之。"逾年抱疾,赐药赐医,越月谢恩,特谕绕廊而进。面称:"知汝非尧、舜不敢以陈于王前。"务令自爱。

令侍臣扶掖以出，且遥望之。

高宗登基，仍命在书房行走，署日讲起居注官，寻擢中允。四年，迁侍讲，晋侍讲学士。七年，擢都察院左佥都御史。八年，充三礼馆副总裁官，寻升宗人府府丞。九年，卒于赐第，年七十五，赐帑金治丧具，赐祭葬。

启运学宗朱子，尝谓诸经已有子朱子传，独未及《礼经》，乃著《肆献祼馈食礼》三卷。以《仪礼》特牲、少牢、馈食礼皆士礼，因据《三礼》及他传记之有关王礼者推之，不得于经，则求诸注疏以补之，凡五篇："一曰《祭统》，二曰《吉蠲》，三曰《朝践》，四曰《正祭》，五曰《绎祭》。其名则取《周礼》"以肆献祼享先王"、"以馈食享先王"之文，较之黄干所续祭礼，更为精密。又《宫室考》十三卷，于李如圭《释官》之外别为类次：曰门，曰观，曰朝，曰庙，曰寝，曰塾，曰宁，曰等威，曰名物，曰门大小广狭，曰明堂，曰方明，曰辟雍，考据颇为精核。《仪礼》一经，久成绝学，启运研究钩贯，使条理秩然，不愧穷经之目。又《礼记章句》十卷，以《大学》、《中庸》，朱子既成章句，则《曲礼》以下四十七篇，皆可厘为章句。但所传篇次序列纷错，爰仿郑康成序《仪礼》例，更其前后，并为四十二篇。其有关伦纪之大，而为秦、汉、元、明轻变易者，则众著其说，以俟后之论礼者酌取。外有《周易洗心》九卷，《四书约指》十九卷，《孝经章句》十卷，《夏小正注》、《竹书纪年考》、《逸书补》、《孟子时事考》、《清芬楼文集》等书，其《周易洗心》则年六十时作，观象玩辞，时阐精理。

启运研穷刻苦，既受特达之知，益思报称。年七十二，犹书自责语曰："孔、曾、思、孟，实惟汝师。日面命汝，汝顽不知，痛自惩责，涕泗涟洏。呜呼老矣，瞑目为期。"及总裁《三礼》馆，喜甚，因尽发中秘所储，平心参订，目营手写，漏常二十刻不辍。论必本天道，酌人情，务求合朱子遗意，而心神煎耗，竟以是终。

十四年，诏学经学，上谕有"任启运研穷经术，敦朴可嘉"之语，三十七年，命中外搜集古今群书，高宗谕曰："历代名臣，洎本朝士林凤望，向有诗文专集及近时沈潜经史，原本风雅，如顾栋高、陈祖范、任启运、沈德潜辈,亦各著成编,并非剿说危言可比。均应概行查明,在坊肆者或量为给价,家藏者或官为装印。至有未经镌刊只系钞本存留者,不妨钞录副本,仍将原本给还。庶几副在石渠,用储一览。"于是上启运所著书四种,入《四库》中。

全祖望,字绍衣,鄞县人。十六岁能为古文,讨论经史,证明掌故,补诸生。雍正七年,督学王兰生选以充贡,入京师,旋举顺天乡试。户部侍郎李绂见其文,曰:"此深宁、东发后一人也!"乾隆元年,荐举博学鸿词。是春会试,先成进士,选翰林院庶吉士,不再与试。时张廷玉当国,与李绂不相能,并恶祖望,祖望又不往见。二年,散馆,置之最下等,归班以知县用,遂不复出。方词科诸人未集,绂以问祖望,祖望为记四十余人,各列所长。性伉直,既归,贫且病,饔飧不给,人有所馈,弗受。主蕺山、端溪书院讲席,为士林仰重。二十年,卒于家,年五十有一。

祖望为学,渊博无涯涘,于书无不贯串。在翰林,与绂共借《永乐大典》读之,每日各尽二十卷。时开明史馆,复为书六通移之,先论艺文,次论表,次论忠义、隐逸两列传,皆以其言为韪。生平服膺黄宗羲,宗羲表章明季忠节诸人,祖望益广修枋社掌故、桑海遗闻以益之,详尽而核实,可当续史。宗羲《宋元学案》甫创草藁,祖望博采诸书为之补辑,编成百卷。又七校《水经注》,三笺《困学纪闻》,皆足见其汲古之深。又答弟子董秉纯、张炳、蒋学镛、卢镐等所问经史疑义,录为《经史问答》十卷。仪征阮元尝谓经学、史才、词科三者得一足传,而祖望兼之。其《经史问答》,实足以继古贤,启后学,与顾炎武《日知录》相埒。晚年定文藁,删其十七,为《鲒埼亭文集》五十卷。

弟子同县蔡学镛,字声始。乾隆三十六年举人。从祖望得闻黄万学派,学镛尤得史学之传。

董秉纯,字小钝。乾隆十八年拔贡,补广西那地州州判,升秦安县知县。全祖望文内、外集,均秉纯一手编定。

沈彤，字果堂，吴江人。自少力学，以穷经为事。贯串前人之异同，折衷至当。乾隆元年，荐举博学鸿词报罢，与修《三礼》及《一统志》。书成，授九品官，以亲老归。

彤淹通《三礼》，以欧阳修有《周礼》官多田少，禄且不给之疑，后人多沿其说，即有辨者，不过以摄官为词。乃详究周制，撰《周官禄田考》，以辨正欧说。分官爵数、公田数、禄田数三篇，积算至为精密。其说自郑《注》、贾《疏》以后，可云特出。又撰《仪礼小疏》一卷，取《士冠礼》、《士昏礼》、《公食大夫礼》、《丧服》、《士丧礼》为之疏笺，足订旧义之讹。其《果堂集》十二卷，多订正经学之文，若《周官颁田异同说》、《五沟异同说》、《井田军赋说》、《释周官地征》等篇，皆援据典核。又撰《春秋左氏传小疏》、《尚书小疏》、《气穴考略》、《内经本论》。

彤性至孝，亲殁，三年中不茹荤，不内寝。居恒每讲求经世之务，所著《保甲论》，其后吴德旋见之，称为最善云。卒，年六十五。

蔡得晋，字仁锡，无锡人。雍正四年举人。乾隆二年，礼部尚书杨名时荐德晋经明行修，授国子监学正，迁工部司务。德晋尝谓横渠以礼教人，最得孔门博约之旨，故其律甚严。其论《三礼》，多前人所未发。著《礼经本义》十七卷、《礼传本义》二十卷、《通礼》五十卷。

盛世佐，字庸三，秀水人。官贵州龙里知县。撰《仪礼集编》四十卷，集众解而研辨之，持论谨严。又杨复《仪礼图》久行于世，然其说本注疏，而时有并注疏之意失之者，一一是正，至于诸家谬误，辨之尤详焉。

江永，字慎修，婺源人。为诸生数十年，博通古今，专心《十三经注疏》，而于《三礼》功尤深。以朱子晚年治《礼》，为《仪礼经传通解》，书未就，黄氏、杨氏相继纂续，亦非完书。乃广摭博讨，大纲细目，一从吉、凶、军、嘉、宾五礼旧次，题曰《礼经纲目》，凡八十八卷。引据诸书，厘正发明，实足终朱子未竟之绪。尝一至京师，桐城方苞、荆谿吴绂质以《礼经》疑义，皆大折服。读书好深思，长于比勘，明推步、钟律、声韵。岁实消长，前人多论之者，梅文鼎略举授时，而亦疑之。

永为之说，当以恒气为率，随其时之高冲以算定气，而岁实消长勿论，其说至为精当。其论黄钟之宫，据《管子》、《吕氏春秋》以正《淮南子》，其论古韵平、上、去三声，皆当为十三部，入声当为八部，而三代以上之音，始有条不紊。晚年读书有得，随笔撰记。谓《周易》以反对为次序，卦变当于反对取之。否反为泰，泰反为否，故"小往大来"，"大往小来"，是其例也。凡曰来、曰下、曰反，自反卦之外卦来居内卦也。曰往、曰上、曰进、曰升，自反卦之内卦往居外卦也。又谓兵、农之分，春秋时已然，不起于秦、汉。证以《管子》、《左传》，兵常近国都，野处之农固不隶于师旅也。其于经传、稽考精审多类此。

所著有《周礼疑义举要》七卷，《礼记训义择言》六卷，《深衣考误》一卷，《律吕阐微》十卷，《律吕新论》二卷，《春秋地理考实》四卷，《乡党图考》十一卷，《读书随笔》十二卷，《古韵标准》四卷，《四声切韵表》四卷，《音学辨微》一卷，《河洛精蕴》九卷，《推步法解》五卷，《七政衍》、《金水二星发微》、《冬至权度》、《恒气注历辨》、《岁实消长辨》、《历学补论》、《中西合法拟草》各一卷，《近思录集注》十四卷，考订《朱子世家》一卷。乾隆二十七年，卒，年八十二。弟子甚众，而戴震、程瑶田、金榜尤得其传。震、榜自有传。

瑶田，字易畴，歙人。读书好深沈之思，学于江氏。乾隆三十五年举人，选授太仓州学正。以身率教，廉洁自持。告归之日，钱大昕、王鸣盛皆赠诗推重，至与平湖陆陇其并称。嘉庆元年，举孝廉方正。同时举者，推钱大昭、江声、陈鳣三人，阮元独谓瑶田足以冠之。平生著述，长于旁搜曲证，不悄依傍传注，所著曰《丧服足征记》，《宗法小记》，《沟洫疆里小记》，《禹贡三江考》，《九谷考》，《磬折古义》，《水地小记》，《解字小记》，《声律小记》，《考工创物小记》，《释草释虫小记》。年老目盲，犹口授孙辈成《琴音记》。东原戴氏自谓尚逊其精密。

褚寅亮,字搢升,长洲人。乾隆十六年召试举人,内阁中书,官至刑部员外郎。寅亮少以博雅名,心思精锐,于史书鲁鱼,一见便能订其误谬。中年覃精经术,一以注疏为归。从事《礼经》几三十年,墨守家法,专主郑学。郑氏《周礼》、《礼记注》,妄庸人群起嗤点之,独《仪礼》为孤学,能发挥者固绝无,而谬加摘者亦尚少。惟敖继公《集说》,多巧窜经文,阴就己说。后儒苦经注难读,喜其平易,无疵之者。万斯大、沈彤于郑《注》亦多所纠驳,至张尔岐、马骊但粗为演绎,其于敖氏之似是而非,均未能正其失也。寅亮著《仪礼管见》三卷,于敖氏洞见其症结,驱豁其雺雾。

时《公羊》何氏学久无循习者,所谓五始、三科、九旨、七等、六辅、二类之义,不传于世,惟武进庄存与默会其解,而寅亮能阐发之,撰《公羊释例》三十篇。谓《三传》惟《公羊》为汉学,孔子作《春秋》,本为后王制作,訾议《公羊》者,实违经旨。又因何邵公言《礼》有殷制,有时王之制,与《周礼》不同,作《周礼公羊异义》二卷,世称为绝业。又长于算术,著《勾股广问》三卷,校正《三统术衍》刊本误字甚多。其中月相求六扐之数句,六扐当作七扐。推闰余所在加十得一句,加十当作加七,皆寅亮说也。

著有《十三经笔记》十卷,《诸史笔记》八卷,《诸子笔记》二卷,《名家文集笔记》七卷,藏于家。四十六年,以病告归,主常州龙城书院八年。五十五年,卒,年七十六。

卢文弨,字召弓,余姚人。父存心,乾隆初举博学鸿词科。文弨,乾隆十七年一甲进士,授翰林院编修,上书房行走。历官左春坊左中允、翰林院侍读学士。三十年,充广东乡试正考官。三十一年,提督湖南学政,以条陈学政事宜,部议降三级用。三十三年,乞养归。

文弨孝谨笃厚,潜心汉学,与戴震、段玉裁友善。好校书,所校《逸周书》、《孟子音义》、《荀子》、《吕氏春秋》、《贾谊新书》、《韩诗外传》、《春秋繁露》、《方言》、《白虎通》、《独断》、《经典释文诸》善本，镂板惠学者。又苦镂板难多，则合经、史、子、集三十八种而名之曰《群书拾补》所自著书有《抱经堂集》三十四卷，《仪礼注疏详校》十七卷，《钟山札记》四卷，《龙城札记》三卷，《广雅释天》以下注二卷，皆使学者是正积非，蓄疑涣释。其言曰："唐人之为义疏也，本单行，不与经注合。单行经注，唐以后尚多善本，自宋后附疏于经注，而所附之经注非必孔、贾诸人所据之本也，则两相龃龉矣。南宋后又附《经典释文》于注疏间，而陆氏所据之经注，又非孔、贾诸人所据也，则龃龉更多矣。浅人必比而同之则彼此互改，多失其真，幸有改之不尽，以滋其龃龉，启人考核者，故注疏、释文合刻，以便而非古法也。"其特识多类此。

文弨历主江浙各书院讲席，以经术导士，江、浙士子多信从之，学术为之一变。六十年，卒，年七十九。

文弨校书，参合各本，择善而从，颇引他书改本书，而不专主一说，故严元照诋其《仪礼详校》，顾广圻讥其《释文考证》，后黄丕烈影宋刻书，各本同异另编于后，两家各有宗旨，亦互相补苴云。

顾广圻，字千里，元和人。诸生。吴中自惠氏父子后，江声继之，后进翕然多好古穷经之士。广圻读惠氏书，尽通其义。论经学云："汉人治经，最重师法。古文今文，其说各异。若混而一之，则镠轕不胜矣。"论小学云："《说文》一书，不过为六书发凡，原非字义尽于此。"广圻天质过人，经、史、训诂、天算、舆地靡不贯通，至于目录之学，尤为专门，时人方之王仲宝、阮孝绪。兼工校雠，同时孙星衍、张敦仁、黄丕烈、胡克家延校宋本《说文》、《礼记》、《仪礼》、《国语》、《国策》、《文选》诸书，皆为之札记，考定文字，有益后学。乾、嘉间以校雠名家。文弨及广圻为最著云。又时为汉学者多讥宋儒，广圻独取先儒语录，摘其切近者，为《遯翁苦口》一卷，以教学者，著有《思适斋文集》十八卷。道光十九年，卒，年七十。

钱大昕，字晓征，嘉定人。乾隆十六年召试举人，授内阁中书。

十九年进士,选翰林院庶吉士,散馆授编修。大考二等一名,擢右春坊右赞善。累充山东乡试、湖南乡试正考官,浙江乡试副考官。大考一等三名,擢翰林院侍讲学士。三十二年,乞假归。三十四年,补原官。入直上书房,迁詹事府少詹事,充河南乡试正考官。寻提督广东学政。四十年,丁父艰,服阕,又丁母艰,病不复出。嘉庆九年,卒,年七十七。

大昕幼慧,善读书。时元和惠栋、吴江沈彤以经术称,其学求之《十三经注疏》,又求之唐以前子、史、小学。大昕推而广之,错综贯串,发古人所未发。任中书时,与吴烺、褚寅亮同习梅氏算术。及入翰林,礼部尚书何国宗世业天文,年已老,闻其善算,先往见之,曰:"今同馆诸公谈此道者鲜矣。"

大昕于中、西两法,剖析无遗。用以观史,自《太初》、《三统》、《四分》,中至《大衍》,下迄《授时》,朔望薄蚀,凌犯进退,抉摘无遗。汉《三统术》为七十余家之权舆,论文奥义,无能正之者。大昕衍之,据班《志》以阐刘歆之说,裁《志》文之讹,二千年已绝之学,昭然若发蒙。大昕又谓:"古法岁阴与太岁不同,《淮南天文训》摄提以下十二名,皆谓岁阴所在。《史记》太初元年年名马逢、摄提格者,岁阴非太岁也。东汉后不用岁阴纪年,又不知太岁超辰之法,乃以太初元年为丁丑岁,则与《史》、《汉》之文皆悖矣。"又谓:"《尚书纬》四游升降之说,即西法日躔最高、卑之说,宋杨忠辅《统天术》以距差,乘躔差减气汛积为定积,梅文鼎谓郭守敬加减岁余法出于此。但《统天》求汛积,必先减气差十九日有奇,与郭又异,文鼎不能言。大昕推之同,凡步气朔,必以甲子日起算。今《统天》上元冬至乃戊子日,不值甲子,依《授时》法当加气应二十四日有奇,乃得从甲子起。今减去气差,是以上元冬至后甲子日起算也。既如此,当减气应三十五日有奇,今减十九日有奇者,去躔差之数不算也。求天正经朔又减闰差者,经朔当从合朔起算。今推得《统天》上元冬至后第一朔乃乙丑戌初二刻弱,故必减闰差而后以朔实除之,即《授时》之朔应也。"

　　大昕始以辞章名，沈德潜《吴中七子诗选》，大昕居一。既乃研精经、史，于经义之聚讼难决者，皆能剖析源流。文字、音韵、训诂、天算、地理、氏族、金石以及古人爵里、事实、年齿、了如指掌。古人贤奸是非疑似难明者，典章制度昔人不能明断者，皆有确见。惟不喜二氏书，尝曰："立德立功立言，吾儒之不朽也。先儒言释氏近于墨，予以为释氏亦终书，尝曰："立德立功立言，吾儒之不朽也。先儒言释氏近于墨，予以为释氏亦终于杨氏为己而已。彼弃父母而学道，是视己重于父母也。"

　　大昕在馆时常与修《音韵述微》、《续文献通考》、《续通志》、《一统志》、《天球图》诸书。所著有《唐石经考异》一卷，《经典文字考异》一卷，《声类》四卷，《廿二史考异》一百卷，《唐书史臣表》一卷，《唐五代学士年表》二卷，《宋学士年表》一卷，《元史氏族表》三卷，《元史艺文志》四卷，《三史拾遗》五卷，《诸史拾遗》五卷，《通鉴注辨证》三卷，《四史朔闰考》四卷，《吴兴旧德录》四卷，《先德录》四卷，洪文惠、洪文敏、王伯厚、王弇州四家《年谱》各一卷，《疑年录》三卷，《潜研堂文集》五十卷，《诗集》二十卷，《潜研堂金石文跋尾弇》二十五卷，《养新录》二十三卷，《恒言录》六卷，《竹汀日记钞》三卷。族子塘坫、能传其学。

　　塘，字学渊，乾隆四十五年进士，改教职，选江宁府学教授。塘少大昕七岁，相与共学，又与大昕弟大昭及弟坫相切磋，为实事求是之学，于声音文字、律吕推步尤有神解。著《律吕古义》六卷，据所得汉虑傂铜尺正荀勖以刘歆铜斛尺为周尺之非。谓周本八寸尺，不古律可以制律，律必用十寸尺，即昔人所云夏尺。周因夏、商、夏，商因唐、虞，古律当无异度。又《史记三书释疑》三卷，于律历天官家言皆究其原本，而以他书疏通证明之。《律书》"上九、商八、羽七、角六、宫五、徵九"数语，注家皆不能晓，小司马疑其数错。塘据《淮南子》、《太元经》证之，始信其确。又《著泮宫雅乐释律》四卷，《说文声系》二十卷，《淮南天文训补注》三卷。其所作古文曰《述古编》凡四卷。卒，年五十六。

坫,字献之。副榜贡生。游京师,朱筠引为上客。以直隶州州判官于陕,与洪亮吉、孙星衍讨论训诂舆地之学,论者谓坫沈博不及大昕,而精当过之。嘉庆二年,教匪扰陕西,坫时署华州,率众乘城,力遏其冲。城无弓矢,仿古为合竹强弓,厚北有纸为翎,二人共发之,达百五十步。又以意为发石之法,石重十斤,达三百步。前后毙贼无算,城获全。以积劳得末疾,引归。著《史记补注》百三十卷,详于音训及郡县沿革、山川所在。陕甘总督松筠重其品学,亲至卧榻问疾,索未刊著述,坫取付之。曰:"三十年精力,尽于此书矣!"十一年,卒,年六十六。又有《诗音表》一卷,《车制考》一卷,《论语后录》五卷,《尔雅释义》十卷,《释地》以下四篇注四卷,《十经文字通正书》十四卷,《说文校诠》十四卷,《新校注地理志》十六卷,《汉书十表注》十卷,《圣贤冢墓志》十二卷。

王鸣盛,字凤喈,嘉定人。幼从长洲沈德潜受诗,后又从惠栋问经义,遂通汉学。乾隆十九年,以一甲进士授翰林院编修,大考翰詹第一,擢侍读学士。充福建乡试正考官,寻擢内阁学士,兼礼部侍郎。坐滥支驿马,左迁光禄寺卿。丁内艰,遂不复出。

鸣盛性俭素,无声色玩好之娱,晏坐一室,呫唔如寒士。尝言:"汉人说经必守家法,自唐贞观撰诸经义疏而家法亡,宋元丰以新经学取士而汉学殆绝,今好古之儒皆知崇注疏矣,然注疏惟《诗》、《三礼》及《公羊传》犹是汉人家法,他经注则出魏、晋人,未为醇备。"著《尚书后案》三十卷,专述郑康成之学,若《郑注》亡逸,采马、王注补之。《孔传》虽出东晋,其训诂犹有传授,间一取焉。又谓东晋所献之《太誓》伪,而唐人所斥之《太誓》非伪,故附书今文《太誓》一篇,存古之功,自谓不减惠氏《周易述》也。又著《周礼军赋说》四卷,发明郑氏之旨。又《十七史商榷》一百卷,于一史中纪、志、表、传互相稽考,因而得其异同,又取卑史丛说以证其舛误,于舆地、职官、典章、名物每致详焉。别撰《蛾术编》一百卷,其为目十。立录、说字、说地、说制、说人、说物、说集、说刻、说通、说系,盖仿王应麟、顾炎武之意,而援引尤博。诗以才辅学,以韵达情。古文用欧、曾之法,阐许、郑之义,有《诗文集》四十卷。嘉庆二年,卒,年七十六。

弟子同县金曰追,字对扬,诸生。深于《九经正义》,每有疑讹,随条辄录,先成《仪礼注疏正伪》十七卷。阮元奉诏校勘《仪礼石经》,多采其说。

时同县通经学者,有吴凌云,字得青。嘉庆五年岁贡。读书深造,经师遗说,靡不通贯。尝假馆钱大昕孱守斋,尽读所藏书,学益邃。所著《十三经考异》,援据精核,多前人所未发。又《经说》三卷,《小学说》、《广韵说》各一卷,海盐陈其干为合刊之,题曰《吴氏遗著》。

戴震,字东原,休宁人。读书好深湛之思,少时塾师授以说文,三年尽得其节目。年十六七,研精注疏,实事求是,不主一家。与郡人郑牧、汪肇龙、方矩、程瑶田、金榜从婺源江永游,震出所学质之永,永为之骇叹。永精《礼经》及推步、钟律、音声、文字之学,惟震能得其全。

性特介。年二十八补诸生,家屡空,而学日进。与吴县惠栋、吴江沈彤为忘年友。以避仇入都,北方学者如献县纪昀、大兴朱筠、南方学者如嘉定钱大昕、王鸣盛,余姚卢文绍,青浦王昶,皆折节与交。尚书秦蕙田纂《五礼通考》,震任其事焉。

乾隆二十七年,举乡试,三十八年,诏开四库馆,征海内淹贯之士司编校之职,总裁荐震充纂修。四十年,特命与会试中式者同赴殿试,赐同进士出身,改翰林院庶吉士。震以文学受知,出入著作之庭。馆中有奇文疑义,辄就咨访。震亦思勤修其职,晨夕披检,无间寒暑。经进图籍,论次精审。所校《大戴礼记》、《水经注》尤精核。又于《永乐大典》内得《九章》、《五曹算经》七种,皆王锡阐、梅文鼎所未见。震正讹补脱以进,得旨刊行。四十二年,卒于官,年五十有五。

震之学,由声音、文字以求训诂,由训诂以寻义理。谓:“义理不可空凭臆,必求之于古经。求之古经而遗文垂绝,今古悬隔,必求之古训。古训明则古经明，古经明则贤人圣人之义理明，而我心之同然者，乃因之而明。义理非他，存乎典章制度者也。彼岐古训、义理而二之，是古训非以明义理，而义理不寓乎典章制度，势必流入于异学曲说而不自知也。"

震为学精诚解辨，每立一义，初若创获，及参考之，果不可易。大约有三：曰小学，曰测算，曰典章制度。

其小学书有《六书论》三卷，《声韵考》四卷，《声类表》九卷，《方言疏证》十卷。汉以后转注之学失传，好古如顾炎武，亦不深省。震谓："指事、象形、谐声、会意四者为书之体，假借、转注二者为书之用。一字具数用者为假借，数字共一用者为转注。初、哉、首、基之皆为始，邛、吾、台、予之皆为我，其义转相注也。"又自汉以来，古音浸微，学者于六书之故，靡所从入。顾氏《古音表》，入声与《广韵》相反。震谓："有入无入之韵，当两两相配，以入声为之枢纽。真至仙十四韵，与脂、微、齐、皆、灰五韵同入声，东至江四韵及阳至登八韵，与支、之、佳、咍、萧、宵、肴、豪、尤、侯、幽十一韵同入声。侵至凡九韵之入声，则从《广韵》，无与之配。鲁、虞、模、歌、戈、麻六韵，《广韵》无入声。今同以铎为入声，不与唐相配。而古音递转及六书谐声之故，胥可由此得之"。皆古人所未发。

其测算书《原象》一卷，《迎日推策记》一卷，《勾股割圜记》三卷，《历问》一卷，《古历考》二卷，《续天文略》三卷，《策算》一卷。自汉以来，畴人不知有黄极，西人入中国，始云赤道极之外又有黄道极，是为七政恒星右旋之枢，诧为《六经》所未有。震谓："西人所云赤极，即《周髀》之正北极也，黄极即《周髀》之北极璇玑也。《虞书》'在璇玑玉衡，以齐七政'，盖设璇玑以拟黄道极也。黄极在柱史星东南，上弼、少弼之间，终古不随岁差而改。赤极居中，黄极环绕其外，《周髀》固已言之，不始于西人也。"

震所著典章制度之书未成。有《诗经二南补注》二卷，《毛郑诗考》四卷，《尚书义考》一卷，《仪经考正》一卷，《考工记图》二卷，《春秋即位改元考》一卷，《大学补注》一卷，《中庸补注》一卷，《孟子字义疏证》三卷,《尔雅文字考》十卷,《经说》四卷,《水地记》一卷,《水经注》四十卷,《九章补图》一卷,《屈原赋注》七卷,《通释》三卷,《原善》三卷,《绪言》三卷,《直隶河渠书》一百有二卷,《气穴记》一卷,《藏府算经论》四卷,《葬法赞言》四卷,《文集》十卷。

震卒后,其小学,则高邮王念孙、金坛段玉裁传之。测算之学,则曲阜孔广森传之。典章制度之学,则兴化任大椿传之:皆其弟子也。后十余年,高宗以震所校《水经注》问南书房诸臣曰:"戴震尚在否?"对曰:"已死。"上惋惜久之。王念孙、段玉裁、孔广森、任大椿自有传。

金榜,字辅之,歙县人。乾隆二十九年召试举人,授内阁中书,军机处行走。三十七年一甲一名进士,授翰林院修撰。散馆后,养疴读书不复出,卒于家。师事江永、友戴震,著《礼笺》十卷,剌取其大者数十事为三卷,寄朱珪,珪序之,以为词精义核。榜治《礼》最尊康成,然博稽而精思,慎求而能断。尝援《郑志》答赵商云:"不信亦非,悉信亦非。""斯言也,敢以为治经之大法。故郑义所未衷者必纠正之,于郑氏家法不敢诬也。"

段玉裁,字若膺,金坛人。生面颖异,读书有兼人之资。乾隆二十五年举人,至京师见休宁戴震,好其学,遂师事之。以教习得贵州玉屏县知县,旋调四川,署富顺及南溪县事,又办理化林坪站务。时大兵征金川,挽输络绎,玉裁处分毕,辄篝镫著述不辍。著《六书音均表》五卷。古韵自顾炎武析为十部,后江永复析为十三部,玉裁谓支、佳一部也,脂、微、齐、皆、灰一部也,之、咍一部也,汉人犹未尝淆借通用。晋、宋而后,乃少有出入。迄乎唐之功令,支注"脂、之同用",佳注"皆同用",灰注"咍同用",于是古之截然为三者,罕有知之。又谓真、臻、先、与谆、文、殷、魂、痕为二,尤、幽与侯为二,得十七部。其书始名《诗经韵谱》、《群经韵谱》。嘉定钱大昕见之,以为凿破混沌,后易其体例,增以新加,十七部盖如旧也。震伟其所学之精,云自唐以来讲韵学者所未发。寻任巫山县,年四十六,以父老引疾归,键户不问世事者三十余年。

玉裁于周、秦、两汉书,无所不读,诸家小学,皆别择其是非。于是积数十年精力,专说《说文》,《著说文解字注》三十卷,谓:"《尔雅》以下,义书也,《声类》以下,音书也;《说文》,形书也。凡篆一字,先训其义,次释其形,次释其音,合三者以完一篆,故曰形书。"又谓:"许以形为主,因形以说音,说义。其所说义,与他书绝不同者,他书多假借,则字多非本义,许惟就字说其本义。知何者为本义,乃知何者为假借,日本义乃假借之权衡也。《说文》、《尔雅》相为表里,治《说文》而后《尔雅》及传注明。"又谓:"自仓颉造字时至唐、虞、三代、秦、汉以及许叔重造《说文》,曰'某声'曰'读若某'者,皆条理合一不紊。故既用徐铉切音,又某字志之曰古音第几部,后附《六书音均表》,俾形、声相为表里。始为长编,名《说文解字读》,凡五百四十卷,既乃隐括之成比注。"玉裁又以"《说文》者,说字之书,故有'读如'、无'读为',说经、传之书,必兼是二者。汉人作注,于字发疑正读,其例有三:'读如'、'读若'者,拟其音也,比方之词,'读为'、'读曰'者,易其字也,变化之词。'当为'者,定为字之误、声之误,而改其字也,救正之词,三者分,而汉注可读,而经可读。"述《汉读考》,先成《周礼》六卷,又撰《礼经汉读考》一卷,其他十六卷未成。仪征阮元谓玉裁书有功于天下后世者三:言古音一也,言《说文》二也,《汉读考》三也。其他说经之书,以《汉志毛诗经》、《毛诗古训传》本各自为书,因厘次传文,还其旧著,重订《毛诗古训传》三十卷。以诸经惟《尚书》离厄最甚,古文几亡,贾逵分别古今,刘陶是正文字,其书皆不存。乃广搜补阙,正晋、唐之妄改,存周、汉之驳文,著《古文尚书撰异》三十二卷。又录《左氏》经文,取郑注《礼》、《周礼》,存古文、今文故书之例,附见《公羊》、《谷梁》经文之异,著《春秋左氏古经》十二卷,而以《左氏传五十凡》附后。外有《毛诗小学》三十卷,《汲古阁说文订》六卷,《经韵楼集》十二卷。二十年,卒,年八十一。

初,玉裁与念孙俱师震,故戴氏有段、王两家之学。玉裁少震四岁,谦,专执弟子礼,虽耄,或称震,必垂手拱立,朔望必庄诵震手札一通。卒后，王念孙谓其弟子长洲陈奂曰："若膺死，天下遂无读书人矣。"玉裁弟子，长洲徐颢、嘉兴沈涛及女夫仁和龚丽正俱知名，而奂尤得其传，奂自有传。

钮树玉，字匪石，吴县人。笃志好古，不为科举之业。精研文字声音训诂。谓《说文》悬诸日月而不刊者也，后人以新附淆之，诬许君矣。因博稽载籍，著《说文新附考》六卷，《续考》一卷。又著《说文广解字校录》三十卷。树玉后见玉裁书，著《段氏说文注订》八卷，所驳正之处，皆有依据。

徐承庆，字梦祥，元和人。乾隆五十一年举人，官至山西汾州府知府。著《段注匡谬》十五卷，其攻瑕索瘢，尤胜钮氏之书，皆力求其是，非故为吹求者。

孙志祖，字诒谷，仁和人。乾隆三十一年进士，改刑部主事，洊升郎中，擢江南道监察御史。乞养归。志祖清修自好，读经史必释其疑而后已，著《读书脞录》七卷，考论经、子、杂家，折衷精详，不为武断之论。又《家语疏证》六卷，谓王肃作《圣证论》以攻康成，又伪撰《家语》，饰其说以欺世。因博集群书，凡肃所剿窃者，皆疏通证明之。又谓《孔丛子》亦王肃伪吒，其《小尔雅》亦肃借古书以自文，并作《疏证》以辨其妄。幼熟《经》文选，后乃仿《韩文考异》之例，参稽众说，正俗本之误，为《文选考异》四卷。又辑前人及朋辈论说，为《文选注补正》四卷。又有《文选理学权舆补》一卷。辑《风俗通逸文》一卷，补正姚之骃辑谢承《后汉书》五卷。嘉庆六年，卒，年六十五。

翟灏，字大川，亦仁和人。乾隆十九年进士，官金华、衢州府学教授。灏见闻淹博，又搜奇引痹，尝与钱塘梁玉绳论王肃撰《家语》难郑氏，欲搜考以证其讹，因握笔互疏所出，顷刻数十事。时方被酒，旋罢去，未竟蒉，其精力殊绝人也。著有《尔雅补郭》二卷，以《尔雅》郭《注》未详、未闻者百四十二科，刑《疏》补言其十，余仍阙如，乃参稽众家，一一备说。又云："古《尔雅》当有《释礼》篇，与《释乐篇》相随。《祭名》与《讲武》、《旌旗》三章,乃《释礼》之残缺失次者。"
又著《四书考异》七十二卷,皆贯串精审,为世所推。他著又有《家语
发覆》、《通俗篇》、《湖山便览》、无不宜斋诗文藁。五十三年,卒。

梁玉绳,字曜北,钱塘人。增贡生。家世贵显。玉绳不志富贵,
自号清白士。尝语弟履绳曰:"后汉襄阳樊氏,显重当时,子孙虽无
名德盛位,世世作书生门户,愿与弟共勉之。"故玉绳年未四十,弃
举子业,专心撰著。其《瞥记》七卷,多释经之文,有裨古义。玉绳尤
精乙部书,著《史记志疑》三十六卷,据经、传以纠乖违,参班、荀以
究同异,大昕称其书为龙门功臣。著《人表考》九卷,谓班氏借用《禹
贡》田赋九等之目,造端自马迁。《史记李将军传》云:"李蔡为人在
下中。"其说颇是。

履绳,字处素。乾隆五十三年举人。与兄玉绳相砻错,有元方、
季方之目。其于众经中尤精《左氏传》,谓《隋志》载贾达《解诂》、服
虔《解义》各数十卷,今俱亡佚。杜氏参用贾、服,仲达作疏,间有称
引,未睹其全。亦如马融诸儒之说,仅存单文只义。唐以后注《左
氏》者,惟张洽、赵汸最为明晰,大抵详书法而略纪载。履绳综览诸
家,旁采众籍,以广杜之所未备,作《左通补释》三十二卷。又有未成
者五门,曰广传、考异、驳证、古音、臆说。钱大昕见其书,叹为绝旨。
通《说文》,下笔鲜俗字。年四十六,卒。

汪家禧,字汉郊,仁和人。诸生。颖敏特异,通汉《易》,作《易消
息解》。所著书数十卷,毁于火。其友秀水庄仲方、门人仁和许乃谷
辑其遗文,为《东里生烬余集》三卷。文多说经,粹然有家法。

刘台拱,字端临,宝应人。性至孝,六岁母朱氏殁,哀如成人。事
继母钟氏,与亲母同。九岁作《颜子颂》,斐然成章,观者称为神童。
中乾隆三十五年举人。屡试礼部不第。是时朝廷开四库馆,海内方
闻,缀学之士云集。台拱在都,与学士朱筠、编修程晋芳、庶吉士戴
震、学士邵晋涵及其同郡御史任大椿、给事中王念孙等交游,稽经
考古,旦夕讨论。自天文、律吕至于声音、文字,靡不该贯。其于汉、

宋诸儒之说,不专一家,而惟是之求。精思所到,如与古作者晤言一室而知其意指之所在,比之阎若璩,盖相伯仲也。段玉裁每谓"潜心《三礼》,吾所不如。"

选丹徒县训导,取《仪礼》十七篇除《丧服》外各绘为图,与诸生习礼容,为发明先王制作之精意。迎两亲学署,雍雍色养,年虽五十,有孺子之慕。尝客他所,忽心痛骤归,母病危甚,乃悉心奉汤药,衣不解带者数旬,母病遂愈。逮丁内外艰,水浆不入口。既殡,枕苫、啜粥,哭泣之哀,震动邻里。居丧蔬食五年,出就外寝,以哀毁过情卒,年五十有五。

与同郡汪中为文章道义交,中殁,抚其孤喜孙,赖以成立。武进臧庸常以说经之文请益,台拱善之。恤其穷,周其困,饮食教诲,十七年如一日,庸心感焉。台拱慕黄叔度之为人,王昶称其有曾、闵之孝。著有《论语骈枝》、《经传小记》、《国语补校》、《荀子补注》、《方言补校》、《淮南子补校》、《汉学拾遗》、《文集》,都为《端临遗书》凡八卷。

同邑朱彬,字武曹。乾隆六十年举人。彬幼有至行,年十一丧母,哀戚如成人。长,丁父忧,殡葬尽礼,三年蔬食居外。自少至老,好学不厌。承其乡王懋竑经法,与外兄刘台拱互相切磋。每有所得,辄以书札往来辨难,必求其是而后已。于训诂、声音、文字之学,用力尤深。著有《经传考证》八卷,《礼记训纂》四十九卷,虎观诸儒所论议,《郑志》弟子之问答,以及魏、晋以降诸儒之训释,《书钞》、《通典》、《御览》之涉是书者,一以注疏为主,撷其精要,纬以古今诸说。其附以己意者,皆援据精确,发前人所未发。他著有《游道堂诗文集》四卷。道光十四年,卒,年八十有二。子士彦,吏部尚书,自有传。

孔广森,字众仲,曲阜人。孔子六十八代孙,袭封衍圣公,传铎之孙,户部主事继汾之子。乾隆三十六年进士,选翰林院庶吉士,散馆授检讨。年少入官,性淡泊,耽著述,不与要人通谒。告养归,不复出。及居大母与父丧,竟以哀卒,时乾隆五十一年,年三十五。

广森聪颖特达，尝受经戴震、姚鼐之门，经、史、小学，沈览妙解。所学在《公羊春秋》，尝以《左氏》旧学湮于征南，《谷梁》本义汩于武子。王祖游谓何休志通《公羊》，往往为《公羊》疢疾。其余啖助、赵匡之徒，又横生义例，无当于经，唯赵汸最为近正。何氏体大思精，然不无承讹率臆。于是旁通诸家，兼采左、谷，择善而从。著《春秋公羊通义》十一卷，《序》一卷。凡诸经籍义有可通于《公羊》者，多著录之。

其不同于《解诂》者，大端有数事，谓古者诸侯分土而守，分民而治，有不纯臣之义，故各得纪年于其境内。而何邵公谓唯王者然后改元立号，《经》书元年，为托王于鲁，则自蹈所云反传违戾之失。其不同一也。谓《春秋》分十二公而为三世，旧说"所传闻之世"，隐、桓、庄、闵、僖也；"所闻之世"，文、宣、成、襄也；"所见之世"，昭、定、哀也。颜安乐以为：襄公二十三年，"邾娄鼻我来奔"，云"邾娄无大夫，此何以书？以近书也"；又昭公二十七年，"邾娄快来奔"，《传》云："邾娄无大夫，此何以书？以近书也"，二文不异，同宜一世，故断自孔子生后，即为"所见之世"，从之。其不同二也。谓桓十七年《经》无夏，二家《经》皆有夏，独《公羊》脱耳。何氏谓："夏者阳也，月者阴也，去夏者，明夫人不系于公也。"所不敢言。其不同三也。谓《春秋》上本天道，中用王法，而下理人情。天道者：一曰时，二曰月，三曰日。王法者：一曰讥，二曰贬，三曰绝。人情者：一曰尊，二曰亲，三曰贤。此三科九旨。而何氏《文谥例》云："三科九旨者，新周固宋，以《春秋》当新王，此一科三旨也"。又云："所见异辞，所闻异辞，所传闻又异辞。"二科六旨也。又"内其国而外诸夏，内诸夏而外夷狄，是三科九旨也。"其不同四也。他如何氏所据间有失者，多所裨损，以成一家之言。又谓《左氏》之事详，《公羊》之义长，《春秋》重义不重事，皆好学深思，心知其意。其为说能融会贯通，使是非之旨不谬于圣人大旨，见自序中。仪征阮元谓读其书始知圣志之所在。

又著有《大戴礼记补注》十四卷，《诗声类》十三卷，《礼学卮言》六卷，《经学卮言》六卷，《少广正负术内外篇》六卷。骈体兼有汉、魏、六朝、初唐之胜,江都汪中读之,叹为绝手。然广森不自足,作堂于其居,名曰"仪郑",自庶几于康成。桐城姚鼐谓其将以孔子之裔传孔子之学,虽康成犹不足以限之,惜奔走家难,劳思夭年,不充其志,艺林有遗憾焉。

邵晋涵,字二云,余姚人。乾隆三十六年进士,归班铨选。会开四库馆,特诏征晋涵及历城周永年、休宁戴震、仁和余集等入馆编纂,改翰林院庶吉士,授编修。四十五年,充广西乡试正考官。五十六年,大考迁左中允。擢侍讲学士,充文渊阁直阁事、日讲起居注官。

晋涵左目眚,清羸。善读书,四部、七录,靡不研究。尝谓《尔雅》者,六艺之津梁,而邢《疏》浅陋不称,乃别为《正义》二十卷,以郭璞为宗,而兼采舍人、樊、刘、李、孙诸家,郭有未详者,摭他书附之。自是承学之士,多舍邢而从邵。尤长于史,以生在浙东,习闻刘宗周、黄宗羲诸绪论,说明季事,往往出于正史之外。在史馆时,见《永乐大典》采薛居正《五代史》,乃荟萃编次,得十之八九,复采《册府元龟》、《太平御览》诸书,以补其缺,并参考《通鉴长编》诸史及宋人说部碑碣,辨证条系,悉符原书一百五十卷之数。书成,呈御览,馆臣请仿刘昫《旧唐书》之例列于《廿三史》,刊布学官,诏从之。由是薛《史》与欧阳《史》并传矣。尝谓《宋史》自南渡后多谬,庆元之间,褒贬失实,不如东都有王偁《事略》也。欲先辑《南都事略》,使条贯粗具,词简事增,又欲为赵宋一代之志,俱未卒业。其后镇洋毕沅为续宋、元《通鉴》,属晋涵删补考定,故其续余稍见于审正《续通鉴》中。

晋涵性狷介,不为要人屈。尝与会稽章学诚论修《宋史》宗旨,晋涵曰:"宋人门户之习,语录庸陋之风,诚可鄙也。然其立身制行,出于伦常日用,何可废耶?士大夫博学工文,雄出当世,而于辞受取与、出处进退之间,不能无箪豆万钟之择。本心既失,其他又何议焉!此著《宋史》之宗旨也。"学诚闻而耸然。他著有《孟子述义》、

《谷梁正义》、《韩诗内传考》，并足正赵岐、范宁及王应麟之失，而补其所遗。又有《皇朝大臣谥迹录》、《方舆金石编目》。《辎轩日记》、《南江诗文稿》。嘉庆元年，卒，年五十有四。

周永年，字书昌，历城人。博学贯通，为时推许。乾隆三十六年进士，与晋涵同征修《四库书》，改翰林院庶吉士，授编修。四十四年，充贵州乡试副考官。永年在书馆好深沈之思，四部兵、农、天算、术数诸家，钩稽精义，襄讥悉当，为同馆所推重。见宋、元遗书湮没者多见采于《永乐大典》中，于是抉摘编摩，自永新刘氏兄弟《公是》、《公非集》以下，凡得十余家，皆前人所未见者，咸著于录。又以为释、道有藏，儒者独无，乃开借书园，聚古今书籍十万卷，供人阅览传钞，以广流传。惜永年殁后，渐就散佚，则未定经久之法也。

王念孙，字怀祖，高邮州人。父安国，官吏部尚书，谥文肃，自有传。八岁读《十三经》毕，旁涉史鉴。高宗南巡，以大臣子迎銮，献文册，赐举人。乾隆四十年进士，选翰林院庶吉士。散馆，改工部主事。升郎中，擢陕西道御史，转吏科给事中。嘉庆四年，仁宗亲政，时川、楚教匪猖獗，念孙陈剿贼六事，首劾大学士和坤，疏语援据经义，大契圣心。是年授直隶永定河道。六年，以河堤漫口罢，特旨留督办河工。工竣，赏主事衔。河南衡家楼河决，命往查勘，又命驰赴台庄治河务。寻授山东运河道，在任六年，调永定河道。会东河总督与山东巡抚以引黄利运异议，召入都决其是非。念孙奏引黄入湖，不能不少淤，然暂行无害，诏许之。已而永定河水复异涨，如六年之隘，念孙自引罪，得旨休致。道光五年，重宴鹿鸣，卒，年八十有九。

念孙故精熟水利书，官工部，著《导河议》上下篇。及奉旨纂《河源纪略》，议者或误指河源所出，念孙力辨其讹，议乃定，《纪略》中《辨讹》一门，念孙所撰也。既罢官，日以著述自娱，著《读书杂志》，分《逸周书》、《战国策》、《管子》、《荀子》、《晏子春秋》、《墨子》、《淮南子》、《史记》、《汉书》、《汉隶拾遗》，都八十二卷。于古义之晦，于钞之误写，校之妄改，皆一一正之。一字之证，博及万卷，其精于校仇如此。

初从休宁戴震受声音文字训诂，其志经熟，于汉学之门户，手编《诗三百篇》、《九经》、《楚辞》之韵，分古音为二十一部。于支、脂、之三部之分，段玉裁《六书音均表》亦见及此，其分至、祭、盍、辑为四部，则段书所未及也。念孙以段书先出，遂辍作。又以邵晋涵为《尔雅正义》，乃撰《广雅疏证》。日三字为程，阅十年而书成，凡三十二卷，其书就古音以求古义，引伸触类，扩充于《尔雅》、《说文》，无所不达。然声音文字部分之严，一丝不乱。盖藉张揖之书以纳诸说，而实多揖所未知，及同时惠栋、戴震所未及。

尝语子引之曰："诂训之旨，存乎声音，字之声同、声近者，经传往往假借。学者以声求义，破其假借之字而读本字，则涣然冰释。如因假借之字强为之解，则结籲不通矣。毛公《诗传》多易假借之字而训以本字，已开改读之先。至康成笺《诗》注《礼》，屡云某读为某，假借之例大明。后人或病康成破字者，不知古字之多假借也。"又曰："说经者，期得经意而已，不必墨守一家。"引之因推广庭训，成《经义述闻》十五卷，《经传释辞》十卷，《周秦名字解诂》，《字典考证》。论者谓有清经术独绝千古，高邮王氏一家之学，三世相承，与长洲惠氏相埒云。

引之，字伯申。嘉庆四年一甲进士，授编修。大考一等，擢侍讲。历官至工部尚书。福建署龙溪令朱履中诬布政使李赓芸受赇，总督汪志伊、巡抚王绍兰劾之，对簿无佐证，而持之愈急。赓芸不堪，遂自经。命引之谳之，平反其狱，罢督抚官。为礼部侍郎时，有议为生祖母承重丁忧三年者，引之力持不可。会奉使去，持议者据奏行之。引之还，疏陈庶祖母非祖敌体，不得以承重论。缘情，即终身持服不足以报罔极，制礼，则承重之义，不能加于支庶。请复治丧一年旧例，遂更正。道光十四年，卒，谥文简。

同州李惇，字成裕。乾隆四十五年进士。惇与同县王念孙、贾田祖同力于学。始为诸生，为学使谢墉所赏。将选拔贡，会田祖卒于旅舍，惇经营殡事，不与试，墉叹为古人。江藩好诋诃前人，惇谓之曰："王子雍若不作《圣证论》以攻康成，岂非醇儒？"其面规人过如此。著有《群经识小》八卷，考诸经古义二百二十余事，多前人所未发。四十九年，卒，年五十一。

田祖，字稻孙。诸生。通《左氏春秋》，有《春秋左氏通解》。

宋绵初，字守端，亦高邮人。乾隆四十二年拔贡生，官五河、清河训导。邃深经术，长于说《诗》，著《韩诗内传征》四卷，又有《释服》二卷。

汪中，字容甫，江都人。生七岁而孤，家贫不能就外传。母邹，授以《四子书》。稍长，助书贾鬻书于市，因遍读经、史、百家，过目成诵，遂为通人。年二十，补诸生。乾隆四十二年拔贡生，提学使者谢墉，每试别置一榜，署名诸生前。尝曰："余之先容甫，爵也。若以学，当北面事之。"其敬中如此。以母老竟不朝考。五十一年，侍郎朱珪主江南试，谓人曰："吾此行必得汪中为选首。"不知其不与试也。

中颛意经术，与高邮王念孙、宝应刘台拱为友，共讨论之。其治《尚书》，有《尚书考异》。治《礼》，有《仪礼》校本，《大戴礼记》校本。治《春秋》，有《春秋述义》。治《小学》，有《尔雅》校本，及《小学说文求端》。中尝谓国朝古学之兴，顾炎武开其端，《河》、《洛》矫诬，至胡渭而绌。中、西推步，至梅文鼎而精，力攻古文者，阎璩也。专治汉《易》者，惠栋也。凡此皆千余年不传之绝学，及戴震出而集其大成。拟作六儒颂，未成。

又尝博考先秦古籍三代以上学制废兴，使知古人所以为学者。凡虞、夏第一，《周礼》之制第二，周衰列国第三，孔门第四，七十子后学第五。又列通论、释经、旧闻、典籍、数典、世官，目录凡六。而自题其端曰："观《周礼》太史云云，当时行一事则有一书，其后执书以行事，又其后则事废而书存。至宋儒以后，则并其书之事而去之矣。"又曰："有官府之典籍，有学士大夫之典籍，故老之传闻。行一事有一书，传之后世，奉以为成宪，此官府之典籍也。先王之礼乐政事，遭世之衰废而不失，有司徒守其文，故老能言其事。好古之君子,闵其浸久而遂亡也,而书之简毕,此学士大夫之典籍也。"又曰:"古之为学士者,官师之长,但教之以其事,其所诵者诗书而已。其他典籍,则皆官府藏而世守之,民间无有也。苟非其官,官亦无有也。其所谓士者,非王侯公卿大夫之子,则一命之士,外此则乡学、小学而已。自辟雍之制无闻,太史之官失守,于是布衣有授业之徒,草野多载笔之士。教学之官,记载之职,不在上而在下。及其衰也,诸子各以其学鸣,而先王之道荒矣。然当诸侯去籍,秦政焚书,有司所掌,荡然无存。犹赖学士相传,存其一二,斯不幸中之幸也。"又曰:"孔子所言,则学士所能为者,留为世教。若其政教之大者,圣人无位,不复以教子弟。又曰:"古人学在官府,人世其官,故官世其业。官既失守,故专门之学废。"其书藁草略具,亦未成。后乃即其考三代典礼及文字训诂、名物象数,益以论撰之文,为《述学》内、外篇,凡六卷。

其有功经主者,则有若《释三九》、《妇人无主答问》、《女子许嫁而婿死从死及守志议》、《居丧释服解义》。其表章经传及先儒者,则有若《周官征文》、《左氏春秋释疑》、《荀卿子通论》、《贾谊新书序》。其他考证之文,亦有依据。

中又熟于诸史地理,山川阨要,讲画了然,著有《广陵通典》十卷、《秦蚕食六国表》、《金陵地图考》。生平于诗文书翰无所不工,所作《广陵对》、《黄鹤楼铭》、《汉上琴台铭》,皆见称于时。他著有《经义知新记》一卷、《大戴礼正误》一卷、《遗诗》一卷。五十九年,卒,年五十一年。

中事母以孝闻,左右服劳,不辞烦辱。居丧,哀戚过人,其于知友故旧,没后衰落,相存问过于从前。道光十一年,旌孝子。中子喜孙,自有传。同郡人为汉学者,又有江德量、徐复、汪光爔。

德量,字量殊,江都人。父恂,好金石文字。伯父昱,通声音训诂之学。德量少承家学,及长,与汪中友,励志肆经,学益进。乾隆四十四年一甲进士,授翰林院编修,改江西道御史。居朝多识旧闻,博通掌故。公余键户,以文籍自娱。著有《古泉志》三十卷。五十八年,卒,年四十二。

复,字心仲,亦江都人,通《九章算术》。

光燨,字晋蕃,仪征人。廪生。博通经史,尝辨惠氏《易爻辰图》之谬,又作《萸稗释》,时人服其精核。

武亿,字虚谷,偃师人。父绍周,进士,官吏部郎中。亿居父母丧,哀痛毁瘠,以读书自励。时伊、洛溢,屋圮,架涝以居,斧朽木燎寒,诵读不辍。已,复从大兴朱筠游,益为博通之学。乾隆四十五年进士,五十六年,授山东博山县知县。县山多土瘠,民不务农。地产石炭、石矾,烧作玻璃器皿,商贾辐辏。亿问土俗利病,免玻璃入贡,革煤炭供馈,里马草豆不以累民。创范泉书院,进其秀者与之讲敦伦理,务实学。而决辞无留狱,祷雨即沛。有以赇干者,未敢进,亿廉知之,值迅雷,曰:"汝不闻雷声乎?吾矢祷久矣"。赇者惶悚而止,舆情大洽。

五十七年,大学士和珅领步军统领事闻,妄人言山东逆匪王伦未定死,密遣番役四出踪迹之。于是番役头目杜成德等十一人横行州县,入博山境,手铁尺饮博,莫敢谁何,亿悉执之,成德尤倔强,按法痛杖之。喧传其事者曰:"亿卤莽刑无罪,将累上官。"巡抚吉庆遂以滥责平民刻罢之,而不直书其事。亿莅任仅七月,及去,民携老弱千余人走大府乞留"我好官",不可得,则日为运致薪米,门如市焉。吉庆亦感动,因入觐,偕亿行,为筹捐复。大学士、公阿桂谓吉庆曰:"例禁番役出京畿,标何责县令按法之非,且隐其实而劾强项吏,何也?"吉庆深自悔,而格于部议,遂归。嘉庆四年十月,仁宗谕朝臣密举京、外各员内操守端洁、才猷干济、于平日居官事迹可据者,得赴部候旨召用,亿在所举中。十一月,县令捧檄至门,而亿先以十月卒矣,年五十有五。

亿学问醇粹,于《七经注疏》、《三史》、涑水《通鉴》,皆能暗诵。既罢官,贫不能归,所至以经史训诂教授生徒。勇于著录,有《群经义证》七卷、《经读考异》九卷、《金石三跋》十卷、《金石文字续跋》十四卷、《偃师金石记》四卷、《安阳金石录》十三卷。又有《三礼义证》、《授堂札记》、《诗文集》等书,皆旁引远征,遇微罅,辄剖抉精蕴,比辞达意,以成一例。大兴朱珪称亿不愧好古遗直云。

庄述祖,字葆琛,武进人。世父存与,官礼部侍郎,自有传。述祖乾隆四十五年进士,官山东潍县知县。明畅吏治,刑狱得中,豪猾敛迹。尝勘碱地,众以为斥卤也,述祖指路旁草问何名?曰马帚。述祖笑曰:"此于经名荓,《夏正》'荓秀'记时,凡沙土草荓者宜禾,何谓碱?"众皆服。甲寅,以卓异引见,还,檄授桃源同知。不一月,乞养归。著书色养者十六年,未尝一日离左右。二十一年,卒。

述祖传存与之学,研求精密,于世儒所忽不经意者,覃思独辟,洞见本末。著述皆义理宏达,为前贤未有。以为《连山》亡而尚存《夏小正》,《归藏》亡而尚有仓颉古文,略可稽求义类。故著《夏小正经传考释》,以斗柄南门织女记天行之不变,以参中大中纪日度之差,以二月丁卯知夏时,以正月甲寅启蛰为历元,岁祭为郊,万用入学为禘。著《古文甲乙篇》,谓许叔重始一终亥,偏旁条例所由出,日辰干支,黄帝世大挠所作,沮诵、苍颉名之以易结绳,伏羲画八卦作十言之教之后,以此三十二类为正名百物之本。故《归藏》为黄帝《易》,就许氏偏旁条例,以干支别为序次,凡许书所存及见于金石文字者,分别部居,书未竟,而条理粗具。其余五经,悉有撰著。旁及《逸周书》、《尚书大传》、《史记》、《白虎通》,于其舛句讹字,佚文脱简,易次换弟,草剟胈补,咸有证据,无不疏通,旷然思虑之表,若面稽古人而整比之也。所著《夏小正经传考释》十卷,《尚书今古文考证》七卷,《毛诗考证》四卷,《毛诗周颂口义》三卷,《五经小学述》二卷,《历代载籍足征录》一卷,《弟子职集解》一卷,《汉铙歌句解》一卷,《石鼓然疑》一卷,《文钞》七卷,《诗钞》二卷。

存与孙绥甲,字卿珊。家尽通家学,尤为述祖所爱重。著《尚书考异》三卷,《释书名》一卷。

同族庄有可,字大久。勤学力行,老而弥笃。取诸注、传,精研义理，句栉字比，合诸儒之书以正其是非，而自为之说。于《易》、《书》、《诗》、《礼》、《春秋》皆有撰述，凡四十二种，四百三十余卷。

戚学标，字鹤泉，太平人。幼从天台齐召南游，称高第。高宗巡江、浙，学标献《南巡颂》。乾隆四十五年，成进士，官河南涉县知县。县苦阔布征，学标请于大府得减额。权林县，有兄弟争产者，集李白句为《斗粟谣》以讽，皆感悔。性强项，多与上官龃龉，卒以是罢。后改宁波教授，未几归，从事撰述。

精考证，著《汉学谐声》二十三卷、《总论》一卷。用《说文》以明古音，谓六书之学，三曰形声，声不离形，形者声之本也。而声又随乎气，气有阴有阳，故一字之音，或从阴，或从阳，或阳而阴，或阴而阳，或阴阳各造其偏。昔人知其然，故但以某声者明字音所出，以端其本。以读若某设为譬况之词，使人依类而求。即离绝远去，而因此声之本以究此声之变，无患其不合。《说文》从某某声，从某某亦声，从某某省声，从某读若某，从某读与某某同，并二端兼。举声音之学，莫备于此。后人惑于徐氏所附孙恤音切，不究本读，而一二宿儒言古音如吴棫、陈第、顾炎武、江永之流，亦第就韵书辨析。不知《说文》形声相系，韵书就声言声。《说文》声气相求，韵书只论同声之应。其部居错杂分合，类出臆见。学者苟趣其便，衷于一读。且狃于平上去入之界之不可移易，谐声之法废，而《说文》之学晦矣。其书论声一本许氏，由本声以推变声，既列本注，旁搜古读以为之证。末附《说文补考》二卷，多辨正二徐谬误。又有《毛诗证读》若干卷，《诗声辨定阴阳谱》四卷，《四书偶谈》四卷，《内外篇》二卷，《字易》二卷，《鹤泉文钞》二卷。

江有诰，字晋三，歙县人。通音韵之学，得顾炎武、江永两家书，嗜之忘寝食。谓江书能补顾所未及，而分部仍多罅漏。乃析江氏十三部为二十一，与戴震、孔广森多暗合。书成，寄示段玉裁，玉裁深重之，曰："余与顾氏、孔氏皆一于考古，江氏、戴氏则兼以审音。晋三于前人之说择善而从，无所偏徇，又精于呼等字母，不惟古音大明，亦使今韵分为二百六部者得其剖析之故，韵学于是大备矣。"著有《诗经韵读》、《群经韵读》、《楚辞韵读》、《先秦韵读》、《汉魏韵读》、《唐韵四声正》、《谐声表》、《入声表》、《二十一部韵谱》、《唐韵再正》、《唐韵更定部分》、《总名江氏音学十书》，王念孙父子胥服其精。晚岁著《说文六书录》、《说文分韵谱》。道光末，室灾，焚其稿。有诰老而目盲，郁郁遂卒。

陈熙晋，原名津，字析木，义乌人。优贡生。以教习官贵州开泰、龙里、普定知县，仁怀同知，擢湖北宜昌府知府。权开泰时，教匪蒋昌华扰黎平，将兴大狱，熙晋缚其渠而贷诸胁从，全活无算。龙里民以钉鞋杀人，已诬服，而凶险不合，心疑焉。一日，方虑囚，见丛人中有曳钉鞋窃睨者，命执而鞫之，痕宛合，遂疑服。普定俗纠聚相雄长，号其魁曰"牛丛"。其获盗，不谒之官，辄积薪焚杀之。先是有挟仇焚三尸者，吏不敢捕。熙晋期必得，重绳以法，风顿革。其守宜昌也，楚大水，流庸聚宜昌，毕力抚绥，缮城垣，以工代赈。会秩满将行，为留六阅月，戢其事。送者数千人，皆泣下。乞养归，未几卒。

熙晋邃于学，积书数万卷，订疑纠谬，务穷竟原委，取裁精审。尝谓杜预解左氏有三蔽，刘光伯规之，而书久佚。惟正义引一百七十三事，孔颖达皆以为非，乃刺取经史百家及近儒著述，以明刘义。其杜非而刘是者申之，杜是而刘非者释之，杜、刘两说义俱未安，则证诸群言，断以己意，成《春秋规过考信》九卷。又谓《隋经籍志》载光伯《左氏述义》四十卷，不及《规过》，据孔颖达序称习杜义而攻杜氏，疑《规过》即在《述义》中。《旧唐书经籍志》载《述义》三十七卷，较《隋志》少三卷，而多《规过》三卷，此其证也。《正义》于规杜一百七十三事外，又得一百四十三事，盖皆《述义》之文。其异杜者三十事，驳正甚少。殆唐初奉敕删定，著为令典，党同伐异，势会使然。乃参稽得失，援据群言，成《春秋述义拾遗》八卷。

他著有《古文孝经述义疏证》五卷，《帝王世纪》二卷，《贵州风土记》三十二卷，《黔中水道记》四卷，《宋大夫集笺注》三卷，《骆临海集笺注》十卷，《日损斋笔记考证》一卷，《文集》八卷，《征帆集》四卷。

李诚，字静轩，黄岩人。嘉庆十八年拔贡生，官云南姚州州判，终顺宁知县。撰《十三经集解》二百六十卷，首胪汉、魏诸家之说，次采近人精确之语，而唐、宋诸儒之征实者亦不废焉。尝谓记水之书，自郦道元下，代不乏人，而言山者无成编，乃作《万山纲目》六十卷。又《水道提纲补订》二十八卷，《宦游日记》一卷，《微言管窥》三十六卷，《医家指迷》一卷。

丁杰，原名锦鸿，字升衢，归安人。乾隆四十六年进士，宁波府学教授。杰纯孝诚笃，尝奔走滇南迎父柩归葬。少家贫，就书肆中读。肆力经史，旁及《说文》、音韵、算数。初至都，适四库馆开，任事者延之佐校，遂与朱筠、戴震、卢文弨、金榜、程瑶田等相讲习。

杰为学长于校雠，与卢文弨最相似。得一书必审定句读，博稽他本同异。于《大戴礼》用功尤深，著有《大戴礼记绎》。又《易》郑《注》久佚，宋王应麟裒辑成书，惠栋复有增入。杰审视两本，以为多羼入郑氏《易乾凿度注》，又《汉书注》所云郑氏，乃即注《汉书》之人，非康成。乃刊其讹，定其是，复摘补其未备，著《周易郑注后定》凡十二卷。胡渭《禹贡锥指》号为绝学，杰摘其误甚多。尝谓《纬书》"移河为界在齐吕填阏八流以自广"。河患之棘，由九河堙废，而害始于齐。管仲能臣，必不自贻伊戚。班固叙《沟洫志》云："商竭周移，秦决南涯，自兹距汉，北亡八支。"则九河之塞，当在秦、楚之际矣。惠栋《尚书大传》辑本，杰以为疏舛，如"鲜度作刑，以诘四方"。误读《困学纪闻》，此谬之甚者。《五行传》文不类，读《后汉书注》，始知误连《皇览》也。杰尝与翁方纲补正朱彝尊《经义考序》年月，博采见闻，以相证合。又与许言彦阐绎《墨子》上、下经，大有端绪。《方言》善本，始于戴震，杰采获裨益最多，卢文弨以为不在戴下。《汉隶字原考正》，钱塘谓得隶之义例。

杰又言字母三十六字不可增并，不可颠倒：见、端、知、邦、非、精、照为孤清,不可增浊声也;疑、泥、娘、明、微、来、日为孤浊,不可增清声也;非即邦之轻唇,不可并于敉;微即明之轻唇,不可并于奉;影为晓之深喉,喻为匣之深喉,晓、匣、景、喻不可颠倒为影、晓、喻、匣也。所著书有《小酉山房文集》。嘉庆十二年,卒,年七十。

子授经,嘉庆三年优贡;传经,六年优贡。皆能世其家学,有双丁之目。授经佐其友严可均造《甲乙丙丁长编》,以校定《说文》。

周春,字松霭,海宁人。乾隆十九年进士,官广西岑溪县知县。革陋规,几微不以扰民,有古循吏风。以忧去官,岑溪人构祠祀焉。嘉庆十五年,重赴鹿鸣。二十年,卒,年八十七。春博学好古,两亲服阕,年未五十,不谒选。著《十三经音略》十三卷,专考经音,以陆氏《释文》为权舆,参以《玉篇》、《广均》、《五经文字》诸书音,字必审音,音必归母,谨严细密,丝毫不假。他著又有《中文孝经》一卷、《尔雅补注》四卷、《小学余论》二卷、《代北姓谱》二卷、《辽金元姓谱》一卷、《辽诗话》一卷、《选材录》一卷、《杜诗双声叠韵谱括略》八卷。

孙星衍,字渊如,阳湖人。少与同里杨芳灿、洪亮吉、黄景仁文学相齐。袁枚品其诗,曰“天下奇才”,与订忘年交。星衍雅不欲以诗名,深究经、史、文字、音训之学,旁及诸子百家,皆必通其义。乾隆五十二年,以一甲进士授翰林院编修,充三通馆校理。五十四年,散馆,试《厉志赋》,用《史记》“鞠躬如畏”,大学士和珅疑为别字,置三等改部。故事,一甲进士改部,或奏请留馆,又编修改官可得员外,前此吴文焕有成案。珅示意欲使往见,星衍不肯屈节,曰:“主事终擢员外,何汲汲求人为?”自是编修改主事遂为成例。

官刑部,为法宽恕,大学士阿桂、尚书胡季堂悉器重之。有疑狱,辄令依古义平议,所平反全活甚众。退直之暇,辄理旧业。洊升郎中。六十年,授山东兖沂曹济道。

嘉庆元年七月,曹南水漫滩溃,决单县地,星衍与按察使康基田鸠工集夫,五日夜,从上游筑堤遏御之,不果决。基田谓此役省国家数百万帑金也。寻权按察使,凡七阅月,平反数十百条,活死罪诬服者十余狱。潍县有武人犯法，贿和珅门，属托大吏。星衍访捕鞫之，械和门来者于衢。及回本任，值曹工漫溢，星衍以无工处所得疏防咎，特旨予留任。曹工分治引河三道，星衍治中段。毕工，校济东道、登莱道上下段省三十余万。先是河工分赔之员或得羡余，谓之扣费，星衍不取，悉以给引河工费。时曹工尚未合，河督、巡抚亟奏合龙，移星衍任，寻又奏称合而复开。开则分赔两次坝工银九万两，当半属后任，而司事者并以归星衍。星衍亦任之，曰："吾既兼河务，不能不为人受过也。"

四年，丁母忧归，浙抚阮元聘主诂经精舍。星衍课诸生以经史疑义及小学、天部、地理、算学、词章，不十年，舍中士皆以撰述名家。服阕，入都，仍发山东。十年，补督粮道。十二年，权布政使。值侍郎广兴在省，按章供张烦扰，星衍不肯妄支。从广以贿败，豫、东两省多以支库获罪，星衍不与焉。十六年，引疾归。

星衍博极群书，勤于著述。又好聚书，闻人家藏有善本，借钞无虚日。金石文字，靡不考其源委。尝病《古文尚书》为东晋梅赜所乱，官刑部时，即集《古文尚书马郑注》十卷、《逸文》二卷。归田后，又为《尚书今古文注疏》三十九卷，其序例云："《尚书》古注散佚，今刺取书传升为注者，五家三科之说：一、司马迁从孔氏安国问故，是古文说；一、《书大传》伏生所传欧阳高、大夏侯胜、小夏侯建，是今文说；一、马氏融、郑氏康成虽有异同，多本卫氏宏、贾氏达，是孔壁古文说，皆疏明出典。其先秦诸子所引古书说及《纬书》、《白虎通》等，汉、魏诸儒今文说、许氏《说文》所载孔壁古文，注中存其异文、异字，其说则附疏中。"其意在网罗放失旧闻，故录汉、魏人佚说为多，又兼采近代王鸣盛、江声、段玉裁诸人书说。惟不取赵宋以来诸人注，以其时文籍散亡，较今代无异闻，又无师传，恐滋臆说也。凡积二十二年而后成。其他撰辑，有《周易集解》十卷、《夏小正传校正》三卷、《明堂考》三卷、《考注春秋别典》十五卷、《尔雅广雅诂训韵编》五卷、《魏三体石经残字考》一卷、《孔子集语》十七卷、《晏子春秋音义》二卷、《史记天官书考证》十卷、《建立伏博士始末》二卷、

《寰宇访碑录》十二卷、《金石萃编》二十卷、《续古文苑》二十卷、《诗文集》二十五卷。

二十三年,卒,年六十六。星衍晚年所著书,多付文登毕亨、嘉兴李贻德为卒其业。

亨,原名以田,字恬溪。初从休宁戴震游,精汉人古训之学,尤长于《书》。星衍撰《尚书今古文注疏》,多采亨说,每称以为经学无双。中嘉庆十二年举人。道光六年,以大挑知县分发江西,署安义县。有兄杀胞弟案,亨执"不念鞠子哀,泯乱伦彝,刑兹无赦"义,不准援赦。大府怒,将劾之,会歙程恩泽重亨,事乃解。后补崇义,以积劳卒官,年且八十矣。著有《九水山房文存》二卷。

贻德,字次白。嘉庆二十三年举人,馆星衍所,相得甚欢。著《春秋左氏解贾服注辑述》二十卷。其书援引甚博,字比句栉,于义有未安者,亦加驳难。虽使冲远复生,终未敢专树征南之帜而尽弃旧义也。又有《诗考异》、《诗经名物考》、《周礼剩义》、《十七史考异》、《揽青阁诗钞》、《梦春庐词》。

王聘珍,字贞吾,南城人。自幼以力学闻。乾隆五十四年,学使翁方纲拔贡成均,为谢启昆、阮元参订古籍。尝客浙西,与歙凌廷堪论学,廷堪深许之。为人厚重诚笃,廉介自守。

治经确守后郑之学,著《大戴礼记解诂》十三卷、《目录》一卷。其言曰:"大戴与小戴同受业于后仓,各取孔壁古文说,非小戴删大戴、马融足小戴也。《礼察》、《保傅》,语及秦亡,乃孔襄等所合藏。是贾谊有取于古记,非古记采及《新书》也。《三朝记》、《曾子》,乃刘氏分属九流,非大戴所裒集也。"

又曰:"近代校雠,不知家法,王肃本点窜此经,私定《孔子家语》,反据肃本改易经文。又或据唐、宋类书如《艺文类聚》、《太平御览》之流,增删字句,或云据《永乐大典》改某字作某。凡兹数端,率以今义绳古义,以今音证古音,以今文易古文,遂使孔壁古奥之经,变而文从字顺,经义由兹而亡。"故其发凡大旨,礼典器数,墨守郑义，解诂文字，一依《尔雅》、《说文》及两汉经师训诂。有不知而阙，无杜撰之言。如"五义"义字，据《周礼注》读若仪，"五凿"五字，释若忤，《青史子》引《汉书》"君子养之"，读若"中心养养"之养。皆能根据经史，发蒙解惑。江都焦循称其不为增删，一仍其旧，列为《三十二读书赞》之一。他著《经义考补》、《九经学》。

凌廷堪，字次仲，歙县人。立岁而孤，冠后始读书，慕其乡江永、戴震之学。乾隆五十五年进士，改教职，选宁国府教授。奉母之官，毕力著述者十余年。嘉庆十四年，卒，年五十三。

廷堪之学，无所不窥，于六书、历算以迄古今疆域之沿革、职官之异同，靡不条贯。尤专礼学，谓："古圣使人复性者学也，所学者即礼也。颜渊问仁，孔子告之者惟礼焉，尔颜子叹道之高坚前后。迨'博文约礼'，然后'如有所立'，即'立于礼'之立也。礼有节文度数，非空言理者可托。"著《礼经释例》十三卷。谓："礼仪委曲繁重，必须会通其例。如乡饮酒、乡射、燕礼、大射不同，而其为献酢酬旅、酬无算爵之例则同；聘礼、觐礼不同，而其为郊劳执玉、行享庭实之例则同，特牲馈食、少牢馈食不同，而其为尸饭主人初献、主妇亚献、宾长三献、祭毕饮酒之例则同。"乃区为八例，以明同中之异，异中之同：曰通例，曰饮食例，曰宾客例，曰射例，曰变例，曰祭例，曰器服例，曰杂例。《礼经》第十一篇，自汉以来说者虽多，由不明尊尊之旨，故罕得经意，乃为《封建尊尊服制考》一篇，附于变例之后。大兴朱珪读其书，赠诗推重之。

廷堪《礼经》而外，复潜心于乐，谓今世俗乐与古雅乐中隔唐人燕乐一关，蔡季通、郑世子辈俱未之知。因以隋沛公郑译五旦、七调之说为燕乐之本，又参考段安节《琵琶录》、张叔夏《词源》、《辽史乐志》诸书，著《燕乐考原》六卷。江都江藩叹以为"思通鬼神"。他著有《元遗山年谱》二卷、《校礼堂文集》三十六卷、《诗集》十四卷。仪征阮元常命子常生从廷堪授《士礼》，又称其《乡射五物考》、《九拜解》、《九祭解》、《释牲》、《诗楚茨考》诸说经之文，多发古人所未发。

其尤卓然者,则《复礼》三篇云。

同邑洪榜,字汝登。乾隆二十三年举人。四十一年,应天津召试第一,授内阁中书。卒,年三十有五。粹于经学,著《明象》未成,终于《益卦》。因郑康成《易赞》作述赞二卷。又明声均,撰《四声均和表》五卷,《示儿切语》一卷。江氏永切字六百十有六,是书增补百三十九字,又以字母见、溪等字注于《广韵》之目每字之上,以定喉、吻、舌、齿、唇五音,盖其收宗江、戴二家之说而加详焉。为人律身以正,待人以诚。生平服膺戴震。戴震所著《孟子字义疏证》,当时读者不能通其义,惟榜以为功不在禹下。撰震《行状》,载与彭绍升书,朱筠见之,曰:"可不必载,戴氏可传者不在此。"榜乃上书辨论。江藩在吴下见其书,叹曰:"洪君可谓卫道之儒矣。"

汪龙,字辰叔,亦廷堪同邑人。乾隆五十一年举人。嗜古博学,尤精于《诗》,尝读《诗》《生民》、《元鸟》二篇,疑郑《笺》迹乳卵生之说,不若《毛诗》谓姜嫄、简狄从帝喾祀郊禖之正。遂稽《传》、《笺》同异,用力于是经者数十年,成《毛诗异义》四卷、《毛诗申成》十卷。卒,年八十二。

桂馥,字冬卉,曲阜人。乾隆五十五年进士,选云南永平县知县,卒于官。

馥博涉群书,尤潜心小学,精通声义。尝谓:"士不通经,不足致用;而训诂不明,不足以通经。"故自诸生以至通籍,四十年间,日取许氏《说文》与诸经之义相疏证,为《说文义证》五十卷。力穷根柢,为一生精力所在。

馥与段玉裁生同时,同治《说文》,学者以桂、段并称,而两人两不相见,书亦未见,亦异事也。盖段氏之书,声义兼明,而尤邃于声;桂氏之书,声亦并及,而尤博于义。段氏钩索比傅,自以为能冥合许君之旨,勇于自信,自成一家之言,故破字创义为多,桂氏专佐许说,发挥旁通,令学者引申贯注,自得其义之所归。故段书约而猝难通辟,桂书繁而寻省易了。夫语其得于心,则段胜矣;语其便于人,则段或未之先也。其专胪古籍,不下己意,则以意在博证求通,展转孳乳,触长无方,亦如王氏《广雅疏证》、阮氏《经籍撰诂》之类,非以己意为独断者。

及馥就宦滇南,追念旧闻,《随笔疏记》十卷,以其细碎,比之匠门木材,题曰《札朴》。然馥尝引徐干《中论》:"鄙儒博学,务于物名,详于器械,考于训诂,摘其章句而不能统其大义之所极,以获先王之心。故使学者劳思虑而不知道,费日月而无功成。"谓近日学者风尚六书,动成习气,偶涉名物,自负《仓》、《雅》,略讲点画,妄议斯、冰,叩以经典大义,茫呼未之闻也。此尤为同时小学家所不能言,足以针盲起废。他著有《晚学集》十二卷。

许瀚,字印林,日照人。道光十五年举人。官峄县教谕。博综经史及金石文字,训诂尤深。至校勘宋、元、明本书籍,精审不减黄丕烈、顾广圻。晚年为灵石杨氏校刊桂馥《说文义证》于清河,甫成而板毁于捻寇,并所藏经籍金石俱尽,遂抑郁而没,年七十。他著有《韩诗外传勘误》、《攀古小庐文》。

江声,字叔沄,元和人。七岁就傅读书,问读书何为,师以取科第为言,声求所以进于是者。年二十九,遭父疾,晨夕侍休褥,不解衣带,至自涤楲窬,视秽以验疾进退。及居忧,哀毁骨立,逾三年,容戚然如新丧者。侍母疾,居丧,亦如父殁时。族党哀其至行。既孤,因不复事科举业。读《尚书》,怪古文与今文不类。又怪孔《传》非安国所为。

年三十五,师事同郡通儒惠栋,得读所著《古文尚书考》及阎若璩《古文疏证》,乃知古文及孔《传》皆晋时人伪,作于是集汉儒之说,以注二十九篇,汉注不备,则旁考他书。精研古训,成《尚书集注音疏》十二卷,附《补谊》九条、《识伪字》一条,《尚书集注音疏前后述外编》一卷,《尚书经师系表》也。经文注疏,皆以古篆书之。疑伪古文者,始于宋之吴才老,朱子以后,吴草庐、郝京山、梅鹭皆不能得其要领。至本朝阎、惠两征君所著之书,乃能发其作伪之迹,剿窃之原。若刊正经文，疏明古注，则皆未之及也，及声出而集大成焉。

声又病后世深求考老转注之义，至以篆迹求之，因为《六书说》，谓建类一首，即始一终亥五百四十部之首，同意相受，即凡某之属皆从某也，阳湖孙星衍亦推其说，以为《尔雅》肇、祖、元、胎之属，始也。始亦建类一首，肇、祖、元、胎皆为始，亦同意相受。说此类亦甚多。推考老之训，如口部之咽，嗌也；嗌咽也。走部之走，趋也；趋，走也。犹之考注老，老转注考矣。其同在口部、走部，即建类一首也。声亦以为然，而戴震以为贯全部则义太广。声折之曰："若止考老为转注，不已溢乎？且谐声一义，不贯全部乎？"声与震以学问相推重，其不相附和如此。

生平不作楷书，即与人往亲笔札，皆作古篆，俗儒往往非笑之，而声不顾也。其写《尚书》瀍水字，覆字，不在说文，瀍据《淮南》作廛，覆据《尔雅》义作孟，人始或怪之，后服其非臆说。顾其书终以时俗不便识读，不甚行于时。

声性耿介，不慕荣利。交游如王鸣盛、王昶、毕沅，皆重其品藻，而声未尝以私事干之，当事益重其人。嘉庆元年，举孝廉方正。四年，卒，年七十有九。晚年因不谐俗，动与时违，取《周易》艮背之义，自号艮庭，学者称为艮庭先生云。

子镠，吴县学生。孙沅，优贡生。世传其学。

沅，字子兰。金坛段玉裁侨居苏州，沅出入其门者数十年。沅先著《说文释例》，后承玉裁属，以段书《十七部谐声表》之列某声某声者为纲，而件系之；声复生声，则依其次第，为《说文解字音均表》凡十七卷。沅于段纰讹处略笺其失，其言曰："支、脂、之之为三，真、臻、先与谆、文、欣、魂、痕之为二，皆陆氏之旧，而段氏矜为独得之秘，严分其界以自殊异。凡许氏所合韵处，皆多方改使离之，而一部之与十二部，亦不使相通。故茁之读若秘，改为逼；肍之乙声，删去声字，必之弋亦声，改为八亦声。而于开章一篆说解极一物三字，即是一部、十二部、十五部合韵之理，于是绝不敢言其韵，直至亥字下重文说之也。十二、十三两部之相通者，惟民、昏二字为梗，故力去昏字,以就其说。畀字田声,十五部也,绑从畀得声,而绑即古綦字,在一部,遂改畀字为由声,以避十五部与一部之合音。凡此皆段氏之症结处也。"又曰:"段氏论音谓古无去,故谱诸书平而上入。沅意古音有去无入,平轻去重,平引成上,去促成入。上入之字,少于平去,职是故耳。北人语言入皆成去,古音所沿,至今犹旧,非敢苟异,参之或然。"沅当时面质玉裁,亲许驳勘,故有不同云。卒,年七十二。

钱大昭,字晦之,嘉定人。大昕弟。大昕深于经史,一门群从,皆治古学,能文章,为东南之望。大昭少于大昕者二十年,事兄如严师,得其指授,时有两苏之比。壮岁游京师,尝校录四库全书,人间未见之秘,皆得纵观,由是学问益浩博。又善于决择,其说经及小学之书,能直入汉儒阃奥。尝欲从事《尔雅》,大昕与书,谓:"《六经》皆以明道,未有不通训诂而能知道者。欲穷《六经》之旨,必自《尔雅》始。"大昭乃著《尔雅释文补》三卷及《广雅疏义》二十卷。

又著《说文统释》六十卷,其例十:一、曰疏证以佐古义,凡经典古义与许合者在所必收。二、曰音切以复古音,以徐铉、徐锴等不知古音,往往误读,又许君言读若某者,即有某音,今并补正;又《说文》本有旧音,《隋书经籍志》有《说文音隐》,《颜氏家训》引之。唐以前传注家多称《说文》音某,今并采附本字之下。三曰考异以复古本,凡古本暨古书所引有异同者,悉取以折中。四曰辨俗以正讹字,凡经典相承俗字,及徐氏新补、新附字,皆辨证详明,别为一卷附后。五曰通义以明互借,凡经典之同物同音,于古本是通用书,皆引经证之。六曰从母以明孳乳,如完、刓、髡、愒等字,皆于元下注云从此。七曰别体以广异义,凡重文中之籀、篆、古文、奇字,皆有所从,其许君未言者,亦略释之;经典两用者,则引而证焉。八曰正讹以订刊误,凡许君不收之字,注中不应有,又字画脱误者,并校正之。九曰崇古以知古字,如鹮、鸤、鹩、鹟之类,经典有不从鸟者,此古今字,今注曰古用某。十曰补字以免漏略,如由、希、兔、畾等三十九字，从此得声者甚多，而书中脱落，有子无母，非许例，今酌补之，亦别为一卷附后。

大昭于正史尤精《两汉》，尝谓注史与注经不同，注经以明理为宗，理寓于训诂，训诂明而理自见。注史以达事为主，事不明，训诂虽精无益也。每怪服虔、应劭之于《汉书》，裴骃、徐广之于《史记》，其时去古未远，稗官、载记、碑刻尚多，不能会而通之，考异质疑，徒戋戋于训诂，乃著《两汉书辨疑》四十卷，于地理、官制皆有所得。又仿其例著《三国志辨疑》三卷。又以宋熊方所补《后汉书年表》只取材范《书》、陈《志》，乃于正史外兼取山经、地志、金石、子集，其体例依班氏之旧，而略变道之，著《后汉书补表》八卷。计所补王侯，多于熊《书》百三十人，论者谓视万斯同《历代史表》有过之无不及。他著有《诗古训》十二卷、《经说》十卷、《补续汉书艺文志》二卷、《后汉郡国令长考》一卷、《迩言》二卷。

生平不嗜荣利，名其读书之所曰"可庐"，欲蕲至于古之随遇自足者。嘉庆元年，举孝廉方正。

子东垣，字既勤。嘉庆三年举人。官浙江松阳县知县，以艰归。服阕，补上虞县。东垣与弟绎、侗，皆潜研经、史、金石，时称"三凤"。尝与绎、侗及同县秦鉴勘订郑《志》，又与绎、侗、鉴及桐乡金锡鬯辑释《崇文总目》，世称精本。东垣为学沈博而知要，以世传《孟子注疏》缪舛特甚，乃辑刘熙、綦毋邃、陆善经诸儒古注及顾炎武、阎若璩、同时师友之论，附以己见，并正其音读，考其异同，为《孟子解谊》十四卷。他著有《小尔雅校证》二卷、《补经义考》四十卷、《列代建元表》、《勤有堂文集》。

侗，字同人。于历算之学，亦能究其原本。大昕撰《宋辽金元四史朔闰考》，未竟而卒，侗证以群书、金石文字，增辑一千三百余条。日夕检阅推算，几忘寝食，卒因是感疾而殁。

朱骏声，字丰芑，吴县人。年十三，受许氏《说》，一读即通晓。从钱大昕游，钱一见奇之，曰："衣钵之传，将在子矣！"嘉庆二十三年举人，官黟县训导。咸丰元年，以截取知县入都，进呈所著《说文通训定声》及《古今韵淮》、《柬韵》、《说雅》，共四十卷。文宗披览，嘉其洽，赏国子监博士衔。旋迁扬州府学教授，引疾，未之官。八年，卒，年七十一。

骏声著述甚博，不求知于世，兼长推步，明通象数。尝论《尔雅》太岁在寅，推大昕说，谓其时自以实测之岁星在亥，定太岁在寅，命之曰摄提格以纪年，岁星所合之辰，即为太岁。然岁星阅百四十四年而超一辰，至秦、汉而甲寅之年岁星在丑，太岁应在子。汉诏书以太初元年为摄提格者，因六十纪年之名，历年以次排叙，不能顿超一辰，故仍命以摄提格也。于是后人以寅、卯等为太岁，强以摄提格等为岁阴。其实《尔雅》所云岁阳、岁阴，非如后人说也。他著有《左传旁通》十卷、《左传识小录》三卷、《夏小正补传》一卷、《离骚补注》一卷。

子孔彰，字仲我。能传父业，著有《说文粹》三编、《十三经汉注》、《中兴将帅别传尔》。

清史稿卷四八二
列传第二六九

儒林三

马宗梿　子瑞辰　　张惠言　子成孙　江承之

郝懿行　陈寿祺　子乔枞　谢震　何治运

孙经世　柯蘅　许宗彦　吕飞鹏　沈梦兰

宋世荦　严可均　岩元照　焦循　子廷琥

雇凤毛　钟怀　李钟泗　李富孙　兄超孙

弟遇孙　胡承珙　胡秉虔　朱琦　凌曙

薛传均　刘逢禄　宋翔凤　戴望　雷学淇

崔述　王萱龄　胡培翚　杨大堉　刘文淇

子毓崧　孙寿曾　方申　丁晏　王筠

曾钊　林伯桐　李黼平　柳兴恩　弟荣宗

许桂林　钟文烝　梅毓　陈沣　侯康　侯度

桂文灿　郑珍　邹汉勋　王崧　刘宝楠

子恭冕　龙启瑞　苗夔　庞大坤　陈立

陈奂　金鹗　黄式三　子以周　俞樾

张文虎　王闿运　王先谦　孙诒让

郑杲 宋书升 法伟堂

马宗梿,字器之,桐城人。由举人官东流县教谕。嘉庆六年成进士,又一年卒。少从舅氏姚鼐学诗、古文词所作多沉博绝丽,既而精通古训及地理之学。乡举时,以解《论语》过位、升堂合于古制,大兴朱珪亟拔之。后从邵晋涵、任大椿、王念孙游,其学益进。尝以解经必先通训诂,而载籍极博,未有汇成一编者,乃偕同志孙星衍、阮元、朱锡庚分韵编录,适南旋中辍。其后元视学江、浙,萃诸名宿为《经籍撰诂》,其凡例犹宗梿所手订也。生平敦实,寡嗜好,惟以著述为乐。尝撰《左氏补注》三卷,博征汉、魏诸儒之说,不苟同立异。所著别有《毛郑诗诂训考证》、《周礼郑注疏证》、《谷梁传疏证》、《说文字义广证》、《战国策地理考》、《南海郁林合浦苍梧四郡沿革考》、《岭南诗钞》,共数十卷,《校经堂诗钞》二卷。

子瑞辰,字元伯,嘉庆十五年进士,选翰林院庶吉士。散馆,改工部营缮司主事。擢郎中。因事罣误,发盛京效力。旋赏主事,奏留工部,补员外郎。复坐事发往黑龙江,未几释归。历主江西白鹿洞、山东峄山、安徽庐阳书院讲席。发逆陷桐城,众惊走,贼胁之降,瑞辰大言曰:"吾前翰林院庶吉士、工部都水司员外郎马瑞辰也!吾命二子团练乡兵,今仲子死,少子从军,吾岂降贼者耶?"贼执其发爇其背而拥之行。行数里,骂愈厉,遂死,年七十九。事闻,恤荫如例,敕建专祠。瑞辰勤学著书,耄而不倦。尝谓:"《诗》自齐、鲁、韩三家既亡,说《诗》者以《毛诗》为最古。据郑《志》答张逸云:'注《诗》宗毛为主,毛义隐略,则更表明'是郑君大旨,本以述毛,其笺《诗》改读,非尽《易传》。而《正义》或误以为毛、郑异义郑君先从张恭祖受韩,凡《笺》训异毛者,多本韩说。其答张逸亦云:'如有不同,即下己意。'而《正义》又或误合《传》、《笺》为一。《毛诗》周古文,其经字多假借,类皆本于双声、叠韵,而《正义》或有未达。"于是乃撰

《毛诗传笺通释》三十二卷，以三家辨其异同，以全经明其义例，以古音、古义证其讹互，以双声、叠韵别其通借。笃守家法，义据通深。同时长洲陈奂著《毛诗传疏》，亦为专门之学。由是治《毛诗》者多推此两家之书。

子三俊，字命之。优贡生，举孝廉方正，学宗程、朱。以国难家仇。愤欲杀贼。四年六月，率练勇追贼至周瑜城，力战死，年三十五。著有《马征君遗集》。

张惠言，字皋闻，武进人。少受《易经》，即通大义。年十四为童子师，修学立行，敦礼自守，人皆称敬。嘉庆四年进士，时大学士朱珪为吏部尚书，以惠言学行特奏改庶吉士，充实录馆纂修官。六年，散馆，改部属，珪复特奏授翰林院编修。七年，卒，年四十有二。

惠言乡、会两试皆出朱珪门，未尝以所能自异，默然随群弟子进退而已。珪潜察得之，则大喜，故屡进达之，而惠言亦断断相诤不敢隐。珪言天子当以宽大得民，惠言言："国家承平百年余，至仁涵育，远出汉、唐、宋之上，吏民习于宽大，故奸孽萌芽其间，宜大伸罚以肃内外之政。"珪言天子当优有过大臣，惠言言："庸狠之辈，幸致通显，复壤朝廷法度，惜全之当何所用？"珪喜进淹雅之士，惠言言："当进内治官府、外治疆场者，"与同县洪亮吉于广坐诤之。

惠言少为词赋，拟司马相如、扬雄之文。及壮，又学韩愈、欧阳修。篆书初学李阳水，后学汉碑额及《石鼓文》。尝奉命诣盛京篆列圣加尊号玉宝，惠言言于当事，谓旧藏宝不得磨治，又谓翰林奉命篆列圣宝，宜奏请驰驿，以格于例不果行。

生平精思绝人，尝从歙金榜问故，其学要归《六经》，而尤深《易》、《礼》。著有《周易虞氏义》、《虞氏消息》，序曰："自汉武帝时，刘向校书，考《易》说，以为诸《易》家皆祖田何、杨叔、丁将军，大义略同，惟京氏为异。而孟喜受《易》家阴阳，其说《易》本于气，而后以人事明之。八卦六十四象，四正七十二候，变通消息，诸儒祖述之，莫能具。当汉之季年，扶风马融作《易传》，授郑康成作《易注》。而荆州牧刘表、会稽太守王朗、颖川荀爽、南阳宋忠皆以《易》名家，各有所述，唯翻传孟氏学，既作《易注》，奏上之献帝。翻之言《易》，以阴阳消息六爻，发挥旁通升降上下，归于乾元用九而天下治。依物取类，贯穿比附，始若琐碎，及其沈深解剥，离根散叶，畅茂条理，遂于大道，后儒罕能通之。自魏王弼以虚空之言解《易》，唐立之学官，而汉世诸儒之说微，独资州李鼎祚作《周易集解》，颇采古《易》家言，而翻注为多。其后古书尽亡，而宋道士陈抟以意造为《龙图》，其徒刘牧以为《易》之《河图》、《洛书》也，河南邵雍又为先天、后天之图，宋之说《易》者翕然宗之，以至于今，牢不可拔，而《易》阴阳之大义，盖尽晦矣。大清有天下元和征士惠栋始考古义孟、京、荀、郑、虞氏，作《易汉学》又自为辞释曰《周易述》然掇拾于亡废之后，左右采获，十无二三，其所述大氏宗祢虞氏，而未能尽通，则旁征他说以合之。盖从唐、五代、宋、元、明朽壤散乳千有余年，区区修补收拾，欲一旦而其道复明，斯固难也。翻之学既邃，又具见马、郑、荀、宋氏书，考其是否，故其义为精。又古书亡，而汉、魏师说可见者十余家，然唯郑、荀、虞三家略有梗概可指说，而虞尤较备。然则求七十子之微言，田何、杨叔、丁将军之传者，舍虞氏之注，其何所自焉？故求其条贯，明其统例，释其疑滞，信其亡阙，为《虞氏义》九卷，又表其大旨，为《消息》二卷。"又著有《虞氏是易礼》二卷，《虞氏易俟》一卷，《虞氏易言》二卷。

　　初，惠栋作周易述，大旨遵虞翻，补以郑、荀诸儒。学者以未能专一少之。仪征阮元谓汉人之《易》，孟、费诸家，各有师承，势不能合。惠传虞氏《易》，即传汉孟氏《易》矣，孤经绝学也。惠言又著《周易郑氏义》三卷，《周易荀氏九家义》一卷，《周易郑荀义》三卷，《易义别录》十四卷，《易纬略义》三卷，《易图条辨》二卷。其《易义别录序》，谓不尽见其辞而欲论其是非，犹以也。故其所著，皆羽仪虞氏《易》者。于《礼》有《仪礼词》一卷，《读仪礼记》二卷，皆特精审。又有《茗柯文》五卷，《词》一卷。

　　子成孙，字彦惟。少时，惠言课以《说文》，令分六书谱之，成《象

形》于卷。惠言著《说文谐声谱》，未竟而卒，成孙后从庄述祖游，得
其大要，乃续成之。卷第篇例多所增易，凡五十卷。其书分中、僮、
麃、林、岩、筐、荣、蓁、诜、千、萋、肆、揖、支、皮、丝、鸠、芺、葽、岨二
十部，此乃于《毛诗》中拈其最先出之字为建首，加以《易》韵、屈韵，
而又以《说文》之声分从之，梨然不紊，有各家所未及者。尝以示仪
征阮元，元叹其超卓精细。成孙兼精天学，同里董佑诚殁，为校刊其
遗书。又著有《端虚勉一居文集》。

江承之，字安甫，歙县人。学于惠言。时弟子从惠言受《易》、
《礼》者十数，其甥董士锡受《易》，通阴阳五行家言，承之兼受《易》、
《礼》，著有《周易爻义》、《虞氏易变表》、《仪礼名物》、《郑氏诗谱》，
年仅十有八。

郝懿行，字恂九，栖霞人。嘉庆四年进士，授户部主事。二十五
年，补江南司主事。道光三年，卒，年六十九。

懿行为人谦退，呐若不出口，然自守廉介。不轻与人晋接。遇
非素知者，相封竟日无一语，迨谈论经义，则喋喋忘倦。所居四壁萧
然，庭院蓬蒿常满，僮仆不备，懿行处之晏如。浮沉郎署，视官之荣
悴，若无与于己者，而一肆力于著述，漏下四鼓者四十年。所著有
《尔雅义疏》十九卷，《春秋说略》十二卷，《春秋比》一卷，《山海经笺
疏》十八卷，《易说》十二卷，《书说》二卷。

懿行尝曰："邵晋涵《尔雅正义》搜辑较广，然声音训诂之原，尚
多壅阁，故鲜发明。今余作《义疏》，于字借声转处，词繁不杀，殆欲
明其所以然。"又曰："余田居多载，遇草木虫鱼有弗知者，必询其
名，详察其形，考之古书，以征其然否。今兹疏中其异于旧说者，皆
经目验，非凭胸臆，此余书所以别乎邵氏也。"懿行之于《尔雅》，用
力最久，藁凡数易，垂殁而后成。于古训同异，名物疑似，必详加辨
论，疏通证明，故所造较晋涵为深。高邮王念孙为之点阅，寄仪征阮
元刊行。元总裁会试时，从经义中识拔懿行者也。

其笺疏《山海经》，援引各籍，正名辨物，事刊疏谬，辞取雅驯。

阮元谓吴氏《广注》征引虽博，失之芜杂，毕沅校本，订正文字尚多疏略，惟懿行精而不凿，博而不滥。

懿行妻王照圆，字瑞玉。博涉经史，当时著书家，有"高邮王父子。栖霞郝夫妇"之目。著有《诗说》一卷，《列女传补注》八卷，附《女录》一卷，《女校》一卷。又与懿行以诗答问，懿行录之为《诗问》七卷，其《尔雅义疏》亦间取照圆说，他著有《诗经拾遗》一卷，《汲冢周书辑要》一卷，《竹书纪年校正》十四卷，《荀子补注》一卷，《晋宋书故》一卷，《补晋书刑法志》一卷，《食货志》一卷，《文集》十二卷。照圆又有《列仙传校正》二卷。

陈寿祺，字恭甫，闽县人。少能文。年十八，台湾平，撰上福康安百韵诗并序，沉博绝丽，传诵一时。嘉庆四年成进士，选翰林院庶吉士，散馆授编修。寻告归，性至孝，不忍言仕，家贫无食，父命之入都。九年，充广东乡试副考官。十二年，充河南乡试副考官。十四年，充会试同考官，京察一等，记名御史。寿祺以不得迎养二亲，常怏然不乐。将告归矣，俄闻父殁，恸几绝，奔归。服除，乞养母，母殁，终丧。年五十三，有密荐于朝者，卒不出。

寿祺会试出朱珪、阮元门，乃专为汉儒之学，又及见钱大昕、段玉裁、王念孙、程瑶田诸人，故学益精博。解经得两汉大义，每举一义，辄有折衷。

两汉经师莫先于伏生，莫备于许氏、郑氏，寿祺阐明遗书，著《尚书大传笺》三卷、《序录》一卷、《订误》一卷，附《汉书五行志》，缀以他书所引刘氏《五行传论》三卷。序曰："伏生《大传》，条撰大义，因经属恉，其文辞尔雅深厚，最近《大小戴记》七十子之徒所说，非汉诸儒传训之所能及也。康成百世儒宗，独注《大传》，其释《三礼》，每援引之。及注《古文尚书》，《洪范》五事，《康诰》孟侯，文王伐崇、牧野之岁，周公克殷、践奄之年，咸据《大传》以明事，岂非闳识博通信旧闻者哉？且夫伏生之学，尤善于《礼》，其言巡狩、朝觐郊尸、迎日、庙祭、族燕、门塾、学校、养老、择射、贡士、考绩、郊遂、采地、房堂、路寝之制，后夫人入御，太子迎问诸侯之法，三正之统，五服之色，七始之素，八伯之乐，皆唐、虞、三代遗文，往往《六经》所不备，诸子百家所不详。今其书散逸，十无四五，尤可宝重。宋朱子与勉齐黄氏纂《仪礼经传通解》，捃摭《大传》独详，盖有裨《礼》学不虚也。《五行传》者，自夏侯始昌，至刘氏父子传之，皆善推祸福著天人之应。汉儒治经，莫不明象数阴阳，以穷极性命。故《易》有孟、京卦气之候，《诗》有翼奉五际之要，《春秋》有公羊灾异之条，《书》有夏侯、刘氏、许商、李寻《洪范》之论。班固本《大传》，揽仲舒，别向、歆，以传《春秋》，告往知来，王事之表，不可废也。是以录《汉书五行志》附于后，以备一家之学云。”

又著《五经异义疏证》三卷，《左海经辨》二卷，《左海文集》十卷，《左海骈体文》二卷，《绛趺堂诗集》六卷，《东越儒林文苑后传》二卷，《东观存藁》一卷。

寿祺归后，阮元延课诂经精舍生徒。元纂群经古义为《经郛》，寿祺为撰条例，明所以原本训辞、会通典礼、存家法而析异同之意。后主泉州清源书院十年，主龟峰书院十一年，与诸生言修身励学，教以经术，作《义利辨》、《知耻说》《科举论》以示学者。规约整肃，士初苦之，久乃悦服。家居与诸当事书，与桑梓利弊，蒿目痗心，虽触忌讳无所隐。明儒黄道周孤忠绝学，寿祺搜辑遗文，为之刊行。又具呈大吏，乞疏请从祀孔庙，议上，如所请。道光十四年，卒，年六十四。

子乔枞，字朴园。道光五年举人，二十四年，以大挑知县分发江西。历官分宜、弋阳、德化、南城诸县，署袁州、临江、抚州知府。以经术饰吏治，居官有声。同治七年，卒于官，年六十一。初，寿祺以郑注《礼记》多改读，又尝钩考齐、鲁、韩三家诗佚文、佚义与毛氏异同者，辑而未就。病革，谓乔枞曰：“尔好汉学，治经知师法，他日能成吾志，九原无憾矣！”乔枞乃䌷绎旧闻，勒为定本，成《礼记郑读考》六卷，《三家诗遗说考》十五卷。又著《齐诗翼氏学疏证》二卷，《诗纬集证》四卷。谓《齐诗》之学，宗旨有三：曰四始，曰五际，曰六情。皆以明天地阴阳终始之理,考人事盛衰得失之原,言王道治乱安危之故。齐先亡,最为寡证,独翼奉存其百一,且其说多出《诗纬》,察躔象,推历数,征休咎,盖齐学所本也。《诗纬》亡而《齐诗》遂为绝学矣。又著《今文尚书经说考》三十四卷,《欧阳夏侯经说考》一卷。谓:"二十九篇今文具存,十六篇既无今文可考,遂莫能尽通其义。凡古文《易》、《书》、《诗》、《礼》、《论语》、《孝经》所以传,悉由今文为之先驱,今文所无辄废。向微伏生,则万古长夜矣。欧阳、大小夏侯各守师法,苟能得其单辞片义,以寻千百年不传之绪,则今文之维持圣经于不坠者,岂浅尠哉!"又有《诗经四家异文考》五卷,《毛诗郑笺改字说》四卷,《礼堂经说》二卷,最后为《尚书说》。时宿学渐芜,考据家为世訾謷,独湘乡曾国藩见其书以为可传。自元和惠氏、高邮王氏外,惟乔枞能修世业,张大其家法。

寿祺同里治古学者,有谢震、何治运。

震,原名在震,字甸男,侯官人。乾隆五十四年举人,顺昌学教谕。震尝与闽县林一桂、瓯宁万世美俱精《三礼》,震尤笃学嗜古。然断断持汉学,好排击宋儒凿空逃虚之说。寿祺与震同举乡试,少震六岁,视为畏友。震重气谊,有志用世,而不遇于时,年四十卒。弟子缉其遗著有《礼案》二卷,精核胜敖氏。又有《四书小笺》一卷,《四圣年谱》一卷。工诗,有《樱桃轩诗集》二卷。

治运,字郏海,闽县人。嘉庆十二年举人。洽闻疆识,笃志汉学。粤督阮元尝聘纂《广东通志》。后游浙中,巡抚陈若霖为锓其经解及论辨文字四卷,名《何氏学》。道光元年,卒,年四十七。治运与寿祺友,及卒,寿祺以谓无与为质,不获以辅成其学也。

孙经世,字济侯,惠安人。寿祺弟子。寿祺课士不一格,游其门者,若仙游王捷南之《诗》、《礼》、《春秋》、诸史,晋江杜彦士之小学,惠安陈金城之汉《易》,将乐梁文之性理,建安丁汝恭、德化赖其煐、建阳张际亮之诗、古文辞,皆足名家。而经世学成蚤世,世以儒林推之。经世少喜读《近思录》,后沈研经义,谓不通经学,无以为理学,不明训诂，无以通经，不知声音文字之原，无以明训诂。著《说文会通》十六卷，《尔雅音疏》六卷，《释文辨证》十四卷，《韵学溯源》四卷，《十三经正读定本》八十卷，《经传释词续编》八卷。又著《春秋例辨》八卷，《考经说》二卷，《夏小正说》一卷，《诗韵订》二卷，《惕齐经说》六卷，《读经校语》四卷。

柯蘅，胶州人。从寿祺受许、郑之学，尝以《史》、《汉》诸表为纪、传之纲领，而讹误舛夺，最为难治，乃条而理之，著《汉书七表校补》二十卷。为例十：一曰辨事误，二曰辨文字误，三曰辨注误，四曰辨诸家考证之误，五曰以本书证本书之误，六曰《史》、《汉》互证而知其误，七曰《汉书》、荀《纪》互证而知其误，八曰《汉书》、《水经注》互证而知其误，九曰据纪、传以补表之阙，十曰据今地以证表之误，钩稽隐颐，凡前人之说，皆取而辨其是非，至前人未及者，又得二三十事，亦专门之学也。尤长于诗，著有《声诗阐微》二卷，《旧雨草堂诗集》四卷，其说经、说史之作，门人集为《旧雨草堂札记》。

许宗彦，字积卿，德清人。九岁能读经、史。善属文，侍郎王昶爱其才，作《积卿字说》以赠，嘉庆四年进士，授兵部主事，就官两月，以亲老遽引疾归。亲殁，卒不出。居杭州，杜门以读书为事。其学无所不通，探颐索隐，识力卓然，发千年儒者所未发。考周五庙二祧，以为周制五庙之外，别有二祧，为迁庙之杀，以厚亲之仁。宗庙之外，别立祖宗，与禘、郊同为重祭，以大尊尊之义。诸经无文，武二庙不毁之说，误始于韦元成，而刘歆因之，郑康成亦因之。祧者迁庙，乃谓为不迁之庙，名实乖矣。又考文、武二世室，以为周文、武皆配于明堂太室，故有"文、武世室"之号。孔颖达误谓伯禽称"文世室"，武公称"武世室"。以《公羊传》周公称"太庙"、鲁公称"世室"，群公称"宫"证之，舛甚。

又考《禹贡》三江，以为《汉志》言"分江水首受江，东至余姚入海。"夫曰"分江水，"曰"首受江，"则非南江之正流可知，曰"东至余姚入海"，则非在吴入海可知，与《禹贡》三江无与又考太岁、太阴，以为太岁者,岁星与日同次斗杓所建之辰也。太阴始寅终丑,太岁始子终亥。《汉律志》曰:"太初元年,岁前十一月朔旦冬至,岁在星纪婺女六度,岁名困敦。"此太岁始子之碻证。武帝诏曰:"年名焉逢、摄提格。"此太阴始寅之碻证。《汉书天文志》始误以甘、石之言太阴者系之太岁,而与太初之太岁遂差两辰,乃以为星有赢缩,非矣。

又说六书转注,以为从偏旁转相注。《说文》曰:"转注者,建类一首,同意相受,考老是也。"《后序》曰"其建首也,立一为耑,即建类一首之谓也。如示为部首,从示之偏旁注为神祇等字,从神祇注为祠祀祭祝等字,展转相注,皆同意为一类。戴震指《尔雅》诂训为转注,而不知诂训出于后来,非制字时所豫有也。段玉裁引戴说,又言《尔雅》字多假借,而不知假借者本无其字,今如初、哉、首、基之训,非本无首字,而假初、哉诸字以当之也。其他所著学说,能持汉、宋儒者之平。《礼论》、《治论》诸篇,皆稽古证今,通达政体。

尤精天文,得泰西推步秘法,自制浑金球,别具神解。尝援《纬书》四游以疏本天高卑,而知不同心非浑圆之理。考《周髀》北极璇玑,以推古人测验之法。七政皆统于天,而知东汉以前用赤道,不用黄道为得诸行之本。论日左右旋一理,以王锡阐解黄道右旋、赤道平行,戴震分黄、极为二行,其说颇不分明,为剖析之,洞彻微妙,皆言天家所未及。

性孝友。慎于交游,体羸而神理澄淡,见者皆肃然敬之,仪征阮元,会试举主也,重其学术行谊,以子女为姻家。

吕飞鹏,字云里,旌德人。从宁国凌廷堪治礼,廷堪器之,以为能传其学。山阳汪廷珍视学安徽,喜士通古经义,补飞鹏县学附生。

飞鹏少读《周礼》,长而癖嗜,廷堪尝著《周官九拜九祭解》、《乡射五物考》,《援据》礼经,疏通证明,足发前人所未发。飞鹏师其意而变通之,成《周礼补注》六卷。其大旨以郑氏为宗,自序曰:"汉、魏之治《周礼》者,如贾逵、张衡、孙炎、薛综、陈劭、崔灵恩之注,遗文轶事,散见群籍,或与郑义符合,或与郑义乖违,同者可得其会通,异者可博其旨趣。是用广搜众说,补所未备,条系于经文之下,或旁采他经旧注,或兼取近儒经说,要于申明古义而已。"又著《周礼古今文义证》六卷,尝考康成本治《小戴礼》,后以古经校之,取其于义长且顺者为郑氏学。又注小戴所传《礼记》四十九篇,又尝作《毛诗笺》:"今取郑氏之学证郑氏之注,则辞易了然,即彼此互歧、前后错出,亦不烦辞费而得失已明,故于三者刺取为多。至许氏《说文解字》,征引《周礼》,彼此互异,取以推广郑义,不嫌牴牾。其他史册流传,事系本朝,礼遵周典,亦备采择,用俟辩章。犹是郑氏况以汉法之意也。"

平居书齐阁自铭诚,粹然出于儒先道学。乡饥,筹粟倡振,人多德之。有争辩,一言立释。尝戒其子贤基曰:"成名易,成人难。"又曰:"言官不易为,母陈利而昧大体,母挟私而务高名。"其本行如此。贤基卒以忠节著。道光二十九年,卒,年七十三。子贤基,工部右侍郎,谥文节,自有传。

有清为《周礼》之学者,有惠士奇、沈彤、庄存与、沈梦兰、段玉裁、徐养原、宋世荦。

梦兰,字古春,乌程人。乾隆四十八年举人,官湖北宜都县知县。梦兰博通诸经,实事求是,尤邃于周官,成周礼学一书。分沟洫、畿封、邦国、都鄙、城郭、宫室、职官、禄田、贡赋、军旅、车乘、礼射、律度量衡十三门,取《司马法》、《逸周书》、《管子》、《吕览》、《伏传》、《戴记》诸古书参互考证,合之《书》、《诗》、《礼记》、《三传》、《孟子》,先儒所病其牴牾者,无不得其会通。为图若干,并取经、传文之与《周官》相发明者释于篇。他著有《易》、《书》、《诗》、《孟子学》,《五省沟洫图说》。其《易学》自序云:"自辑《周礼》学,于《易》象得《井》、《比》、《师》、《讼》、《同人》、《大有》若干卦,错综参伍,知《易》之为道,先王一切之治法于是乎在。"而《孟子学》,则又以疏证《周官》之故,汇其余说以成帙者。其《沟洫图说》,卷不盈寸,凡南北形势、河道原委、历代沿革、众说异同,与夫沟遂经畛之体,广深寻尺之数,以及畜水、止水、荡水、均水、舍水、泻水之事皆备。复证之《周官》，考究详核。官湖北时，奉檄襄筑荆州堤工，上《江堤埽工议》及《荆江论》。沔阳水灾，复奉檄会勘，作《水利说》以谕沔民。原本经术，有裨实用，皆此类也。

世牵，字卣勋，临海人。乾隆五十三年举人，以教习官陕西扶风知县。地当川、藏孔道，夫马悉敛之民。计亩率钱，名曰"公局"。世牵多所裁革，无妄取。时教匪初定，州县多以州县迁擢扶风民有持齐为怨家所讦者，大府飞檄至，捕而鞫之，皆良民，释弗雇。罢归，研求经训，熟于谐声，假借之例，著《周礼故书疏证》六卷，《仪礼古今文疏证》二卷。

严可均，字景文，乌程人。嘉庆五年举人，官建德县教谕，引疾归。可均博闻强识，精考据之学，与姚文田同治《说文》，为《说文长编》，亦谓之《类考》。有天文、算术、地理类、草木、鸟兽、虫鱼类，声类，《说文》引群书、群书、引《说文》类，积四十五册。又辑钟鼎拓本为《说文翼》十五篇，将校定《说文》，撰为疏义。孙星衍促其成，乃撮举大略，就毛氏汲古阁初印本别为《校议》三十篇，专正徐铉之失。

又与丁溶同治唐《石经》，著《校文》十卷，自序云："余弱冠治经，稍见宋椠本。既又念若汉、若魏、若唐、若孟蜀、若宋嘉佑、绍兴各立《石经》、今仅嘉祐四石，绍兴八十七石，皆残本。而唐大和石壁二百二十八石，岿然独存，此天地间经本之最完最旧者也。夫唐代四部之富，埒于梁、隋，而郑覃、唐元度辈皆通儒，颇见古本。苟能栞正积非，归于真是，即方驾熹平不难，而仅止于是。今也古本皆亡，欲复旧观，已难为力，可慨也！然而后唐雕版，实依《石经》句度钞写，历宋、元、明转刻转误，而石本幸存，纵不足与复古，以匡今缪有余也。独怪数百年来，学士大夫鲜或过问者，间有一二好古之士，亦与冢碣、寺碑同类而并道之。康熙初，顾炎武始略校焉，观其所作《九经误字》、《金石文字记》，刺取廖廖，是非寡当，又误信王尧惠之补字以诬《石经》。顾氏且然，况其他乎？乌乎！《石经》者，古本之终，今本之祖。治经不及见古本，而并荒《石经》，匪直荒之，又交口诬之，岂经之幸哉？余不自揆，欲为今版本正其误，为唐《石经》释其非，为顾氏等祛其惑。随读随校，凡《石经》之磨改者，旁增者与今本互异者皆录出，辄据注疏、释文，旁稽史、传及汉、唐人所征引者，为之左证，而《石台孝经》附其后焉。"

嘉庆十三年，诏开全唐文馆，可均以越在草茅，无能为役，慨然曰："唐之文，盛矣哉！唐以前要当有总集。斯事体大，是余之责也。"乃辑《上古三代秦汉三国六朝文》，使与《全唐文》相集为接，多至三千余家，人各系以小传，足以考证史文，皆从搜罗残剩得之，覆检群书，一字一句，稍有异同，无不校订。一手写定，不假众力，唐以前文，咸萃于此焉。又校辑诸经逸注及佚子书等数十种，合经、史、子、集为《四录堂类集》千二百余卷。

严元照，字九能，归安人。十岁能为四体书，补诸生。仪征阮元、大兴朱珪深赏之。熟于《尔雅》，作《匡名》八卷，旁罗异文轶训，钩稽而疏证之。著有《悔菴文钞》、《诗钞》、《词钞》，《娱亲雅言》等书。

焦循，字里堂，甘泉人。嘉庆六年举人，曾祖源、祖镜、父葱，世传《易》学。循少颖异，八岁在阮赓尧家与宾客辨壁上"冯夷"字，曰："此当如《楚辞》读皮冰切，不当读如缝。"阮奇之，妻以女。既壮，雅尚经术，与阮元齐名。元督学山东、浙江，俱招循往游。性至孝，丁父及嫡母谢艰，哀毁如礼。一应礼部试，后以生母殷病愈而神未健，不复北行。殷殁，循毁如初。服除，遂托足疾不入城市者十余年。葺其老屋，曰半九书塾，复构一楼，曰雕菰楼，有湖光山色之胜，读书著述其中，尝叹曰："家虽贫，幸蔬菜不乏。天之疾我，福我也。吾老于此矣！"嘉庆二十五年，卒，年五十八。

循博闻强记，识力精卓。每遇一书，无论隐奥平衍，必究其源，以故经史、历算、声音、训诂无所不精。幼好《易》，父问《小畜》"密云"二语何以复见于《小过》，循反复其故不可得。既学洞渊九容之术，乃以数之比例，求《易》之比例，渐能理解，著《易通释》二十卷。

自谓所悟得者，一曰旁通，二曰相错，三曰时行。又以古之精通《易》理，深得羲、文、周、孔之旨者，莫如孟子。生孟子后，能深知其学者，莫如赵氏。伪疏踳驳，未能发明，著《孟子正义》三十卷。谓为《孟子》作疏，其难有十，然近代通儒，已得八九。因博采诸家之说，而下以己意，合孔、孟相传之正旨，又著《六经补疏》二十卷。以说汉《易》者每屏王弼，然弼解箕子用赵宾说，读彭为旁，借雍为瓮，通乎为浮，解斯为斯，盖以六书通借。其解经之法，未远于马、郑诸儒，为《周易王注补疏》二卷。以《尚书》伪《孔传》说之善者，如《金滕》"我之不辟"训辟为法，居东即东征，罪人即管、蔡，《大诰》周公不自称王，而称成王之命，皆非马、郑所能及，为《尚书孔氏传补疏》二卷。以《诗》毛、郑义有异同，《正义》往往杂郑于毛，比毛于郑，为《毛诗郑氏笺补疏》五卷。以《左氏传》"称君君无道，称臣臣之罪"，杜预扬其词而畅衍之，预为司马懿女胥，目见成济之事，将以为司马饰，即用以为已饰。万斯大、惠士奇、崔栋高等未能摘奸而发覆，为《春秋传杜氏集解补疏》五卷。以《礼》以时为大，训诂名物，亦所宜究，为《礼记郑氏注补疏》三卷。以《论语》一书，发明羲、文、周公之旨，参伍错综，引申触类，亦与《易》例同，为《论语何氏集解补疏》三卷。合之为二十卷。又录当世通儒说《尚书》者四十一家，书五十七部，仿卫湜《礼记》之例，以时之先后为序，得四十卷，曰《书义丛钞》。又著《禹贡郑注释》一卷，《毛诗地理释》四卷，《毛诗鸟兽草木虫鱼释》十一卷，《陆玑疏考证》一卷，《群经宫室图》二卷，《论语通释》一卷。又著有《雕菰楼文集》二十四卷，《词》三卷，《诗话》一卷。

循壮年即名重海内，钱大昕、王鸣盛、程瑶田等皆推敬之。始入都，谒座主英和，和曰："吾知子之字曰里堂，江南老名士，屈久矣！"殁后，阮元作传，称其学"精深博大，名曰通儒"，世谓不愧云。

子廷琥，字虎玉。优廪生。性醇笃，善承家学，阮元称为端士。循尝与廷琥纂《孟子长编》三十卷，后撰《正义》，其廷琥有所见，亦本苑氏《古梁》之例，为之录存。循又以《测圆海镜》、《益古演段》二书，不详开方之法，以常法推之不合。既得秦道古《数学九章》，有正圆开方法，为《开方通释》，乃谓廷琥曰："汝可列《益古演段》六十四问，用正员开方法推之。"廷琥布策下算，一一符合，著《益古演段开方补》一卷。阳湖孙星衍不信西人地圆之说，以杨光先之斥地圆，比孟子之距杨、墨。廷琥谓古之言天者三家，曰《宣夜》，曰《周髀》，曰《浑天》。《宣夜》无师承，浑盖之说，皆谓地圆。泰州陈氏、宣城梅氏悉以东西测景有时差，南北测星有地差，与圆形合为说。且《大戴》有曾子之言，《内经》有岐伯之言，宋有邵子、程子之言，其说非西人所自创。因博搜士籍，著《地圆说》二卷，他著有《密梅花馆诗文钞》。

雇凤毛，字超宗，江苏兴化人。乾隆四十九年，南巡召试列二等，五十三年，副榜贡生。父九苞，字文子，长于诗、礼。九苞母任氏，大椿祖姑，通经达史。九苞之学，母所教也。乾隆四十六年进士，归时卒于路，著述不传。凤毛亦受经于祖母，年十一，通《五经》。及长，兴焦循同学，循就凤毛问难，始用力于经。凤毛又学音韵律吕于嘉定钱塘，撰《楚辞韵考》、《入声韵考》、《毛诗韵考》、皆得塘旨。又撰《毛诗集解》，《董子求雨考》，《三代田制考》，未成而卒，年二十七。卒后，循理其丧，作《招亡友赋》哭之。

钟怀、李钟泗皆有名，均甘泉人。钟怀，字保岐。优贡生。与阮元、焦循相善。共为经学，旦夕讨论，务求于是。居恒礼法自守，不与世争名，交游中称为君子。嘉庆十年，卒，年四十五。著有《敔厓考古录》四卷。其《汉儒考》，较陆德明所载增多十余人。

钟泗，字滨石。嘉庆六年举人，治经精《左氏春秋》，撰《规规过》一书，抑刘伸杜，焦循服其精博。

李富孙，字既汸，嘉兴人。嘉庆六年拔贡生。良年来孙，良年自有传。从祖集，字敬堂，乾隆二十八年进士，官郏县知县。精研经学，以汉、唐为宗，尝为《学规论》以课穷经、课经济，著有《原学齐文钞》。

富孙学有原本，与伯兄超孙、从弟遇孙有"后三李"之目。长游四方，就正于卢文弨、钱大昕、王昶、孙星衍，饫闻绪论。阮元抚浙，肄业诂经精舍,遂湛深经术,尤好读《易》,著《易解剩义》。盖《易学》三派,有汉儒之学,郑、虞、荀、陆诸家精矣,有晋、唐之学,王弼、孔颖达诸家,即北宋胡瑗、石介、东坡、伊川犹是支流余裔,至宋陈、邵之学出,本道学之术,创为图说,举羲、文周、孔之所未及,汉以后诸儒之所未言者,以自神其附会之说。理其理而非《易》之所谓理,数其数而非《易》之所谓数,而前圣之《易》道晦矣。唐李鼎祚所辑《易解》,精微广大,圣贤遗旨,略见于此。然其于三十六家之说,尚多未采,其遗文剩义,间见他书,犹可搜辑。爰缀而录之,成书三卷,又成《校异》二卷。

又著《七经异文释》,就经、史、传、注、诸子百氏所引,以及汉、唐、宋《石经》,宋、元椠本,校其异同。或字有古今,或音近通假,或沿袭乖舛,悉据古谊而疏证之。而前儒之论说,并为搜辑,使正其讹谬,辨其得失,折衷以求一是。凡《易》六卷,《尚书》八卷,《毛诗》十六卷,《春秋三传》十二卷,《礼记》八卷。同里冯登府称其详核奥博,为诂异谊者集其大成。又谓《说文》一书,保氏六书之旨,赖以仅存。自篆变为隶,隶变为真,文字日繁,讹伪错出。或有形声意义大相区别,亦有近似而其实异,后人多混而同之。或有一篆之形,从某为古、籀,为或体,后人竟析而二之。经典文字,往往昧于音训,擅为改易,甚与本义相迕,亦字学之大变。夫假借通用,说文自有本字,有得通借者,有不容通借而并为俗误者。援据经典以相证契,俾世之踵谬沿讹焯然可辨,为《说文辨字正俗》八卷。同里钱泰吉谓其书大旨折衷段《注》,而亦有段所未及者,读《说文》之津梁也。

他著有《汉魏六朝墓铭纂例》四卷,《鹤征录》八卷,《后录》十二卷,《曝书亭词注》七卷,《梅里志》十六卷,《校经庼文稿》十八卷。

超孙,字引树。嘉庆六年举人,会稽县教谕。剖析经义尤深于诗。尝以《毛诗》草木虫鱼则有疏,名物则有解,地理则有考,而诗中所称之人则未有纂辑成书者,因取诗人之氏族名字。博考经、史、诸子及近儒所著述,并列国之世次,洎其人之行事,搜罗荟集,为《诗氏族考》六卷。官会稽时,课诸生依宁化雷铉《学规条约》,士习日上。又著《拙守文集》。

遇孙,字金澜,集孙。优贡生,处州府训导。幼传祖训,淹贯经史,著有《尚书隶古定释文》八卷。汉孔安国以科斗文难知,取伏生今文次第之,为《隶古定》,宋薛宣因之成《古文训》。遇孙又以隶古文难知,引《说文》诸书疏通之,讹者是正,疑者则阙。性嗜金石,有《芝省斋碑录》八卷,《金石学录》四卷。官处州时,以处州地僻山远,阮元《两浙金石志》未免脱漏,乃搜辑数百余种为《括苍金石志》八卷。他著有《日知录补正》一卷、《校正》一卷,《古文苑拾遗》十卷,《天香录》八卷,《随笔》六卷,《诗文集》十八卷。

胡承珙,字墨庄,泾县人。嘉庆十年进士,翰林院庶吉士,散馆授编修。十五年,充广东乡试副考官,寻迁御史,转给事中。自以身居言路,当周知天下利弊,陈之于上方,不负职。数年中陈奏甚多,多见施行。而其最切中时病者,则有条陈亏空弊端各条:"一曰冒滥宜禁。司库支发钱粮,向有扣除二三成之弊,故藩司书吏将不应借支之款,冒支滥借。此在领者便于急需,不敢望其足数。而在放者利于多扣,不复问其合宜:则虽应放而仍与浮冒无异。一曰抑勒宜禁。州、县交代,例限綦严,均不准充抵。近日仍多以,议单欠票虚开实抵者,总由上司多方抑勒,逼令新任担承。一曰糜费宜省。各省摊捐津贴名目,岂尽必不可省。闻州县所解各上司衙门饭食季规等银,遂岁增加。如邸报一事,安徽省每年通派各属万金。一省如此,他省可知;一事如此,他事可知。一曰升调宜慎。部选人员,多系初任,或尚能不敢轻易接受。惟佐杂题升,及调补繁缺二者,每多久历仕途,习成狡滑。在题升者急于得缺,明知此地之多累,不复顾后而瞻前;在调补者迁就一时,转因原任之有亏,希图挪彼以掩此。究之担承尔补,皆属空名,不过剜肉补疮,甚且变本加厉。"其言深切著明。二十四年,授福建分巡延建邵道,编查保甲,设立缉捕章程八条,匪徒敛迹。调署台湾兵备道,缉获洋盗张充等置于法,旋乞假回籍。台湾素称难治,承珙力行清庄弭盗之法,民、番安肃。自承珙去后，彰化、淡水即以械斗起衅矣。道光十二年，卒，年五十七。

承珙究心经学，尤专意于《毛诗传》，归里后键户著书，与长洲陈奂往复讨论不绝，著《毛诗后笺》三十卷。其书主于申述毛义自注疏而外，于唐、宋、元诸儒之说，及近人为《诗》学者，无不广征博引，而于名物训诂及《毛》与三家《诗》文有异同，类皆剖析精微，折衷至当。而其最精者，能于《毛传》本文前后曾出指归，又能于西汉以前古书中反覆寻考，贯通《诗》义，证明毛旨。凡三四易藁，手自写定。至《鲁颂泮水章》而疾作，遗言属陈奂校补，奂乃为续成之。又以郑君注《仪礼》参用古、今文二本，撮其大例，有必用其正字者，有即用其借字者，有务以存古者，有兼以通今者，有因彼以决此者，有互见而并存者。闳意妙旨，有关于经实夥。遂取注中叠出之字，并"读如、""读为、""当为"各条，排比梳栉，考其训诂，明其假借，参稽旁采，疏通而证明之，作《仪礼古今文疏义》十七卷。又谓惠氏栋《九经古义》未及《尔雅》，遂补撰数十条，成二卷。《小尔雅》原本不传，今存《孔丛子》中，世多谓为伪书，作《小尔雅义证》十三卷，断以为真。复著有《求是堂诗文集》三十四卷。

胡秉虔，字伯敬，绩溪人。嘉庆四年进士，官刑部主事，改甘肃灵璧县知县，升丹噶尔同知，卒于官。秉虔自幼嗜学，博通经史。尝入都肄业成均，夜读必尽烛二条。尤精于声音训诂，著《古韵论》三卷，辨江、戴、段、孔诸家之说，细入毫芒，确不可易。《说文管见》三卷，发明古音古义，多独得之见。末论二徐书，有灼见语，盖其所致力也。他著有《周易》、《尚书》、《论语小识》各八卷，《卦本图考》一卷，《尚书序录》一卷，《汉西京博士考》二卷。《甘州明季成仁录》四卷，《河州景忠录》三卷。

朱珔，字兰坡，泾县人。珔生三年而孤，祖命为季父后，嗣母汪未婚守志，珔孝事之与生母同。昆弟均相友爱。嘉庆七年成进士，选翰林院庶吉士，与幸翰林院柏梁体聊句窦。散馆授编修，擢至侍读。与修明鉴，坐承纂官累，降编修。道光元年，直上书房，屡蒙嘉奖，有"品学兼优"之褒。升右春坊右赞善，告养归。植品敦俗，奖诱后进。历主钟山、正谊、紫阳书院。卒,年八十有二。

珨爱书如命,学有本原。主讲席几三十年,教士以通经学古为先。与桐城姚鼐、阳湖李兆洛并负儒林宿望,盖鼎足而三云,著有《说文假借义证》二十八卷,《经文广异》十二卷,《文选集释》二十四卷,《小万卷斋诗文集》七十卷。辑有《国朝古文汇钞》二百七十二卷,又有《诂经文钞》六十二卷,汇有清诸名家说经之文,依次标题,篇幅完善,尤足为后学津逮云。

凌曙,字晓楼,江都人。国子监生。曙好学根性,家贫,读《四子书》未毕,即去乡,杂作佣保,而缋学不倦。年二十为童子师,问所当治业于泾包世臣,世臣曰:"治经必守家法,专法一家,以立其基,则诸家渐通。"乃示以武进张惠言所辑《四子书》汉说数十事。曙乃稽典礼、考古训,为《四书典故核》六卷,歙洪梧甚称之。既,治郑氏学,得要领。又从吴沈钦韩问疑义,益贯穿精审。后闻武进刘逢禄论何氏《公羊春秋》而好之。及入都,为仪征阮元校辑《经郛》,尽见魏、晋以来诸家《春秋》说。深念《春秋》之义,存于《公羊》,而《公羊》之学,传自董子董子。《春秋繁露》,识礼义之宗,达经权之用。行仁为本,正名为先。测阴阳五行之变,明制作乐之原。体大思精,推见至隐,可谓善发微言大义者。然旨奥词颐,未易得其会通,浅尝之夫,横生訾议,经心圣符,不绝如线。乃博稽旁讨,承意仪志,梳其章,栉其句,为注十七卷。又病宋、元以来学者空言无补,惟实事求是,庶几近之。而事之切实无过于礼,著《公羊礼疏》十一卷,《公羊礼说》一卷,《公羊问答》二卷家居读《礼》,以丧服为人伦大经,后儒舛议,是非颇谬,作《礼论》百篇,引申郑义。阮元延曙入粤课诸子,曙书与元商榷,乃删合为三十九篇为一卷。道光九年,卒,年五十五。

曙有甥仪征刘文淇,贫而颖悟,爱而课之,遂知名,其学实自曙出云。

薛传均,字子韵,甘泉人。诸生。博览群籍,强记精识。就福建学政陈用光聘,用光见所著书,恨相见晚。旋以疾卒于汀州试院,年四十一。传均于《十三经注疏》功力最深，大端尤在小学，于许君原书，钩稽贯串，洞其义而熟其辞。嘉定钱大昕文集内有《说文答问》一卷，深明通转假借之义，传均博引经史以证之，成《说文答问疏证》六卷。又以《文选》中多古字，条举件击，疏证证明，为《文选古字通》十二卷。

刘逢禄，字申受，武进人。祖纶，大学士，谥文定，自有传。外王父庄存与、舅庄述祖，并以经术名世，逢禄尽传其学。嘉庆十九年进士，选翰林院庶吉士，散馆改礼部主事。二十五年，仁宗大事，逢禄搜集大礼，创为长编，自始事至奉安山陵，典章具备。道光三年，通政司参议卢浙请以尚书汤斌从祀文庙，议者以斌康熙中在上书房获谴，乾隆中尝奉驳难之。逢禄揽笔书曰：“后夔典乐，犹有朱、均，吕望陈书，难匡管、蔡。”尚书汪廷珍善而用之，遂奉俞旨。四年，补仪制司主事。越南贡使陈请为其国王母乞人侵，得旨赏给，而谕中有“外夷贡道”之语，其使臣欲请改为“外藩”，部中以诏书难更易。逢禄草牒复之曰：“《周官》职方王几之外分九服，夷服去王国七千里，藩服九千里，是藩远而夷近。《说文》羌、狄、蛮、貊字皆从物旁，惟夷从大、从弓。考东方大人之国夷，俗仁，仁者寿，有东方不死之国，故孔子欲居之。且乾隆间奉上谕申饬四库馆不得改书籍中‘夷’字作‘彝’，舜东夷之人，文王四夷之人，我朝六合一家，尽去汉、唐以来拘忌嫌疑之陋，使者无得以此为疑。”越南使者遂无辞而退。逢禄在礼部十二年，恒以经义决疑事，为众所钦服类如此。

其为学务通大义，不专章句。由董生《春秋》窥六艺家法，由六艺求观圣人之志。尝谓：“世之言经者，于先汉则古《诗》毛氏，后汉则今《易》虞氏，文词稍为完具。然毛公详古训而略微言，虞翻精象变而罕大义，求其知类通达、微显阐幽者，则《公羊》在先汉有董生、后汉有何劭公氏，子夏《丧服传》有郑康成氏而已。先汉之学，务乎大体，故董生所传非章句训诂之学也。后汉条理精密，要以何劭公、郑康成氏为宗，然丧服于《五礼》特其一端。《春秋》文成数万，其旨数千,天道浃,人事备,以之贯群经,无往不得其原。以之断史,可以决天下之疑。以之持身治世,则先王之道可复也。"于是寻其余贯,正其统纪。为《公羊春秋何氏释例》三十篇。又析其疑滞,强其守卫,为《笺》一卷,《答难》二卷。又推原谷梁氏、左氏之得失。为《申何难郑》四卷。又博征诸史刑、礼之不中者为《仪礼决狱》四卷。又推其意为《论语述何》、《夏时经传笺》、《中庸崇礼论》、《汉纪述例》各一卷。别有《纬略》二卷,《春秋赏罚格》一卷。愍时学者说《春秋》皆袭宋儒"直书其事、不烦褒贬"之辞,独孔广森为《公羊通义》于能抉其蔽,然尚不能信三科、九旨为微言大义所在,乃著《春秋论》上、下篇以张圣权。又成《左氏春秋考证》二卷,知者谓与阎、惠之辩《古文尚书》等。

逢禄于《易》主虞氏,于《书》匡马、郑,于《诗》初尚毛学,后好三家。有《易虞氏变动表》、《六爻发挥旁通表》、《卦象阴阳大义》、《虞氏易言补》各一卷。又为《易象赋》、《卦气颂》,提其指要。《尚书今古文集解》三十卷,《书序述闻》一卷,《诗声衍》二十七卷。所为诗、赋、连珠论、序、碑、记之文约五十篇。道光九年,卒,年五十有六。弟子潘准、庄缤树、赵振祈皆从学《公羊》及《礼》有名。

宋翔凤,字于庭,长洲人。嘉庆五年举人,湖南新宁县知县,亦庄述祖之甥。述祖有"刘甥可师、宋甥可友"之语,刘谓逢禄,宋谓翔凤也。翔凤通训诂名物,志在西汉家法,微言大义,得庄氏之真传。著《论语说义》十卷,序曰:"《论语》说曰,子夏六十四人共撰仲尼微言,以当素王。微言者,性与天道之言也。此二十篇,寻其条理,求其指趣,而太平之治、素王之业备焉。自汉以来,诸家之说,时合时离,不能画一。当综核古今,有《纂言》之作。其文繁多,因别录私说,题为《说义》。"又有《论语郑注》十卷,《大学古义说》二卷,《孟子赵注补正》六卷,《孟子刘熙注》一卷。《四书释地辨证》二卷,《卦气解》一卷,《尚书说》一卷,《尚书谱》一卷,《尔雅释服》一卷,《小尔雅训纂》六卷,《五经要义》一卷,《五经通义》一卷,《过庭录》十六卷。咸丰九年,重赋鹿鸣。逾年,卒,年八十二。

戴望,字子高,德清人。诸生,始好词章,继读博野颜元书,为颜氏学。最后谒长洲陈奂,通声音训诂。复从翔凤授《公羊春秋》,遂通公羊之学。著《论语注》二十卷,用公羊家法演逢禄《论语述何》之微言。他著有《管子校注》二十四卷,《颜氏学记》十卷《谪麟堂遗集》四卷。

雷学淇,字瞻叔,顺天通州人。父镈,字宗彝,乾隆二十七年举人,江西崇仁县知县。道光初元,诏天下臣民严冠服之辨,镈著《古今服纬》以申古义,抑奢侈。至九年书成,年九十矣。

学淇,嘉庆十九年进士,任山西和顺县知县,改贵州永从县知县。生平好讨论之学,每得一解,必求其曾通,务于诸经之文无所抵忤。以父镈著《古今服纬》,为之注释,附以《释问》一篇、《异同表》二篇。又以《夏小正》一书备三统之义,究心参考二十余年。以尧典中星、诸经历数,采虞史伯夷之说,据周公垂统之文,检校异同,订其讹误,网罗放失,寻厥指归,著《夏小正经传考》二卷。又考定经、传之文,为之疏证,成《夏小正本义》四卷。

每慨《竹书纪年》自五代以来颇多残阙,爰博考李唐以前诸书所称引者,积以九年之搜辑,颇复旧观。尝谓:“孟子先至梁后至齐,此经之明文,即无他左验,亦当从之为说。况《竹书纪年》曰‘梁惠成王后元十五年齐威王薨’,‘十七年惠成王卒’。然则惠王后元十六年齐宣王始即位,孟子至梁,当即在后元十六年王卒之前一岁也。《史记》误谓惠王立三十六年即卒,故云三十五年孟子至梁,而以惠王改元之后十六年为襄王之世。今据《竹书》称梁惠会诸侯于于州,改元称王,故孟子呼之曰王。《史》谓孟子至梁之二年惠王卒,襄王立,以本经考之,其言可信。但卒于改元后之十七年,非三十六年也。襄王既立,孟子见其不似人君,乃东至齐,据《竹书》即齐宣即位之二年也。梁至齐千数百里,故曰‘千里而见王’若孟子先见齐宣王由邹之齐六百余里,不得云千里矣。齐人取燕,《孟子》明谓宣王时事,《史记》于齐失载悼子、侯剡二代,将威、宣之立,皆移前二十二年。于齐人伐燕事,不知折衷《孟子》,而《年表》谓在湣王十年,司马温公终求其说而不得,乃将宣之即位下移十年,以迁就《孟子》。自后说者疑信各半,实皆未有定论。今据《纪年》,则伐燕在宣王七年,实周赧王之元年。凡《孟子》书所记古人年岁,以《史记》、《汉书》之说推之皆不合者,以《纪年》推之无不合。"且以《竹书》长历推验列宿之岁差,历代之日蚀,自唐、虞以来,无有差贷。尝自云:"传笺、注、疏取舍多殊,非敢訾议前贤,期于事理之合云尔。"他著有《校辑世本》二卷,《古今天象考》十二卷,附《图说》二卷,《亦器器齐经义考》及《文集》三十二卷。

王萱龄,字北堂,昌平人。道光元年副贡,旋举孝廉方正,官新安、柏乡两县教谕。嗜汉学,精训诂,受业于高邮王引之,《经义述闻》中时引其说。著有《周秦名字解诂补》一卷,即补引之所阙疑者。

崔述,字武承,大名人。乾隆二十七年举人,选福建罗源县知县。武弁多藉海盗邀功,诬商船为盗,述平反之。未几,投劾归。著书三十余种,而《考信录》一书,尤生平心力所专注。凡《考古提要》二卷,《上古考信录》三卷,《唐虞考信录》四卷,《夏商考信录》四卷,《丰镐考信录》八卷,《丰镐别录》二卷,《洙泗考信录》四卷,《洙泗余录》三卷,《孟子事实录》三卷,《考古续说》二卷《附录》二卷,又有《王政三大典考》三卷,《读风偶识》四卷,《尚书辨伪》二卷,《论语余说》一卷,《读经余论》二卷,名《考古异录》。

其著书大旨,谓不以传注杂于经,不以诸子百家杂于传注。以经为主,传注之合于经者著之,不合者辨之,异说不经之言,则辟其谬而削之。如谓《易传》仅溯至伏羲,《春秋传》仅溯至黄帝,不应后人所知反多于古人。凡《纬书》所言十纪,《史》所云天皇、地皇、人皇,皆妄也。谓战国杨、墨横议,常非尧、舜,薄汤、武,以快其私。毁尧则托诸许由,毁禹则托诸子高,毁孔子则托诸老聃,毁武王则托诸伯夷。太史公尊黄、老,故好采异端杂说,学者但当信《论》、《孟》,不当信《史记》。谓夏、商、周未有号为某公者,公亶父相连成文,犹所谓公刘也。"古公亶父",犹言"昔公亶父"也。谓匡为宋邑,似畏匡、过宋本一事，"匡人其如予何"、"桓魋其如予何"，似一时一事之言，记者小异耳。其说皆为有见。

述之为学，考据详明如汉儒，而未尝墨守旧说而不求其心之安，辨析精微如宋儒，而未尝空谈虚理而不核乎事之实。然勇于自信任意轩轾者亦多。他著有《易卦图说》一卷，《五服异同汇考》三卷，《大名水道考》一卷，《闻见杂记》四卷，《知味录》二卷，《知非集》三卷，《无闻集》五卷，《小草集》五卷。嘉庆二十一年，卒，年七十七。

胡培翚，字载平，绩溪人。祖匡衷，字朴苏，岁贡生。于经义多所发明，不苟与先儒同异。著有《三礼札记》、《周礼并田图考》、《井田出赋考》、《仪礼释官》等书。其于井田多申郑义，而授田一事，以《遂人》所言是乡遂制，《大司徒》所言是都鄙制，《郑注》自相违戾。作《畿内授田考实》一篇，积算特精密。其《释官》则以《周礼》、《礼记》、《左传》、《国语》与《仪礼》相参证，论据精确，足补注疏所未及。又著有《周易传义疑参》十二卷，《左传翼服》、《论语古本证异》、《论语补笺》、《庄子集讦》、《离骚集注》、《朴齐文集》。年七十四，卒。

培翚，嘉庆二十四年进士，官内阁中书、户部广东司主事。居官勤而处事密，时人称其治官如治经，一字不肯放过。绝不受财贿，而抉隐指弊，胥吏咸惮之。假照案发，司员失察者数十人，惟培翚及蔡绍江无所污，然犹以随同画诺镌级归里。后主讲钟山、云间、于泾川一再至，并引翼后进为己任。去泾川日，门人设饮饯者相望于道。笃友谊，郝懿行、胡承珙遗书，皆赖培翚次第付梓。道光二十九年，卒，年六十八。

绩溪胡氏，自明诸生东峰以来，世传经学。培翚涵濡先泽，又学于歙凌廷堪，邃精《三礼》。初著《燕寝考》三卷，王引之见而喜之。既为《仪礼正义》，上推周公、孔子、子夏垂教之旨，发明郑君、贾氏得失，旁逮鸿儒、经生之所议。张皇幽渺，阐扬圣绪，二千余岁绝学也。其旨见与顺德罗惇衍书曰："培翚撰《正义》，约有四例：一曰疏经以补注，二曰通疏以申注，三曰汇各家之说以附注，四曰采他说以订注，书凡四十卷。至贾氏公彦之疏，或解经而违经旨，或申注而失注意，不可无辨。别为《仪礼贾疏订疑》一书。宫室制度，今以朝制、庙制、寝制为纲，以天子、诸侯、大夫、士为目。学制则分别庠、序，馆制则分别公、私，皆先将宫室考定，而已十七篇所行之礼，条系于后，名《宫室提纲》。陆氏《经典释文》于《仪礼》颇略，拟取各经音义及集《释文》以后各家音切，挨次补录，名曰《仪礼释文校补》。"培翚覃精是书凡四十余年，晚岁患风痹，犹力疾从事。尚有《士昏礼》、《乡饮酒礼》、《乡射礼》、《燕礼》、《大射仪》五篇未卒业而殁。门人江宁杨大堉从学《礼》，为补成之。他著有《禘祫问答》，《研六室文钞》。

大堉，字雅轮。诸生。笃学寡交，研究经训。初从元和顾广圻、吴县钮树玉游，备闻《苍》、《雅》阃奥。著《说文重文考》六卷，纯以声音求假借，以偏旁繁省求古、籀异同之变。又作五庙考，专驳王肃之失。江督陶澍以《防海议》试诸生，大堉洋洋千言，大略谓："中国官恃客气，居上临下，视洋人若小负贩。雇彼虽好利，而越数万里海洋至此，此必非无所挟持者。卤莽行之，必生边衅。"时承平久，人习附和之谈，独大堉卓识正论，侃然无忌讳。若豫卜有义律、仆鼎查之事，读者色变。他著《论语正义》、《毛诗补注》、《三礼义疏辨正》，皆佚。

刘文淇，字孟瞻，仪征人。嘉庆二十四年优贡生。父锡瑜，以医名世。文淇稍长，即研精古籍，贯串群经。于毛、郑、贾、孔之书及宋、元以来通经解谊，博览冥搜，折衷一是。尤肆力《春秋左氏传》，尝谓左氏之义，为杜《注》剥蚀巳久，其稍可观览者，皆系袭取旧说。爰辑《左传旧注疏证》一书，先取贾、服、郑三君之注，疏通证明。凡杜氏所排击者纠正之，所剿袭者表明之。其沿用韦氏《国语注》者，亦一一疏记。他如《五经异义》所载左氏说，皆本左氏先师，《说文》所引《左传》，亦是古文家说，《汉书五行志》所载刘子骏说，实左氏一家之学，经疏、史注、《御览》等书所引《左传注》不载姓名而与《杜注》异者，皆贾、服旧说。凡若此者，皆称为旧注，而加以疏证。其顾、惠《补注》及近人专释《左氏》之书，说有可采，咸与登列。末始下以已意,定其从违。上稽先秦诸子,下考唐以前史书,旁及杂家笔记、文集,皆取为证佐。期于实事求是,俾《左氏》之大义炳然著明。草创四十年,长编已具,然后依次排比成书,为《左氏旧注疏证》。又谓:"《左传义疏》多袭刘光伯《述议》,《隋经籍志》及《孝经疏》,云述议者,述其义,疏议之。然则光伯本载旧疏,议其得失,其引旧疏,必当录其姓名。孔颖达《左传疏序》祗云据以为本,初非故袭其说。至永徽中诸臣详定,乃将旧注姓氏削去,袭为已语。"因细加剖析,成《左传旧疏考正》八卷。

又据《史记·秦楚之际月表》,知项羽曾都江都。核其时势。推见割据之迹,成《楚汉诸侯疆域志》三卷。据《左传》、《吴越春秋》、《水经注》等书,谓唐、宋以前扬州地势南高北下,且东西两岸未设堤防,与今运河形势迥不相同,成《扬州水道记》四卷。又《读书随笔》二十卷,《文集》十卷,《诗》一卷。

文淇事亲纯孝,父年笃老,目眚,侍起居,朝夕扶掖,寒夜足冻,侍亲以温其足。舅氏凌曙极贫,遗孤毓瑞,文淇收育之,延同里方申为其师,并补诸生。申通虞氏《易》,皆其教也。卒,年六十有六。

子毓崧,字伯山。道光二十年举优贡生。从父受经,长益致力于学。以文淇故,治《左氏》缵述先业,成《春秋左氏传大义》二卷。以文淇考证《左传》旧疏,因承其义例,著《周易》、《尚书》、《毛诗》、《礼记旧疏考正》各一卷。又谓六艺未兴之先,学各有官,惟史官之立为最古。不独史家各体各类并支裔之小说家出于史官,即经、子、集三部及后世之幕客书吏,渊源所仿,亦出于史官。班氏之志《艺文》,论述史官,尚未发斯旨。其叙九流,以明诸子所出之官,必有所授,而其中仍有分省失当者。既析九流中小说家流归入史官,又辨道家非专出于史官,改为出于医官。又增益者凡三家:曰名家,出于司士之官,兵家,出于司马之官,艺术家,出于考工之官:统为十一家。博稽载籍,穷极根要,成《史乘》、《诸子通义》各四卷。又《经传通义》十卷《王船山年谱》二卷,《彭城献征录》十卷,《旧德录》一卷,《通义堂笔记》十六卷《文集》十六卷,《诗集》一卷。卒,年五十。

孙寿曾,字恭甫。同治三年、光绪二年两中副榜。毓崧主金陵书局,为曾国藩所重。毓崧卒后,招寿曾入局中,所刊群籍,多为校定。初,文淇治《左氏春秋长编》,晚年编辑成疏,甫得一卷,而文淇没。毓崧思卒其业,未果。寿曾乃发愤以继志述事为任,严立课程,至襄公四年而卒,年四十五。又读《左札记》、《春秋五十凡例表》,皆治《左疏》时旁推交通发明古谊者。他著《昏礼重别论对驳义》、《南史校义集评》、《传雅堂集》、《芝云杂记》,各若干卷。

方申,字端齐。少孤,受学于文淇,通《易》,著《诸家易象别录》、《虞氏易象汇编》、《周易卦象集证》、《周易互体详述》、《周易卦变举要》。

丁晏,字柘堂,江苏山阳人。阮元为漕督,以汉《易》十五家发策,晏条对万余言,精奥为当世冠。道光元年举人。晏以顾炎武云梅颐伪古文雅密非颐所能为,考之《家语后序》及《释文》、《正义》,而断为王肃伪作。盖肃雅才博学,好作伪以难郑君。郑君之学昌明于汉,肃为古文《孔传》以驾其上,后儒误信之。近世惠栋、王鸣盛颇疑肃作而未能畅其旨,特著论申辨之,撰《尚书余论》二卷。又以胡渭《禹贡锥指》能知伪古文,而不能信好古学,蹈谬沿讹,自逞意见。后之学者,何所取正?既为正误以匡其失,复采获古文,甄录旧说,砭俗订讹,断以己意。其于发挥经文,无取泥古。引用前人说,各系姓氏于下,辑《禹贡集释》三卷。

生平笃好郑学,于《诗笺》、《礼注》研讨尤深。以毛公之学,得圣贤之正传,其所称道,与周、秦诸子相出入。康成申畅毛《义》,修敬作笺。孔《疏》不能寻绎,误谓破字改毛。援引疏漏,多失郑旨。因博稽互考,证之故书雅记,义若合符,撰《毛郑诗释》四卷。康成《诗谱》,宋欧阳氏补亡,今通志堂刊本讹脱踳驳。爰据《正义》排比重编,撰《郑氏诗谱考正》一卷。以康成兼采《三家诗》,王应麟有《三家诗考》,附刊《玉海》之后,舛谬错出,世无善本。乃搜采原书,校雠是正,撰《诗考补注》二卷,《补遗》一卷。

郑氏注《礼》至精，去古未远，不为凭虚臆说。迄今可考见者，如《仪礼丧服注》，多依马融师说。《士虞记》中月而禫，注二十七月，依《戴礼》丧服变除。《周礼》大司乐鼓鼗，注依许叔重说，与先郑不同。小胥县钟磬，注二八十六枚在一虡，依刘向《五经要义》。小宗伯注五精帝，依刘向《五经通义》。射人注称今儒家，依贾侍中注。《考工记》山以章，注作獐，依马季长注。《礼记檀弓》瓦不成味，注当作沫，依班固《白虎通》。《王制》大绥小绥，注当作，依刘子政《说苑》。《玉藻》元端朝日，郑读为冕，依《大戴礼》朝事义。《祭法》幽宗雩祭，郑读为禜，依许氏《说文》。郑君信而好古，原本先儒，确有依据。凡此释义，补孔之遗阙，皆前人未发之秘。疏通证明，灿若爝火。撰《三礼释注》共八卷，又辑《郑康成年谱》，署其堂曰"六艺"，取康成《六艺论》，以深仰止之思。然晏治经学不掊击宋儒，尝谓汉学、宋学之分，门户之见也。汉儒正其诂，诂正而义以显，宋儒析其理，理明而诂以精：二者不可偏废。其于《易》，述程子之传，撰《周易述传》二卷，于《孝经》，集唐元宗、宋司马光、范祖禹之注，撰《孝经述注》一卷。

尤熟于《通鉴》，故经世优裕。尝与人论钞币，谓轻钱行钞，必有利而无害。论禁洋烟，谓不禁则民日以弱，中国必疲，禁则利在所争，外夷必畔。且禁烟当以民命为重，不当计利。立法当以中国为先，不当扰夷。后悉如其言。在籍时办堤工，司振务，修府城，浚市河，开通文渠中支，均有功于乡里。咸丰三年，粤匪蔓延大江南、北，督抚檄行府县，练勇积谷为守御计。淮安以晏主其事，旋以事为人所劾，奉旨遣戍黑龙江，缴费免行。十年，捻匪扰淮安北关，晏号召团练，分布要隘，城以获全。十一年，以团练大臣晏端书荐，叙前守城绩，由侍读衔内阁中书加三品衔。

晏少多疾病，迨长读书养气，日益强固。治一书毕，方治他书，手校书籍极多，必彻终始，光绪元年，卒，年八十有二。所著书四十七种，凡一百三十六卷，其已刊者为《颐志斋丛书》。

　　王筠,字贯山,安邱人。道光元年举人,后官山西乡宁县知县。乡宁在万山中,民朴事简,讼至立判。暇则抱一编不去手。权徐沟,再权曲沃,地号繁剧,二县皆治,然亦未尝废学。

　　筠少喜篆籀,及长,博涉经史,尤长于《说文》。《说文》之学,世推桂、段两家,尝谓:"桂氏专胪古籍,取足达许说而止,不下己意。惟是引据失于限断,且泛及藻缋之词。段氏体大思精,所谓通例,又前人所未知。惟是武断支离,时或不免。"又谓:"文字之奥,无过形、音、义三端。古人之造字也,正名百物,以义为本,而音从之,于是乎有形。后人之识字也,由形以求其音,由音以考其义,而文字之说备。六书以指事、象形为首,而文字之枢机即在乎此。其字之为事,而作者即据事以审字,勿由字以生事。其字之为物,而作者即据物以察字,勿泥字以造物。且勿假他事以成此事之意,勿假他物以为此物之形,而后可与仓颉、籀、斯相质于一堂也。今《说文》之词,足从口,木从中,乌、鹿足相似从匕,苟非后人所窜乱,则许君之意荒矣。"乃标举分别,疏通证明,著《说文释例》二十卷。《释例》云者,即许书而释其条例,犹杜元凯之于《春秋》也。又以二徐书多涉草略,加以李焘乱其次第,致分别部居之脉络不可推寻。段玉裁既创为通例,而体裁所拘,未能详备。乃采桂、段诸家之说,著《说文句读》三十卷。《句读》云者,用张尔岐《仪礼邓注句读》之名,谓汉人经说率名章句,此书疏解许说,无章可言,故曰《句读》也。

　　筠治《说文》之学垂三十,年其书独辟门径,折衷一是,不依傍于人。论者以为许氏之功臣,桂、段之劲敌。又有《说文系传校录》三十卷,《文字蒙求》四卷。他著有《毛诗重言》一卷,附《毛诗双声叠韵说》一卷,《夏小正正义》四卷,《弟子职正音》一卷,《正字略》二卷,《蛾术编》、《禹贡正字》、《读仪礼郑注句读刊误》、《四书说略》。咸丰四年,卒,年七十一。

　　曾钊,字敏修,南海人。道光五年拔贡生,官合浦县教谕,调钦州学正。钊笃学好古,读一书必校勘讹字脱文。遇秘本或雇人影写,或怀饼就钞,积七八年,得数万卷。自是研求经义,文字则考之《说文》、《玉篇》,训诂则稽之《方言》、《尔雅》,虽奥晦难通,而因文得义,因义得音,类能以经解,经确有依据。入都时,见武进刘逢禄,逢禄曰:"笃学若冕士,吾道东矣!"冕士,钊号也。

仪征阮元督粤,震泽任兆麟见钊所校《字林》,以告元,元惊异,延请课子。后开学海堂,以古学造士,特命钊为学长,奖劝后进。尝因元说日月为易为合朔之辨在朔易,更发明孟喜卦气,引《系辞》悬象莫大乎日月,死魄会于壬癸,日上月下,象《未济》为晦时。元以为足发古义,宜再畅言之,以明孟氏之学,因著《周易虞氏义笺》七卷。他著有《周礼注疏小笺》四卷,又《诗说》二卷,又《诗毛郑异同辨》一卷,《毛诗经文定本小序》一卷,《考异》一卷、《音读》一卷,《虞书命羲和章解》一卷,《论语述解》一卷,《读书杂志》五卷,《面城楼集》十卷。

钊好讲经济之学,二十一年,英人焚掠海疆,以祁𡎴还督两粤,番禺举人陆殿邦献议,填大石、猎德、沥滘河道以阻火船。𡎴举以问钊,钊言:"《易》称设险者,不恃天堑,不藉地利,在人相时设之而已。入省河道三,猎德、沥滘皆浅,由大石至大黄滘,水深数丈。三四月夷船从此入,当先事防之,以固省城。城固,然后由内达外。"𡎴甚韪之,委钊相度堵塞形势,钊以大石为第一要区,纠南海、番禺二县团勇三万六千昼夜演练,防务遂密。二十三年,𡎴谋修复虎门炮台,钊进《炮台形势议》十条,已而廉洋贼起,𡎴以钊习知廉州情形,委钊与军事,海贼投首。咸丰四年,卒于家。

林伯桐,字桐君,番禺人。嘉庆六年举人。生平好为考据之学,宗主汉儒,而践履则服膺朱子,无门户之见。事亲孝,道光六年,试礼部归,父已卒,悲恸不欲生。居丧悉遵古礼,蔬食、不入内者三年。自是不复上公车,一意奉母。与两弟友爱,教授生徒百余人,咸敦内行,勉实学。粤督阮元、邓廷桢皆敬礼之。元延为学海堂学长,廷桢聘课其二子。二十四年,以选授德庆州学正,阅三年卒于官,年七十。伯桐于诸经无不通,尤深于《毛诗》。谓传笺不同者,大抵毛

《义》为长,孔《疏》多以王肃语为毛意,又往往混郑于毛。为《毛诗》学者,当分别观之,庶几不失家法。因考郑《笺》异义,为《毛诗通考》三十卷,又著《毛诗传例》二卷,又缀其碎义琐辞,著《毛诗识小》三十卷,皆极精核。他著有《易象释例》十二卷,《易象雅训》十二卷,《三礼注疏考异》二十卷,《冠昏丧祭仪考》十二卷,《左传风俗》二十卷,《古音劝学》三十卷,《史学蠡测》三十卷,《供冀小言》二卷,《古谚笺》十一卷,《两粤水经注》四卷,《粤风》四卷,《修本堂稿》四卷,《诗文集》二十四卷。

李黼平,字绣子,嘉应州人。幼颖异。年十四,精通乐谱。及长,治汉学,工考证。嘉庆十年进士,选翰林院庶吉士,散馆改昭文县知县。莅事一以宽和慈惠为宗,不忍用鞭扑,狱随至随结。公余即手一编,民间因有"李十五书生"之目。以亏挪落职系狱,数年乃得归。会粤督阮元开学海堂,聘阅课艺,遂留授诸子经。所著《毛诗䌷义》二十四卷,道光十二年,卒,年六十三。他著有《易刊误》二卷,《文选异义》二卷,《读杜韩笔记》二卷。

柳兴恩,原名兴宗,字宾叔,丹徒人。道光十二年举人。受业于仪征阮元。初治《毛诗》,以毛公师荀卿,荀卿师谷梁,《谷梁春秋》千古绝学,元刻《皇清经解》,《公羊》、《左氏》俱有专家,而《谷梁》缺焉。乃发愤沈思,成《谷梁春秋大义述》三十卷,以郑《六艺论》云"谷梁子善于经",遂专从善经入手,而善经则以属辞比事为据,事与辞则以春秋日月等名例定之。其书凡例,谓圣经既以春秋定名,而无事犹必举四时之首月。后儒谓日月非经之大例,未为通论。《谷梁》日月之例,泥则难通。比则易见。与其议传而转谓经误,不若信经而并存传说。述《日月例》弟一。谓《春秋》治乱于以然,《礼》乃防乱于未然。谷梁亲受子夏,其中典礼犹与《论语》夏时周冕相表里,述《礼例》弟二。谓《谷梁》之经与《左氏》、《公羊》异者以百数,《汉书儒林传》云:"《谷梁》鲁学,《公羊》乃齐学也。"此或由齐、鲁异读,音转而字亦分。述《异文》弟三。谓谷梁亲受子夏,故传中用孔子、孟子说，其他暗合者更多。述《古训》弟四。谓自汉以来，《谷梁》师授鲜有专家，要不得捱诸师说之外。述《师说》弟五。谓汉儒师说之可见者，惟尹更始、刘向二家，然搜获寥寥。其说已亡，而名仅存者，自汉以后并治《三传》者亦收录焉。述《经师》弟六。谓《谷梁》久属孤经，兹于所见载籍之涉《谷梁》者，循次摘录，附以论断，并著本经废兴源流。述《长编》弟七。番禺陈沣尝为《谷梁》笺及条例，未成，后见兴恩书，叹其精博，遂出其说备采，不复作。

他著有周易卦气辅四卷，《虞氏逸象考》二卷，《尚书篇目考》二卷，《毛诗注疏纠补》三十卷，《续王应麟诗地考》二卷，《群经异义》四卷，《刘向年谱》二卷，《仪礼释宫考辨》二卷，《史记》、《汉书》、《南齐书校勘记》、《说文解字校勘记》、《宿壹斋诗文集》。光绪六年，卒，年八十有六。

弟荣宗，字翼南。著有《说文引经考异》十六卷。同时为《谷梁》之学者，有南海侯康、海州许桂林、嘉善钟文烝、江都梅毓。侯康自有传。

许桂林，字同叔，海州人。嘉庆二十一年举人。少孤，孝于母及生母，无间言。家贫，不以厚币易远游，日以诂经为事。道光元年，丁内艰，以毁卒，年四十三。桂林于诸经皆有发明，犹笃信《谷梁》之学，著《春秋谷梁传时日月书法释例》四卷。其书有引《公羊》而互证者，有驳《公羊》而专主者。阳湖孙星衍尝以条理精密、论辨明允许之。又著《易确》二十卷，大旨以《乾》为主，谓全《易》皆《乾》所生，博观约取，于《易》义实有发明。别有《毛诗后笺》八卷，《春秋三传地名考证》六卷，《汉世别本礼记长义》四卷，《大学中庸讲义》二卷，《四书因论》二卷。尝以其余力治六书、九数，著《许氏说音》十二卷，以配《说文》。又著《说文后解》十卷。又以岐伯言"地，大气举之"。气外无壳，其气将散；气外有壳，此壳何依？思得一说以补所未及。盖天实一气，而其根在北，北极是也。北极不当为天枢，而当为气母。因采集《宣夜》遗文，以西法通之，著《宣西通》三卷。又以算家以简为贵，乃取《钦定数理精蕴》，撮其切于日用者，著《算牖》四卷。生平所著书四十余种,凡百数十卷。甘泉罗士琳从之游,后以西算名世。

钟文烝,字子勤,嘉善人。道光二十六年举人,候选知县。于学无所不通,而其全力尤在《春秋》。因沈潜反覆三十余年,成《谷梁经传补注》二十四卷。其书网罗众家,折衷一是。其未经人道者,自比于梅鷟之辨伪书、陈第之谈古韵,略引其绪,以待后贤。文烝兼究宋、元诸儒书,书中若释禘祫、祖祢谥法以及心志不通、仁不胜道以道、受命等,皆能提要挈纲,实事求是。又著《论语序详正》一卷。卒,年六十。

梅毓,字延祖,江都人。同治九年举人,候选教谕。著有《谷梁正义长编》一卷。

陈澧,字兰甫,番禺人。道光十二年举人,河源县训导。澧九岁能文,复问诗学于张维屏,问经学于侯康。凡天文、地理、乐律、算术、篆隶无不研究。中年读诸经注疏、子、史及朱子书,日有课程。初著《声律通考》十卷,谓:“《周礼》六律、六同皆文之以五声,《礼记》五声、六律、十二管还相为宫,今之俗乐有七声而无十二律,有七调而无十二宫,有工尺字谱而不知宫、商、角、徵、羽。惧古乐之遂绝,乃考古今声律为一书。”又《切韵考》六卷,《外篇》三卷,谓:“孙叔然、陆法言之学存于《广韵》,宜明其法,而不惑于沙门之说。”又《汉志水道图说》七卷,谓地理之学,当自水道始,知汉水道则可考汉郡县。

其于汉学、宋学能会其通,谓:“汉儒言义理,无异于宋儒,宋儒轻蔑汉儒者非也。近儒尊汉儒而不讲义理,亦非也。”著《汉儒通义》七卷。晚年寻求大义及经学源流正变得失所在而论赞之,外及九流诸子、两汉以后学术,为《东塾读书记》二十一卷。

其教人不自立说,尝取顾炎武论学之语而申之,谓:“博学于文,当先习一艺。《韩诗外传》‘曰好一则博’,多好则杂也,非博也。读经、史、子、集四部书,皆学也,而当以经为主,尤当以行己有耻为主。”为学海堂学长数十年。至老,主讲菊坡精舍,与诸生讲论文艺,勉以笃行立品,成就甚众。光绪七年,粤督张树声、巡抚裕宽以南海朱次琦与澧皆耆年硕德,奏请褒异,给五品卿衔。八年,卒,年七十三。

他著有《说文声表》十七卷,《水经注提纲》四十卷,《水经注西南诸水考》三卷,《三统术详说》三卷,《弧三角平视法》一卷,《琴律谱》一卷,《申范》一卷,《摹印述》一卷,《东塾集》六卷。

侯康,字君谟,亦番禺人。道光十五年举人。少孤,事母孝。家贫,欲买书,母称贷得钱。买《十七史》,读之,卷帙皆敝,遂通史学。及长,精研注疏,湛深经术,与同里陈澧交最久。尝谓:"《汉志》载《春秋古经》十二篇者《左经》也,《经》十一卷者《公》、《谷经》也。今以《三传》参校之,大要《古经》为优。《谷梁》出最先,其误尚寡。《公羊》出最晚,其误滋甚。"乃取其义意可寻者疏通证明之,著《春秋古经说》二卷。又治《谷梁》以证《三礼》,以《公羊》杂出众师,时多偏驳,排诋独多。著《谷梁礼证》,未完帙,仅成二卷。又仿裴松之注《三国志》例注史,尝曰:"注古史与近史异,注近史者,群书大备,注古史者,遗籍罕存。当日为唾弃之余,今日皆见闻之助,宜过而存之。"因为《后汉书补注续》一卷,《三国志补注》一卷,《后汉》称续者,以有惠栋注,《三国志》杭世骏注未完善,故不称续也。又补《后汉》、《三国艺文志》,各成经、史、子四卷,余未成。又考汉、魏、六朝礼仪,贯串《三礼》,著书数十篇,澧尝叹以为精深浩博。十七年,卒,年四十。

弟度,字子琴。与康同榜举人,以大挑知县分发广西,署河池州知州。广西贼起,度伐木为栅,因山势联络,坚固可守。贼退,以病告归,至家遂卒,年五十七。度洽熟经传,尤长《礼》学,时称"二侯"。嘉兴钱仪吉尝称其研核传注,剖析异同。如辨懿伯、惠伯之为父子,三老、五更之为一人。证明郑义,皆有据依。所著书为夷寇所焚,其说经文,刻《学海堂集》中。

桂文灿,字子白,文耀之弟。道光二十九年举人。同治二年正月,应诏陈言曰:"严甄别以清仕途,曰设幕职以重考成,曰分三途以励科甲，曰裁冗弱以节糜费，曰铸银钱以资利用。若津帖京员，制造输船，海运滇铜，先后允行。光绪九年，选湖北郧县知县，善治狱，以积劳卒于任。文灿守阮元遗言，谓："周公尚文，范之以礼，尼山论道，教之以孝。苟博文而不能约礼，明辨而不能笃行，非圣人之学也。郑君、朱子皆大儒，其行同，其学亦同。"因著《朱子述郑录》二卷，他著《四书集注笺》四卷，《毛诗释地》六卷，《周礼通释》六卷，《经学博采录》十二卷。

郑珍，字子尹，遵义人。道光五年拔贡生，十七年举人，以大挑二等选荔波县训导。咸丰五年，叛苗犯荔波，知县蒋嘉谷病，珍率兵拒战，卒完其城。苗退，告归。同治二年，大学士祁寯藻荐于朝，特旨以知县分发江苏补用，卒不出。三年，卒，年五十九。

珍初受知于歙县程恩泽，乃益进求诸声音文字之原，与古宫室冠服之制。方是时，海内之士，崇尚考据，珍师承其说，实事求是，不立异，不苟同。复从莫与俦游，益得与闻国朝六七巨儒宗旨。于经最深《三礼》，谓："小学有三：曰形，曰声，曰义。形则三代文体之正，具在《说文》。若《历代钟鼎款识》及《汗简》、《古文四声韵》所收奇字，既不尽可识，亦多伪造，不合六书，不可以为常也。声则昆山顾氏《音学五书》，推证古音，信而有征，昭若发蒙，诚百世不祧之祖。义则凡字书、韵书、训诂之书，浩如烟海，而欲通经训，莫详于段玉裁《说文注》，邵晋涵、郝懿行《尔雅疏》及王念孙《广雅疏证》。贯串博衍，超越前古，是皆人学全体用。"

其读《礼经》，恒苦乾、嘉以还积渐生弊，号宗高密，又多出新义，未见有胜，说愈繁而事愈芜。故言《三礼》，墨守司农，不敢苟有出入。至于诸经，率依古注为多。又以余力旁通子史，类能提要钩玄。《仪礼》十七篇皆有发明，半未脱稿，所成《仪礼私笺》，仅有《士昏》、《公食》、《大夫丧服》、《士丧四篇》，凡八卷，而《丧服》一篇，反覆寻绎，用力尤深。又以《周礼考工记》轮舆，郑《注》精微，自贾《疏》以来，不得正解。说者日益支蔓，成《轮舆私笺》三卷。尤长《说文》之学，所著《说文逸字》二卷、《附录》一卷，《说文新附考》六卷，皆见称于时。他著有《凫氏图说》、《深衣考》、《汗简笺正》、《说隶》等书。又有《巢经巢经说》、《诗钞》、《文钞》，《明鹿忠节公无欲齐诗注》。

邹汉勋，字叔绩，新化人。父文苏，岁贡生，以古学教授乡里，辟学舍曰古经堂，与诸生肄士礼其中。其考据典物，力尊汉学，而谈心性则宗朱子。汉勋通《左氏》义，佐伯兄汉纪撰《左氏地图说》，又佐仲兄汉潢撰《群经百物谱》。年十八九，撰《六国春秋》。于天文推步、方舆沿革、六书九数，靡不研究。同县邓显鹤深异之，与修《宝庆府志》。又至黔中修贵阳、大定、兴义、安顺诸郡志。咸丰元年，举于乡。访魏源于高邮，同撰《尧典释天》一卷。会粤贼陷江宁，汉勋以援、堵、守三策上书曾国藩，谓不援江西、堵广西，湖南亦不能守。国藩用其言，命偕江忠淑率楚勇千人援南昌，围解，叙劳以知县用。既，从江忠源于庐州，守大西门，贼为隧道三攻之，城坍数丈，贼将登陴，汉勋击却之。坚守三十七日，地雷复发，城陷。汉勋坐城楼上，命酒自酌，持剑大呼杀贼。贼至，与格斗，手刃数人，力竭死之，年四十九，赠道衔。

所著《读书偶识》三十六卷，自言破前人之训故，必求唐前之训故方敢用。违笺传之事证，必求汉前之事证，方敢从。以汉人去古未远，诸经注皆有师承，故推阐汉学，不遗余力。尤深音均之学，初著《广韵表》十卷，晚为《五均论》，说尤精粹，时以江、戴目之。生平于《易》、《诗》、《礼》、《春秋》、《论语》、《说文》、《水经》皆有撰述。凡二十余种，合二百余卷。同治二年，土匪焚其居，燔焉。今存者《读书偶识仅》八卷，《五均论》二卷，《颛顼历考》二卷，《教艺斋文》三卷、《诗》一卷，《红崖石刻释文》一卷。《南高平物产记》二卷。

王崧，字乐山，浪穹人。嘉庆四年进士，山西武张乡县知县，崧学问淹通，仪征阮元总督云、贵，延崧主修《通志》，著有《说纬》六卷。

刘宝楠，字楚桢，宝应人。父履恂，字迪九，乾隆五十一年举人。国子监典簿，著有《秋槎札记》。

宝楠生五岁而孤，母氏乔教育以成。始宝楠从父台拱汉学精深，宝楠请业于台拱，以学行闻乡里。为诸生时，与仪征刘文淇齐名，人称扬州二刘。道光二十年成进士，授直隶文安县县。文安地称洼下，堤堰不修，遇伏，秋水盛涨，辄为民害。宝楠周履堤防，询知疾苦，爰检旧册，依例督旗屯及民同修，而旗屯恒怙势相观望，宝楠执法不阿，功遂济。再补元氏，会岁旱，县西北境蝗，袤延二十余里。宝楠祷东郊蜡祠，蝗争投坑井，或抱禾死，岁则大熟。咸丰元年，调三河，值东省兵过境。故事，兵车皆出里下。宝楠谓兵多差重，非民所堪，雇车应差，给以民价，民得不扰。

宝楠在官十六年，衣冠朴素如诸生时。勤于听讼，官文安日，审结积案千四百余事。鸡初鸣，坐堂皇，两造具备，当时研鞫。事无巨细，均如其意结案，悖者照例治罪。凡涉亲故族属讼者，谕以睦姻，概令解释。讼狱既简，吏多去籍归耕，远近翕然，著循良称。咸丰五年，卒，年六十五。

宝楠于经，初治毛氏《诗》、郑氏《礼》，后与刘文淇及江都梅植之、泾包慎言、丹徒柳兴恩、句容陈立约各治一经。宝楠发策得《论语》，病皇、邢《疏》芜陋，乃搜辑汉儒旧说，益以宋人长义，及近世诸家，仿焦循《孟子正》义例，先为长编，次乃荟萃而折衷之，著《论语正义》二十四卷。因官事繁，未卒业，命子恭冕续成之。他著有《释谷》四卷，于豆、麦、麻三种多补正程氏《九谷考》之说。《汉石例》六卷，于碑志体例考证详博。《宝应图经》六卷，《胜朝殉扬录》三卷，《文安堤工录》六卷。

恭冕，字叔俛。光绪五年举人。守家学，通经训，入安徽学，政朱兰幕，为校李贻德《春秋贾服注辑述》，移补百数十事。后主讲湖北经心书院，敦品饬行，崇尚朴学。幼习《毛诗》，晚年治《公羊春秋》，发明“新周”之义，辟何劭公之谬说，同时通儒皆韪之。卒，年六十。著有《论语正义补》，《何休论语注训述》，《广经室文钞》。

龙启瑞,字翰臣,临桂人。道光二十一年一甲一名进士,授翰林院修撰。二十四年,充广东乡试副考官。二十七年,大考翰詹二等七名,以侍讲升用。七月,简湖北学政,著《经籍举要》一书,以示学者。又以学政之职有三要:一曰防弊,二曰厉实学,三曰正人心风俗。三十年,丁父优回籍。咸丰元年六月,广西巡抚邹鸣鹤奏办广西团练,以启瑞总其事。二年七月,省城围解,以守城出力。以侍讲学士升用。六年四月,授通政司副使。十一月,简江西学政。七年三月,迁江西布政使。八年九月,卒于官。

启瑞切靡经义,尤讲求音韵之学,贯穿于顾、江、段、王、孔、张、刘江诸家之书,而《著古韵通说》二十卷。以为论古韵者,自顾氏以前失之疏,自段氏以后过于密,江氏酌中,亦未为尽善。阳湖张氏分二十一部,言:"凡言古韵者,分之不嫌密,合之不嫌广。惟分之密,其合之也脉络分明,不至因一字而疑各韵可通,亦不至因各韵而疑一字之不可通。"启瑞服膺是言,故其集古韵也,意主于严,而其为通说也,则较之顾氏而尚觉其宽。不拘成说,不执私见,参之古书,以求其是而已。其论本音、论通韵、论转音,皆确有据依,而以论通说总之,故以名其全书焉。他著有《尔雅经注集证》三卷,《经德堂集》十二卷。

苗夔,字仙簏,肃宁人。幼即嗜六书形声之学,读许氏《说文》,若有夙悟。已,又得顾炎武《音学五书》,慕之弥笃。曰:"吾守此终身矣!"举道光十一年优贡生,高邮王念孙父子礼先于夔,由是誉望日隆。夔以为许叔重遗书多有为后人妄删或附益者,乃订正《说文》八百余字,为《说文声订》二卷。顾氏音学所立《古音表》十部,宏纲已具,然犹病其太密,而戈、麻既杂西音,不应别立一部。于是并耕、清、青、蒸、登于东、冬,并戈、麻于支、齐,定以七部,隐括群经之韵。字以声从,韵以部分,为《说文声读表》七卷。《诗》自《毛传》、郑《笺》而后,主义理者多,主声均者少,虽有陆元朗《诗经音义》,亦不能专主古音,然古音时有未尽改者。夔治《毛诗》,尤精于谐声之学,尝以齐、鲁韩三家证毛，而又以许浍长之声读参错其间，采太平戚氏之《汉学谐声》、《诗经正读》，无锡安氏之《均征》，为《毛诗均订》十卷。咸丰丁巳五月，卒，年七十有五。

庞大坤，字子方，常熟人。嘉庆二十四年举人。究心音韵之学，尝谓顾、江、戴、段、孔、王诸家分部互有出入者，以入声配隶无准耳。入声有正纽、反纽、今韵多从正纽，古韵多从反纽，阳奇阴偶，两两相配，一从陆氏《法言》所定为正纽，一从顾、江、戴、王所定为反纽。其转音之法有五：一正转，同部者是也，一递转，同音者是也，一旁转，相比及相生者是也，一双声，同母者是也。又谓欲明古音，必先究唐韵，乃可定其分合，为《唐韵辑略》五卷、《备考》一卷，《形声辑略》一卷、《备考》一卷，《古音辑略》二卷、《备考》一卷，《等韵辑略》三卷。他著有《易例辑略》五卷。

陈立，字卓人，句容人。道光二十一年进士，二十四年，补应殿试，选翰林院庶吉士。散馆改刑部主事，升郎中。授云南曲靖府知府。请训时，文宗有"为人清慎"之褒，时以道梗不克之任。少客扬州，师江都梅植之，受诗、古文辞，师江都凌曙、仪征刘文淇，受《公羊春秋》、许氏《说文》、郑氏《礼》，而于《公羊》致力尤深。

文淇尝谓汉儒之学，经唐人作疏，其义益晦。徐彦之疏《公羊》，空言无当。近人如曲阜孔氏、武进刘氏，谨守何氏之说，详义例而略典礼、训诂。立乃博稽载籍，凡唐以前《公羊》古义及国朝诸儒说《公羊》者，左右采获，择精语详。草创三十年，长编甫具。南归后，乃整齐排比，融会贯通，成《公羊义疏》七十六卷。

初治《公羊》也，因及汉儒说经师法，谓莫备于《白虎通》。先为疏证，以条举旧闻、畅隐扶微为主，而不事辨驳，成《白虎通疏证》十二卷。幼受《尔雅》，因取唐人《五经正义》中所引犍为舍人、樊光、刘歆、孙炎五家悉甄录之。谓郭注中精言妙谛，大率胎此。附以郭音义及顾、沈、施、谢诸家切释，成《尔雅旧注》二卷。

又以古韵之学敝蚀已久，而声音之原，起于文字，《说文》谐声，即韵母也。因推广归安姚氏《说文声系》之例，刺取许书中谐声之文，部分而缀叙之。以象形、指事、会意为母，以谐声为子，其子之所谐，又即各缀于子下。其分部则兼取顾、江、戴、孔、王、段、刘、许诸家，精研而审核之，订为二十部，成《说文谐声孳生述》三卷。其文渊雅典硕，大抵考订服制典礼及声音训诂为多，成《句溪杂著》六卷卒，年六十一。

陈奂，字硕甫，长洲人。诸生。咸丰元年，举孝廉方正。奂始从吴江沅治古学，金坛段玉裁寓吴，与沅祖声善。尝曰："我作《六书音韵表》，惟江氏祖孙知之，余匙有知者。"奂尽一昼夜探其梗概。沅尝假玉裁《经韵楼集》，奂窃视之，加朱墨。后玉裁见之，称其学识出孔、贾上，由是奂受学玉裁。高邮王念孙既子引之、栖霞郝懿行、绩溪胡培翚、泾胡承珙、临海金鹗，咸与缔交。

奂尝言大毛公诂训传言简意该，遂殚精竭虑，专攻《毛传》。以《毛传》一切礼数名物，自汉以来无人称引，韬晦不彰，乃博征古书，发明其义。大抵用西汉以前旧说，而与东汉人说诗者不苟同。又以毛氏之学，源出荀子，而善承毛氏者，惟郑仲师、许叔重两家，故于《周礼注》、《说文解字》多所取说，著《诗毛氏传疏》三十卷。又以疏中称引，博广难明，更举条例，立表示图，为《毛诗说》一卷。准以古音，依四始为《毛诗音》四卷。仿《尔雅》例，编《毛传》为《义类》十九篇一卷。以郑多本三家诗，与毛异，为《郑氏笺考征》一卷，又有《诗语助义》三十卷。《公羊逸礼考征》一卷，《师友渊源记》一卷，《禘郊或问》，《宋本集韵校勘记》，各若干卷。

其论《尚书大传》与《毛传》同条共贯，论《春秋》之学，从《公羊》以知例，治《谷梁》以明礼。《谷梁》文句极简，必得治礼数十年而后可明其要义。论《释名》与《毛传》、《说文》多不合，然可以讨汉、宋说经家之沿流。其论丁度《集韵》云："《集韵》总字，具见《类篇》，先以《类篇》校《集韵》，再参之《释文》、《说文》、《玉篇》、《广韵》、《博雅》，则校雠之功过半矣。"又云："陆氏《释文》宋本，当于《集韵》求之。今

《尚书释文》，经开宝中陈谔等删改之本，《集韵》则未经删改者也。"
于子书中尤好《管子》，尝令其弟子元和丁士涵为《管子案》四卷。

　　家居授徒，从游者数十人。同郡管庆祺、丁士涵、马钊、费锷、德
清戴望，其尤著也。同治二年，卒年七十有八。

　　金鹗，字诚斋，临海人。优贡生。博闻强识，邃精《三礼》之学。
受知于山阳汪廷珍，与析难辨论，成《礼说》二卷。嘉庆二十四年，卒
于京邸。所著《求古录》一书，取宫室、衣服、郊祀、井田之类，贯串
汉、唐诸儒之说，条考而详辨之。鹗又尝辑《论语乡党注》，厘正旧
说，颇得意解。卒后稿全佚，陈奂求得之，厘为《求古录礼说》十五
卷，《乡党正义》一卷。

　　黄式三，字薇香，定海人。岁贡一生。事亲孝，尝赴乡试，母丧
暴疾卒于家，驰归恸绝。父老且病，卧床第数年，衣食饘洗，必躬亲
之。比殁，持丧以礼，誓不再应乡试。于学不立门户，博综群经，治
《易》治《春秋》，而尤长《三礼》。论禘郊宗庙，谨守郑学。论封域、井
田、兵赋、学校、明堂、宗法诸制，有大疑义，必厘正之。其《复礼说》、
《崇礼说》、《约礼说》。尝著《论语后案》二十卷，自为之序。他著有
《书启蟟》四卷，《诗丛说》一卷，《诗序说通》二卷，《诗传笺考》二卷，
《春秋释》二卷，《周季编略》九卷，《儆居集经说》四卷，《史说》四卷。
同治元年，卒，年七十四。子以周，从子以恭，俱能传其学。

　　以周，本名元同，后改今名，以元同为字。同治九年优贡。旋举
于乡，大挑以教职用，补分水县训导。以学臣奏加中书衔，以教授升
用，旋选处州府教授，而年已七十，遂不就。以周笃守家学，以为三
代下之经学，汉郑君、宋朱子为最。而汉学、宋学之流弊，乖离圣经，
尚不合于郑、朱，何论孔、孟？有清讲学之风，倡自顾亭林。顾氏尝
云："经学即是理学。"乃体顾氏之训，上追孔、孟之遗言，于《易》、
《诗》、《春秋》皆有著述，而《三礼》尤为宗主。所著《礼书通故》百卷，
列五十目，古先王礼制备焉。又以孟子学孔子，由博反约，而未尝亲
炙孔圣。其间有子思子，综七十子之前闻，承孔圣以启孟子，乃著

《子思子辑解》七卷。而举子思所述夫子之教，必始于《诗》、《书》，而终于《礼》、《乐》，及所明仁义为利之说，谓其传授之大恉，是深信博文约礼之经学，为行义之正轨，而求孟子学孔圣之师承，以子思为枢轴。暮年多疾，因曰："加我数年，《子思子辑解》成，斯无憾！"既，书成而疾瘥，更号哉生。江苏学政黄体芳建南菁讲舍于江阴，延之主讲。以周教以博文约礼、实事求是，道高而不立门户。宗源瀚建辨志精舍于宁波，请以周定其名义规制，而专课经学，著录弟子千余人。卒，年七十有二。

以恭，字质庭。光绪元年举人。著有《尚书启蒙疏》二十八卷，《读诗管见》十二卷。

俞樾，字荫甫，德清人。道光三十年进士，改庶吉士。咸丰二年，散馆授编修。五年，简放河南学政，奏请以郑公孙侨从祀文庙，圣兄孟皮配享崇德祠，并邀俞允。七年，以御史曹登庸劾试题割裂罢职。樾归后，侨居苏州，主讲苏州紫阳、上海求志各书院，而主杭州诂经精舍三十余年，最久。课士一依阮元成法，游其门者，若戴望、黄以周、朱一新、施补华、王诒寿、冯一梅、吴庆坻、吴承志、袁昶等，咸有声于时。东南遭赭寇之乱，典籍荡然，樾总办浙江书局，建议江、浙、扬、鄂四书局分刻《二十四史》，又于浙局精刻子书二十二种，海内称为善本。

生平专意著述，先后著书，卷帙繁富，而《群经平议》、《诸子平议》、《古书疑义举例》三书，尤能确守家法，有功经籍。其治经以高邮王念孙、引之父子为宗。谓治经之道，大要在正句读，审字义，通古文假借，三者之中，通假借为尤要。王氏父子所著《经义述闻》，用汉儒"读为"、"读曰"之例者居半，发明故训，是正文字，至为精审。因著《群经平议》，以附《述闻》之后。其《诸子平议》，则仿王氏《读书杂志》而作，校误文，明古义，所得视《群经》为多。又取《九经》、诸子举例八十有八，每一条各举数事以见例，使读者习知其例，有所据依，为读古书一助。

　　樾于诸经皆有纂述,而《易》学为深,所著《易贯》,专发明圣人观象繁辞之义。《玩易》五篇,则自出新意,不拘泥先儒之说。复作《良宦易说》、《卦气值日考》、《续考》、《邵易补原》、《易穷通变化论》、《互体方位说》,皆足证一家之学。晚年所著《茶香室经说》,义多精确。古文不拘宗派,渊然有经籍之光。所作诗,温和典雅,近白居易。工篆、隶。同时如大学士曾国藩、李鸿章,尚书彭玉麟、徐树铭、潘祖荫,咸倾心纳交。日本文士有来执业门下者。

　　樾湛深经学,律己尤严,笃天性,尚廉直,布衣蔬食,海内翕然称曲园先生。光绪二十八年,乡举重逢,诏复原官,重赴鹿鸣筵宴。三十二年,卒,年八十有六。著有《群经平议》三十五卷,《诸子平议》三十五卷及《第一楼丛书》,《曲园杂纂》,《俞楼杂纂》,《宾萌集》,《春在堂杂文》、《诗编》、《词录》、《随笔》,《右台仙馆笔记》,《茶香室丛钞》、《经说》,其余杂著,称《春在堂全书》。

　　同时以耆年笃学主讲席者,则有南汇张文虎。文虎,字啸山。诸生,尝读元和惠氏、歙江氏、休宁戴氏、嘉定钱氏诸家书、慨然叹为学自有本,则取汉、唐、宋注疏经说,由形声以通其字,由训诂以会其义,由度数名物以辨其制作,由语言事迹以窥古圣贤精义,旁及子史,莫不考其源流同异。精天算,尤长校勘。同治五年,两江书局开,文虎为《校史记三注》,成《札记》五卷,最称精善。卒,年七十有一。著有《舒艺室遗书》。

　　王闿运,字壬秋,湘潭人。咸丰三年举人。幼好学,质鲁日诵不能及百言。发愤自责,勉强而行之。昕所习者,不成诵不食,夕所诵者,不得解不寝。于是年十有五明训诂,二十而通章句,二十四而言礼。考三代之制度,详品物之所用。二十八而达《春秋》微言,张公羊,申何学,遂通诸经。潜心著述,尤肆力于文。溯庄、列,探贾、董其骈俪则揖颜、庚,诗歌则抗阮、左。记事之体,一取裁于龙门。

　　闿运刻苦励学,寒暑无间。经、史、百家,靡不诵习。笺、注、抄、校,日有定课。遇有心得,随笔记述。阐明奥义,中多前贤未发之覆。

尝曰:"治经:于《易》,必先知'易'字有数义,不当虚衍卦名,于《书》,必先断句读,于《诗》,必先知男女赠答之辞不足以颁学官,传后世。一洗三陋,乃可言《礼》。礼明,然后治《春秋》。"又曰:"说经以识字为贵,而非识《说文解字》之字为贵。"又曰:"文不取裁于古则亡法,文而毕摹乎古则亡意。"又尝慨然自叹曰:"我非文人,乃学人也!"

学成出游,初馆山东巡抚崇恩。入都,就尚书肃顺聘。肃顺奉之若师保,军事多咨而后行。左宗棠之狱,闿运实解之。已而参曾国藩幕,胡林翼、彭玉麟等皆加敬礼。闿运自负奇才,所如多不合,乃退息无复用世之志,唯出所学以教后进。四川总督丁宝桢聘主尊经书院,待以宾师之礼,成材甚众。归为长沙思贤讲舍、衡州船山书院山长。江西巡抚夏时延为高等学堂总教。光绪三十四年,湖南巡抚岑春萤上其学行,特授检讨。乡试重逢。加侍读。闿连晚睹世变,与人无忤,以唯阿自容。人民国。尝一领史馆,遂归。丙辰年,卒,年八十有五。

所著书以经学为多,其已刊者有《周易说》十一卷,《尚书义》三十卷,《尚书大传》七卷,《诗经补笺》二十卷,《礼记笺》四十六卷,《春秋公羊传笺》十一卷,《谷梁传笺》十卷。《周官笺》六卷,《论语注》二卷,《尔雅集解》十六卷,又《墨子》、《庄子》、《谷冠子义解》十一卷,《湘军志》十六卷,《湘绮楼诗文集》及《日记》等。子女并能通经,传其家学。次子代丰,早世,著有《公羊例表》。

王先谦,字益吾,长沙人。同治四年进士,选庶吉士,授编修。光绪元年,大考二等,擢中允,充日讲起居注官。历上疏言言路防弊,请筹东三省防务,并劾云南巡抚徐之铭。六年,晋国子监祭酒。八年,丁忧归,服阕,仍故官。疏请三海停工。出为江苏学政。十四年,以太监李莲英招摇,疏请惩戒。略言:"宦寺之患,自古为昭,本朝法制森严,从无太监揽权害事,皇太后垂帘听政,一禀前谟,毫不宽假,此天下臣民所共知共见者。乃有总管太监李莲英,秉性奸回,肆无忌惮。其平日秽声劣迹，不敢形及奏牍。惟思太监等给使宫禁，得以日近天颜，或因奔走微长，偶邀宸顾，度亦事理所有。何独该太监夸张恩遇，大肆招摇，致太监篦小李之名，倾动中外，惊骇物听，此即其不安本分之明证。易曰'履霜坚冰'渐也。皇太后、皇上于制治保邦之道，靡不勤求夙夜，遇事防维。今宵小横行，已有端兆。若不严加惩办，无以振纲纪而肃群情。"疏上不报。

先谦历典云南、江西、浙江乡试，搜罗人才，不遗余力。既莅江苏，先奏设书局，仿阮元《皇清经解》例，刊刻《续经解》一千四百三十卷。南菁书院创于黄体芳，先谦广筹经费，每邑拔取才士入院，而督教之，诱掖奖劝，成就人材甚多。开缺还家，历主思贤讲舍，岳麓、城南两书院，其培植人才，与前无异。三十三年，总督陈夔龙、巡抚岑春蓂奏以所著书进呈，赏内阁学士衔。宣统二年，长沙饥民阗围抚署，卫兵开枪击毙数人，民情愈愤，匪徒乘之放火烧署。省城绅士电请易巡抚，以先谦名首列，先谦不知也。总督瑞澂奏参，部议降五级。同乡京官胡祖荫等以冤抑呈递都察院，亦不报。国变后，改名遯，迁居乡间，越六年卒。著有《尚书孔传参正》三十六卷，《三家诗集义疏》二十八卷，《汉书补注》一百卷，《荀子集解》二十卷，《日本源流考》二十二卷，《外国通鉴》三十卷，《虚受堂诗文集》三十六卷等。

孙诒让，字仲容，瑞安人。父衣言，自有传。诒让，同治六年举人，官刑部主事。初读《汉学师承记》及《皇清经解》，渐窥通儒治经、史、小学家法。谓古子、群经有三代文字之通假，有秦、汉篆隶之变迁，有魏、晋正草之混淆，有六朝、唐人俗书之流失，有宋、元、明校仇之羼改，匡违捃佚，必有谊据，先成《札迻》十二卷。

又著《周礼正义》八十六卷，以为："有清经术昌明，于诸经均有新疏，周礼以周公致太平之书，而秦、汉以来诸儒不能融会贯通。盖通经皆实事、实字，天地、山川之大，城郭、宫室、衣服制度之精，酒浆、醯醢之细，郑《注》简奥，贾《疏》疏略。读者难于深究，而通之于治,尤多谬盭。刘歆、苏绰之于新、周,王安石之于宋,胶柱锼舟,一溃不振,遂为此经诟病。诒让乃于《尔雅》、《说文》正其训诂,以《礼经》、《大小戴记》证其制度。研覃廿载,稿草屡易。遂博采汉、唐以来迄乾、嘉诸经儒旧说,参互译证,以发郑《注》之渊奥,裨贾《疏》之遗阙。其于古制,疏通证明,较之旧疏,实为淹贯。而注有牾,违辄为匡纠。凡所发正数十百事,匪敢坏‘疏不破注’家法,于康成不曲从杜、郑之意,实亦无诤。而以国家之富强,从政教入,则无论新旧学均可折衷于是书。”识者韪之。

光绪癸卯,以经济特科征,不应。宣统元年,礼制馆征,亦不就。未几卒,年六十二,所著又有《墨子间诂》十五卷,《目录附录》二卷,《后语》二卷,精深闳博,一时推为绝诣。《古籀拾遗》三卷,《逸周书校补》四卷,《九旗古义述》一卷。

郑杲,字东甫,迁安人。父鸣冈,为即墨令,卒于官。贫不能归,因家焉。杲事母孝。光绪五年。举山东乡试第一,明年成进士,授刑部主事。肆力于学,以读经为正课,旁及朝章国故,矻矻终日,视仕进泊如也。尝谓:“治经在信古传,经者渊海,传其航也。汉氏诸儒,主乎此者不能通乎彼,唐、宋而降,能观其通矣,乃举古说而悉排之,惟断以己意。若是者,皆非善治经者也。”杲以母忧归,主讲泺源书院。服阕,迁员外。时朝政维新,两宫已积疑衅,杲独惓惓言天子当竭诚以尽孝道。具疏草,莫敢为言者。二十六年夏,荧惑入南斗,复上书请修省,不报。未几,卒。

杲之学深于《春秋》,其言曰:“左氏明鲁史旧章,二传则孔、孟推广新意,口授传指。《公羊》明鲁道者也,《谷梁》明王道者也,《左氏》则备载当时行用之道。当时行用之道,霸道也。所以必明鲁道者,为人子孙,道在法其祖也。《谷梁》则损益四代之趣咸在焉。惟圣人蹶起在帝位者,乃能用之也。”其为说兼综《三传》,而尤致严于事天、事君、事亲之辨。谓:“《春秋》首致谨于元年正月,正月者,正即位也。正月谨始也,必能为父之子,然后能为天之子矣。《春秋》

之有三正,由其有天、君、父之命也。春者天也,王者君也,正月者父也,将以备责三正,而单举正月,何也?事天、事君,皆以事亲为始也。"凡杲所论著如此。

　　与杲是时者,有宋书升,字晋之,潍县人。光绪十八年进士,改庶吉士。里居十年,殚心经术。《易》、《书》、《诗》均有撰述,尤精推步之学。法伟堂,字小山,胶州人。光绪十五年进士,官青州府教授,精研音韵之学,考订《陆德明经典释文》,多前人所未发。

清史稿卷四八三
列传第二七〇

儒林四

孔荫植

孔荫植，字封寰，孔子六十五代孙，世居曲阜。明天启初，袭封衍圣公。清顺治元年，世祖定鼎京师，山东巡抚方大猷疏言开国之初，首宜尊崇先圣。下礼部议，衍圣公爵及其官属，悉循明旧制。荫植朝京师，遣官迎劳。入朝，班列大学士上，赐宴，恩礼有加。四年，卒，遣山东布政使致祭。子兴燮袭。

兴燮，字起吕。时年十三，生母陶抚以成立。稍长，事母甚孝，凝重有器识。饬庙庭，修礼乐，诸废悉举。累加少保兼太子太保。康熙六年，卒。子毓圻袭。

毓圻，字钟在。方幼，年十一朝京师。圣祖召见瀛台，礼度如成人，奏对称旨。越二年，上幸学，召毓圻陪祀，皇太后召入见，赐坐，问家世，具以对，赐茶及克食。辞出，命内臣送至宫门外，传谕从官善辅翼之。上御殿，毓圻从诸大臣朝参，及退，命自御道行，遂巡辞，上敦谕之，乃趋出。加太子少师。二十三年，上东巡，释奠孔子庙，留曲柄黄盖。谒林，周览遗迹，每事问，毓圻谨以对。因请扩林地，置守卫，除租赋，设百户，官秩视卫守备，皆许之。毓圻辑《幸鲁盛典》以进，复奏请重修孔子庙，白巡抚及河道总督，免县人河工应役。雍正元年，世宗命追封先圣五代王爵。十月，毓圻诣阙谢，疾作，上命医诊视,赐参饵。十一月,卒于京师,上遣内大臣奠茶酒。丧归,命皇三子及庄亲王允禄临奠,行人护行,赐葬,谥恭愨。毓圻工书,爱兰,自号曰兰堂。子传铎袭。

传铎,字振路。康熙间赐二品冠服,袭爵后一年,世宗幸学,召传铎陪祀。传铎老,病足,命其子继溥代行礼。六月,孔子庙灾,传铎用明弘治间故事,率族人素服三日哭,疏引咎,上遣侍郎王景曾祭告,并传旨慰问。寻发帑重建,命侍郎留保会巡抚岳浚、前巡抚陈世倌庀工役,而以传铎董其事。诏询传铎,有当增设者言无隐。因请增设乐器库直房,上许之。八年,庙成。九年,上命修孔林,仍与世倌监理,疾作乞休,上允之。子继濩前卒,命以孙广棨袭。十年,孔林工竟,复开馆辑《阙里盛典》。十三年,卒,赐祭葬。传铎工诗词,有集。

广棨,字京立。雍正初,授二品冠服,袭爵。以孔林工竟,率族人诣阙谢。上御圆明园正大光明殿,召入对,命坐赐茶,谕曰:"汝为先圣后,当存圣贤心,行圣贤事,秉礼守义,以骄奢为戒。汝年方少,尤宜勤学读书,敦品励行,与汝族人相劝戒,相砥厉,为端人正士。"广棨顿首谢。赐松花江石砚及锦币,赐宴,遣归,十三年,世宗崩,入临。高宗复召入对,以覃恩赠父继濩如其爵。乾隆三年,上幸学,召广棨陪祀。献《亲耕耤田颂》、《视学大礼庆成赋》。四年,朝京师,祝上万寿。会举经筵,令侍班。因奏请著为令。六年,疏劾曲阜知县毓琚不职,毓琚亦讦广棨居乡不法,下巡抚按治,上原广棨而遣毓琚。八年,卒。子昭焕袭。

昭焕,字显明。十三年正月,上东巡,释奠孔子庙,御诗礼堂。昭焕方幼,命其族人举人继汾等进讲。是日并谒林,还,复留曲柄黄盖。赐昭焕宴,赉书籍、文绮、貂币,官继汾中书,族人有官者皆进秩。亲制《孔子庙碑》,勒石大成门外。二十一年,昭焕疏言:"皇庄户丁蒙恩免役,历来地方官额外杂派,每事调剂非易,请酌留五十户,余改归民籍,交地方官编审应役。"上谕曰:"昭焕疏言皇庄,此必沿前代旧习,然亦止应称官庄。子不云乎?'甚矣由之行诈,无臣而为有臣。'昭焕可谓不能读其祖书矣。此时丁银已停征,地方官安得更令百姓应役?且取役何事?若为朕东巡修道,则皆发帑雇役,初未累百姓。朕展谒先师,衍圣公督令庙户除道清产,理所应尔,岂当转庇庙户,并发帑雇役亦不肯应耶?"下吏议,当夺爵,上命宽之,以昭焕年少,归咎继汾及其兄继涑,皆遣黜。三月,上东巡,释奠孔子庙,谒林。二十二年,上奉皇太后东巡释奠。三十六年,复东巡释奠。既还京师,出内府所藏周铜器木鼎、亚尊、牺尊、伯彝、册卣、蟠夔敦、宝簠、夔凤豆、饕餮甗、四足鬲,凡十事,置庙庭。四十一年,两金川平,三月,复奉皇太后东巡释奠,告成功。次日,谒林。四十八年,昭焕卒,子宪培袭。

宪培,字养元。乾隆五十九年,卒。子庆镕袭。

庆镕,字陶甫。道光二十一年,卒。子繁灏袭。

繁灏,字文渊。同治二年,卒,谥端恪。子祥珂袭。

祥珂,字觐堂,光绪三年,卒,谥庄悫。子令贻袭。

令贻,字谷孙。国变后,袭爵,奉祀如故。

当唐末五季,以文宣公兼曲阜令。宋用孔氏支子,明至清初因之。自毓琚与广启互讦坐罢官,廷议以衍圣公咨送易涉私,孔氏子领乡县,所隶皆亲属,审断亦未能悉公,拟更前例。御史卫廷璞疏言宜仍旧贯,鸿胪寺卿林令旭又请以衢州孔氏子孙为曲阜知县,下廷臣议,用廷璞言,仍令衍圣公咨送,巡抚考试题补。后十余年,巡抚白钟山奏请改题缺。上谕曰:"阙里毓圣之乡,唐、宋以来,率以圣裔领县事。大宗王鬯,爵列上公。而知县以民事为职,奉法令,则以裁制伤恩。厚族党,则以偏私废事:非古易地而官之道,当如钟山议。仍别设世袭六品官,选孔氏子充补。"

明制,五经博士,孔氏南宗一人,奉衢州孔子庙祀。北宗一人,奉述圣祀。颜氏复圣后,曾氏宗圣后,孟氏亚圣后,仲氏子政后,各一人。道州周氏元公后,江宁、嵩县程氏皆正公后,洛阳邵氏康节后,建安、婺源朱氏皆文公后,各一人。清因之。又增设咸阳姬氏文公后,曲阜东野氏周公后,济宁闵氏子骞后,浚县端木氏子贡后,常熟言氏子游后，钜野卜氏子夏后，萧县颛孙氏子张后，菏泽、肥城两冉氏伯牛、仲弓后，肥城有氏有子后，邹平伏氏伏生后。孟县韩氏文公后，郿县张氏明公后，各一人。而程氏改纯公后一人。又崇关侯祀事，亦录其后，洛阳、解州、江陵各一人。《明史》衍圣公附《儒林传》后，今仿其例，并五经博士有增设者亦附焉。

清史稿卷四八四
列传第二七一

文苑一

魏禧　兄际瑞　弟礼　礼子世效　世俨　李腾蛟

邱维屏　曾灿　林时益　梁份　侯方域

王猷定　陈宏绪　徐士溥　欧阳斌元　申涵光

张盖　殷岳　吴嘉纪　徐波　钱谦益

龚鼎孳　吴伟业　曹溶　宋琬　严沆

施闰章　高咏　邓汉仪　王士禄　弟士祜

田雯　曹贞吉　颜光敏　王苹　张笃庆　徐夜

陈恭尹　屈大均　梁佩兰　程可则　方殿元

吴文炜　王隼　冯班　宗元鼎　刘体仁　吴殳

胡承诺　贺贻孙　唐甄　阿什坦　刘淇

金德纯　傅泽洪　汪琬　计东　吴兆骞

顾我锜　彭孙遹　朱彝尊　李良年

谭吉璁　尤侗　秦松龄　曹禾　李来奉

陈维崧　吴绮　徐钪　潘耒　倪灿　严绳孙

徐嘉炎　方象瑛　万斯同　钱名世

刘献廷　邵远平　吴任臣　周春　陈鳣

乔莱　汪楫　汪懋麟　陆葇　兄子奎勋

庞垲　边连宝　陆圻　丁澎　柴绍炳

毛先舒　孙治　张丹　吴白朋　沈谦　虞黄昊

孙枝蔚　李念慈　丁炜　林佶　林佶

黄任　郑方坤　黄与坚　王昊　顾湄

吴雯　陶季　梅清　梅庚　冯景　邵长蘅

姜宸英　严虞惇　黄虞稷　性德　顾贞观

项鸿祚　蒋春霖　文昭　蕴端　博尔都　永忠

书诚　永𫇢　裕瑞　赵执信　叶燮　冯廷櫆

黄仪　郑元庆　查慎行　弟嗣瑮　查升

史申义　周起渭　张元臣　潘淳　顾陈垿

何焯　陈景云　景云子黄中　戴名世

　　清代学术,超汉越宋。论者至欲特立"清学"之名,而文学并重,亦足于汉、唐、宋、明以外别树一宗,呜呼盛已! 明末文衰甚矣! 清运既兴,文气亦随之而一振。谦益归命,以诗文雄于时,足负起衰之责;而魏、侯、申、吴,山林遗逸,隐与推移,亦开风气之先。康、乾盛治,文教大昌。圣主贤臣,莫不以提倡文化为己任。师儒崛起,尤盛一时。自王、朱以及方、恽,各擅其胜。文运盛衰,实通世运。此当举其全体,若必执一人一地言之,转失之隘,岂定论哉?道、咸多故,文体日变。龚、魏之徒,乘时立说。同治中兴,文风又起。曾国藩立言有体,济以德功,实集其大成。光、宣以后,支离庞杂,不足言文久矣。兹为文苑传，但取诗文有名能自成家者，汇为一编，以著有清一代文学之盛。派别异同，皆置勿论。其已见大臣及儒林各传者，则不复著焉。

魏禧，字冰叔，宁都人。父兆凤，诸生。明亡，号哭不食，剪发为头陀，隐居翠微峰。是冬，筮《离》之《乾》，遂名其堂为易堂。旋卒。

禧儿时嗜古，论史斩斩见识议。年十一，补县学生。与兄际瑞、弟礼，及南昌彭士望、林时益，同邑李腾蛟、邱维屏、彭任、曾灿等九人为易堂学。皆躬耕自食，切劘读书，"三魏"之名遍海内。禧束身砥行，才学尤高。门前有池，颜其居曰勺庭，学者称勺庭先生。为人形干修颀，目光射人。少善病，参术不去口。性仁厚，宽以接物，不记人过。与人以诚，虽见欺，怡如也。然多奇气，论事每纵横排奡，倒注不穷。事会盘错，指画灼有经纬。思患豫防，见几于蚤，悬策而后验者十尝八九。流贼起，承平久，人不知兵，且谓寇远猝难及。禧独忧之，移家山中。山距城四十里，四面削起百余丈。中径坼，自山根至顶若斧劈然。缘坼凿磴道梯而登，因置闸为守望。士友稍稍依之。后数年，宁都被寇，翠微峰独完。喜读史，尤好《左氏传》及苏洵文。其为文凌厉雄杰。遇忠孝节烈事，则益感激，摹画淋漓。

年四十，乃出游。于苏州交徐枋、金俊明，杭州交汪沨，乍浦交李天植，常熟交顾祖禹，常州交恽日初、杨瑀，方外交药地、槁木，皆遗民也。当是时，南丰谢文洊讲学程山，星子宋之盛讲学髻山，弟子著录者皆数十百人，与易堂相应和。易堂独以古人实学为归，而风气之振，由禧为之领袖。僧无可尝至山中，叹曰："易堂真气，天下无两矣！"无可，明检讨方以智也。友人亡，其孤不能自存，禧抚教安业之。凡戚友有难进之言，或处人骨肉间，禧批却导窾，一言辄解其纷。或讶之，禧曰："吾每遇难言事，必积诚累时，待其精神与相贯注，夫然后言。"康熙十七年，诏举博学鸿儒，禧以疾辞。有司催就道，不得已，舁疾至南昌就医。巡抚舁验之，禧蒙被卧称疾笃，乃放归。后二年卒，年五十七。妻谢氏，绝食殉。著有《文》集二十二卷、

《日录》三卷、《诗》八卷、《左传经世》十卷。

际瑞，原名祥，字善伯，禧兄。明亡后，禧、礼并谢诸生。际瑞叹曰："吾为长子，祖宗祠墓，父母尸飨，将谁责乎？"遂出就试。顺治十七年岁贡生。宁都民乱，赣军进讨，索饷于出砦。际瑞身冒险阻，往来任其事，屡濒于死。际瑞重信义，翠微峰诸隐者暨族戚倚际瑞为安危者三十余年。康熙十六年，滇将韩大任踞赣，当事议抚之，大任曰："非魏际瑞至，吾不信也！"时际瑞馆总镇哲尔肯所，遂遣之。家人泣劝毋往，际瑞曰："此乡邦宗族所关也，吾不行，恐祸及。行而无成，吾自当之。"遂往。甫入营，官兵遽从东路急攻。大任疑卖己，因拘留之。大任变计走降闽，际瑞遂遇害，年五十八。子世杰殉焉。际瑞笃治古文，喜漆园、《太史公书》。著有《文集》十卷、《五杂俎》五卷。

礼，字和公，禧弟。少鲁纯，受业于禧。禧尝笞詈之，礼弗憾，曰："兄固爱弟也！"禧喜过望。方九岁，父将析产，持一田券踌躇曰："与祥，则礼损矣。奈何？"礼适在旁，应声曰："任损我，毋损伯兄。"父笑曰："是固鲁钝者耶？"礼寡言，急然诺，喜任难事。以郁郁不得志，乃益事远游。所至必交其贤豪，物色穷岩遗佚之士。年五十，倦游返，于翠微左干之巅构屋五楹。是时伯叔踵逝，石阁、勺庭久虚无人。诸子各散处，不复居易堂。礼独身率妻子居十七年，未他徙。卒，年六十六。著有《诗文集》十六卷。子世效、世俨。

世效，字昭士。生二十余月，母口授九歌，辄能成诵。稍长，从仲父禧读。性狷急，勇于任事。禧尝谓其文一如其人，锋锐所及，往往有没羽之力。以多病不应试。遍游燕、楚、吴、越，一至岭南。适王士禛使粤，见所作，愿折节与交。著有《耕庑文稿》十卷。

世俨，字敬士。善病如其兄，然不废翰墨。与世杰、世效时称"小三魏"。著有《为谷文稿》八卷。

李腾蛟，字咸斋，亦宁都人。诸生。于易堂中年最长，诸子皆兄事之，严敬无敢欢。后居三巘峰，以经学教授。著《周易剩言》。年六十年，卒。

邱维屏，字邦士，宁都人，三魏姊婿也。明诸生。为人高简率穆。读书多元悟，禧尝从之学。晚为历数、《易》学及泰西算法。僧无可与布算，退语人曰："此神人也！"彭士望与维屏交三十余年，未尝见其毁一人。然维屏独推服禧，尝贻禧书曰："拒谏饰非者大恶也，不拒谏而尝自拒谏，不饰非而尝自饰非，尤恶之恶也。足下敢于自信，自处有故，而持之以坚，拒谏饰非，盖有如此者。"禧得之痛服。维屏教授弟子，手批口讲，日夜不辍业。康熙十八年，卒，年六十六。垂殁，示子曰："食有菜饭，穿可补衣，无谲戾行，堪句读师。"士望服其言。著有《周易剿说》十二卷、《松下集》十二卷、《邦士文集》十八卷。

曾灿，字青藜，亦宁都人，给事中应遴仲子。岁乙酉，杨廷麟竭力保南赣。应遴以闽峤山泽间有众十万，命灿往抚之。既行，而应遴病卒，赣亦破，乃解散。寻祝发为僧，游闽、浙、两广间。大母及母念灿成疾，乃归宁都，以大母命受室，筑六松草堂，躬耕不出者数年。后侨居吴下二十余年，客游燕市以卒。著有《六松草堂文集》、《西崦草堂诗集》。

林时益，本明宗室，名议霶，字确斋，南昌人。与彭士望同里。两人谋居，士望与魏禧一见定交，极言金精诸山可为岭北耕种处，乃携家偕士望往。侨居十余年，与魏氏昆弟相讲习。康熙七年，诏明故宗室子孙众多，窜伏山林者还田庐，复姓氏。时益久客宁都，弗乐归。卜居冠石，结庐佣田，非其力不食。冠石宜茶，时益以意制之，香味拟阳羡，所谓林茶者也。易好禅悦，著有《冠石诗集》五卷、《确斋文集》。

梁份，字质人，南丰人。少从彭士望、魏禧游，讲经世之学。工古文辞。尝只身游万里，西尽武威、张掖，南极黔、滇，遍历燕、赵、秦、晋、齐、魏之墟，览山川形势，访古今成败得失、遐荒轶事，一发之于文。方苞、王源皆重之。其论山海关，谓："关自明洪武间始设，隋置临榆于西，唐为榆关。东北古长城，燕、秦所筑，距关远，皆不足轻重。金之伐辽，自取迁民始。李自成席卷神京，败石河而失之。天之废兴，人之成败，而决于山海一隅。荒榛千百年之上，偏重于三百年间。天下定则山海安，山海困则天下举困，其安危之重如此。"生平以未游山海为憾。为人朴挚强毅，守穷约至老不少挫。卒，年八十九。著有《怀葛堂文集》十五卷、《西陲今略》八卷。

侯方域，字朝宗，商邱人。父恂，明户部尚书；季父恪，官祭酒：皆以东林忤阉党。

方域师倪元璐。性豪迈不羁，为文有奇气。时太仓张溥主盟复社，青浦陈子龙主盟几社，咸推重方域，海内名士争与之交。方恂之督师援汴也，方域进曰："大人受诏讨贼，庙堂议论多牵制。今宜破文法，取赐剑诛一甲科守令之不应征办者，而晋师许定国师噪，亟斩以徇。如此则威立，军事办，然后渡河收中原土寨团结之众，以合左良玉于襄阳，约陕督孙传庭犄角并进，则汴围不救自解。"恂叱其跋扈，不用，趣遣之归。

方域既负才无所试，一放意声伎，流连秦淮。间阉党阮大铖时亦屏居金陵，谋复用。诸名士共檄大铖罪，作《留都防乱揭》，宜兴陈贞慧、贵池吴应箕二人主之。大铖知方域与二人善，私念因侯生以交于二人，事当已，乃属其客来结欢。方域觉之，卒谢客，大铖恨次骨。已而骤柄用，将尽杀党人，捕贞慧下狱。方域夜走依镇帅高杰，得免。顺治八年，出应乡试，中式副榜。十一年，卒，年三十七。

方域健于文，与魏禧、汪琬齐名，号"国初三家"。有《壮悔堂集》。

同时江西以文名者，南昌王猷定，新建陈宏绪、徐士溥、欧阳斌元。

猷定，字于一。选拔贡生。父时熙，进士，官太仆卿，名在东林。猷定好奇，有辩口，文亦如之。著《四照堂集》。

宏绪，字士业。父道亨，进士，官兵部尚书。疏救杨涟，罢归。藏书万卷。宏绪不仕，辑《宋遗民录》以见志。有《石庄集》。

士溥，字巨源。父良彦，进士。忤崔、魏削籍，戍清浪。溧阳陈名夏闻士溥善古文，手书招之，拒不纳。有《榆溪集》。

斌元，字宪万。尝为南司马吕大器草奏劾马士英二十四大罪，又佐史可法幕府。有《文集》十二卷。

申涵光，字和孟，号凫盟，永年人，明太仆寺丞佳允子。年十五，补诸生。文名藉藉，顾不屑为举子业。日与诸同志论文立社，载酒豪游为乐。万历六年乱起，议城守，出家资四百金、钱二十万犒士。甲申，奉母避乱西山，诛茅广羊绝顶。与巨鹿杨思圣、鸡泽殷岳、殷渊，定患难交。京师破，佳允殉国难，涵光痛绝复苏。因渡江而南，谒陈子龙、夏允彝、徐石麟诸名宿，为父志、传。归里，事亲课弟，足迹绝城市。日与殷岳及同里张盖相往来酬和，人号为"广平三君"。

清初，诏访明死难诸臣。柏乡魏裔介上褒忠疏，列佳允名，格于部议。涵光徒跣赴京师，踔泥水中，几濒于死。麻衣经带，号哭东华道上，观者皆饮泣。裔介再疏争之，卒与祀恤如例。一时士大夫高其行，皆倾心纳交，宴游赠答无虚日。

涵光为诗，吞吐众流，纳之炉冶。一以少陵为宗，而出入于高、岑、王、孟诸家。尝谓："诗以道性情，性情之真者，可以格帝天，泣神鬼。若专事附会，寸寸而效之，则啼笑皆伪，不能动一人矣。"尚书王士祯称涵光开河朔诗派。学士熊伯龙谓今世诗人吾甘为之下者，凫盟一人而已。

尝谒奇逢，执弟子礼。奇逢恨得之晚，以圣贤相敦勉。自是始闻天人性命之旨，究心理学，不复为诗。顺治十七年，诏郡县举孝行，有司以涵光应，力辞之。再举隐逸之士，坚辞不就。尝自悔为名累，谢绝交游。晚年取诸儒语录昕夕研究。作《性习图》、《义利说》及《荆园小语》、《进语》诸书。尝曰："主静不如主敬，敬，自静也。朱、陆同适于道，朱由大路，虽迟而稳；陆由便径，似捷而危；在人自择耳。"奇逢谓其苦心积虑，阅历深而动忍熟。裔介则赞之曰："年少文坛，老来理路，圣贤之所谓博文而约礼也。"其推重如此。康熙十六年，卒，年五十九。

涵光又解琴理。书法颜鲁公，尤工汉隶。间作山水木石，落落有雅致。著有《聪山诗集》八卷，《文集》四卷，《说杜》一卷。

盖，字覆舆。明亡后，谢诸生，悲吟佗傺，遂成狂疾。尝游齐、晋、楚、豫间，归自闭土室中，虽妻子不得见。唯涵光、岳至则延入，谈甚洽。其诗哀愤过情，恒自毁其稿。卒后，涵光为刊遗诗，曰《柿叶集》。

岳，字宗山，鸡泽举人。京师陷，入西山，与其弟渊谋举义。事泄，渊被害，岳匿涵光家得免。其为诗自魏、晋以下屏不观，尤不喜律诗，所作唯古体，莽莽然肖其为人。有《留耕堂集》。

吴嘉纪，字宾贤，泰州人。布衣。家安丰盐场之东淘。地滨海，无交游。自名所居曰陋轩。贫甚，虽丰岁常乏食。独喜吟诗，晨夕啸咏自适，不交当世。郡人汪楫、孙枝蔚与友善，时称道之，遂为王士禛所知。尤赏其五言清冷古淡，雪夜酌酒，为之序，驰使三百里致之，嘉纪因买舟至扬州谒谢定交，由是四方知名士争与之倡和。

嘉纪工为危苦严冷之词，尝撰《今乐府》，凄急幽奥，能变通陈迹，自为一家。所著陋轩集多散佚，友人复哀集之为四卷。其诗风骨颇遒，运思亦复劖刻。由所遭不偶，每多怨咽之音，而笃行潜修，特为一时推重云。

徐波，字元叹，吴县人。少任侠。明亡后，居天池，构落木庵，以祜禅终。诗多感喟，虞山钱谦益与之善，赠以诗，颇推重之。有《谥箫堂》、《染香庵等集》。

钱谦益，字受之，常熟人。明万历中进士，授编修。博学工词章，名隶东林党。天启中，御史陈以瑞劾罢之。崇祯元年，起官不数月至礼部侍郎。会推阁臣，谦益虑尚书温体仁，侍郎周延儒并推，则名出己上，谋沮之。体仁追论谦益典试浙江取钱千秋关节事，予杖论赎。体仁复贿常熟人张汉儒讦谦益贪肆不法。谦益求救于司礼太监曹化淳，刑毙汉儒。体仁引疾去，谦益亦削籍归。

流贼陷京师，明臣议立君江宁。谦益阴推戴潞王，与马士英议不合。已而福王立，惧得罪，上书诵士英功，士英引为礼部尚书。复力荐阉党阮大铖等，大铖遂为兵部侍郎。顺治三年，豫亲王多铎定江南，谦益迎降，命以礼部侍郎管秘书院事，冯铨充修明史馆正总裁，而谦益副之。俄乞归。五年，凤阳巡抚陈之龙获黄毓祺，谦益坐与交通，诏总督马国柱逮讯。谦益诉辨，国柱遂以谦益、毓祺素非相识定谳。得放远，以箸述自娱，越十年卒。

谦益为文博赡，谙悉朝典，诗尤擅其胜。明季王、李号称复古，文体日下，谦益起而力振之。家富藏书，晚岁绛云楼火，惟一佛像不烬，遂归心释教，著《楞严经蒙钞》。其自为诗文，曰《牧斋集》，曰《初学集》、《有学集》。乾隆三十四年，诏毁板，然传本至令不绝。

龚鼎孳，字孝升，合肥人。明崇祯七年进士，授兵科给事中。李自成陷都城，以鼎孳为直指使，巡视北城。及睿亲王至，遂迎降，授吏科给事中。改礼科，迁太常寺少卿。顺治三年，丁父忧，请赐恤典。给事中孙垶龄疏言：“鼎孳辱身流贼，蒙朝廷擢用，曾不闻夙夜在公，惟饮酒醉歌，俳优角逐。闻讣仍复歌饮留连，冀邀非分之典，亏行灭伦，莫此为甚！”部议降二级。寻遇恩诏获免，累迁左都御史。先是大学士冯铨被劾，睿亲王集科道质讯。鼎孳斥铨阉党，为忠贤义儿。铨曰：“何如逆贼御史？”鼎孳以魏征归顺太宗自解，王笑曰：“惟无瑕者可以戮人。奈何以闯贼拟太宗！”遂罢不问。坐事降八级调用，补上林苑丞，旋罢。康熙初，起左都御史，迁刑部尚书。卒，谥“端毅”。乾隆三十四年，诏削其谥。

鼎孳天才宏肆，千言立就。世祖在禁中见其文，叹曰：“真才子也！”尝两典会试，汲引英隽如不及。朱彝尊、陈维嵩游京师，贫甚，资给之。傅山、阎尔梅陷狱，皆赖其力得免。临殁，以徐钪属梁清标曰：“负才如虹亭，可使之不成名耶？”钪后以清标荐试鸿博，入史馆。自谦益卒后，在朝有文藻负士林之望者，推鼎孳云。著有《定山堂集》。

吴伟业，字骏公，太仓人。明崇祯四年进士，**授编修**。充东宫讲读官,再迁左庶子。弘光时,授少詹事,乞假归。顺治九年,用两江总督马国柱荐,诏至京。侍郎孙承泽、大学士冯铨相继论荐,授秘书院侍讲,充修《太祖》、《太宗圣训》纂修官。十三年,迁祭酒。丁母忧归。康熙十年,卒。

伟业学问博赡,或从质经史疑义及朝章国故,无不洞悉原委。诗文工丽,蔚为一时之冠,不自标榜。性至孝,生际鼎革,有亲在,不能不依违顾恋,俯仰身世,每自伤也。临殁,顾言:“吾一生遭际,万事忧危,元一时一境不历艰苦。死后敛以僧装,葬我邓尉、灵岩之侧。坟前立一圆石,题曰‘诗人吴梅村之墓’。勿起祠堂,勿乞铭。”闻其言者皆悲之。著有《春秋地理志》、《氏族志》、《绥寇纪略》及《梅村集》。

曹溶,字鉴躬,嘉兴人。明崇祯十年进士,官御史。清定京师,仍原职。寻授顺天学政。疏荐明进士王崇简等五人,又请旌殉节明大学士范景文、尚书倪元璐等二十八人,孝子徐基、义士王良翰等及节妇十余人。试竣,擢太仆寺少卿。坐前学政任内失察,降二级。久之,稍迁左通政,上言:“通政之官职在纳言,请嗣后凡遇挟私违例章疏即予驳还,仍许随事建议。”又言:“王师入关,各处驻兵,乃一时权宜。今当归并于盗贼出没险阻之地,则兵不患少。其闲散无事之兵,遇缺勿补,遇调即遣,则饷不虚糜。且当裁提镇,增副将,以专责成。”又言:“诸司职掌无成书,请以近年奉旨通行者,参之前朝《会典》,编为《简明则例》,以重官守。”擢左副都御史。疏请时御便殿,召大臣入对,赐笔扎以辨其才识,有切中利弊者,即饬力行,勿概下部议,帝并嘉纳。擢户部侍郎,出为广东布政使,降山西阳和道。康熙初,裁缺归里。十八年,举鸿博,丁忧未赴。学士徐元文荐修《明史》。又数年,卒。有《倦圃诗集》。

宋琬,字玉叔,莱阳人。父应亨,明天启中进士。令清丰,有惠政,民为立祠。崇祯末殉节,赠太仆卿。

琬少能诗,有才名。顺治四年进士,授户部主事,累迁吏部郎中。出为陇西道。过清丰，民遮至应亨祠，款留竟日，述往事至泣下。琬益自刻厉，期不坠先绪。调永平道，又调宁绍台道，皆有绩。十八年，擢按察使。时登州于七为乱。琬同族子怀宿憾，因告变，诬琬与于七通，立逮下狱。并系妻子。逾三载，下督抚外讯。巡抚蒋国柱白其诬，康熙三年放归。十一年，有诏起用，授四川按察使。明年，入观，家属留官所。值吴三桂叛，成都陷，闻变惊悸卒。

始琬官京师，与严沆、施闰章、丁澍辈酬倡，有"燕台七子"之目。其诗格合声谐，明靓温润。既构难，时作凄清激宕之调，而亦不戾于和。王士祯点定其集为三十卷。尝举闰章相况，目为"南施北宋"。殁后，诗散佚，族孙邦宪缀辑之为六卷。

沆，字子餐，余杭人。顺治十二年进士，官至户部侍郎。性退让，或讥弹其诗，辄应时改定，有《皋园集》。

施闰章，字尚白，号愚山，宣城人。祖宏猷，以儒学著。子姓传业江南，言家法者推施氏。

闰章少孤，事叔父如父。从沈寿民游，博综群籍，善诗古文辞。顺治六年进士，授刑部主事，以员外郎试高等。擢山东学政，崇雅黜浮，有冰鉴之誉。秩满，迁江西参议，分守湖西道。属郡残破多盗，遍历山谷抚循之，人呼为施佛子。尝作《弹子岭》、《大坑叹》等篇告长吏，读者皆曰："今之元道州也。"尤崇奖风教，所至辄葺书院，会讲常数百人。新淦民兄弟忿戾不睦，一日闻讲礼让孝弟之言，遂相持哭，诣阶下服罪。峡江患虎，制文祝之，俄有虎堕深堑，患遂绝。岁旱，褥雨辄应。康熙初，裁缺归。民留之，不得，乃醵金创龙冈书院祀之。初，闰章驻临江，有清江环城下，民过者咸曰："是江似使君。"因改名使君江。及是倾城送江上，又送至湖。以官舫轻，民争买石膏载之，乃得渡。十八年，召试鸿博，授翰林院侍讲，纂修《明史》，典试河南。二十二年，转侍读，寻病卒。

闰章之学，以体仁为本。置义田，赡族好，扶掖后进。文意朴而气静，诗与宋琬齐名。王士祯爱其五言诗，为作《摘句图》。士祯门人问诗法于闰章,闰章曰:"阮亭如华严楼阁,弹指即见。予则不然,如作室者,瓴甓木石,一一就平地筑起。"论者皆谓其允。著有《学余堂集》、《矩斋杂记》、《蠖斋诗话》,都八十余卷。

闰章与同邑高咏友善,皆工诗,主东南坛坫数十年,时号"宣城体"。

咏,字阮怀。幼称圣童。祖维岳,知兴国州,清介无长物。咏食贫厉学,屡踬名场,年近六十,始贡入太学。词科之举,咏与焉,授检讨。闰章称其诗优入古人。兼工书画,有《遗山堂》、《若岩堂集》。

时同举鸿博又有泰州邓汉仪,字孝威。以年老授中书舍人。亦工诗。游迹所至,辄以名集,逐年编纪,凡七集。诗家咸推重之。

王士禄,字子底,济南新城人。少工文章,清介有守。弟士祜、士禛从之学诗。士禛遂为诗家大宗,官尚书,自有传。士录,顺治九年进士。投牒改官,选莱州府教授,迁国子监助教,擢吏部主事。康熙二年,以员外郎典试河南,磨勘罣吏议下狱。久之得雪,免归。居数年,起原官。学士张贞生、御史李棠先后建言获咎,力直之,人以为难。寻又免归。母丧,以毁卒,年四十有八。其文去雕饰,诗尤闲澹幽肆。有《西樵》、《十笏山房》诸集。

士祜,字子测。十岁时,客或疑焦竑字弱侯何耶?坐客未对,即应声曰:"此出《考工记》'竑其幅广以为之弱'也。"咸惊其夙慧。康熙初,第进士,未仕卒。士禛辑其诗为《古钵山人遗集》。

当是时,山左诗人王氏兄弟外,有田雯、颜光敏、曹贞吉、王苹、张笃庆、徐夜,皆知名。

雯,字紫纶,号山姜,德州人。康熙三年进士,授中书。先是中书以赀郎充,是年始改用进士,遂为例。累迁工部郎中。督江南学政,所取士多异才。每按试,从两骡,二仆随之,戒有司勿供张。授湖广督粮道,迁光禄卿,巡抚江宁,调贵州。时苗、仲猖獗,粤督议会剿,雯谓:"制苗之法,犯则治之,否则防之而已。无庸动众劳民也。"议遂寝。丁忧,起补刑部侍郎,调户部,以疾归。康熙中,士禛负海内重名，其论诗主风调。雯负其纵横排奡之气，欲以奇丽抗之。有《古欢堂集》。

贞吉，字升六，安邱人。与雯同年进士，礼部郎中。诗格遒练，有《实庵诗略》。兼工倚声，吴绮选名家词，推为压卷。

光敏，字逊甫，曲阜人，颜子六十七世孙也。康熙六年进士，除国史院中书舍人。帝幸大学，加恩四氏子孙，授礼部主事，历吏部郎中。其为诗秀逸深厚，出入钱、刘。吴江计东谓足以鼓吹休明。雅善鼓琴，精骑射蹋鞠。尝西登太华，循伊阙，南浮江、淮，观涛钱塘，溯三衢。所至辄命工为图，得金石文恒悬之屋壁。有《乐圃集》、《旧雨堂集》。

苹，字秋史，历城人。少落拓不偶，人目为狂。雯见其诗，为延誉。尝赋黄叶句绝工，人称为王黄叶，康熙四十五年进士，当为令，以母老改成山卫教授。闭门耽吟，介节弥著。有《二十四泉草堂集》。

笃庆，字历久，淄川人。拔贡生。早受知施闰章。会征鸿博，有欲荐之都，辞不应。诗以盛唐为宗，有《昆仑山房集》。

夜，字东痴，新城人，本名元善。举鸿博，不赴。有诗集。

陈恭尹，字元孝，顺德人。父邦彦，明末殉国难，赠尚书。恭尹少孤，能为诗，习闻忠孝大节。弃家出游，赋姑苏怀古诸篇，倾动一时。留闽、浙者七年。一日，父友遇诸涂，责之曰："子不归葬，奈何徒欲一死塞责耶！"恭尹泣谢之，乃归。既葬父增城，遂渡铜鼓洋访故人于海外。久之归，主何衡家。与陶窳、梁无技及衡弟绛相砥砺，世称"北田五子"。已，复游赣州，转泛洞庭，再游金陵，至汴梁，北渡黄河，徘徊大行之下。于是南归，筑室羊城之南以诗文自娱，自称罗浮布衣。

恭尹修髯伟貌，气干沈深。其为诗激昂顿挫，足以发其哀怨之思。自言平生文辞多取诸胸臆，仆仆道涂，稽古未遑也。卒，年七十一。著《独漉堂集》。王隼取恭尹诗合屈大均、梁佩兰共刻之，为岭南三家集。

大均,字介子,番禺人。初名绍隆,遇变为僧,中年返初服。工诗,高浑兀崒,有《翁山诗文集》。

佩兰,字芝五,南海人。童时日记数千言。顺治十四年乡试第一,又三十一年始成进士,年六十矣。佩兰夙负诗名。既选庶吉士,馆中推为祭酒。不一年假归,里居十五载。会诏饬词臣就职,复入都。逾月散馆,以不习国书罢归。结兰湖社,与同邑程可则,番禺王邦畿、方殿元及恭尹等称“岭南七子”。有《六莹堂集》。

可则,字周量。顺治九年会试第一。以磨勘停殿试归,益恣探经史。十七年,始应阁试,授内阁中书,累迁兵部郎中。出知桂林府,以敏干称。其官都下,与宋琬、施闰章、王士禄、士禛、陈廷敬、沈荃、曹尔堪辈为文酒之会,吴之振合刻《八家诗选》。可则诗曰《海日堂集》。

殿元,字蒙章。康熙三年进士。历知剡城、江宁等县。置祭田以赡兄弟,而自携长还、次子朝侨寓苏州。父子皆有诗名。所称“岭南七子”并其二子数之也。殿元著《九谷集》;还,《灵州集》;朝,《勺园集》。

佩兰之友又有南海吴文炜,字山带。十岁工诗,兼善绘事。诗初效长吉体,务为险语取快。康熙三十二年举人。计偕,卒于旅舍。有《金茅山堂集》,恭尹为之序。

王隼,字蒲衣,番禺人。父邦畿,明副贡生。隐居罗浮,岭南七子之一也。有《耳鸣集》。隼七岁能诗,慕道术,早岁弃家入丹霞,寻入匡庐,居太乙峰,六七年始归。性喜琵琶,终日理书卷,生事窘不顾,惟取琵琶弹之。琵琶声急,即其窘益甚。著《大樗堂集》。妻潘,女瑶湘,并工诗。

冯班,字定远,常熟人。淹雅善持论,顾性不谐俗。说诗力觝严羽,尤不取江西宗派,出入义山、牧之、飞卿之间。书四体皆精。著钝吟集。赵执信于近代文家少许可者,见班所著独折服,至具衣冠拜之。尝谒其墓,写"私淑门人"刺焚冢前。其为名流所倾仰类此。

宗元鼎,字定九,江都人。七岁咏梅,远近传诵其句。堂有古梅一株,人谓之"宗郎梅"。性狷而孝,釜甑屡空,未尝以贫告人。康熙初,贡太学,铨注州同知,未仕卒。元鼎与从弟元豫、观,从子之瑾、之瑜皆工诗,有"广陵五宗"之目。

刘体仁,字公㦎,颍州人。顺治中进士。有家难,弃官从孙奇逢讲学。后官考功郎中。体仁喜作画,鉴识甚精,又工鼓琴。与汪琬、王士祯友善,著《七颂堂集》。士祯称其诗似孟东野;又言今日善学《才调集》者无如元鼎,学西昆体者无如吴殳。

殳,字修龄,原名乔,亦常熟人也。著《围炉诗话》,云:"意喻则米,炊而为饭者文,酿而为酒者诗乎?"又曰:"诗之中须有人在。"执信叹为知言。

胡承诺,字君信,天门人。崇祯时举人。明亡后,隐居不仕,卧天门巾、柘间。顺治十二年,部铨县职。康熙五年,檄征入都,六年,至京师,未几,告归。构石庄于西村,穷年诵读,著《绎志》二十余万言。《绎志》者,绎己所志也。原本道德,切近人事,为有体有用之学。其《吏治篇》曰:"古之人不敢轻言变法也。必有明哲之德,于精粗之理无所不昭,不独精者为之地,即粗者亦为之地;有和悦之气,于异同之见无所不容,不独同者乐其然,即异者亦乐其然;然后可夺其久安之法,授以更新之制,而民不惊顾不谯哗也。"《租庸篇》曰:"欲富国者,当使君民之力皆常有余。民之余力,生于君之约取;君之余力,生于民之各足"。他篇准此。承诺自拟其书于徐干《中论》、《颜氏家训》。或颇讥其掇拾群言,未能如古人自成一家之说,然大体必轨于正。又有《读书录》,则鳞杂细碎,殆《绎志》取材之余矣。二十六年,卒,年七十五。

同时笃志撰述,其学与承诺相上下者,又有贺贻孙,字子翼,永新人;唐甄,字铸万,达州人。

贻孙九岁能属文。明季社事盛行,贻孙与万茂先、陈士业、徐巨源、曾尧臣辈结社豫章。及明亡,遂不出。顺治初,学使者慕其名,特列贡榜,避不就。巡按御史笪重光欲举应鸿博,书至,贻孙愀然曰:"吾逃世而不逃名,名之累人实甚。吾将从此逝矣!"乃剪发衣缁,结茅深山,无复能踪迹之者。晚年穷益甚。著有《易触》、《诗触》、《诗筏》、《骚筏》,又著《水田居激书》。《激书》者,备名物以寄兴,纪逸事以垂劝,援古鉴今,错综比类。言之不足,故长言之,长言之不足,故危悚惕厉,必畅所欲言而后已,激浊扬清。始自《贵因》,终于《空明》,凡四十一篇。

甄性至孝,父丧,独栖殡室三年。以世乱不克还葬,遂葬父虎邱。顺治十四年举人。选长子令,下车,即导民树桑凡八十万本,民利赖焉。未几,坐逃人诖误去官。就居吴市,炊烟屡绝,至采枸杞叶为食,衣败絮,著述不辍。始志在权衡天下,作《衡书》,后以连蹇不遇,更名《潜书》。分上下篇,上篇论学,始《辨儒》,终《博观》,凡五十篇;下篇论政,始《尚治》,终《潜存》,凡四十七篇。上观天道,下察人事,远正古迹,近度今宜,根于心而致之行,非虚言也。宁都魏禧见而叹之曰:"是周、秦之书也,今犹有此人乎!"卒,年七十五。

阿什坦,字金龙,完颜氏,满洲正白旗人。顺治九年进士,授刑科给事中。初翻译《大学》、《中庸》、《孝经》诸书,诏刊行。阿什坦上言:"学者宜以圣贤为期,经史为导,此外无益杂书当屏绝"。又请严旗人男女之别,定部院九品之制,俱报可。康熙初,罢职家居。鳌拜专政,欲令一见终不往。嗣以荐起,圣祖召问节用爱人,对曰:"节用莫要于寡欲,爱人莫先于用贤。"圣祖顾左右曰:"此我朝大儒也!"著有《大学中庸讲义》及《奏稿》。孙留保,以掌院学士充《明史》总裁,附《王兰生传》。

刘淇,字武仲,汉军镶白旗人。弟汶,举人。受知世宗,时有二难之目。著《周易通说》、《禹贡说》、《助字辨略》、《堂邑志》、《卫园集》。

金德纯,字素公,汉军正红旗人。著《旗军志》。

傅泽洪，字育甫，汉军旗人。累江南淮扬道。著《行水金鉴》百七十五卷。

汪琬，字苕文，长洲人。少孤，自奋于学，锐意为古文辞。于《易》、《诗》、《书》、《春秋》、《三礼》、《丧服》咸有发明。性狷介。深叹古今文家好名寡实，鲜自重特立，故务为经世有用之学。其于当世人物，褒讥不少宽假。顺治十二年进士，授主事，再迁刑部郎中。坐累降兵马司指挥，能举其职，不以秩卑自沮。任满，稍迁户部主事，民送之溢衢巷。榷江宁西新关，以疾假归。结庐尧峰山，闭户撰述，不交世事，学者称尧峰先生。以宋德宜、陈廷敬荐博学鸿儒科，试列一等。授编修，纂修《明史》，棘棘争议不阿。在馆六十日，再乞病归。归十年而卒，年六十七。

初圣祖尝问廷敬今世谁能为古文者，廷敬举琬以对。及琬病归，圣祖南巡驻无锡，谕巡抚汤斌曰：“汪琬久在翰林，有文誉。今闻其居乡甚清正，特赐御书一轴。”当时荣之。琬为文原本《六经》，疏畅类南宋诸家，叙事有法。公卿志状，皆争得琬文为重。尝自辑诗文为《类稿》、《续稿》各数十卷，又简其尤精者，属门人林佶缮刻之。

计东，字甫草，吴江人。少负经世才，自比马周、王猛。遭世变，著《筹南五论》，持谒史可法，可法奇之，弗能用也。顺治十四年，举顺天乡试，旋以江南奏销案被黜。尝从汤斌讲学，又从汪琬受欧、曾古文义法，故其为文具有本原，而一出以和平温雅。既废不用，贫无以养，纵游四方，所至交其豪杰。过邺城，寻明诗人谢榛葬处，得之南门外二十里，为修墓立石，请有司禁樵牧。又憩顺德逆旅，念归有光昔尝佐郡，集中有《厅壁记》，求其遗址不得，乃即署旁废圃中设瓣香，再拜流涕而去，观者骇其狂。

东外若不羁，内行谨，事母至孝。同邑友人吴兆骞流徙出关，为恤其家，且以女许配其弱子。大学士王熙素重东，屡欲荐之，未果。会诏举鸿博，而东已前一年卒，深悼惜焉。

初游河南,见商邱宋荦,辄引重。其后东殁二十余年,荦至江苏巡抚,为序其遗文,曰《改亭集》,刊行之。

兆骞,字汉槎。亦十四年举人。以科场蜚语逮系,遣戍宁古塔。兆骞与弟兆宜皆善属文,居塞上二十年,佗傺不自聊,一发之于诗。已而友人顾贞观言于纳兰成德、徐乾学,为纳锾,遂于康熙二十年赦还。著《秋笳集》。兆宜尝注徐、庾二集,韩偓诗集,又注《玉台新咏》、《才调集》,并行于世。

同邑顾我锜,廪生。鄂尔泰任江苏布政,试古学,得士五十三人刻,《南邦黎献集》,推我锜为冠。乾隆丙辰开辞科,鄂尔泰惜我锜前卒,不获举,人谓其遇与东同。有《湘南诗集》。

彭孙遹,字骏孙,海盐人。父期生,明唐王时官太仆卿,死戆州。长子孙贻以毁卒,孙遹其少子也。顺治十六年进士,授中书。素工词章,与王士禛齐名,号曰“彭王”。康熙十八年,开博学宏儒科,诏中外诸臣广搜幽隐,备礼敦劝,无论已仕未仕,征诣阙下,月饩太仓米。明年三月朔,召试太和殿。发赋、诗题各一,学士院给官纸,光禄布席,赐宴体仁阁下。于是天子新擢孙遹一等一名,授编修。

自孙遹外,其籍录浙江者,又有钱塘汪霦,秀水徐嘉炎、朱彝尊,平湖陆柔,海宁沈珩,仁和沈筠、吴任臣、邵远平,遂安方象瑛、毛升芳,萧山毛奇龄,鄞陈鸿绩,凡十三人。江苏二十三人,曰:上无倪灿,宾应乔莱,华亭王顼龄、吴元龙,无锡秦松龄、严绳孙,武进周清原,宜兴陈维嵩,长洲冯勖、汪琬、尤侗、范必英,吴钱中谐,仪真汪楫,淮安邱象随,吴江潘耒、徐釚,太仓黄与坚,常熟周庆曾,山阳李铠、张鸿烈,上海钱金甫,江阴曹禾。直隶五人,曰:大兴张烈,东明袁佑,宛平米汉雯,获鹿崔如岳,任邱庞垲。安徽三人,曰:宣城施闰章、高咏,望江龙燮。江西二人,曰:临川李来奉,清江黎骞。陕西一人,曰富平李因笃。河南一人,曰睢州汤斌。山东一人,曰诸城李澄中。湖北一人,曰黄冈曹宜溥。凡五十人,皆以翰林入史馆,其列二等者,亦多知名之士,称极盛焉。

孙通历官吏部侍郎，充经筵讲官。明史久未成，特命为总裁，赐专敕，异数也。年七十，致仕，归御书"松桂堂"额赐之，遂以名其集。

朱彝尊，字锡鬯，秀水人。明大学士国祚曾孙。生有异秉，书经目不遗。家贫客游，南逾岭，北出云朔，东泛沧海，登之罘，经瓯越。所至丛祠荒冢、破炉残碣之文，莫不搜剔考证，与史传参校同异。归里，约李良年、周筼、缪泳辈为诗课，文名益噪。

康熙十八年，试鸿博，除检讨。时富平李因笃、吴江潘耒、无锡严绳孙及彝尊皆以布衣入选，同修《明史》。建议访遗书，宽期限，毋效《元史》之迫时日。辨方孝孺之友宋仲珩、王孟缊、郑叔度、林公辅诸人咸不及于难，则知《从亡》、《致身录》谓诛九族，并戮其弟子朋友为一族不足据，所谓九族者，本宗一族也。又言东林不皆君子，异乎东林者，亦不皆小人。作史者未可存门户之见，以同异分邪正。二十年，充日讲起居注官。典试江南，称得士。入值南书房，赐紫禁城骑马。数与内廷宴，被文绮、时果之赉，皆纪以诗。旋坐私挟小胥入内写书被劾，降一级，后复原官。三十一年，假归。圣祖南巡，迎驾无锡，御书"研经博物"额赐之。

当时王士祯工诗，汪琬工文，毛奇龄工考据，独彝尊兼有众长。著《经义考》、《日下旧闻》、《曝书亭集》。又尝选《明诗综》，或因人录诗，或因诗存人，铨次为最当。卒，年八十一。子昆田，亦工诗文，早卒。孙稻孙，举乾隆丙辰鸿博，能世其家。

彝尊所与为诗课者，李良年，字武曹，同邑人。与兄绳远、弟符并著诗名。试鸿博，罢归。有《秋锦山房集》。谭吉璁，字舟石，嘉兴人，彝尊姑之子也。少遇寇，以身蔽父，寇舍之去。后以诸生试国子监第一，授宏文院撰文中书舍人，出为延安同知。吴三桂叛，守榆城独完，论功加一级。举应鸿博，报罢。迁知登州府。卒。有《嘉树堂集》。

尤侗，字悔成，长洲人。少补诸生，以贡谒选。除永平推官，守法不挠。坐挞旗丁镌级归。侗天才富赡,诗文多新警之思,杂以谐谑,每一篇,出传诵遍人口。康熙十八年,试鸿博列二等,授检讨,与修明史。居三年,告归。圣祖南巡至苏州,侗献诗颂。上嘉焉,赐御书"鹤栖堂"额,迁侍讲。

初,世祖于禁中览侗诗篇,以才子目之。后入翰林,圣祖称之曰"老名士"。天下羡其荣遇。侗喜汲引才隽,性宽和,与物无忤。兄弟七人甚友爱,白首如垂髫。卒,年八十七。著《西堂集》、《鹤栖堂集》,凡百余卷。

秦松龄,字留仙,无锡人。顺治十二年进士,官检讨,罢归。后举鸿博,复授检讨。典江西乡试,历左赞善,以谕德终。松龄为庶常,召试《咏鹤》诗,有句云"高鸣常向月,善舞不迎人"。世祖拔置第一,示阁臣曰:"是人必有品!"及告归里居二十余年,专治《毛诗》。仿《黄氏日钞》之例,著《毛诗日笺》六卷。自为诗文曰《苍岘山人集》。

曹禾,字颂嘉,江阴人。康熙三年进士。选鸿博,授检讨,官至祭酒。与田雯、宋荦、江闿麟、颜光敏、王又日、谢重辉、曹贞吉、丁澎、叶封齐名,称诗中十子。

同时江西选鸿博一等者,李来泰,字石台,临川人。顺治九年进士。尝督江南学政,除苏松常道,以疾归。试词科,授侍讲。古文博奥,诗以和雅称。有《石台集》。

陈维崧,字其年,宜兴人。祖于廷,明左都御史。父贞慧,见《遗逸传》。维崧天才绝艳,十岁,代大父撰《杨忠烈象赞》。比长,侍父侧,每名流宴集,援笔作序记,千言立就,瑰玮无比,皆折行辈与交。补诸生,久之不遇。因出游,所在争客之。尝由汴入都,与朱彝尊合刻一稿,名《朱陈村词》,流传至禁中,蒙赐问,时以为荣。逾五十,始举鸿博,授检讨,修《明史》。在馆四年,病卒。

维崧清臞多须,海内称陈髯。平生无疾言遽色,友爱诸弟甚。游公卿间,慎密,随事匡自,故人乐近之,而卒莫之狎。著《湖海楼诗集》、《迦陵文集》。时汪琬于同辈少许可者,独推维崧骈体,谓自唐开、宝后无与抗矣。诗雄丽沈郁，词至千八百首之多，尤前此未有也。

　　顺、康间，以骈文称者，又有吴绮，字园次，江都人。维嵩导源庾信，泛滥于初唐四杰，故气派雄厚。绮则追步李商隐，才地视维嵩为弱，而秀逸特甚。顺治十一年拔贡生，荐授中书舍人。奉诏谱杨继盛乐府，迁兵部主事，即以继盛官官之也。出知湖州府，有吏能。人谓其多风力，尚风节，饶风趣，称为"三风太守"。未几，罢归。贫无田宅，购废圃以居。有句诗文者，以花木润笔，因颜其圃曰种字林。著《林蕙堂集》。词最有名，妇孺皆能习之。以有"把酒祝东风，种出双红豆"之句，又称"红豆词人"。

　　徐釚，字电发，吴江人。应鸿博，授检讨。会当外转，遽乞归。后起原官，不就。卒，年七十三。著《南州草堂集》、《本事诗》。又尝刻《菊庄乐府》。昆山叶方霭称其绵丽幽深，耐人寻绎。朝鲜贡使以兼金购之。釚既工倚声，因辑《词苑丛谈》，具有裁鉴。

　　潘耒，字次耕，吴江人。生面奇慧，读书十行并下，自经史、音韵、算数及宗乘之学，无不通贯。康熙时，以布衣试鸿博，授检讨，纂修《明史》。上书总裁言要义八端："宜搜采博而考证精；职任分而义例一；秉笔直而持论平；岁月宽而卷帙简。"总裁善其说，令撰《食货志》，兼他纪传。寻充日讲起居注官，修《实录》、《圣训》。尝应诏陈言，谓："建言古无专责，梅福以南昌尉言外戚，柳仉以太常博士言程元振，陈东以太学生攻六贼，杨继盛以部曹劾严嵩。本朝旧制，京官并许条陈。自康熙十年宪臣奏请停止，凡非言官而言事为越职，夫人主明目达聪，宜导之使言。今乃禁之，岂盛世事？臣请弛其禁，俾大小臣工各得献替，庶阘上行私之徒，有所忌而不敢肆，于此辈甚不便，于国家甚便也。其在外监司守令，遇地方大利弊，许其条奏。水旱灾荒，州县官得上闻。如此，则民间疾苦无不周知矣。"更请许台谏官得风闻言事，有能奋击奸回者，不次超擢，以作敢言之气。二十三年，甄别议起，坐浮躁降调，遂归。

耒有至性，初被征，辞以母老，不获命，乃行。既除官，三牒吏部以独子请终养，卒格于议不果归。逮居丧，哀毁骨立。少受学同郡徐枋、顾炎武。枋殁，周恤其孤孙，而刻炎武所著书，师门之谊甚笃焉。四十二年，圣祖南巡，复原官，大学士陈廷敬欲荐起之，力辞而止。平生嗜山水，登高赋咏，名流折服。有《遂初堂集》。又因炎武《音学五书》为《类音》八卷。炎武复古，耒则务穷后世之变云。

当时词科以史才称者，朱彝尊、汪琬、吴任臣及耒为最著。又有倪灿，字暗公，上元人。以举人授检讨，撰《艺文志序》，与姜宸英《刑法志序》并推杰构。书法诗格秀出一时，有《雁园集》。

严绳孙，字荪友，无锡人，明尚书一鹏孙。六岁能作擘窠大书。试日，目疾作，第赋一诗，亦受检讨，撰《明史隐逸传》。典试江西，寻迁中允，假归。有《秋水集》。子泓曾，亦善画工诗。

徐嘉炎，字胜力，秀水人，明兵部尚书必达曾孙。幼警敏，强记绝人。既，试鸿博，授检讨。康熙二十年，王师收滇、黔，嘉炎仿《铙歌鼓吹曲》，撰《圣人出》至《文德舞》二十四章以献；又四年元夕，圣祖于南海大放灯火，纵臣民使观，嘉炎复应制撰记：皆称旨。尝侍直，命背诵咸有一德，终篇不失一字。至"厥德靡常"数词，则敛容读之，帝为悚异。又尝问宋元祐党人是非，嘉炎举诸人姓名始末，及先儒评耻骂语甚悉。特赐御临苏轼诗一卷，廷臣拜赐御书自此始也。累擢内阁学士，兼礼部侍郎，充三朝国史及《会典》、《一统志》副总裁。有《抱经斋集》。

方象瑛，字渭仁，遂安人。康熙六年进士。试鸿博，授编修，典试蜀中。寻告归。象瑛性简静，早慧，十岁作《远山净赋》，惊其长老。致仕家居，望益重。邑有大利弊，则岳岳争言，岁省脂膏万计，邑人建思贤祠祀之。著《健松斋集》、《封长白山记》、《松窗笔乘》。

万斯同，字季野，鄞县人。父泰，生八子，斯同其季也。兄斯大，《儒林》有传。性强记，八岁，客坐中能背诵《杨子法言》。后从黄宗羲游,得闻蕺山刘氏学说,以慎独为宗。以读书励名节与同志相劘切,月有会讲。博通诸史,尤熟明代掌故。康熙十七年,荐鸿博,辞不就。

初,顺治二年诏修明史,未几罢。康熙四年,又诏修之,亦止。十八年,命徐元文为监修,取彭孙遹等五十人官翰林,与右庶子卢君琦等十六人同为纂修。斯同尝病唐以后史设局分修之失,以谓专家之书,才虽不逮,犹未至如官修者之杂乱,故辞不膺选。至三十二年,再召王鸿绪于家,命偕陈廷敬、张玉书为总裁。陈任本纪,张任志,而鸿绪独任列传。乃延斯同于家,委以史事,而武进钱名世佐之。每覆审一传,曰某书某事当参校,顾小史取其书第几卷至,无或爽者。士大夫到门咨询,了辩如向。

尝书抵友人,自言:"少馆某所,其家有列朝实录,如默识暗诵,未敢有一言一事之遗也。长游四方,辄就故家耆老求遗书,考问往事。旁及郡志、邑乘,私家撰述,靡不搜讨,而要以实录为指归。盖实录者,直载其事与言,而无可增饰者也。因其世以考其事,核其言而平心察之,则其人本末可八九得矣。然言之发或有所由,事之端或有所起,而其流或有所激,则非他书不能具也。凡实录之难详者,吾以他书证之。他书之诬且滥者,吾以所得于实录者裁之。虽不敢具谓可信,而是非之枉于人者盖鲜矣。昔人于《宋史》已病其繁芜,而吾所述将倍焉。非不知简之为贵也,吾恐后之人务博而不知所裁,故先为之极,使知吾所取者有所捃,而所不取,必非其事与言之真,而不可溢也。"又以:"马、班史皆有表,而后汉、三国以下无之。刘知几谓得之不为益,失之不为损。不知史之有表,所以通纪、传之穷者。有其人已入纪、传而表之者,有未入纪、传而牵连以表之者。表立而后纪、传之文可省,故表不可废。读史而不读表,非深于史者也。"尝作明开国讫唐、桂功臣将相年表,以务采择。其后《明史》至乾隆初大学士张廷玉等奉诏刊定,即取鸿绪史稿为本而增损之。鸿绪稿,大半出斯同手也。

平生淡于荣利,修脯所入,辄以以赒宗党。故人冯京第死义,其子没入不得归，为醵钱赎之。尤喜奖掖后进。自王公以至下士，无不呼曰万先生。李光地口藻人伦，以谓顾宁人、阎百诗及万季野，此数子者，真足备石渠顾问之选。而斯同与人往还，其自署则曰"布衣万某"，未尝有他称也。卒，年六十。著《历代史表》，创为《宦者侯表》、《大事年表》二例。又著《儒林宗派》。

名世，字亮工。康熙四十二年一甲进士，授编修。夙负文誉，王士祯见其诗激赏之。鸿绪聘修《明史》，斯同任考核，付名世属辞润色之。官至侍读，坐投诗诣年羹尧夺职。

刘献廷，字继庄，大兴人，先世本吴人也。其学主经世，自象纬、律历、音韵、险塞、财赋、军政、以逮岐黄、释老之书，无所不究习。与梁谿顾培、衡山王夫之、南昌彭士望为师友，而复往来昆山徐乾学之门。议论不随人后。万斯同引参《明史》馆事，顾祖禹、黄仪亦引参《一统志》事。献廷谓诸公考古有余，实用则未也。

其论方舆书："当于各疆域前，测北极出地，定简平仪制度，为正切线表，而节气之后先，日食之分秒，五易之陵犯占验，皆可推矣。诸方七十二候不同，世所传者本之《月令》。乃七国时中原之气候，与今不合，则历差为之。今宜细考南北诸方气候，取其核者详载之，然后天地相应，可以察其迁变之微矣。燕京、吴下，水皆南流，故必东南风而后雨，衡、湘水北流，故必北风而后雨。诸言山水向背分合，皆纪述之，而风土之刚柔，暨阴阳燥湿之征，可次第而求矣。"

其论水利，谓："西北乃先王旧都，二千余年未闻仰给东南，何则？沟洫通，水利修也。自刘、石云扰，以讫金、元，千余年未知水利为何事，不为民利，乃为民害。故欲经理天下，必自西北水利始矣。西北水利，莫详于《水经》郦《注》。虽时移势易，十犹可得六七。"郦氏略于东南，人以此少之。不知水道之当详，正在西北。"于是欲取二十一史关于水利农田战守者，考其所以，附以诸家之说，为之疏证。凡献廷所撰著，类非一人一时所能成，故卒不就。

又尝自谓于《华严》字母悟得声音之道，作《新韵谱》，足穷造化之奥。证以辽入林益长之说，益自信。其法先立鼻音二，各转阴、阳、上、去、入之五音共十声，而不历喉腭舌齿唇之七位。故有横转，无直送，则等韵重叠之失去。次定喉音四，为诸韵之宗，从此得半音、转音、伏音、送音、变喉音。又以二鼻音分配之，一为东北韵宗，一为西南韵宗，八韵立，而四海之音鼻音互可齐。于是以喉音互相合，得音十七；喉音互相合，得音十；又以有余不尽者三合之，得音五：共三十二音，为韵父，而韵历二十二位，为韵母。横转各有五子，而万有不齐之声摄于此矣。

同时吴殳盛称其书。他所著多佚。殁后，弟子黄宗夏辑录之，为《广阳杂记》。全祖望称为薛季宣、王道父一流云。

邵远平，字戒三，仁和人。康熙三年进士，选庶吉士。历户部郎中，出为江西学政，擢光禄寺少卿。试鸿博，授侍读，至少詹事，致仕归。以书史自娱，于世务泊如也。圣祖南巡，赐御书"蓬观"额，因自号蓬观子。远平高祖经邦，明正德中进士，刑部员外郎。以建言获罪。著《宏简录》，起唐迄宋，附以辽、金，未遑及元也。远平循其例续之，刊除旧史复重不雅驯者，入制诰于《帝纪》，采著作于《儒林》，而《文苑》分经学、文学、艺学三科，十三志则分载于纪传，名曰《元史类编》。朱彝尊称其书非官局所能逮也。别著《史学辨误》，《京邸》、《粤行》等集。

同邑吴任臣，字志伊。志行端悫，强记博闻，为顾炎武所推。以精天官、乐律试鸿博，入翰林，承修《明史历志》。著《周礼大义》、《礼通》、《春秋正朔考辨》、《山海经广注》、《托园诗文集》，而《十国春秋》百余卷尤称淹贯。其后如谢启昆之《西魏书》、周春之《西夏书》、陈鳣之《续唐书》，义例皆精审，非徒矜书法，类史钞也。

谢启昆，字蕴山，南康人。乾隆二十五年进士。由编修简镇江知府，后至广西巡抚，卒官。尝筑湘、漓二江之堤，详见本传。又修《广西通志》，阮元言可为省志法。启昆以《魏书》专主东魏，不载西魏四主，《北史》亦无纠正，乃作《西魏书》十二篇。

　　周春,字芚兮,海宁人。乾隆十九年进士,选岑溪令,父忧去。民怀其泽,合前令山阳刘信嘉、金坛于烜共祀之,曰岑溪三贤祠。重宴鹿鸣,加六品衔。卒,年八十七。撰述甚多,而《西夏书》为最著。

　　春同州陈鳣,字仲鱼。强于记诵,喜聚书。州人吴骞拜经楼书亦富,得善本互相钞藏。嘉庆改元,举孝廉方正。又明年,中式举人。计偕入都,从钱大昕、翁方纲、段玉裁游。后客吴门,与黄丕烈定交。精校勘之学。尝以朱梁无道,李氏既系赐姓,复奉天佑年号,至十年立庙太原,合高祖、太宗、懿宗、昭宗为七庙,唐亡而实存焉;南唐为宪宗五代孙建王之元孙,祀唐配天,不失旧物,尤宜大书年号,以临诸国:于是撰《续唐书》七十卷。又有《论语古训》、《石经说》、《经籍跋文》、《恒言广证》诸书。卒,年六十五。

　　乔莱,字石林,宝应人。父可聘,明末为御史,有声。莱,康熙六年进士,授内阁中书,乞养归。十八年,试鸿博,授编修,与修《明史》。典广西乡试,充实录馆纂修官,迁侍读。时御史奏浚海口,泄积水,而河道总督靳辅言其不便,请于邵伯、高邮间置闸泄水,复筑长堤抵海口束之,使水势高则趋海易,廷议多主河臣言。适莱入直,诏问莱,疏陈四不可行,略谓:“开河筑堤,势必坏陇亩,毁村落,不可行一。淮、扬地卑,多积潦,今取湿土投深渊,工安得成?不可行二。筑丈六之堤,束水高一丈,秋雨骤至,势必溃;即当未溃,潴水屋庐之上,岂能安枕?不可行三。至于七州县之田,向没于水,今更束河使高,则田水岂复能涸?不可行四。”帝是之,议乃寝。二十六年,罢归。久之,召来京。旋卒。

　　莱著《易俟》,杂采宋、元诸家《易》说,推求人事,参以古今治乱得失,盖《诚斋易传》之支流。诗文有《应制》、《直庐》、《使粤》、《归田》诸集。孙亿,亦工诗。

　　汪楫,字舟次,江都人,原籍休宁。性伉直,意气伟然。始以岁贡生署赣榆训导。应鸿博,授检讨,入史馆。言于总裁,先仿宋李焘《长编》,汇集诏谕、奏议、邸报之属,由是史材皆备。二十一年,充册封琉球正使，宣布威德。濒行，不受例馈，国人建却金亭志之。归撰《使琉球录》，载礼仪暨山川景物。又因谕祭故王，入其庙，默识所立主，兼得《琉球世缵图》，参之明代事实，诠次为《中山沿革志》。出知河南府，置学田，嵩阳书院聘詹事耿介主讲席。治行为中州最。擢福建按察使，迁布政使。楫少工诗，与三原孙枝蔚、泰州吴嘉纪齐名。有《悔斋集》、《观海集》。

同里汪懋麟，字季角，并有诗名，时称"二汪"。康熙六年进士，授内阁中书。举鸿博，持服不与试。服阕，复用徐乾学荐，以刑部主事入史馆为纂修官。懋麟绩学有干才。为中书时，楚人朱方旦挟邪说动公卿，懋麟作《辨道论》诋之。熊赐履见其文，与定交。及居刑曹，劝于职事。有武某乘车宿董之贵家，之贵利其赀，杀之。车载而弃于道，鞭马使驰。武父得车马刘氏之门，讼刘杀其子。懋麟曰："杀人而置其车马于门，非理也。"乃微行，纵其马，马至之贵门，骇跃悲鸣。因收之贵，一讯得实，置于法。其发奸摘伏多类此。懋麟从王士禛学诗，而才气横逸，视士禛为别格。有《百尺梧桐阁集》。

陆葇，字次友，平湖人。幼时值大军收平湖，父被执，葇诣军前乞代父。将军手诗篇示之曰："儿能读是子耶？吾赦汝父。"葇朗诵"收兵四解降王缚，教子三升上将台。"曰："此宋人赠曹武惠王诗也。将军不嗜杀，即今之武惠王矣！"将军喜，挟与北行，善育之，为议婚。以先问名于杨，辞归。补诸生，入国学，试授中书。康熙六年进士，管内秘院典籍。再试鸿博，授编修，分纂《明史》，命直南书房。三十三年，召试翰詹诸臣丰泽园，圣祖亲置第一，谓曰："连试诗文，无出汝右者。"一岁七迁，至内阁学士。长至，奏句决本，请出矜疑二十余人。后一年告归。葇性孝友，兄南雄知府世楷前卒，葇教养遗孤，俾成立，有名于时。年七十，卒。著《雅坪诗文稿》。

奎勋，字聚侯，世楷子也。少随葇京师，以学行为公卿所推重，故久困诸生中，康熙末，年几六十，始成进士，授检讨，充《明史》纂修官。匀疾归，主广西秀峰书院。奎勋笃于经学，忘饥渴寒暑，著

《陆堂易学》，谓《说卦》一篇，足该全《易》。其《诗学》与明何楷《诗世本古议》相近。《尚书说》，惟解伏生今文二十八篇、《戴礼绪言》，纠正汉人穿凿附会之失。《春秋义存录》，则凡《经》、《传》、《子》、《纬》所载孔子语尽援为据，力主《春秋》非以一字褒贬。奎勋说经务新奇，使听者忘倦。最后撰《古乐发微》，未成而卒。

庞垲，字霁公，任邱人。生有至性，七岁时，父缘事被逮，母每夕祷天。垲即随母泣拜，无或间也。稍长，工为文。康熙十四年举人，试鸿博，授检讨，分修《明史》。明都御史某谄附魏忠贤，其裔孙私馈金，匄《阉党传》讳其事勿书，力拒之。大考降补中书，洊擢户部郎中，出知建宁府。浦城民以令严苛激变，夜焚册局，杀吏胥，罢市，令惧而逃。垲闻变即驰至浦城，集士民明伦堂，晓谕祸福，戳一人而事定。民感其德，立书院祀之。九仙山多盗，至掠人索赎。掩捕数十人，境内贴然。未几，告归。

垲嗜吟咏，与同里边汝元以诗学相劘切。其所作醇雅，以自然为宗。有《丛碧山房集》。

汝元子连宝，字赵珍。世其家学。以诸生贡成均，廷试第一。应乾隆元年博学鸿词科，不中选。十四年，复荐经学，辞不赴。或劝之行，曰："吾自审不能如汉伏胜、董仲舒，安敢幸取哉？"著有《随园集》。

陆圻，字丽京，钱塘人。少与弟堦、培以文学、志行见重于时，称曰"三陆"。所为诗号西陵体。性颖异，善思误书。尝读《韩非子》"一从而咸危"，曰："是'一徙而成邑'也。"戏令他人射覆，不得，惟弟廷中之。平生不喜言人过，有语及者，辄曰："吾与汝，姑自淑。"庄廷鑨史祸作，圻坐逮。以先尝具状自陈，事得白，叹曰："今幸得不死，奈何不以余年学道耶！"亲殁，遂弃家远游，不知所终。子寅，成进士。往来万里，寻父不得，竟悒悒以死，时称其孝。培死甲申之难。

丁澎，字飞涛，仁和人。有隽才，嗜饮，一石不乱。弟景鸿、溁并能文,时有"三丁"之目。澎,顺治十二年进士,官礼部郎中。尝典河南乡试,得一卷奇之。同考请置之乙,澎曰:"此名士也!"榜发,乃庐阳李天馥,出语人曰:"吾以世目衡文,几失此士。"坐事谪居塞上五载,躬自饭牛,吟啸自若。所作诗多忠爱,无怨诽之思。有《扶荔堂集》。

先是陈子龙为登楼社,圻、澎及同里柴绍炳、毛先舒、孙治、张丹、吴百朋、沈廉、虞黄昊等并起,世号"西泠十子"。

绍炳,字虎臣。在十子中文名最著。持躬尤端谨。有《省轩集》。

先舒,字稚黄。尝从刘宗周讲学。其诗音节浏亮,有七子余风。著《思古堂集》。

治,字宇台。笃友谊,陆培死,以孤女托为择婿,得吴任臣。及立嗣,又以甥女嫁焉。有《鉴庵集》。

丹,字纲孙。美须髯。淡静不乐交游,而嗜山水。其诗悲凉沈远,曰《秦亭集》。

百朋,字锦雯。以举人令南和,有异政,百姓祠祀之。有《襆庵集》。

谦,字去矜。工诗,初喜温、李,后乃循汉、魏以窥盛唐。有《东江草堂集》。谦与绍炳、先舒皆精韵学。绍炳作《古韵通》,先舒作《韵学通指》、《南曲正韵》,谦作《东江词韵》。陆圻叹曰:"恨孙愐、周德清曾无先觉"。

黄昊,字景明。十岁即善属文。薄柳州《乞巧》,更作《辞巧文》,识者知其远到。康熙中举人,终教谕。

孙枝蔚,字豹人,三原人。少遭闯贼乱。结邑里少年击贼,堕坎埳,幸不死。乃走江都,习贾,屡致千金,辄散之。既乃折节读书,僦居董相祠,高不见之节。王士禛官扬州,以诗先,遂定交,称莫逆焉。时左赞善徐乾学方激扬士类,才俊满门,枝蔚弗屑也。以布衣举鸿博,自陈衰老,乞还山,遂不应试,授内阁中书。著《溉堂集》,诗词多激壮之音，称其高节。

李念慈，字屺瞻，泾阳人。顺治十五年进士，以河间府推官改知
新县。坐逋赋罢，会有荆襄之役，叙运饷劳，再起，补天门。与枝蔚
同举鸿博，试不中选。喜游，好吟咏。有《谷口山房集》。施闰章称
其雄爽之气勃勃眉宇，盖秦风而兼吴、楚者。

丁炜，字瞻汝，晋江人。诸生。工诗，有吏才。顺治十二年，定
远大将军济度统师取漳州，诏便宜置郡县吏，得试士幕下，拔炜第
一。授漳平教谕，迁知直隶献县，内擢户部主事。时议税闽盐，炜力
陈不可，事得寝。由郎中出为赣南分巡道。闽人佃赣者乘乱劫略，
号“田贼”捕治之，民情大洽。迁湖北按察使，脱重囚为盗诬者二十
余人于狱。寻坐事谪官，居武昌，未发，武昌卒夏包子作乱，胁使署。
巡抚以死拒，东走安庆，乞师巡抚杨素蕴。事平，降补知府云南。会
素蕴移抚湖广，以炜事闻，复按察职。俄以疾归。

炜论诗，以为诗贵合法，然法胜则离；贵近情，然情胜则俚。故
其为诗，力追三唐、汉、魏，无诡薄之失。有《问山集》。

林佶，字同人，闽人也。县贡生。喜金石。卒，年八十八。弟佶，
字吉人。康熙五十二年进士，官中书。工楷法。文师汪琬，诗师陈
廷敬、王士禛。此三人集皆佶手缮付，雕精雅为世所重。家多藏书，
徐乾学辑《经解》，朱彝尊选明诗，皆就传钞。有《朴学斋集》。

黄任，字莘田，永福人。工书。口辩若悬河。有砚癖，以举人令
四会，罢官归，维砚石压装。诗清新刻露，有《香草斋集》。乾隆二十
七年，重宴鹿鸣。卒，年八十余。

郑方坤，字则厚，建安人。雍正元年进士。为令邯郸，屡擢至山
东兖州知府。时禁人口出海，抵奉天而未入籍者，悉勒还本土。方
坤适知登州，以为司牧者但当严奸宄之防，不得闭其谋生之路，为
白大吏，弛其禁。调武定，能尽心赈务。兖州饥，复移治之。方坤记
诵博，诗才凌厉，与兄方城齐名。有《蔗尾集》，又著《经稗》、《五代诗
话》、《全闽诗话》、《国朝诗人小传》。

黄与坚，字廷表，太仓人。幼有奇慧，八岁，酷好唐人诗，录小本，怀袖中讽诵之。已而究心经术，遍读周、秦古书。性落落，与人交有终始。顺治十六年进士，后举鸿博，授编修，迁赞善，分修《明史》及《一统志》。寓居委巷，寂寞著书，如穷愁专一之士。有《忍庵集》。

吴伟业选"娄东十子"诗，以与坚为冠。十子者，周肇、许旭、王撰、王摅、王昊、王揆、王忭、王曜升、顾湄也。肇诗曰《东冈集》，旭曰《秋水集》，撰曰《三余集》，摅曰《芦中集》。

昊，为世贞后，有文藻，下笔如宿构。康熙十八年，召试授，官正字。所著曰《硕园集》。

揆，顺治中进士，所著曰《芝廛集》。忭曰《健庵集》，曜升曰《东皋集》。

湄，字伊人，亦太仓人。事母以孝闻。父梦麟，长于毛、郑之学，湄传其业。尤工诗，清丽婉约，陈瑚以为过元人。其诗曰《水乡集》。

吴雯，字天章，蒲州人，原籍辽阳。父允升，任蒲州学政，卒官，遂家焉。雯少朗悟，记览甚博，尤长于诗。游京师，父执刘体仁、汪琬皆激赏之。王士禛目为仙才。尝与叶方蔼同直，诵其警句，方蔼下直即趋访，名大噪。大学士冯溥出扇索诗，雯大书二绝句答之，其坦率类是。卒以不遇，不悔也。试鸿博不中选。后居母忧，以毁卒。雯著《莲洋集》，诗体峻洁，有其乡人元好问之风。据《名山记》莲洋村在华岳下，取以名集。

陶季，宝应人。初名澄，字季深，以字行，复去其一，称曰陶季。负异才，锋颖踔厉。游燕、赵、齐、鲁之郊，逾太行，浮湘、沅，所至皆有诗。士禛删定其客滇南、闽中诸诗，以高、岑、龙标相况。先是诏举鸿博，公卿争欲荐，季辞不就，以布衣终。有《湖边草堂集》及《舟车集》。

梅清，字瞿山，宣城人，宋梅尧臣后也。清英伟豁达，自力于学，以淹雅称。顺治十一年举人，试礼部不第。朝士争与之交，王士禛、徐元文尤倾倒焉。诗凡数变，自订《天延阁前后集》。年七十余，复合编《瞿山诗略》。书法仿颜真卿、杨凝式。画尤盘礴多奇气。尝作《黄山图》，极烟云变幻之胜，为当时所重。同族有梅庚者，生后于清，善八分书，亦工诗画，与清齐名。

庚字耦长。少孤，承其祖鼎祚、父朗中之传，益昌大之。施闰章见其诗，引为忘年交。康熙二十年举人，为朱彝尊所得士。性狷介，客游京师，不忘投一刺。士禛主礼闱，庚复被黜，士禛赠诗引为恨也。后知泰顺县，有惠政，民德之。

冯景，字山公，钱塘人。国子监生。善属文，千言立就。康熙时游京师，侍郎项景襄、金鋐皆遣子弟从受学。会营宫室，求楠木梁不得，有请以他木易国子监彝伦堂梁者。景上书尚书魏象枢，极陈不可，事得寝。由是冯太学生之名盛传京师。大学士索额图召欲见之，谢不往。归馆淮安邱象随家垂十年。宋荦抚江苏，礼致幕府，或纳金求为缓颊，峻却之，人益钦其品。景笃师友风义，与仁和汪煜、汤右曾交最笃。二人为给事中，多所论列，亦由景数责善有以激厉之也。王士禛转左都御史，景以受知士禛，冀其大有匡济，为书讽之。景虽布衣，不求仕进，而未尝忘当世之务。在淮安时，有水患，汤斌奉诏北上，作书陈灾状及所以致患之由，斌见书嗟赏，又尝称其文为不朽。其著述多佚，今存者《解春集》。

邵长蘅，字子湘，武进人。十岁补诸生，因事除名，旋入太学。工诗，尤致力古文辞，淘炼雅正。与景同客荦幕，长蘅亦觥觥持古议，无所贬损，时论贤之。著有《青门稿》。

姜宸英，字西溟，慈豁人，明太常卿应麟曾孙。父晋珪，诸生，以孝闻。宸英绩学工文辞，闳博雅健。屡踬于有司，而名达禁中。圣祖目宸英及朱彝尊、严绳孙为海内三布衣。侍读学士叶方霭荐应鸿博，后期而罢。方蔼总裁《明史》，又荐充纂修，食七品俸，分撰《刑法志》。极言明诏狱，廷杖，立枷，东、西厂之害，辞甚恺至。尚书徐乾学领《一统志》事，设局洞廷东山，疏请宸英偕行。久之，举顺天乡试。三十六年，成进士。廷对李蟠第一，严虞惇第二，帝识宸英手书，亲拔置第三人及第，授编修，年七十矣。明年，副蟠典试顺天，蟠被劾遣戍，宸英亦连坐。事未白，卒狱中。宸英性孝友。与人交，坦夷而不阿。祭酒翁叔元劾汤斌伪学，遽移书责之。著《湛园集》、《苇间集》。书法得钟、王遗意，世颇重之。

虞惇，字赞成，常熟人。幼能背诵九经、三史。既官翰林，馆阁文字多出其手。科场狱兴，虞惇诸子是科获隽，考官蟠、宸英皆其同年友。用是罣吏议镌级，间居数年。起大理寺寺副，平反内务府杀人移狱被诬者，累迁太仆寺少卿，卒官。著有《读诗质疑》。江南人刻其文曰《严太仆集》，以继明归太仆云。

黄虞稷，字俞邰，上元人，本籍晋江。七餐能诗。以诸生举鸿博，遭母丧，不与试。左都御史徐元文荐修《明史》，又修《一统志》，皆与宸英同。家富藏书。著《千顷堂书目》，为《明史艺文志》所本。

性德，纳喇氏，初名成德，以避皇太子允礽嫌名改，字容若，满洲正黄旗人，明珠子也。性德事亲孝，侍疾衣不解带，颜色黧黑，疾愈乃复。数岁即习骑射，稍长工文翰。康熙十四年成进士，年十六。圣祖以其世家子，授三等侍卫，再迁至一等。令赋乾清门应制诗，译御制松赋，皆称旨。俄疾作，上将出塞避暑，遣中官将御医视疾，命以疾增减告。遽卒，年止三十一。尝奉使塞外有所宣抚，卒后，受抚诸部款塞。上自行在遣中官祭告，其眷睐如是。

性德乡试出徐乾学门。与从研讨学术，尝裒刻宋、元人说经诸书，书为之序，以自撰《礼记陈氏集说补正》附焉，合为《通志堂经解》。性德善诗，尤长倚声。遍涉南唐、北宋诸家，穷极要眇。所著《饮水》、《侧帽》二集，清新秀隽，自然超逸。尝读赵松雪自写照诗有感，即绘小象，仿其衣冠。坐客期许过当，弗应也。乾学谓之曰："尔何似王逸少！"则大喜。好宾礼士大夫，与严绳孙、顾贞观、陈维嵩、姜宸英诸人游。贞观友吴江吴兆骞坐科场狱戍宁古塔，赋《金缕曲》二篇寄焉，性德读之，叹曰："山阳《思旧》，都尉《河梁》，并此而三矣！"贞观因力清为兆骞谋，得释还，士尤称之。

贞观，字梁汾。无锡人。康熙十一年举人，官内阁中书。工诗，自定集仅五言三十余篇，清微婉笃，上睎韦、柳；而世特传其词，与维嵩及朱彝尊称词家三绝。清世工词者，往往以诗文兼擅，独性德为专长，仁和谭献尝谓为词人之词。性德后，又得项鸿祚、蒋春霖三家鼎立。

鸿祚，字莲生，钱塘人。道光十二年举人。善词，上溯温、韦，下逮周密、吴文英。撷精弃滓，以自名其家。屡应礼部试不第。卒，年三十八。自序《忆云词》，为之序，有曰："不为无益之事，何以遣有涯之生！"学者诵而悲之。

春霖，字鹿潭，江阴人，寄籍大兴。咸丰中，官东台场盐大使。工词，时方乱离，傍徨沈郁，高者直逼姜夔。困于卑官，孤介忤时，益侘傺。舟经吴江，一夕暴卒。春霖慕性德《饮水》、鸿祚《忆云》，自署水云楼，即以名其词。

宗室文昭，字子晋，饶余亲王阿巴泰曾孙，镇国公百绶子。辞爵读书，从王士禛游。工诗，才名藉甚。王式丹称其诗以鲍、谢为胚胎，而又兼综众有，撷百家之精华，其味在酸咸之外。著有《芗婴居士集》、《紫幢诗钞》。

又宗室以诗名者，蕴端，初名岳端，字正子，号红兰主人，多罗安郡王岳乐子。封贝子。有《玉池生稿》。

博尔都，字问亭，号东皋渔父，恪僖公拔都海子，蕴端从弟。封辅国将军。有《问亭诗集》。

永忠，字良辅，又字臞仙，多罗贝勒弘明子。辅国将军。有延芬室集。诗体秀逸，书法遒劲，颇有晋人风味。常不衫不履，散步市衢，遇奇书异籍，必买之归，虽典衣绝食不顾也。

书诚,字实之,号樗仙,郑献亲王济尔哈朗六世孙,辅国将军长恒子。奉国将军。有《静虚堂集》。性慷慨。不欲婴世俗情。年四十,即托疾去官。邸有余隙地,尽种蔬果,手执畚锸,从事习劳以为乐。

永蕙,字嵩山,康修亲王崇安子。镇国将军。诗宗盛唐,书法赵文敏。晚年独居一室,不与人接。诗多散佚。

裕瑞,字思元,豫通亲王多铎裔。封辅国公。工诗善画,通西蕃语。常画鹦鹉地图,即西洋地球图。又以《佛经》自唐时流入西藏,近日佛藏皆出一本,无可校雠。乃取唐古特字译校,以复《佛经》唐本之旧,凡数百卷。著有《思元斋集》。

赵执信,字仲符,益都人。从祖进美,官福建按察使,诗名甚著。执信承其家学,自少即工吟咏。年十九,登康熙十八年进士,授编修。时方开鸿博科,四方雄文缋学者皆集辇下,执信过从谈宴,一座尽倾。朱彝尊、陈维嵩、毛奇龄尤相引重,订为忘年交。出典山西乡试,迁右赞善。二十八年,坐国恤中宴饮观剧,为言者所劾,削籍归。卒,年八十余。

执信为人峭峻褊衷,独服膺常熟冯班,自称私淑弟子。娶王士禛甥女,初颇相引重。后求士禛序其诗,士禛不时作,遂相诟厉。尝问诗声调于士禛,士禛靳之,乃归取唐人集排比钩稽,竟得其法,为《声调谱》一卷。又以士禛论诗,比之神龙不见首尾,云中所露一鳞一爪而已,遂著《谈龙录》,云:“诗以言志,诗之中须有人在,诗之外尚有事在。”意盖诋士禛也。说者谓士禛诗尚神韵,其弊也肤。执信以思路劖刻为主,其失也纤。两家才性不同,实足相资济云。执信所著诗文曰《饴山堂集》。

当是时,海内以诗名者推士禛,以文名者推汪琬。而嘉兴叶燮,字星期,其论文亦与琬不合,往复论难,互讥嘲焉。及琬殁,慨然曰:“吾失一诤友矣!今谁复弹吾文者?”取向所短汪者悉焚之。燮父绍袁,明进士,官工部主事,国亡后为僧。燮生四岁,授以《楚辞》,即成诵。康熙九年进士，选授宝应令。值三藩乱，又岁饥，民不苦。累以忼直失上官意，坐累落职。时嘉定知县陆陇其亦被劾，燮以与陇其同罢为幸。性喜山水，纵游宇内名胜几遍。年七十六，犹以会稽、五泄近在数百里独未游为憾。复裹粮往，归遂疾。逾年卒。寓吴时，以吴中论诗多猎范、陆皮毛，而遗其实，著《原诗》内外篇，力破其非。吴士始而訾謷，久乃更从其说，著《已畦诗文集》。士祯谓其熔铸往昔，独立起衰。

冯廷櫆，字大木，德州人。康熙二十一年进士，授中书。幼有奇童之目，读书一览辄记，尤长于诗。尝充湖广副考官，试毕，登黄鹤楼，俯江汉之流，南望潇湘、洞庭，慨然远想，赋诗百余篇，识者以为骚之遗也。平生深契者惟执信，其诗孤峭亦相类，殁后散佚。其孙德培搜辑得五百篇，名《冯舍人遗诗》。

黄仪，字六鸿，常熟人。精舆地之学。尝以班固地志所载诸川，第详水出入，其中间经历之地，备著于《水经》，然读者非绘图不能了，仍反复寻究，每水各为一图。凡都邑建署沿革、山川险易皆具焉，条缕分析，各得其理。阎若璩见之，叹曰："郦道元千古后一知已也！"若璩尝问仪："《后汉志》温县济水出，王莽时大旱，遂枯绝。是河南无济矣，何郦氏言之详也？"仪曰："新莽时虽枯，后复见，郦氏所谓其后水流迳通，津渠势改，寻梁脉水，不与昔同是也。杜君卿乃不信《水经》，专凭彪《志》，窃以彪特纪一时灾变耳，非谓永不截河南过也。"徐乾学修《一统志》，仪与若璩、胡渭、顾祖禹任分纂，皆地学专家。仪又订正《晋书地理志》。兼工诗词，著有《纫兰集》。

郑元庆，字芷畦，归安人。通史传，旁及金石文字。李绂、张伯行雅重其学，欲荐于朝未得也。颜鲁公书《湖州石柱记》，元庆为之笺释，甚博赡。又著《湖录》百二十卷，七易稿而后成，自谓平生精力殚于是书。平生慕郑子真之为人，自号郑谷口。晚更治经，其著书处名鱼计亭。著有《周易集说》，《诗序传异同》、《礼记集说参同》、

《官礼经典参同》、《家礼经典参同》、《丧服古今异同考》、《春王正月考》、《海运议》。

查慎行,字悔余,海宁人。少受学黄宗羲。于经邃于易。性喜作诗,游览所至,辄有吟咏,名闻禁中。康熙三十二年,举乡试。其后圣祖东巡,以大学士陈廷敬荐,诏诣行在赋诗。又诏随入都,直南书房。寻赐进士出身,身庶吉士,授编修。时族子升以谕德直内廷,宫监呼慎行为老查以别之。帝幸南苑,捕鱼赐近臣,命赋诗。慎行有句云"笠檐蓑袂平生梦,臣本烟波一钓徒"。俄宫监传呼"烟波钓徒查翰林"。时以比"春城寒食"之韩翃云。充武英殿书局校勘,乞病还。坐弟嗣庭得罪,阖门就逮。世宗识其端谨,特许放归田里,而弟嗣瑮谪遣关西,卒于戍所。

嗣瑮,字德尹。康熙三十九年进士,官至侍讲。性警敏,数岁即解切韵谐声。诗名与慎行相将。慎行著《警业堂集》、《周易玩辞集解》,又补注《苏诗》,行于世。嗣瑮著《查浦诗钞》、《音类通考》。

升,字仲韦。康熙二十七年进士。官少詹事。诗笔清丽。尤工书,似董其昌。有《澹远堂集》。

史申义,字叔时,江都人。少工诗,与同里顾图河齐名,称维扬二妙。康熙二十七年进士,授编修。充云南乡试考官,改御史、礼科给事中,乞病归。王士禛以风雅诏后进,尝谓申义及汤右曾足传己衣钵,人称"王门二弟子"。在翰林时,圣祖以后进诗人询大学士陈廷敬,廷敬举申义、周起渭对,故又有"翰苑两诗人"之目。

起渭,字渔塘,贵阳人。康熙三十三年进士,由检讨累迁詹事府詹事。诗才隽逸,尤肆力于苏轼、元好问、高启诸家。贵州自明始隶版图,清诗人以起渭为冠,而铜仁张元臣、平远潘淳亦并有诗名。

元臣,字志伊。康熙三十六年进士,由检讨累迁左谕德。有《豆村诗钞》。

淳,字元亮。康熙五十四年进士,官检讨。文安陈仪与同榜,一时咸推潘诗陈笔。有《橡林诗集》。

顾陈垿，字玉停，镇洋人。少有文名，尝得徐光启《历书》，精求一月，通其术。康熙五十四年举人，以荐入湛凝斋修书。书成，议叙行人司行人。时外廷送算学三百余员候试，圣祖亲策之，得七十二人，陈垿为冠。又充乐馆纂修。雍正元年，出使山东、浙江，还督通州仓。三年，以目疾乞归，闭门撰述，四方走书币乞文者踵至。性耿介，敦于内行。居丧不饮酒食肉，不处内。沈起元官河南，延主大梁书院，引范文正忧中掌学睢阳以劝。陈垿执象山责东莱故事，谢不往也。乾隆元年，诏起官，又举鸿博，及六年设乐部，复以洞晓音律宣召，皆辞不赴，时论高之。年七十，卒。

陈垿精字学、算学、乐律，时称三绝。尝造《八矢注守图说》，谓字学居六艺之末，声音，乐也，形体，书也，而口出耳入，手运目存，则皆有数焉。学士惠士奇、通政孙勷得其书，置酒延陈垿请其说。陈垿为言经声纬音开发收闭之旨，及每矢实义，一矢未发，则声不能出，字有所避，八矢尽而音定字死矣。二人叹为天授。少与同里王时翔为性命交，并工诗。娄东诗人大率宗吴伟业，陈垿晚出，乃自辟町畦。著《洗桐集》、《抱桐集》。

何焯，字屺瞻，长洲人。通经史百家之学。藏书数万卷，得宋、元旧椠，必手加雠校，粲然盈帙。学者称义门先生，传录其说为《义门读书记》。

康熙四十一年，直隶巡抚李光地以草泽遗才荐，召入南书房。明年，赐举人，试礼部下第，复赐进士，改庶吉士。仍直南书房，授皇八子读，兼武英殿纂修。连丁内外艰。久之，复以光地荐，召授编修。尚书徐乾学、翁叔元争延致焯。寻构谗，与乾学失欢，而叔元劾汤斌，焯上书请削门下籍，天下快之。圣祖幸热河，以蜚语上闻，还京即命收系。尽籍其卷册文字，帝亲览之，曰："是固读书种子也！"无失职觖望语，又见其草稿有手简吴县令却金事，益异之。命还所籍书，解官，仍参书局。六十一年，卒，年六十一。帝深悼惜，特赠侍讲学士。赠金，给符传归丧，命有司存恤其孤。

焯工楷法，手所校书，人争传宝。门人著录者四百人，吴江沈彤、吴县陈景云为尤著。

景云，字少章。博闻强识，能背诵通鉴。年十七，汤斌抚吴，试士拔第一。应京兆试，不遇。馆藩邸三年，以母老辞归，遂不出，以诸生终。少从焯游，焯殁，独系吴中文献几二十年。著有《读书纪闻》及《纲目》、《通鉴》、《两汉书》、《三国志》、《文选》、韩、柳集皆有订误，共三十余卷。《文集》四卷，亦简严有法。

子黄中，字和叔。诸生。父子皆长史学，而黄中尤以才略自负。举乾隆元年博学鸿词，入都上书，论用人、理财、治兵三端。大学士陈世倌韪其言。顷之，诏求骨鲠之士，如古马周、阳城者，世倌欲荐之，谢不应。胡天游傲睨群士，独推服黄中。示以文，每发其瑕颣，未尝有忤也。尝病《宋史》芜杂，别撰纪传表百七十卷。又著《国朝谥法考》、《阁部督抚年表》。其卒也，贫不能葬，或赗以金，妻张氏固却之，曰："奈何以贫故，伤夫子义！"遂卖所居宅以营葬。

戴名世，字田有，桐城人。生而才辨隽逸，课徒自给。以制举业发名廪生，考得贡，补正蓝旗教习。授知县，弃去。自是往来燕、赵、齐、鲁、河、洛、吴、赵之间，卖文为活。喜读《太史公书》，考求前代奇节玮行。时时著文以自抒湮郁，气逸发不可控御。诸公贵人畏其口，尤忌嫉之。尝遇方苞京师，言曰："吾非役役求有得于时也，吾胸中有书数百卷，其出也，自忖将有异于人人。然非屏居深山，足衣食，使身无所累，未能诱而出之也。"因太息别去。康熙四十八年，年五十七，始中式会试第一，殿试一甲二名及第，授编修。又二年而《南山集》祸作。

先是门人尤云鹗刻名世所著《南山集》，集中有与余生书，称明季三王年号，又引及方孝标《滇黔纪闻》。当是时，文字禁网严，都御史赵申乔奏劾《南山集》词悖逆，遂逮下狱。孝标已前卒，而苞与之

同宗，又序《南山集》，坐是方氏族人及凡挂名集中者皆获罪，系狱
两载。九卿覆奏，名世、云鹗俱论死。亲族当连坐，圣祖矜全之。又
以大学士李光地言，宥苞及其全宗。申乔有清节，惟兴此狱获世讥
云。名世为文善叙事，又著有《孑遗录》，纪明末桐城兵变事，皆毁
禁，后乃始传云。

清史稿卷四八五
列传第二七二

文苑二

诸锦 沈廷芳　夏之蓉　**厉鹗** 汪沆　符曾

陈撰　赵昱　赵信　**王峻** 王延年

何梦瑶 劳孝舆　罗天尺　苏珥　车腾芳　许遂

韩海　**刘大櫆** 胡宗绪　王灼　**李锴**

陈景元　戴亨　长海　吴麟　曹寅　鲍钤　高鹗

刘文麟　**沈炳震** 弟炳巽　炳巽　赵一清

曹仁虎 吴泰来　黄文莲　**胡天游**

彭兆荪　**袁枚** 程晋芳　张问陶　**王又曾**

子复　祝维诰　维诰子哲　万光泰　**邵齐焘**

王太岳　吴锡麒　杨芳灿　杨揆　吴蔚

徐文靖 赵青藜　汪越　**朱仕琇** 高澍然

蒋士铨 汪轫　杨垕　赵由仪　吴嵩梁　乐钧

赵翼 黄景仁　吕星垣　杨伦　徐书受

严长明 子观　**朱筠** **翁方纲**

姚鼐 吴定　鲁九皋　陈用光　吴德旋

宋大樽 钱林　端木国瑚　吴文溥

章学诚　_{章宗源}　_{姚振宗}　_{吴兰庭}

祁韵士　_{张穆}　_{何秋涛}　冯敏昌　_{宋湘}

赵希璜　法式善　_{孙原湘}　_{郭麐}　恽敬

赵怀玉　黎简　_{张锦芳}　_{张锦麟}　_{黄丹书}　_{吕端}

胡亦常　张士元　_{张海珊}　_{张履}

　　诸锦，字襄七，秀水人。少时家贫陋，辄就读书肆，主人敬其勤学，恣所观览。顾嗣立为之延誉，名大起。雍正二年进士。乾隆初，试鸿博，授编修。闭门撰述，不诣权要。至左赞善，遂告归。著有《毛诗说》、《飨礼补亡》、《夏小正注》及《绛跗阁集》。

　　先是康熙己未征博学鸿儒，得人称盛。高宗御极，复举行焉，内外荐达二百六十七人，试列一等者五人，锦第三；二等十人。明年补试，续取四人，钱塘陈兆仑、仁和沈廷芳、高邮夏之蓉，皆试列二等者也。兆仑自有传。

　　廷芳，字畹叔。由监生举鸿博，授编修，迁御史。奏毁都城智化寺内明阉王振造像及李贤所撰颂德碑，报可。出为登莱青道，迁河南按察使。廷芳少从方苞游，为文无纤佻之习。诗学本查慎行，著《隐拙斋集》及《十三经注疏正字》、《续经义考》等书。

　　之蓉，字芙裳。雍正十一年进士。举鸿博，以检讨典试福建，又督广东、湖真学政。其校士也，必以通经学古为先。

　　当时试一等者，刘纶居首，次则南城潘安礼、金坛于振、钱塘杭世骏；二等自兆仑等三人外，为无锡杨度汪，菏泽刘玉麟，休宁汪士湟、程恂，钱塘陈士璠，天台齐召南，会稽周长登。其续取者，一等宜兴万松龄，二等桐乡朱荃、南安洪世泽、石屏张汉。凡十九人。惟纶、玉麟官最显，而世骏、召南及兆仑尤知名于世云。

厉鹗,字太鸿,钱塘人。家贫,性孤峭,不苟合。始为诗即得佳句。于学无所不窥,一发之于诗。康熙五十九年,李绂典试浙江,得鹗卷,阅其谢表,曰:"此必诗人也。"亟录之。计偕入都,尤以诗见赏汤右曾。再试礼部不第。乾隆元年,举鸿博,误写论置诗前,又报罢。其后赴都铨,行次天津,留友人查为仁水西庄,觞咏数月,不就选,归。卒,年六十一。

鹗搜奇嗜博。杨州马曰琯小玲珑山馆富藏书,鹗久客其所,多《见宋人集》,为《宋诗纪事》一百卷。又《南宋画院录》、《辽史拾遗》、《东城杂记》诸书,皆博洽详赡。诗刻练,尤工五言,有自得之趣。诗余亦擅南宋诸家之长。先世本慈豀,徙居钱塘,故仍以四明山樊榭名其集云。鹗尝与赵信、符曾等人各为《南宋杂事诗》一百首,自采诸书为之注,征引浩博,考史事者重之。

汪沆,字师李。少从鹗受诗,亦试鸿博报罢。其后大学士史贻直将以经学荐,以母老辞。

同时浙江举鸿博未录用者,符曾,字幼鲁。官户部郎中。鄞县陈撰最推服其诗。撰,字楞山,毛奇龄弟子。以布衣荐,未就试。仁和赵昱,字功平。贡生。弟信,字辰垣。国学生。兄弟同举。家有池馆之胜,喜购书。连江陈氏世善堂书散出。皆归之。

王峻,字艮斋,常熟人。少与同里宋君玉师事陈祖范,一时并称王宋。雍正二年进士,授编修。历典浙江、贵州、云南乡试。乾隆初,改御史,拜官甫三日,劾左都御史彭维新矫诈苛鄙,直声震都下,以母忧去官,遂不出。主讲安定、云龙、紫阳书院。其学长于史,尤精地理。尝以水经正文及注混淆,欲一一厘定之,而补唐以后水道之迁变,及地名之同异,为《水经广注》,手自属稿,未暇成也。惟成《汉书正误》四卷。钱大昕谓驾三刘氏、吴氏《刊误》上也。书法模李北海,所书碑碣盛行于时。

王延年,字介眉,钱塘人。雍正四年举人。乾隆初,举鸿博,后官国子监学政。十七年,会试,以耆年晋司业,赐翰林院侍讲衔。延年史学洽熟,尝补袁枢《通鉴纪事本末》,以原书不言田制,则度地居民之法亡;不言漕运,则凿渠引河之利塞;不言府兵,则耕牧战守之功隳。至于取律鸥张辽海,而陈邦瞻书不究其终;党项虎视河、湟,薛应旗书不详其始。绍建安者又如此,不可不亟正之也。杭世骏序之,比延年于唐杜君卿、宋刘仲原父云。晚年,大学士蒋溥、刘统勋皆以经学荐,又自进呈所著书,上嘉许焉。

何梦瑶,字报之,南海人。惠士奇视学广东,一以通经学古为教。梦瑶与同里劳孝舆、吴世忠,顺德罗天尺、苏珥、陈世和、陈海六,番禺吴秋一时并起,有“惠门八子”之目。雍正八年,成进士,出宰粤西,治狱明慎,终奉天辽阳知州。性长于诗,兼通音律算术。谓蔡元定《律吕新书》,本原《九章》,为之训释。更取御制《律吕正义》研究八音协律和声之用,述其大要。参以曹廷栋琴学,为书一编。时称其决择精当。又著算迪,述梅氏之学,兼阐《数理精蕴》、《历象考成》之旨。江藩谓近世为此学者,知有法,不知法之所以然;知之者,惟梦瑶也。

孝舆,字阮斋。乾隆元年,召试鸿博,未用。以拔贡生廷试第五,出为黔中令。治古州屯务,足茧万山中。将去,民攀辕曰:“公劳苦以衣食我!”皆泣下。历锦屏、龙泉、镇远诸邑,皆有绩。卒于官。

天尺,字履先。年十七,应学使试。士奇手录其赋、诗示诸生,名大起。征鸿博,念亲老不就,以举人终。雍正时修《一统志》,与孝舆同纂《粤乘》。孝舆忤俗,被口语。天尺力白之。所居里曰石湖,世以前有范石湖,因称后石湖以别之云。

珥,字瑞一。为文长于序记,诗有别趣,书法亦工。惠士奇称之曰“南海明珠”。举鸿博,以母老,辞不试。乾隆初乡举,一试礼部,遂不出。

时粤东举鸿博者,又有番禺车腾芳,字图南。康熙末,与里人许遂同征。至京后期,即乞终养归。后为海丰学官。学使吴鸿雅重之,尝从容问其诸子颇有应试者乎,腾芳以皆失学对,吴益叹异焉。

遂,字扬云。康熙中举人。为清河令,蠲逋赋,民德之。坐事去职。巡抚荐应鸿博,格于部议,未试归。

韩海,字伟五,亦番禺人也。雍正十一年进士,官封川教谕。大府欲荐应鸿博,海赋诗以见志,大府览诗愕然,遂不复强。海亦旋卒。

刘大櫆,字才甫,一字耕南,桐城人。曾祖日耀,明末官歙县训导,乡里仰其高节。其后累世皆为诸生,到大櫆益有名。始年二十余入京师,时方苞负海内重望,后生以文谒者不轻许与,独奇赏大櫆。雍正中,两登副榜,竟不获举。乾隆元年,苞荐应词科,大学士张廷玉黜落之,已而悔。十五年,特以经学荐,复不录。久之,选黟县教谕,数年告归。居枞阳江上不复出,年八十三,卒。

大櫆修干美髯,能引拳入口。纵声读古诗文,聆其音节,皆神会理解。桐城自方苞为古文之学,同时有戴名世、胡宗绪。名世被祸,宗绪博学,名不甚显。大櫆虽游苞门,传其义法,而才调独出,著《海峰诗文集》。姚鼐继起,其学说盛行于时,尤推服大櫆。世遂称曰"方刘姚"。

宗绪,字袭参。康熙末,以举人荐充明史馆纂修。雍正八年进士,授编修,迁国子监司业。少孤贫,母潘苦节,课之严而有法。感愤厉学,自经史以逮律历、兵刑、六书、九章、礼仪、音律之类,莫不研穷。著《易管》、《洪范皇极疑义》、《古今乐通》、《律衍数度衍参注》、《书夜仪象说》、《岁差新论》、《测量大意》、《梅胡问答》、《九九浅说》、《正字通芟误》、《正蒙解》、《大学讲义》、《方舆考》、《南河北河论》、《胶莱河考》、《台湾考》、《两戒辨》、《苗疆纪事》等书。自为诗文曰《环隅集》,古藻过大櫆。大櫆同邑门人自姚鼐外推王灼。

灼,字滨麓。乾隆五十一年举人,选东流教谕。尝馆于歙,与金榜、程瑶田及武进张惠诸人相友善。一日见惠言《黄山赋》,曰:"子之才可追古作者,何必托齐、梁以下自域乎"!惠言遂弃俪体为古文。灼所著《悔生诗文钞》,鲍桂星为刊行焉。

　　李锴，字铁君，汉军正黄旗人。祖恒忠，副都统。湖广总督辉祖
子。锴娶大学士索额图女，家世贵盛，其于荣利泊如也。性友爱，兄
伊山、祈山仕不遂，锴省伊山戍所，累月乃归。祈山罢官还，无宅，以
己屋授之，并鬻产为清宿逋。尝一充官库笔贴式，旋弃去。乾隆元
年，举鸿博，未中选。十五年，诏举经学，大臣交章论荐，以老疾辞。
少好山水，游踪所至，务穷其奇。苦嗜茗，为铁铛瓦缶，一奴负以从。
客江南，尝月夜挟琴客泛舟采石，弹大雅之章，扣舷和之，水宿者皆
惊起，人莫测其致也。锴既以屋让兄，乃筑室盘山荐青峰下，闭户耽
吟，罕接人事。岁一至城中，一二日即去。居盘山二十载而殁。诗
古奥峭削。著《睫巢集》，又著《原易》及《春秋通义》、《尚史》。

　　陈景元，字石闾，汉军镶红旗人。诗拟孟郊、贾岛。有石闾集。
与戴亨、长海为"辽东三老"。

　　亨，字通乾，号遂堂，沈阳人，原籍钱唐。父梓，以事戍辽，见艺
术传。亨，康熙六十年进士。官山东齐河县知县，以抗直忤上官，解
组去。寄居京师，家益贫，晏如也。为人笃于至性，不轻然诺，夙敦
风义。其诗宗杜少陵，上溯汉、魏，卓然名家。有《庆芝堂诗集》。

　　长海，字汇川，纳喇氏，满洲镶白旗人，镇安将军玛奇子。例予
荫，长海不就。檄补户部库使，又逃，曰："库使司帑藏，餐丰入，惧
焉。逃死，非逃富贵也。"其母贤，听之，遂布衣终其身。冲远任真，
趣无容心。博古多识，嗜金石书画，当意则倾囊购之。尝袭裘行吊，
解裘以济戚丧。归涂见未见书，买之，复解其衣。由是中寒疾，乃夷
然曰："获多矣！"中岁爱易水雷溪之胜，筑大钵庵，因以为号。晚入
京居委巷，又颜其阁曰"玉衡"，悬画四壁，对之吟讽。其诗矩矱古
人，而不胶于固，断句尤冠绝一时。论诗以性情为主，举靡丽之习而
空之。有《雷溪草堂诗》。乾隆九年，卒，年六十有七。

　　辽东以诗文名者，又有吴麟，字子瑞，号晚亭，满洲镶黄旗人。
康熙四十九年举人，授内阁中书。与锴同举鸿博，与修明史，纂本
纪，充《明史纲目》纂修官。善诗文，兼工山水。著有《黍谷山房集》。

曹寅，字栋亭，汉军正白旗人，世居沈阳，工部尚书玺子。累官通政使、江宁织造。有《栋亭诗文词钞》。

鲍钤，字冠亭，秘书院大学士鲍承先裔。乾隆初，官嘉兴海防同知。有《道腴堂全集》。

高鹗，字兰墅，亦汉军旗人。乾隆六十年进士。有《兰墅诗钞》。

至道光年则有刘文麟，字仙樵，辽阳人。九岁能诗。以进士用广东知县，总督林则徐器之。权平远，兼长乐。俗悍，喜械斗，文麟甫莅任，单舆遽入解之，众罗拜，皆释兵，俗为之易。补文昌，丁忧。再选河南沈邱。时患匪，设方略擒其渠，盗贼息迹。以忤上官劾降，遂归，主沈阳书院。论诗以婉至为宗，语必有寄托，英光伟气，一发之于诗。论者谓足继辽东三老。有《仙樵诗钞》。其门人王乃新，字雪樵，承德人。亦能诗。有《雪樵诗剩》。

沈炳震，字东父，归安人。少喜博览，读史于年月世系，人所忽者，必默识之。尝著《新旧唐书合钞》，纪传以旧书为纲，分注新书为目；旧志多舛略，则以新书为纲，分注旧书为目。又补列《方镇表》，拜罢承袭诸节目，积数十寒暑乃成。又著《二十四史四谱》：一纪元，二封爵，三宰执，四谥法。其体出于表历，而变其旁行斜上为标目。乾隆元年，与弟炳谦皆以贡生试鸿博，报罢。逾年，卒，年五十九。卒后六年，侍郎钱陈群奏进其唐书合钞，召付书局，采录《唐书考证》中。

炳谦，字幼孜，炳震季弟也。次弟炳巽，字绎旆。著《水经注集释订讹》，据明黄省曾刊本，以己意校定之。遍检古籍，录其文字异同者，间附诸家考订之说。州县沿革，则悉以今名释焉。初未见朱谋㙔本，后求得，多与之合。同时治《水经》者，有全祖望、赵一清。

一清，字诚夫，仁和人。国子监生。父昱，季父信。见《厉鹗传》。一清禀其家学，博极群书。《水经注》传写讹夺，欧阳玄、王祎称其经、注混淆，祖望又谓道元注中有注。一清因从其说，辨验文义，离析之，使文属而语不杂。又《唐六典》注称桑钦所引天下之水百三十七，江、河在焉，今少二十一水。考《崇文总目》，《水经注》三十六卷，盖宋代已佚其五卷。此二十一水，即在所佚中。于是杂采他书，证以本注，得溁、洺等十八水。又分漯水、漯余水、清、浊漳，大小辽水，增多二十一，与六典注合。为《水经注释》，又成《水经笺刊误》，以正朱谋㙔之失。方观承督直隶，撰《直隶河渠志》，一清所草创，而戴震要删之。其自著有《东潜文集》。

曹仁虎，字来殷，嘉定人。少称奇才。乾隆二十二年，南巡，献赋，召试列一等，赐举人，授内阁中书。二十六年，成进士。选庶吉士，授编修。每遇大礼，高文典册，多出其手。擢右中允，充日讲起居注官。累迁侍讲学士，五十一年，视学粤东。方按试连州，闻母讣，酷暑奔丧，昼夜号泣，竟以毁，卒于途。

仁虎以文字受主知，声华冠都下，屡典文衡。诗宗三唐，而神明变化，一洗粗率佻巧之习。格律醇雅，酝酿深厚，为一时所推。著有《宛委山房诗集》、《蓉镜堂文稿》。与王鸣盛、王昶、钱大昕、赵文哲及吴泰来、黄文莲称"吴中七子"。鸣盛等四人皆自有传。

泰来，字企晋，长洲人。乾隆二十五年进士，用内阁中书。乞病归，筑遂初园于木渎。藏书多宋、元善本。毕沅延主关中及大梁书院，与洪亮吉辈往还唱和。其诗一本渔洋，著《有净名轩》、《砚山堂》等集。

文莲，字芳亭，上海人。官知县，有《听雨集》。

胡天游，字稚威，山阴人，初姓方，名游。副榜贡生。乾隆元年，尚书任兰枝荐举鸿博，次年补试，鼻衄大作，投卷出。时四方文士云集京师，每置酒高会，分题命赋，天游辄出数千言，沈博绝丽，见者咸惊服。性耿介，公卿欲招致一见，不可得。后举经学，再报罢。客山西，卒。著有《石笥山房集》。

自言古文学韩愈，然往往涩险似刘蜕，非其至也。俪体文自三唐而下，日趋颓靡。清初陈维崧、毛奇龄稍振起之，至天游奥衍入古,遂臻极盛。而邵齐焘、孔广森、洪亮吉辈继起,才力所至,皆足名家。后数十年而有镇洋彭兆荪,以选声炼色胜,名重一时。

兆荪,字湘涵,少有才名,久困无所遇。举道光元年孝廉方正。胡克家为江苏布政使,客其所。时总督以国用不足议加赋,兆荪为克家力陈其不可,事得寝。又偕顾广圻同校元本《通鉴》及《文选》,世称其精椠。晚依曾燠两淮盐运使署。著《小谟觞馆集》,燠为点定之。

袁枚,字子才,钱塘人。幼有异禀,年十二,补县学生。弱冠,省叔父广西抚幕,巡抚金铁见而异之,试以《铜鼓赋》,立就。甚瑰丽。会开博学鸿词科,遂疏荐之。时海内举者二百余人,枚年最少,试报罢。乾隆四年,成进士,选庶吉士。改知县江南,历溧水、江浦、沐阳,调剧江宁。时尹继善为总督,知枚才,枚亦遇事尽其能。市人至以所判事作歌曲刻行四方。枚不以吏能自喜,既而引疾家居。再起发陕西,丁父忧归,遂牒请养母。卜筑江宁小仓山,号随园,崇饰池馆,自是优游其中者五十年。时出游佳山水,终不复仕,尽其才以为文辞诗歌,名流造请无虚日,诙谐诛荡,人人意满,后生少年一言之美,称之不容口。笃于友谊,编修程晋芳死,举借券五千金焚之,且恤其孤焉。

天才颖异。论诗主抒写性灵,他人意所欲,出不达者悉为达。之士多效其体。著《随园集》,凡三十余种。上自公卿下至市井负贩,皆知其名。海外琉球有来求其书者。然枚喜声色,其所作亦颇以滑易获世讥云。卒,年八十二。

晋芳,字鱼门,江都人。家世业鹾。乾隆初,两淮殷富,程氏尤豪侈。晋芳独好儒,购书五万卷,不问生产,罄其赀。少问经义于从父廷祚,学古文于刘大櫆。而与袁枚、商盘诸人往复唱和,甚相得也。乾隆七年,召试,授中书。十七年,成进士,以吏部员外郎为四库馆纂修。书成改编修。晚岁益穷,官京师至不能举火。就毕沅谋归计,抵关中一月卒,年六十七。晋芳于《易》、《书》、《诗》、《礼》皆有撰述,又有《诸经答问》、《群书题跋》、《蕺园诗文集》。

张问陶,字仲冶,遂宁人,大学士鹏翮玄孙。以诗名,书画亦俱胜。乾隆五十五年进士,由检讨改御史,复改吏部郎中。出知莱州府,忤上官意,遂乞病。游吴、越,未几,卒于苏州。始见袁枚,枚曰:"所以老而不死者,以未读君诗耳!"其钦挹之如此。著有《船山集》。

兄问安,字亥白。举人。家居奉母,淡于荣利。其诗才超逸,与问陶有二难之目。

王又曾,字受铭,秀水人。乾隆十六年,南巡召试,赐举人,授内阁中书。十九年,成进士,授刑部主事。同县钱载论诗宗黄庭坚,务缒深凿险,不堕臼科。又曾与朱沛然、陈向中、祝维诰和之,号"南郭五子"。又有万光泰、汪孟鋗、仲鈖皆与同时相镞厉,力求捐弃尘墏,毋一语相袭取。为诗不异指趣,亦不同体格。时目为秀水派,而又曾与维诰、光泰尤工。

又曾卒,其子复乞载定其诗,号《丁辛老屋集》。毕沅为之序,谓于汉、魏、六朝及唐、宋诸家外,能融会变化自成一家,取材于众所不经见,用意于前人所未发,尤又曾所独到云。

维诰,字宣臣。乾隆三年举人,官内阁中书。有绿溪诗钞。光泰,字循初。乾隆元年举人。有《柘坡居士集》。维诰诗,全祖望称其俊雅,李锴称其醇静。光泰诗,杭世骏称其秀朗,载亦称其绮丽。盖虽宗庭坚,而锻炼精到,绝无西江槎枒诘屈之习。沛然,举人,知高安县,卒官。向中客死凉州,诗传者差少。孟鋗,进士,吏部主事;仲鈖,举人,皆有集。而复与载子世锡,维诰子哲相与称,诗守家法。世锡已见《载传》,有《麃山老屋集》。

复,字敦初。官河南鄢陵知县。有《树萱堂》、《晚晴轩二集》。沅采入《吴会英才集》。

哲,字明甫。乾隆二十五年举人。有《西涧诗钞》。

孟鋗子如洋,乾隆四十五年会试,廷试皆第一,亦与复等唱和。

邵齐焘，字叔宀，昭文人。幼异敏，甫受书即能了大义。乾隆七年进士，以编修居词馆十年。尝献《东巡颂》，时称班、扬之亚，群公争欲致门下。齐焘意度夷旷，殊落落也。年三十六，即罢归。自颜其室曰"道山禄隐"。主常州龙城书院，洪亮吉、黄景仁皆从受学。善为俪体文，气格排奡，意欲矫陈维嵩、吴绮、章藻功三家之失。卒，年五十有二。著《玉芝堂集》。

王太岳，字基平，定兴人。齐焘同年进士，授检讨。由侍读出补甘肃平庆道，调西安，迁湖南按察使。调云南，擢布政使，坐事落职。命充四库馆总纂官。四十三年，仍授检讨。后迁司业，卒。太岳莅官有惠政，尤留心水利，与齐焘最善，骈文清刚简直亦相近。有《清虚山房集》。

吴锡麒，字谷人，钱塘人。性至孝。乾隆四十年进士，授编修。累迁祭酒，以亲老乞养归。主讲扬州安定乐仪书院。锡麒工应制诗文，兼善倚声。浙中诗派，前有朱彝尊、查慎行，继之者杭世骏、厉鹗。二人殂谢后，推锡麒，艺林奉为圭臬焉。著有《正山房集》。全椒吴鼒尝辑录齐焘、亮吉、锡麒及刘星炜、袁枚、孙星衍、孔广森、曾燠之文为《八家四六》云。此八家外，有金匮杨芳灿，与弟揆并负时名。

芳灿，字蓉裳。母梦五色雀集庭树而生。诗文华赡，学使彭元瑞大异之。乾隆四十二年拔贡生。廷试得知县，补甘肃之伏羌。回民田五反，县民马称骥应之。未发，芳灿从称骥甥马映龙侦得，立捕斩之，因城守。贼奄至，以无应，解围去。憾映龙泄其谋，扬言映龙故与通，约五日后献城也。阿桂逮映龙，将杀之，卒以芳灿言得免。叙功，擢知灵州，顾不乐外吏，入赀为户部员外郎。与修会典，益务记览。为词章，尝曰："色不欲丽，气不欲纵，沈博奥衍，斯骈体之能事矣。"丁母忧，贫甚，鬻书以归。著《芙蓉山馆诗文钞》。

揆，字荔裳。乾隆中，召试举人，授中书。从福康安征卫藏。官至四川布政使。有《藤花馆稿》。

鼒，字山尊。嘉庆四年进士，终侍讲学士。以母老告归，主讲扬州。亦长骈体，有《夕葵书屋集》。

徐文靖，字位山，当涂人。父章达，以孝义称乡里。文靖务古学，无所不窥。著述甚富，皆援据经史。雍正改元，年五十七，始举江南乡试。侍郎黄叔琳典试还朝，以得三不朽士自矜，盖指文靖及任启运、陈祖范也。乾隆改元，试鸿博，不遇。詹事张鹏翀以所著《山河两戒考》、《管城硕记》进呈，赐国子监学正。十七年，征经学，入都。会开万寿恩科，遂与试，年八十六，以老寿赐检讨，给假归。卒，年九十余。其所著又有《周易拾遗》、《禹贡会笺》、《竹书统笺》诸书。

赵青藜，字然一，泾县人。九岁能文，乾隆元年，举会试第一，选庶吉士，授编修，充浙江乡试考官。迁御史，再充浙江考官，母忧归。服阕，还台，又充湖南考官。在台前后五年，有直声。如请清屯田、归运丁、弛米禁、济民食、提耗羡归公、兴西北水利；又劾总督高斌、侍郎周学健奏开捐例，启言利之端，为害甚大。所言能持大体，不为激切之论。寻以耳疾乞休，年八十余，卒。青藜外和内严，以不欺为主。受古文义法于方苞，苞称及门中如青藜者，可信其操行之终不迷。著有《漱芳居集》、《读左管窥》，于《春秋》二百四十二年穿穴甚深。

先是青藜同郡以史学称者，推南陵汪越，字师退。康熙四十四年举人。食贫厉节，守令咸折节致敬。不妄干谒。著《绿影草堂集》，冲淡典博。其《读史记十表》，排比旧文，钩稽微义，所得尤多。

朱仕琇，字斐瞻，建宁人。资性朗悟，而记诵拙，日可数十言，援笔为文辄立就。从南丰汪世麟学古文，临别请益，世麟曰："子但通习诸经，则世无与抗矣。"仕琇惊诧其言，遂以己意喜求之经传，旁及百家诸子书，一以昌黎为宗。副都御史雷鋐见其文，叹为醇古冲澹，近古大家，自是名大著。乾隆九年，举乡试第一。逾四年，成进士，选庶吉士。散馆，出知夏津县，民为之谣曰："夏清，我公能。"在任七年，以河决，改福宁府教授。归，主鳌峰讲席者十年，卒，年六十六。

仕琇以古文辞自力，其意欲追古之立言者。以为清穆者惟天，澹泊者惟水，含之咀之，得其妙以为文者惟人。尝与友人书曰："为文在先高其志。其心有以自得，则吾心犹古人之心也，以观古人之言，犹吾言也。然后辨其是非焉，究其诚伪焉，定其高下焉，如黑白之判于前矣。于是顺其节次焉，还其训诂焉，沈潜其义蕴焉，调和其心气焉，久则自然合之，又久则变化生之。于是文之高也，如垒土之成台，如鸿渐之在天，有莫知其所以然者。"仕琇与大兴朱筠及弟珪友善，筠推服其文甚至。著《梅崖文集》。

福建古文学之自仕琇。其后再传有高澍然，字雨农，光泽人。嘉庆七年举人，授内阁中书。未几，移病归。研说经传，尤笃嗜《昌黎集》。其文陈义正，言不过物，高视尘埃之表。名不如仕琇，要其自得之趣，有不求人知能自树立者。著《春秋释经》、《论语私记》、《韩文故》及《抑快轩文集》。

蒋士铨，字心余，铅山人。家故贫，四岁，母钟氏授书，断竹篾为点画，攒簇成字教之。既长，工为文，喜吟咏。由举人官中书。乾隆二十二年，成进士，授编修。文名藉甚，裘日修、彭元瑞并荐其才。旋乞病归。帝屡从元瑞询之，元瑞以士铨母老对。帝赐诗元瑞，有"江西两名士"之句。士铨感恩眷，力疾起补官，记名以御史用。未几，仍以病乞休，遂卒。年六十二。

士铨赋性悱恻，以古贤者自厉，急人之难如不及。诗词雄杰，至叙述节烈，能使读者感泣。著《忠雅堂集》。少时与武宁汪轫、南昌杨垕为昆弟交，出入必偕，财物与共。

轫，字鱼亭，优贡生。垕，字子载，举人，本天全六番招讨宣慰使孙，雍正初，改土归流，安置江西，遂为南昌人。诗名与轫相埒。士铨甚推服之。同时有南丰赵由仪，字山南。与士铨等并称四子。其后继起者，曰东乡吴嵩梁、临川乐钧。

嵩梁，字兰雪。以举人官中书，选知黔西州。著《香苏山馆集》。

声播外夷,朝鲜吏曹判书金鲁敬以梅花一龛供奉之,称为诗佛,日本贾人斥四金购其诗扇。其名重如此。

钧,初名宫谱,字元淑。嘉庆六年举人。与嵩梁同为翁方纲弟子。著《青芝山馆集》。

赵翼,字耘松,阳湖人。生三岁能识字,年十二,为文一日成七篇,人奇其才。乾隆十九年,由举人中明通榜,用内阁中书,入直军机,大学士傅恒尤重之。二十六年,复成进士,殿试拟一甲第一,王杰第三。高宗谓陕西自国朝以来未有以一甲一名及第者,遂拔杰而移翼第三,授编修。

后出知镇安府。粤民输谷常社仓,用竹筐,以权代概。有司因购马济滇军,别置大筐敛谷,后遂不革,民苦之。翼听民用旧筐,自权,持羡去,民由是感激,每出行,争肩舆过其村。先是镇民付奉入云南土富州为奸,捕获百余人,付奉顾逸去,前守以是罢官。已而付奉死,验其尸良是。总督李侍尧疑其为前守道地,翼申辨,总督怒,劾之。适朝廷用兵缅甸,命翼赴军赞画,乃追劾疏还。傅恒既至滇,经略兵事,议以大兵渡戛鸠江,别遣偏师从普洱进。翼谓普洱距戛鸠江四千余里,不如由江东岸近地取猛密,如其策入告。其后戛鸠兵遭瘴多疾病,而阿桂所统江东岸一军独完,卒以蒇事。寻调守广州,擢贵西兵备道。以广州谳狱旧案降级,遂乞归,不复出。

五十二年,林爽文反台湾,侍尧赴闽治军,邀翼与俱。时总兵柴大纪城守半载,以易子析骸入告。帝意动,谕大纪以兵护民内渡。侍尧以询翼,翼曰:“总兵欲内渡久矣,惮国法故不敢。今一弃城,则鹿耳门为贼有,全台休矣! 即大兵至,无路可入。宜封还此旨。”侍尧悟,从之,明日接追还前旨之谕,侍尧膺殊赏;而大将军福康安续至,遂得由鹿耳门进兵破贼,皆翼计也。

事平,辞归,以著述自娱。尤邃史学,著《廿二史札记》、《皇朝武功纪盛》、《陔余丛考》、《檐曝杂记》、《瓯北诗集》。嘉庆十五年,重宴鹿鸣,赐三品衔。卒,年八十六。同时袁枚、蒋士铨与翼齐名,而翼有经世之略，未尽其用。所为诗无不如人意所欲为，亦其才优也。

其同里学人后于翼而知名者，有洪亮吉、孙星衍、赵怀玉、黄景仁、杨伦、吕星垣、徐书受，号为"毗陵七子"。亮吉、星衍、怀玉自有传。

景仁，字仲则，武进人。九岁应学使者试，监试犹蒙被索句。后以母老客游四方，觅升斗为养。朱筠督学安徽，招入幕。上已修禊，赋诗太白楼。景仁年最少，著白袷立日影中，顷刻成数百言，坐客咸辍笔，时士子试当涂，闻使者高会，毕集楼下，咸从奚童乞白袷少年诗竞写，名大噪。尝自恨其诗无幽、并豪士气，遂游京师。高宗四十一年东巡，召试二等。武英殿书签，例得主簿。陕西巡抚毕沅奇其才，厚赀之，援例为县丞，铨有日矣，为债家所迫，抱病逾太行，道卒。亮吉持其丧归，年三十五。著《两当轩集》。子乙生，通郑氏《礼》，善书，早卒。

伦，字敦五。乾隆中进士，苍梧县知县。著有《杜诗镜铨》。星垣，字叔诺，大学士宫五世孙。乾隆五十年，辟雍礼成，进颂册，钦取一等一名，选训导。后官河间县知县。有《白云草堂集》。

书受，副贡生。叶县知县。有《教经堂集》。

严长明，字道甫，江宁人。幼奇慧。年十一，为李绂所赏，告方苞曰："国器也！"遂从苞受业。寻假馆扬州马氏，尽读其藏书。高宗二十七年南巡，以诸生献赋，赐举人，用内阁中书，入军机。长明通古今，多智数，工于奏牍，大学士刘统勋最奇其才。户部奏天下钱粮杂项名目繁多，请并入地丁征收，长明曰："今之杂项折征银，皆古正供也。若去其名，他日吏忘之，谓其物官所需，必且再征，是使民重困也。"统勋曰善，乃奏已之。大学士温福征大金川，欲长明从行，长明固辞，退。有咎之者，答曰："是将败没，吾奈何从之！"既而温福果军溃以死，随往者皆尽。

长明在军机七年，干敏异众，然亦以是见嫉。其救罗浩源事，人尤喜称之。浩源，云南粮道也。分偿属吏汪应缴所亏帑金，有诏逾期即诛。浩源缴不如数，逾期十日，牒请弛限。上下其议，时统勋主试礼部，秋曹无敢任其事者。长明因挝鼓入闱，见统勋，为言汪已捐复，将曳组绶出都，独坐浩源，义未协，宜仍责汪自缴。统勋曰："具疏稿乎？"曰："具。"即振袖出之，辞义明晰。疏入报可，狱遂解。其他事多类此。人有图其像祀之者。三十六年，擢侍读。尝扈跸木兰，大雪中失橐驼并所装物，越日故吏以驼至。问："何以知为吾物？"曰："军机官披羊裘者独君耳。"长明劳而遣之。

后以忧归，遂不复出。客毕沅所，为定奏词。又主讲庐阳书院。博学强记，所读书，或举问，无不能对。为诗文用思周密，和易而当于情。著《毛诗地理疏证》、《五经算术补正》、《三经三史答问》、《石经考异》、《汉金石例》、《献征余录》等书。

子观，字子进。嗜学，好金石文字。父乞归后，筑归求草堂，藏书二万卷，观丹黄几满。著《江宁金石记》。钱大昕甚高其品节。

朱筠，字竹君，大兴人。乾隆甲戌进士，选庶吉士，授编修。由赞善大考擢侍读学士，屡分校乡会试。庚寅，典福建乡试，辛卯，督安徽学政。

诏求遗书，奏言翰林院藏《永乐大典》内多古书，请开局校辑。旋奉上谕："军机大臣议复朱筠条奏校核《永乐大典》一节，已派军机大臣为总裁。又朱筠所奏将《永乐大典》择取缮写，各自为书，及每书校其得失，撮举大旨，叙于本书卷首之处，即令承办各员，将各原书详细检阅，并书中要旨总叙崖略，呈候裁定；又将来书成，著名《四库全书》。"《四库全书》自此始。筠又请仿汉熹平、唐开成故事，校正《十三经》文字，勒石太学。未几，坐事降编修，充《四库全书》纂修官，兼修《日下旧闻考》。高宗尝称筠学问文章殊过人。寻，复督学福建。归，卒，年五十有三。

筠博闻宏览，以经学、六经训士。谓经学本于文字训诂，周公作《尔雅》，《释诂》居首；保氏教六书，《说文》仅存，于是叙《说文解字》刊布之。视学所至，尤以人才经术名义为急务，汲引后进，常若不及。因材施教，士多因以得名，时有朱门弟子之目。好金石文字，谓可佐证经史。诸史百家，皆考订其是非同异。为文以郑、孔经义，迁、固史书为质，而参以韩、苏。诗出入唐、宋，不名一家，并为世重。筼锐然以兴起斯文为己任，搜罗文献，表章风化，一切破崖岸而为之。好客，善饮，谈笑穷日夜酒。酣论天下事，自比李元礼、范孟博，激扬清浊，分别邪正，闻者悚然。著有《筼河集》等。

翁方纲，号覃溪，大兴人。乾隆壬申进士，选庶吉士，授编修。擢司业，累至内阁学士。先后典江西、湖北、顺天乡试，督广东、江西、山东学政。嘉庆元年，预千叟宴。四年，左迁鸿胪寺卿。十二年，重宴鹿鸣，赐三品衔。十九年，再宴恩荣，加二品卿，年八十二矣。又四年，卒。

方纲精研经术，尝谓考订之学，以衷于义理为主，论语曰"多闻"、曰"阙疑"、曰"慎言"，三者备而考订之道尽。时钱载斥戴震为破碎大道，方纲谓："诂训名物，岂可目为破碎？考订训诂，然后能讲义理也；然震谓圣人之道，必由典制名物得之，则不尽然。"

方纲读群经，有《书》、《礼》、《论语》、《孟子附记》，并为《经义考补正》。尤精金石之学，所著《两汉金石记》，剖析毫芒，参以《说文》、《正义》，考证至精。所为诗，自诸经注疏，以及史传之考订，金石文字之爬梳，皆贯彻洋溢其中。论者谓能以学为诗。他著有《复初斋全集》及《礼经目次》、《苏诗补注》等。

姚鼐，字姬传，桐城人，刑部尚书文然元孙。乾隆二十八年进士，选庶吉士，改礼部主事。历充山东、湖南乡试考官，会试同考官所得多知名士。四库馆开，充纂修官。书成，以御史记名，乞养归。

鼐工为古文。康熙间，侍郎方苞名重一时，同邑刘大櫆继之。鼐世父范与大櫆善，鼐本所闻于家庭师友间者，益以自得，所为文高简深古，尤近欧阳修、曾巩。其论文根极于道德，而探原于经训。至其浅深之际，有古人所未尝言，鼐独抉其微，发其蕴，论者以为辞迈于方，理深于刘。三人皆籍桐城，世传以为桐城派。

鼐清约寡欲，接人极和蔼，无贵贱皆乐与尽欢；而义所不可，则确乎不易其所守。世言学品兼备，推鼐无异词。尝仿王士祯《五七言古体诗选》为《今体诗选》，论者以为精当云。自告归后，主讲江南紫阳、钟山书院四十余年，以诲迪后进为务。嘉庆十五年，重赴鹿鸣，加四品衔。二十年，卒，年八十有五。所著有《九经说》十七卷，《老子》、《庄子章义》、《惜抱轩文集》二十卷、《诗集》二十卷，《三传补注》三卷，《法帖题跋》二卷，《笔记》四卷。

子景衡，举人，知县。有隽才，鼐故工书，景衡学其笔法，能乱真。

吴定，字殿麟，歙县人。举孝廉方正，与姚鼐相友善，论文严于法。鼐每为文示定，定所不可，必尽言，得当乃止。定尝语陈用光曰："先生虚怀善取，为文尚如是，其为学可知矣。"著有《周易集注》十卷，《紫石泉山房文集》十二卷、《诗集》六卷。

鲁九皋，原名仕骥，字絜非，新城人。尝从鼐问古文法，又使其甥陈用光及鼐门。乾隆三十六年进士，选山西夏县，以积劳致疾卒。所著曰《山木居士集》。

用光，字硕士。嘉庆六年进士，由编修累官礼部侍郎。笃于师友谊，尝为姚、鲁两师置祭田，以学行重一时。著有《太乙舟文集》。

当嘉、道间，传古文法者，有宜兴吴德旋、上元梅曾亮诸人，曾亮自有传。德旋，字仲伦，诸生。以古文鸣。与阳湖恽敬、永福吕璜以文相砥砺。诗亦高澹绝俗，有《初月楼集》。

宋大樽，字左彝，仁和人。弱岁，刲股愈母疾，让产其弟。乾隆三十九年举人，为国子监助教，以母老引疾归。豪于饮酒，善鼓琴，时时出游佳山水，助其诗兴。其诗由唐人而上溯之，极于古歌谣而止，才力足以相俪。有《茗香论诗》、《学古集》、《牧牛村舍诗钞》。

同县钱林，字金粟。嘉庆十三年进士，由编修至侍读学士，左迁庶子。林熟于本朝名臣言行，及河漕、盐榷、钱法诸大政。诗亦酝酿于汉、魏、六朝。阮元督学浙江,称为华实兼茂之士。著《文献征存录》、《玉山草堂诗集》。

端木国瑚,青田人。青田故产鹤,国瑚生而清傲似鹤,其大父字之曰鹤田。阮元督学得之,恒夸示人曰:"此青田一鹤也!"命赋使署定香亭,赋成,一时传诵。国瑚好学深思,通天文之奥。尝被召相山陵,叙劳官中书。道光十三年进士,选用知县,性不耐剧,投牒就原官。著《周易指》,属稿二十六年而后成。诗才清丽,有《太鹤山人集》。又著《周易葬说》、《地理元文》,后颇悔之,不轻为人营葬。

吴文溥,字澹川,嘉兴贡生。亦以诗名。其为人有韬略,超然不群,能作苏门长啸。著《南野堂集》。

章学诚,字实斋,会稽人。乾隆四十三年进士,官国子监典籍。自少读书,不甘为章句之学。从山阴刘文蔚、童钰游,习闻戢山、南雷之说。熟于明季朝政始末,往往出于正史外,秀水郑炳文称其有良史才。继游朱筠门,筠藏书甚富,因得纵览群籍,与名流相讨论,学益宏富。著《文史通义》、《校雠通义》,推原官礼而有得于向、歆父子之传。其于古今学术,辄能条别而得其宗旨,立论多前人所未发。尝与戴震、汪中同客冯廷丞宁绍台道署,廷丞甚敬礼之。

学诚好辩论,勇于自信。有《实斋文集》,视唐宋文体,夷然不屑。所修和州、亳州、永清县诸志,皆得体要,为世所推。

章宗源,字逢之。乾隆五十一年大兴籍举人,其祖籍亦浙江也。尝辑录唐、宋以来亡佚古书,欲撰《隋书经籍志考证》,积十余年始成。稿为仇家所焚,仅存史部五卷。

后百有余年,有姚振宗,字海槎,山阴人。著《汉艺文志》、《隋经籍志考证》,能订宗源之失。又补《后汉》、《三国》两《艺文志》。目录之学,卓然大宗。论者谓足绍二章之传。

而学诚同时有归安吴兰庭,字胥石。乾隆三十九年举人。稽古博闻,多所纂述。尝以宋吴缜著有《五代史记纂误》,因更取薛居正《旧史》参校,为《纂误补》四卷。同邑丁杰邃于经,兰庭熟于史,一时有"丁经吴史"之目。嘉庆元年,与千叟宴。他所著又有《五代史考异》、《读通鉴笔记》、《南雪草堂集》。

祁韵士,字鹤皋,寿阳人。乾隆四十三年进士,官编修,擢中允,大考改户部主事。嘉庆初,以郎中监督宝泉局。局库亏铜案发,戍伊犁。未几,赦还。卒于保定书院,年六十五。

韵士幼喜治史,于疆域山川形胜、古人爵里名氏,靡不记览。弱冠,馆静乐李氏,李藏书十余楹,多善本,韵士寝馈其中五年,益赅洽。既入翰林,充国史馆纂修。时创立《蒙古王公表传》,计内扎萨克四十九旗,外扎萨克喀尔喀等二百余旗,以至西藏及回部纠纷杂乱,皆无文献可征据。乃悉发库贮红本,寻其端绪,每于灰尘坌积中忽有所得,如护异闻。各按部落立传,要以见诸《实录》、红本者为准,又取《皇舆全图》以定地界方向。其王公支派源流,则核以理藩院所存世谱,八年而后成书。又别撰《藩部要略》,以年月编次。盖《传》仿《史记》,而《要略》仿《通鉴》。李兆洛序之,谓如读邃皇之书,睹鸿蒙开辟之规模矣。及戍伊犁,有所纂述,大兴徐韵士又著《西域释地》、《西陲要略》,皆考证古今,简而能核。外有《万里行程记》、《己庚编》、《书史辑要》、《诗文集》。

张穆,字石洲,平定州人。道光中,优贡生。善属文。歙县程恩泽见之,惊曰:"东京崔、蔡之匹也!"通训诂、天算、舆地之学。著《蒙古游牧记》,用史志体,韵士《要略》用编年体,论者谓二书足相埒。又以《魏书地形志》分并建革,一以天平、元象、兴和、武定为限,纯乎东魏之志。其雍、秦诸州地入西魏者,遂捝失舛驳不可读。乃更事排纂,书未成,其友何秋涛为补辑之。又著顾炎武、阎若璩《年谱》、《乌斋诗》、《文集》。

秋涛,字愿船,光泽人。道光二十四年进士,授刑部主事。留心经世之务。以俄罗斯与中国壤地连接,宜有专书资考镜,始著《北徼汇编》六卷。后复详订图说,起汉、晋讫道光,增为八十卷。文宗垂览其书,锡名朔文备乘。召见,擢员外郎、懋勤殿行走,旋以忧去。同治改元,年三十九,卒。又著《王会篇笺释》、《一镫精舍甲部稿》。刑部奉敕撰《律例根源》,亦秋涛在官时创稿云。

冯敏昌,字伯术,钦州人。童年补诸生。翁方纲按试廉州,以拔贡选入国学。乾隆四十三年进士,授编修。大考,改户部主事,调补刑部。性至孝友,闻父丧,一痛呕血,大雪,徒跣竟日。方纲忧曰:"敏昌万无生理!"则持其母夫人书促令归省。及丁内艰,庐墓久,遂不复出。

平生足迹半天下,尝登岱,题名绝壁;游庐阜,观瀑布;抵华岳,攀铁纤,跻嶂峡。在河阳时,亲历王屋、大行诸山。又以北岳去孟县不千里,骑骏马直造曲阳飞石之巅,穷雁门、长城而返。最后宿南岳庙,升祝融峰,观云海。其悱恻之情,旷逸之抱,一寓于诗。著有《小罗浮草堂诗集》、《孟县志》、《华山小志》、《河阳金石录》。学者称鱼山先生。

其后岭南以诗名家者,有嘉应宋湘,字焕襄。嘉庆四年进士。以编修曲试四川、贵州。出知典靖府。教属地种木棉,人称"宋公布"。署广南、永昌,皆有绩。永昌湾甸土州知州死,远族景在东谋袭其职,据境专杀自恣,如是者五六年。当事怯,莫敢发。民、夷赴诉,湘请诸镇帅,不允,乃率僚属游宴栖贤山,从容赋诗,密约乡兵乘夜兼行,出不意,擒在东斩之,费银八千两,不取偿公家,边隅以靖。终湖北督粮道。诗学少陵,有《不易居集》。

敏昌同时又有赵希璜,字渭川,长宁人。少读书罗浮山,与顺德黎简友善。乾隆四十四年举人。知安阳县,邑志久未修,希璜聘武亿共成之。纪昀推其体例合古法。末附《金石录》十二卷,尤精确。希璜工诗,著有《四百三十二峰草堂诗钞》。

法式善,字开文,蒙古乌尔济氏,隶内务府正黄旗。乾隆四十五年进士,授检讨,迁司业。五十年,高宗临雍,率诸生七十余人听讲,礼成,赏赉有差。本名运昌,命改今名,国语言"竭力有为"也。由庶子迁侍读学士，大考降员外郎，阿桂荐补左庶子。性好文，以宏奖风流为己任。顾数奇，官至四品即左迁。其后两为侍讲学士，一以大考改赞善，一坐修书不谨贬庶子。遂乞病归。

所居后载门北，明李东阳西涯旧址也。构诗龛及梧门书屋，法书名画盈栋几，得海内名流咏赠，即投诗龛中。主盟坛坫三十年，论者谓接迹西涯无愧色。著《清秘述闻》、《槐厅载笔》、《存素堂诗集》。平生于诗所激赏者，舒位、王昙、孙原湘，作《三君子咏》以张之，然位艳昙狂，惟原湘以才气写性灵，能以韵胜，著《天真阁集》。

原湘，字子潇，昭文人。嘉庆十年进士。选庶吉士，未仕。

同时江苏与原湘负才名者，有吴江郭麐，字祥伯。附监生。一眉莹白如雪，风采超俊。家贫客游，人争倒屦。诗学李长吉、沈下贤，词尤清婉。著《灵芬馆集》。尝病潘昂霄金石例之隘，因据洪氏《隶释》为《金石例补》，又撰词品十二则，以继司空表圣之《诗品》。

恽敬，字子居，阳湖人。幼从舅氏郑环学，持论能独出己见。乾隆四十八年举人，以教习官京师。时同县庄述祖、献可、张惠言，海盐陈石麟，桐城王灼集辇下，敬与为友，商榷经义，以古文鸣于时。既而选令富阳，锐欲图治，不随群辈俯仰。大吏怒其强项，务裁抑之，令督解黔饷。敬曰："王事也。"怡然就道。后遭父丧。服阕，选新喻。吏民素横暴，绳以法，人疑其过猛。已乃进秀异士与论文艺，俗习大变。调知瑞金，有富民进千金求脱罪，峻拒之。关说者以万金相啗，敬曰："节土苞苴不逾门，吾岂有遗耶！"卒论如法。由是廉声大著。卓异擢南昌同知。敬为人负气，所至辄忤上官，以其才高优容之，然忌者遂衔之次骨。最后署吴城同知，坐奸民诬诉隶诈财失察被劾。忌者闻而喜曰："恽子居大贤，乃以赃败耶！"

敬既罢官，益肆其力于文，深求前史兴坏治乱之故，旁及纵横、名、法、兵、农、阴阳家言。会其友惠言殁，于是敬慨然曰："古文自元明以来渐失其传，吾向所以不多为者，有惠言在也。今惠言死，吾安不并力治之？"其文盖出于韩非、李斯，与苏洵为近。卒，年六十一。

著《大云山房稿》。其治狱曰《子居决事》，附集后。

赵怀玉，字亿孙，武进人，尚书申乔四世孙。乾隆中召试举人。授中书。久之，出为青州府同知，以忧归，终于家。性坦易，工古文辞。尝自言不敢好名为欺人之事，不敢好奇为欺世之学。恽敬称其文无有杂言诐义离真反正者。著《有生斋文集》。

黎简，字简民，顺德人。十岁能诗。益都李文藻令朝阳，见简诗，曰："必传之作也。"劝令就试。学使李调元得其《拟昌黎石鼎联句》，奇赏之。补弟子员，人号之曰黎石鼎。久之，膺选拔。寻丁外艰，遂终于家，足不逾岭。海内名流，钦其高节。袁枚负盛名，游罗浮，邀与相见，谢不往也。著《五百四峰草堂诗文钞》。所与交同邑张锦芳、黄丹书，番禺吕端皆以诗名。

锦芳，字粲夫。乾隆中进士，官编修。通《说文》，喜金石文字。弟锦麟，字瑞夫。举人。兄弟并为翁方纲所器异。锦麟以赋"碧天如水雁初飞"句得名，时呼张碧天。早卒，锦芳著《逃虚阁诗钞》，与钦州冯敏昌、同邑胡亦常称"岭南三子"。

丹书，字廷授。亦以诗受知调元。贡优行，事亲孝，居丧能尽哀。后举于乡。至都，朝贵争延之，辞不就。尝曰："贫与富交则损名，贱与贵交则损节。"晚官教谕，兼工书画。著《鸿雪斋诗钞》。

端，字介卿。岁贡生，穷老不遇。著《迟删集》。

亦常，字同谦。举人。落第南归。与戴震同舟，至富春江乃别。舟中手写震所著书，谋刊之。多啖瓜果解渴，得胃寒疾，抵家卒。有《赐书楼集》。

张士元，字翰宣，震泽人。工古文辞，师法归有光。岁正，陈其集几上，北面拜之。又用归氏评点《史记法》，上推之《左氏》，下逮韩、欧，无不合者。乾隆五十三年举人，久不第，留京师馆董诰第八年。诰主会试，欲令士元出门下，不能得也。姚文田督学江南，士元与有旧，戒诸子勿应试。年老，铨教谕，以耳聩谢不就。曰："国家设学校,使师弟子相从讲学,岂漫以廪禄振寒生哉?"乃归老烂豯之上,撰述自娱。学者称鲈江先生。

性淡泊寡交,独与王芑孙、秦瀛、陈用光以学问相切劘。姚鼐见其文,亦拟之震川。卒,年七十,著《嘉树山房集》。

同邑张海珊,字越来;张履,字渊甫:皆举人。海珊道光元年乡试解首,榜发,已前卒。其论学以宋贤为归,又耻迂儒寡效,自农田、河渠、兵制、天下形势所在,及漕粮利弊,悉心究讨。三吴亢旱港涸,一日北风大作,水入,纠众筑堤储之,岁以有秋。著《小安乐窝集》、《丧礼问答》、《火攻秘录》。

履,海珊门人也。传海珊之学,尤精《三礼》。其议礼之文,皆犁然有当,非徒习训诂名物者。官句容训导。著《积石山房集》。

清史稿卷四八六
列传第二七三

文苑三

张澍 邢澍　莫与俦 子友芝　陆继辂

从子耀遹 彭绩　洪颐煊 兄坤煊 弟震煊

邓显鹤 万希槐　周济　陈鹤　徐松

沈尧 陈潮 李图　李兆洛 承培元 宋景昌

缪尚诰 六承如　钱仪吉 弟泰吉　包世臣

齐彦槐　姚椿 顾广誉　张鉴 杨凤苞

施国祁　黄易 瞿中溶 张廷济 沈涛 陆增祥

董佑诚 方履篯 周仪暐　俞正燮 赵绍祖

汪文台 汤球　潘德舆 吴昆田　张维屏

谭敬昭 彭泰来　梅曾亮 管同 刘开 毛岳生

汤鹏 张际亮　龚巩祚　魏源

方东树 族弟宗诚 苏惇元 戴钧衡

鲁一同 子贲　谭莹 熊景星 黄子高

莹子宗浚　吴敏树 杨彝珍　周寿昌

李希圣 斌良 锡缜 李云麟　何绍基

孙维朴　李瑞清　　**冯桂芬**　　王颂蔚　　叶昌炽

管礼耕　袁宾璜　　**李慈铭**　　陶方琦　　谭廷献

李稷勋　**张裕钊**　范当世　朱铭盘　杨守敬

吴汝纶　萧穆　贺涛　刘孚京　　**林纾**

严复　辜汤生

　　张澍，字介侯，武威人。父应举，有孝行。嘉庆四年，澍年十八。成进士。是科得人最盛，澍选庶吉士，文词博丽。散馆改知县，初令玉屏，以病归。叙防河劳，选屏山。摄兴文，丁父艰。再起，知永新。署临江通判，坐征解缓，罢官。开复，补泸溪，复以忧去。

　　澍性亢直，所至辄有声。在黔时，巡抚初彭龄过县，澍杖其仆之索金者。座主蒋攸铦督四川，甫下车，举劾属吏，风采严峻。澍上书论其循情市恩，黜陟不当，以此官不遂。务博览经史，皆有纂著。游迹半天下，诗文益富。留心关、陇文献，搜辑刊刻之。纂《五凉旧闻》、《三古人苑》、《续黔书》、《秦音》、《蜀典》，而《姓氏五书》尤为绝学。自著诗文外，又有《诗小序翼》、《说文引经考证》。

　　同时甘肃有与之同名者，曰邢澍，字雨民，阶州人也。两人学派亦略相近。乾隆五十五年进士，官至南安知府。好古博闻，孙星衍辑《寰宇访碑录》，多资于澍。著有《关右经籍考》、《两汉希姓录》、《金石文字辨异》、《守雅堂集》。

　　莫与俦，字犹人，独山州人。少有志操，兄殁，持期服，有与试。嘉庆四年，朱珪、阮元总裁会试。所拔取多朴学知名士，与俦亦以是年成进士，选庶吉士。散馆，改令盐源县。俗，富民买田好择取无税者，贫民往往粥产存赋，久辄逃亡。与俦责赋富人，而贳其隐占罪。又上言河西宁远子税所府隶横征病民，得裁去。木里喇吗左所有山产银铜,布政使符县开矿,与傅持不可,以为矿山实土官经堂所据,奸民所呈地图距经堂远,实无矿,开厂聚众,滋扰夷境,贪小利,贾大衅,事诚不便。大吏檄与傅覆勘,至则矿山果在经堂右。其众严兵以待,既瞻与傅貌,聆其温语,皆解甲罗拜。县令至,土司例有供馈,尽却之,又悬诸禁。比还,老幼遮道献酒,填咽不得前。举治行卓异,以父忧去。母老,遂请终养。

久之,被吏部檄复起,自请改教授,选遵义。士人闻其至,争请受业。学舍如蜂房,犹不足,僦居半城市。旦暮进诸生而诏之:"学以尽其下焉者而已,上焉者听其自至可也。程、朱氏之论,穷神达化,不越洒埽应对日用之常。至六艺故训,则国朝专经大师,实迈近古。"其称江、阎、惠、陈、段、王父子,未尝隔三宿不言,听者如旱苗之得膏雨。其后门人郑珍及子友芝遂通许、郑之学,为西南大师。与傅著《二南近说》,诗文散佚。友芝记其言行为《过庭碎录》。

友芝,字子偲,家世传业,通会汉、宋。工诗。真行篆隶书不类唐以后人,世争宝贵。友芝亦乐易近人,癯貌玉立,而介特内含。道光十一年举人,在京师远迹权贵。胡林翼、曾国藩皆其旧好,留居幕府,评骘书史外,荣利泊如也。咸丰时,尝选取县令,弃去。至是中外大臣密疏荐其学行,有诏征至,复谢不就。卒,年六十一。著《黔诗纪略》、《遵义府志》、《声韵考略》、《邵庭诗抄》、《宋元旧本经眼录》、《樗茧谱注》、《唐本说文木部笺异》。

陆继辂,字祁孙,阳湖人。幼孤,生母林严督之,非其人,禁勿与游。甫成童,出应试。得识丁履恒,归告母,母察其贤,始令与结。其后益交庄曾诒、张琦、恽敬、洪饴孙辈,学日进。嘉庆五年举人,选合肥训导。以修《安徽省志》叙劳,迁贵溪令,三年引疾归。继辂仪干秀削,声清如唤鹤。不以尘务经心,惟肆力于诗。清温多风,如其人也。

常州自张惠言、恽敬以古文名,继辂与董士锡同时并起,世遂推为阳湖派,与桐城相抗。然继辂选七家古文,以为惠言、敬受文法于钱伯坰,伯坰亲业刘大櫆之门;盖其渊源同出唐、宋大家,以上窥史、汉、桐城、阳湖,皆未尝自标异也。继辂著《崇百乐斋集》、《合肥学舍札记》。

从子耀通,字劭文。县学生。工为诗,喜金石文字,与继辂齐名。其为人韬敛精采,而遇事侃侃无所挠。游公卿间,尤长尺牍。尝客陕西巡抚幕,教匪反滑县,那彦成过长安,闻耀通名,即请见,为陈机宜数十事,因属具草以闻,多施行。道光初,举孝廉方正,选阜宁教谕,卒。有《双白燕堂集》、《金石续编》。

继辂所钞七家文者,大櫆、惠言、敬外,则方苞、姚鼐、朱仕琇、彭绩也。

绩,字秋士,长洲人。品诣孤峻。乾隆末,穷而客死。无子,年四十四。族子绍升曰:"人之吊先生者,悲其穷。吾独谓先生竹柏之性,有节有文采,其英亦元结、孟郊之匹,未见其穷也。"有《秋士遗集》。余六人皆自有传。

洪颐煊,字旌贤,临海人。少时自力于学,与兄坤煊、弟震煊读书僧寮,夜就佛灯讲诵不辍。学使阮元招颐煊、震煊就学行省,名日起。嘉庆六年,充选拔贡生。入赀为州判,权知新兴县事。适阮元督粤,知颐煊学优非吏才,延致幕府,相与咨诹经史。后卒于家。性喜聚书,广购岭南旧本至三万余卷,碑版彝器多世所罕观。著《礼经宫室答问》、《孔子三朝记》、《管子义证》、《汉志水道疏证》、《读书丛录》、《台州札记》、《筠轩诗文集》。

坤煊,字载厚。乾隆末,以拔贡生举乡试,题名后十余日卒。

震煊,字百里。精《选》学,诗才敏赡。阮元修《经籍纂诂》、《十三经校勘记》皆任其役。后颐煊十二年充选拔生。既廷试,贫不克归,遂以客死。著《夏小正疏义》。

邓显鹤,字子立,新化人。少与同里欧阳绍洛以诗相厉,游客四方,所至倾动。嘉庆九年举人。厌薄仕进,一以撰著为事,系楚南文献者三十年,学者称之曰湘皋先生。内行修,事兄白首无间,抚其子勤于己子。尤笃于师友风义。尝以为洞庭以南,服领以北,屈原、贾谊伤心之地也,历代通人志士相望,而文字湮郁不宣。乃从事搜讨,每得贞烈遗行于残简断册中,为之惊喜狂拜,汲汲彰显,若大谴随其后。凡所著有《资江耆旧集》、《沅湘耆旧集》、《楚宝增辑考异》、《武冈志》、《宝庆志》、《朱子五忠祠传略》及《续传》、《明季湖南殉节传略》。又《易述》、《毛诗表》、《南村草堂诗文集》,共数百卷。晚授宁乡训导。卒,年七十五。

同时万希槐,字蔚亭,黄冈人。以廪膳生官南漳训导。通经史百家言,著《十三经证异》,《困学纪闻集证》,陈嵩庆推为王氏功臣。

周济,字保绪,荆溪人。好读史,喜观古将帅兵略,骑射击刺艺绝精。嘉庆十年进士。或谓之曰:“对策语幸无过激。”济曰:“始进,敢欺君乎!”及廷对,纵言天下事,字逾恒格。以三甲归班选知县,改就淮安府教授。上丁释奠,礼毕,知府王毂就殿门外升舆,济趋前阻之,知府不怿去,济遂引疾归。是秋冒赈事发,自毂以下吏皆得罪,济以先去免。淮南北盐枭充斥,总督孙玉庭知济能,以防抚事属之。济集营弁,勒以兵法,奸民皆敛迹。已而叹曰:“咸务不理其本,徒缉私,私不可胜缉也。”因谢去。济与李兆洛、张琦、包世臣订交。当是时,数吴中士有裨世用者,必首及世臣、济两人。

济虽以才自喜,一日尽屏豪习,闭门撰述,成《晋略》八十卷,例精辞洁,于攻取防守地势多发明论赞中,非徒考订已也。晚复任淮安教授,邀秀童教以乐舞,礼成,观者盈千。周天爵移督湖广,邀济偕行。道卒,年五十九。

陈鹤,字鹤龄,元和人。操行修洁,亦精史学。嘉庆元年进士,以主事分工部,出无车马。与栖霞牟昌裕、阳山郑士超有“工部三君子”之目。熟于明代事,辑《明纪》六十卷。未成,卒。后八卷其孙克家续成之。克家,道光末举人。官中书。后参张国梁军事,殉难。赠知府衔。

徐松,字星伯,大兴人。嘉庆十年进士,授编修。简湖南学政,坐事戍伊犁。松留心文献,既出关,置开方小册,随所至图其山川曲折,成《西域水道记》,拟《水经》。复自为释,以比道元之注。又以新疆入版图数十年,视同畿甸,而未有专书,乃纂述成编,于建置、控扼、钱粮、兵籍,言之尤详。将军松筠奏进其书,赐名《新疆事略》,特旨赦还。御制序付武英殿刊行。道光改元,起内阁中书,洊擢郎中,补御史,出知榆林府。未几,卒。他所著有《新斠注地理志集释》、《汉书西域传补注》、《唐两京城坊考》、《唐登科记考》、《新疆赋》共数十卷。

松喜延誉后进。其客有沈尧者,字子惇,乌程人。优贡生。性沈默,足不越关塞,好指画绝域山川。初为何凌汉、陈用光所赏拔。入京师,馆于松。松称其地学之精。歙程恩泽尝读《西游记》,拟为文疏通其说。及见尧所撰《西游记金山以东释》,叹曰:"遐荒万里在目前矣!"遂阁笔。尧客死,张穆哀其遗著,为《落骩楼稿》。

陈潮,字东之,泰兴人。通经,工小篆,又擅《周髀》之学。尝夜登高台窥星象,不寐。游京师,亦卒于松寓。

李图,字少伯,掖县人。以拔贡生官直隶无极县知县,谢病归。图读书,十行俱下,天才卓越。工诗古文词,力屏近世浮靡之习。尝曰:"文非司马子长,诗非苏、李,不足为师法也。"徐松为济南泺源书院山长,见图诗,叹曰:"三百年来无此作矣!"著有《鸿桷斋诗文集》。山左称诗者,王士禎、赵执信以后,以图为巨擘云。

李兆洛,字申耆,阳湖人。嘉庆十年进士,选庶吉士。改令凤台,俗犷悍多盗,地接蒙城、阜阳,远者至百八十里,官或终任不一至。兆洛亲行县,辨其里落繁耗、地亩广袤饶瘠,次第经理之。焦冈湖,汉苟陂也,滨淮,易为灾。乃增堤防,设沟闸,岁以屡丰。择耆老劝民孝谨,优奖之。于僻远设义学,为求良师。其捕盗,尤为人所喜称。尝骑率健勇出不意得其魁,因察而抚用之。兆洛尝曰:"凤、颍、泗民气可用，拣集五千人，方行天下有余矣。然唯其豪能使之，官帅至千里外，必客兵势胜足相钤制乃可。"兆洛在县七年，以父忧去，遂不出。主讲江阴书院几二十年，以实学课士，其治经学、音韵、训诂，订舆图，考天官历术及习古文辞者辈出。如江阴承培元、宋景昌、缪尚诰、六承如等，皆其选也。

兆洛短身硕腹，豹颅刚目，望之若不可近，而接人和易，未尝疾言遽色。资恤故旧穷乏无不至。藏书逾五万卷，皆手加丹铅，尤嗜舆地学。其论文欲合骈散为一，病当世治古文者知宗唐、宋不知宗两汉，因辑《骈体文钞》。其序略云："自秦迄隋，其体递变，而文无异名。自唐以来，始有古文之目，而目六朝之文为骈体。为其学者，亦自以为与古文殊路。夫气有厚薄，天为之也；学有纯驳，人为之也；体格有迁变，人与天参焉者也；义理无殊途，天人合焉者也。得其厚薄纯杂之故，则于其体格之变，可以知世焉；于其义理之无殊，可以知文焉。文之体至六代而其变尽，夫沿其流极而诉之以至乎其源，则其所出者一也。"卒，年七十一。其自著曰《养一斋集》。所辑有《皇朝文典》、《大清一统舆地全图》、《凤台县志》、《地理韵编》。

培元，字守丹。优贡生。著《说文引经证例》、《籀雅》、《经滞揭橥》。

景昌，字冕之。县学生。著《星纬测量诸篇》。

尚诰，字芷卿。举人。著《古韵谱》、《双声谱》、《经星考》。

承如及族人严，皆贡生。兆洛订《舆地图》，六氏两生所手绘也。

钱仪吉，字衎石，嘉兴人，尚书陈群曾孙。父福胙，侍读学士。仪吉生有五色文禽翔其室故，初名逵吉，后易焉。嘉庆十三年进士，选庶吉士。改户部主事，累迁至工科给事中。皆能举其职，因公罢归。

仪吉治经，先求古训，博考众说，一折衷本文大义，不持汉、宋门户。尝著《经典证文》。《说文雅厌》、《雅厌》者，以十九篇之次，写九百四部之文，而以经籍传注推广之。其读史，补晋《兵志》、《朔闰》诸表，撰《三国晋南北朝会要》，体例视徐天麟有所出入，不限断以本书。又仿宋大珪《名臣琬琰碑传集》，得清臣工文儒等八百余人，辑录之为《碑传集》。后卒于大梁书院，年六十八。

从弟泰吉，字警石。少孤，执丧尽哀礼，与仪吉以学行相磨，远近盛称"嘉兴二石"。为诗文原本情性，读其辞，知其于孝友最深也。以廪贡生得海宁州学训导。居间务读书，自经史百氏下逮唐、宋以来诗文集，靡不博校。以其学语诸生，诸生之贤且文者大附。尝修学宫，以费所羡修《海昌备志》。既又得民间节孝行者千余事为旌之，曰："吾职也。"再三请，必得乃已。为训导几三十年，不以枝官自放旷。粤寇陷浙，往依曾国藩，卒于安庆。著《曝书杂志》、《甘泉乡人稿》。仪吉子宝惠，泰吉子炳森，皆能世其学。

包世臣，字慎伯，泾县人。少工词章，有经济大略，喜言兵。嘉庆十三年举人，大挑以知县发江西。一权新喻，被劾去。复随明亮征川、楚，发奇谋不见用，遂归。卜居金陵。世臣精悍有口辩，以布衣遨游公卿间。东南大吏，每遇兵、荒、河、漕、盐诸钜政，无不屈节咨询，世臣亦慷慨言之。

初，海盗蔡牵犯上海，镇道迎世臣阅沿海岛屿。见黄浦停泊商船千艘，遂建运可救漕弊之议。游袁浦，值河事亟，箸《策河四略》。是时盐法以两淮为大，私枭充斥，议者争言缉私。世臣拟多裁盐官，惟留运司主钱粮，场大使督灶户，不分畛域，仿现行铁矿之例，听商贩领本地官印照，赴场缴课买盐，州县具详，运司存核，则场官不能乾没正课；而转输迅速，则盐价必锐减；私盐皆输官课，课入必倍。以之津贴办公，并增翰、詹、科、道廉俸，为计甚便。

其论西北水利曰："今国家南漕四百万石，中岁腴田二百万亩所产也。有田四百万亩，岁入与佃半之，遂当全漕。先减运十之一，粜其谷及运资置官屯，递减至十年，则漕可罢，赋可宽。以其盈余量加赋饷，而官可廉，兵可练。不然，漕东南以赡西北，浮收勒折，日增一日，竭民力，积众怒。东南大患，终必在此。"

世臣能为大言。其论书法尤精，行草隶书，皆为世所珍贵。著有《小倦游阁文集》，别编为《安吴四种》。

齐彦槐，字梅麓，婺源人。嘉庆十三年召试举人，明年成进士，选庶吉。散馆，授金匮令。毁淫祠，岁旱，勤振务。擢苏州府同知，陈海运策，巡抚召诘之，修举以对，巡抚不能难，终以更张寝其事。后十余年，改行海运，仍仿其法焉。尝制浑天仪、中星仪，并各为之说，及龙尾、恒升二车，便民运水。又著《北极星纬度分表》、《海运南漕丛议》、《梅麓诗文集》。

姚椿，字春木，娄县人。父令仪，四川布政使，又屡参戎幕。椿高才博学，幼随父游历诸行省，洞知闾阎疾苦，慨然欲效用于世。

以国子监生试京兆，日与洪亮吉、杨芳灿、张问陶辈文酒高会，才名大起。顾试辄不遇。既，又受学于姚鼐，退而发宋贤书读之，屏弃夙习，壹意求道，泊如也。尝得宝应朱泽沄遗著，叹曰："此真为程、朱之学者。"亲诣其墓拜之，申私淑之礼。道光元年，举孝廉方正，不就。主书院讲席，以实学励诸生。其论文必举桐城所称，曰："好学深思，心知其意。"又曰："文之用有四：曰明道，曰记事，曰考古有得，曰言司深美。"其录清代人文八十余卷，一本此旨。著有《通艺阁录》、《晚学斋文录》。

顾广誉，字维康，平湖人。优贡生，举咸丰元年孝廉方正。寇乱，未廷试。广誉慕其乡张履祥、陆陇其之为人，刻意厉行。其治经一依程端礼《读书分年日程》遗法。著《学诗详说》，用力至勤。又悯晚近丧祭礼废，恩纪衰薄，昏婚潜僭逾度，乃变通古礼，酌时俗之宜，成《四礼权疑》八卷。姚椿推为一时宗匠。有《悔过斋文稿》。卒于上海龙门书院。

张鉴，字春冶，归安人。巡抚阮元筑诂经精舍西湖，鉴及同里杨凤苞、施国祁肄业其中，皆知名。嘉庆初，副榜贡生。元剿海寇，振两浙水灾，一资鉴赞画。时方议海运，鉴力主之。以为河运虽安，费钜;海运费省,得其人熟习海道,未尝不安。乃著《海运刍言》,凡料浅占风之法,定盘望星之规,放洋泊舟之处,考之甚悉,侍郎英和亟称其书。道光四年,河决高家堰,漕运阻。英和遂奏行海运,多用鉴说。卒,年八十三。著《十五经从说》、《西夏纪事本末》、《眉山诗案广证》。

凤苞,字傅九。元编《经籍纂诂》,凤苞与分纂。熟明季事,尝为《南疆逸史跋》十二篇,传于时。晚馆郡城陈氏,其书室为郑元庆鱼计亭,人以为元庆复生云。

国祁,字非熊。与凤苞皆廪膳生。国祁病《金史》芜杂,积二十余年,成《金史详校》。以其帙繁,乃列举条目为《金源札记》。又作《元遗山集笺》、《金源杂事诗》。国祁工诗文,善填词。家贫,为人主计市肆中。有一楼,颜曰吉贝居,著书其中,毁于火,著述多烬。

黄易,字小松,钱塘人。父树谷,以孝闻,工隶书,博通金石。易承先业,于吉金乐石,寝食依之,遂以名家。官山东运河同知,勤于职事。尝得《武班碑》及武梁祠堂石室画像于嘉祥,乃即其地起武氏祠堂,砌石祠内。又出家藏精拓双钩锓木。凡四方好古之士得奇文古刻,皆就易是正,以是所蓄甲于一时。自乾、嘉以来,汉学盛行,群经古训无可搜辑,则旁及金石,嗜之成癖,亦一时风尚然也。

瞿中溶,字木夫,嘉定人。为钱大昕女夫。尤邃金石之学。官湖南布政司理问,搜奇访僻于人迹罕至之境,所获益多。著有《孔庙从祀弟子辨证》、《汉魏蜀石经考异辨正》、《说文地名考异》、《古泉山馆彝器图录》、《钱志补正集》、《古官印考证》、《古镜图录》、《续汉金石文编》,凡二十余种。

张廷济,字叔未,嘉兴人。嘉庆三年,举乡试第一。应礼部试辄踬,遂归隐,以图书金石自娱。建清义阁,藏庋古器,名被大江南北。

沈涛,字西雍。与廷济同邑。嘉庆十五年举人。咸丰初,署江西盐法道。粤贼攻南昌,随巡抚张芾城守。围解,授兴泉永道,未到官,卒。涛尚考订之学,喜金石,著《常山贞石志》、《说文古本考》。

陆增祥,字星农,太仓人。道光三十年一甲一名进士,授修撰,至辰永沅靖道。踵王昶《金石萃编》成《金石补正》百二十卷,凡三千五百余通。又著《砖录》一卷。其订正金石款识名物,何绍基服其精。

董祐诚,字方立,阳湖人。生五岁,晓九九数。稍长,善属文。游陕西,成华山神庙赋,一时传诵。其学于典章、礼仪、舆地、名物皆肆力探索,而尤精历算,尽通诸家法。特善深沈之思,书之钩棘难读者,一览辄通晓,复能出新意,阐曲隐,补罅漏。嘉庆二十三年举人。越五年卒,年三十三。

祐诚读诸史历志,因著《三统衍补》。复取《三统》以次迄明《大统》、《万年》、《回回》各术,拟撰五十三家历术,属稿未成,其兄基诚取已成五种附《水经注图说》刊之。其所著算学,有《割圜连比例术图解》、《斜弧三边求解补术》、《堆垛求积术》若干种。

基诚,字子诜。进士。由刑部郎中出知开封府。工词章,与祐诚文合刊曰《移华馆骈体文》。

方履篯,字彦闻,大兴人。与祐诚同年举人,为令闽中。初试吏署永定,里豪胡凤兆掘族人父棺,并杀其子,名捕不得。履篯至,为书谕之,凤兆自首,遂论如法。调闽县,会旱,祷雨烈日中,体丰硕,中暑卒。履篯亦以骈文著称。尤嗜金石文字,所积几万种,有《伊阙石刻录》、《富蘅斋碑目》、《河内县志》、《万善花室集》。

周仪暐,字伯恬,阳湖人。嘉庆初举人,宣城训导。擢知山阳县,调凤翔。能诗。有《夫椒山馆集》。

其后又有吴颎鸿,字嘉之。道光中进士,官代州知州;庄绶度,字眉叔,进士,户部主事;赵申嘉,字芸酉;陆容,字蓉卿;徐廷华,字子楞;汪士进,字逸云;周仪颢,字叔程,举人,即仪暐弟也。号"毗陵后七子",其名位亚于前七子。

俞正燮,字理初,黟县人。性强记,经目不忘。年二十余,北走兖州谒孙星衍。时星衍为伏生建立博士,复访求左氏后裔。正燮因作《邱明子孙姓氏论》、《左山考》。星衍多据以折衷群议,由是名大起。道光元年举人。明年,阮元主会试,士相谓曰:"理初入彀矣!"后竟落第。其经策淹博,为他考官所乙,元未之见也。房考王藻尝引为恨。

正燮读书,置巨册数十,分题疏记,积岁月乃排比为文,断以己意。藻为刻十五卷,名曰《癸巳类稿》,又有《存稿》十五卷,山西杨氏刻之。弟正禧,亦举人。多义行,文学与正燮齐名。

赵绍祖,字琴士,泾县人。年十二,受知学使朱筠,补诸生。筠授以《说文》,曰:"读此日无过十字。读注疏,亦无过十页。必精造乃已。"绍祖熟于史事,尝应布政使陶澍聘,修《安徽省志》,详赡有法。道光初,年七十,举考廉方正。又十二年,卒。注有《通鉴注商》、《新旧唐书互证》、《金石跋》、《安徽金石记》、《泾川金石记》、《金石文正续钞》。

汪文台,字士南。与正燮同县,相善。宗汉儒,以《论语》邢疏疏略,因取证古义,博采子史笺传,依韩婴《诗传》例作论语外传。见阮元《十三经注疏校勘记》,谓有益于后学,然成于众手,时有驳文,别为表识,作《校勘记识语》,寄示阮元,元服其精博,礼聘之。又尝《纂辑七家后汉书》、《淮南子校勘记》及《胫稿》,皆行于世。道光二十四年,卒,年四十九。

汤球,字伯玕,亦黟人。少耽经史,从正燮、文台游,传其考据之学。通历算星纬,耻以艺名。尝辑郑康成逸书九种、刘熙《孟子注》、刘珍等《东观汉记》、皇甫谧《帝王考记》、谯周《古史考》、《傅子》、伏侯《古今注》。球读史用力于《晋书》尤深,广搜载籍,补晋史之阙,成书数种。同治六年,举孝廉方正。光绪七年,卒,年七十八。

潘德舆,字四农,山阳人。年五六岁,母病不食,亦不食。父劐血,刲臂肉和药进,父察其色动,泣曰:"固知儿有是也!"既孤,大母犹在堂,孝敬弥至。居丧一遵礼制,柴瘠儽然。著《丧礼正俗文》、《祭仪》,为家法。抚寡妹嗣子,教养尽二十年。其他行多类此。尝以挽回世运,莫切于文章,文章之根本在忠孝,源在经术,其说经,不祖汉、宋,力求古人微言大义。其论治术,谓天下大病不外三言:曰"吏"、曰"例"、曰"利"。世儒负匡济大略,非杂纵横,即陷功利,未有能破"利"字而成百年休养之治者。道光八年,举江南乡试第一。入都,座主侍郎钟昌馆德舆于家,语人曰:"四农乃吾师也。"大挑以知县分安徽,未到官卒,年五十五。

初,阮元总督漕运,招之,谢不往。后朱桂桢、周天爵皆号为名臣,折节愿纳交,德舆远引避之,以为义无所居也,天爵喟然有望尘之叹。其所与游,若永丰郭仪霄、建宁张际亮、震泽张履、益阳汤鹏、歙徐宝善,皆一时之选。德舆诗文精深博奥,有《养一斋集》。

门人清河吴昆田,字云圃。举人,刑部员外郎。晚年家居,贼犯清河,团练防守,邑赖以安。著《漱六轩集》。

张维屏,字子树,番禺人。工诗,计偕入都,翁方纲赏异之。与黄培芳、谭敬昭称"粤东三子"。道光二年进士,改官知县,署黄梅。江水溃堤,乘小舟勘灾,水急舟冲溜,挂树免。民为谣曰"犯急湍,官救民,神救官。"调补广济,公费一资漕折,民若之,势不可革,引疾去。汪廷珍语人曰:"县官不愿收漕,世罕见也!"丁艰服阕,愿就闲,援例改郡丞,权南康。建太白、东坡祠庐山,暇则集诸生谈艺,以风雅寓规劝焉。未一载,复罢归。筑听松园,颓然不与世事,癖爱松,又号松心子。见松形奇古,辄下拜。精书法,朝鲜、小吕宋得其书,咸宝爱之。卒,年八十。有《松心草堂集》、《国朝诗人征略》。培芳,香山人。

敬昭,字子晋,阳春人。顺德黎简者,以诗名海内,敬昭赋《鹏鹤篇》投之,简叹为异才。嘉庆二十二年进士,官户部主事。著《听云楼集》。

同时广东以学行名者,又有高要李泰来,字子大。生二十月,能即事诵古经,语无不切。嘉庆十八年拔贡生。绝意进取,学使李棠阶高其品,屏驺从徒走就见,询以挽回风俗之道。泰来为书数千言复之，棠阶表其庐，下教高要令，岁时存问。自惠士奇礼下胡方后，此为再见焉。著《端州金石略》、《昨梦斋》、《诗义堂》各集。

　　梅曾亮，字伯言，上元人。少时工骈文。姚鼐主讲钟山书院，曾亮与邑人管同俱出其门，两人交最笃，同肆力古文，鼐称之不容口，名大起。间以规曾亮，曾亮自喜，不为动也。久之，读周、秦、《太史公书》，乃颇瘳一变旧习。义法本桐城，稍称参以异己者之长，选声练色，务穷极笔势。道光二年进士，用知县，援例改户部郎中。居京师二十余年，与宗稷辰、朱琦、龙启瑞、王拯、邵懿辰辈游处，曾国藩亦起而应之。京师治古文者，皆从梅氏问法。当是时，管同已前逝，曾亮最为大师，而国藩又从唐鉴、倭仁、吴廷栋讲身心克治之学，其于文推挹姚氏尤至。于是士大夫多喜言文术政治，乾、嘉考据之风稍稍衰矣。未几，曾亮依河督杨以增。卒，年七十一。以增为刊其诗文，曰《柏枧山房集》。

　　同，字异之。少孤，母邹以节孝闻。同善属文，有经世之志，称姚门高足弟子。尝拟《言风俗书》、《筹积贮书》，为一时传诵。道光五年，陈用光典试江南，同中式。用光语人曰："吾校两江士，独以得一异之自意耳。用光亦鼐弟子也。同卒，年四十七。著《因寄轩集》。子嗣复，字小异，能世其业，兼通算术。

　　鼐门下著籍者众，惟同传法最早。其于同里，则亟称刘开之才。

　　开，字明东。以孤童牧牛，闻塾师诵书，窃听之，尽记其语。塾师留之学，而妻以女。年十四，以文谒鼐，有国士之誉，尽授以文法。游客公卿，才名动一时。年四十，卒。著《孟涂集》。子继，字少涂。有信义。遍走贵势求刻其父书，以此《孟涂集》益显。

　　宝山毛岳生，字申甫。用难荫改文学生。孤贫，以孝闻。自力于学，未弱冠，赋《白雁诗》，得名。亦从鼐学古文，以钩棘字句为工。有《休复居集》。

　　汤鹏，字海秋，益阳人。道光二年进士。初喜为诗，自上古歌谣至三百篇、汉、魏、六朝、唐，无不形规而神絜之，有诗三千首。既，官礼部主事，兼军机章京。旋补户部主事，转员外郎，改御史。意气蹈厉，其议论所许可，惟李德裕、张居正辈，徒为词章士无当也。于是勇言事，未逾月，三上章。最后以言宗室尚书叱辱满司官非国体，在已奉旨处分后，罢御史，回户部，转郎中。是时英吉利扰海疆，求通市。鹏已黜，不得言事，犹条上三十事于尚书转奏，报闻。

鹏负才气，郁不得施，乃著之言，为《浮邱子》一书。立一意为干，一干而分数支，支之中又有支焉，支干相演，以递于无穷。大抵言军国利病，吏治要最，人事情伪，开张形势，寻蹑要眇，一篇数千言者九十余篇，最四十余万言。每遇人辄曰："能过我一阅《浮邱子》乎？"其自喜如此。二十四年，卒。同时有张际亮者，亦以才气磊落闻。

际亮，字亨甫，建宁人。少孤，伯史业贾，以其才，资之读书。补诸生，肄业福州鳌峰书院，院长陈寿祺器之。寻试拔贡，入京师，朝考报罢，而时皆啧啧称其诗。鹾使曾燠以事至，召之饮。燠以名辈自处，纵意言论，同坐赞服，际亮心薄之。燠食瓜子粘须，一人起为拈去，际亮大笑，众惭。既罢，复投书责燠不能教后进，徒以财利奔走寒士门下。燠怒，毁于诸贵人，由是得狂名，试辄不利。乃遍游天下山川，穷探奇胜，以其穷悉慷慨牢落古今之意，发为诗歌，益沈雄悲壮。十八年，乡试者约："张际亮狂士不可中。"而际亮已易名亨辅，中式。拆卷，疑欲去之，副考官申解而止。及来谒，果际亮也，主试者愕然。会试复报罢。际亮故与桐城姚莹善。二十三年，闻莹以守土事被诬下狱，入都急难。及事白而际亮疾笃，以所著《思伯子堂诗集》属莹，遂卒。其后莹子浚昌辑而刊之，都三十二卷。

龚巩祚，原名自珍，字璱人，仁和人。父丽正，进士，官苏松兵备道，为段玉裁婿，能传其学。巩祚十二岁，玉裁授以《说文》部目。巩祚才气横越，其举动不依恒格，时近傲诡，而说经必原本字训，由始教也。初由举人援例为中书。道光时成进士，归本班。洊擢宗人府主事,改礼部。谒告归,遂不出。官中书时,上书总裁论西北塞外部落源流、山川形势,订《一统志》之疏漏,凡五千言。后复上书论礼部四司政体宜沿革者,亦三千言。其文字鸷桀,出入诸子百家,自成学派。所至必惊众,名声籍籍,顾仕宦不达。年五十,卒于丹阳书院。著有《尚书序大义》、《大誓答问》、《尚书马氏家法》、《左氏春秋服杜补义》、《左氏决疣》、《春秋决事比》、《定庵诗文集》。

魏源,字默深,邵阳人。道光二年,举顺天乡试。宣宗阅其试卷,挥翰褒赏,名藉甚。会试落第,房考刘逢禄赋《两生行》惜之。两生者,谓源及龚巩祚。两人皆负才自喜,名亦相埒。源入赀为中书,至二十四年成进士。以知州发江苏、权兴化。二十八年,大水,河帅将启闸。源力争不能得,则新击鼓制府,总督陆建瀛驰勘得免,士民德之。补高邮,坐迟误驿递免。副都御史袁甲三奏复其官。咸丰六年,卒。

源兀傲有大略,熟于朝章国故。论古今成败利病,学术流别,驰骋往复,四座皆屈。尝谓河宜改复北行故道,至咸丰五年,铜瓦厢决口,河果北流。又作《筹鹾篇》上总督陶澍,谓:“自古有缉场私之法,无缉邻私之法。邻私惟有减价敌之而已。非裁费曷以轻本减价?非变法曷以裁费”?顾承平久,挠之者众。迨汉口火灾后,陆建瀛始力主行之。

源以我朝幅员广,武功实迈前古,因借观史馆官书,参以士大夫私著,排比经纬,成《圣武记》四十余万言。晚遭夷变,谓筹夷事必知夷情,复据史志及林则徐所译西夷《四州志》等,成《海国图志》一百卷。他所著有《书古微》、《诗古微》、《元史新编》、《古微堂诗文集》。

方东树,字植之,桐城人;宗诚,字存之,从兄弟也:皆诸生。东树曾祖泽,拔贡生,为姚鼐师。东树既承先业,更师事鼐。当乾、嘉时,汉学炽盛,鼐独守宋贤说。至东树排斥汉学益力。阮元督粤,癖学海堂，名流辐凑，东树亦客其所，不苟同于众。以谓："近世尚考据，与宋贤为水火。而其人类皆鸿名博学，贯穿百氏，遂使数十年承学之士，耳目心思为之大障。"乃发愤著《汉学商兑》一书，正其违谬。又著《书林扬觯》，戒学者勿轻事著述。

东树始好文事，专精治之，有独到之识，中岁为义理学，晚耽禅悦，凡三变，皆有论撰。务尽言，惟恐词不达。年八十，卒于祁门东山书院。他所著有《大意尊闻》、《向果微言》、《昭昧詹言》、《仪卫轩集》。凡数十卷。东树博极群书，穷老不遇，传其学宗诚。既殁，宗诚刊布其书，名乃大著。

宗诚能古文，熟于儒家性理之言，欲合文与道为一。咸丰时寇乱，转徙不废学，益留心兵事吏治。著《俟命录》，以究天时人事致乱之原，大要归于植纲常、明正学，志量恢如也。山东布政使吴廷栋见之，聘为子师。倭仁、曾国藩皆因廷栋以知宗诚。倭仁为师傅，写其书数十则，进御经筵。国藩督直隶，奏以自随。令枣强十余年，设乡塾，创敬义书院，刻邑先正遗著，举孝子、悌弟、节妇，建义仓，积谷万石，皆前此未有也。国藩去，李鸿章继任，亦不以属吏待之，有请辄施行。尝岁旱，已逾报灾期，手书为民请，并及邻郡邑，不以侵官自嫌，卒得请普免焉。举治行卓异，不赴部，自免归。以学行诏后进，人有一善，奖誉之不容口。勤于纂述，逾时越月辄成帙。著柏堂经说、笔记、文集百五十余卷。诏加五品卿衔，从安徽学政请也。其同县友人又有苏惇元，字厚子；戴钧衡，字存庄：皆东树弟子。

惇元，咸丰元年孝廉方正。其学近张杨园，文似方望溪。编有《杨园》、《望溪年谱》。所著曰《四礼从宜》、《逊敏录》、《诗文集》。

钧衡，道光二十九年举人。自谓生方、姚之乡，不敢不以古文自任。与惇元重订《望溪集》，增集外文十之四。其后荣成孙葆田更得遗稿若干篇刻之，方氏一家之言备矣。钧衡有经济才，与国藩为友，著书传补商，国藩亟称之。避寇临淮，妻李、妾刘皆殉难，钧衡呕血卒，年未四十。有《蓉州集》、《味经山馆诗文钞》。

鲁一同,字通甫,清河人。善属文,师事潘德舆。道光十五年举人。时承平久,一同独深忧,谓:"今天下多不激之气,积而不化之习。在位者贪不去之身,陈说者务不骇之论。风烈不纪。一旦有缓急,莫可倚仗"。既,再试不第,益研精于学。凡田赋、兵戎诸大政,及河道迁变、地形险要,悉得其机牙。为文务切世情,古茂峻厉,有杜牧、尹洙之风。漕督周天爵见之,曰:"天下大材也,岂直文字哉!"曾国藩尤叹异之。

试礼部,入都,国藩数屏驺从就问天下事。粤逆踞金陵也,同年生吴棠方宰清河,一同为草檄,传示列县,辞气奋发,江北人心大定。江忠源师抵庐州,友人戴钧衡为书通国藩之指,欲其起佐忠源。一同谢不出,复书极论用兵机宜,谓当缓金陵,专攻旁郡。其后大兵筑长围,其旦夕破金陵,一同独决其必败。未几,果溃裂,苏、浙沦发,已而国藩克安庆,复金陵,一如所论。同治二年,卒,年五十九。著《邳州志》、《清河志》、《通甫类稿》。

子蕡,字仲实。诸生,文有家法。善综核,知府章仪林议减清河赋,苦繁重,叩蕡。蕡为剖析条目,退草三千言,明旦献之。仪林惊喜,因请主办,三年而成。又佐修安东水道,役竣,费无毫发溢。

谭莹,字玉生,南海人。弱冠应县试,总督阮元游山寺,见莹题壁诗,惊赏,告县令曰:"邑有才人,勿失之!"令问姓名,不答。已而得所为赋以告元,元曰:"是矣。"逾年,元开学海堂课士,以莹及侯康、仪克中、熊景星、黄子高为学长。莹性强记,述往事,虽久远,时日不失,博考粤中文献,友人伍崇曜富于赀,为汇刻之,曰《岭南遗书》五十九种,曰《粤十三家集》,曰《楚南耆旧遗诗》,益扩之为《粤雅堂丛书》。莹为学长三十年,英彦多出其门。道光二十四年,举于乡,官化州训导。久之,迁琼州教授,加中书衔。少与侯康等交莫逆,晚岁陈沣与之齐名。著《乐志堂集》。

景星,字伯晴,亦南海人也。以诗见赏于元。顾其意恨文士绵弱,学骑射技击。以举人终学官,无所试,一假书画自娱。

子高,字叔立,番禺人。优贡生。精小篆,喜考证金石。藏书多异本。

莹子宗浚,字叔裕。工骈文。同治十三年一甲二名进士,授编修。初举于乡,齿尚少。莹课令读书十年,乃许出仕。授以马氏通考,略能记诵。既,入翰林,督学四川,又充江南副考官。以伉直为掌院所恶,出为云南粮储道。宗浚不乐外任,辞,不允。再权按察使,引疾归,郁郁道卒。

吴敏树,字本深,巴陵人。父达德,岁歉,贷贫民谷逾万石,不偿,有名湖、湘间。敏树生而好学,为文章力求岸异,刮去世俗之见。道光十二年,举于乡。时梅曾亮倡古文义法京师,传其师姚氏学说。敏树起湖湘,不与当世士接手,录明昆山归氏文成册。既,入都,与曾亮语合。于是京师盛传敏树能古文。曾国藩官京师,与敏树交最笃,既出治军,欲使参幕事,辞不赴。

敏树貌温而气夷,意趣超旷,视人世忻戚得丧无累于其心。以大挑选浏阳训导,旋自免去。时登君山江楼,倘佯吟啸。学者称南屏先生。著《柈湖文录》。卒,年六十九。

敏树之友以文名者,曰杨彝珍,字性农,武陵人。父丕复,举人,官石门训导,著《历代舆地沿革》。彝珍,道光末进士,选庶吉士,改兵部主事。与曾国藩、左宗棠往还,好奔走声气。重宴鹿鸣,赏四品卿。年九十余,卒。有《移芝室集》。

周寿昌,字应甫,长沙人。道光二十五年进士,选庶吉士,授编修。咸丰初,洊擢至侍读。时粤寇犯湖南,督师赛尚阿逗遛不战,上疏劾之,一时推为敢言。迨寇踞金陵,分党北犯,命随办畿防务。乡民十七人阑入城,当事者侦获,以贼谍论,寿昌廉得实,趣令释之。或疑失要人旨,且得罪,寿昌曰:"我岂以人命阿权贵哉?"卒释之。穆宗亲政,疏请躬行典礼,戒逸豫,报闻。

寿昌精核强记,虽宦达,勤学过诸生。笃嗜班固书,涂染无隙纸，成《汉书注校补》五十卷，易稿十有七。又有《后汉注补正》、《三国志注证遗》、《思益堂集》。官终内阁学士。

李希圣，字亦园，湘乡人。以进士官刑部主事。嗜学，初治训诂，通《周官》、《春秋》、《谷梁》，史习《新旧唐书》，法《骚》、《选》。诗多凄艳，似玉谿。好读书，通古今治法，慨然有经世之志。尝纂《光绪会计录》以总综财赋。又草《律例损益议》，张百熙等皆极重之。光绪末，卒。

斌良，字笠畊，号梅舫，瓜尔佳氏，满洲正红旗人，闽浙总督玉德子。由荫生历官刑部侍郎，为驻藏大臣。善为诗，以一官为一集，得八千首。其弟法良汇刊为《抱冲斋全集》。称其早年诗，风华典赡，雅近竹坨、樊谢。迨服官农部，从军灭滑，诗格坚老。古体胎息汉、魏、韩、杜、苏、李，律诗则纯法盛唐。秉臬陕、豫，奉召还都，时与陈荔峰、李春湖、叶筼潭、吴兰雪唱酬，诗境益高。奉使蒙藩，跋马古塞，索隐探奇，多诗人未历之境，风格又一变，以萨天锡、元遗山自况。阮元为序，亦颇称之。

法良，字可庵。梅曾亮称其诗学东坡，得清旷之气，而运以唐贤优游平夷之情。有《沤罗庵诗集》。

锡缜，原名锡淳，字厚安，博尔济吉特氏，满洲正蓝旗人。咸丰六年进士。由户部郎中授江西督粮道，为驻藏大臣，乞病归。工书，善诗文。著有《退复轩诗文集》。

李云麟，字雨苍，汉军正白旗人。以诸生从曾国藩督师剿粤匪，累功至副都统。时新疆设布伦托海办事大臣，以云麟任之。署伊犁将军。治边皆著绩，为言官劾罢。云麟性刚使气，少好游，遍历五岳，归著《旷游偶笔》一卷。纪游诗有奇气，初谒国藩，适遇其子不为礼，云麟怒批之。国藩延入谢过，使独领一军。左宗棠奏调，亦称其有将才。云麟时被酒狂言，与世多忤。罢归后，卒贫困死。有诗集，《西陲西行》。

道、咸以来，满洲如观成，字苇杭，瓜尔佳氏。有《瓜亭杂录》、

《语花馆诗集》。鄂恒，字松亭，伊尔根觉罗氏。有《求是山房集》。震钧，字在廷，改名唐晏，瓜尔佳氏。有《渤海国志》、《天咫偶闻》。英华，字敛之，赫佳氏，正红旗人。博学善诗文，工书法。著书立说，中外知名。有《安蹇斋集》、《万松野人言善录》等。蒙古盛元，字恺廷，巴鲁特氏。有《南昌府志》、《杭营小志》、《怡园诗草》。汉军宗山，字啸梧，鲁氏。有《窥生铁斋诗集》、《希晦堂遗文》。皆以诗文名。

何绍基，字子贞，道州人，尚书凌汉子。道光十六进士，选庶吉士，授编修。绍基承家学，少有名。阮元、程恩泽颇器赏之。历典福建、贵州、广东乡试，均称得人。咸丰二年，简四川学政。召对，询家世学业，兼及时务。绍基感激，思立言报知遇，时直陈地方情形，终以条陈时务降归。历主山东泺源、长沙城南书院，教授生徒，勖以实学。同治十三年，卒，年七十又五。

绍基通经史，精律算。尝据《大戴记》考证《礼经》，贯通制度，颇精切。又为《水经注》刊误。于《说文》考订尤深。诗类黄廷坚。嗜金石，精书法。初学颜真卿，遍临汉、魏各碑至百十过。运肘敛指，心摹手追，遂自成一家，世皆重之。所著有《东洲诗文集》四十卷。

弟绍京，字子愚。亦工书，笔法颇似其兄。

孙维朴，字诗孙。以副贡为中书，累至道员。工书画，字摹其祖。久寓沪，国变后，卒，年八十余。

与维朴同时以书名海上者李瑞清，字梅庵，临川人。光绪二十年进士，选庶吉士，改道员，分江苏，摄江宁提学使，兼两江师范学堂监督。宣统三年，武昌乱起，江宁新军亦变，合浙军攻城。官吏潜逃，瑞清独留不去，仍日率诸生上课如常。布政使樊增祥弃职走，以瑞清代之。急购米三十万斛饷官军，助城守，设平粜局，赈难民。城陷，瑞清衣冠坐堂皇，矢死不少屈。民军不忍加害，纵之行。乃封藩库，以鑰与籍属之士绅，积金尚数十万也。自是为道士装，隐沪上，匿姓名，自署曰清道人，鬻书画以自活。瑞清诗宗汉、魏，下陟陶、谢。书各体皆备，尤好篆隶。尝谓作篆必目无二李，神游三代乃佳。

丁巳复辟,授学部侍郎。又三年卒,谥文洁。

冯桂芬,字林一,号景亭,吴县人。道光二十年一甲二名进士,授编修,充广西乡试正考官。丁母忧。服阕,文宗御极,用大臣荐召见。旋丁父忧,服甫阕而金陵陷。诏募赀团练于乡,以克复松江府诸城功晋五品衔,擢右中允。赴京,期年告归。同治元年,以治团功加四品衔。乱定,复以耆宿著书裨治加三品衔。

桂芬少工骈体文,中年后乃肆力古文辞。于书无所不窥,尤留意天文、地舆、兵刑、盐铁、河漕诸政。初佐某邑令治钱谷,以事不合拂衣去,入两江总督陶澍幕。自未仕时已名重大江南北。及粤贼陷苏州,避居上海。时大学士曾国藩治军皖疆。苏州士大夫推钱鼎铭持书乞援,陈沪城危状,及用兵机宜,累数千言,其稿,桂芬所手创也。国藩读之感动,乃遣李鸿章率师东下。既解炉上围,进克苏州,皆辟以为助。桂芬立会防局,调和中外杂处者。设广方言馆,求博通西学之才,储以济变。尝从容为鸿章言吴人粮重之苦,往往因催科破家。会松江知府方传书亦上书,谓:“江苏自南宋籍没诸王大臣田,官征其租,延及元代,官田民田淆乱,租额浸淫入赋额,民既苦之;其后张士诚又尽攘诸豪田为官产,明太祖平吴,怒吴人附士诚,依田租私籍数定税,乃重困。雍正、乾隆间,尝再议减,然及地丁。今傥乘民乱后核减浮粮,疲民大悦,贼势且益衰。”鸿章以闻。有诏减苏、松、太米赋三之一,常、镇十一,著为令。

桂芬性恬澹,服官仅十年,然家居遇事奋发,不避劳怨。凡浚河、建学、积谷诸举,条议皆出其手。先后主讲金陵、上海、苏州诸书院,与后进论学,昕夕忘倦。精研书数,尝以意造定向尺及反罗经,以步田绘图。又以江南清丈用部颁五尺步弓,田多溢额,乃考会典定用旧行六尺步弓量旧田,新颁者量新涨沙田。著《说文解字段注考证》、《孤矢算术细草图解》、《西算新法直解》、《校邠庐抗议》、《显志堂诗文集》,都数十卷。同治十三年,卒。

王颂蔚,字芾卿,长洲人。光绪五年进士,选庶吉士。吴县潘祖

荫,常熟翁同龢皆称颂蔚才。散馆,改官户部,补军机章京。暇辄从
事著述。尝于方略馆故纸堆中见殿板初印明史残本,眉上粘有黄
签,审为乾隆朝拟撰考证未竟之本。因多方搜求,逐条厘订,芟其繁
冗,采其精要,成《明史考证捃逸》四十余卷。光绪十八年,试御史第
一,军机处奏留。颂蔚思立言抒忠说,转郁郁不乐。尝派充工程监
督差,例有分馈,颂蔚独却之,曰:"我辈取与之间,贵自审慎,不可
随俗浮沉。昔陈稽亭先生官部曹时,印结公项,且犹不取,矧此实为
厂商之贿赂乎?"

二十一年,中日衅起,战事多北洋大臣主之。会翁同龢复入军
机,乃进言曰:"读圣祖、高宗圣训,凡事关军务者,皆由中朝谋定后
动。今日战局既成,非直隶一省事,岂能悉诿之北洋乎?"及议和,颂
蔚益为悲愤,尝曰:"今之败绩,徒归咎于师之不练,器之不利,犹非
探本之论。频年以来,盈廷习泄沓之风,宫中务游观之乐,直臣摈
弃,贿赂公行,安有战胜之望? 此后偿金既巨,民力益疲,恐大乱之
不在外患而在内忧矣。"明年,卒。著有《写礼庼文集》、《诗集》、《读
碑记》、《古书经眼录》各一卷,《明史考证捃逸》四十二卷。

叶昌炽,字鞠裳,元和人。光绪十六年进士,选庶吉士,授编修。
累至侍讲,督甘肃政,边地朴陋,昌炽校阅尽职。以裁缺归,著书终
老。国变后五年,卒。著有《藏书纪事诗》六卷,《语石》十卷,《邠州
大佛寺题刻考》二卷,均考订精确。

管礼耕,字申季。岁贡生。父庆祺,从陈奂游。礼耕笃守家学,
尤长训诂。尝言唐以正义立学官,汉、魏、六朝遗说,积久泰半阙不
完。凡所考见,独存释文,而今本踳驳非其旧,思综稽群籍为校证,
未及半而卒。

袁宝璜,字瑰禹,元和人。光绪二十一年进士,官刑部主事。通
经、小学,兼及算术。著书亦未成而卒。

李慈铭,字爱伯,会稽人。诸生,入赀为户部郎中,至都,即以诗
文名于时。大学士周祖培、尚书潘祖荫引为上客。光绪六年,成进

士，归本班，改御史。时朝政日非，慈铭遇事建言，请临雍，请整顿台纲。大臣则纠孙毓汶、孙楫，疆臣则纠德馨、沈秉成、裕宽，数上疏，均不报。慈铭郁郁而卒，年六十六。

慈铭为文沈博绝丽，诗尤工，自成一家。性狷介，又口多雌黄。服其学者好之，憎其口者恶之。日有课记，每读一书，必求其所蓄之深浅，致力之先后，而评骘之，务得其当，后进翕然大服。著有《越缦堂文》十卷，《白华绛跗阁诗》十卷，《词》二卷，又《日记》数十册。弟子著录数百人，同邑陶方琦为最。

方琦，字子珍。光绪二年进士，选庶吉士，授编修。督学湖南。年四十，卒于京邸。方琦学有本末，汲汲于古，述造无间岁时。治《易》郑注，《诗》鲁故，尔雅汉注，又习《大戴礼记》。其治淮南王书，方以推究经训，搜采许注，拾补高诱。再三属草，矻矻十年，实事求是。有《淮南许注异同诂》、《许君年表》、《汉孳室文钞》、骈文、诗词。

谭廷献，字仲修，仁和人。同治六年举人。少负志节，通知时事。国家政制典礼，能讲求其义。治经必求西汉诸儒微言大义，不屑屑章句。读书日有程课，凡所论著，櫽栝于所为日记。文导源汉、魏，诗优柔善入，恻然动人。又工词，与慈铭友善，相唱和。官安徽，知歙、全椒、合肥、宿松诸县。晚告归，贫甚。张之洞延主经心书院，年余谢归，卒于家。

李稷勋，字姚琴，秀山人。光绪二十四年二甲一名进士，改庶吉士，授编修。充会试同考官，精衡鉴，重实学，颇得知名士。累官邮传部参议，总川汉路事。博学善古文，尝受诗法于王闿运，而不囿师说。专步趋唐贤，意致深婉，得风人之遗。慈铭尝称赏之。有《甓庵诗录》四卷。

张裕钊，字廉卿，武昌人。少时，塾师授以制举业，意不乐。家独有南丰集，时时窃读之。咸丰元年举人，考授内阁中书。曾国藩阅卷赏其文，既，来见，曰："子岂尝习子固文耶？"裕钊私自喜。已而国藩益告以文事利病及唐、宋以来家法，学乃大进，穷前此所为犹凡近，马迁、班固、相如、杨雄之书，无一日不诵习。又精八法，由魏、晋、六朝以上窥汉隶，临池之勤，亦未尝一日辍。国藩既成大功，出其门者多通显。裕钊相从数十年，独以治文为事。国藩为文，义法取桐城，益闳以汉赋之气体，尤善裕钊之文。尝言"吾门人可期有成者，惟张、吴两生"，谓裕钊及吴汝纶也。

裕钊文字渊懿，历主江宁、湖北、直隶、陕西各书院，成就后学甚众。尝言："文以意为主，而辞欲能副其意，气欲能举其辞。譬之车然，意为之御，辞为之载，而气则所以行也。欲学古人之文，其始在因声以求气，得其气，则意与辞往往因之而益显，而法不外是矣。"世以为知言。著《濂亭文集》。

裕钊门下最知名者，有范当世、朱铭盘。当世，字肯堂，江苏通州诸生。能诗，汝纶尝叹其奇横不可敌。著《范伯子诗文集》。铭盘，字曼君，泰兴举人。叙知州。其学长于史，兼工诗古文。著《晋会要》一百卷，《朝鲜长编》四十卷，及《桂之华轩诗文集》。

与裕钊同时者，有杨守敬，字惺吾，宜都人。为文不足跻裕钊，而其学通博。精舆地，用力于水经尤勤。通训诂，考证金石文字。能书，摹钟鼎至精。工俪体，为箴铭之属，古奥耸拔，文如其人。以举人官黄冈教谕，加中书衔。尝游日本，搜古籍，多得唐、宋善本，辛苦积资，藏书数十万卷，为鄂学灵光者垂二十年。卒，年七十有七。著有《水经注图》、《水经注要删》、《隋书地理志考证》、《日本访书志》、《晦明轩稿》、《邻苏老人题跋》、《望堂金石集》等。

吴汝纶，字挚父，桐城人。少贫力学，尝得鸡卵一，易松脂以照读。好文出天性，早著文名。同治四年进士，用内阁中书。曾国藩奇其文，留佐幕府，久乃益奇之，尝以汉祢衡相拟。旋调直隶，参李鸿章幕。时中外大政常决于国藩、鸿章二人，其奏疏多出汝纶手。

寻出补深州，丁外内艰。服除，补冀州。其治以教育为先，不惮贵势，籍深州诸村已废学田为豪民侵夺者千四百余亩入书院，资膏火。聚一州三县高材生亲教课之，民忘其吏，推为大师。会以忧去，豪民至交通御史以坏村学劾奏,还其田。及莅冀州,仍锐意兴学,深、冀二州文教斐然冠畿辅。又开冀、衡六十里之渠,泄积水于滏,以溉田亩,便商旅。时时求其士之贤有文者礼先之,得十许人。月一会书院,议所施为兴革为民便不便,率不依常格。称疾乞休。

鸿章素重其人,延主莲池讲席。其为教,一主乎文,以为:"文者,天地之至精至粹,吾国所独优。语其实用,则欧、美新学尚焉。博物格致机械之用,必取资于彼,得其长乃能共竞。旧法完,且好吾犹将革新之,况其窳败不可复用。"其勤勤导诱后生,常以是为说。尝乐与西士游,而日本之慕文章者,亦踔海来请业。会朝旨开大学堂于京师,管学大臣张百熙奏荐汝纶加五品卿衔总教务,辞不获,则请赴日本考学制。既至其国,上自君、相及教育名家,妇孺学子,皆备礼接款,求请题咏,更番踵至。旋返国,先乞假省墓,兴办本邑小学。堂规制粗立,遽以疾卒,年六十四。

汝纶为学,由训诂以通文辞,无古今,无中外,唯是之求。自群经子史、周、秦故籍,以下逮近世方、姚诸文集,无不博求慎取,穷其原而竟其委。于经,则《易》、《书》、《诗》、《礼》、《左氏》、《谷梁》、《四子书》,旁及小学音韵,各有诠释。于史,则《史记》、《汉书》、《三国志》、《新五代史》、《资治通鉴》、《国语》、《国策》皆有点校,尤邃于《史记》,尽发太史公立言微旨。于子,则老、庄、荀、韩、管、墨、《吕览》、《淮南》、《法言》、《太玄》各有评陟,而最取其精者。于集,则《楚辞》、《文选》、汉魏以来各大家诗文皆有点勘之本。凡所启发,皆能得其深微,整齐百代,别白高下,而一以贯之。尽取古人不传之蕴,昭然揭示,俾学者易于研求;且以识夫作文之轨范,虽万变不穷,而千载如出一辙。

其论文,尝谓:"千秋盖世之勋业皆寻常耳,独文章之事,纬地经天,代不数人,人不数篇,唯此为难。"又谓:"中国之文,非徒习其字形而已,缀字为文,而气行乎其间,寄声音神采于文外。虽古之圣贤豪杰去吾世邈矣,一涉其书,而其人之精神意气若俨立乎吾目中。"务欲因声求气,凡所为抗队、诎折、断续、敛侈、缓急、长短、申缩、抑扬、顿挫之节,一循乎机势之自然,以渐于精微奥突之域。乃有以化裁而致于用,悉举学问与事业合而为一;而尤以瀹民智自强亟时病为兢兢云。著有《易说》二卷、写定《尚书》一卷、《尚书故》三卷、《夏小正私笺》一卷、《文集》四卷、《诗集》一卷、《深州风土记》二十二卷,及点勘诸书,皆行于世。

汝纶门下最著者为贺涛,而同时有萧穆,亦以通考据名。

穆,字敬孚。县学生。其学博综群籍,喜谈掌故,于顾炎武、全祖望诸家之书尤熟。复多见旧椠,考其异同,朱墨杂下。遇孤本多方劝刻,所校印凡百余种。有《敬孚类稿》十六卷。

涛,字松坡,武强人。光绪十二年进士,官刑部主事。以目疾去官,初汝纶牧深州,见涛所为《反离骚》,大奇之,遂尽授以所学,复使受学于张裕钊。涛谨守两家师说,于姚鼐义理、考据、词章三者不可偏废之说,尤必以词章为贯澈始终,日与学者讨论义法不厌。与同年生刘孚京俱治古文,涛言宜先以八家立门户,而上窥秦、汉;孚京言宜先以秦、汉为根柢,而下揽八家,其门径大略相同。涛有《文集》四卷。

孚京,字镐仲,南昌人。有《文集》六卷。

林纾,字琴南,与畏庐,闽县人。光绪八年举人。少孤,事母至孝。幼嗜读,家贫,不能藏书。尝得《史》、《汉》残本,穷日夕读之,因悟文法,后遂以文名。壮渡海游台湾,归客杭州,主东城讲舍。入京,就五城学堂聘,复主国学。礼部侍郎郭曾炘以经济特科荐,辞不应。

生平任侠,尚气节,嫉恶严。见闻有不平,辄愤起,忠悫之诚发于至性。念德宗以英主被扼,每述及,常不胜哀痛。十谒崇陵,匍伏流涕。逢岁祭,虽风雪勿为阻。尝蒙赐御书"贞不绝俗"额,感幸无极,誓死必表于墓,曰"清处士"。忧时伤事,一发之于诗文。

为文宗韩、柳。少时务博览,中年后案头唯有《诗》、《礼》二疏,《左》、《史》、《南华》及韩、欧之文,此外则《说文》、《广雅》,无他书矣。其由博反约也如此。

其论文主意境、识度、气势、神韵,而忌率袭庸怪,文必己出。尝曰:"古文唯其理之获,与道无悖者,则昧之弥臻于无穷。若分画秦、汉、唐、宋,加以统系派别,为此为彼,使读者炫惑莫知所从,则已格其途而左其趣。经生之文朴,往往流入于枯淡,史家之文则又隳突恣肆,无复规检,二者均不足以明道。唯积理养气,偶成一篇,类若不得已者,必意在言先,修其辞而峻其防,外质而中膏,声希而趣永,则庶乎其近矣。"纾所作务抑遏掩蔽,能伏其光气,而其真终不可自闷。尤善叙悲,音吐凄梗,令人不忍卒读。论者谓以血性为文章,不关学问也。

所传译欧西说部至百数十种。然纾故不习欧文,皆待人口达而笔述之。任气好辨,自新文学兴,有倡非孝之说者,奋笔与争,虽胁以威,累岁不为屈。尤善画,山水浑厚,冶南北于一炉,时皆宝之。纾讲学不分门户,尝谓清代学术之盛,超越今古,义理、考据,合而为一,而精博过之。实于汉学、宋学以外别创清学一派。时有请立清学会者,纾抚掌称善,力赞其成。甲子秋,卒,年七十有三。门人私谥贞文先生。有《畏庐文集》、《诗集》、《论文》、《论画》等。

严复,初名宗光,字又陵,一字几道,侯官人。早慧,嗜为文。闽督沈保桢初创船政,招试英俊,储海军将才,得复文,奇之,用冠其曹,则年十四也。既卒业,众军舰练习,周历南洋、黄海。日本窥台湾,保桢奉命筹防,挈之东游渡诇敌,勘测各海口。光绪二年,派赴英国海军学校肄战术及炮台建筑诸学,每试辄最。侍郎郭嵩焘使英,赏其才,时引与论析中西学术同异。学成归,北洋大臣李鸿章方大治海军,以复总学堂。二十四年,诏求人才,复被荐,召对称旨,谕缮所拟万言书以进,未及用,而政局猝变。越二年,避拳乱南归。

是时人士渐倾向西人学说,复以为自由、平等、权利诸说,由之未尝无利,脱靡所折衷,则流荡放佚,害且不可胜言,常于广众中陈之。复久以海军积劳叙副将,尽弃去,入赀为同知,累保道员。宣统三年,海军部立,特授协都统,寻赐文科进士,充学部名词馆总纂。以硕学通儒征为资政院议员。三年,授海军一等参谋官。复殚心著述,于学无所不窥,举中外治术学理,靡不究极原委,抉其失得,证明而会通之。精欧西文字,所译书以瑰辞达奥旨。

其《天演论自序》有曰:"仲尼之于六艺也,《易》、《春秋》最严。司马迁曰:'《易》本隐而显,《春秋》推见至隐'此天下至精之言也。始吾以为本隐之显者,观象系辞,以定吉凶而已;推见至隐者,诛意褒贬而已。及观西人名学,则见其格物致知之事,有内籀之术焉,有外籀之术焉。内籀云者,察其曲而知其全者也。执其微以会其通者也。外籀云者,援公理以断众事者也,设定数以逆未然者也。是固吾《易》、《春秋》之学也。迁所谓'本隐之显'者外籀也,所谓'推见至隐'者内籀也,二者即物穷理之要术也。夫西学之最为切实,而执其例可以御蕃变者,名、数、质、力四者之学而已。而吾《易》则名、数以为经,质、力以为律,而合而名之曰'易'。大宇之内,质力相推,非质无以见力,非力无以呈质。凡力皆乾也,凡质皆坤也。奈端动之例三,其一曰:'静者不自动,动者不自止,动路必直,速率必均'。而《易》则曰:'乾,其静也专,其动也直'。有斯宾塞尔者,以天演自然言化,其为天演界说曰:'翕以合质,辟以出力,始简易而终杂糅'。而易则曰:'坤,其静也翕,其动也辟'。至于全力不增减之说,则有自强不息为之先;凡动必复之说,则有消息之义居其始。而'易不可见,乾坤或几乎息'之旨,尤与热力平均、天地乃毁之言相发明也。大抵古书难读,中国为尤。二千年来,士徇利禄,守阙残,无独辟之虑,是以生今日者,乃转于西学得识古之用焉。"凡复所译著,独得精微皆类此。

世谓纾以中文沟通西文,复以西文沟通中文,并称"林严"。辛酉秋,卒,年六十有九。著有《文集》及译《天演论》、《原富》、《群学肄言》、《穆勒名学》、《法意》、《群己权界论》、《社会通诠》等。

同时有辜汤生,字鸿铭,同安人。幼学于英国,为博士。遍游德、法、意、奥诸邦,通其政艺。年三十始返而求中国学术,穷《四子》、《五经》之奥,兼涉群籍。爽然曰:"道在是矣!"乃译四子书,述春秋大义及礼制诸书。西人见之。始欢中国学理之精,争起传译。庚子拳乱。联军北犯，汤生以英文草《尊王篇》，申大义。列强知中华以礼教立国，终不可侮，和议乃就。张之洞、周馥皆奇其才，历委办议约、浚浦等事。旋为外务部员外郎，晋郎中，擢左丞。

　　汤生论学以正谊明道为归，尝谓："欧、美主强权，务其外者也；中国主礼教，修其内者也。"又谓："近人欲以欧、美政学变中国，是乱中国也。异日世界之争必烈，微中国礼教不能弭此祸也。"汤生好辨，善骂世。国变后，悲愤尤甚。穷无所之，日人聘讲东方文化，留东数年，归。卒，年七十有二。

清史稿卷四八七
列传第二七四

忠义一

特音珠 　阿巴泰　　固山　 僧锡等　　纳密达

炳图等　　书宁阿　 感济泰等　　穆护萨

觉罗兰泰等　　索尔和诺　 齐萨穆等

席尔泰　 满达理　　卓纳　 纳海

觉罗鄂博惠　 觉罗阿赉等　　同阿尔

董廷元　 廷儒　 廷柏　　常鼎　 白忠顺等

格布库　 阿尔津等　　济三　 瑚密色等

敦达里　 安达里　　许友信　 成升等

　　清天命、天聪年间,明御史张铨,监军道张春,均以被擒不屈,听其自尽,载诸实录,风厉天下。厥后以明臣来归者,有功亦入《贰臣传》;死军事之尤烈者,于京师祀昭忠祠;褒贬严矣。文武一二品以上,既入《大臣传》,以下则另编《忠义列传》,翰林院职掌,凡自一二品以下,或死守土,或死临阵,备载出身、官阶、殉难时地,及予谥、建祠、赠官、荫后。二百数十年,综八千余人,略以类别。

　　入关之先,如降服乌喇、哈达、索伦、叶赫诸部落为特音珠等二十人是。征朝鲜则劳汉等十人是。其伐明也,自天命三年至崇德八年，始克抚顺，屡逼近畿，分下山西、山东诸郡县，尤以沈阳、大陵河、皮岛、松山数役为大，为西佛莱百六十二人是。

顺治元年，定鼎燕京，后追击流贼、奠定各省者，为恩克伊等一千二百四十五人。

康熙朝，讨平逆藩及歼灭附逆诸镇将，为索诺穆等九百四十七人。亲征噶尔丹之役，为富成额等百人。厄鲁特之役，为诺里尔达等五十五人。罗刹、西藏诸役，为纽默淳等七人。平各省土贼及海寇、苗、猺诸役，先后为郝尔德等二百八十五人。

雍正朝，承康熙征厄鲁特之役，用兵准噶尔，为和溥等三百六十二人。其先青海之役，为姬登第等十四人。外则滇、黔、蜀、桂土司苗乱与夫台湾土番等役，为刘洪度等二百十三人。

乾隆朝，始荡平准部，旋戡定回疆，则为傅泽布等五百十二人。初年，湖南苗乱，为李如松等十五人。广西土贼，为倪国正等十人。瞻对土司之乱，为陈文华等十三人。随傅清、拉布敦同死西藏，为策塔尔等六人。金川用兵，其初定也，为杨先春等百又四人；其再定也，为占辟纳等八百五人。缅甸用兵，为马成龙等百六十七人。安南用兵，为英林等百六十人。廓尔喀用兵，为索多尔凯等七十六人。逆回苏十三、田五之乱，为新柱等百又十人。山东王伦之乱，有音济图等十八人。台湾林爽文及陈周全之乱，有耿世文等百五十九人。黔、楚等省苗乱及川、楚、陕三省教匪，均始乾隆末年，而定于嘉庆，苗乱有六达色等二百七十八人；教匪之乱，为杨治宁等七百四十二人。仲苗滋事，为胡庆远等百十三人。闽、粤洋面蔡牵之乱，为陈名魁等六十七人。先后以巡洋遇风死者，为黄勇等十七人。滑县李文成之乱，为强克捷等六十三人。追剿陕匪及瞻对永北厅夷匪等役，为马魁等十四人。马营坝抢险者卢顺。

道光重定回疆一役，为刘发恒等二百六人。江华猺滋事，为马韬等五人。陕、甘番滋事，为胡文秀等十三人。云南永昌回匪滋事，为朱日恭等九人。台湾嘉义土匪，为方振声等七人。山西曹顺之乱，为杨延亮等。英吉利开衅，为朱贵等八十八人。发匪之乱，炽于咸丰而殄于同治,其先为广西会匪,始道光季年,为王叔元等五十一人。已而窜陷各省,为褚汝航等五百七十九人。捻匪之乱,为龙汝元等七十八人。

咸丰、同治之交,滇匪滋事,为林廷禧等四十二人。

同治朝,甘肃回匪滋事,为讷勒和春等三十七人。

其自嘉庆迄光绪先后剿办各省匪徒等役,为和致等三十八人。咸丰换约起衅,殉淀园者,为觉罗贵伦、玉润等。办匪而以劳卒者,为李文安等十三人。盖原传可数者如此。中以不从尚之信叛而死之金光,私家传述,心迹殊异,则出以存疑。

将帅之死事者,既有专传,凡上列诸人之义烈尤著者,与夫官书既漏而不能无纪载者,则编为传,粗见本末。若夫道光以后死于外衅,及光绪庚子拳乱,宣统辛亥革命,于义宜详,并备列之,用资后鉴云。

特音珠,满洲镶蓝旗人,姓完颜。清初,偕阿巴泰来归。阿巴泰,姓觉尔察,属满洲正白旗。太祖始编佐领,以特音珠兼管六佐领事,设札尔固齐十人,阿巴泰预焉。乙未年,特音珠从额驸扬古利征辉发部,夺塔思哈桥,掌纛者中炮仆,佐领和罗贷举之。薄城,为飞石所中,与额驸托柏、佐领和罗俱殁于阵。特音珠先登,克其多璧城。己亥年,从征哈达,城上矢石如雨,佐领耶陈奋勇登,被戕,特音珠在事有功。庚戌年,阿巴泰从内大臣额亦都招抚东海窝集部之那木都禄、绥芬、宁古塔、巴玛察四路,降其长康古哩等。复取雅兰路,阿巴泰力战阵亡。

辛亥年,特音珠从扬古利攻呼尔哈路札库塔城,三等侍卫贝和,佐领贵三、松阿里战殁,特音珠负创,战益力。三等侍卫阿达海先登,克其城,阿达海,额亦都第五子也。癸丑年,乌拉贝勒布占泰负恩叛,大兵讨之,布占泰率兵三万由富哈城而东,特音珠、阿达海率护卫业中额等邀击之。阿达海、业中额及闲散米拉浑均殁于阵,大兵败布占泰,遂平乌拉,特音珠寻以创发卒。征乌拉之役,死事者有阿兰珠、纳兰察,均自有传。

固山,满洲正黄旗人,姓哲尔德,世居界凡。初任佐领,天聪三年,征明,固山偕骁骑校僧锡、闲散达兰从扬古利为前哨,攻永平、遵化。达兰先登,围明都,固山步战大红门,上下高坡,腾跃如飞,明兵夺气,涿州援兵至,败之。崇德元年,复随扬古利征明,攻顺义,僧锡先登。十二月,太宗亲征朝鲜,豫亲王多铎等先驱,围其国都,固山等从,屡斩馘。朝鲜国王李倧遁南汉,追围之。太宗至临津江,冬暖冰泮,多铎令僧锡等潜测江水,欲浮马以济。僧锡等夜至,大风,冰复坚,还报,大军安驱而渡,抵南汉山城西。二年正月,全罗、忠清两道巡抚、总兵来援,多铎与扬古利迎战,扬古利率僧锡冒雾驰击,援兵败走。复依山列阵,矢石如雨,僧锡与云骑尉鄂海、参领特穆尔,佐领弼雅达、阿纽、都敏俱力战,殁于阵。

进逼山顶敌营,敌兵弃马遁。达兰率二十人乘夜用云梯袭南汉山城,先登,中枪卒。又命分兵攻江华岛,将渡江,敌船百余,分两翼以拒,舟师从中冲入。固山手发红衣炮,皆败窜。既登岸,鸟枪手千人,复列岸以拒,固山力战阵亡。大兵继进,尽歼其岸兵,遂克江华岛。李倧降,朝鲜以定。

纳密达,满洲镶白旗人。姓索绰罗,世居吉林。天聪八年,从大兵征明,攻雄县,梯城首登。崇德元年,亲征朝鲜,明总兵沈世魁、副总兵金日观驻皮岛,为朝鲜援。纳密达偕闲散扈习从攻南汉城,有功,二年正月,朝鲜降,世魁等不能救。先是明帅毛文龙据皮岛,欲牵制我师。既而文龙为巡抚袁崇焕所杀,世魁代领其众,失士卒心,势益弱犹乘,间扰边。

三月,命武英郡王阿济格、贝子硕托,率恭顺王孔有德、智顺王尚可喜等攻皮岛,以纳密达及护军参领炳图为前队,佐领巴雅尔图、武尔格以大臣子弟从征。巴雅尔图,额驸扬古利之从子;武尔格,宏毅公额亦都之孙,内大臣图尔格之子也。师攻铁山,头等侍卫拜音台柱、佐领珠三先登,克之。世魁遁入石城。

四月,阿济格令纳密达等乘小舟攻皮岛西北隅,日观列兵堡上。冲入,将及岸,巴雅尔图、武尔格跃登,明人辟易,纳密达、炳图并登,而后队金玉和等不进。日观见师少,复进战,武尔格阵亡。纳密达等往来冲突,拜音台柱、珠三及护军校彰吉泰急棹小舟登岸援之,明人空城出战,纳密达、巴雅尔图、炳图、拜音台柱、珠三、彰吉泰并战殁。有德等乘巨舰攻东北隅,日观殊死斗,有德等部将洪文魁等多战死,阿济格麾八旗骑兵蹴之,护军参领瑚什、云骑尉果科暨扈习奋勇先入,殁于阵,大兵继之,阵斩日观,追击世魁,戮之。是役也,败明兵一万七千有奇,俘三千余,自是明不复守皮岛。

书宁阿,满洲正黄旗人,姓札库塔。崇德三年八月,命睿亲王多尔衮统左翼,贝勒岳托统右翼,发道征明。书宁阿以佐领偕骑都尉感济泰、参领扈敏属右翼。九月,攻墙子岭,感济泰力战,殁于阵。师入青山口,攻丰顺护军校扈护、巴雅拉,攻灵寿间散噶普硕,攻南皮骑都尉阿延图,攻深州间散巴林,均战殁。岳托攻栾城,明督师卢象升来援,书宁阿乘其未至,麾众薄其城,护卫衮布跃登城楼,火药发,焚死。书宁阿复冲入,克其城。转战,下庆都,奋勇陷阵,被戕。

十二月,两翼连营大战钜鹿之贾庄,象升战死。于是分徇山东,四年正月,左翼克济南,右翼分兵略地,破茌平护军三晋、破临清佐领花应春、破馆陶佐领佟桂、破济宁佐领祖大春、破邹县佐领尚安福、破滕县骑都尉傅察,俱殁于阵。二月,大军还,扈敏复攻破首阳及顺德,负重伤,战益力。还至永平,与佐领巴海、乌纳海俱遇伏,死之。骑都尉阿尔休随大军同徇山东,克济南,复从承政索海征索伦,阵亡。

护穆萨,满洲正黄旗人,姓赖布,世居佛阿拉。崇德五年,以武备院卿从大兵征明,距锦州城五里列阵,以炮攻城北晾马台,克之。七月,睿亲王多尔衮遣卒刈城西北禾稼,明兵突出,枪炮并施,护穆

萨与护军参领觉罗兰泰、署护军参领温察力战，明兵大溃，追至濠，
掩杀之，克台九，及小凌河西岸台二。锦州外城蒙古贝勒诺木齐等
见大兵困城，志必得，谋来降，遂持书缒城下，约内应。信泄，大兵
至，明总兵祖大寿出拒战，城内蒙古缒绳，前队援之以登，吹角夹
攻，护穆萨跃上，被创卒。觉罗兰泰、参领宏科俱阵殁。鏖战久，明
师退守内城，大兵遂入外城。

　　明年五月，明总督洪承畴率六总兵兵六万来援，屯松山北冈，
击斩其二千，敌势犹劲，骑都尉日岱、参领彰库善、三等侍卫博朔岱
陷阵死。八月，大军驻松山、杏山间，立营截大路。承畴率马步兵十
三万。营松山城北乱峰冈，旋犯汛地。间散辉兰同参领囊古击却之。
参领阿福尼越众冲突，负重伤，犹斩将夺帜，诸军继之。敌奔塔山，
遂进兵松山城外。十二月，承畴以兵六千夜至，辉兰奋杀，既出，复
进击，与温察、启心郎迈图皆殁。复沿濠射击，杀四百余人，敌退入
松山城。

　　围既合，明总兵曹变蛟欲突围出，至正黄旗汛地，佐领彰古力
战死，变蛟亦中创奔还。七年二月，克松山，擒承畴及明巡抚丘民
仰，总兵王廷臣、变蛟等。时明总兵吴三桂犹驻塔山，郑亲王济尔哈
朗率兵至城下，列红衣炮攻之，佐领崔应泰被创死，参领迈色力战
阵亡，城坏二十余丈，诸军悉登，遂克塔山，先是蒙古兵有降于明
者，特穆德格执而戮之，及两师酣战，复有讷木奇突出蹴阵，乘马冲
入多尔衮营，将行刺，特穆德格双身奋救，相抱持急，卒遇害。

　　索尔和诺，满洲镶红旗人，姓科奇理，世居瓦尔喀。少孤，兄瑚
礼纳抚之，瑚礼纳为仇所害，尝手刃仇二人祭兄墓，宗党义之。崇德
三年，来归，授佐领，从征锦州、松山，皆有功。七年十月，命饶余贝
勒阿贝泰为奉命大将军征明，索尔和诺率骁骑校佟噶尔为前队，次
黄崖口。阿巴泰使三等轻车都尉齐萨穆，佐领绰克托，护军多罗岱、
图尔噶图伏隘口举火，明兵惊溃。遂入蓟州，败明总兵白广恩军。齐
萨穆、绰克托及佐领额贝、参领五达纳、护军校浑达善皆殁于阵。分

攻霸州,多罗岱先登;攻定州,图尔噶图先登。俱克之,并以伤重卒。

闰十月,次河间,明分守参议赵珽、知府颜允绍城守。既进攻,允绍发炮拒击,参领署都统陈维道阵亡。炮裂,毁城堞,护军萨尔纳冒火跃上,明兵死斗,被戕。允绍完堞拒守,驰檄四出请援,阿巴泰连营围之。时明于山海关内外分设总督,复设昌平、保定二总督,又有宁远、永平、顺天、密云、天津、保定六巡抚,宁远、山海、中协、四协、昌平、通州、天津、保定八总兵,皆拥兵壁旁县,慑不敢近。索尔和诺曰:"河间不下者,恃外援也。破其一营,皆瓦解矣。"阿巴泰从之,遣将袭明总兵薛敌忠营,敌忠遁,诸援师悉溃。使人谕速降,允绍等守益力,急攻之,索尔和诺梯登,师继进,破其城。珽、允绍并死,索尔和诺亦战殁。

十二月,大兵徇山东,诸州县各设城守,攻临清闲散瑚通格,攻泗水护军校务珠克图,攻新泰闲散特库殷,攻冠县闲散特穆慎,攻馆陶闲散东阿,攻滕县闲散赫图、富义,攻郯县闲散贵穆臣,攻费县闲散索罗岱,攻兖州佟噶尔及骁骑尉屯岱,皆战死。诸州县皆下,乘胜至海州,八年五月,旋师。

席尔泰,姓栋鄂。父纶布,清初,率四百人来归,赐名普克素,编佐领,使席尔泰统之。有功,授世职在十六大臣之列。时明总兵毛文龙笼络辽阳沿海居民,踞皮岛为重镇,时窥边界。镇江城中军陈良策潜通文龙,令别堡之民诈稍文龙兵至,大噪,城中惊扰。良策乘乱城守,席尔泰偕同族佐领格朗击却之。后复偕格朗从攻沈阳,阵亡于浑河。其妻尝违禁屠马祭夫,例当死,削世职,原之。

时战浑河者为满达理。满达理,正黄旗人,姓纳兰,世居布颜舒护鲁。任佐领,随扬古利军沈阳。明兵二万渡浑河来援,长矛大刀,铠胄重棉,气甚锐。参领西拂先殁于阵,满达理继进,败之。明总兵李秉诚率三千人守奉集堡,效死者无算,卒大创之,遂克沈阳。满达理以先登功最,随攻辽阳。明经略袁应泰急注太子河于隍,闭西闸,环城列守,大兵军其城东南,秉诚暨总兵侯世禄以兵五万背城五里而阵；击走世禄，夺桥，从小西门缘梯登城，遂拔之，旋殁于阵。

卓纳，姓纳喇氏，满洲镶蓝旗人，哈达贝勒万之孙。太祖时来归，授佐领，赐姓觉罗。天聪五年，征明，围大凌河城。明监军道张春，总兵吴襄、宋纬等率马步兵四万自锦州来援，副都统绰和诺冒炮矢力战，殒于阵。备御多贝先战殁，卓纳继之。时襄兵先败，逐北三十余里。张春复收溃众立营，风起，黑云见，春大纵火，风顺火炽，卓纳益锐进，与管武备院事达穆布、二等轻车都尉朱三、佐领拜桑武、骑都尉尼马禅、护军校爱赛、云骑尉瓦尔喀均战死。天忽雨，反风，大军乘之，纬败走，生擒春。

信勇公费英东子纳海亦于是役被创，齿落其三，复从舟师攻旅顺。明总兵黄龙御甚力，纳海与参领岳乐顺、护军校额德、千总程国辅、骑都尉塔纳喀等奋勇登城，冒矢石而殒，遂克旅顺口。

觉罗鄂博惠，兴祖元孙，隶镶红旗；阿赍，景祖曾孙，隶镶黄旗：并为佐领，随征有功。天聪三年，大兵征明，并从贝勒岳托克大安口。抵遵化，明巡抚王元雅婴城守。命分旗环攻之，镶红旗西之东，镶黄旗西之南，各分领前队，与正蓝、正黄、正白各旗兵并进。城上矢石如雨，乘护军校阿海跃登，急攻之，克其城。大贝勒代善率护军及火器营至蓟，冲明山海关援兵，阿赍死之。趋永平沙库山，鄂博惠中创殁。

雍贵，隶正白旗。崇德三年，从睿亲王多尔衮征明，下山东。四年，师旋，败通州河岸兵。五年，从围锦州，败松山兵，破杏山援兵，皆有功。七年，复围锦州，同觉罗萨哈连等直前冲阵，大败其众。明总督洪承畴以十三万众来援，萨哈连战殁，雍贵同护军统领伊尔德连败之，乘雨逼松山，击走其马军，复率本旗兵攻塔山。明总兵曹变蛟夜犯镶黄旗汛地，复随伊尔德击走之。八年九月，随郑亲王济尔哈朗征宁远，抵中后所，偕护军参领额尔碧冲入敌阵，拔其城。十月，进攻前屯卫，以第五人登，中炮殁。大兵继进，遂克之。

登西克，隶镶黄旗。官散秩大臣。顺治二年，随扬威大将军豫亲王多铎追流贼李自成至西安，激战于天沙山，中枪阵亡。

阿克善，景祖兄索长阿三世孙，隶正黄旗。随大兵征明于锦州、宁远及入关击李自成，皆有功。历官至兵部侍郎。顺治九年，同都统噶达浑征剿鄂尔多斯部叛逃蒙古多尔济等，歼之贺兰山，以失究兴安总兵任珍家属淫乱、擅杀多人事解兵部，管副都统事。十一年，随征湖广，败贼兵于湘潭、常德、龙阳等处。十三年，郑亲王世子济度征海贼郑成功，阿克善率兵从大军至乌龙江，以水险难渡，乃潜取道山间，径趋福州。未至，闻成功在高齐，即分兵令佐领褚库等先往迎战，击走之。又分遣署护军统领伊色克图往侯官，征剿水路贼，遂抵福州。又侦知贼船三百余尚泊乌龙江，亲督水路，约营总星蒲等在陆路合击，追至三江口，斩伪都督总兵等，俘获甚众。以贼犯罗源，驻防兵被围，率兵赴援，力战阵亡。

萨克素，隶镶蓝旗。康熙十三年，以佐领从平南大将军赉塔征耿精忠，赉塔驻衢州，遣防台州黄岩县。贼将曾养性率众六万来犯，坚守，攻不能下。参将武灏通贼献城，萨克素力战，死之。

星德，隶镶红旗。亦以耿精忠叛，从江宁将军额楚讨之于江西建昌，败贼帅邵连登八万余众，在事有功。后于十六年攻吉安，与贼将马宝战于陈冈山，阵殁。

果和里，隶镶黄旗。以委署参领，随平远定寇大将军安亲王岳乐征吴三桂，战于湖广浏阳，阵殁。

努赫勒，隶镶黄旗。以一等侍卫从征三桂。十七年六月，三桂遣其党江义、巴养元、杜辉等率二万余贼，驾巨舰二百余，乘风犯柳林嘴。努赫勒随讨逆将军鄂讷率水师，棹轻舟，飞越贼舰，发炮击之，溺死无算。贼退犯君山，又以舟师进击，追至湘阴。十九年，随固山贝子彰泰复遵义、安顺、石阡、思南等府，追剿至铁索桥。伪总统高起隆、夏国相等拥众二万余屯平远，与江西坡贼相犄角。大兵分道进剿，努赫勒从击平远西南山贼，力战阵殁。

海兰，隶正白旗。由侍卫擢副都统。雍正七年，授参赞大臣，从靖边大将军、公傅尔丹征准噶尔。九年六月，分三队渡科卜多河，与蒙古副都统常禄皆列后队。初战库列图岭，旋移营和通呼尔哈诺尔。海兰与常禄据山梁之东，杀贼千余。适大风，雨雹，师被围，常禄阵亡。海兰突围出，杀贼五百余，卒以察哈尔兵溃，海兰死之。

同阿尔，蒙古镶红旗人，世居巴林，以地为氏。授骁骑尉。崇德三年，多罗贝勒岳托征明，同阿尔与焉。当师之出边也，副都统席喇命率护军防守七昼夜，败敌者再。六年五月，随睿亲王多尔衮围锦州，明总督洪承畴率重兵来援，以步兵三营犯左翼三旗，护军不能胜，奔濠堑。同阿尔偕同旗同族僧格，及蒙古镶红旗人阿桑布严守汛地，奋勇战死。蒙古正红旗拜浑岱、正黄旗阿布喇库、镶黄旗布齐，均先后殁于阵。

黄廷元，正白旗汉军。与弟廷儒、廷柏并以闲散从征。天命六年，兵攻沈阳，廷元先登陷阵，授宽甸守备。从攻大凌河、察哈尔、旅顺口、江华岛，皆有功。崇德二年，从恭顺王孔有德征皮岛，明总兵沈世魁阵海口。廷元以小舟从北冲入，明兵炮碎之，与家丁六人殁于海。

廷儒积功为大同守备。顺治五年，大同总兵姜瓖谋叛，以廷儒勇略过人，为士卒爱惮，佯以宴射诱至署，讽以同叛。廷儒以严词斥之，不听，即拔佩刀与斗，贼群执之，骂不绝口，剖其腹，支解之，并其子开国，男妇二十七人俱被害。

廷柏初任骁骑尉、崇德五年，从征明，同参领孙有光败松山步兵、杏山骑兵、间洪山守兵。明兵夜犯填堑，手发红衣炮击却。随攻塔山及前屯卫、中后所等城，均以红衣炮克之，绩称最。顺治二年，从豫亲王多铎南征，破流贼，定河南，克扬州、嘉兴等处，俱在事有功。时明鲁王朱以海据绍兴，大兵营钱塘江上。明督师大学士张国维以兵九千人乘夜劫营，廷柏从都统吴守进败之。后从郑亲王济尔哈朗征湖广，明总督何腾蛟招流贼，连营拒敌。从副都统金维城率兵至马河，力战，殁于阵。

常鼎，镶红旗汉军。顺治元年，以副将随怀庆总兵金玉和讨流寇。李自成之西窜也，英亲王阿济格由边外趋延绥，断其归路。至望都，佐领答图被创卒。入陕至延安府，虚衔章京哈尔汉率甲士守南山，力战死。侍卫察玛海、骑都尉嘉龙阿、参领折尔特、护军校朔玛，俱以阵亡。余党二万余，散在河南。围济源，攻孟县，蔓延邓州、内乡县及清化镇。鼎随玉和援济源，至则城已陷，戕典史李应选。鼎夜半遇贼，力战，与玉和俱阵殁。玉和自有传。

时怀庆镇标同死者，守备则白忠顺、余国谏、陈应杰、石斗耀、康虎，千总则宋国俊、赵国相、李中、王国臣、杨虎、刘奉相、高友才，把总则张进仁、张光裕、陈廷机、张景泰、许养和、党中直、廖得仁、薛贵等。贼旋围孟县，知县王日俞、参将陈国才婴城守。贼攻七昼夜不能下，将引去，会大雨，城坏，贼入。日俞、国才率兵巷战，国才被戕，执日俞，胁降，不屈死。贼又围邓州，道标中军郑国泰战死。大兵救邓州，贼解围去。转攻内乡县，执知县胡养素，索金帛，不应，死之。贼分兵犯清化镇，署同知史灿麟莅任甫两月，执法严，奸民憾之，引贼入，执灿麟，怒骂不屈，贼忿，磔其尸。妻高氏及婢仆同殉。

嗣后土贼创乱者二年，有辉县寇，据北山大伍谷诸险，列三十一寨。官兵仰攻，贼以死据，不克登，久之，乞降。官兵防其他逸也，把总田贵、罗思明守寨口，贼乘夜斫寨门遁。贵与思明仓卒出门，皆遇害。五年，寇起武陟之宁郭驿，驿接太行山，为盗薮，旧设捕盗通判驻其地。贼伪稍猎者，驰入驿西郭门，骑百余，披甲持刀仗，焚劫。入通判张可举署，可举力斗，遇害。十四年，睢州贼娄三啸聚沙窝，乘夜登鄢城县城，开北门，引众入。知县荆其惇督宗丁众役守库印，力御之，受刃伤，会典史樊世亨率牌甲奔救，贼乃遁，其惇创重死，库印卒无失。

格布库，满洲正白旗人，姓伊尔根觉罗，世居雅尔虎。顺治元年，以参领从睿亲王多尔衮剿流贼李自成，追至庆都。复随英亲王阿济格、贝勒尼堪败之。三年，肃亲王豪格征流贼张献忠于蜀，格布库及参领西特库，队长古朗阿、巴扬阿、乌巴什随焉。献忠遣贼党环营抵抗，格布库破贼第一营步兵。贼分两翼，豪格复遣偕佐领苏拜攻右翼，都统准塔巴图鲁攻左翼。贼自右翼下山来犯，格布库率本旗兵冲击之，旋从准塔蹙其左翼。贼围正蓝旗兵，格布库偕佐领阿尔津、噶达浑、西特库、乌巴什往援，格布库中箭殒，西特库、乌巴什俱殁于阵，贼退。

时伪将高汝励据三寨山，豪格遣古朗阿击之，大破其众。献忠发大队迎敌，古朗阿直冲其阵，贼奔溃，未几复合，古朗阿偕瑚里布破之。贼率马步兵分三路来犯，古朗阿奋勇进击，与巴扬阿均阵亡。

济三，满洲正黄旗人，姓扎库塔。自崇德六年，以佐领从大兵有功。顺治元年，与骑都尉色勒布，云骑尉祖应元，参领金应得，骁骑尉西来，间敌达鲁哈、萨门、岱纳，并从定国大将军豫亲王多铎南征。二年四月，大兵渡淮，薄扬州城。应元、应得、岱纳以红衣炮攻城，城颓，岱纳先登，与应元、应得同阵亡。克扬州，大兵渡江，令左翼舟师留泊北岸备敌。敌驾舟来犯，色勒布迎击，中炮死。分兵江阴县，萨门以云梯先登，被戕。达鲁哈继进，亦阵殁。六月，多铎定南京，分大兵之半，令多罗贝勒博洛等进徇苏州，下之。擢济三副都统，驻守。明福王总兵黄蜚潜纳苏州叛卒来袭。济三闻变，率兵擒剿，敌合围，济三战死。大兵至浙，攻嘉兴，炮毁其城，西来率所部先登，克之。旋回兵取昆山县城，被炮死。

瑚密色，满洲镶黄旗人，姓佟加，世居加哈。崇德元年，以佐领衔从征明，屡有功。顺治元年，从入关，败流贼唐通于一片石，追至安肃、望都，歼贼无算。嗣随多铎军渡江，屡破明兵句容。时明鲁王朱以海踞绍兴，博洛遣参领王先爵徇湖州，土兵蜂至，元爵战殁。博洛次杭州，鲁王遣其督师侍郎孙嘉绩、熊汝霖渡钱塘江来犯。瑚密色偕骑都尉色赫等击败嘉绩兵，擒其队帅，追至江中，汝霖兵殊死战,瑚密色中枪战死。色赫从定浙江,旋下福建,还过平湖,遇土寇,亦以中枪阵亡。

敦达里,满洲人,幼事太宗,后分隶肃亲王豪格。崇德八年八月庚午,太宗崩,敦达里以幼蒙恩养,不忍永离,遂以身殉。诸王贝勒等义之,以敦达里志不忘君,忠忱足尚,赠甲喇章京,子孙永免徭役。

安达里,叶赫人。来归时,太宗怜而养之,存授官职,亦请殉,诸王贝勒等亦甚义之,予衣一袭,豫议恤典,加赠牛录章京为梅勒章京,子孙世袭,如敦达里例。既定议,召安达里谕之。临殉时,谓诸王贝勒等曰:"若先帝在天之灵问及后事,将何以应?"诸王贝勒等对曰:"先帝肇兴鸿业,我等翊戴幼主,嗣位承基,当实心辅理。倘邀呵护,是所愿也。"

许友信,以军弁随明将左梦庚投诚,隶镶白旗汉军。随大兵征闽、粤有功,定南大将军贝勒博洛委署潮州副总兵。顺治四年,明桂王由榔遣兵略境,友信单骑出战,遇伏死。

是年,桂王兵部尚书张家玉陷东莞,署总兵成升、副将李义均阵亡。桂王兵科给事中陈季彦同时犯广州,游击阎行龙、王士选、熊师文俱死之。桂王既由监国僭号,志在兴复,其始略有两广、云、贵、湖南、江西、四川各地。且郑成功出没闽、浙,奉其伪号,遥相应和,声势颇张。经大军先后戡定,桂王已穷窜土司,肃清在迩,而孙可望、李定国等复群相拥戴,作螳臂之拒者有年。至定国与可望内讧,顺治十四年十月,可望走湖南乞降,于是洪承畴、吴三桂乃奏请乘时大举,逐渐进剿,军行有利。十八年,三桂兵及缅甸,缅人执献由榔军前,事乃大定。

十余年中,死事或被执不屈者:如四年,剿广东假明封号土贼,有广东巡按刘显名等;六年,剿灵山土贼,有广东都司金书李昌等;七年,征广州,有轻车都尉尚可福等;八年,李定国分兵窥全州,有广西巡按王荃可等；九年，犯辰州，有分巡辰常道刘升祚等；犯平乐，有府江道周永绪等；犯柳州，有分守右江道金汉蕙等；陷桂林，有右翼总兵曹成祖、提标游击马腾龙等；十年，犯罗定，有兵备道邬象鼎等；犯靖州，有湖南副总兵杨国勋等；犯连州，有广东运署都司金书窦明运等；犯化州，有防守参将应太极等；十一年，犯电白，有从征八品官费扬古等；十四年，海贼乘乱窜雷州，有徐闻营游击傅进忠等。孙可望之从乱也，六年，贼党一只虎犯永州，有新擢陕西布政使、右参议李懋祖等；九年，犯衡州，有随定远大将军敬谨亲王尼堪部下副都统武京等；犯成都，有叙州府知府周基昌等；十三年，犯临蓝，有委署参将殷壮猷等。

至为郑成功而死者：三年，成功族人郑彩据厦门，掠连江，有知县宋人望等；六年，成功犯长泰，有知县傅永吉等；犯漳浦，有总兵杨佐等；八年，犯海澄，有知县甘体垣等；十二年，犯仙游，有知县陈有虞等；十三年，犯海澄，有一等轻车都尉哈勒巴等；犯福州，有二等轻车都尉巴都等；十五年，犯台州，有海门营水师游击李宏德等；犯温州，有盘石卫水师游击熊应凤等；十七年，犯江宁，有一等轻车都尉瑚伸布禄、二等轻车都尉猛格图等；犯崇明，有知县陈慎等；犯台州之太平，有左营都司李柱国等，犯厦门，有护军统领伊勒图、前锋参将佟济、前锋校鄂勒布等。盖明藩自立，以兵力削除者，桂王为最棘。

同时附唐王朱聿键，而陆梁于江西郡邑者，则为金声桓，参领布达理、布政使迟变龙、分守湖东道成大业、宜黄知县冯穆等皆死之。鲁王以监国踞浙，逼福建兴化，则知府黎树声等；据舟山内扰，则绍兴府推官刘方至死之。

其无所附丽而以叛闻者为姜瓖，五年，踞大同，催饷骑都尉钟固、山西兵备道宋子玉等死之。六年，从英亲王阿济格等军进讨者，骑都尉索宁、云骑尉洛多理等皆阵亡。分援河东、井坪、蒲州、神木等处，则郑宏国、佟国仕、武韬、厥世英等亦先后阵亡。

时天下初定，人心反侧，各省土贼蜂起，或剿或守。在顺治一朝，死者尤夥。独著其关系大局者，见有清开国艰难之大概焉。

清史稿卷四八八
列传第二七五

忠义二

朱国治　杨应鹗　马宏儒等　周岱生
杨三知　孙世誉　翟世琪　刘嘉猷
高天爵　李成功　张善继等　嵇永仁
王龙光等　叶有挺　萧震等　戴玑
刘钦邻　崔成岚　黄新德　柯永升
随光启等　道禅　李茂吉　刘崐　马秉伦
刘镇宝　罗鸣序

　　朱国治，汉军正黄旗人。顺治四年，由贡生授固安知县，屡擢至大理寺卿。十六年，外简江宁巡抚。时郑成功盘踞外洋，出没江南滨海州县，国治疏言：“欲破狡谋，先度形势。贼众负险，我师远涉风涛，其劳逸不同。贼众熟识海道，我师弓马便捷，其素习不同；水师舟楫，较之贼船大小悬殊，其攻取不同。臣谓宜以守寓战，凡海边江口，多设墩台，待贼势困援绝，乘间攻之，自能禽渠献馘。”下所司议行。又以苏、松、常、镇四府钱粮抗欠者多，分别造册，绅士一万三千五百余人，衙役二百四十人，请敕部察议部议。见任官降二级调用，衿士褫革，衙役照赃治罪有差。以是颇有刻核名。

康熙十年,补云南巡抚。时吴三桂谋叛久矣,十二年,诡请移藩锦州,并期以十一月二十四日启行。国治方请增设驿堡,协拨夫马待之,三桂遽踞关隘起事。先期三日,邀国治及按察使李兴元、云南知府高显辰、同知刘昆,胁之从逆,皆不屈。国治骂贼尤烈,即时遇害。先后殉难者,云贵总督甘文焜,先后广西巡抚马雄镇、傅宏烈及李兴元,均自有传。

杨应鹗,镶黄旗汉军。任贵州贵阳府同知。三桂初叛,执应鹗送云南,锢之顺宁。应鹗密谋举义,伪将军赵永宁缢死之。时有马宏儒者,顺治十八年武进士。三桂素重之,迫共叛,不听,以铁椎椎其齿,齿尽落,囚昆明,不屈死。

先后在滇殉节者,为郑相等:相,江宁人,以中书随军至云南。大兵入滇,檄权石屏州事,有惠政。伪总兵高应凤作乱,相死之。昆明人杨树烈,以四川南川县知县告休家居,寇至,北面再拜,自镒死。土酋龙韬等分道剽掠,宁州知州曹诚婴城守,城陷,死之。原任曲靖府教授周起元,则以被执不屈起。生员有唐方龄、张鹏羽。

三桂既叛,所在蠢应,死贵州者:陈上年,直隶清苑人。顺治六年进士。时官分巡右江参议道,三桂既执巡抚傅宏烈,乃胁上年,降幽絷死。都均县防兵谋应贼,哗噪焚掠,知县薛佩玉谕以顺逆,众不听,逼受伪职。佩玉北面再拜,自缢死。

死湖广者:祝昌,河南固始人。顺治六年进士。由中书累擢至辰沅道。三桂叛闻,即流涕谕众大义,皆感泣。贼大至,城溃,北面再拜自缢死。生员有李廷埙、张一元、徐翘楚。

死江西者,为饶州府知府郭万国,万年县知县王万镒。万国,河南许州人。由诸生从经略洪承畴官贵州,抚苗、蛮有功。万镒,浙江钱塘人。由贡生官福建,平土贼有功。贼党围广信急,觇饶州备虚,由间道薄城。万国令万镒赴省请援,甫出北门,贼猝至,与家僮六人中炮殁。饶州营参将赵登举闻警驰救,冲贼营,禽前队数人,伏起,阵亡。贼党环城招降,万国集其属同知范之英、鄱阳县知县陆之蕃、石门巡检仇凤翥、饶州税课大使李崇道,谓之曰:"文臣不习战,然守土吏当死,不可徒手就戮。"皆应之。贼逼灵芝门,攀堞登,万国率家丁巷战,身先之,中十六创,与之蕃、凤翥、崇道俱战殁。文英亦被执不屈死。萍乡民人彭程淑,亦以三桂余党扰其乡,裂眦怒骂,被乱刃死。

死广东者:金世爵,镶蓝旗汉军。由举人任合浦县知县。高州总兵祖泽清叛附三桂,世爵图城守。伪将王宏勋率贼数万犯廉州,世爵登陴力御。城陷,与守备杜峤同死之。又侯进学者,隶平南王尚可喜藩下。先为三桂所胁,为递逆书,至广州自首,可喜以闻,嘉之,授世职。至是为贼所得,囚木笼送常德,三桂脔之于市。逆党马雄攻新会,藩下诸将多附逆,诱左翼游击文天寿同降,天寿叱之曰:"背主不忠!吾铮铮丈夫,岂鼠辈可胁?"遂被害,沈尸海中。

死川、陕者:波罗营副将张国彦,闻提督王辅臣叛,城守。兵变,逼献印,自刎死。汉中城陷,同知汪化鳌不受伪职,贼絷之,复给伪札令摄县事。化鳌痛哭,望阙遥拜,自缢死。汉凤参将苏兴亦叛附三桂,将袭杀诇贼笔帖布格尔以灭口。千总鲁仁圻愤甚,度无以制之,朝衣拜父像告诀,叩营力争,触兴怒,杀之。仁圻畜一犬,护尸不去,故吏梁玉收而葬之。又广安州知州徐盛、剑州知州向荣、商南县知县卢英、渠县知县王质、綦江县知县王无荒、营山县知县廖世正及典史刘廷臣、西安府知事张文选、司狱周胜骧、白水县典史赵焕文,并以被胁不屈死。

其以招谕死者:三桂未叛时,主事辛柱、笔帖式萨尔图、随侍郎哲尔肯赍诏至滇。既叛,辛柱、萨尔图将诣阙告变,贼杀之。后则汉川巡检章启周,浙江会稽人。从顺承郡王额尔锦军,以札委通判往招谕三桂,被戕。及吴世璠时,又遣四品衔董重民往谕以顺逆,至镇远,逆党以弓弦缢杀之。又扬威大将军简亲王喇布檄益阳县知县徐砀往衡州招抚三桂余党,至泉溪渡,为伪将军吴国贵所杀。郧阳降调通判许文耀、阿迷州吏目郭维贤,亦均以招抚三桂余党遇害。郎中祝表正随经略大学士莫洛讨叛镇王辅臣,莫洛战殁,辅臣幽表正

于营，寻复具疏附表正还奏。圣祖即遣表正谕辅臣，至，则百方晓
譬，留弗遣，卒为伪总兵巴三纲所杀。甘肃静宁州知州王札亦以单
骑谕辅臣祸福，被胁不屈，死。

又抚叛镇王屏藩死者，为四川镇标副将徐升耀，札付通判王官
表、沈日章，札付参将吴子骁等。

周岱生，字青岳，江西德化人。由拔贡生除贵州余庆县知县，改
广西平南县知县。康熙十三年，吴三桂叛，六月，其党破梧州，攻平
南，岱生练乡团狼兵拒之大峡口，鏖战三日，斩其魁。七月，复大至，
岱生奋身拒战，攻益急，乡团皆战死，退保城。围固援绝，自寅战至
午，城陷。贼絷岱生往浔州，胁降，骂不绝口。妻杨氏，于路先自刭
死。旋又甘言诱岱生降，卒遇害。长子儒且哭且骂，死尤惨。

岱生令余庆时，有老贼陈四者，盘踞大同山垂三十年，巢捕不
能得出，奇计招之，亲至其巢，晓譬利害，曰："王师且至，吾生汝！"
贼感泣，誓终其身无反。岱生曰："盍随我至县城乎？"贼诺之。于是
至县署，赐之食，厚为之装而遣之。其后吴逆之变，他县贼皆响应，
惟陈四不受伪职。平南市荒民少，岱生捐俸招集，始至，城内草屋九
间。未几，商民大集。俗窳不产蔬菜，岱生教以播种灌溉之方。畦
亩鳞次相属。田皆老荒弗辟，又招粤东流民后先千余家，报恳升科，
其他善政尤多。

杨三知，字知斯，直隶良乡人。顺治三年进士，授山西榆次县知
县。榆次经流贼残破后，井里萧条，三知以恩义安辑，户口日增。康
熙五年，大同镇总兵姜瓖叛，连陷州县，攻榆次。三知历吏民，募乡
守城。夜遣人斫贼营，间有斩获。贼不退，三知令偃旗鼓，示弱。贼
径薄城，攀堞欲登，三知急起，麾众发矢石，毙甚众。贼愤，益兵围
之。相持逾六月，敬谨亲王尼堪分兵来援，贼始败走。三知设保甲、
练屯聚，复捐俸、立社学，置膳田以资膏火，士民感之。擢兵部主事，
累迁郎中，外擢四川松龙道、上东道。上东道属经张献忠惨戮，存者

在绝峒密箐中，招来千数百家，筑堡渝东，民名之曰杨公堡。

十一年，补陕西神木道。十三年，入觐，还至保德，闻提督王辅臣叛附吴三桂，从者劝迟行，勿渡河，不听，疾驰还署，图城守。曩三桂剿闯贼残孽，过神木，市恩，民谬德之，立生祠，三知即毁之。察知县孙世誉忠实可倚，时辅臣播伪札，将弁多为所诱，分据城堡，惟韩城知县翟世琪与神木通声援。

世誉，隶镶红旗；世琪，山东益都人，顺治十六年进士；关中并稍贤令者也。叛党朱龙犯神木，民汹惧。三知适受檄赴京师代贺，有讽可携眷行者，谢之。赴阙事竣，抵署三日，延安、吴堡相继陷。贼至，乘城死守，亲挽强弩，发无不中。柳沟营游击李师膺受伪札，鼓众噪饷，世琪出谕贼，先被戕，及其二子。神木守将孙崇雅亦通贼，城遂陷。崇雅合贼将环说三知，以延绥开府啖之，不应；胁交敕印，不与；贼迭以甘言诱三知，且拥回署，三知过井，厉声谕家人勿用儿女态，跃而入，贼遽絙出之，臂已折。力以三知"在官廉平，初未相迫，毋自苦"为词，三知大骂不绝口，乃舁置别室，环守之，载胁载诱。一夕，忽合扉，不知何以贼之。其妻妾及二女俱赴井以殉。城复后，家人始于浅土中获三知遗骸，经长夏，面色如生。世誉亦抗节不屈，贼羁之深室，辅臣后降，卒害世誉以灭口。

刘嘉猷，字宪明，江西金溪人。由明举人顺治初署兴国、新建教谕，以正谊明道为教，士多化之。秩满，改福建侯官县知县，为闽浙总督范承谟所赏。撤藩命下，嘉猷度平南王耿精忠必应吴三桂叛，谓家人以"既宰兹土，义不污贼"。康熙十三年三月，精忠给文武赴藩府计事，嘉猷从承谟后。见锋刃交戟胁承谟降，不屈，缚以去，嘉猷历阶而上，厉声叱精忠，福州府知府王之仪、建宁府同知喻三畏同发愤骂贼。精忠喝武士杀三人，众股栗。嘉猷戟手作搏击势，芒刃亟下，与之仪、三畏同时被害。城守千总廖有功见逆杀三人，人发愤大呼，亦死之。

高天爵,字君宠,汉军镶白旗人,后改隶镶黄旗。由荫生于顺治四年任山东高苑县知县,累官至江西建昌府知府。先是广昌山贼踞羊石、滴水二砦为巢穴,官军仰攻,辄为滚木礌石所伤,罢攻,招降,贼佯就抚,仍伺隙煽乱。官军毙之狱,余贼益负固。适风雨交作,漂流树木,冲断桥梁,贼保巢不出。天爵会巡道参将出不意直捣之,禽斩,尽毁其巢。

耿精忠据闽叛,纵党入江西,犯建昌,时天爵已擢两淮盐运使,或劝之速行。天爵以“守此土十六年,虽受代,不可遽离”答之,率家丁数十人御贼万年桥。城守副将赵印已降贼,乘天爵力战,从后缚之,献贼,载送入闽,再四诱降,不屈,囚之。越岁余,与副将王进,武举胡守谦,把总杨起鹏、姜山等同谋,遣千总徐得功出仙霞岭迎大军入关,阴结死士为内应。贼党侦而讦之,十五年九月四日遇害。

后以福建巡抚卞永誉请,以天爵与原任福宁总兵吴万福、福州府知府王之仪、邵武府知府张瑞午、建宁府同知喻三畏、邵武府同知高举、侯官县知县刘嘉猷、允溪县知县李埙、福州城守千总廖有功等合建一祠于省城西门外,复以子其佩请扁,书“荩忱义烈”四字以额其家祠。长子其位自有传。

李成功,奉天铁岭人。顺治六年武进士。历官至广东潮州参将。康熙十三年,总兵刘进忠应耿精忠叛。成功潜与游击张善继等谋诛进忠,事觉,进忠以兵胁同叛,曰:“汝为我中军,我视汝犹子,何义至此?”成功曰:“禄山叛国,死于猪儿;李泚叛国,死于韩旻,汝今叛国,不知死之将至! 我何为从汝?”进忠命斩之,骂不绝口而死。

善继,直隶彭城卫人。习儒,通孙吴兵法。康熙六年第二名武进士,授潮州城守营游击。进忠阴遣腹弁赴精忠献款,弁归,与进忠谋曰:“善继刚方固执,深得众心,宜亟散其卒。”进忠遂令所部分隶私党。善继麾下虚无人,谒进忠曰:“公不闻晋王敦乎? 威势未尝不赫也,兵败身死,发瘗斩尸,未有叛国而克全终者!”进忠怒,羁之马王庙,贡生林应璧同被羁,日谈古忠孝事。进忠屡遣人谕降,终不屈,令斩之。

白虎,陕西秦州人。康熙十一年,官澄海协右营都司,有"虎将"名。进忠将叛,调虎与其子崇质入郡。至,则知进忠有异志,潜焉涕下。进忠令虎易帽,虎曰:"头可断,帽不可易!"令翦辫,虎曰:"头可截,辫不可翦!"且责进忠,词甚厉。左右以摇惑军心,怂进忠毙之。进忠爱其勇,不忍,曰:"此愚人,不识时务耳!"遂羁之。篡取虎妻张、虎孙士俟为质。虎与同志密遣人赴省请兵,约内应。谋泄,将就刃,谓崇质曰:"死,吾分也!委身存祀则在汝。"崇质对曰:"父为忠臣,子从叛贼,乌乎可?"缚至西市,虎望北叩首,大言曰:"君臣大义尽于此,父子至情,亦尽于此矣!"观者皆泣下。

何亮,潮州人。官澄海协千总。虎以心腹待之,亮随虎赴郡,进忠羁虎,旋以内应事泄,并将斩亮。进忠叱之,亮谓当诉于天,同时遇害。其兄弟妻子被杀者尤众。

于国璜,奉天人。为续顺公沈瑞旗员。进忠乱作,瑞命偕都统宋文科、邓光明攻之。战太平街,三日,国璜身先士卒,射伤进忠左臂,贼披靡,以众寡不敌,终为所败。瑞缚光明及国璜以降,国璜独不屈,斩于市,尸僵立不仆,数日面如生,众咸异之。

嵇永仁,字留山,江南无锡人。用长洲籍入学为诸生。入闽浙总督范承谟幕。耿精忠应吴三桂叛,执承谟,胁永仁与同幕王龙光、沈天成及承谟族弟承谱降,不从,被执。永仁少好从士大夫游,讨论国家典故,六曹章奏,条分件系,著有《集政备考》一书。以范、嵇世交,故相从至闽。时精忠蓄谋未发,屡陈弭变策,如请拨协饷、补绿旗兵、安插逃弁、条议屯田诸端,冀固民心、杀贼势。又请借巡视沿海为名,提轻兵驻上游制贼。以文武吏皆预中贼饵,号令格不行。在狱凡三年,贼害承谟,乃痛哭自经死。永仁知医,著《有东田医补》。工诗词,有《竹林集》、《葭林堂诗》。狱中又著《诗》二卷、《文》一卷。与龙光相倡和者,又有《百苦吟》。

龙光,字幼誉,浙江会稽人。诸生,屡踬乡闱。年五十余,已倦游，承谟抚浙，延课其子。擢闽督，龙光以父老不欲行。父以承谟有德于浙，义不可辞，遂往。既被执，胁草安民檄，诱以官爵，皆不从。与永仁谊最合，尝语龙光曰："死之日，魂魄愿无相离！"在狱著《养花说》及杂诗五十余首以见志。

天成，字上章，江南华亭人。变作时，与永仁约同死，偶外出，俄传同难诸子死讯，遂出践宿诺，为逆党缚献。时鞫者方穷究章奏，将归罪永仁，天成厉声辨曰："承谟心事，青天白日，承谟无他志，书生更何与焉！"乃同系狱。著诗一卷，曰《听鹃》。又纂《花谱》一卷以自遣。三人在狱，有书名《和泪谱》者，龙光为永仁撰一首，永仁为龙光、天成撰各一首，诗词皆烧桴煤画墙上，赖义士林可栋者，或云泰宁人许鼎，时往狱中探视，默识之，得以传世。

承谟初被难，部曲有张福建者，手双刀，大呼夺门，卫承谟，群攒刃死之。精忠令三十二人监守承谟，中有蒙古人嘛尼，欲免承谟，事泄，被磔。

叶有挺，字贞夫，福建寿宁人。康熙九年进士，甫释褐，即徒步南归。耿精忠以闽叛，檄郡邑，凡在籍缙绅悉坐名，勒限起送，有挺耻之，潜入江西界，佯言已死。逾年，以念母潜返，伪县令侦知之，持檄促赴召。有挺告母曰："儿得进士，思有以报君父。今以进士被伪檄，是得一进士反为从逆之资。儿死不赴，如母何？"母以大义勉之，乃抱母大号，遁匿山寺。僧知其为叶进士也，微拒之，有挺仰天叹曰："有挺岂以儒者七尺躯苟延旦夕，为释氏恐怖？又岂以身死萧寺，贻主僧祸？"夜起，北向九叩，南望母再叩，出走山下，自经古木死。乱平，无以上闻者，故褒赠皆不及。

同时闽中殉难者：萧震，侯官人。顺治九年进士，任山西道监察御史，丁父艰，回籍。精忠叛，谋讨之，事泄，遇害。张松龄，莆田人。顺治十二年进士，由庶吉士屡迁四川参议。时川省凋敝，松龄加意抚绥，流亡渐复。裁缺归里，耿逆迫以为伪职，羁数月，终不屈死。施大晃，福清人。康熙十二年进士，闻变，匿金芝山，募壮士，助大兵进

讨,贼执之。嚼舌骂贼,呕血升死。莆田举人刘渭龙、建宁举人谢邦
协、南平举人原任丹徒令邹仪周,皆不受伪职。渭龙匿深山绝粒死。
邦协举家避村落中,逆党以火攻之,不出,阖门遇害。仪周为所执,
不屈死。光泽县民毛锦生,素有胆力,贼躏其村,邑当事饬为练总,
导大兵进剿,遇伏,死云际关。清流县诸生李亭,随邑令守城,并集
乡勇拒战,旋被执,詈贼死。

又有张存者,顺昌人。精忠乱作,存纠义旅保元坑乡,胁授总兵
札,令率众出江西,分大军兵势,存不从。时和硕安亲王岳乐驻师南
昌,存潜使赴军前乞援,并条上攻贼机宜。岳乐授存总兵札,令捍御
建昌、邵武、汀州等地,且为内应。贼侦知之,急攻元坑。地平,无险
可扼,存以忠义激众,屡败贼,贼恚甚,分三路夹攻,卒以不支,存被
执,死之。

戴玑,字利衡,福建长泰人。顺治六年进士,授主事,例转湖广
按察司金事。时滇、黔未入版图,上江防道尤要。玑遍履所部,自岳
州至嘉鱼,立七汛,造哨船巡逻,萑苻无警。又于洞庭湖接立三汛,
行者尤便之。洪承畴正经略五省,以“韩范俦”称之。寻迁陕西西宁
道,未行,丁父艰。服除,补广西右江道,驻柳州。东阑土酋构祸日
久,玑以恩意调解之。大酋黄应元煽乱,则斩渠魁以徇。诸蛮用是
怀德畏威,顽梗尽化。柳堡屯田,寄佃于民,既输军租,复应民役,为
申请督抚,具奏获免。复修葺文庙及罗池司户二贤祠。会朝命裁并
监司,解任归里,督课诸子,教以忠孝大义。

耿精忠乱作,台湾贼围漳州,时玑次子镶为海澄公将,守东门。
贼劫至城下,使招镶降。玑大声呼镶坚守,勿以老人为念。贼怒,牵
去。城破,镶巷战死,阖门为俘。大兵复漳州,贼遁,玑与子铦等乘
间入山,而妻叶并诸幼子为贼执赴台湾,玑置不为意。贼复犯海澄
及长泰,玑再被执,胁之降,不从。幽之密室,历年余,终不为屈,朝
夕诵文信公《正气歌》以自壮。一日,顾谓子铦曰:“吾久辱,不死何
为?”遂绝粒,数日,病甚,衣冠,命铦扶掖北向再拜,曰:“臣死,命

也,当为厉鬼杀贼!"索纸笔,大书"惟忠惟孝,可以服人"数字,呕血数升死,年七十有四。

刘钦邻,江南仪征人。顺治十八年进士。康熙八年,授广西富川县知县。十三年,广西将军孙延龄叛应吴三桂,遣伪将陷平乐府,旋围富川。钦邻募乡勇城守,与贼相拒五十余日。同城把总杨虎受延龄伪札,句土贼千余助攻,虎夜引贼入,钦邻率家丁力战,杀贼三十余,家丁死者七,钦邻被执。贼加以毒刑,缚送桂林。延龄诱降,不屈,羁之。钦邻赋绝命词死,追谥忠节。

崔成岚,镶蓝旗汉军。由官学生任郁林州州判,署藤县知县。十四年,孙延龄党吴凤等率贼数千犯藤县,水陆夹攻,成岚与守备刘志高、汪云龙,典史黄新德守御。贼暂退,已而复合。延龄军数千,攻城西南,抵御益力。巡抚洪陈明复遣援兵,协力剿杀,贼不退。伪将军缑成德复率贼万余由贺县来,势益炽。成岚等相持七昼夜,城陷,成岚手刃二贼,殁于阵,志高等均死之。

新德,广东海阳人。读书不多,好遣文,人皆笑之。事亟时,命其子日祷扶母归养。既被执,贼欲授以伪官,新德曰:"王彦章且不肯降唐,况天朝臣子从贼乎?"贼欲屠城,新德曰:"倡守城者,官也,杀尉足矣,于百姓何与?"贼怒,斲之,新德骂不绝口。刀斧交下,碎其尸。家人四,婢一,皆死焉。微官死事,世尤重之。

柯永升,汉军镶红旗人。由员外郎出任湖南粮道,累擢至湖广巡抚。康熙二十七年,饬裁湖广总督,令标兵分别存撤。五月,裁兵夏逢龙,同夥呼为夏包子者,结众作乱。二十二日,突入巡抚署,拒者辄刃之,伤永升臂,夺其印,复伤永升足,仆地。悉驱其亲属家人出走,搜掠财物。永升乘间自缢死,贼四出剽略,永州锦田卫守备随光启婴城守,力竭,死之。武昌永定营中军守备孟泰鏖战金口,亦中炮殁。守备李国俊阳附逢龙,从围应城。夜半,贼潜梯登城,国俊遽鸣钲大呼,城中惊起,击败之。脱还武昌,卒死樊口。时署布政使者为叶映榴，自有传。

道禅，满洲镶黄旗人，姓戴佳。初为王府长史。康熙中，厄鲁特噶勒丹犯喀尔喀，朝命中外备兵。三十五年，大兵三路进剿，道禅奉敕往谕噶勒丹。先是，三十一年，员外郎玛第奉使策妄阿喇布坦，为噶勒丹掠执，不屈死。至是贼复诱降，道禅抗声骂贼，死之。

李茂吉，福建漳浦人。台湾水师营把总，平日不以官小自卑。康熙六十年，土贼朱一贵乱作，自请于副将许云。战败被禽，贼渠怪其不跪，叱之，茂吉举足踢其案，案翻。奋力断缚，直前夺刀杀贼。贼共斫之，头脑破裂，尚骂不绝口，贼碎其尸。

刘崐，字玉岩，四川保宁人。由武举从军有功。雍正八年，擢权云南东乌营游击，佐总兵刘起元守城。乌蒙夷禄万福者，旧土知府万钟族弟也。先是，府隶四川，万钟数扰云南边界，云贵总督鄂尔泰擒鞫伏法，使万福父鼎坤袭职，移隶云南。时改土归流，既设东川府，次及乌蒙，改授鼎坤守备，趣赴阙。鼎坤快快行，密使万福煽诸蛮为乱。未发，崐密告起元为备，起元蔑视之，檄万福来见。万福惧，遂嗾众反，围府城。崐闻变，解所佩刀与妻张氏诀，出与起元商御贼策，皆不应。而游击汪仁独以抚贼说起元，起元从之，登城被贼辱。崐遂开城，率数十骑大呼赴贼，游击马秉伦与之俱。斩数百级，贼稍却。野夷数万蜂至，崐遂与秉伦相失，势益孤。转战至次日，弩穿左胁，创甚，北向再拜，割襟蘸血，大书石壁曰"淋漓鲜血透征衣，报国丹心总不移"十四字，拔刀自刎死。贼叹其忠，以土覆之而去。崐妻闻变，则以崐佩刀手斫二女及妾，乃引刀椿喉，一门同殉焉。语见《列女传》。

秉伦既失崐，亦转山青间，镖贯其颐，犹手刲数贼，力竭，跳崖死。

时官乌蒙通判者为刘镇宝。镇宝，字楚善，江西彭泽人。由举人考授中书舍人,发云南用知县。鄂尔泰器其材,奏擢通判。镇宝既莅任,驻大关镇。镇距府三百里,为苗疆新辟地。苗警既急,以镇宝熟谙苗情,檄往招谕。至则开陈祸福,词甚备。苗逆抗之,反执镇宝。镇宝骂贼烈,争斫之,支体糜碎。事平,滇人以镇宝与崐受害尤酷,为立庙祀,称二刘公祠。

罗鸣序,湖北汉阳人。康熙五十年举人,任贵州麻哈知州、兼署黄平州事。雍正十三年春,古州苗叛,胁清平、黄平、施秉、镇远四州县,生熟苗皆应。四月,陷清平县之凯里汛,去黄平新州三十里。鸣序时在黄平,闻变,趋新州谋守御。环州苗皆起,驰报府县急援,不应。苗大焚掠,鸣序以城亡与亡自誓。客陈宪者,请与俱,鸣序却之。宪以"君能为忠臣,我独不能为义士"为对,相与寻后山有树可援系者,各默识之。鸣序乃解两州印付健仆送省,出公帑千付书吏藏某处,曰:"可以死矣!"或曰:"此署事也,有本州在,何不去此而保麻哈?"或曰:"此新州也,何不去此而保旧州?"皆置不听。或告曰:"城陷矣!"即趋向所识处,将自经。俄又告贼犹未入,则又徐与宪还,登城守。迨矢石器械尽,城中火起,无可再守,乃卒与宪至后山挂树以死。从死者数人,诸生初震、周大任两家皆死之。宪,浙江山阴人。

清史稿卷四八九
列传第二七六

忠义三

宗室恒斌　　倪国正　　赵文哲　王日杏

汪时　孙维龙　吴璜　吴铖等　曹承阍

何道深　　沈齐义　陈枚　吴璟等　　温模

邵如椿　李南晖　汤大奎　周大纶　寿同春

李乔基　熊恩绂　宋如椿　赵福　刘升

滕家瓒　熊水清　刘大成　王翼孙　王行俭

王铣　汪兆鼎　左观澜　董宁川

韩嘉业　叶槐　陆维基　毛大瀛

张大鹏　白廷英　杨继晓　杨堂等　曾艾

曾彰泗　罗江泰　霍永清　强克捷

赵纶等　宗室奕湄　景兴　陈孝宽等

王鼎铭　吕志恒　邵用之等　杨延亮

师长治　王光宇

宗室恒斌，字绚文，太宗第十子辅国公韬塞后。授三等侍卫。父萨喇善,官吉林将军,缘事命戍伊犁。方卧病,恒斌陈请代奏以身从父往,诏许之。而以沽名褫其职。恒斌在途侍疾,至废寝食,父每怒其愚,无几微怨。既抵伊犁,父疾以瘳。将军阿桂大贤之。会哈萨克新附,遣使入贡,有旨择贤员伴送,阿桂即命恒斌充伴送官。途间驭陪臣忠信得大礼,召见慰藉,复其官,令留京供职。恒斌请毕伴送事仍往伊犁侍父,允之。擢二等侍卫。会乌什回叛,恒斌随将军明瑞由伊犁倍道进剿,战屡捷。领左翼兵阵城南山下,贼麕至,恒斌奋勇击之,所向披靡。贼惧,隐城壕诱敌。怒马而前,万镞齐发,不及御,阵亡。事闻,褒恤,而宥其父罪还京。

倪国正,字懋功,四川成都人。康熙举人。雍正十年,拣发广西,授义宁县知县。义宁东北曰双江,苗、民杂处,与湖南城步,绥宁二邑红苗接壤,计千余里。隘口十,堡七十二,大小寨凡数百。不通教化,仅设双江巡检羁縻之。乾隆六年,楚匪黄顺等煽粤苗,伪称名号。国正计禽黄顺,中道被劫,还合楚苗为奸。国正牒文武诸大府请兵,拨驻四百名,苗稍靖。时大府意在招抚,知府张永熹、巡检蔡多奇迎合其意,遂撤驻兵,而檄国正与多奇及县丞吴嗣昌同往。国正将行,叹曰:"此所谓投虎以肉,徒肆其噬耳!"

行数日,抵苗巢,苗挟兵出迓,气嚣甚,多奇易衣遁,众失色。或告国正:"不去,祸将及!"国正曰:"吾固知犬羊之性,不先以威,不可以德化也。今日之事,有死而已。"付健役县印,令间道驰还,正襟坐待之。苗突至,取官弁及随行隶三十余人,尽掊杀之。禁国正土窑,绝粒六日,缚至烈日中,去其衣,掘土埋足至膝,胁之降,不屈。授以纸笔,令"省中以万金为赎,可不死。"国正掷笔裂纸,大骂。苗怒,击其齿,血流被衣,声益厉。齿尽,截其舌。国正犹喷血作骂状,遂击死,沈尸深潭。事闻,帝为之辍食。国正为诸生时,书押则云"为国尽忠"。案头玉尺,亦刻"丹心捧日",盖报国之志,本素定云。

赵文哲,字升之,江苏上海人。生有异禀,读书数行下。同时青浦王昶。嘉定王鸣盛、曹仁虎皆以能诗名，独心折文哲。为人瘦不胜衣，而意气高迈，由廪生应乾隆二十七年南巡召试，赐举人，授内阁中书，在军机章京上行走。以原任两淮盐运使卢见曾查抄案通信寄顿，褫职。时大军征缅甸，署云南总督阿桂奏请随军。阿桂由缅至蜀，将军温福方督师征金川，见文哲，与语，大悦之。时温福与阿桂分兵，文哲遂入温福幕。温福重文哲，片时不见，辄令人觇文哲何作。已而连克金川地，三十七年十月，遂剿平美诺。以功复中书，又授户部主事，仍随营治事。三十八年，兵至木果木，六月，小金川降者叛，与金川合抄后路，师将溃，在军者逆知贼大至，相率逃窜，文哲毅然以为："身为幕府赞画，且叠荷国恩，讵可舍帅臣而去！"卒与温福同死。

　　同时遇害者：刑部主事王日杏、新繁县知县徐瓒、郫都县知县杨梦槎、合州吏目罗载堂。其在各台站遇害者：潼川府通判汪时、汉州知州徐谂、内江县知县许楮、大竹县知县程荫桂、秀山县巡检郭良相、纳溪县典史许济。其沿途被害者：候补从四品王如玉，候补知县孙维龙、张世永，布政司照磨倪鹏，候补县丞倪霖，秀山县典史周国衡。先后殉难者：又有重庆府知府吴一嵩，原任贵州大定府知府钟邦任，刑部主事特音布，原任湖南沣州知州吴璜，原任浙江云和县知县彭元玮，四川崇庆州知州常纪，原任广西越巂厅通判吴景，纳溪县知县章世珍，营山县典史吴铖。幕客同与难者：朱南仲、杨绍沂、熊应飞、田舒禄、顾佐、岳廷栻、周炜、郑文、许国、长炳、王鸣镛十一人。事定，四川成都府、金川崇化屯先后建祠祀之，均建愍忠祠碑。

　　日杏，字丹宸，江苏无锡人。善书，于魏、晋以降书迹临摹毕肖。官中书，行走军机处。每扈从行围，遇公事旁午，坐马上盘一膝，置纸膝上，信笔作小楷，疾如飞。有官中书者，见机要大臣，跽一足请事，日杏怒詈之，谓为非人，知铜仁府，民以王青天称之。

　　汪时，浙江钱塘人。时驻岱多喇嘛寺，寺破，骂贼死。官军收复小金川，见血影溅涅壁间，尚潇潇如泾焉。

程荫桂,浙江仁和人。与其子烈同遇害。

孙维龙,字普田,寄籍宛平。先官安徽黟县知县,创立书院,延刘大槐教士。又建石桥于渔亭镇,通浙、楚往来,行旅称之。

吴璜,字鉴南,浙江会稽人。父炌文,举博学鸿词科。璜为商盘甥,早以诗名。

常纪,字铭勋,奉天承德人。以进士选授西充县,有治行。尝兴建关神武祠,殉难后,县民即关祠肖纪象祀之。

吴钺,字炳臣,河南固始人。贼犯木果木时,钺守泽多耳粮站,去大营六十里,大营以东,泽耳多以西,松林沟、赤里角沟,俱为贼夺。事急,有劝钺走者,钺奋然曰:“吾奉命守此,与站存亡,分也!与我共杀贼者,吾骨肉也!”因拔佩刀立木城旁,曰:“敢言走者斩!”众心稍定。贼至,钺率兵役御之,众寡不敌,火器环击木城,犹徒手抵贼,卒被戕。

曹永闿,字文甫,浙江金华人。雍正七年武举人,补江南大河卫千总,洊擢四川海宁营参将。御士卒严而有恩,多乐为用。乾隆三十六年,随温福征小金川,提督董天弼檄守牛厂石卡,旋为贼据,天弼自劾,并请治永闿罪。上念小金川事棘,置未问。永闿乃与阜和游击宋元俊献三策:一自斑斓山探小金川,击其首;一自美诺趋甲金达,击其中;一自约咱进取僧格宗,击其尾。用其言颇效。永闿善谋,谋定而战,元俊谙地利,进退有度,军有曹、宋齐名。不数月,悉复明正侵地,前后十余捷。

三十七年,随攻克布朗郭宗、底木达,执僧格桑父泽旺以献。明年师以贼扼险不得进,别取道攻昔岭,移营木果木。未严备山后要隘,而贼突薄大营,劫粮台,夺炮局,会运粮士卒数千争避入营,温福坚壁不纳,轰而溃,贼蹂入,温福遂遇害。是时,永闿军距稍远,闻炮声,遽严甲起,飞骑至,曰:“大营失矣!”问:“大将军安往?”曰:“不知。”傍一骑至,曰:“宜速退!”叱曰:“大将军不知所往,吾将焉往?”即蹀血进,殒于阵。同时殉难者,参将惠世溥以下四十七人。

何道深，字会源，山西灵石人。由武进士、乾清门侍卫出贵州提标游击。乾隆三十二年，兵部尚书明瑞总督云、贵，进讨缅甸，集诸道兵。明瑞闻道深训练营卒可用，檄至永昌。果整练冠他军。三路出师，以道深所统自随。从取木邦、破锡箔，逾天生桥，大战蛮结。贼立十六寨，竖木栅，列象阵力拒。道深冒矢石，攀栅先登，火枪中右额，纪功第一。

又从入穷乍，去贼巢阿瓦城益近。贼断木垒石守隘，官军粮少，火药铅丸垂尽，将旋，贼抄其后。道深为之殿，遇山谷险阨，必奋战，俾全师得度至猛育。未至猛育前二日，道深中鸟枪，夜息，部下校进曰："伤重矣。贼至日众，道险，难与敌。盍称病且逸归乎？"道深曰："贼众，乃将卒致力时也。"叱之退。明日，战益力。初，明瑞将中军趋锡箔，别将分左右军，异路约会师。及至猛育，两军渝约，前阻大山，贼尽塞蹊隘，环围数重，军杀马以食。三十三年二月，明瑞令夜拔营，以次冲出。平明，贼来邀截，道深立高冈指挥拒之，他军士得从旁脱出。道深自晨战至日中，被数创，始仆。

道深抚士严而有恩，其始闻檄调也。令二日即行，凡无子、无兄弟者皆弗从。殁后，军皆悲涕，以其带、发还，诏赐葬本邑。

沈齐义，字立人，浙江乌程人。乾隆九年举人，大挑用知县，发山东。历权冠、汶上、费、齐东等县，题补泗水。齐义有吏能，初往钜野办振，虑吏胥作奸，观自登记，历数十里皆然。冠有剪辫讹言，谓妖人翦人辫发，能以咒语摄其魂，令移他处钱物入己，被翦者数日即死。讯无实，悉纵去。他县狱上，皆获谴，人服其识。汶上为入都孔道，东门外石桥久圮，撤而新之。南旺、蜀山、马踏三湖，为漕渠水柜。堤坏，出资修筑，工固而民不扰。泗水多闲田，而民间畜蚕者少，悉令栽桑饲蚕，自此隙地皆桑，茧丝之饶甲他邑。费有冤狱，特缓其事，或以吏议惧之，齐义谓与其令民以冤死，毋宁被劾以去官。

三十七年，改授寿张。县境赵王河湮三十余年，大雨至，水无所泄,禾麦皆淹死,民多逃去。请募夫开浚,凡三十余里,上引范、濮诸水,悉达诸五空桥,自是南鄙无水患,民皆复业。故明藩府私田赋极轻,入清谓之"更名地"。部议加赋,寿张更名地二千四百余顷,先于雍正间,归入籽粒地,加赋,而旧名犹存。乃检寻故牍,以原委达大府,削除之。故事,岁办河工秸料及解京黄蜡,分里购买,吏用为奸,为往他所买解,民得免累。所至求民利病,若其身事。

三十九年八月二十八日夕,阳谷县党家店奸民王伦纠众突起为乱,入寿张。齐义闻变,即衣冠出莅宅外,斥曰:"吾非赃吏,尔等劫我何为?"贼伏拜,曰:"知公廉,民等亦素沐公恩。但须及早从顺,顺则生,逆则死!"齐义骇曰:"尔等不顾赤族诛耶?"大骂之。贼谓齐义不知生死,麾众退,令自为计。齐义即入,解其印,令掘坎埋之。复出,家人及宾友挽其臂,挥去,趋宅外,仆又牵马至,请上省告急,齐义曰:"若将使我蒙面见上官耶?"批其颊斥之。须臾,贼复至,有泣拜求请者。齐义大怒,拳足交下。贼拟以兵,齐义毒骂不绝口,遂攒杀之。先数日,齐义闻阳谷有妖人聚众,遣人四出侦刺,贼惧祸及,首劫寿张,故齐义罹于难。贼既破寿张,遂掠阳谷。堂邑县奸民王圣如亦劫杀村落应伦,权县事陈枚死之。

枚,字元干,广西全州人。由举人拣发山东,用知县。闻圣如乱作,即驰往搜捕,尽逮贼党妻子系狱,而圣如以伦众数千至。邑无城守具,人情汹惧。枚本摄任,将受代,或劝枚引去,枚指天日自誓,与城存亡。城陷,被执,怒目视贼,贼曰:"摄令为令清,赦勿杀。"枚愈怒,发竖眦裂,骂曰:"汝辈罪不赦,乃敢云赦吾耶?"胁以刃,不屈。其弟元梁奔救,手刃数贼,贼缚枚及元梁至王伦屯,逼令跪,仍不屈。贼先断枚两足,又断两手,旋支解元梁,弟兄同时死。

堂邑训导吴璱,福山人。年七十余矣,携侄文秀及仆王忠烈到官。贼劫学署,见其老,置不问,璱叱之,词甚厉。贼怒,杀璱及文秀与忠。阳谷县丞刘希焘、典史方光祀、寿张营游击干福、调守阳谷莘县汛把总杨兆立、堂邑汛把总杨兆相等,亦先后被害。

温模,字孙朗,福建长乐人。入赘为吏目,发甘肃,借补通渭县典史。乾隆四十九年,盐茶厅逆回田五倡新教作乱,聚石蜂堡,遂犯通渭。模以回民马世雄预告,知贼计,为之备。知县王楼惶怯不任事,模乃与县署幕客邵如椿、县绅李南晖同时城守。模率兵民登陴御贼,凡七昼夜。士皆用命。粮尽,请开仓给守者,楼持不可。城将陷,驰返官廨,正衣冠北向拜,键户自经死。世雄战死。

如椿,浙江绍兴人。父以申韩术游陕西,因占咸宁籍,补诸生。如椿就楼聘,事急,乃立城阃,袒而大呼曰:“好男子!当从我守城杀贼。”应者数千人。令壮者执刀矛,老弱运礌石,并集城上,而身率犹子曾燮登西塘,以当贼冲。城庳薄,贼蚁附上,手短刀格斗。良久,力不支,被执。贼方肆戮,犹大言曰:“首议守城者,我也! 何多杀他人为?”凡被十三创,曾燮被十一创,均骂不绝口死。

南晖,由举人于乾隆三十年任四川威远县知县,以疾告归。先于逆回苏十三肆扰通渭,有守御功。至是,又率子思沆、犹子师沆召募壮夫百五十人助城守,累掷大石杀贼。城陷巷战,与子恩沆同骂贼死。师沆自经死。安定县典史费元灯,亦以奉檄侦贼被害。

汤大奎,字纬堂,江苏武进人。乾隆二十八年进士,授福建凤山县知县。五十一年冬,台湾贼民林爽文作乱,起彰化,其党曾伯达等应之,南窜凤山。县故无城,仅土垣三尺许。时大奎已秩满候代,属贼势蔓延,乃率僚佐募乡勇,日夜守御。贼来攻,与参将瑚图里击却之。瑚图里驰马逐贼去,大奎闻城北有警,捕内应四贼,斩以徇。方奖厉兵役,贼突进北门,入县治,典史史谦死之。大奎朝服坐听事,手剑击贼,贼刃交下,犹瞋目詈不止。长子荀业从之官,先以父诗文稿畀其戚,令远避,身佩刀蔽父不去,同遇害。大奎初丧其元,城复后,有仆识大奎系发线,形容亦约略可辨,因并入棺。孙二,贻汾自有传。

谦,字昭和,顺天宛平人。先遣子善战奉大母出避,乃与大奎同城守。死后亦丧其元,为百姓窃埋之,贼退始改殓。

周天纶，字理甫，直隶天津人。乾隆二十年，由贡生捐职州同，发福建，补台湾府彰化县丞。数年，知民顽，忧形于色，屡言于上官，斥不信。任满，将引见。假公事滞诸诸罗。乱作，大纶奋入县治，县令懦，甘以身殉。大纶曰："国家建官，命能守，不命能死。坐致民逆，死以塞责，小丈夫也。"激之，弗应，为谋所以御贼计。夜，贼入，据县治，有见大纶者，缚去不杀，而劝之降。大纶大骂之，贼揾其颊，抚颊大哭曰："此颅乃为贼污！"首触柱，额裂。囚数日，卒遇害。大纶仆陈德以护主不去，大纶死，以头椿贼，支解死。

寿同春，名星，以字行，浙江诸暨人。习文法，客台湾淡水厅同知程俊署，年七十余矣。竹堑城陷，俊先以出捕贼遇害。俊子携印走，同春为贼执，佯为所用，贼留其党三十六人守城，而自出掠。同春客淡水久，胥徒皆熟习，士民皆信服，潜为纠合甚众，出不意，就同知听事骈斩留贼，即日闭城门，为朝廷守。贼闻大骇，悉众返攻，同春部勒其众，日夜登陴。樵苏既断，发屋掘鼠为食，得间，辄出选锋击贼。相持数日，贼稍引却。道通，署同知徐梦麟始以印至，次第招抚附近胁从者，梦麟一切倚同春办治。是时，首逆负嵎，据大里杙自固，官军环营其外，疑莫敢入。同春草书与梦麟，令上军门，速攻之。久乃得报，合六路进剿。同春率官军从西路入，而鹿港之兵，迁延失期。既入，无援，马蹶，被获。贼恨同春久，至是喜得报，攒刃支解之。

又广东嘉应州人李乔基者，名安善，以字行。善少林拳术。客台湾，见土豪啸聚相雠杀，叹曰："乱将作矣！"乃简侨寓南北庄人团练之。乱作，郡城大震。召诸健儿曰："贼众一共而出，遂破彰化、淡水、诸罗三城，所不即取郡城者，惧粤人蹑其后耳。吾出兵牵制之，贼至则守，去则击，相持久，则援师且至，贼不足平矣。"集万余人，庄为栅，里为台，计亩以为粮。一庄有贼，诸台应之。贼数至，皆不进逼。十二月，率三千人从知县张贞生复彰化，已而粮尽，士卒多散去，城复陷。明年正月，复从总兵柴大纪复诸罗。自起义兵与贼二十余战，斩馘万计，贼衔之，以万金购乔基首。二月，乔基与从子举柏率健儿数百人赴鹿港请火药，为贼所侦。还至青坰，伏发，御之，杀数百人。贼大至，矢石交下，突围出，失举柏。乔基三入贼中，伤左股，被获，诸健儿皆战死。贼诱乔基降，骂贼，贼断其舌。缚而射之，犹不屈，乃磔焉。至是白衣冠哭者万余人，皆誓不与爽贼俱生也。是役也，死事之烈，以乔基为最。

　　熊恩绂，字隆辅，广西永康州人。乾隆十七年进士，父疾，意不在试，以讹脱列下等，归本班选用，选授直隶永安县知县，累迁永平府知府。四十三年，高宗东巡，召对称旨，擢霸昌道。改大顺广兵备道，为政务持大体，尤慎刑罚，时语人曰："虑囚，但久跪索供，感寒湿即病足，或发他疾，皆足致死，岂独三木能毙也？"

　　始单县有刘某者，习八卦教，煽惑乡里，官捕而杀之，械其子于狱。人复就获中传其术，从者益众。自山东、河北、直隶境无虑数万人。而段文经故胥吏，以事斥革家居，性险诈，屡挟数以役人，群服其黠，奉以为帅。立期劫单县狱，图攻夺州郡。恩绂闻之，下元城令密捕所在匪党，而郡县吏皆通贼，多为耳目者。走白贼云："将屠灭汝等。"贼骇且恚，突于五十一年闰七月十四日夜半毁道署，入，杀恩绂。恩绂闻谯声，疑失火，旋知有变，亟还。令人守库，举印授妻缪氏，挺身出，大骂。贼攒刃斫之。

　　贼固与其党有成约，以先期起事，不及应。戕恩绂后，即散劫郡县署，皆以有备不获逞，故邻境得以次禽获。恩绂被害，尸面如生，两手犹作搏贼状。家人以守库被杀者六人，印以缪氏匿之，得无失。恩绂逆折贼谋，不至如三省教匪蔓延不已，躬犯大难，论者多之。

　　宋如椿，汉军镶红旗人。以宝庆通判权乾州厅同知。乾隆六十年正月，黔、楚苗石柳邓、石三保等叛，厅苗响应，居民争避窜。如椿召谕曰："若属先人邱垄皆在，不可弃。同知地方官，当为若效死守。"皆许诺。已而贼势张甚，弃去者大半。如椿被发徒跣，周走号呼，劝之守，自旦至夕，不绝声，迄不听。贼旋攻西门，如椿仗剑出御，伤左腿，归，北向再拜自刎。从人张忠在侧，固遣之，弗去，亦被创死。方贼攻急，如椿度不能支，呼巡检江瑶佩厅印，令赴辰州求援。瑶出城，遽遇贼，死。其子朝栋挈印送辰，归，觅父尸，与家属俱遇害。

赵福，湖南零陵人。由行伍随征金川，有功，累擢至镇箪中营守备。逆苗滋事，驻守渌溪口，渌溪为镇箪粮道，约士卒严，民安之。五月，官军从狗脑岩溃归，贼众近万人，谋绝粮道，攻之急。时守兵先抽调其半，民请福避去，福曰："兵卫民，将统兵，尔辈可去，吾奉命守渌溪，去一步，即失职。苗至，福怒马奋槊当先拒之，杀数十人。苗分番更战，民以福不得食，为纳橐饘，福挥去之。且曰："贼之不遽追戮者，以我在也。我死，合力追汝，无噍类矣！"民泣涕去。麾下五十人，感福义，无一逃者。战一昼夜，溪桥被撤，卒死且尽，手过山枪三发，毙苗数十人，指掌焦烂，不能持，身被数创，投溪死，民隔溪望者，咸痛哭。苗旋散去，难民数千赖之全活，后架数椽祀之，曰赵将军庙。

刘升，邵阳人。宝庆协把总，从副将某征苗，副将逗留不前，升于众中出谩语，某衔之。师至狗爬崖，令率百人为前锋，约举白旗为后援。升策马轹阵，贼不能支，侦无后继，复悉锐，首体糜粉，无可收痤者。后祀昭忠祠，主入时，旋风暴起，吹气作血腥，袭众几仆。时以乡团死最烈者，有滕家瓒。

家瓒，湖南麻阳人。诸生。有膂力，能负铁炮击贼。捐布政司理问职衔，居高村，与乾州苗接壤。乾隆六十年，逆苗掠麻阳，家瓒同兄监生家瑞、弟武生家瑶，悉出家财巨万，设卡堵御，有功。自正月至四月，共打仗十八次，杀贼八十余名，贼恨之。总督福康安宠异家瓒，家瓒为画破贼策甚备。一日，家瓒率众守溪口，贼骤围其居，曰："出家瓒，祸可已。"族弟武生家泰挺身出，语其村人曰："岂可惜一身而害一村？"遂大骂贼，自承为家瓒。贼剥家泰皮，至死不更一辞。又执其家口，始知非家瓒也，全家被害。家瓒闻而驰救，无及，请官兵援助，官军忌其能，不助一卒，且檄调乡兵他去。家瓒复往溪口,与众共守,贼急攻之,力斗死。

熊水清,字广铨,广东平远人。以监生纳捐,发湖北,补保康县典史。嘉庆元年二月,白莲教谋反,姚之富、齐王氏起襄阳,曹海扬、祁中耀起房竹,王兰、曾世兴起保康,众各数万。齐王氏掠州郡,与王兰会保康之白溪沟,贼党杨昭为内应,水清计禽之,徇于众,贼衔之。时守城兵以巢苗他调,县令畏贼他往,城中空虚。水清给印札晓谕四乡,激以忠义。贼遽至,县城故库薄,水清拒守,杀贼过当,历五日夜不懈。遣勇健诣郡乞援,为贼得,围益急。水清知不可为,旋署,语其妻曰:"吾义不屈,尔其自为计!"妻誓先殉,子其馨等及家人皆愿从死。遂出,城已陷,遇贼县治前,骂贼,死焉。教官黄义峰、吴珍义,子其馨、其芳,族子祚超,妻弟林凤良同殉之。妻林氏、子妇韩及孙女与仆妇、婢女等,皆阖户自刎。水清死后,乡勇始集,皆头插小青箬为识以别贼,从援军禽贼首王兰、曾世兴。小青箬者,即水清印札之号令也。

贼旋犯竹山。竹山县知县刘大成,江西新昌人。乾隆四十六年进士,选授莅任。县界万山中,故有专营驻防,亦以巢苗他调,留者仅百名。大成先捕得贼党,有"约期抢据竹山"语,即飞牒告急,且与僚属谋,曰:"吾守具未完,为贼乘,必困。不如出据险要,相机堵御。"方派拨间,贼已据保康。乃以典史吴国华、守备孙抢魁分守县治及隘口,而自守武阳堡,当其冲。纳县印于怀,据险设伏,遴健足侦探,终夜无少休。贼突越后岭,入县焚掠,国华、抢魁俱不支,先后至武阳。大成复率以赴剿,枪毙十数,贼来益众,遂退往武阳。国华、抢魁方出点兵,大成乃遣亲信出探隘口。比反,大成已肃衣冠佩印北向自缢矣。国华、抢魁踵至,愕然,亦殉焉。别股贼犯襄阳吕堰驿,巡检王翼孙亦以拒战死。

翼孙,江苏长洲人。吕堰当驿道之冲,无城可守。翼孙闻变,募乡勇戒备,而贼已大至。翼孙率众迎击,歼先锋三人,遂登大桥御之。贼来益众,乡兵溃,又手刃数贼。贼矛环刺,受伤重,跳而投于水。贼以钩起之，攒刃毁其尸。翼孙初至任，预立御贼章程，一乡勇十，设头目一，头目十，设总头目一，各相钤制，统于巡检司。附近村落，单丁独户，皆迁于镇。选壮者充乡勇。设哨探，定功过。储粮秣，练刀仗，禁饮博，其区画为甚备云。

王行俭，江苏溧阳人。由举人大挑知县，发陕西，补南郑县。以承审命案不实，褫职。嘉庆元年，投效军营，二年，教匪窜汝河，以平利县防守严，向东南逼白土路营。时行俭带兵六百名，偕都司赵禧御之，贼分股前后夹攻，禧中刀伤殁。行俭骂贼不挠，身被矛伤十余处，阵亡。以离任文员，带兵协剿，骂贼捐躯，诏深恤之。

王铣，字丽可，江苏武进人。以四库馆誊录劳，授华阴县丞。性介，不合上官。先调守山阳丰阳砦。纠养勇八百余人，皆锋锐可用。铣被丰阳知县檄入城共守御，义勇以所将非人，被歼。铣为建祠山阳南关，勒石志名姓，哭之。三年，调至洵阳佐理抚恤事。县令图与铣分吞振款，严斥之。县令恚，图中伤铣，以行台省需饷，急荐铣。行至雒南庙沟坡，坡高二里，铣已北下坡，家人甫押后队逾坡脊，贼高均德大队至坡南，探骑二，纵辔驰上。家人大呼，速铣下马避贼，铣不应，探骑至坡脊，驰下夹铣去，几一里，复驰回，一骑以矛剔铣面，一骑就刺胸及胁，皆洞穿而死。同以运饷死者，四川省有汪兆鼎。

兆鼎，字子元，武进人。亦以四库馆劳，授直隶枣阳县丞，以事褫职。赴四川军营投效，未用。四年，同郡朱向隆为达州巡检，有解饷之役，邀兆鼎偕。至东乡县太平石岸遇贼，向隆跳，众谓兆鼎非蜀官，盍亟避，兆鼎弗应。乃各奔，兆鼎独守饷，骂贼被害。

左观澜，字绣川，江西永新人。由举人大挑知县，发陕西，权五郎厅通判。五郎扼要川、陕，无城。观澜莅任，既募乡勇训练，即牒大府，捐廉雇役，筑土城，躬自督之。半月工竣，三日而教匪至，悉精锐启城追剿，斩获甚众。数日，贼突出别道，薄城，众寡不敌，请援又不至，观澜乃召子承荫等励之，皆泣对曰："愿从死。"即分兵乘城，夜多燃炬束，老弱大呼噪，贼不知虚实，引去。将军德楞泰、明亮至，询状惊叹，遣守备率兵驻城中，听观澜节制，城守益坚，民乐为用。

以劳补安定县，西安府启巡抚留之，巡抚悟，立止毋去任，而贼果悉众至。见观澜立城堙，咸错愕。观澜谕贼降，次日二百余人至，观澜纳之；守备求欲歼以要功，观澜不听。乃庭集降者曰："汝等欲终从贼，即听去。"降者稽首谢不敢。以后至六人，不可信，令降者自别之，果于里衣得贼党所以为识者，即斩之，投六首城外，贼骇遁去。

三年，贼复大至，观澜舁大炮城上为御，手发炮毙贼无算，观澜亦以炮裂伤颅，负痛，解佩刀付承荫，舁归署，亟遣人间道请代，乃卒。后二日，援兵至，承荫泣叩军门，愿复仇，总督那彦成哀而壮之，俾随官军剿贼。四年十月，蹑贼沙沟口，力战阵亡，犹手父佩刀不可拔。父子俱殁王事，赐恤尤厚。观澜事继母以孝称。兄观海，官上思州知州。时有兄弟争财者，适得思州书，念弟甚，引苏轼"世世为兄弟"句，观澜读而泣下，付讼者兄弟令阅。讼者感悔，泣谢去。

董宁川，直隶永宁人。由武举选授贵州镇远镇标守备，随剿苗匪。嘉庆元年，累擢至湖北兴国营参将。三年，随总兵诸神保等军剿教匪，赏健勇巴图鲁名号。复随副都统额勒登保进剿终报山，偕都司张廷楷等自西入，奋勇夺山隘。官军鱼贯上，并力攻击，禽首逆覃加耀等。股匪刘成栋、张汉潮、张添伦分扰巫山、荆门及扑闹杨坪边隘，先后击败之。四年五月，股匪高均德窜云路沟边隘，偕游击姚国栋合攻，贼奔梓桐垭，复偕都司刘应世由峨迎截，歼二百余名，余匪溃。宁川见有骑马二贼目，追益力。至树林中，贼弃马遁。宁川令弁兵围山腰，自率弁兵数十，下马追入深林，贼并队转斗，宁川中矛伤，仍手刃十余人，毙骑马贼一人，力竭，殁于阵。事闻，诏曰："董宁川下马击贼，至被戕害，似此忠勇之臣，不能承受国恩，为之堕泪！"命直隶总督胡季堂赠宁川母，命湖广总督倭什布送宁川子及家属归原籍，皆出异数云。

韩嘉业，字健庵，甘肃武威人。父增寿，官凉标千总，随征金川战死。嘉业誓报父仇，入伍有功，累擢至陕甘督标游击。

嘉庆元年，四川教匪滋事，陕西兴安府属地相接，奸民乘机蠢应，踞安岭为巢穴，凭高恃险，立木城。又于高庙山设立大卡，形势陡骏。嘉业奉檄率兵由羊毛子堰进克之。复会他将进逼安岭，遣健卒潜烧木城。贼惊溃，乘胜取大卡，禽戮无遗，擢参将。四年，复败李树之股匪，追出班鸠岭，贼窜六道河，嘉业循河右追贼至庙子坝，贼遁入川境。未几，贼又由川界老林入南郑，时嘉业循江防守，闻之，亟率兵前驻法慈院，堵其北窜。贼将就浅涉嘉陵江，而沔县贼三四千人，由阜川逼近官庄，陕甘总督松筠令嘉业偕直隶守备麻允光择要迎击。贼全数出钒峒子，嘉业驰马首先冲入，贼分两翼绕马家岭自上压下，四面合围。嘉业力战突击，马蹶，复箭杀执旗贼。贼以矛直刺，甘肃镇标把总高腾蛟从旁格之，遂杀持矛贼，而群贼竞进，嘉业中矛仆，遂死。腾蛟以身蔽其上，亦死，允光亦战殁。事闻，优恤，谥武烈。后嘉业兄庄浪协副将自昌，亦阵亡蓥屋，命共建一祠，赐名双烈。

叶槐，字荫阶，浙江钱塘人。父文麟，官陕西，权孝义厅同知。教匪蹯秦中，槐闻警省父，即其牒军门自劾。嘉庆二年正月，奉檄率乡勇剿贼于光头山，贼旋由河南卢氏窜商州，与孝义接壤，随父乘障揸拄，贼不敢入。别股贼复由汉中东窜，将由镇安、五郎逼孝义，复佐父堵御。凡团练首领可用者，必倾身交接，以是豪健依附者甚众。西乡急，请援。槐选其锋赴之。比至，贼即北窜。城固、洋县有警，又率以往，贼遁入山。部分其众，守通栈要路，而自逐贼，入虢川等处，阵斩贼，获骡马器械均无算。

贼东奔大峪口，孝义在重山中，无城郭。槐虑不能当，请援孝义，大府不许。槐不自安，拔营东追，果遇贼。会别部兵至，谓遇贼得捷，贼未必再犯孝义，阻其返。槐终虑孝义被困，复言于大府，谓

"不发兵即单骑行矣。"词气激昂,闻者色变。大府乃许拨乡勇一千六百人随槐行,抵孝义,贼果至。乃据险结营,令四山放号火,以张声势。西南贼尤劲,乡勇人人思斗,遂破贼前队,斩其酋三人,贼稍却。大队来攻,复并力冲杀,贼无可乘,乃解去。

大府调其父权富平,槐亦入资为县丞,当就选,恋父不行,留大营司侦候事。会贼渡汉江,逼洋县,醴泉县知县陆维基请行,举槐为助,慨然偕往。维基带勇练登手扳崖,至巅,遇贼,骂贼死。槐数突围不得进,左旋至山梁,力竭,贼矛刺腰,大创死。仆四人皆从死。槐以卫父至,而卒死于兵,时皆壮之。维基、顺天大兴人。

毛大瀛,字海客,江苏宝山人。少以能诗名,为"练川十二才子"之一。由附监生充四库馆誊录,用州同,发陕西,累为河南巡抚毕沅、山东巡抚惠龄调用。大兵征廓尔喀,惠龄督四川,办理济陇粮务,檄大瀛赴西藏差遣,事竣,留川补用。借补潼川府经历,以军功擢授中江县知县。嘉庆元年,檄赴湖北军营随剿教匪,复以军功擢授四川简州知州。时惠龄由湖北入川,沿路剿贼,大瀛从之。四年,回简州任。五年,股匪张子聪窜潼河,扰三台、中江地,官军分路截剿,贼复分扰遂宁、乐至等外,由金堂之广元寺,肆行焚掠,及简州境。大瀛率乡勇前往堵御,行抵上桥沟,马步贼蜂至,力战遇害。大瀛屡入督抚幕府,工笺奏,业此者二十年。山东巡抚国泰为在京旧交,国泰性暴戾,独敬事大瀛。国泰被严谴,大瀛尽始终之谊,为时所称。恤世职,孙岳生袭。岳生亦以诗文名一时。

张大鹏,陕西紫阳人,子楚常、希贤、绍堂,孙应朝、应邦、应选,皆诸生,余皆布衣。家世以忠义为教。嘉庆元年,贼犯紫阳洞、汝二河,官军未集,大鹏率子孙、出家财募乡勇八百余人,助有司守御。贼掠龙形、响水二沟,楚常率众进击之,杀三人,遂前攻贼寨。山骏雾作,中伤归。后三日,贼至大水沟观音堂地,绍堂杀贼魁六十余人。又三日,希贤与贼战桃园,复杀三十一人。当贼之起,势猛锐,官军亦避其锋。至是连见杀伤，大愤，遂率党数千人至，希贤首出逆战，中枪死。绍堂据险隘，复为贼杀。大鹏气益奋，更率其孙应达、应禄、应恺，应试等持械深入，冲突跃呼，所杀伤甚众。卒以众寡不敌，皆战死。初，张氏父子及孙凡十二人，自贼之兴，战死者七人，溺死者一人，伤者二人。陕西以乡团死者，又有兴平人白廷英。

廷英，县举乡饮宾。嘉庆二年，教匪由蜀渡汉江而北，众十余万，终南近山无完村，廷英督乡人筑村后张家寨避之。三年二月，贼自城东窥寨，寨人不二三百，贼急攻，枪矢雨下，下壮悉溃。贼蚁附而登，廷英骂贼死。弟廷才、廷扬从死，贼俱焚之。次子筐廷英头去，贼逐之，筐倒，头落山下，后得于谷底，尸则焦烂不可辨矣。廷英年七十五，凡以守寨死者八十余人。

是年，四川各乡团之死难者，为广元人杨继晓，世居高城堡。继晓姙十三月而生，既壮，以气力伏一乡。捐职州同知，随父玺苏州督粮同知任所。闻教匪扰蜀，归省母。时巴州已破，继晓与同县贡生杨哗等倡议团练。罄家财，得千余人，请县令给札为守御，县官不省，散去。贼破南江，距县境长池数十里，县令始速继晓出御。以乌合一散不易集，议先虚声挠贼，作高城堡、人自相要约语，列名至多，书投贼营，贼果迟疑不遽进。会陕贼姚之富等数万人穿老林出，将至德山，木门贼亦以数千人将至通坪。通坪居高城后，德山互其胁，长池枕其前。继晓谋于众，攻长池者，县官自御之。而自任后路。夕漏三下，与族人杨冕率众出木斗之横江梁，遇贼先锋，斗之。贼大队至，不可敌，乃据险趣哗济师。贼登山，瞭知兵少，无继，合围击之。继晓手刃数十人，力竭被执。至九曲坡，欲诱降之，大骂不屈，贼刳其腹而焚之，从战者皆被戕。哗以三百人来援，至则皆殁，杨氏一门亦尽歼。

杨堂、梁崇、李培秀，皆广东嘉应州人。堂官四川苍溪县典史，崇官陕西咸阳县典史，培秀官陕西试用典史。嘉庆三年，王三槐扰蜀，大军追剿急，亡命四窜。堂守永兴场，士卒哗曰："贼至矣！"皆欲走,夺手剑叱曰:"贼未至而弃粮,法当死,孰若守粮而死也!"贼至死之。三年,大军驻镇安剿张汉潮,梁率乡勇剿凤皇嘴贼,散,解囚回省。至孝义厅,遇贼。崇释囚七人,曰:"若曹于法当死,然死于贼则枉,吾不忍也。可速去,毋从贼。余义不可逃,死共所矣!"贼至,被执,不屈死。五年,培秀从大军挽粟至四川大宁县,与贼遇,尽委辎重于河,遣其仆曰:"速报大营,贼不得粮,必掠东郊,截而击之,可尽覆也。吾死不及见矣!"大军果破贼。讯俘,言培秀死时,贼不得粮,被二十一创云。初,崇所释囚七人,皆归狱,报崇死事状,曰:"吾不负梁典史也!"至是七人皆赦。

曾艾,字虎卿,湖南新化人。尝割左臂疗父疾。以例贡考授州同,发江西,署安福等县。艾夙为嘉勇贝子福康安所知。辰州苗变,随福康安军令守麦地汛,从克诸砦有功。嘉庆元年,补贵州永丰州分防州同。州隶南笼,故苗地。州同驻册亨,在万山中,尤险远难治。艾督各砦守本业,民、夷悉安。二年,遣人迎眷口,甫至,而南笼仲苗七柳须等遽叛。艾闻警,约驻防把总外委坚守,并谕四乡亭目,招集良苗,缮城治械,令出肃然。贼至,部分守御,自出城奋击,往来策应。城中妇女,亦改装登堞。相持半月,援兵卒不至。贼众数万,围益急,手发矢毙执旗贼魁。北门火起,率队趋救,遇贼城西隅,巷战,中枪死。仆九人从死,两妾闻讯皆自刭。次子为其戚携出,号泣曰:"吾父母皆死,何以生为?"贼尾及之,亦中枪而殒。事闻,皆予恤。改南笼为兴义府,永丰为贞丰州。

艾同族彰泗,字孔林。以拔贡生朝考用知县,发陕西,授延川县。嘉庆十年,权洋县。时教匪被剿势衰,以终南山为窟穴,搜捕不易。朝议改五通通判为同知,添设宁陕镇总兵,募兵六千,改十大营镇之,而以积年立功无业可归之乡勇充伍,为善后计,名曰:"新兵"。新兵素难御,司储者又误扣米折,于是陈先伦、陈达顺等于十一年二月作乱,戕官,连破营城十九处,逼洋县,彰泗拒守七昼夜,援兵阻河不能至,城陷。彰泗死之,民保其眷属潜出,故不及于难。

罗江泰,字静波,浙江黄严人。家贫,习贾。去投营,由外委历
擢游击,皆在浙。由参将至副将在闽,总兵又在浙。前后与提督李
长庚相左右,而在闽功特显。长庚锐意剿海寇蔡牵,专意外洋,凡闽
内事均以属江泰。贼船高大,官军抑攻失利,檄江泰造霆艇。艇成,
陵贼船,贼大困。南走福建。江泰于白犬洋、四礵屿、头东碗各役俱
有功,护海坛总兵。遂赴南洋,合金门总兵何定江截牵去路,横击于
铜山,追至浮鹰洋。贼冲礁走,匿山上。江泰搜山,禽贼目王朱,又
焚贼船于仰月横山,贼皆堕水死。在闽逾年,凡十击贼,号"敢死
军"。贼见江泰军,辄引去。擢总兵,镇金门。九年,移镇定海。是
时牵甫窜台湾,长庚正总闽、浙水军,同心戮力,誓杀牵。十年九月,
牵船泊道头,忽遁去。江泰从瓯洋会八总兵追之,至尽山,失牵所
在。黑云起海上,亟令移港,风骤至,白波山,群舟相击触,顷刻破
碎。江泰大船帆重不可下,下及尺,船遽不知所终。朝命沿海各省
探访,久之无得者,葬衣冠黄岩。

霍永清,字肇元,广东南海人,居澜石乡。膂力绝人。嘉庆十四
年,海氛未靖,大吏行封港策,海贼无所得食,相率蹂躏旁海各乡,
渐入内地,所过焚掠,怯懦者遂以款贼为得计。八月,贼联数十艘由
陈村、平洲、小囲直抵澜石,众议款之,永清曰:"彼恃舟楫为利,今
深入重地,自取死耳。好男子从我杀贼,何为低首求免乎?"主款者
阳受约,贼至,从壁上观。永清独率乡勇堵御,相持一日夜,贼稍却。
明日,督勇再战,而款贼者导贼从村后掩入,腹背受敌,力不支,中
炮仆地,左右五人并死之。乡人以永清以死勤事,建祠祀之,名祠曰
愍义。

强克捷,陕西韩城人。嘉庆十三年进士,即用知县,发河南,补
滑县。十八年九月,教匪李文成谋乱,期十五日与伏京城贼林清中
外同起事。克捷初莅滑,有退吏某方讼系,为白其诬出之。吏诇文

成等逆谋，告克捷，历申于守，不应。初六日，突执文成，严诘谋叛状，笞断其胫，及党二十四人，镉之狱。夜半，其党牛亮臣突劫文成出，攻某吏，屠其家，踞城以叛，克捷及家属俱死之。后文成焚死辉县，林清伏诛京城，诏："克捷首先访获逆党，俾二逆失约败谋，后先授首，实属功在社稷。"优恤，谥忠烈，祀京师昭忠祠。于韩城、滑县皆建专祠，与难者均予附祀。并以前大学士王杰同隶韩城，士风淳茂，永广文武学额各五名。

在城者老岸镇巡检刘斌、教谕吕乘钧、典史陈实勋同时预难；把总戚明彭以拒贼阵亡：均阖门殉节。逆党赴朱村说降，诸生朱继连不屈，率村人战殁。滑县变作，党徐安国起长垣，知县赵纶；又党朱成贵起曹县，知县姚国旃；陷定陶，知县贺德瀚；均死之。

纶，浙江钱塘人。国旃，安徽歙县人。林清将为乱，金乡县令廉知其谋，即羽檄各县，皆不之信。国旃以幕友吴星萃力陈利害，乃为缉捕计。以吏役多通贼，故贼攻县治，急求星萃甘心，先国旃攒数十创死。

德瀚，长沙宁乡人。事急，令家丁赍印赴府告变，幕友朱树堂等皆死于难。在籍洙泗学院录孔毓俊等则率乡勇助官剿贼，战死奋义村。

林清果于九月十五日率逆党持械阑入禁城，头等侍卫那伦应值太和门，闻警趋入，有劝其缓行者，不听，曰："国家世臣，当此等事，敢不急趋所守耶？"至熙和门，门闭，贼蜂至，被戕。那伦者，前太傅明珠后也。

宗室奕湄，镶蓝旗人。由笔帖式累擢至内阁侍读学士。四年，命以头等侍卫为和阗办事大臣。六年七月，回部逆裔张格尔入卡滋事，勾结喀什噶尔回众为内应。帝以和阗附近，命加意严防。八月，贼分扰叶尔羌，命扬威将军大学士长龄带兵往剿，取道和阗，奕湄派绿营弁兵前往策应，谕奕湄："随时查探彼处实在情形，如叶尔羌见在被围，当令迅速相机前进，仍严防后路，毋堕贼计。否则即留兵和阗防堵，以壮声威。"旋以叶尔羌失守，贼四出滋扰，奕湄仍回和阗驻守。贼逼城下，援兵未至，城兵仅八十余名，奕湄昼夜严防，力竭城陷，死之。帮办大臣桂斌同与于难。

景兴，李佳氏，满洲镶红旗人，驻防伊犁。官佐领。嘉庆二十五年，喀什噶尔卡伦外布鲁特滋事，伊犁将军庆祥以景兴熟悉回情，奏派驰往查看。经参赞大臣永匠奏留署协领事。道光六年六月，张格尔复率布鲁特滋事。庆祥又令驰往侦访，设法进剿。旋与七品伯克帕塔尔生擒奇比勒迪之子侄，缚解来城，伏诛。又探得张格尔与从前滋事汰劣克一处居住，即乘其未备，剿杀逆回百余名，生禽楚满一名。奏入，帝嘉之。是年八月，喀什噶尔城陷，与防御佟善等皆力战阵亡。喀什噶尔城围攻两月有余，以城中回匪响应，穴地道而进，遂致不守。文员则七品小京官衔陈孝宽，以戍员派办文案在城，与巡检陈天锡、未入流陈德隆均死之。

王鼎铭，字新之，山东峄县人。由廪贡官中书，除湖南新田知县。道光九年莅任，先投城隍庙，誓于神。治事甚勤，夏旱，跪祷烈日中，有应，以是得民心。十二年正月，江华徭匪赵金龙乱作，湖南提督海陵阿进剿。鼎铭虑煽邑徭，即冒雪步历瑶棚戒谕。复召瑶长，晓以国法。与教官率绅士练乡勇以守。突闻海陵阿等被戕池塘墟，即督众御贼。城外贼逼甚。将往谕贼，居民泣阻之，或报曰："贼至！"城民惊窜，鼎铭朝服坐堂皇待之，书于几曰："仇我当杀我，勿伤我百姓。"指三尺练曰："城亡，吾以此死。"以贼踪尚远，徐之。近县宁阳、桂阳民感鼎铭之能死守，集万人请带剿，于是四路同进。贼分队出，毙之无算。越日，桂阳之临泰、大富等乡复集二万人，鼎铭身先策马出城南，誓大创之。贼突以枪炮抵拒，死甚众。先是贼密约邑徭供送药丸，徭未肯负鼎铭，不与。贼乘夜胁取，故火器复烈。众溃，鼎铭殿后，贼追至，大肆杀戮。鼎铭四顾恸曰："奈何杀我百姓？"中炮落马，剜两目，身首异地。邑人得而攒之，越九十二日始改敛，面如生。

鼎铭殿后时，马蹶，邑武生郑奇光以所乘马授之，鼎铭不可，强扶而上，鞭马使疾驰，回身舞刀捍贼，受重创，死之。

吕志恒，江苏阳湖人。由监生捐县丞，发福建，累擢至台湾府知府。道光十二年，嘉义县贼匪张丙等纠众滋事，焚掠各庄，志恒率署知县邵用之分路剿捕，用之行至店仔口被戕。志恒复带兵击贼于大排竹，以众寡不敌遇害。先是逆匪辄以贪官污吏妄杀无辜为词，帝疑有激变事，下福州将军瑚松额等查奏无据，如例予恤。

方振声，顺天大兴人。由供事选授福建巡检，升嘉义县斗六门县丞。贼逼斗六门，振声树栅浚渠，率兵勇防堵。贼首黄城率匪党攻扑，与署守备马步衢等协力守御。贼黉夜纵火，蜂拥入栅，振声持刀巷战，戮数贼，刀竭遇害。幕友沈志勇等同死之。妻女皆被戕甚惨，步衢与把总陈玉威亦同时阵殁。

杨延亮，字菊泉，湖南长沙人。嘉庆十六年，举乡试第一，成进士，用知县，发山西。道光元年，补赵城县。十五年，推升云南南安州知州。时赵城有奸民曹顺，以治病为名。传习先天教，与其党谋为不轨。敛钱造械，约八月分往平阳府、霍州、洪洞县同时起事。三月，延亮尚未谢赵城任，侦得其状，即饬兵役缉之。贼知谋泄，即纠党潜入城，黉夜放狱囚，焚县治，延亮死之。母妻子女及幕友杨成鼎同时遇害。事闻，诏用强克捷例予恤，特谥昭节。

师长治，字理斋，韩城人。由举人捐内阁中书，改知县，选浙江上虞。道光二十一年，再选湖北崇阳，莅任甫百日而及于难。先是，县胥役催征钱漕，久为乡民害。生员钟人杰、金太和等起而包输纳，不数年皆骤富，与县胥分党角立。前令折锦元惯不台事，一惟胥役所为，致两次哄漕。援巡抚伍长华批牍"漕石加征一斗"语制扁送县，毁差房。武昌知府明俊务调停姑息，于是奸民日肆。锦元旋劾罢，以金云门权县事，禽太和置武昌狱，势少戢。

其年九月，长治至，人杰闻上游檄捕急，疑其仇生员蔡绍勋所潜，纠党数百人篡取之。至则绍勋遁入城，蹑追抵城，门闭，内外鼎沸。长治登城谕，不退，持竟夜。质明，人益众。逾缺入，大索绍勋，不得，迫长治申状，言绍勋作乱，人杰倡义捕反者，并请释太和。时明俊以事至蒲圻，距崇阳一日程，长治先期遣长子怀印潜出，请明俊莅县镇抚，而明俊急返武昌。众益张，长治骂不屈，遂遇害。妾吴氏及侄女皆自经。家丁曹彬被杀。时十二月十二日也。

人杰以长治始至，无可归罪，乃槥敛而哭祭之，言已以报仇仓卒，误戕良吏，事不获已，遂据城叛，胁众逾万，陷旁近数县。明年正月，人杰等伏诛，恤世职。弟长镶，官参将。于咸丰七年，援剿安徽，与贼战婺源之横槎，阵亡。

王光宇，字溥泉，兴宁人。以未入流分湖北，历权典史、巡检事，治盗有声，补崇阳典史，变作，衣冠自经死。

清史稿卷四九○
列传第二七七

忠义四

张锡嵘　　**王东槐**　曹獬坚等　　**周玉衡**

王本梧　陈宗元　**明善**　觉罗豫立　世焜

徐荣　许上达等　**郭沛霖**　王培荣　**朱钧**

钱贵升　徐曾庚　**萧翰庆**　**黄辅相**　福格等

孔昭慈　**徐晓峰**　**袁绩懋**　**杨梦岩**

邓子垣　罗萱　**侯云登**　**黄鼎**

陈源兖　**瑞春**　鄂尔霍巴　许承岳　潘锦芳

廖宗元　**刘体舒**　李庆福等　**李保衡**

徐海等　**淡树琪**　**褚汝航**　夏銮　陈辉龙

储玫躬　**李杏春**　**朱善宝**　**庄裕崧**

万年新　易举等

张锡嵘，字敬堂，安徽灵璧人。咸丰三年进士，选庶吉士。四年，安徽巡抚袁甲三奏请总办灵璧团练，授编修，记名御史。十年，命视学滇南。时回匪作乱，府县多为贼踞。或劝乞疾，锡嵘毅然曰："吾奉命之官，宁避贼耶？"叱驭不顾，竟到滇。省城被围，帮办防务。以丁母忧回籍。

曾国藩之征捻也，驻军临淮，所部湘勇遣撤殆尽，仅存刘松山老湘营万人，余悉倚淮军办贼。淮军新建平吴功，将领多自矜。国藩欲于淮北别募新营，使异军苍头特起，备西北之用，而置将久难其选。值锡嵘服缺来谒，国藩大喜，密疏奏保治军濠上，谓其诵法儒先，坚忍耐苦，足胜将帅之任。檄募敬字三营，随湘军战守。时湖团有通捻者，国藩下令迁徙，锡嵘分别良莠，联络义圩。又以灾赈日行泥淖中，圩民得苏。

捻寇张总愚窜陕西，国藩调刘松山军赴援，令锡嵘统三营与俱，至则解西安围。复与贼战于城西雨花寨，独率百余人冲击，陷入贼阵，被十余创而殉，时同治六年正月初六日。赠侍讲学士，赏世职。

初，锡嵘居京时，日钞书数十纸，虽盛暑不辍。禄薄，日常一餐，无一介乞助于人。著有《孝经章句读》、《朱子就正录》、《孝经问答》行于世。陕西巡抚刘蓉奏锡嵘死事，言："自到营以来，尝著草履，与士卒同甘苦。文学之臣，能坚苦自奋如此，臣实惜之！"家极寒，国藩赙三千金养其孤，漕运总督吴棠刻其遗书。

王东槐，字荫之，山东滕县人。生颖异，父病危，命饥寒毋废学。居丧哀毁，母以遗言勉之，乃忍痛致力群经。屡空，日与昆弟食一饼。道光十八年，联捷进士，改翰林，散馆授检讨。二十四年，转江西道监察御史，奏劾山东玩盗官吏，得实，升户科给事中。时议开矿益帑藏，已允行，东槐敬陈列圣封禁成训，谓："开采者，上非良吏，下非良民，请缓其令。"事竟寝。巡视北城，王府役车，横行中逵，惩治不贷。廉获巨猾曹七，治如律。

三十年，应文宗登极求言诏，奏言："捐例一开，盐商辄请捐数十万，运库垫发，分年扣还。核其亏短，都不堪问。即如道光二十年两淮清查案内，欠至四千三百余万，是盐商捐输者，掩耳盗铃之术也。又官员捐输，见任居多，所捐之项即库款，所亏之项即捐款。上年山东亏至一百四十余万,江、浙更甚,是见任官之捐输,剜肉补疮之术也。是事例不停,库亏不止。若开矿之举,臣曾疏陈不便,顺天已停,而湘、赣等省试办,惊扰百姓,利害莫测,则尤愈趋愈下也。查户部岁入之数,四千四百余万,岁出之数,三千九百余万,经费本自余裕。督抚整理有方,寇盗不作,则耗财者去一;边防慎守,无生事以挑外患,则耗财者又去一;河防得要,长流顺轨,不使更添别款,则耗财者又去一;州县之官,斥贪墨,重清廉,陋规力裁,流摊永禁,则耗财者又去一。去此四害,而又罢不急之工,减无益之费,量入为出,而财患不足者,未之有也。"奉谕:"贵州仍令开采,余省著督抚确查,果不便民,即奏停止。"左都御史王广荫举东槐忠鲠,升内阁侍读学士,旋授湖南衡州知府,陛辞,帝面谕云:"汝朴诚,故任外事。"未至,升福建兴泉永道。

厦门滨海,俗又敝,东槐刊朱子《试吏泉漳劝俗文》揭于衢,传诵多感发。属县蠹役、讼师,严锄治,惟与学舍生徒讲析道义,则温然以和。海上番估好违约放恣,东槐戒毋奓尺寸,为国全大体,尤人所难。咸丰元年,调湖北盐法道,未赴,署福建按察使。举行保甲法,竭八昼夜,剖汀州互讦之讼。亲历南台、闽安各海口,相度形势,于夷船往来之处设卡楼、筑炮台、资防守。并令澳屿渔户尽编保甲,以清盗源。

二年,抵盐法道任,捐备军需,优叙。粤匪犯湖南省城,调防岳州,躬励将帅,夜不解衣卧。剿临湘县土匪,获首逆杨兆胜等。复奉调防蒲、通,丁母忧,夺情留武昌。提督博勒恭武弃岳州,东槐请于巡抚常大淳,全调城外兵勇,亟发库藏励士气,尚可婴城固守。巡抚吝赏,不能用。城陷,东槐偕妻萧氏对缢死之,其女投井死。恤世职,谥文直。子四,均赐举人。

同与此难者:湖北按察使曹燝坚,江苏吴县人。豪于诗。道光十二年进士,改庶吉士,散馆授主事,官科道时禽治妖道薛执中。江苏巡抚创议南漕改折,上疏力言其不便,事遂寝。汉黄德道延志,武昌县知县何开泰。延志,瓜尔佳氏,满洲正红旗人。何开泰,字梅生,安徽凤阳人。道光三十年进士。

周玉衡，字器之，湖北荆门州人，本钟祥王氏，依外祖周，遂从姓焉。嘉庆十二年举人，道光四年，大挑知县，发江西。署会昌、龙泉、大庾，除龙南，调赣县。又署宁都、新建，迁义宁知州。湖北崇阳土匪滋事，以协防功擢知府。二十五年，授南康，调赣州。咸丰元年，粤匪起，又以防守毗连粤境地方功进道员。二年，授吉南赣宁道。时广东土匪窜始兴，玉衡饬守备任士魁等协剿，歼擒甚多。三年，剿泰和窜匪失利，坐褫职留任。以克复万安、泰和、搜捕龙泉等处余匪，援剿广东南雄、韶州劳，复职。

五年，擢按察使，总理吉安军务。时粤匪由湘入赣，连陷郡邑。玉衡子江宁布政司理问恩庆适奉差至。遂捐赀募勇，率恩庆领兵三千余分路进剿。先后复安福、分宜。攻万载，贼众二万拒官军，玉衡身先士卒，奋勇鏖战，恩庆继之，斩馘无数。克万载，军威大振。贼由间道窜吉安，急率兵驰救，历数十战，斩馘数千。贼围城月余，粮尽，死守，援不至。地雷发，城陷，犹巷战，手刃数贼，死之。恩庆亦遇害。

玉衡起家牧令，长听断，勤缉捕，有循声。及身在戎行，与士卒同甘苦，故人思效命。卒，年六十有六。诏视布政使例赐恤，谥贞恪，赏世职，祠祀吉、南、赣三府。子恩庆赠知州衔，赏世职，诏祀荆门。穆宗御极，追念殉难诸臣，各赐祭一坛，玉衡与焉。玉衡第四子炎，知府。剿匪泰和，阵亡，赠太仆寺卿，亦赏世职。

王本梧，字凤栖，浙江鄞县人。道光六年，由拔贡朝考用七品小京官分兵部，进主事。迁员外郎，充军机章京，擢河南道监察御史。奏言："各省州县设常平仓，出陈易新，备民间水旱之用。近年州县乘出借名色，任意侵蚀，新旧交代，捏造册籍。非以无为有，即折银代谷。设遇荒歉，仓无颗粒。本年江西、湖北被水，皇上恩膏立沛，共拨银百数十万，两省州县未闻有碾动仓谷赈济之处。若非州县朦蔽转报，掩饰亏空，何至临事束手！请敕督抚将所属仓储若干，盘查足额，有缺照数买补。直隶、山东、河南等省，本年秋收丰稔，常平仓谷，正可及时采买。民间村乡有愿立义仓者，地方官为倡捐，晓谕绅士，踊跃乐输，不必官为办理，致胥吏之扰。"允行。寻掌京畿道，疏陈水师营务废弛，请饬海疆督抚留意人材，力加整顿，条列六事，曰：战船宜坚固，战具宜精良，将弁宜激劝，兵丁宜振作，海岸宜防防，商船宜护送。帝纳其言。俸满，截取知府。

咸丰元年，授江西吉安府。时吉安戒严，饬属团练为备。郴州陷，贼氛逼，筹防益力。三年，贼窜扑南昌，本梧率兵驰援。七月，泰和匪起，闻警折回。偕赣南道周玉衡先后赴剿，行抵仓背岭，贼直扑吉安。本梧退保郡城，坐褫职留任。贼攻城急，本梧激厉兵勇，登陴固守，相持五昼夜。贼麇集城外，肆焚掠，本梧愤甚，身先士卒，出城迎击。毙贼百余，俘十余人。守备岳殿卿拥兵城内不援。中贼计，兵溃，势孤力竭，犹手刃数贼，死之。赠道衔，赏世职，祠祀吉安。

陈宗元，字保之，江苏吴江人。道光十三年进士，吏部主事，历郎中。咸丰二年，俸满，用知府。三年，记名以道府用，授江西吉安府。吉安当往来之冲，先尝被陷，宗元至，疆吏以西南保障委之。五年九月，奥匪陷永新、安福，图犯吉安，宗元力筹堵剿。会按察使周玉衡率兵至，遂同克复二县，贼窜逸。

十一月，贼自袁州，临江回窜，别队更自泰和来犯，号称五六万。城中练勇及玉衡所部仅千人，绅民大惧，宗元慰勉之，分兵守要隘。越六日，贼至，扑城。宗元然炮轰之，贼少却，知无外援，筑长围，日夜攻扑。宗元语玉衡及诸僚佐曰："事急矣！非战无以为守。"会夜风雨大作，开城出击，毁贼营数座，杀千人，夺旗帜无算。贼恨之，攻益力，屡用梯冲、地道，俱不得逞。

相持半月，城中粮且尽，宗元周巡慰劳，勉以大义，妇孺感愤有泣者。十二月，宗元出与贼战，身被数创，血至足，屹不为动。城有缺口，宗元督勇填垛，行少疾，失足，自雉堞颠，折左股。蹩躠复上，若无所苦。遣使间道赴省告急，先后十八次，并绘援兵绕道地图，卒不应。六年正月，逆首石达开遣纠内应之贼，宗元屏左右，面与约，纵之。翌日，贼果逼东门，而宗元命发空枪，贼遂放胆，蚁附城下。宗元突鸣鼓角，枪弹矢石拼下，贼不及退，死四五千人。

越两日，贼复大至，宗元偕玉衡及僚佐分门御之，方驰至东门指挥城守，而西城地雷发，裂数丈，贼蜂拥入，玉衡被戕，城陷。宗元率子世济挥刀巷战，与吉安通判王保庸、庐陵知县杨晓昀等，同时遇害。贼衔宗元深，割宗元父子首，悬东门城楼。计与贼相持者六十五日。其族父陈钰，姻亲周以衡，幕友李鸿钧、朱芬、朱华、杨福畅、叶廷梁、蒋志云及家丁王杞、王庆，并兵勇等四十余人俱殉焉。宗元照道员例赐恤，予谥武烈。

世济，监生。城陷之前，宗元遣赴省，属曰："此间旦晚不保，汝得我问，即奉母挈弟妹归奉大母，俱死无益。"世济既受命，已而复返城，城闭不得入，绕城号哭，乃缒而登之。自此寸步不离父侧，遇难时年二十一。

明善，字韫田，富察氏，满洲镶蓝旗人。父昌宜泰，河南开封知府，以浚贾鲁河有功于民，祀名宦祠。明善由笔贴式历步军统领、郎中。道光中，出为湖北荆州知府，输金修万城堤。继水灾，沿江郡县皆患潦，荆州独以堤固得安，众皆德之。寻调武昌。咸丰二年，粤寇至，登陴助防守，势不支，城陷，率众巷战死。恤如制。妾叶，闻讣自经死。

觉罗豫立，字粒民，隶满洲镶蓝旗。由户部笔帖式历员外郎。道光二十九年，出为江苏镇江知府，宽惠有恩，尤重甄拔人才。每遇府试及课书院日，坐堂皇，手自甲乙，至夜不辍，所取多知名士。咸丰三年，以失守府城褫职，仍留治军需。七年，克镇江，复原官。十年，浙江巡抚王有龄调总粮台。

十一年，贼攻省城，豫立偕府县官筹战守，城垂陷，豫立督亲军开城决战，刃及其肤，屹立不动。悍贼以炮击之，中额死。闽浙总督左宗棠奏请优恤，并祀昭忠祠。豫立工书，善行草，尝集颜真卿《多宝塔》字，作诗数十首勒石，论者谓其人其字皆无愧真卿云。

世焜，字显侯，佚其氏，满洲正白旗人。初任江苏常州知府，以爱民称。咸丰四年，调扬州，当贼乱后，市井萧然。世显至，辟草莱，招流亡，还定安集之，民气少苏。官廨已毁，借蒋氏园，颜其厅事曰三十六桂轩而为之记，曰："百物凋残，此桂独盛，愿吾民复苏，欣欣向荣，亦如此也。"明年，贼复渡江至，世焜知城不能守，誓死不去，率乡兵二百人登城，城破，巷战被执，劝之降，世焜绐以先释难民然后可，俟民去远，遂自刎死。

徐荣，字铁生，汉军正黄旗人，广州驻防。道光十六年进士，以知县发浙江。历权遂昌、嘉兴等县，杭州理事同知。授临安，升玉环厅同知，保知府，权温州府事，招降洋盗庄通等二百余人，授绍兴府。咸丰三年，调杭州，并护杭嘉湖道，创议海运章程。时临安、昌化、于潜土匪赵四喜等谋不轨，荣督兵剿灭之。四年，粤匪窜徽州，浙抚黄宗汉以皖南新隶浙江，中旨亦有"保徽即以保浙"为言，奏派荣督办徽防。荣扶疾至防，亲至箬岭，开濠遏贼，增设天心洞防勇。七月，剿贼榉根岭，毙贼二百余名。随诸将克建德、东流两县，复败贼尧渡。十一月，移驻祁门，遍谕居民围练设防，共相保卫。以粮运难继，撤兵回浙。安徽学政沈祖懋以徽防紧要，奏请留办。五年正月，升福建汀漳龙道。

先是粤匪沿江上窜，由石埭之流离、雾露两岭分窜羊栈岭，入踞黟县。时荣尚未赴任，即率师往渔亭防剿。二月，连败贼，歼二百余。嗣贼众纷至，援兵未集，荣率其子虑善与署严州同知裕英等出战，身受刀矛重伤，殁于阵，年六十有四。用正三品例赐恤，于渔亭建专祠，以同时殉难之都司许上达、歙县知县廉骥元、候补按察司知事张颖滨及阵亡各员弁附祀。妾伍，迎丧回寓殉难，亦予旌表。

荣律己甚严，恒以"行无悔事，读有用书"二语自勖。守杭时，以时局多警，命凿井署中，语家人曰"此即古人止水亭也。有变，吾即死此！"卒践其言，以剿贼而亡。

郭沛霖，字仲霁，湖北蕲水人。少年即以经济自负。道光十六年进士，改翰林，授编修，累迁左赞善，记名道府用。官翰詹时，讲求河务，时各衙门保送河工人员，沛霖与焉。既抵工，咨询详尽，谓治河宜识土性，宜合者合，宜分者分，因势利导，则不为害而为利。橄管丰工兼引河工程，昕夕在工，与弁卒杂作。凡占数之增减，松缆之尺寸，极微极琐之事，无不斟酌至当。力主引河宽深，俾挈大溜，浚下游安东二塘、云梯关，老鹳河等处，先修决口上下之险工，全启各闸洞，以分水势，缓进占，缓合龙，以期步步追压到底，为一劳永逸之计。议不尽用。

咸丰三年，以道员留南河，寻署两淮盐运使，授江苏淮扬道，仍兼署盐运使。时淮南引盐道梗，盐场尚完善，诏两江总督怡良饬沛霖移驻通、泰适中之地，悉心经画。沛霖逐驻泰州，督销引盐。

六年贼再陷扬州，泰州戒严，沛霖募勇五百，集城、乡团勇二万，督属筹防。建议请江苏布政使雷以諴移驻湾头，防贼北窜。帮办军务詹事府少詹事翁同书移驻瓦窑铺，为自守有余、进攻亦便之策，扬城旋复。淮南旱，沛霖请留淮北折价泊画提甲寅纲协贴，抚恤各场。招徕殷户殷灶，赴盱眙等处买米麦平粜。七年，奏派督办里下河七州县及通、海二州团练。时江阴靖江水勇经费无出，有议设卡江北各港令自行抽厘者，沛霖力陈其弊，事遂寝。有以淮南税课造报不实闻者，诏毋庸署理运司，令总督何桂清等查参，以新任未即至，暂缓交卸。

先是淮南之旱也，言者请堵八坝资灌溉，命桂清等详查酌办。沛霖力言："下河七州县众水所归，潦者其常，旱者其偶。上年东南数省大旱，下河尽涸，此数十年一见，不可以常理论也。然如高、宝两邑，近居运河堤下，并未成灾，而田产稻米，犹能以其余接济邻境。咸丰三年，前大臣琦善统兵至扬，尽启八坝，余悉缓堵，以为设险御防之计。是年十一月，扬州东路兵溃，六年三月，逆贼复陷扬州，终不敢越湾头、万福桥一步，是未堵各坝足以扼贼之明效大验。今日贼氛未熄，民力已殚，与其糜无益之费以病民，曷若留可守之险以防寇？见在大兵环攻瓜镇，奔窜可虞，正宜留八坝以扼逆贼北窜之路。"桂清据以覆奏，诏从之。

桂清等旋以查明淮南税课无以多报少情事上闻，九月，偕江宁布政使杨能格办扬州东路团防，自募勇千二百人驻仙女镇，与毛三元、三岔河营策应。十一月，随大军克瓜洲、镇江，桂清饬沛霖移驻扬州筹善后。八年八月，伪英王陈玉成攻陷浦口，天长、仪征相继陷，贼大股径趋扬州。沛霖督众迎剿，力不足，遂渡河至仙女镇，招集溃卒，促援兵为复城计。适提督张国梁渡江来援，沛霖率兵助之，扬州寻复。大臣德兴阿劾沛霖先期逃避，诏褫职查办。又以沛霖专办扬州善后，与寻常兼辖不同，仍敕刑部拟罪。嗣允大臣胜保、巡抚翁同书疏调，准发安徽充定远大营总文案。捻逆数万来攻，偕知县周佩濂婴城固守。贼围数匝，适已革副将卢又熊援兵至，夹击大捷。

九年六月，捻匪张隆又纠陈玉成众数十万再攻定远，沛霖分守小东门，又熊以贼众兵单拔营去。总兵惠成出战不利，沛霖督众严守八昼夜。十八日，力惫回寓，啮指血书"正大光明自尽"六字于壁，复乘马出，提刀巷战。贼四面纵火，悍贼从后刺之，伤足坠马，阵亡。事闻，复原官，恤世职。寻俞定远士民请，建专祠。沛霖服膺昆山顾炎武之学，兼通术数。尝言岁在甲子，金陵当复，并自知死难年月。著有《日知堂集》等书。

时同守定远者，为候补知县王培荣。培荣，湖北罗田人。尝在籍与举人熊五纬练团剿蕲水土匪，五纬战死，培荣中二十七创，不退，卒复蕲水县城。与沛霖同时殉难，尸失，家人即以从前所遗中创血衣葬之。

朱钧，字筱沤，浙江海宁州人。由廪贡生捐同知，发江苏，历办海运出力，奖擢知府。咸丰七年，奏补苏州府。十年，护理按察使。时粤匪犯浙江，吴中大震。钧募勇团练，严诘奸宄，人心少定。四月，贼由常州猝逼苏省，钧昼夜登陴，誓以身殉。而外无援兵，知事已去，乃先令居民迁避。城陷，率众巷战，身受数十创，力竭，投井自尽。恤赠太常寺卿,给世职。后以钧在官多善政,建祠苏州。

把总钱贵升,元和人。故业织,入赀审名尺籍中,檄守娄门。贼破阊门入,贵升未知也,遇二贼城濠,尚衣冠诘之。贼诃之降,拔佩刀斫一贼,贼群至,乱斫死。从者什长张义,同与于难。

时江苏巡抚徐有壬既殉节,其族弟名曾庚,字裕斋,道光举人。官工部,来寓巡抚署。建议请兵居城外,民守城内,有壬不能用。城垂陷,有壬促曾庚出避,慨然曰:“兄能死忠,弟独不能死义耶?况弟亦曾忝一官者耶?”自经死。

萧翰庆,字黼臣,湖南清泉人。咸丰元年,从都司徐大醇讨贼广西。大醇死绥,翰庆冒险扶榇返。三年,侍郎曾国藩治水师,翰庆投效营中,屡叙至千总。四年夏,争红旗报岳州捷,国藩奇其文雅,询为读书士,改叙从九品。以随剿粤匪功,屡擢至直州判。七年,武昌克复,超晋知府,随提督杨载福等克九江。鄂督官文疏留鄂省,统带龙坪以上至汉口水师。九年正月,会陆师援湖南,时贼首石达开自江西道郴、桂围永州,水师抵祁阳,沿江皆贼垒,翰庆躬入小河,乘舢板督战,平之。总兵周宽世与贼战长叶岭,水师夹击之,贼大败。诏以道员记名简放。

十年,浙抚罗遵殿奏调楚军援浙,翰庆与遵殿子忠佑有旧,遂请行。仓猝无现兵,得唐训方旧部训字营四千人,益以降卒二千驰赴之。抵皖,而杭州已陷。时左都御史张芾方治徽、宁防务,留翰庆办贼。攻石埭、太平,克之。方进攻池州,而常州促援,乃分降卒围池,自帅训字六营、亲兵三营行。途次闻湖州被围,乃改援湖,以湖州为皖、浙咽喉,弃之,则两浙溃烂。行抵礼义桥,悍贼突出截桥,战胜之。日暮大雨,所部持仗立风雨中。平旦启行,距湖州四十里,甫半,贼大至,且战且进,抵同心桥。贼来愈众,围数重。参将吴修考、邓茂先战死,翰庆血战良久,力竭死之,年三十有四,谥壮节。

黄辅相,字斗南,贵州贵筑人。道光二十五年进士,用知县,分广西。权陆川、博白县事，以捕盗著能声。江南提督张国梁者，原名嘉祥，本盗魁也，纠党寇博白，势张甚。辅相率练败之，获其酋。三十年，权横州知州。时南宁各州县盗贼蜂起，辅相招降数股，以贼攻贼计走之。巨盗王斌，号九江三者，与其弟九江四大举入横之陶圩，辅相调团勇，会提督向荣合力兜击，擒九江三兄弟，毙贼三千有奇。博合圩附近十余村，贼蚁聚，民多从逆者。辅相声言阅团，召诸生闵麟书等语之曰："官不能除害，是尸位也；绅不能卫乡，是虚生也。尔等岂无意乎？"因泣。诸生皆泣，誓歼贼。

咸丰元年二月，辅相从十余骑至那阳，麟书等以团勇八千一夕至，围陈山，贼遁独竹，背倚高山。率死士攀藤下，火其巢，擒斩甚众。余党窜上石，地险，不利仰攻，坚守困之。贼粮尽，突围出，追击之，先后殪贼数千。初，贼酋之降也，辅相察其诈，阳与羁縻。至是阴遣诸生杀之，横域以安。以出奇制胜，擢直隶州知州，旋授镇安府知府。五月，贼纠众扑州城，麇集南岸，辅相密令诸团分扼水陆要隘，遣子韶年率练伏村东。夜半，以火具自大道攻入，别遣劲卒五百由小路抄袭，贼奔溃，毙无算。余匪跃入舟，守者截而焚之，悍贼数千无漏网者。横州肃清。赏花翎，并赏韶年六品翎顶。十二月，改权南宁，兼权左江道。

二年春，艇匪自梧州连陷桂平、贵县，图犯左江，辅相率四百人驰抵横州，斩其先锋，贼震慑不敢入境。勇目潘其泰与土贼有隙，贼假杀其泰名攻南宁，辅相坚守百五十日。城中粮垂尽，毁铜锡器为炮子，力战，围解。四年秋，权右江道，以巡抚劳崇光荐进道员。

五年，广东贼李文茂围浔州，犯武宣，署知县朱尔辅以漤滩为北河要隘，自督兵屯守，乞济师。崇光檄辅相统水师驻武宣之碧滩，与漤滩犄角。贼分水陆来扑，迎战屡胜，艇贼何松亭率党就抚。八月，文茂陷浔州，屡攻漤滩，击退之。

六年二月，以饷绌撤漤滩防兵，贼麇至，粮尽援绝，势岌岌。辅相连牒布政使乞饷，不报。复遗书桂林守李承恩，沥陈四难四易，使闻于巡抚，有"力竭心殚，惟以一死报国"之语。未几，兵士果以饥哗,贼党潜结土匪内应,开城纳贼。辅相督外委吴锦兰等巷战,格杀数十人。贼乘夜冒雨大至,署浔州营副将福格暨锦兰皆死之。辅相受创被执,绝粒骂贼,仰药死,贼弃尸于江。辅相才略足办贼,时有旨调引见,而殉难事闻,赐恤如例。

孔昭慈,字云鹤,山东曲阜人,至圣七十一代裔孙。道光十五年进士,改庶吉士,散馆授广东饶平县知县。忧归,服阕,发福建,署莆田、沙县。摄兴化通判,授古田县。二十八年,调闽县,进邵武同知,移台湾鹿港。时南北匪徒洪恭等陷凤山,知县王廷干、高鸿飞相继死,郡城岌岌不保。昭慈闻警,航海赴援,协力守御,歼擒甚众。四年,擢台湾府知府,督捕余孽,次第荡平。进道员,备兵台、澎,加按察使衔,兼督学政,以助饷加二品衔。在台五年,威信大著,外裔内番悉畏服。

同治元年,彰化乱民戴万生等纠众结会谋乱。昭慈侦知,督兵驰抵彰化。部署未定,变起仓卒,城陷,巷战,力竭不支,殉节文庙先圣前。

昭慈为政,兴利剔弊,不遗余力。莆田俗好斗,推诚谕禁,劝以惩忿保身,治正凶不少贷,民惮法罢斗。邑多孔氏寄籍,为创立义学。沙县土利艺茶,少耕植,游民竞逐末,暇则事攘夺。为拔茶禁之,而农桑始兴,至今利赖。所至停采买,革津贴,捐粟平粜,多损已益民。尤爱才,重林文察材略,白其复父仇可宥而荐之,杀贼立功,官至提督。治盗严明,诛止其魁,盗之良者,或重其贤而避之。殁后,匪为敛殡归丧,愧叹曰:"吾辈负孔使君矣!"卒年六十八,恤世职,谥刚介,于立功地方建祠。

徐晓峰,江苏东台人。初由供事随工部侍郎吕贤基剿办安徽捻匪,奖六品顶带。旋署蒙城县知县,有惠政。时颍州府捻氛不靖,给事中袁甲三檄晓峰剿办,先后获其酋马文俊、邓大俊、马在陇、马九、陈建中等。余匪麇聚阜、亳交界,复擒捻首李致文于阵。剿匪涡河，匪众凫水来扑，晓峰领队堵截，贼炮从马腹过，马惊蹶，颈背皆伤，复上马截击贼渡河者，歼焉。

粤匪扑颍州府城，甲三复檄晓峰赴援，御之南岸河上，歼匪毁船。匪于滁州驻马河扎营为久踞计。晓峰改装潜探，随按察使恩锡分三路进剿，毁贼营三座。窜林毋圩，复偕都司刘鹤翔等剿败之。又随庐凤道张光第追剿粤匪于高旺街，贼溃，追败之。乌江贼分队袭后路，于大雨中麾众痛击，擒伪司马等五人。匪由江宁镇下窜，阵斩伪佑天侯富姓、伪右四丞尉张盛林等。

七年，亳州捻匪刘老渊等窜扰李八庄等处，晓峰督兵攻剿，毙贼百余，生擒三十余人。攻破宗圩匪巢，邓圩贼内讧，被胁男妇闭门乞命，缚匪首李寅、悍贼刘破头等三十五人。姚圩贼二百余人亦降，遂平两圩。著名巨贼，悉数就诛。王圩捻匪复踞河抗拒，晓峰乘夜进攻，难民内应，遂擒匪首王绍堂。乘胜收复东面七圩，宿州以南，一律肃清。五六年间，晓峰于剿办捻、粤各匪，战功独著。由知县历保知府，至是擢道员，记名简放。旋授福建汀漳龙道，同治元年，赴任。

三年二月，檄署按察使，督全省军务，守延平。粤匪余孽窜粤，闽防严，七月，还漳州道任。贼复由粤窜闽，守漳者仅练勇二百五十人，贼遂勾结土匪攻城。无备无援，九月十四日，城陷，晓峰被执，死之。妻王氏闻城破，知晓峰必死，先绞其女，亦自经。恤赠内阁学士衔，给骑都尉世职，复以"晓峰从戎豫、皖由军功洊升监司，自军营回任，甫及旬余，仓猝被害，最为惨烈。妻女皆以身殉。忠孝节烈，萃于一门"褒之，于死所建专祠。

晓峰初从甲三军，与马新贻同幕，新贻谓晓峰杀气满面，目光灼灼射人，终当以义烈见。及被贼执，备受凌虐，叱跪不跪，劝降不降，书其禁锢壁间有云："壮志未酬，君恩莫补。取义成仁，臣心千古。"又绝命辞二章。寻予谥刚毅。

袁绩懋，字厚安，顺天宛平人，原籍江苏阳湖。父俊，道光九年进士,官河南知县。绩懋,道光二十七年进士,以一甲二名授编修,散馆改主事,分刑部。旋丁父艰,服阙,援例以道员赴闽。时漳、泉初下,好事者欲多杀以邀功,而清查叛产,尤多诬陷,人心汹汹,将复叛。总督庆端檄绩懋往治其事,至则集众于庭,取叛册焚之,胁从者皆获免,人情大安。皆曰:"使君活我!"事竣,委赴延平府会办军事,即充署延建邵道。

粤匪时窜邵武,势张甚,绩懋亲督军士,夜扑贼营,贼惊溃,追斩悍酋数名。贼大愤,鸠众出儳道陡截之。我军即寡,又军实未备,战不支,乃退守顺昌。防军仅数百名,相持月余。有劝之弃顺昌、守延平者,绩懋以:"顺昌为省垣屏蔽。顺昌不守,则贼长驱直逼省城,大势去矣!且数万生灵,视我进退为存亡,敢轻去耶?"于是守益坚。贼不得逞,乃潜隧城,实火药,地道发,城陷,贼蜂拥进。绩懋知事去,躬率死士战西门,连刃数贼,贼以骑突之,仆地,引刀自杀,刺不及,贼执而去,刀乱下,醢而死。时咸丰八年九月十二日也。事闻,优恤,赠按察使,入祀京师及阵亡地方昭忠祠,世袭骑都尉。嗣常州、顺昌奉特旨建专祠,追谥文节。子学昌,官至湖南提法使。

绩懋性通敏,书过目辄成诵,号称渊雅。著有《诸经质疑》十二卷,《通鉴正误》十卷,《汉碑篆额考异》二卷,《味梅斋诗草》四卷。

杨梦岩,湖南凤凰厅人。诸生。入田兴恕幕。咸丰六年,兴恕率虎威军援江西,勇果名天下,梦岩实赞助之。累功由县丞擢同知。兴恕奉命援黔,以梦岩综理营务。时苗酋杨龙台煽惑诸苗,出没不时,以思南、石阡为尤甚。梦岩与田兴奇、沈宏富等焚剿之。会梦岩晋保道员,遂自领一军扼守思南。

同治元年正月,石阡贼来攻,与副将吴通才犄角扼守,会援至,贼败走。二月,梦岩帅师次浮桥,贼分道来攻,通才战死,梦岩极力鏖战,贼卒败走。三月六日,贼复数倍来攻,更番迭进,累日夜不休,营忽陷。梦岩奋臂大呼,持矛入贼阵,刺杀数人,身受十九伤,力竭死之。照布政使例赐恤,于思南及原籍建专祠。

邓子垣，字星阶，湖南新宁人。咸丰初，以诸生从同邑刘长佑剿贼江西临江、抚州、新城，与湖南永州、宝庆，皆有功，累保知县。石达开走贵州，窜广西，还窥义宁，子垣与参将江忠朝自武冈趋扼全州，为东安、零陵等属屏蔽。贼由灵川渡河窜杨梅坪，又偕忠朝壁界首。贼掠道州、永明、江华而东，自蓝山趋桂阳、宜章，又从江忠义转战数百里，杀贼殆逾万。忠义病归，子垣与忠朝代领其众。十一年，贵州铜仁、石阡、思州、松桃、天柱、邛水贼窥湖南，檄子垣赴黔会剿，同治元年，屡破之，晋知府。复檄援广西，攻桂岭贼巢，环击三时，毁其炮台，禽斩甚众。贼党廖永贤惧，愿输诚为内应，官军分薄内濠，掷火焚烧，永贤开西闸纳军，遂克桂岭要隘。进捣莲塘贼垒，逆首张高友、陈士养恃险抗拒。悬重赏，募死士，潜由内货村僻径，扪萝攀葛出贼背，破其西栅。翼日复进攻，悍贼由山洞夺路奔，督军截击，斩张、陈两贼，禽歼及坠岩死者无算，余众乞降。莲塘平，以道员尽先选用。

三年，粤贼窜江西，陷新城，子垣会诸军破走之，新城复。巡抚沈葆桢以捷闻，命以道员留江西。时贼分踞金溪、东乡、宜黄、崇仁、南丰各城，而崇仁之贼尤悍，增垒城外，为负隅计。子垣张两翼横冲之，城外贼溃，窜潘桥、秀才埠。城贼出犯，再击败之。直逼崇仁城下。贼聚悍党许湾，遥为声援，提督鲍超破之。子垣乘势复崇仁，赐勇号。

五年冬，率精捷营助剿贵州苗匪，驻军邛水，会攻颇洞老巢，寨头苗党数万来援，逆击败之，径捣颇洞，山高寨险，不能下。选超捷精勇，携药崦岭，入巢纵火，自督军登山猛攻，毙苗数千，山谷皆平，遂克颇洞。叠破甘林、杉木等屯，由记名岩直趋茂林坡，尽毁碉卡，追击至传水寨，赭其巢。黎平、靖州肃清。以粮运不继，壁清溪。时按察使黄润昌率军不会，分饷哺之，约进攻。八年正月，破文德关两路口各隘，师益进，合攻镇远府、卫两城，克之。连破牙溪、田坝、黄蜡坡等三十余屯。润昌欲乘胜由东路疾攻，命营务处罗萱，偕子垣

驰谒布政使席宝田请济师,宝田遣提督荣维善助之。三月,进规施
秉,逆酋包大肚据巢死守,力战,毙苗千余,拔施秉。复破白洗等寨,
进图黄平。

黄平州,滇、黔孔道也,蜀兵援黔,辄为所阻。润昌议通此道,时
维善军战久,疲,请休息,萱亦以苗众道险劝留屯,润昌不可,师遂
进。道出黄飘山,中伏,子垣荡决数十次,地险,不能出,中炮死之,
诸军皆败。语具《荣维善》、《黄润昌传》。优诏赐恤,原籍及死事地
方建专祠,谥壮毅。

罗萱,字伯宜,湖南湘潭人,父汝怀、芷江学训导,著有《湖南褒
忠录》。萱少警悟,工诗、善书。弱冠为诸生,总督贺长龄、教谕邓显
鹤咸器之。咸丰元年,粤贼犯湖南,萱倡乡团,习技击。四年,曾国
藩帅水师东下,辟掌书记,贻书极推重。从克武汉田家镇,叙训导。
国藩进图九江,水师失利,萱仅以身免。国藩重整水师,屯南康,皆
策马相从,调护诸将,各当其意。六年,石达开陷瑞、临、袁、吉、抚、
建诸郡,省垣孤悬。萱从国藩单舸赴南昌,达开稍引去。国藩檄萱
领江军三千人攻建昌,复檄助攻抚州,合攻瑞州。破沿途贼卡,击走
靖安、奉新守隘贼。当是时,城贼数万日伺隙,九江贼复率二万来
援,萱与刘腾鸿等坚垒严陈以待,八战皆捷,江西军始振。论功擢知
县。腾鸿喜攻坚,萱引《孙子》书戒之,不听。腾鸿克瑞,竟以创死。

假归,湘抚骆秉章檄治团练,粤抚郭嵩焘属创水师,皆不肯久
留。自以文士,不欲弃科举,屡应省试,卒不遇,益肆力于学。寻与
知府刘德谦领威信军防郴,会霆军叛勇掠茶、攸间,萱与德谦败之,
遁入粤。进屯乐昌,当事命增募一营,号威震军。贼平,累功晋同知。
按察使黄润昌奉檄统万人援黔,润昌与萱同邑,邀与俱。萱综文案,
兼营务处。每昼出领队,夜归削牍,以克镇远府、卫二城功,迁知府。
进规施秉,连战皆捷。黄平之败,与文武将领十八人同死之。恤赠
太常寺卿,附祀黄润昌祠。

萱性澹泊,从军十数年,不图仕进,而耽学弗倦。著有《仪郑堂
文笺注》二卷,《粤游日记》一卷,《蓼花斋诗词》四卷。

侯云登,河南商丘人。道光二十一年进士,由内阁中书荐升刑部郎中。咸丰六年,补江南道监察御史。奏言:"皖、豫接壤,向有捻匪,自粤匪北窜蒙、亳,捻匪乘之蜂起。捻首张落刑更句结苏添福等,合为一股,所过荼毒,蒙、亳迤北,归德以东,数百里几无人烟。一误于张维翰,而永夏受困,马牧被焚;再误于武隆额,而贼扰掠归、陈。武隆额虽撤归巡抚英桂调遣,并张维翰迄今未闻撤参,且其营勇,多杂匪类。今邱联恩军亦溃败,归德决河未堵,防备綦难。倘捻匪窬河而北,句结东省灾民,其患甚大。查匪逾十万,扰及四省,惟赖兵力兜剿,而调集需时。莫若以勇济兵,请于皖、汴、苏、鲁接壤之区,设立勇营,简员督办。本年二月间,命已革左副都御史袁甲三随同英桂剿办捻匪,请即加以卿衔,责令募勇。其于劝约乡团、捐办勇粮,必能悉心筹画,次第举行。拟办法四条:一,酌保文武,劝惩悉照军营之法;一,审度地势,择要安营,与官兵互相策应,遏贼北窜;一急筹粮饷,请先由粮台拨给,并四省就近州县动项奏拨,仍劝捐以资接济;一,明定赏罚,认真训练,以严纪律。"等语。疏入,朝廷颇韪其议。

九年,掌京畿道事务,授给事中。又言:"捻匪蹂躏豫境二十余州县,仍分股四出焚掠,扰及直、东边境。虽有关保、博崇武等军,兵力过单,马队未能精壮。倘贼再蔓延,非独豫省全局不保,直、东亦防不及防。救急之法,惟有直、东两省防兵拼力进剿,并请催副都统巴扬阿将所带马队赴豫,与关保合军剿办。并请令副都统德楞额统军由归德探贼剿击,必可制胜。再东明、长垣已无匪踪,请令直督将所派东明、长垣之兵,出境协剿,以壮声威。豫省肃清,直、东南路,不待设防,均可无虞矣。"十年,授甘肃宁夏道。同治元年,陕回倡乱,灵州被围,佐领富隆阿援军战失利,云登督兵勇进剿,斩馘无算,围立解。护督恩麟上其功,加按察使衔,赏花翎。

时宁夏令彭庆章屡请散团,云登以回性险诈止之。恩麟檄云登开城纳降,庆章暗为回匪内应,变猝起,云登率兵巷战,被执,不屈,死之。子锡田同遇害。

黄鼎,字彝封,四川崇庆州人。以诸生倡办团练。同治元年,粤匪犯叙永厅,鼎率所部,佐官军击破之,叙功授教谕。二年,复新宁。松潘番乱,总督骆秉章檄鼎募蜀中骁勇士,得五百人,为蜀军彝字营。会四川布政使刘蓉巡抚陕西,檄鼎以所部从。时粤寇扰汉中,伪启王梁成富据南郑,分兵陷诸州县,且东侵兴安境。鼎会陕军分道讨击,尽复诸城邑。

三年二月,汉中土寇曹灿章召滇贼蓝朝柱自川北进犯陕南,前锋至松花坪,将越秦岭而北。檄鼎率所部邀击,遇贼七里沟,大破之,转战八十余里,擒斩殆尽。是役也,鼎所将才千人,破悍贼数万,号奇捷。朝柱党悉平。四月,破灿章于八里坪,获之。

梁成富南寇襄樊不利,引而北入兴安境,山南三郡悉戒严。鼎闻警,自汉中东援,而贼已出山,焚掠雩县,遂度渭而北。鼎率师沿渭追击,贼不得逞。是时蜀寇西北犯阶、秦,谋出山窥兰、巩,秉章急召鼎屯毕口。四年正月,大会诸军,进师阶州,力战抵城下,督军以地雷轰城,诸军填壕树梯而上,斩伪昭武王蔡昌荣于陈。贼乞降,遂复阶州。

十二月,蓉合诸军三十余营,与捻首张总愚战于浐桥,鼎以所部横贯贼阵,歼毙甚众。会天大雪,药绳皆湿,军士僵冻,贼突以万骑穿湘军阵,统将萧德扬兄弟三人皆战死,军大溃。鼎以千人凭原为异军,湘军既熸,贼悉萃于鼎,围之数十重。夜三鼓,贼少疲,鼎乃结圜陈,骑兵居中,步卒环外,以矛护枪,力战,突出。响晨,贼傅城东关,意鼎已没,忽睹彝字旗,大惊。鼎麾军迎战,败之,贼始退。是役也,微鼎,西安城几危。

六年四月,败贼于大荔、朝邑。捻寇稍衰,而叛回复炽,犯凤翔,游骑及省城西郊。鼎移师进击,累破之,斩伪元帅一。贼东走,据富平张家堡,鼎追击,夜袭其垒,斩馘无算。贼由临津南度渭,觊入南山,鼎悉力拒之,贼不得西。十月,会诸军追贼至三原,旋移援沂阳,率步将韦占雄、徐占彪等先登陷阵,大破贼黄里铺,追击至五里坡,又败之。

七年,贼窜甘肃之灵台,犯泾州,西安迤西,汧、陇、乾、邠间,无虑皆为贼据。鼎率所部为游击军,随贼上下,相持数月,大小数十战,累克坚巢。甘贼与陕回合,悉众来犯,鼎复大破之。鼎以战功,由教谕累擢至陕西道员,赏二品顶戴,两赏巴图鲁勇号,至是授陕西陕安道,未之任。

八年,回酋陈林等纠大众来犯,鼎率所部严阵以待,贼不得进,噪而走。鼎追击十数里,泾、庆贼悉平。初鼎督泾州赈,抚屯田,广为招徕。至是泾州得民屯十三万亩有奇,营屯五千有奇,镇原得民屯十三万有奇,平凉、崇信各有差,军益饶富。甘肃土寇张贵为乱,鼎一鼓平之。

左宗棠会诸军进攻金积堡。堡,回酋马化隆伪都也。化隆遣将据固原,抗大军,鼎大破之,复其城。贼走狄道、河州,复击败之。捷闻,赏内府珍物。九年,金积堡未下,湘军大将刘松山新战殁,军事方棘,宗棠檄召鼎会固原提督雷正绾赴援。军抵牛头山,山峡狭隘,为金积堡第一门户,贼恃为天险,鼎力攻拔之,连下数十垒。复攻马家堡,环围三面,缺其一,设伏以待。贼果由缺处遁,伏发,贼大败。进傅金积堡,尽毁附近小垒,师集堡下,昼夜环攻,遂克之。化隆父子伏诛,余党悉平。以功赏黄马褂。十三年,移防陕北,旋丁父忧,诏夺情留军中。光绪二年六月,部将汤秉勋以不给四川咨文之嫌,突起刺之,遂卒于军。

鼎治军素严,在防所招集流亡,开垦荒芜,修浚堡渠,兴学课士,得军民心。其屯军汉中也,曲阜孔广铭落拓废寺中,鼎军行经其寺,睹广铭题壁诗,异之,召与语,叩所学,大悦,遂延入幕。鼎军所响有功,半广铭策也。

陈源兖,字岱云,湖南茶陵州人。道光十八年进士,改翰林,授编修,旋授江西吉安府。先是源兖妻易氏以源兖遘疾几殆,吁天愿以身代，刲臂和药饮源浚，源浚以愈，易氏旋病卒。同乡公举孝妇，请旌于朝。源浚适召对，宣宗垂询及之，遂有是命。以回避原籍调广信，母故，去任。服缺简放安徽遗缺知府，补池州。

咸丰三年，粤匪自桐城窜扑庐州，巡抚江忠源檄源浚赴庐协守，贼架云梯薄城而登，源浚守大东门，屡却之。贼复穴威武门为隧道，伏地雷，官军迎掘之。寻水西门地雷发，轰塌城垣数丈，急抢筑，城卒完。时陕甘总督舒兴阿奉命统兵万五千人来援，屡战不利，贼连日攻益急，城中饷乏兵疲。十二月，贼复穴水西门隧道攻入，源浚自东城驰救，至则江忠源已战殁，遂赴文庙自经死。先尝与所亲谒文庙徘徊庭树，谓"事亟吾且死此，以无负先师杀身成仁"之训，盖死志素定云。

瑞春，字慰农，姓鄂济氏，蒙古正蓝旗人。由笔帖式荐升理藩院郎中、军机章京，擢湖州府知府。治尚宽平，有瑞佛之称。湖城危急，与副将鄂尔霍巴、郡绅赵景贤激励军民，婴城固守。景贤主湖郡乡团，多专擅，瑞春无所忤，尝曰："赵兵睢阳之俦，我其为许远乎？"城陷，西门火起，朝服升堂，贼至胁降，大骂不屈，被害。母章佳氏及妻、妾、二子、子妇皆死于难。

鄂尔霍巴，字斐堂，满洲正白旗人。起家侍卫，出为湖州协副将。湖州初次解围，上守城功，鄂尔霍巴以属邑失守自劾，时论伟之。饷粮久匮，困甚，以衣物质钱自给。每围急，身出巡城，而闭妻子于后堂。外环火药，戒家人曰："有不测，即举火，无污贼！"如是者屡矣。及城陷，在北城督战，策马回署，则贼已入厅事。手燃火绳，药发，阖家轰死。

时署乌程县事者为许承岳。承岳，字柱山，湖南宁乡人。由县丞擢署县事，誓与瑞春死守。千总熊得胜以搜米扰民，涕泣阻之，得胜开东门降贼。承岳即骑马归署，手刃二女，自缢于官所，妾钱氏从死。

潘锦芳，湖州人。城围久，赵景贤以江苏巡抚驻军上海，作血书乞援，募能犯围出者。锦芳时老病，家亦卖酒小康，独激于义愤，请行，辗转得达。议以松江提督曾秉忠率水师绝太湖而西，为外内合攻计。湖贾之在上海者，且聚资巨万饷之。行有日矣，有尼之者，中变，锦芳流涕曰："老夫出城时，粮将罄矣。兵一日两粥，民食草根树皮，空巷敝庐，死亡枕藉。其幸存者，数老夫之行，日暮待援，惧不相及。城外贼如麻，登高叫呼，兵则凭堞应答，岌岌将为变。乡人之贾于此者，念在围亲属，其愁迫何如？独恨水师无翼而飞耳。彼尼之者，何不仁乎？呜呼！吾不复见赵公矣。"抵案大呼，呕血以死。

廖宗元，字梓臣，湖南宁乡人。道光二十年进士，以知县分浙江，任仙居、德清等县，有能名。权归安，粤逆自广德进窥湖州，宗元建议："湖州四面阻山，有险足恃，且城多宫室，粟刍无虞。今宁广虽溃，营将田宗升、杨国正皆宗元乡人，若给以糗粮，可使为我固守。"知府从其言，悉以防务属之。贼至，出击。贼知有备，引去。会苏、常、杭、嘉诸府相继陷，贼复扰湖。道员萧翰庆阵亡，宗元收其溃卒，入城饷之。明日出战，大捷，贼败走。有以蜚语上闻者，解任听勘，事得白。

会伪忠王李秀成陷金华、处、严诸府，浙抚王有龄因檄宗元署绍兴府。时浦江、义乌、东阳皆不守，绍兴戒严。既受篆，议调外江炮船入内港，勿为贼有；议设水栅，以断贼道；请征团防勇丁入城：均为在籍团练大臣王履谦所阻。九月，宗元令营将何炳谦率水师出击，战殁，败卒归伍。富绅张存浩等挟捐输之嫌，诬其通贼，殴伤宗元，履谦置不问。贼果由浦江入诸暨，夺外江炮船，渡临浦，陷萧山，以扑绍兴。履谦率姚勇走上虞，有开门迎贼者，城遂陷。宗元朝服坐公堂，骂贼不屈，死之。诏以："宗元力筹防守，严催富户捐输，致被富绅张存浩等诬殴，旋复御贼捐躯，城亡与亡。实属大节凛然，深堪嘉悯。照知府例优议给恤，并于死所祠祀，以彰忠荩。"给世职。

刘体舒，字云岩，云南景东厅人。道光十三年进士，用知县，分直隶,授广宗。二十一年,拣发广西,署养利知州,除融县。进直隶州知州,授郁林。咸丰四年,权浔州府事。时艇贼梁培友、大口昌纵横水面,闻体舒至,就抚,已而叛去。纠贵县贼赵洪、李七等众数千犯郡城,体舒督兵登陴守御,更番出击,分兵截归路。战西关,擒斩千七百余级,贼遁。追到河边,毁贼船数十,余匪仍退据贵县。巡抚劳崇光奏荐堪胜道府任,进知府,寻授思恩,权浔州如故。

五年,广东贼季文茂等溯江西上,犯浔州,培友等与之合,贼万余,昼夜环攻,绝城中运道。七月,穴地攻小南门,陷其郛,贼蚁附上。官军奋击,矢石雨下,毙贼数百,体舒血书乞援。八月,按察使张敬修、参将尹达章自平南督水师至石嘴,战失利。贼诇知粮尽援绝,攻益急。官军饥疲不能拒,城陷。体舒暨桂平知县李庆福、卸县事舒桦均被执,不屈,死。经历宣元烺自缢,典史沈廉赴水死。体舒赠太仆寺卿衔,赏世职,庆福等赐恤有差。

李保衡,浙江会稽人。由训导捐同知,分贵州。同治元年,署普定县知县。时贞丰回匪陷归化,延及县属白岩、沙子沟,击败之。粤贼逼安顺,保衡筹防。获间谍,得贼情,豫为备,贼不得逞。贼何二审扰,又督团兵兜击,歼贼数百,境赖以安。三年,调署镇宁州知州。明年,署兴义府知府,时回酋金阿浑据新城,阳反正,阴蓄发,怀异志。保衡率敢死士数十,径抵城下,呼之出,示以威信,阿浑感服,剃发就抚。降酋马忠署安义游击,拥兵骄恣,侵知府权,纵部卒虐民。保衡规之曰:“既反正,当图晚盖,奈何若此?”忠为敛迹。流亡归集数百户,总督劳崇光疏荐保衡政声卓著,擢知府。丁父忧,奏请夺情留任。

五年,以贞丰回匪马冲负隅、檄都司熊忠、守备刘万胜等进剿。贼分股来拒,进踞距城三十里八达地方,与普坪黑夷王罚佣句结,保衡督忠等设伏截击,斩馘无算。万胜亦击退顶庙贼,合师攻八达。罚佣势蹙,诈降于忠。忠将至新城受降,保衡力阻,不听,竟遇害。闻变,亟调兴义、普安团练御之。未至,贼逼城下,保衡登陴固守,或劝

"以势急徒守无益,盍逆师境上为两全计。"保衡曰:"臣子之义,城亡与亡,吾知效死勿去,他非所知也!"三月,忠部降卒与贼通,城陷。保衡巷战,手刃多贼,力竭被执,骂贼不屈,受鳞伤死。属绅刘官礼等以重金募人觅其骸,越二年始获葬。署经历徐海、州同李善斗同遇难。诏赠道员,祠祀兴义、海、善斗附祀。

淡树琪,四川广安州人。咸丰六年,以知府候补云南。先是云南各郡县汉、回相杀,回人据大理诸州县。树琪至滇境,闻变,遣家属还,间道至省城。次日,城门昼闭,得奸人托福、托寿,搜其家,旗帜刀矛咸具。事既泄,诸回不自安。汉人闻回人之欲相残也,为先发计,一呼而众合,城内外火光杀声两日不绝。初,树琪以部曹出守贵州,苗匪乱,办贼有声。大吏就问计,树琪因乘间说曰:"汉、回相仇久矣,直汉者曰回曲,直回者曰汉曲,两直不相下,是助之攻也。今日之事,诚宜两曲之,以蓄谋曲回,而以擅杀曲汉。然后宣布天子威德,示祸福利害,使各爱其身家,乱庶几止。"又请设劝捐筹饷局,不十日,军民输钱米者十余万,省城事稍定。

各郡县告急,警报迭至,大吏卒遣树琪及副将谢周绮防堵碧鸡关,属以练勇三千人。树琪视所属练勇不习战,饷又不能持久,不得已至关。关去城三十里,地狭不能布众,乃去关八里朱家祠屯驻。时乱回据彩凤山下,左曰三家村、曰二里坡,皆贼窟。其右则昆阳、安陵地。大吏责树琪办贼,树琪使练目熊载攻三家村,从九品周廷轸攻二里坡,周文举具船五十号攻贼前,其右则委之安陵州牧,克日逼贼巢。至日,树琪与周绮整队据彩凤山顶。辰、巳交,大雾满山谷,数武外不可辨。左右或劝且收队,树琪叹曰:"督战方急,而诸路兵又分遣,军令不得失期,今日但有战耳。"挥队下山,俄报左路败,载与廷轸死,树琪军遽溃。周绮先走,树琪据岭畔一大松立,仆何彬、李秉、刘喜、杨绅皆有力能战,无何,三仆战死。绅持矛拥树琪,树琪据地呼杀不绝声,贼从后砍坠岭下,树琪旋遇害。时六月二十六日,距至云南仅七十余日。事闻,赠太仆寺卿。

褚汝航，字一帆，江苏吴县人，或曰广东人。道光二十八年，捐职布政司经历，发广西。粤匪倡乱，汝航于金田及新墟等处剿击出力，累功擢知府。应曾国藩招，至湖南，与夏銮督造战舰，练水军。咸丰四年，率所部复岳州，复湘潭。贼犯城陵矶，汝航偕銮分路进击，夺贼前船，殪伪丞相汪得胜等，追歼殆尽。捷闻，以道员选用。寻贼由擂鼓台上窜，汝航督兵迎击，败之。贼复以船伏城陵矶，夹洲为诱敌计。汝航偕銮暨都司杨载福等督兵直逼城陵矶，贼众未及抄截，被水陆官军分途击溃，夹洲泊船亦被毁。以汝航胆力俱壮，奏奖盐运使衔。嗣统师船于下游一带与总兵陈辉龙等水师排阵合攻，多所歼毙，并火其舟。其时群贼下窜，风逆船胶，贼艘复集，官军陷入重围，辉龙及游击沙镇邦等俱阵殁。汝航等督军驰救，均被巨创，死之。汝航条理精密，为国藩所重，及死，尤痛惜焉。

辉龙，广东吴川人。国藩定水师剿贼策，辉龙实先以广东兵船从。城陵矶之役，自乘拖罟船先发，而汝航继之。死事上闻，赐谥壮勇。

夏銮，字鸣之，江苏上元人。以附生从九品发广西。盗匪陈亚贵滋事，銮捐资募勇在荔浦、修仁防剿，保府经历。与汝航治水军，凡器械之属及营制，多銮手定。同复岳州，同复湘潭，历保府同知。城陵矶之役，汝航统师船进击，銮于陆路设伏互应。进剿至白螺矶芦苇中，贼众复集，銮手刃数贼，跃入水中，死之。诸生何南青同战殁，事闻，均赐恤如例。

储玫躬，字石友，湖南靖州人。廪生。少有大志，读书喜讲求营阵攻击之法，尝于本籍禽治传习左道倡乱者。道光二十九年，土匪李沅发作乱，踞新宁县城，玫躬督乡勇从间道驰截要隘，助官军讨平之，叙功以训导即选。咸丰三年，选授武陵县训导，江西泰和县土匪阑入茶陵州，巡抚骆秉章檄令募勇讨贼。八月，贼窜安仁县，玫躬偕把总张大楷往援，遇贼于安仁、酃县交界地，与酃县团勇合力兜剿，大败之。常宁土匪围攻蓝山县城六昼夜，玫躬复偕县丞王鑫等会剿，阵斩六百余名，贼溃，蓝山以全。移剿股匪于道州四眼桥，玫躬继各营至，逼贼而阵，奋击败之，追歼殆尽。玫躬为偏将，兵不满五百，未尝出境与大寇战，驰逐衡、永、郴、桂间者，先后凡三年。旋粤匪窜扰湖南，逼省城，曾国藩在籍督办团练，檄玫躬等各统所部遏之。

四年正月，贼攻宁乡县，玫躬偕候选同知赵焕联往援，遂冒雪夜发，身先驰之。抵县南门，城已破，贼正纵火焚掠。玫躬率勇目喻西林、文生杨英华等夺力夺西门入，转战城南北，贼尸填街市。悍贼横截之，复挺矛入贼队。围数匝，身被十余枪，力竭，与西林、英华等同殁于阵，国藩疏以“玫躬宁乡一战，以五百勇敌贼三千。斩馘数百，我兵丧亡止十八名，贼气夺夜窜，宁乡卒得保全，合邑感激，欲为建祠。蓝山、道州战绩，拟保同知直隶州，抚臣未及汇奏，不料遽尔捐躯，请照进秩议恤。”诏进赠道员，谥忠壮。湖南巡抚骆秉章立忠义专祠，祀安徽巡抚江忠源等，复请以玫躬附祀，从之。

李杏春，字石仙，湖南湘乡人。少工制艺，神清体弱，而胆识过人。由廪生投效军营，以功用训导。咸丰四年，随宁绍台道罗泽南军。义宁州之战，与县丞蒋益沣率兵数百，当贼党七八千。杏春直驰中路，贼溃走，诸军追杀十余里，毙贼六百人。复战鳌岭，贼多坠崖死。乘胜逼西门，与各军环攻，克之。至是累功进同知直隶州，进剿湖北通城，督兵攻西北，泽南自将中军继之，毙悍贼数十。贼狂奔入城，诸军疾蹑之，夺门入，立复县城。贼窜蒲圻，杏春败之道口。贼踞梯木山，率众攀藤上，焚其巢。

逆首石达开率大股来援，官军分三路应之，杏春当右路松林之贼，跃马登山，整队以待，贼汹涌麕至，官军突前击之，斩执旗悍贼酋十余人，余众惊走。明日，贼众二万来犯。众议退师，杏春不可，曰：“大军在后，退则全军夺气。”与参将彭三元扼要堵御，鏖战五时，斩馘数百。咸宁贼悉众来援，崇阳土匪响应，众数万，围营三匝。

杏春与三元分路驰突，相持两时许。炮下如雨，三元战死。杏春勒马回救，麾下劝之走，弗从，曰："彭参将死，我何忍独生？"驰入贼阵，手刃悍贼一人而死。赠知府衔，附祀塔齐布专祠。

朱善宝，字子玉，浙江平湖人。由监生入赀为州判，剿海州、徐州匪，保同知，署江宁府督粮同知。咸丰十年，随总督何桂清驻常州，江南大营陷，常州大震，桂清以守御事悉任善宝。既，贼陷丹阳，桂清遁，钦差大臣和春亦走无锡，提督张玉良收溃卒营城外，亦战败。贼从奔牛镇来犯，城兵千余，且夕垂破。善宝以常州为苏、浙门户，常州不守，则苏、浙瓦解，卒不去。赋绝命诗以见志，与通判岳昌励众登陴，杀贼千计。贼麋至，攻益力，城陷，战青果巷，被十余创，死之。恤世职。

庄裕崧，阳湖人。以监生输饷奖通判，铨四川。佐驻藏帮办大臣恩庆治里塘夷务，晋直隶州知州。初，裕崧幕游蜀，至是例回避，恩庆疏留办善后。藏事毕，改省甘肃。同治元年，补盐茶厅同知，廉慎自持，谙练政治。厅属回目王大桂等以平远回扬言汉民传帖约期灭教，转相煽惑，于是群回惊疑，谋起事。裕崧与凉州镇总兵万年新驰赴秦家湾敌营，晓以祸福，责以大义，回众跪道左，咸听命。裕崧等领赴固原，遣员分赴各庄，回户皆就抚。独巨贼马彪、马新成等抗拒不服，大桂立杀之，由是无一敢抗者，事遂定。其年秋，循化、巴燕戎格撒拉回族时出攻剿，分扰西宁、碾伯、隆德、河州，居民苦之。裕崧奉檄与诸军分道进击，战屡捷。撒回势蹙，相率归命。

二年，护理总督恩麟状其绩，晋知府。俄而固原回杨大娃子等犯盐茶厅，年新战失利，直逼厅城。裕崧率文武登陴固守逾月。贼力攻，内奸启西门，遂长驱入。裕崧率团丁巷战，矢尽粮绝，被执，拥至礼拜寺，百计威胁，詈贼不屈，遂及于难。前都司高如冈、照磨胡敉皆战死。贼入署，执幕友四川举人易举索印，拒不与，并家丁李畅等十一人同时被杀。

年新,湖南人。固原失陷,驰往查办,贼伪乞降,率众潜至袭击,
为所执,不屈,死之。

清史稿卷四九一
列传第二七八

忠义五

王淑元　高延祉　黄为锦　瑞麟　曹燮培

杨映河等　刘继祖　翟登峨等　刘作肃

沈衍庆　李仁元　李福培　王恩绶

李右文　李载文　李楝　陈肖仪

万成　袁祖德　李大均　于松　尚那布

李淮　唐治　钟普塘　林源恩　唐德升

毕大钰　汤世铨　刘福林　谢子澄

周宪曾等　文颖　徐凤喈等　张积功

傅世珍　瞿溍　冒芬　施作霖　韩体震

德克登额　蒋嘉谷　邓玲筠　承顺

托克清阿　冯元吉　平源　张宝华

王泗　周来豫　余宝琨　王汝揆

　　王淑元,字秋查,浙江鄞县人。以举人知县,分发广西。历权柳城、雒容、平南、马平等县事,授博平,调天保。会临桂县民以粮价重不输税,大吏欲慑以兵,淑元在省,进议曰:"民固有所苦,得平自服。"遂调临桂。既莅任,为汰浮收,民便之,无逋赋者。

道光季年,粤匪洪秀全始谋逆,其党李嘉耀潜入省垣煽土匪内应,发觉,淑元鞫得余匪匿所,悉数掩擒,叙功升龙州同知,以肃清会匪奖知府衔。三十年,擢太平府知府,旋任龙州。时广西巡抚郑祖琛懦而黯,群盗蜂起,辄务讳匿。三十年,贼潘宝源等来犯,淑元率练丁御诸距州十里之湾道,以次子光颎自随。战不利,雨甚,药湿,炮不及发,因退回城。及门,贼已由间道入,拥众逼官廨。淑元立堂上,骂不绝口,呼家众杀贼,贼斫淑元仆地,掳之去。光颎奔夺,贼杀光颎,而投淑元于勤村河。盗去三日,始出之,身首皆裂,独面色如生。

高延祉,字筠坡,浙江萧山人。由举人充官学教习,期满,用知县。道光二十一年,英夷犯浙江沿海,举行团练,延祉率义勇为前驱,击毁夷船。咸丰元年,拣发广西,与都下亲友别,即以致身奉国自誓。寻署隆安县事,土贼陆鹏理与其党乃利中、凌阿东等,屡为邑害。延祉集团练,遣间谍,以计诱杀鹏理,捕获其家属党与二十余人,并毁利中巢窟及冢。阿东亡命,谋复仇,纠众千余,据白山之感墟,与归德接壤。延祉偕归德土知州黄为锦率练勇四百进攻,沿途搜戮贼探多名,行抵袍墟,距感墟十余里,遇伏,军溃。复激励练勇奋击,殪匪二百余。贼众蜂至,延祉挺刃督战,被贼矛中腹遇害,为锦亦战死,仆隶多殉之者。

延祉任隆安七十余日,无日不在外治战事,居县廨仅数日耳。民感其保卫之恩,争赙其孤。孤辞,乃以其赀建祠祀之,以从死之仆隶、壮勇附。同治十一年,追谥壮节。为锦,山东人。

瑞麟,白氏,汉军镶白旗人。由誊录议叙巡检,道光五年,选广西镇峡寨巡检。调主簿,擢州判、知州。咸丰元年,授西隆州知州。二年二月,洪秀全自永安犯桂林,败窜全州,瑞麟已卸州事,继任知州曹燮培知瑞麟才,深相结纳,约共守御。时都司武昌显以楚兵四百援桂林,道经全州,爕培留助守。四月,贼薄城下,发炮轰击,毙贼甚多。越日,攻益急,历十一昼夜。提督余万清、刘长清来援,分驻城北太平堡,城西鲁班桥,距十五里外,牵制弗能进,守者惫甚,子药不继。贼穴城,地雷发,城崩,贼乘入,千总叶永林、把总张元福死之。瑞麟素骁勇,遇贼中衢,手刃数人,力竭身死。爕培亦巷战死。

贼攻城时,多死伤,恨甚,城陷,屠之,焚屋舍几尽。文武官绅同时死者:署全州营参将杨映河,把总卜有祥,解饷官四川知县卢金第,安徽府经历陈尧,湖南游击余遇升,都司武昌显,千总田庆华、马瑞龙,把总卢先振、黄志林、韩大兴,外委孙绍全、杨清麒、田宏义、杨大宾、龚心仁、田宗南,武举唐殿试,生员蒋成龙、金建勋,武生张以敬,幕友黄柏彬、祝永文、朱福坪、周希龄、孙培驹、杨菱舟、金家驹、朱泽,凡三十余人。学正农贤托,年七十,甫殁,棺毁,妻殉之。瑞麟谥壮节,与爕培并赠道衔,诏祀京师昭忠祠。建专祠全州,曰愍忠,祀爕培及诸死事者。

爕培,字理村,浙江仁和人。选柳州通判,摄西隆州、宾州事,除东兰州知州,权全州。性倜傥,有吏才,不拘节目,声伎满前,然无废事。或规之,引文信国公少年时事自解,曰:"他日能学文山足矣!"人谓爕培无负素志云。

时死广西者,又有署永安州吴江龙门司巡检冯元等。

刘继祖,江西玉山人。增贡生。道光十一年,以同知分福建。十九年,除淡水同知,以忧去。服阕,借拣知州,发广西。二十七年,授永康,寻署藤县。时灌阳、平乐、阳朔等处匪徒肆扰,偕知府张熙宇督剿,歼擒殆尽,进知府。咸丰元年,金田贼败窜大黄江,继祖率水陆壮勇乘夜攻击,焚其巢。以所部练勇失钤束,夺职。四年,巡抚劳崇光奏请留藤协办团练,寻艇贼梁培友纠众攻藤,继祖偕知县翟登峨等婴城固守,设间出奇击却之。旋以土贼冯六、戴九等接踵至,据河干,尽焚沿岸舟,乡团来援者不得渡。贼众兵单,城陷,继祖受重创,与登峨子襄采、团长梁文轼等巷战,力竭,死之。登峨被掳,骂贼不屈,被害,弃尸于河。典史冉正棠斗死狱门。诏复继祖原官,赏世职,登峨以次死者恤有差。

登峨,字眉峰,山东章丘人。进士,截取选藤县。

刘作肃,字敬亭,奉天承德县人。道光元年举人,选知县,授天河县。历宁明知州,兼明江同知。咸丰三年,贼众万余攻城,相持五月余,解围去。以城守功加知府,赏花翎。六年,署太平知府。贼屡来犯,御却之。十年,复来。城中无储粟,贼围亟,守陴者皆走。城陷,作肃投池,水浅,不能死,为贼拥去。以其居官清廉,不忍害之。作肃乃吟绝命辞,绝粒死。其弟与仆姚云、吴贵同殉。妻赵及子家祥、女等皆先自尽。以子家凤被执不屈死,恤如制。赏世职,建祠府城,二仆并赐恤。

沈衍庆,字槐卿,安徽石埭人。道光十五年进士,以知县发江西,署兴国,补泰和。二十五年,调鄱阳,县滨湖,盗贼所出没。衍庆编渔户,仿保甲法行之,屡获剧盗。俗悍好斗,辄轻骑驰往,竭诚开导,事浸息。两遇水灾,尽力赈抚,存活无算。举卓异。咸丰二年,粤匪陷湖北武昌,衍庆请兵守康山,控鄱阳门户。三年,九江陷,讹言四起,居民逃亡,不可禁止。衍庆率练勇巡东门,见粮船中数百人噪而前,衍庆手刃二人,余党慑服,人心始定。贼围南昌,巡抚张芾檄衍庆赴援,会合省防诸军与贼战,大破之。贼将东窜,衍庆虑贼犯鄱阳,请于巡抚,驰归。时乐平令李仁元摄鄱阳事,同商守御。贼至,与仁元同力战,城陷,死之。赠道衔,立祠鄱阳。

仁元,字资斋,河南济源人。道光二十七年进士,内阁中书,改知县。咸丰元年,授乐平。民俗剽悍,以礼让教之,多感悟。有素习械斗者,仁元曰:“民不畏死,然后可以致死。今天下多事,正此辈效顺之时也。”简骁健得六百人,日加训练,土匪畏之,敛迹。乐平与鄱阳为邻境,仁元政声亦与衍庆相埒,至是南昌戒严,衍庆助剿,仁元移摄鄱阳以代之。未几,衍庆以防贼扰,驰归县。因仁元父母妻子在乐平，亟趣仁元去。仁元曰："贼且夕且至，临敌易令，是谓我不丈夫也。"遂议拼力战守。值久雨湖涨，城圮，无险可撄。于是审度地势，衍庆军南门，仁元军北门，为犄角。部署甫定，贼扬帆大至。麾军燃炮，碎贼舰，贼绕东门登岸，入城，衍庆迎击，贼稍却。又绕而北，仁元率乐平勇巷战，矛刺仁元，踣，脔割之。所部犹力战，死者过半，卒得仁元尸以出。

初，乐平土匪度仁元去必复来，伏不敢动。及闻殉难，乃倡议迎贼。仁元母顾其妇及女曰："祸将及矣，曷早计！"皆死之。城陷，仁元父及弟并不屈死。事闻，诏赠知府衔。与衍庆合祠于鄱阳，别于乐平建仁专祠，父予墀、母陈氏、妻金氏、弟诚元、妹三人、妾杨氏及仆、妇等，均附祀。

李福培，字仲谦，江苏无锡人。道光二年举人。会试十三次不遇，考教习，补左翼宗学教习。期满，用知县。咸丰元年，选授广东从化县。时广西贼起，广州为贼出没所，从化界连七邑，距府城百七十里。四年，贼逼广州，福培以花县之石角及县境之太平场为从化及诸邑屏，请大府屯兵二千，兼可断贼粮道，不报。乃自募壮丁数百人，与典史赵应端及从弟性培分将之。七月，贼数千直薄城下，福培登陴固守，率兵民力战。凡七捷，斩八百余级。九月，援贼大至，急解县印授其子送省会，而誓以死守。贼舁炮攻城，裂数丈，贼蜂拥入。与应端、性培等巷战，身受数伤，退至学宫尊经阁，犹投石殪贼，贼焚阁，三人同死之。仆周镛、勇丁苏兆英等皆殉难。恤福培赠知府衔，建专祠，特谥刚烈。福培就义处有血影渍地，如人形，濯之愈显，后任建石栏护之，榜曰"忠迹昭然"。

王恩绶，字乐山，亦无锡人。与福培为中表昆弟。少以诸生受知巡抚林则徐，招入节署读书，称为笃行君子。道光二十九年，顺天乡试举人，考充宗学教习，勤其职。惠亲王稽察宗学，语人曰："不视此职为具文，孜孜不倦者，王教习一人而已。"期满，以知县候选。恩绶幼与福培同学，长以气节相砥砺。同居京师，夜分论时事，慷慨骂诸将吏弃城与军，辄面发赤，戟手搏案，声震邻，舍童仆为惊起。福培仕广东，恩绶与之书曰："大丈夫当此时，与老死牖下，孰若埋骨疆场耶？"及福培殉，益跃跃欲得一当。

咸丰四年秋，武昌克复，大吏以湖北缺员，请吏部拣发选人。方是时，武汉再陷再复，寇尚蠢蠢至，选人皆畏沮不欲行，多称疾谒假。恩绶慨然曰："若仕必择地，则夷艰犒危杖节之士不复见于今世矣！寇何由平？"寇带往听旨，果发湖北。或言"寇深入，道且梗，盍徐徐行。"恩绶不可。携一子一仆，间道疾驱，五年二月始至，则武昌已被围。巡抚陶恩培婴城守，兵弱饷绌，势岌岌不保。官吏藉口出请援师，乞大吏檄引去者相属。布政使胡林翼驻师城外，恩绶往谒，林翼惜其才，留赞画军事，恩绶辞，竟缒城入。恩培诧曰："此旦夕死地，人患不得出，君独患不得入，今何时，乃有此义烈男子耶？"温语慰遣之曰："君无守土责，尚可出，就胡营，留此身以待用。"恩绶固不可，遂奉檄登陴守御，翼日城陷，恩培殉黄鹤楼。恩绶与武昌府知府多山督兵巷战，同时死之。仲子燮及二仆皆殉。

明年冬，武汉克复，当事以恩绶死事状上闻，得旨赐祭葬，予谥武愍，既而御史汪朝棨疏言："恩绶无守土责，而视死如归，不特与草间偷活判若天渊，即较之城亡与亡亦分难易。且忠孝一门，仆从皆知赴战，尤足扶植纲常。请于本籍建专祠。"会巡抚郭柏荫亦疏请建祠武昌，诏并许之。

李右文，字伯兰，顺天通州人。道光十一年举人。咸丰三年，选授湖南东安知县。粤匪犯天津，留办本籍团练，以功赏知州衔。五年，赴官，值湘南道梗，诸弟驰书尼其行，不听。至楚，权新宁。邑屡被寇，户口流亡。右文招集抚循，凋敝以振。七年，以最调祁阳。时从弟载文殉难广西，弟复驰书劝归，慨然曰："死生命也，脱捐顶踵报国，是得死所也，何虑为！"寻回东安任。八年，湖南境贼退，右文谓众曰："贼败他窜，不可恃。"亟训练民团，置仓谷数千石，备不虞。

九年春，石达开由江西回窜湖南，逼近东安，新宁绅众数百人来迎，请避贼新宁。右文曰："吾去，谁为守此土者？"已，复请护家口出境，又曰："是为民望也。"却其请。众泣，誓死不忍去。三月，贼麇至。城卑，四面皆山，贼环瞰之。右文集城中官民登陴固守，亲冒矢石，历七昼夜，轰毙城下贼甚夥。城陷，与贼巷战署东，身被重创，犹手刃数贼，力竭遇害。贼燔其尸，仅得脊骨归葬。子杰、妻郝、子妇王，及仆婢，皆从死。新宁绅众数百，亦先后战死。诏视道员例赐恤，建祠本籍，随殉亲丁、绅勇附祀。

子杰，字小兰。县丞。有干略，侍父湖南，襄督练勇，进知县。方贼之回窜也，右文知不免，作书与诸弟诀，命杰赍往，意欲生之也。杰不忍去，又重逆父命，潜避署左右，观贼变。贼至，率练勇守南门，城陷，闻警驰父所，未至，遇害，尸同被焚。视同知例赐恤。

载文，字潞帆，右文从弟。道光二十四年举人。三十年，以知县发广西，咸丰元年，权马平县。时洪秀全犯桂林，马平贼李志信响应，载文率兵剿捕，歼之。寻调平南。五年，艇匪梁培友由梧州上窜，陷浔州，扰平南，载文御之渡口，炮轰沈其船，追击毙匪数。贼屡分扑南北岸，悉却之。累以功擢同知直隶州。

六年五月至七月，贼麕至，水陆环攻，载文偕参将曾廷相、张遇清，都司唐文灿等，婴城固守，困重围七十余日。乞援、乞饷，告急文数十上，大吏但空言慰藉。载文知事不可为，遣亲仆间道以县印檄送桂林，独激厉兵勇与贼相持，教谕傅扬清，把总吕耀文，生员傅扬芬，吴国霖先后战死。贼攻益急，载文中炮伤腿，痛哭，北面顿首曰："臣力尽，惟以一死报国，然不忍百姓屠戮也。"纵之去。千总方源开城私遁，贼乘隙入。载文、廷相率勇巷战，手刃数十贼，力竭，自刭不殊，贼拥至船中，抗骂不屈，并脔割之。

是役也，遇清守北门，持大刀斫贼三十余，被贼攒刺无完肤，死。文灿守南城，率外委张琏巷战死。守备张彪守火药局，燃火轰毙贼百余，亦战死。载文、廷相死尤惨。先是巡抚劳崇光奏荐载文堪胜道府，兵部侍郎王茂荫亦奏保循声卓著，擢桂林遗缺知府。命下，载文已遇害。赠太仆寺卿衔，赏世职，建祠本籍。同治十年，追谥壮烈。

李榱，字紫藩，安徽宣城人。以监生入赀为知县。道光二十六年，选授湖北公安，赈灾有惠政，调孝感再调钟祥。咸丰二年，粤匪自长沙蹯岳州，犯武昌，所在奸民竞起，钟祥马骡子、襄阳郭大安、天门盖天王皆盗魁，党众大者万余，小乃数千。榱教练壮士千余人，捕马骡子及其党数十人斩之。侦知郭大安方谋以众投粤贼，设伏间道禽之。乘大雾掩击盖天王，悉俘其众。时武昌、汉阳相继陷。上游诸郡帖然无恐者，榱平诸盗力也。既而武昌复，大吏上榱功，擢荆门州知州，调署江夏县，钟祥民万众攀留不得。

会粤匪林凤祥等北犯，其后队自河南折入湖北，陷黄梅，趋麻城。榱率提标兵千人往援，击贼黄冈之鹅公颈江口，大破之，穷追至安庆，与安庆兵夹击，歼贼殆尽。还值宿松警，复破贼下仓埠，诏以知府升用。逾月，贼复自江西大至，寇广济之田家镇，大吏檄榱往，连战皆捷。最后战，他将懦不进，榱率所部渡江击贼。贼败走，孤军追贼，至兴国州富池口，贼知榱军无继者，分舟中贼登岸袭其后。榱引就水军，水军走左，陷淖中，与所部二百人皆斗死，咸丰三年九月十日也。事闻，赠道衔，予世职。公安、钟祥之民，家祭巷哭，奉木主祀之。

始榱为县，所至必于其地夷险丰耗、民俗醇讹、奸蠹根株、人所疾苦尽知之。为治行之出于至诚，人乐为用，愿效死力。及其殉难，久而思之。同治二年，湖北大吏复奏榱死事甚烈，在官政绩尤著，请宣城及死事所建专祠，诏可，予谥刚介。

陈肖仪，字幼泉，江西弋阳人。尝遭母丧，扶柩舟行江中。夜火发，四面皆烈焰，肖仪以身伏柩上，随江流飘荡，不死，柩亦无恙，一时称奇孝。年十九，官湖北县丞，擢广济知县。咸丰三年，粤匪破田家镇，去县七十里，县故无城垣，召募乡兵，皆望风走。肖仪知事不可为，持刃坐堂皇。贼入，数其罪，即抽刃自刭，未殊。贼缚之，曳于市。子恩藻奋壁击贼,贼立杀之,肖仪骂益烈。贼凿齿劓颊,肤尽见骨,三日乃死,贼解其体为五。县民悲愤,贼去始敛焉。

万成,满洲镶白旗人。道光二十四年举人,拣发湖北知县,署汉川,调安陆。咸丰四年,匪由武昌北窜,陷云梦。时总督台涌驻兵德安,万成陈战守二策,涌不能用,欲退守三关,徐图克复,且讽与俱去。万成垂涕曰:"弃而不守,如百姓何?与城存亡,守土之义也!"其仆复劝之,并以主人无嗣为辞,万成厉声曰:"我家世受国恩,若临难偷生,无以对国家,即无以对祖、父!"遂致书邑绅曰:"祸在旦夕,谁之责欤?一死塞责,不可为臣;有辱于亲,不可为子。愿不归樯于先人之墓,留葬于此,以志吾恨。"是夜警报沓至,万成召团练诸绅,告以在城兵勇俱随总督北发,已当以死守城。又知事必不济,复作绝命书,与士民诀,略曰:"贼已至云梦,势必来德安,我惟撄城固守,不能,则以死继之。诸君不我遐弃,能寻我遗骸,葬于碧霞台下,常此北望神京,则九原之下,感不忘矣!"逾日,贼距城二十余里,台涌拥兵径去。万成谒知府议救急策,甫出署,红巾贼数十突至。知城陷,抽佩刀与战,手刃数人,力竭,死之,贼焚裂其尸。德安复,县民卒收葬残骨于碧霞台下,以遂其志。

袁祖德,字又村,浙江钱塘人。祖枚,以诗文名,官江宁,因家焉。祖德早慧,入赀为江苏宝山县丞。兵备道某稔其才,以上海县令姚某漕事诖误去,檄祖德摄县事,且代姚办漕,未五月,难作。先是县中团练多闽、广无赖,本地游民和之,漫无纪律。粤匪据江宁为伪都,人心益摇,于是小刀会起事。小刀会者,即无赖游民所结合,党羽散布,官役皆为耳目。道故粤产,谓中多粤人,置不为备,先发难嘉定、戕县官,道仍不为备。咸丰三年八月初五日为上丁祀事日,黎明,祖德肃衣冠出,贼蚁拥入署。一贼号小禁子者,祖德尝因案惩之,首犯祖德,刃交于胸,被十余创,骂不绝口,死。守备李大均得讯,跃马呼杀贼,手无械,不能战,自经死。

　　于松，汉军正黄旗人。以荫授蓝翎侍卫，出为江苏松江粮厅。咸丰元年春，南漕改海运，漕船水手将哗变，大吏檄松资遣，变遂定。明年，大吏复以资遣事檄松，时粤贼踞江宁为伪都，水手环而啸呼，势倍前。松为上息内哄计，藉其精壮而训练之，不旬日，得劲卒二千人。会向荣蹙贼围江宁，江苏境内稍安。六年，率所籍卒从巡抚吉尔杭阿剿镇江，既成营，搏贼银山下，战屡捷。镇江贼仰息江宁，既屡创，闭垒，潜略高资镇。松以千人驰击，渡夹江，平贼营。改攻镇江城，以众夜薄城下，梯垣纵火，潮勇噪而惊贼。贼起，燃巨炮，登者纷坠。松督队在前，铅丸中额，仆牙旗下，旋卒。潮勇故剿椎名盗，居尝啖贼金，故为贼用，败官军。松死，麾下士千余人，悲愤痛哭不忍闻。

　　尚那布，国罗落氏，满洲镶黄旗人。咸丰三年，由举人拣发江苏知县。八年，署溧阳。仆从萧然，日集士绅议战守，不退食。兵勇践境，亲立城卡弹压，出境乃已。创义学，筑舍数十楹，集诸生讲肄，购田百余亩供膏火。修葺文庙，庀材鸠胥，捐廉为之倡。疏浚城河，懋迁称便。迭以军需筹防、催征力最，赏知府衔。十年，贼陷广德，溧阳界其北，尚那布誓死守。贼麕逼城下，急切无援，督练勇击贼退。未几，贼复大集，攻城愈迫，越日城陷。尚那布厉声叱曰：“我溧阳知县，练勇杀贼，我作主，速杀我，勿伤百姓！”遂遇害。恤赠太仆寺卿衔，赏世职。时署金坛县知县李淮同以城陷殉难。

　　淮，字小石，浙江鄞县人。固守至百余日，贼乘雾登城，淮朝服坐堂皇，骂贼死之。

　　唐治，字鲁泉，江苏句容人。道光五年举人，大挑知县，分安徽，补桐城县。岁大水，请帑劝分，按口振施，不假手胥吏，一月须发为白。调祁门，旧有东山书院，生童膏火取给盐厘，治别筹捐项充经费，士商两便之。又立义廒，积谷至数万石。时粤贼据江宁，安徽改省治庐州，贼船上下无所忌。上书陈利害，不报。祁门无兵，依山为城,徽州以富名,贼欲图徽,必道祁,请以兵守,又不报。而祁之奸民前苦治严缉者,遂为贼响道。四年正月,贼入县属桦根岭,治招集团丁,激以大义,誓共城存亡。时大洪巡检钟普塘亦带勇入城协守,贼逼西门,治督众登陴迎战,炮轰毙匪数十人。大股猝至,城遂陷,犹奋勇巷战,力竭马蹶,与普塘同时被执。诱降不可,凌辱之,不屈,以礼遇之,终不食饮,卒骂贼死。普塘同时遇害,沈尸于河。

普塘,绍兴人。贼欲说降之,曰:"吾年逾六十矣,即不知羞耻事,能再活六十余耶?"传其骂贼尤烈云。同治二年,曾国藩请于祁门建专祠,以钟普塘附祀。

贼蹂安徽,守土吏殉节死者,又有泗州知州郑沅,六安州知州金宝树,蒙城县知县宋维屏,望江县知县卫君选,盱眙县知县许垣。沅,顺天大兴人;宝树,江苏元和人;君选,河南赵城人;垣,江苏上元人;维屏籍未详。

林源恩,字秀三,四川达州人。拔贡生,举道光二十三年顺天乡试,咸丰元年,选湖南平江县知县。二年秋,粤贼犯长沙,浏阳、通城匪徒皆为乱,三县皆与平江接壤。源恩诘奸守隘,如防御水,截然不得蛰。江忠源以为才,保奏知州衔,又以书播告士友,道"林某堪军旅"也。时国藩治兵长沙,檄源恩募平江勇五百人以从。旋有他贼自崇阳、通城犯平江,檄源恩回援,壁北乡之上塔市。三月四日,贼大至,环源恩垒,源恩逆战,大捷,追奔数十里。既而塔齐布、胡林翼师克通城,平江解严,师别剿,则贼仍麕至,源恩屡战却之。会有忌源恩者,功不得叙,又别摅他事中之。源恩愤甚,诣大府自陈,而謇于辞,卒莫能自达。遂从国藩九江军,命治罗泽南粮台。乙卯春,从克广信,赏花翎。又治塔齐布粮台,旋任水师营务。十一月,又摄理陆军于庐山之麓、姑塘之南,而江西巡抚闻源恩贤,飞檄至南昌,付以所新募之平江营者。源恩在庐山,又与共事武夫不相能,愤弥甚,尝独叹曰:"丈夫一死强寇耳,终不返顾矣!"

明年,石达开犯江西,连陷八府五十余州县。六年三月,李元度率师自湖口南来,源恩与邓辅纶自南昌而东,两军会于抚州,克进贤东乡,进破文昌桥坚垒五,赭其巢。既薄城,源恩壁南门,元度壁西南隅,相去四里。贼婴城拒守,坚不可拔。当是时,江、楚道梗,瑞、临、袁、吉四郡无一官军。援贼不时至,至则合城贼来犯,所部迎击三十里外,辄重创之,破贼垒者九,大小战五十有六,皆告捷。然部下血战久,疲不得休,裹创者十之三,病者十四五。会辅纶中蜚语去,在事者多告退,源恩势益孤,饷日绌。

宜黄、崇仁两县来乞师,谓克宜、崇则能拊抚贼之背,且劝士民输饷,可得十数万。源恩与元度遂分江、楚军共五千徇西路。九月三日,克宜黄,九日,克崇仁,俘斩各数百。忽皖贼数千自景德镇来援,急撤宜、崇军,官民苦留不遣。将士亦以久饥甫得一饱,不能行。贼趋抚州,十六日,扼河而战。水涸,贼骒马飞渡,追而败诸城下。

先是源恩所部之右护军遣赴崇仁,留三百人守垒,贼诇知之,诘旦出犯,先陷右军,遂围源恩壁。源恩慷慨谕将士曰:“好男子,努力杀贼,无走也!”众皆应曰:“惟公命。”都司唐德升驰入壁,掖源恩上马,源恩曰:“此吾死所也,子受事日浅,其行乎!”德升曰:“君能死,吾独不能死耶?”从容解金条脱畀其从子某,曰:“若驰去,吾与林公死此矣!”垒破,源恩手剑钑贼,力竭,死之。德升素骁健,格杀十余贼,始被害。从死者三百余人。源恩年仅四十。追赠道员,赐恤如例。

德升,字彦远,宁远人。旧隶副将周凤山部下,以十五日奉檄来军,十七日及难,赠游击。

毕大钰,湖南长沙人。咸丰二年,以附生守长沙南关,粤贼炮轰城塌,大钰敛空棺实土为墙,倾刻成三十余丈。随提督邓绍良坚拒八十余日,歼贼数千。贼自湖北回窜,湘潭、靖港均陷。大钰复以防省功选用府经历、县丞。湖北崇阳、通城陷,大钰复领兵赴剿。谍知贼由平江捣长沙,绝馈道,厉兵为备,贼不得逞。行军禁骚扰,一蔬一木无妄取。通城乱久无官,为立团防,锄土匪,通人安业。因其归,报金巨万，大钰却不受。四年，保用知县，授浙江仙居知县，案无留牍。地瘠民贫，逋赋多，大钰大官，民争输纳。寻捐知府，浙江巡抚何桂清留管粮台，檄赴于潜防堵。又以开化叠警，调防婺源。初战屡捷，寻贼以三千人围南关，大钰偕胞侄候选通判荣清合剿，贼大至，力竭，均死之。恤赠太仆寺卿，赏世职。

汤世铨，字彦声，顺天大兴籍，江苏武进人。道光二十六年举人。咸丰三年，以知县发浙江，七年，署开化县。时粤匪阑入浙境，由常山窥开化，委署者多不肯往，世铨独毅然请行，至则募勇防守。八年三月，贼首石达开扰浙，衢州镇总兵饶廷选战败，遂逼开化。世铨闻警登陴，贼突至，城陷，世铨拔佩刀自刭，为绅民夺刀拥出，不得死。阴约各都结团，且飞书请兵，会鹤丽镇总兵周天孚督军追击，贼奔处州，世铨率团沿途截杀。

六月，县城复，仍因失守褫职，代未至，仍带勇守御。七月，贼由常山复攻开化，江苏候补县刘福林帅乡勇方檄赴宁国。世铨请于大府，留籍防御，而以城守属县丞某，且出印印其衣，毕，遣人赍印至府授代者，遂出御贼于华埠贼至，叠击败之。会贵州定远协副将朱贵统兵三千来援，战失利，世铨急整队出，仓猝不能成阵，力斗，与福林同殁于战所。以印衣觅得尸，胸腹腰胁创十数。勇目方忠同死于其侧。事闻，复原官，恤如例，给世职。

谢子澄，字云航，四川新都人。道光十二年举人，大挑知县，分直隶。咸丰元年，署无极县，二年，补天津。天津地滨海，犷悍难治，市有所谓"混混"者，健武善斗。子澄至，见前令系诸混混，叹曰："是奚不可化者!"籍其名，纵之。未几，纵者哄于市，子澄按名捕殛其魁，地面遂靖。时粤匪出扰湘、汉，顺流而东，遣酋林凤翔、李开方分兵渡河，莫测所向。人方谓南北道隔，贼不敢犯，子澄深以为忧。捐金倡团练，召所纵诸混混，以周处故事喻之，众皆为用。回民刘继德复集回民千余人应之，遂率赴教场，授器械，教战阵之法，其妻亦撤簪珥以助。长芦盐政文谦归财与粮，随时协济，子澄得一意练兵。

未几，贼围怀庆。逾月，渡临洺关，总督讷尔经额帅师遁，遂经顺河、柏乡、栾城入深州。主阃者务持重，虽数奉诏夹剿，而习于溃逃，数避贼。其奋勇者尾追数千里，气亦馁，贼势益横。又经献县、交河，以薄沧州，沧州号有备，亦为所拔。津地大震。

九月，贼至梢直口，大吏不知所为，议婴城守。子澄以负郭居民数十万，不应弃之，力争。遂用沿河棹小舟以火器取野鹜者，又火会会众万人，合水陆拒贼，而别向火会首事张锦文筹资。先是锦文输家财浚濠，濠成，运河水大至，环城洼下成巨浸，而葡萄洼尤甚。子澄阻濠守，渡濠击贼。贼酋开山王小秃子手黄旗指挥，迅奋剽疾，能一跃丈余，避枪击。子澄先伏打野鸭船于岸外，贼以为民船也，呼渡，船枪发，殪小秃子，群贼夺气。伏舟进击余贼，血流染波。日晡，军馁，锦文又赍糗粮至，战益奋。勇目余鹏龙等相继陷阵，复斩级无算，贼遁。是役也，子澄功最，旨以知府用，留本任。

时贼退踞静海及独流镇，子澄奉调赴胜保营，列营河西。贼由独流出扑，屡击退之。嗣静海贼倾巢出援，子澄追剿，贼窜，正窘，会都统佟鉴思绝贼归路，进掣濠板，以路滑失足踣地，贼刃交。下子澄单骑驰救，炮洞马腹，身受七伤。鹏龙负之趋，子澄曰："急矣！尔亟行，毋顾我。"贼酋高刚头薄之急，子澄恐为所辱，沈于河。鹏龙率从子栋梁等皆战死。事闻，加布政使衔，谥忠愍，建专祠。丧车还津，无贵贱皆往吊，哭如私亲。天津祠落成，蠡县人李某，生致高刚头，剖心以祭。

子澄好为小诗，工骈体文，为政有声，卒以杀贼致殒。人谓贼自河北经山西，所至席卷无坚城，独受挫于子澄，使京师得以为备，其关系尤重云。

先是贼过临洺关，同知周宪曾公服坐饷鞲上，骂贼死。后子澄以知县死直隶者：江安澜，广西临桂人。举人，挑教职，保知县，发直隶，补柏乡。咸丰元年，调静海。贼北犯，静海为畿南冲要，大军援剿，供应无乏。贼入境，偕署都司潘宗得等禽斩伪司马陈得旺，大队麇至，官军众寡不敌，遽溃。城陷，赴水死。破沙河，王衡身中七刃死；破栾城，唐盛朝服骂贼，贼缚之柱上死，典史陈虎臣从死。

又马云岚，庆云人。州判。贼犯县城，率乡团出御，被执，不屈死。子龙文从死。恤如例，予世职。

文颖，字鲁斋，赵氏，汉军正蓝旗人。道光二十五年进士，用知县，发山东，补蒙阴。邑患蝗，两以文吁神，皆应。调阳信，弭抗漕衅。又调商河，浚徒骇河，境免积潦。时粤匪已窜直隶之建通镇，去商河百里，募练乡勇，民恃无恐。调省主粮台事，适股匪入东境，金乡、郓城皆陷，而阳谷当其冲。大使以文颖有干才，檄令往署。至则城备久弛，急号召乡团为守御计。是时将军善禄拥重兵驻东昌，飞牒请援，置不应。愤极，抵案曰："死耳，复何言！"或讽以出城待援者，怒斥曰："与城俱存亡，岂有临难苟免之文某哉？"

未几，贼大至，割半袖付仆驰报父母，即怀印上城，与典史徐凤喈从容出印相视。贼入城，怒马驰入贼队，被七创，骂不绝口死。凤喈及教官李文绶同遇害。文颖抵任才五日，时咸丰四年二月二十九日。事闻，优恤，立专祠，予世职。文颖尝过泰山，题句有云："此行不了封侯业，愿把顽躯窃比君。"盖以泰山自矢，见危授命，其志素定云。子四，三尔丰，自有传。

张积功，江苏仪征人。嘉庆二十三年举人。道光十年大挑知县，发山东，历州县吏。二十年，初权临淄。前政不善，多流亡，以诚招徕之，皆归故业。即墨饥民滋扰，檄往办理而定。朝城民变，民闻积功治临淄事，即首行馆请死，谕以理，惩以法，皆欢呼去。咸丰四年三月，贼攻临清州，积功适知州事，守御十四昼夜。十四日，城陷，阖门死难。初，贼过冠县，知县傅士珍自经死。

典史瞿浚，字菊坪，江苏武进人。帅乡勇出敌，遇贼城闉，中鸟枪，洞其胁，坠马。欲退保于司狱，贼追及，刃俥其胸，骂不绝口，剖腹死之。妻吕氏，骂贼，被寸磔。亦全家遇害，时三月朔也。

冒芬，江苏如皋人。巡检，发广东，补北寨司巡检，调五斗口。缉获盗匪傅敏南、乌石姊等，有能名。擢广州府经历，调海丰县丞。英吉利扰广州，以守城功进知县，授开平县。县介新会、鹤山间，盗贼出没，芬严为条约，捕甚多。历权高要、曲江、乳源等县。

咸丰二年，洪秀全陷仁化、乐昌两县，分股攻乳源，募勇三百，约都司车定海扼河为守，使乡勇绕出河岸设伏。凌晨贼至，官军隔河炮毙骑马贼一，伏军薄其后，夹击之，贼大溃。渡河追击，斩甚众。

余匪吴焕中、黄老满等潜聚曲江龙归墟，结连罗镜墟凌十八，图复逞。焕中潜至乳源，为逻者获。芬讯得实，偕千总张鹰扬驰往，捕获黄老满等头目十三名，解经曲江寺前村，猝与罗镜贼遇。鹰扬所部溃散，芬率亲军百余人与贼战，军火尽，芬被创，贼夺黄老满去。芬裹创为书，上总督叶名琛，极言两粤贼势急，宜联络官民，早缮备具。越数日，伤剧卒。恤如例，后建专祠。

施作霖，浙江萧山人。道光二十九年拔贡，用知县，发陕西。咸丰三年，粤贼窜河南，奉檄督练勇防陕境，署城固县知县。七年，河南角子山捻匪扰南阳府，将窜陕，巡抚曾望颜以作霖练勇有纪律，令防商南。驰抵清油河，距武关三十里，贼已潜由天桥河陷武关，作霖偕侯补同知曾兆蓉夜冒风雪抵头条岭，击却贼前敌。越四道岭，贼蜂至。作霖奋下击，义勇厉进，作霖手歼悍贼王党。余贼却拒守关，作霖直逼关前，贼复三面扑。熠贼二十余骑，贼攻愈猛。作霖分队击，身受重创，力竭死。家丁王建、义勇马永刚等十三人皆死之。赐恤，谥刚毅，赏世职，建专祠。

韩体震，字省斋，河南夏邑人。道光二十五年，捐州吏目，补直隶祁州吏目。因父作谋任文安主簿，迥避，补山东德州吏目，捐升知县。以防堵功，奖开缺即选，选湖北通城县。防堵邻境要隘出力，保同知。同治元年，鄂督官文调赴军营差委，嗣权孝感县事。孝感屡经残破，城缺不完，体震修葺之，招乡勇城守。闰八月，捻匪大股分扰京山、应城一带，阑入县境，遂扑县城。体震与护军统领舒保善因请入城同守，始解鞍，而贼由缺口入城，体震率勇巷战，众寡不敌，身受十伤，刀矛枪子无不备，大呼杀贼而死。诏照知府例赐恤，给世职。

德克登额，字静庵，满洲某旗人。由笔帖式从将军都兴阿军，累保至副都统记名。尝从攻广济，守营垒，不眠者七昼夜。为人沈静，溽暑不去长衣，每曰："贼平即回家授徒，暇则垂钓黑龙江。"又曰："世受国恩，得一日授命疆场，则吾事毕矣！"与体震同守城，城陷，死之。

蒋嘉谷，顺天大兴籍，浙江山阴人。以府经历发贵州，旋保知县。咸丰三年，署荔波县。县毗连粤西，粤氛近逼，土匪乘之。嘉谷内守外御，境内安堵。始之任，狱多繁，囚半逆党胁从，复有挟私诬告人从匪者。嘉谷讯得实，俱决释之。时刍粮告匮，或以劝捐进，嘉谷曰："民被蹂躏久矣，忍朘其生而激变乎？"事遂寝。五年六月，狄匪复叛，与广匪合，约五六千人，薄城下，嘉谷募勇五百人击退之。时土匪遍地，饷需匮乏，嘉谷毁家募勇，妻陆氏亦出钗钏佐军。众感奋，守愈坚。以故附近州县皆不保，独荔波得存。十月，贼复至，嘉谷部署城防，誓师出营于水堡，与贼遇，战捷，贼小却，后见师乏援，始无忌，麾众并进。嘉谷鏖战终日，伤亡略尽，犹裹创刃贼，俄被执。贼乘胜攻城，城以有备，卒不破。嘉谷既陷贼，怒骂不屈。贼束薪渍油遍体灼之，死而复苏，苏则骂，骂则复灼，如是数次，乃绝。贵州巡抚蒋蔚远以嘉谷善政得民，力捍疆圉，被害尤惨。奏入，恤世职。绅士请捐建专祠，允之。

邓玲筠，字治芗，湖南宁乡人。道光二十三年举人。咸丰六年，以知县发贵州。七年，擢知印江县。时黔中苗、教匪充斥，匪酋以邪教蛊乱，民有黄号、白号等目，乡团多叛应之。玲筠锐意图治，周巡辖境，与田畯叟握手询利病，手疏小册，用是能摘发民隐，讼者神之。思南贼炽，地连印江，亟行保甲法。单骑诣各乡，手自敦率，给门牌如式。署纸尾十则：曰忤逆，曰习邪教，曰私结盟党，曰劫掠，曰藏匪类，曰窃盗，曰容留娼妓，曰财博，曰斗殴生事，曰唆讼。各择士绅董之，犯者同甲勿与齿。改悔者许具状于各条下，加小印曰"自新"；其顽抗及无人敢具保者治之。且计月以验绅董之能否，加劝惩焉。又加意课士，割俸给书院餐钱，与讲求正学，并及军政，士皆畏爱之。劝民修水利，立法详尽易晓，或亲履指示，不以勺水扰民。邪教惑众，为文告抉摘其谬，妇孺能解。简壮丁数百，亲教之击刺法。

是年十二月，贼陷思南，将犯印江。印江故无城，出营于云泮御贼。贼以书请假道，焚书，斩其人。贼从间道袭治所，玲筠袖铜椎毙三贼。贼环攻，复出铜铜格斗，贼莫敢近。忽四山火起，乃突围，抵铜仁乞师，得练总王士秀领五百人，一日夜行三百里。民见玲筠归，奋跃，复得壮士千余，仍从至云泮。是日大雾，人马对立不相见，噪而进。贼奔，自相蹴踏，坠崖死者无算。复追百余里，战中坝，战螺生溪，战袁家湾，皆捷。

八年春，知府令玲筠越境剿贼，知府先闻贼畏玲筠，立邓字旗慑贼，故严檄三至。县民苦留，玲筠慨然曰："郡守檄，县令安敢违？且杀贼固无分轸域也。"以千三百人往。师次分水垭，贼混运粮者入营门，变作，众惊溃。玲筠亲搏战，飞石中首，手格杀一贼，足后被创，遂及于难，丧其元。后军闻失事，愤极，殊死斗，杀声与哭声拼，卒夺玲筠尸还。乃树"忠愤"帜，誓复仇，贼惧，退屯八十里。丧归，士民大恸，争致赙赠。有负贩佣，絜钱四缗，将运盐，悉以充赙。或曰："如尔家何？"佣哭曰："公死，吾属无葬所矣！何家为？"民怀其德，立祠礼之。并刻遗集，曰《钜业堂稿》。

承顺，佟佳氏，汉军正蓝旗人。由文生于咸丰四年随其父甘肃宁夏镇总兵定安出征湖北，累功擢至通判，发甘肃。历权宁夏盐捕通判、平番县事，授甘州抚彝通判，所至有声。同治元年，西宁撤回就抚，大吏以贵德厅孤悬大河以外，汉民与番、回杂处，治理不易，檄承顺往署。适番、回械斗，承顺为之平怨息争，番、回悦服。值河州回匪倡乱，甘、凉、宁、肃一带响应，贵德回民汹汹欲动，承顺劝导解散，以被难妇孺置署中别院，抚养数年。有主者认还，无主者择配。由是汉、番感戴，回民亦慑其威。

时西宁所属各厅相继沦陷，遗贵德一厅孤立贼中者六年。城中回民暗结陕回谋乱，承顺密调兵勇入城，严为之备。回首马朵三等率众千余人攻城，承顺登陴抵御，炮石雨下，毙贼颇多。城内回民开门应贼，城遂陷。承顺率勇巷战，身受重创，厉声骂贼，贼怒，断其左臂，骂愈厉；复断其右足，骂如故；遂断其首而支解之。其弟议叙知县崇顺、监生吉顺扶其母萨克达氏至尸所哭詈，皆遇害。家丁李文忠等七名，同时死之。事闻，恤赠道衔，给世职。

贵德士民复以死事状赴都申诉，御史吴可读疏言："青海办事大臣玉通疏报，祗及承顺被害情形，犹惑于当时'回众拘集汉民、勒写官逼民反，汉、回同谋戕官'之说，后经查覆，于精忠大节，仍未述及。在承顺为国捐躯，光明俊伟，于愿遂矣。遗爱在民，汉、番男妇老幼呼为活佛。误触其名，即童子皆呵禁之。在朝廷为有臣，定安为有子，甘肃为有官。阖门全节，允为一代完人，再恳优恤。"光绪初元，陕甘总督左宗棠覆奏，谓："承顺死节奇伟，一时仅见。纲常名义，不因品秩等差而别，则表扬较名位尊显为尤亟。请官为建祠，并予谥法，以励人心。"疏上，允之，谥勤愍。

托克清阿，字凝如，满洲正蓝旗人。道光十四年举人，大挑知县，发甘肃，署环县、安化知县，及土鲁番同知。以清查事镌级。咸丰元年，捐复原官，补皋兰。时回、捻扰陕、甘，土匪闻风响应。侍郎梁瀚治团练，疏荐之。总督乐斌亦以其任事果敢，檄署秦州直隶州知州，寻实授。同治二年，逆回窜甘南，州境戒严，托克清阿募壮勇，缮器械，力筹守御。贼窜秦安，率军迎剿，屡挫贼。贼纠大股至，众寡不敌，力战死之。事闻，诏以道员从优议恤，秦州及本旗立专祠。后秦州承其规画。防御严密，境获安全。四年，秦州士民以托克清阿忠贞孝友，慈惠严明，洁己爱民，御灾捍患，在任时民皆安业，贼不犯境。遗爱余威，实足固民心而寒贼胆，吁请加恩赐谥。总督恩麟据以入告，特诏允之，予谥刚烈。

冯元吉，字景梅，浙江山阴人。由供事议叙从九品，分广西，历署贵县五山泛、凌云平乐司巡检。道光二十八年，授宜山龙门巡检。咸丰元年，金田贼由武宣东乡逃窜，都统乌兰泰、提督向荣、总兵秦定三等节节追剿。贼窜象州，兵勇不能御，直至大乐墟，转掠龙门。元吉率乡兵御之，战败。驰回署，衣冠坐皇堂，二子澍、溥侍立。家人请暂避，元吉厉声曰："身为命官，不能杀贼安民，走避偷生，吾不为也！"麾二子出，皆痛哭不去，贼至，父子抗骂，同遇害。家丁严禄、夏玉俱死。诏以元吉微员，从容尽节，澍、溥从父殉难，忠孝堪嘉，赠盐运使司知事衔，赏世职，建专祠，澍、溥附祀。

平源，字沛霖，顺天大兴籍，浙江山阴人。由吏员叙典史，发安徽。咸丰二年，署怀宁县典史，恤狱囚，尝曰："囚死于法，可也；死于非法，不可也。"眠食皆躬察之。粤匪犯安庆，事急，囚哗，欲脱械去。源至，囚曰："此何时也，公胡弗自便？"源曰："此若辈所以犯刑也，死可苟免耶？"囚曰："公不去，囚何忍去？"俄而城陷，巡抚蒋文庆遇害，余官皆走，源独冠服坐狱门外，贼至，胁之曰："若降，官；若不然，饮吾刃！"源曰："刃则刃耳，吾岂受汝胁者？"贼曳至怀宁县署外杀之，逮死骂不绝口。安庆人思之，为立石于殉节处。

时又有张宝华者，为望江县典史。闻城陷，视其妻贾氏自经毕，冠服坐堂上骂贼，死。华阳镇巡检王泗同时殉难，盱眙县典史周来豫后于九年助守县城，力战坠马死。

余宝锟，江西德化人。附贡生，捐知县。道光十六年，选授浙江景宁县，以才力不及降调。复捐县丞，发贵州。咸丰五年三月，署麻哈州吏目。四月，仁怀县教匪杨灉喜窜麻哈，随知州何铤击却之。寻盗魁陈大陆纠苗匪来犯,复随铤出战。贼退,遂率众攻拔下司岩、下鸡场等处,扼茅坪山,悉力堵御。未几,贼聚益众,势不能敌,退州城,贼旋陷都匀府。提督孝顺兵至茅坪被围,宝锟率团兵随总兵佟攀梅援剿,围解。自是无日不战,互有胜负。巡抚蒋霨远檄云南降将陈得功随孝顺攻克都匀,进援麻哈,官军势复振。得功旋叛去,孝顺军溃,贼大股围州城三日,宝锟率乡兵登陴固守,贼不得逞。七年,城中粮匮,兵益单,宝锟自誓与城存亡。八年正月,贼悉众来攻,宝锟出北门迎敌,不利,入城,贼已自他门入。宝锟持矛巷战,贼不忍害,挥令去。宝锟怒骂,掣矛刺之,贼夺矛还刺,死之。

王汝揆,甘肃伏羌人。道光二十年举人,拣选知县,亲老改教职。咸丰间,授平凉县教谕。同治元年,陕西回匪窜乾凤,逼甘肃境,汝揆上书平庆泾道万金镛曰:“贼西逼凤翔,必分党由汧、陇间道趋秦安东北,构煽丑类。宜及其未至,扼险严防。不然,内应且四起,平凉扰则灵、固、狄、河等州县亦危矣!”言未及用,贼寻由固关逾陇,张家川、莲花城土回应之,陷盐茶及固原,金镛死之,平凉戒严。汝揆议尽毁城外民舍,无令贼倚为障蔽,议不行。未几,贼围平凉,汝揆协同守令,督率生徒,登陴固守,衣不解带者六阅月。一日,侦西北二路贼少可击,谒知府田增寿请率壮士缒城出剿,又不许。二年,贼匿民舍掘地道,纳火药轰之,城遂陷。人皆泣曰:“早从教谕言,事岂至此乎?”汝揆还署,易朝服,北向叩首讫,妻汪氏暨女一、孙女一皆死,乃从容就缢于孔庙钟簴以殉。

汝揆性质实,敦孝友。居亲丧,不入内,不御酒肉。弟印揆,客西宁久,音信乏绝,汝揆往寻之,风雪中徒步千余里,卒挈其弟以归。平生肆力于经籍,家居课徒,以穷经为急,辄点勘善本授之,勖以立品敦行。其官平凉,亦以是为教。期年,讼庭无士子迹。当城未陷之先两月,有门人驰书劝引疾归,谓可免难。汝揆曰:“无疾而称疾,是欺也;食禄而苟免,非义也。”乃为书与戚友诀,略曰:“我生不辰,逢天瘅怒,向者耳闻之,今则目睹之。平郡自二月以来,围困

日迫,飞书告急,援兵无一至者。汝揆妻、女,行当自尽,决不受辱于
贼手。死者士之终,今诚获死所矣。惟官卑不得展一筹以报国,死
有余憾耳。”三年,官军克平凉,总督杨岳斌请优恤。六年,总督穆图
善疏陈汝揆死事状,请照阵亡例议恤,赠国子监助教衔,给世职,又
命于本籍建祠,以从死之妻、女等附祀。

清史稿卷四九二
列传第二七九

忠义六

斋清阿　童添云　彭三元　萧捷三
周清元　蔡应龙　萧意文　周福昌　彭志德
李存汉　杜廷光等　赖高翔　毕定邦
刘德亮　陈大富　陈万胜　郭鹏程
王绍羲　王之敬　陈忠德　刘玉林等
黄金友　麟瑞　蔡东祥　邹上元
郝上庠　张遇祥　张遇清　曹仁美
毛克宽　邢连科　田兴奇　田兴胜
马定国

　　斋清阿,字竹塍,纳喇氏,满洲镶黄旗人。早丧父,母氏抚之。家贫,月夕至撤去灯火。膂力过人,取巨砖置平地,拳击之,立碎。以善射得名,尝随扈盛京,命射,中靶,赐克食。道光六年,发闽、浙以都司用,补浙江杭州营都司,为总督孙尔准所赏。英吉利船入犯,献烧船退敌策,不用。递擢至广东肇庆协副将。三十年,广西金田乱起,檄令率兵至两粤交界开建县堵御。匪二千余。船四十余,从县北金庄偷越，督兵进击，斩其酋二人，余败窜，自是不敢犯境。

咸丰元年，广宁属江谷屯积匪滋扰，广东兵会剿，窜广西怀集一带，至贺县屯聚。广西大吏以广东各官惟知驱贼了事，移文广东诘之。总督徐广缙檄肇庆府知府蔡振武、参将左炘赴广西剿贼，道出开建。斋清阿以越境追贼，须重兵制其死命，愿统驻札开建之师同赴广西。守备萨国亮以无越境剿贼之责谏，斋清阿奋然曰："贼势蔓延，若画分轸域，何以纾民困而报国恩？吾虽逾七旬，精力未衰，正臣子戮力时也！"遂与振武等督兵入广西境。

至贺县铺门圩，复进至蛋家坪，距贼巢里许。贼突出数百人扑营，官军迎击之，毙贼数十人。贼退回松圩，在圩内施放大炮，官军避入田中，火药枪绳尽湿，贼复分队挑战，抄官兵后，烈火烧山，斋清阿督兵以枪击毙贼七十余人。值日暮，孤军无援，深入被困。事急，掣佩刀连刃数贼，肩中火箭，犹拔箭作战，手刃执旗贼目一人，刀折，没于阵，手握断刀牢不可开，怒目上视，懔然如生，时咸丰元年四月也。恤赠总兵，赏世职，予谥威烈。

童添云，字镇铭，湖南平江人。以贫，偕弟必发走长沙为战兵。饶膂力，能开五石弓，射必命中。道光二十二年，从提督杨芳出师广东。一日，夷扑城，有营在城外，芳欲调入，火攻甚炽，募敢死者持令缒城出，添云应募，少选，兵皆入城，芳奇之。咸丰二年，粤贼围长沙，与必发从守城，围解，添云语人曰："吾观诸将中能称将才者，惟塔都司与彭千总耳。"塔即塔齐布，彭即三元也。会塔齐布练标兵，添云隶麾下，三元时别将一营，深相结纳。茶陵土寇起，塔齐布命解火药，期三日，添云逾宿至，咤曰："何速也？"添云曰："迟恐有阻，则贻误大矣。"

四年三月，贼陷湘潭，塔齐布帅标兵等拒战，添云与必发从。时贼踞城外民廛，塔齐布好轻骑观贼，策马入黄龙巷，必发先驱，巷狭而长，甫入，贼突出刺塔齐布，必发急以背承之，中肩，塔齐布跳而免，必发死之。越二日，师大捷。湘潭平，擢守备，或贺之，添云愤然

曰："贼戕吾弟,虽官至一品,弗愿也!愿生啖贼肉耳,何贺为?"遂由
湘潭转战至岳州,从克岳州,擢都司。克武时,擢游击。克兴国、大
冶、黄梅、广济,破田家镇,擢参将。

添云身长面赤,额以下痘瘢如钱。横矛陷阵,枪丸如雨,不少
却。贼见其旗,辄相语曰:"童麻子至矣!"则皆走。五年十二月,攻
九江,城炮伤胸,舁归营,卒。发其箧,衣数领而已,同营皆痛哭之。
诏赠副将,谥壮节,附祀塔齐布祠。

彭三元,字春浦,湖南善化人。道光二十五年武进士,用卫守
备,借补千总。咸丰二年,粤匪窜湖南道州,勾结会匪犯东安,三元
偕署守备周禄两次迎剿,歼贼多名。三年,叙省城防堵功,用守备。
侍郎曾国藩檄宝庆知府魁联募宝勇千名,分属三元五百人。旋平江
西泰和土匪于茶陵、安仁。四年,随副将塔齐布剿贼湘潭,复其城。

六月,进攻岳州,是时湘潭溃贼由靖港窜岳州,增垒设卡,为久
抗计。巡抚骆秉章暨国藩会督战船,塔齐布亦统陆路官军,约期并
进。先以疑兵诱贼,贼拥至,触伏尽殪,击沉贼船百余只,遂复岳州。
七月,贼水陆大至,官军迎击,悉焚其船,其由陆路来犯者,三元沿
岸截击,歼贼目一、余匪百余,生擒四十余名。嗣贼由高桥扑凤凰山
大营,塔齐布督率将弁进剿,三元出奇抄截,分路迎击,毙贼六百余
名。八月,匪于崇阳交界设卡抗拒,九月,三元偕候选知府罗泽南分
路进攻,抵其垒,痛歼之。

寻随塔齐布由嘉鱼转战而前,所向披靡,直抵武汉。塔齐布分
军三路:一攻武昌,一攻汉阳,一由水路进剿。时风势顺利,官军纵
火,焚贼船数十只,乘势奋击,毙贼无数。汉阳贼大惧,弃城遁,武昌
贼亦遁,遂复之。三元并截于洪山要隘,斩馘甚多。十月,偕泽南进
屯马岭坳,直逼半壁山。贼悉众至,官军径捣贼垒,贼狂窜,三元等
分途截杀,斩伪丞相林绍璋及伪将军指挥等。越数日,贼复由田家
镇渡江来犯,塔齐布击却之,列队江干,贼侦官军尽赴下游,径从上
游登岸,将掩袭泽南老营,三元驰至,率众奋击,追至牛礶矶,毁其
船,毙贼百余,余众溃遁。

时三元累功擢至游击,捷入,进参将。旋随塔齐布进攻黄梅,时湖北踞匪招安庆援贼并入广济,塔齐布击走之。贼败窜黄梅,官军追剿至大河埔。十一月,军至黄梅,塔齐布偕泽南攻北门,三元列阵桥西以遏贼冲,塔齐布、泽南自城北沟港中取道入,三元等亦由城西越二桥,从栅门跃入。贼惊窜,官军四面兜围,其由营垒突出者,歼灭殆尽。克黄梅,移剿九坮驿,擒伪丞相余福胜。大军复渡南岸,攻九江城,三元战绩最多。

五年二月,武昌复陷。八月,塔齐布病殁,三元副泽南回援武昌。九月,复通城,进师崇阳,贼夜遁,遂克之。国藩疏保堪胜总兵人员,三元得记名以总兵用。会湖南防兵战蒲圻羊楼峒失利,泽南饬诸营移住羊楼峒,遏贼上犯,独率三元及湘副中营官李杏春驻崇阳,于是乘胜攻蒲圻,毙贼数百。贼首石达开率贼大至,三元等分路抵御,鏖战多时,毙贼百余。翌日,贼悉众来攻,绕营三匝,众寡不敌,遂殁于阵。赠副将衔,附祀塔齐布专祠,谥勤勇。

三元忠勇,识大体,尝战濠头堡,忽讹言子瑾光阵亡,左右以告,三元急止之曰:“速击贼!无以吾子阻士气。”督战益急。阵殁之日,将出队,马忽踶啮,三上三坠,众以为不祥,杏春亦同时殁于阵。

萧捷三,字敏南,湖南武陵人。由武举投营效力,擢千总。咸丰二年,以守省城功迁守备,署湘阴千总。四年,贼陷湘阴,坐免。曾国藩奇其才,檄领水师。既克岳州,沿江进剿。闰七月,败贼高桥、城陵矶,进攻擂鼓台,捷三偕李孟群、杨载福等搜捕两岸伏贼,俘馘甚众。乘胜追至六溪口,平贼垒,毁贼艘殆尽,水陆各军遂进抵嘉鱼。以功复职,授永绥协守备。八月,进规武汉,水师分两队,捷三率战舰为前队,冒炮驶至鹦鹉洲,掷火球焚沿江贼栅。贼不支,扬帆下遁,急驶出贼前,毁其辎重。渡江攻汉阳朝宗门外土城,偕载福等殊死战,焚汉口以内贼船皆尽。会陆军破花园贼垒,武昌、汉阳同日复,进都司。时余贼尚据襄河,乃扼新滩口,溯流进剿,贼艘千余,连樯下驶,迎击,败之。追至上游,突有悍贼数舟,用火弹扑营,灼捷三头面手足几死,仍裹创力战,追剿二十余里。襄河肃清。

寻偕彭玉麟败贼蕲州钓鱼台、骨牌矶,遂大破田家镇,逾九江,直趋湖口。先是江西吴城战舰数百沦于贼,贼实沙石沉湖口,截江路,于对岸梅家洲筑城,环列巨炮,拒官军。十二月,捷三驾火舟径冲贼栅,燔贼舟百数,乘胜驶入内湖,泊大孤塘。游击孙昌国、黄翼升等出贼不意,焚内湖贼舟二百余。贼益襄土塞湖口,水涸,师弗克归。贼以小艇杂外江巨舰中,潜纵火,水师惊溃,国藩大营泊九江北岸,亦被焚袭。捷三陷入内湖,内外隔绝,以忠义激励将士,军心弥固。

五年,国藩入江西,益大治水师,疏荐捷三忠勇,晋游击。四月,败贼鸡公湖,复都昌。五月,贼由大孤塘上犯,捷三逆击,屡败之青山,夺回旧所失帅船及贼魁艨艟巨舰。秋七月,国藩檄平江营陆军渡湖,约水师夹攻湖口,克之。贼退保石钟山坚垒,捷三率十七舟锐进,遥见陆军围石钟,气益奋,方冲越贼艘,上下夹击而下,石钟山、梅家洲贼垒炮齐发,捷三中炮死。诏赠副将,谥节愍,赏世职。九年,建石钟山水师昭忠祠祀,死事将士三千余人,捷三为之冠。

周清元,字玉泉,湘阴人。世业农。时与群儿角戏于牧场,立表数十步外,飞石命中。掘沟数丈,跳越之,能往复十次,群儿皆出其下。同里左明志以拳勇鸣于乡,招致门下,传以技,言:“天下幸无事,有事,则清元暨子光培皆骁将也。”咸丰二年冬,贼自益阳窜临资口,清元混迹市中,默识其军卒舟舰粮械之数,闻提督向荣尾追至八字哨,相距三十里,遮道见荣曰:“广西能战贼,不过三千余人,余皆裹胁。临资口四面阻水,湘包其东南,资绕其西北,数十里平原,渺无障蔽。贼所掳民船笨重不易行,一炬可尽也。请以兵扼要路,使不得偷渡,贼粮尽,旬日当饿死,何怯而不为?”荣不省,固请,荣叱之退。贼遂从容驶去,及东南糜烂,清元叹曰:“贼自走绝地,向公纵之去,能辞咎耶?”

三年,国藩大治水军,清元与光培同应募,隶千总杨载福部下。载福尝为湘阴汛外委,凤才清元;捷三官湘阴时,亦知清元骁勇,故战必与俱。四年，贼踞湘潭，载福等帅水师进剿，时贼掠民船数千，旗帜蔽两岸。水军本新募，又经岳州新挫，望之夺气。清元言于介众曰："民船不能战，一炬可尽也！"遂随载福猛击，逼贼巨舰，贼仓卒以瓷碗来掷，清元手接而回掷之，中贼渠。载福跃登贼舟，清元随耸身入，用火球分掷左右舟，风烈，火大炽，贼争赴水死。从军见火起，急桨争进，分途纵火，燔贼船皆尽。以功拔充哨官，随攻克岳州、嘉鱼。八月，攻克武汉，受重创，力疾进剿蕲、黄、田家镇皆有功。五年，武昌再陷，随彭玉麟回援，驻金口，扼上游。每战必身先，不受创不止。

六年，胡林翼攻武昌，经岁不下，议先断粮路困贼，乃檄水师清江面贼船。清元时典水师副后营，率先下驶，越武、汉二城，直驻沙口，屡败贼。驻沙口八阅月，贼粮断，城贼乃困。十一月二十二日，清元由沙口帅师上击，先破贼浮桥，断其铁练，大战黄鹤楼下，被炮伤，力战不退。各营继之，遂克武昌。未几，以创重卒于军，年二十有六。清元时已荐保参将，诏视副将例议恤，谥贞愍，赏世职。石钟山昭忠祠，捷三冠而清元次之。

蔡应龙，江西乐平人。由行伍荐升千总。道光三十年，升广西永宁营守备。咸丰元年七月，提督向荣击贼于东乡，马中炮毙，应龙以所乘马授荣，步行接战，立毙贼三人，荣乃得免。钦差大臣赛尚阿以闻，授梧州都司。二年，晋游击。

三年五月，江宁贼掠商船，泊观音门外，时荣官钦差大臣，饬应龙偕知府陈景曾驰往，谕以大义，船户各憬悟听命，自焚其船，押船贼无一得脱者，计焚毁及逃窜千余艘，遣散水手万余人。时贼踞城外街，与雨花台相犄角，应龙潜师过雨花台，至街尾纵火烧贼垒，贼惊遁，官军截击之，斩馘无算。

四年，升全州营参将。五月，大兵围逼江宁，贼拒守不出，应龙登钟山，望太平门外贼势，贼见官军少，包抄而上，应龙且战且退，以伏兵击贼，大败之。时贼船麕集于江北七里洲，应龙驾小船入，潜薄北岸，射火箭毁其船二十，而大队贼船适至，应龙舍舟陆战，然炮击沉贼船数只。闰七月，击贼洪武门，斩首数百级，复连败贼高桥门等处，三日毙贼数千。贼猝于雨花台、洪武门突出，扑七星桥营垒，应龙击却之。旋升楚雄副将。

十月，贼造木排，上施木城，列巨炮，沿南岸下驶，至八卦洲搁浅。应龙乘夜发火烧之，贼争赴水死。官军突烟上排，擒斩余党净尽。时浦口九洑洲久为贼踞，以梗官军。陆军攻之，贼船来援。应龙统带红单、拖罟各船截击，贼败遁，官军遂夺九洑洲。十一月，赴秣陵关查勘地势，还言于荣，请乘虚袭板桥贼营，既可援应水师，更可抄出雨花台、上坊桥诸贼营之后。遂率千人间道袭击，街外贼败走，余贼凭垒死守，复急攻之，焚其垒。

五年九月，官军为芜湖援贼牵制，应龙攻夺米家岭贼垒二、广福矶贼垒四。贼旋于丁桥一带衺延筑垒，其地则外围塘港，中间小路。应龙率师攻击时许，遽麾军退，诱贼过而击之，歼溺无算。

六年，江宁贼分股至杨家坝、陈庄筑垒，欲窥仓头。应龙与总兵张国梁分路冲击，断贼为二，贼败窜归巢。三月，督兵攻拔炭渚、下蜀街、太平桥一带贼垒七，毁沿江贼卡十余处，歼毙四千余人。五月，赴援宁国，战殁。荣以闻，诏以应龙在窑湾力战身亡，命优恤，谥勇介，给世职。

萧意文，字章甫，湖南湘乡人。初隶罗泽南麾下，从征江西、湖北，累以功至参将。咸丰八年，李续宾征皖北，从克潜山、太湖、舒城、桐城，进克三河镇。三河镇者，舒、卢适中地，贼屯粮械以济庐州、金陵者也。筑大城，环以九垒，备严甚。续宾锐意攻取，十月，分三路进剿，意文攻河南老鼠夹贼垒，冒炮石先进，各营继之，纵火焚其垒，贼大乱。意文受炮创，殊死战，夺栅入，九垒皆下，贼尽歼，无脱者。官军伤亡千余，意文以创重归营卒。诏赠副将，谥刚勇。续宾部将以敢战著、同死三河之难者，彭友胜、刘神山，均见《续宾传》。

周福高，字子祥。亦先从泽南援剿江、鄂。续宾接统湘军，福高无役不从。以小池口、梅家洲诸战尤用命，累官至参将。军抵三河，援贼麕至，诸将知战必败，无斗志。福高愤然曰："男儿效力疆场，宁可逆计祸福，败则死耳，吾辈畏死不来矣！既至此，敢惜死隳壮志！"遂慷慨赴敌，力战而殁。诏赠副将，谥敏烈。

彭志德，字道一。隶湘军，每战必为前驱，耻居人后。累官至参将。三河之役，诸营皆溃，志德率所部贯贼阵突出，死者过半，身受重创。走入中右营，与副将李存汉等竭力死守，越三日，营陷，死之。诏赠副将，谥武烈。

李存汉，以乡勇随剿广西、江西、湖北等省，累官至副将。未抵三河镇之先，进攻舒城者凡五营，并西北面贼垒，独存汉一军攻东南城门。垒既破，城贼以存汉故，弗能救，旋弃城遁，追斩无遗。续宾被围三河，调桐城戍兵未至，事迫，誓必死，存汉等皆跪泣，愿从死以报国。续宾陷阵卒，存汉与道员孙守信等坚守待援，力持三昼夜。营陷，存汉率壮士冲贼阵，越濠走保桐城。贼大至，城破，存汉巷战殁。诏赠总兵，谥果愍。福高、志德、存汉均湘乡人，并附祀续宾祠。

同时游击杜廷光、王怀兴，均湘乡人，均以苦战阵亡。

赖高翔，福建和平人。少入行伍，累功至千总。咸丰三年，潮州小刀会匪纠土匪陷漳州，高翔从总兵饶廷选讨平之，擢漳州城守营都司。四年，漳浦古竹社匪戕官扰乱，筑石堡自固，官军久攻未拔。高翔偕龙岩游击马至元、漳州镇左营游击惠寿等冒雨直捣贼巢。贼固守不下，高翔夜偕勇首毕定邦潜师梯登，克石堡，斩获无算。余匪乘夜奔窜，穷追至海汉，皆赴水死。漳州平。

六年，江西边钱会匪纠粤贼陷新城、贵溪，谋攻广信。知府沈葆桢以血书告急于廷选，高翔时从廷选驻防玉山，倍道赴之。廷选军素无部伍，唯高翔与定邦以敢战名，行不赍粮，止不为屯，故赴急易。军至广信，寇旋至，背城击贼，屡破之。贼来益众，幕府文员皆惧,从廷选还军,高翔、定邦怒曰:"诸君怯,何如勿来?今我在城中,贼不知我虚实,以我能援广信,后路必有大军。若弃城遁,贼知吾兵寡,气益壮,追歼立尽,尚何浙境之可归耶?当为诸君决死战,翼日观吾破贼!"乃偕定邦开城纵击。自晨至日昃,尽毁城外贼垒,毙贼三千余,斩渠帅数人,贼骇遁。论功以游击用。广信围既解,廷选还浙,高翔留驻广信。

明年七月,乐平贼踞县城,将军福兴檄高翔往剿,贼众五六千,分道抗拒。高翔督都司冯日坤、勇目刁士枢等迎击,贼殊死斗,高翔突阵负创,战益力。击毙黄衣贼目,横冲贼营,贼大溃,乘胜蹙之,生禽伪指挥逊天侯等,余贼窜景德镇,遂克乐平。移防弋阳,八年二月,补游击。临江余寇合抚州贼趋广丰,福兴退驻广信,高翔自弋阳闻警赴援,转战至铅山之石塘,贼势益盛,兵寡援绝,力战死。赠副将,给世职。

毕定邦,字康侯,山东淄川人。以武童投效漳州军营。小刀会匪陷漳州,绅民输款,游击饶廷选约内应,定邦率建勇助剿,战最力,从复府城,以次讨平云霄、漳浦贼匪,斩获尤众。复讨平仙游会匪,总督王懿德檄定邦率仙游得胜之师,间道驰剿。冬夜四鼓,蛇行进,将贼堡附近钉桶竹签拔除,黎旦,奋勇梯登,与高翔同有功,复与高翔同解广信围,累擢至参将。

七年,粤贼窜围建宁,分党陷邵武、浦城,定邦奉檄援闽,率部众疾趋抵瓯宁,直前搏贼。贼由建阳逃窜,复纠乡团夹击。贼断七星桥抗拒,令乡团伏山腰,张帜以疑之,躬率劲旅迫桥,以轻兵由浅处渡河,前后合攻。贼殊斗,黄衣悍党数十,屡出荡决,尽殪之,贼大奔。毁贼垒十一,焚逆舟六十,直逼建宁临江门。大股贼复来犯,纵击败之,斩悍目六,毙贼数千,踏平城外贼垒,遂解建宁之围。进捣邵武,克之,迁参将。复督乡团剿平浦城之贼,闽边肃清,以副将升用。进剿白水墩贼匪,中弹,卒于军。年二十六。给世职,谥愍烈,与高翔同附祀廷选祠。

　　刘德亮，湖南长沙人。咸丰四年，投效水师营，随道员褚汝航等破岳州踞贼，又随知府彭玉麟克汉口镇。五年，剿贼武、汉、蕲、黄间，大小数十战，德亮皆冲锋陷阵。又随军斫断横江铁锁，击沙洲争渡之贼。嗣偕都司胡友亮堵贼童司牌，焚内湖贼艇，并烧浮桥。寻与游击孙昌凯会剿黄梅踞贼，破其要冲。八年，福建陆路提督杨载福等攻九江，发地雷，轰塌城垣，贼由龙口河倾壁出窜，德亮率所部登岸截击，歼数百人，复府城。

　　又随载福军进规安庆，先破大通贼垒。趋铜陵，德亮麾队攻其北，直逼城下，身受七伤，犹裹创仰攻不退。池州贼党万余来救安庆，掳民船渡至枞阳，载福令随总兵陈金鳌等驰往截剿。师至罗塘洲嘴，枞阳港内木椿铁炼层层拦截，泊贼船百余。副将王明山等登洲轰击，督勇凫水过港，贼惊溃，官军尽焚其船。遂率队攻枞阳街尾，金鳌攻枞阳街头。贼排炮抗拒，德亮鼓众飞桨进截新河铁炼，麾队登岸直攻中路，副将李朝斌抄贼垒后，官军三路进逼贼濠，平其五垒，逐北二十余里，贼尸枕藉。累功擢至参将。

　　十年，再攻枞阳，破鲍家村贼垒，斩晏家塘贼魁。时池州贼以殷家汇为犄角，载福率步队往攻，而令德亮等以舢板夹击，毙匪甚多，获枪械马匹称是。殷家汇贼垒既平，乘胜攻池州，德亮由东门外卡缘墙斩关入，破其石垒，尽毁东门外房屋，复分攻南门，获逆艇八。德亮奋不顾身，执旗先登，中炮，殁于阵。载福上闻，诏令议恤，谥威毅，给世职。

　　陈大富，字余庵，湖南武陵人。起行伍。道光末，以外委从提督向荣剿贼广西，回援长沙，追贼武昌，屡著战绩，荐擢常德协都司。进剿江宁，转战芜湖、镇江间，以功赏花翎。咸丰七年，随提督邓绍良复宁国属之湾沚、黄池，进游击。寻援浙江，败贼金华、处州，除参将。贼窜婺源、石埭、太平，先后击走之。以从复泾县，拔南陵，擢副将。八年十一月，湾沚师溃，绍良死，大富左次南陵。明年四月，贼犯南陵，百计环攻，不得逞。十年三月，围始解。帝嘉其功，除皖南镇总兵。

五月伪侍王李侍贤围宁国,分党攻金坛、南陵,时提督周天受守宁国,总兵肃知音、参将周天孚等守金坛,大富仍守南陵。贼众数万,官军势不敌,各血战死守待援。七月,金坛陷,贼屠其城,天受知宁城不守,则尽出城中兵民数万令各逃生,自誓以身殉。宁民扶老携幼走南陵,大富开门纳之。八月,宁国陷,贼围南陵益急,城中食且尽,大富以忠义激厉军民,皆誓死弗去。夜遣壮士縋城出,乞援于水师,前后数辈为逻贼遮获,最后乃得达。

时提督杨岳斌统水师奋袂起,九月,扬帆进泊鲁港,声言攻芜湖,密饬各营扼要隘。十月,水师骤登陆,出贼不意,悉燔港左右贼屯,围贼争驰奔鲁港,嚣且乱。大富乘城遥望见,拊髀曰:"援师至矣!"遂出城夹击,贼披靡,追杀十余里,与援师会歼贼万余,扑水死者无算,围立解。城中兵不食月余,仅存皮骨,民饿殍相属。岳斌船粟往哺,欢声雷动。大富方缮城垣固守,岳斌力言形势不便,乃帅师屯上游,市民从者十余万。大富前后守南陵,始被围经年,继六阅月,以蕞尔城抗巨寇,忍死待援,卒燔凶焰,由是以善守名于时。

十一年正月,会水师复建德。二月,李世贤率党数万窜景德镇,大富率兵四千自建德往援。贼衔恨,以计陷之。尽伏悍贼牛角岭、柳家湾、回龙岭等处,率队由镇南双凤桥窜李村,诱官军,佯败遁。大富率众前进,跃马争先,参将田应科等继之,贼突从镇东抄出,伏贼尽起,大富挺矛力御,炮洞左乳,血淋漓,仍裹创鏖战。贼从间道袭焚我营,应科及游击萧传科、胡占鳌,都司胡凤雍、熊定邦、吴定魁,千总罗廷材皆战死。大富见营中火起,下马北向叩首,曰:"臣力竭矣!"投李村河死。赠提督,谥威肃。建专祠南陵,应科等并附祀。

陈万胜,湘潭人。官军规复江宁,围攻将四年,用地雷法,穴城三十余处,皆不就。同治三年六月,提督李臣典请从贼炮最密处重缺隧道,统帅曾国荃韪之。命各军于城下筑炮台,护地道,别遣军士刈湿苇蒿草积城下,覆以沙土,阳为肉薄登城状。贼用全力扞争,炮弹雨下。是月十五日,贼出死党烧炮台,官军血战竟夕,十六日,地雷发,遂克伪都。万胜与郭鹏程、王绍羲则于先一日死之。万胜初隶吉字营,从大军规江宁,皆为军锋,累功擢副将。地道既成,国荃入隧亲勘之,悍贼出太平门,直犯地道。别从朝阳门出数百人烧各炮台及所积芦蒿,万胜督队血战,歼百余人,力竭死之。贼裂尸,竿其首于城。

鹏程、湘乡人。先后隶罗泽南、李续宾营,累以克九江、援宝庆诸役擢副将;又以皖北肃清,以总兵记名简放。绍羲,同邑人。少入湘军,累功亦以总兵记名简放。是役也,贼以炮火轰击,密如飞蝗,皆奋前督攻,同时殁于阵。城复,以三人死绥事上闻,有诏惋惜,各赏三等轻车都尉世职,谥万胜武烈,鹏程勇烈,绍羲刚毅。

王之敬,浙江奉化人。道光二十九年,由水勇散目随捕江苏洋盗出力,拔补水师千总。咸丰三年,粤匪陷江宁,之敬管带艇师,接战甚勇,擢守备。五年四月,由浦口会各营连艨剿贼,毁贼船获胜,擢游击。寻升太湖协副将。十年,迁江南福山镇总兵。适值苏、常沦陷,太湖三面皆贼,之敬孤军设守,屡挫贼锋,东西两山,赖以安堵。十一年正月,贼忽率众围扑东山,之敬迎战失利,东山遂陷,之敬失所在。嗣之敬之子祖培寻父尸至教场之西,见所畜犬卧土堆上,向之哀号,知有异,掘之得之敬尸,卷以席,伤痕遍体,而面目如生。询居民,系于贼船退后捞获掩埋者,不知其为总兵也。之敬性忠勇,号能战,至此以寡不敌众被害,人争惜之。赠提督衔,谥果愍,建祠于太湖东西两山。

陈忠德,字仁山,湖南清泉人。操舟为业。咸丰二年,粤贼围长沙,掠舟北渡,遂陷贼中。忠德饶勇有智略,伪尽力于贼,久之,大见信任。十一年,道员曾国荃围安庆,忠德自拔来归,由是官军始尽得贼中虚实。五月,从攻菱湖两岸贼垒平之,从克安庆及平江岸各城隘,擢千总。

李鸿章援上海，选将得程学启、郭松林于曾军，忠德亦属焉。从学启破柘林、南汇、川沙、金山、青浦各城隍，击退虹桥大股贼众。会克嘉定，并解北新泾、四江口之围。二年四月，昆山、新阳既复，从规苏州。六月，攻破花泾港、同里镇，苏州贼水陆万余来援，忠德力战，负重创，卒败之，遂收吴江、震泽。

学启军益进，逼娄门外石垒，十月十九日，伪忠王李秀成、伪慕王谭绍光率万人出娄门拒战，学启令忠德等击败之。李、谭二逆走入城，石垒遂下。贼计穷，其党郜云官等杀谭逆以城降，苏州复。赏勇号。累以功擢副将，加总兵衔。后以克嘉兴擢总兵，随攻湖州，中炮没于阵，照提督例赐恤。

复吴之役，死于战者：攻青浦，为都司刘玉林、守备熊得春；攻太仓，为参将王国安；攻长洲、望亭，为把总沈玉德；攻无锡，为游击汪龙淦。皆奋身陷阵，优恤，给世职。

黄金友，字益亭，湖南人。初从军广西，转战湖北、江西、安徽，积功至副将。赐勇号。金友躬犯矢石，创遍体。咸丰十年，江苏巡抚薛焕奏调驻金山卫。十一年，贼犯浙江平湖，陷乍浦，东略姚廓，窥金山，金友迎战大破之，遂平新仓贼垒，晋总兵。平湖知县汪元祥乞师规复，金友壮之，檄金山、华亭、奉贤各营同赴援，躬督师进驻平湖之广陈，元祥率民兵迎劳，请为乡导，贼连营三十里，一鼓破之。贼会嘉兴援贼分道来袭，金友迎御于十字街。贼大集，相持久，金友右胁被枪，犹誓死力战，士皆奋呼，无不一当百。贼始却，而金友创发不能骑，舁至明珠庵，卒。赠提督，恤如例。

麟瑞，字霭人，满洲瓜尔佳氏，乍浦驻防。父观成官南川知县，有德政，蜀人为立生祠，称小关庙，以关、瓜音通也。麟瑞以笔帖式历印务章京。咸丰十一年，贼犯乍城，从副都统锡龄阿出督战，偕弟凤瑞、云瑞手燃巨炮纵击，贼惊却，拔出难民无算。城陷，麟瑞率众巷战力刃数贼，贼环攻，被枪，殁于阵。赠副都统，予世职，祀昭忠祠，谥忠节。云瑞陷贼，不屈死。

凤瑞出从李鸿章军，转战江、浙，攻和州、含山，以百骑计破贼万余，鸿章尝称为非常人。克太仓等处皆有功，赠将军。麟瑞督战时，本为副都统，护印至死不释。后其子柏梁官乍浦副都统，莅任拜印，启视，斑斑犹见血痕云。柏梁自有传。

蔡东祥，湖南湘阴人。充湖北水师水勇。咸丰四年，粤匪再陷武昌，与汉阳为犄角。东祥随攻武汉两岸贼，多有斩获。随攻鲇鱼套，焚贼船，通粮道。湖北提督杨载福道贼田家镇，贼联木排，置炮石，于半壁山拒敌。东祥奉令以火具熔铁锁断之，水师骤下，燔贼艘无算，遂拔田家镇。于湖口、望江、九江、东流、建德、枞阳、芜湖、铜陵诸战皆有功，累擢至副将。

同治初，布政使曾国荃亲率十二营与道员刘连捷分道击江岸分踞贼，东祥分攻桐城，克雍家镇。又会攻巢县、含山、和州与裕溪口、江心洲、梁山各隘，复太平、芜湖二县。陆军进逼金柱关，兵部侍郎彭玉麟率东祥等分水师为三队，连环轰击，跃上堤埂，短兵击刺，积骸满渠。关破，并划三汊河、上驷渡贼垒，江岸肃清。先后赏雄勇巴图鲁等勇号，加总兵衔。

东祥勇决有谋，七年，湖口之战，大风，舟入口为贼所抄，不得出。所领长龙舰一，偃旗与贼舰混，须臾风止，急桨贯贼阵出，贼觉，追之不及。是役失长龙舰五、舢板十三，将弁死者二十一人，而东祥舟独完。十一年，安庆之战，水师屡挫，贼易视之，见辄争击。东祥请易战舰白旗为红旗，贼疑为援兵，骇愕间，急率所部乘之，贼以败，军威复振。

旋调江苏剿贼，偕副将欧阳利见，率淮阳水师，巡防三江口，战嘉善。奋勇驶进西塘，援贼猝至，两岸夹攻，被枪子伤，落水死。东祥转战克敌，素称勇敢，照总兵例议恤，曾提督衔，给世职。

邹上元，字兰亭、湖南湘乡人。咸丰初，投罗泽南营，泽南自江西援湖北，取道崇阳、通城，进攻佛岭贼卡。上元随队由佛岭北攀岩先进，与诸军夹击，破之。贼自崇阳三路来攻，上元从破右路，克崇阳、咸宁诸役均有功，擢千总。五年，贼犯湖南，巡抚骆秉章檄萧启江募勇助剿，号湘果营，上元隶焉。从援江西，克万载，复袁州，累擢都司。秉章督蜀，檄黄纯熙率果毅营从，上元方假归，纯熙招偕行，充营官。贼酋何国梁、彭绍福率党攻定远急，定远东北濒江，贼屯东南，造浮桥江上遏外援。上元从纯熙疾赴，师至兴学场，贼分党逆战。上元从右路袭击，贼大奔，乘胜追至祖师殿，毁沿途二十余垒，蹙贼江干，何国梁凫水遁，上元追斩之。

彭绍福闻败，纠党来援，踞燕子窝、二郎场等处。二郎场者绝地也，四山壁立，鸟道一线，西北阻涪江，纯熙恐失寇，不待军集，率千人追之。上元虑有伏，进至距二郎场二十里，遣谍侦之，不见贼，土人皆言贼去远。夜半，至燕子窝，突遇贼骑，进逼之，贼绕山窜入场，纯熙知中伏，分道搜之，伏尽发。官军逼处泥淖间，不能成列，上元驰救，突围入，手刃数贼，贼环刺之，死，纯熙亦殁。定远之捷，上元擢参将。死事闻，命视副将例，赏世职，附祀纯熙祠。

郝上庠，直隶沙河人。由武进士授侍卫。道光二十六年，出为山东曹州镇标守备。累迁至武定游击。咸丰四年，韩庄盗起，山东巡抚张亮基虑徐州道梗，知上庠饶将略，荐署兖州镇总兵。贼帅朱广田寇郓、兰、沂、莒诸属，上庠率所部会乡兵击走之。贼南窜赣榆，上庠追及，歼其众，斩广田于阵，擢参将。五年，山东金乡贼陶三相为乱，上庠疾驰诛其渠，余众惊溃，事得解。时海上多盗，连舟窥诸口，将北犯天津洋。山东巡抚崇恩疏请以上庠摄登州镇总兵，专司防务。往来策应，先后禽斩贼首希梦等，以功叙沂州协副将。

上庠每战，辄身先士卒，不避艰险，以勇武受上知。贼平，手诏褒美，命以总兵记名。十年，署曹州镇总兵，以疏防捻寇入境，夺记名，留镇如故。十一年，官军取濮州，河北肃清。上庠以屡胜功复官，赐提督衔。九月，贼潜渡濮、范，上庠不能御，与贼遇阳谷，又战不利，为山东巡抚谭廷襄所劾，落职。

十月，克张秋镇，移兵会营总乌尔棍扎布、游击绪伦攻堂邑贼，战于丁家庙，败之。贼益众来援，上庠奋击不退，马蹶堕地，拔刀杀贼数十人，力竭，战死。命优恤，谥勤勇。聊城士民念上庠捍贼功，请立祠东昌，从之。

张遇祥，字瑞麟，直隶新乐人。年十五，能开两石弓。道光十五年，成武进士，授乾清门侍卫。二十一年，选浙江衢州城守营都司，公廉能得士卒心。咸丰二年，在寿张游击任，匪林凤翔、李开方率粤匪围怀庆，山东巡抚李惠檄遇祥从征当一路，为士卒先，所向披靡。经略胜保嘉其勇，谥感奋。尝贪夜渡河战，自寅至申，始奉令而返。

三年秋，曹县捻匪乱起，携亲兵百人入城，捻首陈九千岁、张四大王拥众扰城市，无敢撄者。遇祥密令伏兵于外，变服入贼巢，诈言他事，贼优礼之。夜分，酒酣，遇祥骤起蹴贼，首脑迸裂死，贼群起，且战且走，出巢伏起，贼皆骇散。又侦知张四大王所在，托病不出，密令亲信军士夜驰百余里入贼室禽之。粤匪攻临清，率部卒二百人，夜砍贼营而入，杀无算。所部五十余人被围，复匹马荡决者三，携之出，无一失者。右腿受矛伤，裹伤屡战，贼不敢当。创剧，不能起，巡抚亲验之，谕令归养，新抚崇恩疑规避，奏忝褫职，令解赴山东。既到标，崇恩始知其诬，慰劳备至。时金乡、鱼台、嘉祥、费县、巨野、郓城、成武七县被捻匪所陷，遇祥招旧部六百人，自为一队，复七城，余孽悉平。复原官，以创发回籍调养。

十一年，山东教匪纠回、捻北犯直隶，胜保久无功，乃肃书聘遇祥，且令募勇自随。书至，即招募乡中子弟五百人，星驰而往，一战败之。胜保南移馆陶，进次尖庄，贼麇集尖庄南，遇祥复驰救，贼奔。民争奉粮饵浆粥，军得一饱，督队回尖庄。胜保又退守馆陶，遇祥趋谒之。贼又欲渡河，胜保令往堵河口，遇祥曰："士卒昨日一饭后，枵腹至今，乌能战耶？"胜保曰："汝速往！吾即遣人执釜甑从汝也。"遂率队趋大河，士卒觅食不得，贼已先渡，遇祥匹马陷贼阵，战至日暮，下马而搏。天明，回顾所部余数十人，急挥之去，曰："同死无益。

吾身经数百战,未曾一挫,今势至此,不斩贼渠,不生还也!"纵马示
不返,士卒益感奋,誓同死,遇祥左右射,当者皆殪。贼以长戟钩断
其弦,乃舍弓提刀战,至下堡寺,日近山,从者余六人,忽见大纛下
贼渠至,将耸身刃之,时已战两昼夜,饥甚,旧伤皆发,复中矛数十
处,力既竭,遂殁于阵,时咸丰十一年十一月七日。馆陶、临清诸村
堡,争建祠以祀。

兄遇清,字芳辰。武举人。官广东,荐擢至督标参将,檄援广西
平南县,提刀巷战,贼枪刺其腹,肠出,益奋。贼折其刀,手执木棍抵
拒,贼攒击,死之。平南士民亦立祠以祀。

曹仁美,字择庵,湘潭人。初隶曾国荃军,援江西,战吉安天华
山,克之。复景德镇、浮梁,与有功。咸丰十年,贼据黟县、建德,势
张甚,时仁美改隶曾国藩麾下,官军屡战不利,坚垒与持。仁美曰:
"两军相持日久,当乘其懈而击之,否则援至难图也。"会夜大雾,仁
美率所部摩其垒,更筹寂然,乃梯而入,手刃司柝者,纵火焚之。众
军为承,斩数千级,贼大溃,遂克之,获器械无数。迁都司,赐号励勇
巴图鲁。十一年,国荃攻安庆,久不下,国藩遣仁美往助,伪英王陈
玉成合江、淮贼来援,国荃督战,中流矢,仁美负之登高,挥诸军奋
击,城遂下。以次从克大江两岸城隘。同治元年,从围金陵,仁美屯
雨花台西,国荃以城贼粮将匮,为坐困计,令诸军毋与战,凡四十有
六日。仁美恚曰:"当贼不击,将何待?"乃以其军出毁石垒,贼颇死。
国荃以其勇,薄责之,遂引疾归。

投入李鸿章军,围攻常州,鸿章檄刘铭传等偏师直捣,仁美率
众继进,大破之。三年,克金陵,余贼突出鏖战,湘、淮诸军屡挫于奔
牛。铭传军被围急,议者欲退保丹阳,仁美曰:"贼虽锐,犹困兽之斗
也,出奇兵胜之。"次日,与诸军略其东南,贼众袭击以拒,仁美膝行
至炮旁,连掷火弹,贼骇走,官军鼓噪而登,夷东路各垒。贼自隔河
来犯,仁美夜乘轻舸,率健卒数人跃轮舰杀贼十余,以火攻之,船尽
裂,奔牛贼平。军无锡,执游兵扰民者斩以徇。至是诏以总兵记名。

　　四年，伪侍王李世贤陷漳浦，鸿章遣仁美与郭松林俱航海赴援。既至，甫筑垒，贼大至。仁美令诸军无动，独率所部三百人迎敌。贼疑有伏，不敢前，仁美伺懈击之，贼奔南靖。乘胜薄城下，率众先登，世贤巷战逾时，启西门而遁，遂复漳州，下南靖。擢提督。进规漳浦，贼分门坚守，仁美与副将张遵道分路迎战，贼稍隙，麾军竞进，攻克之。进复云霄厅。旋归，以兄仁贤领其众。

　　五年，国荃巡抚湖北，檄仁美与松林募军进至唐县，会东捻自信阳窜入，遇于德安，薄而击之，追至钟祥白口。师分三路入，仁美攻其左，抵罗家集，遇伏，与战，力竭死之。赏世职，予钟祥及原籍建祠。

　　毛克宽，湖南溆浦人。咸丰初，兄弟五人同入田兴恕虎威营，皆以善战著，克宽尤骁勇。六年，随兴恕援江西，克萍乡、万载，复袁州。后从围临江，吉安贼来援，城贼填濠伺夹击。克宽从拒援寇，大破之太平墟，烧贼屯四十七，逐克临江。湖南巡抚骆秉章以克宽久经战阵、劳绩甚多闻于朝。时贵州苗、教各匪麕聚，复随兴恕赴援，连克锦屏等处，克宽功最。伪翼王石达开犯湖南，窥宝庆，克宽从兴恕回援，破贼宝庆城南黄塘，复败贼七架坡。贼合围攻兴恕垒，克宽日夜搏战，援军既集，内外夹攻，贼败遁。追及九巩桥、白扬铺，复大破之。贼走广西，遂以参将留湖南。

　　黔乱复炽，朝命兴恕为贵州提督，督办军务。克宽再入黔，逆酋安太然及伪元帅韩成龙、伪招讨覃国英等围攻印江、石阡，克宽率虎后营分道进击平阳等处贼屯百余，斩韩成龙、覃国英，拔出难民三千余人，遂解城围，乘胜复瓮安。两旬之间，荡平数百里。兴恕疏荐克宽“胆识俱优，屡获奇捷，随征六载，战必身先，实属英勇冠群。”命以副将留黔，赏号锐勇巴图鲁。

　　石达开从广西犯黔，陷归化、定番等城。克宽迎剿，破笼溪、猴坪贼巢，进驻赤土，督军攻定番、长寨，克之，复解安顺、安平城围。十一年，补大定协副将，移驻大水桥，通运道。贼乘营垒未成，遣悍党分股来犯,克宽分队逆战,败其左右翼,中路贼死抗不退,克宽策马轹阵,往来荡决,刀悍贼数十,贼众披靡。会飞炮中马,徒步奋击,身受数创,殁于阵,年三十三。诏赠总兵衔,建专祠,赏世职。弟克佳,官把总,战殁临江。

先死黔苗之乱者,有邢连科,原名正埥,贵州贵阳人。台拱厅黄施卫千总。咸丰三年,苗叛,攻城,连科迭乞援,累月兵始至。连科搜残卒夹击出陷阵,而援兵先溃,连科转战十家寨,阵亡。

子士义。举人,主讲平越,先闻警,驰赴城守,至是召家人环坐,纵火药自焚,仆谌年有、婢玉兰从死。千总署堂皇之下,列尸二十有二。巡抚蒋霨远、田兴恕先后以阖门殉难闻,赐祀,予世职。孙以谦,曾孙端,翰林院编修。

田兴奇,湖南凤凰厅人。隶田兴恕虎威营。咸丰六年,从平郴、桂、茶陵,以功叙外委。兴恕援江西,进攻袁州,兴恕跃马突贼阵,兴奇随入,各军继之,遂获大胜,贼溃奔数十里。分宜、袁州复,擢千总,加守备衔,赏蓝翎。七年,师次高安阴冈岭,兴奇斩伪监军姜万祥、总制艾得胜。攻复临江,擢游击,换花翎。八年夏,贵州寇起,随兴恕往援,败贼黎平,夷其营。转攻汉砦,斩馘二十余级,夷贼营十余处,追北十八江,斩伪侯黄必升等二十一人,擒伪将军伍云童。黎平复,以参将留湖南补用,加副将衔。

九年春,石达开率众十余万犯宝庆,兴恕军适自黔还,道其境,驻军九巩桥。贼乘其甫安营,悉众来犯,随兴恕击却之。是夜三鼓,兴奇率壮士八百人袭贼营,贼惊溃,死亡相属,余众奔逃。宝庆平,擢副将。

十年,从兴恕剿贵州苗匪,兴奇领虎勇二千人至石阡,战龙潭,斩贼伪元帅韩成龙、覃国英,尽平其营。越二日再攻,贼走马坪,斩馘甚众,并拔出被掳老稚男女三千余口。捷闻,赐冲勇巴图鲁名号,加总兵衔,仍驻石阡。六月,击贼双溪,中伏,死之。时年三十二。诏赠提督衔,谥刚介。

田兴胜亦隶兴恕部下,平郴、桂,援宝庆及援江西,同有功,累擢至守备。又随剿贵州各匪,破笼溪,解余庆围。偕都司沈宏富等进屯雄黄屯、小崽等处。贼于老巢立坚垒十余,悍党万余,分布左右山梁,兴胜约游击杨岩宝两路夹攻,自与沈宏富攻左路各寨;都司田兴考由右路绕山后出击,并设伏后路。计定,率兵直冲首山梁,贼数千迎击,兴胜督队冲突,鏖战逾时,贼沿山溃逃,营内贼开卡狂窜,兴胜亲入贼阵,手刃悍目二。宏富督后队合围,先毁其右寨,移攻左寨,破之。乘胜追袭,有黄衣贼目率党死拒,兴胜射之,蹶,擒而枭示,余贼大溃。追十余里,坠崖死者无数。是役共破坚寨十八座,阵斩伪元帅韩进、杨正闰等二十余人,馘千五百余级,乘胜平贼营十余座。

复随总兵刘吉三等夜攻三角庄,贼猝不及防,惊而溃,毁其连营三座。适松坪贼首石复明纠玉华山匪党数万,分六股来扑,兴胜偕游击刘祖得合兵迎剿,都司徐祥太与兴考各率所部设伏山麓及民舍中,贼遇伏,大败,死亡枕藉。追至木影顶,地险峻,贼寨负隅难拔,因收队。明日,同知唐绳武等由间道出松坪之后,先取老巢,兴胜奉令偕岩宝等攻木影顶,攀藤而上,贼礌石交下,军少却。兴胜横刀跃马,奋身进,飞登寨墙。贼矛攒刺,捉其矛而上,挥刀连斩悍贼十余,诸军继进,贼散走。官军四面兜剿,歼除殆尽,擒其渠秦官宝、刘老杉等,诛之。

松坪黄号贼众五万,连营三十余,兴胜等即时裹粮疾进,悉锐攻之,贼倾巢出拒,官军奋击败之。有伪扶明王者,悍酋也,手斫败退贼,挺身来抗。兴胜自与搏战,殪。余贼犹相持,宏富等已从后破其巢,贼乃溃窜。官军夹击,斩馘四千余级,松坪贼垒皆平。乘胜攻猴岭,拔之。

旋偕宏富移剿瓮安,先破小山寺营、马安营贼垒百余,冒雨分三路进攻红冈堡,兴胜策马陷阵,连刃数贼,诸军继之,立破其巢,蹑追数里。会瓮安贼来援,败贼亦返斗,兴胜偕宏富等纵击。射毙贼酋数名,贼乱返奔,官军急蹑之,贼不敢入城,奔至玉华山老巢。

瓮安遂复,自是入省之路始通。兴恕疏称"兴胜每战单枪陷阵,不计生死,实属忠勇可嘉。"诏以游击拔补,给果勇巴图鲁勇号。

十一年,粤匪大股窜贵州境,踞定番州,长寨等处,逼近省垣,岩宝等攻之未下。兴胜随兴恕往剿,屡战皆捷,克定番,又偕副将周学桂进兵拔长寨,其别股踞土地关者,分党扑安平以牵制官军,兴胜驰救,立解城围。匪首张遇恩勾结仲匪围安顺,并扑定南汛城,又随总兵赵德昌击退之,省会解严。

三月,偕岩宝等进攻土地关,与贼战于赤土,贼败走,贼首仰天燕断后。兴胜追之,将及,以乘骑饥疲,驰骤过猛,一蹶而毙。贼回队围之,徒步格斗,杀悍贼十余人,身受多创,血流如注,犹抵死相持,力竭,殁于阵。照总兵例优恤,谥武烈。

马定国,四川万县人。咸丰六年,投鲍超霆营,从攻九江小池口,回援黄梅,叠破贼孔垱、大河铺、亿生寺、黄蜡山等处,定国功多,委带霆字左营亲兵。复随剿太湖之枫香驿,破贼垒十余座。八年,上援麻城,遇贼黄土冈,拔主将出围。从克麻城、太湖,毁雷公埠、石牌逆垒,进攻安徽省城。贼于北门外及东西山湾,连栅周亘,坚不能拔。定国负盾直入重栅,破其数垒。会巡抚李续宾军覆三河,贼由舒城、潜山上窜,遂从超退扼宿松之二郎河,贼来犯,击破之。复破贼于花凉亭,进围太湖。悍酋陈玉成以大股来援,超移壁小池驿,贼众围之。十年正月,大战,破贼垒数十座,毙贼万余,乘胜克太湖、潜山。累擢至游击,晋参将。从规皖南,收黟县,大破贼卢村、羊栈岭,命以副将用,乞假回籍。

同治元年,滇匪扰四川万县之红谷田,定国率乡兵御贼,战殁。诏赠总兵衔,建专祠,赏世职。

清史稿卷四九三
列传第二八〇

忠义七

张继庚　张继辛　李翼棠等　　赵振祚　赵起

马善　陈克家　马钊　臧纡青　窦元灏

马三俊　张勋　吴文谟　吴廷香

孙家泰　江图恫　程葆　彭寿颐

陈介眉　亓祈年　唐守忠　吴山

俞焜　戴煦　张洵　钟世耀　孙义

汪士骧　钱松　毛雕　魏谦升　金鼎燮

巴达兰布等　　包立身　王玉文　孙文德

李贵元等　　罗正仁　陈起书　陈景沧

何霖　蹇谔　赵国澍　宋华嵩

伯锡尔

张继庚,字炳垣,江苏江宁人。父介福,道光六年进士,湖南保靖县知县。继庚少有志节,补诸生,幕游湖南。咸丰三年,从布政使潘铎守长沙。围既解,料贼必东窜辞,归省母。江宁布政使祁宿藻方筹守御,稔其才,招与谋。继庚虑兵不足,增募壮勇,举诸生李翼棠等统之。明年，贼至，请仿古火城法，于城内开濠积薪，城上筑两墙，为孔以出火器。城下两旁设牛皮栅，伏精兵以堵贼。时宿藻已卒，总督不能用。二月，城陷，继庚率众巷战，从弟继辛及李翼棠、侯敦诗等皆死。继庚赴水不沉，旋陷贼中，为书算。自念死志已决，欲将有所为，乃以母托戚友，变姓名为叶芝发，阳与贼昵，尽得其虚实。会钦差大臣向荣军至，因与诸生周葆濂、夏家铣及钱塘人金树本谋结贼为内应，而使金和、李钧祥、何师孟报大营。有张沛泽者，悍贼也，同谋而中悔，首其事，家铣死之。继庚以伪名免。

九月，复遣人上书向荣，言："水西门贼所不备，有船可用，太平门近紫金山，越城亦易为力，缘城贼全皆受约束。"既得报，益结死士张士义、刘隆舒、吕万兴、朱硕龄等，以待大军，书七上，屡约屡爽。城中人情凶凶，事垂泄，继庚泣谓其友曰："事急矣！"夜缒入营，痛哭自请师期，诸将皆感动。张国梁欲留之，继庚不可，归而大军复以雨雪不果至。他日继庚出，遇沛泽于途，唶曰："此叶芝发也！"执赴贼所，施严刑，不为动，徐曰："我张炳垣，书生耳，焉预他事？沛泽食鸦片，惧我发之，乃诬我耶？"贼搜之，信，遂杀沛泽，继庚被絷不得出。

明年二月，金和等引官兵易贾人服入城，与诸生贾钟麟等伏神策门，杀巡更贼，以斧断木栅，毁其半，贼惊走。亟举炮，六品军功田玉梅及敢死士张鸦头先众上城，斩守贼十余人，援贼麇至，玉梅跳免。大索城中，鸦头被获，穷诘不得主名，乃益绑掠继庚，楚毒备至。时庐州知府胡元炜降贼在坐，继庚跃起谓曰："若官江南，宁不知江南人屠弱，非老兄弟合谋，谁敢为内应者？"老兄弟，贼中呼楚、粤人之悍勇者。也贼信其言，继庚索贼官册一一指，贼辄杀之，横尸东门者三十四人。贼旋悟，曰："中汝计矣！"今速杀之。继庚临死色不变，呼天者三，成绝命词，有云"拔不去眼中钉，呕不尽心头血，吁嗟穷途穷，空抱烈士烈。杀贼苦无权，骂贼犹有舌。"遂车裂以死。事闻，赠国子监典籍，建专祠，予世职。

张士义，乳名鸦头，江宁人。故无赖而有肝胆，能急人之急。在

贼中与所素狎者醉歌,若无事然。继庚遣刘隆舒招之,袖短刀二授
之,曰:"汝能杀贼,当以功名显。"士义慨然曰:"我何人,张先生士
义乃下交,誓必杀贼,富贵非所望也。"继庚狱急,趣士义速图。众请
于大营,遣田玉梅等八人入城助之。咸丰四年二月二十二日夜,士
义与刘隆舒、吕长兴、朱硕龄等凡五十七人,乘晦登城。遇贼手红
灯,腾身斩之,掷首城外以为信。复杀贼十余人,而官军终不进。乃
下斩关,栅坚不可启,掷火烧之,不燃。栅内贼起,抽矛刺之,环城贼
皆起,角鸣鸣然,众知事不济,遂遁。明日,贼闭门大索,有沈兽医者
首之,士义等被执,穷其主使。士义叱曰:"欲杀则杀,主使不可得
也! 天下人皆欲杀汝,独我哉?"遂与隆舒、长兴、硕龄俱死。

　　是时继庚以诸生举义,乡里士慷慨相从者:夏家铣,字季质,江
宁人。工诗文,城陷,贼挟充书记,作诗骂贼,贼搜得之。时继庚内
应事泄,贼疑家铣知其谋。拷掠无所承,不知家铣实与闻也。贼诱
之曰:"汝有父母妻子,以为质,则释汝。"家铣时昏瞀,遽以母妻对。
贼至家,其妻蔡匿母,骂家铣曰:汝母死且十年,何处得汝母耶?"遂
与妻俱被戮死。

　　同预翻城之举而未死者:金和,字亚匏,上元人。性兀傲,工诗
赋,好声色。纵酒,饮辄数斗。江宁失守,陷于贼,衣短后衣,与贼兵
轰饮相尔汝,因廉得贼情。继庚为其妻弟,与和通谋。和与贼稔,出
入无所问,子身叩向荣军门,请以身质,家在贼中不顾也。事败,和
以质得脱。有《秋蟪吟馆集》。

　　孙文川,字澄之,上元人。敏悟,工诗赋。洪秀全据金陵,以计
奉母间道出,复入,与继庚谋翻城应外兵,终日芒鞋手一筐如丐,奔
走近贼地,不避风雪。得贼中曲折,具以报官军,因是屡捷,而翻城
事卒无成。嗣习互市案牍,知外人情伪。英人李泰国购轮舶助李鸿
章战,既乃要挟索费,不受中国进止。鸿章闻文川才,荐入都,尽发
泰国阴谋,朝廷褫泰国总税务司职,遣船回国。事得解。以功洊擢
知府。著《读雪斋集》。

　　周葆濂,字还之,江宁人。诗才清丽。陷城中,与内应事,谋泄,

脱归。选宝应训导。著《且巢诗存》。

汪汝桂，字燕山，上元人。幼负奇力，或劝入伍及应武童试，皆不可。初陷贼中，追者至，手批杀一贼，掷过壕而免。田玉梅入城，汝桂与俱往还。习绘事，画仕女尤工。

吴复成，字蔚堂，上元人。性慷慨，贾于粤久，咸丰初始归。贼陷金陵，与人语多不辩，惟复成解之，以是为贼所信。因说贼设机杼，织缎匹，用匠十万人，文弱陷贼者得以免。又说贼造船运柴薪，贼称其能。妇婴缘是遁者又六七千人，既，与继庚谋内应，事泄，奔向荣军，不知重地。也及曾国藩欲谍贼虚实，或以复成荐，因蓄发贼中，得曲折以告。曾国荃围金陵，李秀全自苏州来援，贼掘地道出攻，复成侦得之，报国荃为备，遂大破贼。以功叙县丞，不就，卒以贾终。

胡恩燮，字煦齐，江宁人。与继庚谋内应，出入贼中者三十六次。破衣草履，涸迹如丐。往往伏壕内，或潜立桥下坚冰中，屡濒于危。母陷贼中，以奇计脱之。后以功叙知府。

田玉梅，字鼎臣。四川酉阳州人。入应事起，求敢内成者，吴复成以书抵玉梅，玉梅裹红巾挺身从复成行。数日，出言贼情如绘，向荣乃信任之。夺门既无成，明日贼杀张士义等百余人，不得主名，则令领石达开凭帖，无者逮讯。复成领数百纸贻诸同志。玉梅手一纸立通衢，发短言异，见贼往来反诘之，贼竟无知者，乃偕八人者俱出。后以功叙河南同知直隶州，补太康县知县。十年，英、法国联军犯天津，京师戒严，请济师勤王，大府不许。自帅所部至汝阳沙官桥，为捻匪所阻，愤极死战，被戕。恤赠太仆寺卿。诸人于是役皆冒死为之，例得附书，以竟事之本末。

赵振祚，字伯厚，江苏武进人，顺天宛平籍。道光十五年进士，改庶吉士，授编修。两遇大考皆前列，二十二年，迁詹事府赞善。咸丰三年，寇陷金陵，苏、常震动。振祚上书当事，愿归本籍办团练。奏请，报可。遂归集赀置保卫局，募兵购械，仿行保甲，人心以安。常州北门濒江,焦湖船屡出剽掠,积为民患。振祚乃择要隘口岸立稽查卡房,并设水师战舰,严备以待,境获宁辑。六年,贼舶蔽江下,镇江几不守,避难者络绎。振祚固结人心,训练士卒,率众诣丹阳,会督师者赴援,围乃解。赏花翎,加翰林院侍读衔。

时总督何桂清驻常州,郡人编修赵曾向出其门,振祚素轻之,以是常讦其短于桂清,遇事龉龃。嗣曾向被命佐常州团练,益制其肘,不得已,请解事,保卫局遂废。十年,和春军溃丹阳,常州大警,桂清宵遁,曾向亦举室渡江而北,于是绅民复请振祚出督团勇。是时,兵单粮绝,寇氛日迫,事已不可为,复毅然誓众固守,并率所练五十人出城招集溃勇。会北乡石堰土盗蜂起,遂领众往捕,以众寡不敌,战失利,力竭,死之。常州亦旋陷。事闻,赠太仆寺卿,予世职。

同治三年,李鸿章疏称:"其六世祖尚书赵申乔为康熙时名臣,子姓分居苏、常。江、浙沦陷,男女死者四十三人,其弟浙江经历振禋亦死于难。"得旨,予振祚常州建祠,余附祀。

振祚抗爽重节介,口素吃,遇不平事,愤懑谩骂,期期不避人,故多遭怨。然好奖借人才,人亦以此多之。善诗、古文、词、精汉学,著有《明堂考》一卷,文、诗集若干卷。

同族起,道光举人。同时城守。城陷,命合室妇女自沉园池,遂整衣冠坐厅事。贼至,有识起者,劝令自全。大声叱贼,引刀自刭。子诸生曾寅以身卫父,刃贼数人,被害。兄子浙江候补知县禄保,骂贼,死尤烈。

马善,字遇皋,长洲人,世居苏垣北乡。有智略,膂力过人。咸丰十年闰三月,金陵大营溃,总督遁,贼席卷而南。夏四月丁丑,苏州陷。善先受檄主黄土桥团练,集七图义勇三千人,朝夕训练,庀水陆战守具。闻变,严阵以待。明日,贼果至,迎击金桥。又明日,贼大掠八字桥,又趣援之。越四日,贼分两路至,一出齐门至宜桥,一出阊门至禅定桥,善率勇千人自当宜桥,遣子安澜勇数百当禅定桥,先后均有斩获。贼将窜常熟,夜遣安澜率千人潜至八字桥,尽括岸侧灰窑遗弃砖瓦塞远近桥下,居民已空,无知者。越数日,贼船至,不得过。城贼约浒关贼至青黛湖,合宜桥,禅定桥三路并进。善分兵拒之,而自击青黛湖。失利,贼旋退。已而贼大至,善设伏青黛湖畔,遣弟增及安澜诱贼入湖,伏发胜之,获贼船十,俘贼首樊大福,枭其首,贼为夺气。

伪忠王李秀成愤不得逞,大举来攻,善尽锐御之,自辰至午,杀伤相当。贼退,团勇归局午食,贼遽掩至,善率亲兵迎战,手刃骑马贼三人,伤于胸,犹疾呼杀贼,飞镞中头角而踣。安澜方赴常熟请军火,驰归敛之,面色如生。当是时诏举团练,吴人脆弱,贼至则靡,独善以能杀贼闻。恤赠知州衔,给世职。安澜后从巡抚李鸿章军,向导得力,卒复苏州。

陈克家,字子刚,元和人。道光二十四年举人。少英异,为桐城姚莹所器重。抗心希古,落落寡合。文章自许北宋,俪体宗六朝,诗学黄庭坚。咸丰三年,挑教职。时金陵为贼据,钦差大臣向荣驻师城外,翼长福兴阿聘克家入幕。福迁去,江南提督张国栋复聘之。十年闰三月,国栋檄克家主健勇营事,十五日,贼大至,督弁勇迎战,兵败死之。克家之死也,营中大乱,求尸不得。克家祖鹤,熟精明代事,为《明纪》一书,用《通鉴》义法,崇祯三年后犹阙,克家续成之,合为十六卷。

马钊,字远林,长洲人。与克家同岁举人。治经学有名。咸丰三年,前江苏巡抚许乃钊副向荣统兵金陵,钊入许营时,有川、楚兵所带余丁,率骁勇,而苏垣空虚,钊建议募为一军,得千余人,号曰抚勇。粤匪刘丽川反嘉定,土匪周立春继之,连陷青浦等六县。向荣檄钊率抚勇卷甲赴之,至青浦,夜半,衔枚薄城,克之,奖内阁中书衔。事定,重赴金陵。十年春,浙江告急,偕总兵熊天喜赴援,复四安镇、广德州。奉调驰回,遇贼丹阳,战白塔湾,中枪死。二人以文士从军,卒死于阵,吴人称之。

臧纾青,字牧庵,江苏宿迁人。道兴士十一年举人。自少倜傥好谈兵,所交多不羁之士。当英吉利入寇,纾青见武备废弛,人不知兵,寇至多被残害,因团练乡兵,凡万人。嗣入靖逆将军幕府,将军主和,纾青独主战,后以和议成,奏奖同知衔,不受,曰:"以和受赏,不亦耻乎?"尝以邳州知州勒捐案被牵涉,查办大臣周天爵雪之。

时粤逆陷安庆,据江宁,淮南北捻匪乘衅为乱,聚党多者至数千人,与粤逆互为声势。天爵因疏请纾青练勇剿匪,且听自成一队。匪素慑纾青威名,称之曰:"老虎兵",所至扑灭解散,多愿归附效死者。天爵卒,副都御史袁甲三继任,亦深倚之。累擢通判,赏四品衔。

先是桐城以三年十月失陷,士民先后乞援于围庐州提督和春、围舒城提督秦定三,几一年,皆不应。甲三时驻兵临淮,念桐人请救之殷,又欲取安庆以截江路,自请进剿。文宗以临淮扼南北之要,不许。甲三于是疏请檄纾青剿办,允之。

时侍郎曾国藩已克复武昌,破田家镇,顺流东下,使提督塔齐布、道员罗泽南进攻广济、黄梅。朝廷既允甲三请,复以国藩兵屡捷,于是命纾青速进兵潜、太接应。时和春、秦定三军皆久无功,诏旨切责,令速破贼以图会剿。纾青又得国藩书相期会,于是疾驰至桐两败贼于大关、吕亭驿,追至城下。时四年十一月六日也。

纾青以舒、庐围师率离城十余里,不断贼出入饷道,以故久无功。桐之南门通安庆,贼来援则当其冲,遂自率兵勇围之,而令参将刘玉豹、同知李安中围东门。时攻城之器未具,城坚不可猝拔。贼既败于湖北,又惧桐城或破,则与湘军成夹击势,悉力来援。纾青先后迎击于王林庄、挂车河,皆胜之,追至陶冲驿,擒斩既多,获械无算。卒以舒、庐军不予接应,又不急攻城以分贼势,贼用是得专事援桐。玉豹、安中又性懦,无能当贼,纾青至以"诸君不能战,不能攻,又不能守,事事须我一人"诮之,弗恤也。

十七日,贼援大至,玉豹、安中却走,城贼复突出西门焚营。纾青与诸生张勋殊死战,杀三百余贼,以后无继者,贼伏遽起,纾青胸面间中二十余创,死焉。纾青既死,贼复得志,武昌再陷。

纾青治兵有纪律,初,贼以土匪目官兵以惑民听,至是一洗此耻。桐城破后,凡先以助饷团练,贼皆甘心焉。民以纾青来,秋毫无犯,虽被祸,无不感泣思之。事闻,赐三品卿衔,予骑都尉世职。后有窦元灏。

元灏,邳州人,咸丰元年举人,援例为员外郎,分刑部。八年,捻贼大炽,窜徐州,邳当其冲。元灏集乡团,先后偕知州毕培贞、周力城,都司濮枫等堵剿,击斩甚多。十年,州城被围,守御四昼夜,城赖以全。贼结幅匪大举,由兰、郯渡河,元灏与参将于殿甲合剿,被围,力竭死。赠太仆寺卿衔,赏世职。

马三俊,字命之,桐城人。祖宗琏,父瑞辰,皆进士,以经学显名。三俊能世其家,顾屡困乡举。咸丰元年,以优行第一贡太学,又举孝廉方正制科。三年,安庆失守,桐人凶惧,知县遁去,奸民蜂起。官兵往来境上,亦乘乱为患。独县学生张勋誓死不避,三俊亦急起而坐镇之,擒斩为首者十数人,又偕勋立法,劝富家给散贫者,乱稍定。

贼既陷安庆,尽趋江宁,诸统帅皆远避,置安庆、芜湖不堵截。三俊知贼之必回窜也,日夜在明伦堂训练乡兵,又时与勋往四乡联合团众。于是桐城练勇,名闻江南北。贼犯太湖,与勋扬兵堵境上,贼莫测虚实,莫敢逼。已而贼攻江西,不克。回据安庆,修守备,桐人大恐。巡抚李嘉瑞驻庐州,前按察使张熙宇驻集贤关,皆畏安庆不敢至。

三俊上书巡抚,其略谓:"制寇之道,必能攻而后可守;守御之策,必先据要害而后可保城池。全州不守,祸及湖南;岳州不守,祸及武昌,小孤不守,祸及安庆;安庆不守,然后祸及江宁、镇江、扬州、大江南北。此明验也。自粤西起事以来,贼之所破,多不守而破,非因守而破也;贼之所败,多不战而败,非力战而败也。观桂林、长沙、南昌、开封四省城,苟能死守,贼未有陷之者。六合小邑,杀贼数千,而贼不敢至。江浦、含山、许州皆以守而得全,不大可见乎?今江北全势完固，虚实未为贼觉，而安庆之贼，又皆江西残败之余，且未齐集。望于此时迅速进攻，而分兵守桐，以为接应。如安庆不利，当可退守桐城，以为舒、庐之障。此机一失，贼或窜桐、舒，以入庐州，则与北匪构结，河南北东西、畿辅之地危矣。"巡抚韪其言，遣总兵恒兴与熙宇合军堵剿，实不前进。

十月，贼大至，熙宇、恒兴兵皆却走，三俊独与勋率乡团数百人拒之，不利。贼遂道桐城以入舒城，陷庐州，渡河而北，蔓延千里，皆如三俊所料。城陷时，三俊父被执不屈死。三俊以不孝不忠自责，誓复仇报国。

四年夏，与前任桐城知县成福、六安参将庆麟，招集义勇于霍山，请助官军杀贼，且言"事成不邀功赏，事败则以身死之"。于是上三路进兵策，而自任桐城一路。先顿兵中梅河以俟，而提督秦定三军之图舒城者，延期不进。三俊既孤军深入，耻不肯退。至周瑜城，援绝饷匮，奸民构贼夜袭营，力战死之。

勋，字小嵩，与三俊同县人。家贫，好倡举义行。尝搜罗桐城节孝贞烈妇女二千余人无力上闻者，汇请旌表，著《总旌录》四卷。桐城既破，三俊起义兵霍山，与之定计，即往见秦定三，以急击舒城，与袭桐之师相应说之，定三不应，事遂败。嗣闻纾青统兵至桐，往六安迎之，谓纾青曰："桐近日贼势与前不类，兵单援寡，难操胜算。不如先助攻舒，舒破，与秦军合，事乃有济。"又数以书劝定三，卒不应，纾青亦不肯往。十一月十七日，遂随纾青督战，死之。随死者有吴文谟。

文谟，字翼甫，亦同县人。年少负气，与三俊子复震为友。三俊死，文谟不告其子，独冒险往获其尸。勋重其人，遂随勋奔走，请兵不倦，殉节时年二十有一。

吴廷香，字奉璋，庐江人。敏博沉毅，与桐城戴钧衡、马三俊友，以文章风节相砥砺。以优贡生举咸丰初元孝廉方正。上书论时事，有国士之目。三年，粤贼东下，陷安庆，庐江土寇应之，骎骎近城下。

邑团练乡兵推廷香为督，击寇。擒其渠，斩之，尽破其党。

寻，粤贼弃安庆去，长驱薄金陵，踞其城。是年夏，复遣悍酋沿江西犯，再陷安庆，皖北震动。廷香复倡义募乡勇六百人，自率之守梅山黄姑闸，遏江路。时贼张甚，官吏兵民所在进散。贼自桐城北扰，舒、巢、无为相继沦没，独庐江赖廷香固扼得全。十一月，庐州陷，巡抚江忠源死之，官军、团练望风逃溃。十二月，庐江亦不守。廷香时在防次，扼腕慷慨，誓必得当以报国。

四年二月，提督和春败贼于庐州；七月，提督秦定三大捷于舒城；舟师复自海道入扼东西梁山，断贼归路。贼悉众北趋，诸州县守贼少，曾国藩复率大军下武昌。廷香闻则奋然起，言于众，谓："诚以此时出贼不意复邑城，益与江上、下诸路军相应，合谋以图皖中，贼可歼也。"乃召募三千人，与外委熊允升将之趋县门，兼密约旧时勇目居城中者为内应。八月，大破守贼，贼渠任大刚走，追斩之，遂复庐江。大江东、西以乡兵败贼克城，盖自廷香始。

既，贼知庐江无援，合安庆、桐城诸路来攻，廷香出击，屡有斩获，而贼聚益众，江中贼亦逼城下。廷香豫乞救庐、舒大营，久未报，及贼大至，何桂珍檄蔡尊、沈承贻以六百人自六安赴援，至邑，则纵兵大掠，遇贼反走，贼益焚四野，火光烛天。廷香夜葬阵，望救不至，拊膺泣曰："吾志清逆乱，不克，而重祸乡里。势穷援绝，来者非人。吾死此，分耳，乱将若之何？"数日，粮竭，尊、承贻引遁，城遂再陷。廷香率死士巷战，自午夜至黎明，从者仅三人，力尽死之，允升同及于难。

初廷香将倡义，或危其事，尼之。廷香从容曰："如若言，乱将谁拯耶？"其人悚然退。及事急，将自裁，或夺刀掖之行，廷香抗声曰："复城守城，虽非吾责，吾义出。城危而走，义何居焉？出郭一步，非死所也。"比战没，邑人求得其尸，藁葬之。诏建专祠庐江，予世职。子长庆继其志，累官至提督，以功显。

孙家泰，字引恬，寿州人。大富有善行，仁宗尝书"盛世醇良"四字颜其门。家泰生有殊禀，嬉戏异群儿。每出语，长老惊若成人。未冠，补诸生。道光二十九年，入赀为员外郎，分刑部广西司，治牍明决，为上官所器。咸丰三年，粤寇窜扰江、皖，工部侍郎吕贤基奉命回籍督办团练，请以家泰从。时皖南北郡邑相继不守，官吏望风避走，群盗蜂起。定远陆遐龄倡乱据城，道路梗塞。朝命再起周天爵为安微巡抚。天爵就询策略，家泰密为擘画，数旬之间，遐龄父子就擒，胁从解散，余盗敛迹，寿春兵以骁勇闻。

军兴，征调四出，留镇者少，又乏食，巡抚檄家泰劝捐募兵为固圉计。寿故繁庶，富家大贾务厚藏，鲜远识，无应者。家泰则尽货其资以济用，所募皆敢死士。明赏罚，严简练，一军肃然。庐、凤、颍、六安诸寇惮其强，不敢窥。寻，天爵卒于颍州，舒城再陷，吕贤基死之。家泰失所隶，势遂孤。寻为人所构，吏议落职。家泰语人曰："时事糜烂，守土之吏，畏贼如虎狼，而视民如鱼肉，是驱良入于暴也，吾无死所矣！"自是杜门家居，口不言兵事。既毁家佐军，贫甚，菽水养亲，晏如也。

既，贼氛益炽，诸州县团练，多阴附贼，而凤台苗沛霖所部尤横桀不可制。初，沛霖为诸生，请于知州金光箸欲练乡团，而自为练总，光箸不之许。沛霖遂聚群不逞为乱，邻邑豪猾多归之。官军畏其众，遣人招抚，授以官，为羁縻计。数年累荐至川北道，加布政使衔。沛霖不奉命，南据正阳关，北扼下蔡继，袭怀远，陷之，号称苗练，骎骎逼寿州。寿人汹惧，谋聚保，众议非家泰莫属，辞不获，强起。号召部曲，上书军帅，力主剿，未报。

沛霖遣谍入寿州，家泰杀之，沛霖益怒，尽发其党来攻。守者恐不敌，守者恐不敌，忌家泰者，乃倡言献家泰与其副蒙时中于贼，以纾寿祸。有司迫行，众大哗，将以力抗，家泰夷然曰："吾昔募健儿刺苗逆悍将，今又戮其谍，欲甘心者我也。守土非其人，顺逆不明至此，事之不济，天也。吾身许国矣，吾死而城安，其又奚恤？"遂仰药死。既殁，按察使张学醇复缚时中付贼寨，并遇害。是年九月，沛霖卒陷寿州，家泰家属被执，不屈，皆死之。

同治二年，科尔沁亲王僧格林沁督师至，沛霖败死，寿州平。闻家泰一门死事状于朝，诏赠四品卿，照阵亡例赐恤，建祠寿州。父赠祖，弟家彦、家德，子传洙，咸恤赠有差。

江图恫，字汝华，旌德人。富胆略，经商，寓舒城。侍郎吕贤基办团剿贼，过舒城，与图恫一见相契，特命带乡团，扼守舒城冲要，贼不敢过。三年十月，桐城被陷，乘胜至舒城，贤基战不利，死之。图恫犹力战，狂呼杀贼。久之，贼至益众，援兵不至没于阵。图恫前以助饷赠知府，至是殁，舒人义之，相与私谥曰仁惠。宣统初，补谥庄洁。

程葆，歙县人。道光十三年进士，以主事分工部。咸丰二年六月，外授广东肇庆府知府。时粤匪麇集皖境，谋犯浙江，葆赴任，道经杭州，巡抚何桂清奏令回籍治乡团助剿。五年，贼陷休宁，葆率民团出境援，与官军会击于东、南二门，毙贼目，贼惊退入城。诸军连夜进攻，贼由西门遁，遂拔休宁，乘胜克复石埭。自是葆益激励乡团，屡助官军剿贼，徽郡肃清。旋檄赴杭助守，城陷，死之。

彭寿颐，字子文，江西万载人。道光二十九年举人。咸丰四年，粤匪连破江西郡县，知县李峼弃城遁，寿颐率团练御贼，追剿上高、新昌，皆捷。以筹饷悟李峼，峼祖奸民，寿颐揭前弃城事。巡抚陈启迈夙讳贼，恐上闻，以蜚语诬捕寿颐，欲致死灭口。钦差大臣曾国藩奏言："数年以来，谕旨谆谆，饬行团练，多无实效。惟湖南平江县、江西义宁州以本地捐款练本地壮丁，屡歼悍党，为贼深畏。四年，义宁之捷，巡抚陈启迈冒功滥保，遍私亲昵，人心解体，团练遂散。贼再攻州，抵拒经月，省兵竟无援救，城陷，屠民数万。向使练丁尚存，何致惨祸如此？五年，饶州、广信之失，鄱阳、兴安之失，陈启迈通融入奏，宽减处分。万载之失，知县李峼有避贼重咎，举人彭寿颐有剿贼殊功，奸民彭三才有馈贼实据，陈启迈竟祖庇属僚，架诬团练义士。馈贼不斥，避贼不劾，独于剿贼者，目为豺狼，指为逆党。臬司恽光宸,逢迎喜怒,褫革逮拘,酷署重刑,百端凌虐。臣以寿颐才识卓越深沉,叠商留营效用,陈启迈坚僻不悟,酿成冤狱。义宁之团,以保举不公毁于前。万载之团,又以讼狱颠倒毁于继。人心何由固结?大局恐致贻误。”奉谕:“陈启迈革职,恽光宸交新任巡抚文俊查办。”寿颐早以刑毙矣。南昌梅启照尝云:“国藩雅度无怒容,惟于寿颐逮狱,深为愤痛。”七年,刘长佑败,新喻、袁州三县民率丁壮助军,军复振,世益以此思寿颐。

陈介眉,山东潍县人。道光十八年拔贡生,朝考用知县,发江苏,署宿迁、盐城等县,擢通州知州。屡获海洋巨盗,擢知府,授河南归德府知府。咸丰三年,捻匪窜虞城之杨家集,介眉督兵追歼三百余,生擒二百余。粤贼陷归德,褫职回籍。十一年,捻匪窜山东,抵潍县,介眉迎剿,与候选训导陈威凤、武举谭占元等,均力竭阵亡。复原官,恤赠太仆寺卿衔,赏世职,建专祠,并祀威凤、占元及同日阵亡之武生千总衔陈执蒲等。

同县人元祈年,道光五年举人,截取知县。捻匪炽,祈年治西乡团练,匪窜县境,祈年登圩固守。圩破,率众巷战,力竭被缚,骂贼不屈死,侄文丰等同时阵亡。恤赠道衔,赏世职,建专祠,文丰等附。

唐守忠,钜野人。咸丰初,为平阳屯屯官。四年,粤城陷钜野,土匪窃发,守忠闻警,驰归,遭匪劫,仅以身免。与乡人生员张桂梯、职员姚鸿杰等议举团练,为守卫计,旬日集义勇五千余人,分三队,捕斩土匪数十名,贼遂遁,嘉祥、钜野间悉平。土匪惧,以所劫物辗转还守忠,并乞随团剿贼,誓不为乱。守忠察其诚,纳之。时年饥,人乏食,守忠使子锡龄偕张桂梯各村劝捐助赈,富出资,贫出丁,括计余粮,计月分给,谓之均粮,而团练之势愈固。曹州、济宁两属乡团来附,贼不得逞,去。

五年,河决铜瓦厢,郓城、钜野、嘉祥等县当其冲,忠闻丰工黄水下游于涸成滩,官出示招垦,因率灾民数万人南下认种。仿屯田法,以教谕王孚、千总唐振海等分领之,名曰湖团,亘二百余里,浚沟筑圩,编保甲,严守望。徐州、萧、砀、丰、沛等八县闻贼警,则相率投避,得免于难者数年。

八年,捻匪来犯,守忠率团遮击,擒贼樊三、丁豹等,斩之,叙功给五品顶戴。十年,钦差大臣僧格林沁令守忠随官军助剿,败贼大刘庄。同治元年,捐助军饷,又捐已垦熟田为鱼台书院经费。二年,白莲池教匪由滕县偷渡湖西,守忠截击,生擒贼目陈周等多名,余匪悉遁。

四年九月,捻匪张总愚,任柱等悉众来攻,守忠集丁堵御,一再请援兵不至,力战六日,众寡不敌,死之。方守忠被围,贼数使招降,守忠誓死拒之。及战败,与族叔千总振海、子生员锡彤同被执。贼舁至铜山袁家庙,多方胁之降,守忠骂不绝口,遂并见害。江督曾国藩疏请优恤,建祠立传,从之,赠道衔。子锡彤,照四品以下阵亡例议恤,给世职,寻在沛县捐建专祠。

吴山,字严青,河南光山人。生三日丧父,母周守节抚孤,家极贫,纺绩供山读书。道光二十五年,举于乡,会试不第,留京三载,与袁保恒、裴季芳相切磋,声誉日起。时光山有匪患,山以寡母在堂,二子尚幼,又无期功强近之亲,就拣选知县职,仓卒归。

先是,邑民郭三,凶黠。兄弟七人,郭五、郭六尤悍。郭三充县皂役,满布党与。知县水安澜恇懦,为郭三等挟制,无所不至。彼时有“郭满城”之谣。郭三充卧龙台乡保,倡首为匪,向四楞子、曾传佐等,皆领杆头目,肆行劫掠,并至各乡按亩加粮供食,并句通亳、寿各州各匪,谋杀官起事。山有乡望,众举为团首,倡办团练,地方恃以安,而郭三忌之。

咸丰四年四月,郭三纠众突至小向店派粮,山拒而不纳,寻,集乡团与之抗。匪巢卧龙台,距小向家集仅十二里,郭三扬言非杀山不可。或有劝山走避者,山曰:“我所以触匪怒者,原以抗匪派粮。若临难而逃,任匪所为,则初志谓何?今日之事,有死而已。”遂挺身督乡团与战，众寡不敌，被擒，山骂不绝口，匪怒戕之。后俞御史刘毓楠奏建专祠。

俞焜，字昆上，浙江钱塘人。嘉庆二十五年进士，改庶吉士，授编修。道光十三年，迁御史，奏请申明律义，以正伦纪，略言："律载'弟妹殴同胞兄死者皆斩'。注云：'殴死期亲尊长，若分首从，则伦常斁矣。'此古今定律，所以维名教也。其听从尊长，殴死以次期亲尊长之犯，向律拟斩，定案时夹签声请，叠经改为斩监候，归入服制情实。自道光三年御史万方雍奏，将听从尊长，殴死以次期亲尊长，下手伤轻之卑幼，均科伤罪。刑部定为条例，至今沿之。因思例从律出，例因时变通，律一成不易。致死尊长，岂得仍论伤之重轻？今以勉从尊长，下手伤轻，止科伤罪，则与'死者皆斩'之律未符。此例既百无一抵，何以肃典刑而正人心？请仍遵不分首从本律，夹签声请，以昭平允。"下部议行。

十七年，授河南彰德府知府，以东河大工劳最，用道员，擢永定河道。调衡永郴桂道，缘事降调。咸丰九年，督办团练，操防勤奋，复道衔。十年，粤贼乱炽，焜商遣驻防军守独松关，李秀成犯杭，焜与侍郎戴熙登陴拒守二十余日。城陷，巡抚罗遵殿殉之。焜凭栅堵御，与满城犄角，复相持五日。弹尽，栅毁，贼众，焜犹手刃数贼，矛洞胸，殁于阵。明日，张玉良援师入，将军瑞昌会击，贼却而焜已死。论者谓满城之存，焜有力焉。赐谥文节，建专祠。同殉之继室陈氏，女蕴祺、蕴璿附祀。

同县戴煦，字鄂士。增贡生。候选训导。精算术。西人艾约瑟见煦所著求表捷术，心折之。又工画，神似倪迂，评者谓出乃兄熙上。熙既投水殉节，闻之叹曰："吾兄得死所矣！"亦投井死。著有《庄子顺文》、《陶靖节集注》、《四元玉鉴细草》、《对数简法》诸书。熙自有传。

张洵，字肖眉，钱塘人。咸丰二年进士，改庶吉士，授编修，命在上书房行走,文渊阁校理。十年,粤匪由安徽窜浙江,杭州省城被围,巡抚罗遵殿奏入,洵请假省亲。上召见,垂询浙省军情。洵抵浙江,杭州失而旋复。先是洵母谈氏,因贼逼杭城,率洵妻施氏,洵子惇典、从典、叙典、念典,女喜姑阖门赴水,被救得不死。施氏即命惇典、念典等护其姑出城。贼至,施氏遣喜姑先投井死,自率叙典跃池中殉焉。杭州将军瑞昌以闻,上嘉施氏孝义兼全,下部旌恤。

寻,洵母自以老需人侍奉,为洵继娶劳氏。未几,丁母忧,洵省城无房产,僦居于仁和县之永泰镇。十一年,贼大股复犯浙江,余杭、萧山相继失陷,省城被围。洵念受恩至重,不忍坐视,乃自永泰镇挈眷赴省,与官绅筹守御,并谋诸巡抚王有龄,会合驻防兵,力通江路。顾贼势张甚。围城两月余,城陷,洵与劳氏、惇典、从典、念典皆死之。洵兄濂之妻李氏及女九姑,亦先后殉焉。

方城之垂陷也,洵闻警,即索衣冠北向叩头毕,赋诗三绝,有“白云堆里吾将去,前辈风流有戴公”之句。书竟,授仆张升,遂投井死。同治元年,太常寺卿许彭寿以闻,以“一门六口,同时殉难,实属深明大义,忠烈可嘉”褒之。八年,国子监司业孙诒经复请加恩予谥建祠,允之。谥文节。

钟世耀,字啸溪,仁和人。道光二十一年进士,改庶吉士,散馆,授兵部主事。移疾归,负乡望,城再陷,贼将授以伪官,绝粒殉节。

孙义,字朴堂,钱塘人。道光九年进士,官福建仙游县知县,有循声。告归后,课徒自给,同时殉难。

汪士骧,字铁樵,钱塘人。袭世职,授杭州营千总。擅诗名,工篆隶,晚年作小楷尤精。咸丰十一年,贼再至,先以年老休致,居危城中,神色自若,日以忠义训家人。赋诗有“我死家人生,辱家即辱我”等语。城破,全家皆跃水死。

钱松,字叔盖,钱塘人。嗜金石篆刻,有文誉。贼初陷杭垣,先期具药汁,誓死。家傍清波门,贼从此入,遂与家人同仰药,麾侍者还其室,曰:“今日得死所,而男女颠仆一室可乎?”语定而绝。

毛雍,字西堂,钱塘人。诸生。事亲孝。年十三,能作大字。工书,得润笔尽给贫乏。督办东北隅团练,城再陷,自缢死。

魏谦升,字滋伯,仁和人。九岁能文,弱冠后雄长坛坫,尤工书。以廪贡生选仙居县训导,不就。家居西马塍,以著述自娱,垂五十年,有《书三昧斋稿》。贼自湖州逼省城,家当其冲,或讽宜移居避之,不应。贼火其庐,乃挈妻子走灵隐山中。贼退,侨寓城中,啸歌不辍,自号无无居士。城再陷,谦生方老病,驱至万安桥下死,妻周氏同时殉节。周能书,世以鸥波夫妇拟之。

金鼎燮,字承高,秀水人。诸生。咸丰季年,署临安训导兼教谕。以事诣省城,寇至,围久,粮绝,至煮箧上革以食。城破,杂难民中出,至临安,率乡团御寇,死之。

庚辛之役,省城再陷,杭人殉难者至众,而旗营死事尤烈。其著者:协领巴达兰布等守花市营门,佐领德克登额、佛尔国纳、德勒苏等守钱塘门,呼松额、格勒苏、印福等督队出涌金门,皆迎战,奋力杀贼,先后阵亡。又协领赛沙奋、连生等,佐领萨音纳、伊勒哈春等,防御贵祥、明阿纳等,骁骑校志善、佛尔奇纳等,文职如知府伊丽亨等,武职千总安忻保等,皆阵亡。合营纵火自焚,男妇死者八千余人。

包立身,诸暨人。家五十八都之包村,世业农。性朴鲁,里党莫之重。咸丰十年,忽能言休咎,多奇中。节食茹素,夜则结跏趺坐。时贼氛渐逼,人怀忧惧,争奔询,立身惟以行善为勖。人疑信参半,不知其娴武略也。

十一年九月,贼陷绍兴府,他贼复自金华来,诸暨亦陷。于是首倡义旗,从者响应。村踞山,三面皆水田,惟一路由塍埒达村。贼焚掠至其地,立身以静待动,入者辄为所毙。避贼者麇投之,栖止无隙地。乃益造壮勇成劲旅,贼来攻,数不胜。立身不出村剿贼,贼至则战,战则身先,当其锋立踣。众见贼易击,虽文弱者亦挥戈从事,间谍入村者,罔弗获。无事则焚香默坐,有所指挥,从之必胜,远近惊以为神。贼惮甚,使素稔立身者招降,立斩之。乃悉纠数郡悍党,更番进攻,而往者辄衄。群贼闻调攻包村,如就死地。相持八九月,大小数十战,毙贼十余万,精锐强半尽。

贼目有周姓者,眇而通形家言,乃周览村外,悉其川源山脉,会旱,溪流弱,贼壅其上流,遂无涓滴。村外井水,贼举腐尸填之,出汲,则先以火器越井而阵,后人出尸乃得汲,腥秽不可饮,然且难得。人众食寡,贼又四面断粮道,不得达,贼遂索战无已时。每合阵,所损相当,势不能久持,终无一人言降者。贼遂阴穿隧道而以金鼓声乱之,立身不之省。

七月朔日,贼穴隧道自村社庙出,即纵火焚庙,众出不意,大乱。贼遇人即杀,未遇贼者亦仓皇图尽。立身见事败,与其妹凤英率亲军数千人死战,溃围出,至马面山。贼蹑之,围数匝,鏖战不得脱,中炮死。凤英亦力竭自刎死,全家皆遇害,从者亦无一得脱。合村死者,盖六十余万人。

王玉文,字纬堂,金华人。性强毅,好谈经济。道光二年举人。咸丰四年,授于潜教谕。会粤寇据金陵,数上书当道论兵事,指陈两浙形势甚悉。既而浙壤告警,奉檄领兵守天目山,又令堑于潜、临安山谷,防贼阑入。既至,躬自履视,得某关废址,实为要隘,因建言修之。初偕昌化教谕高文禄行团练,于潜令素与玉文忤,多方挠之。及是议筑关,益哗然以为多事,而玉文锐于自任,不之顾。

十年,贼陷杭州,玉文将百人扼关,欲乘贼归击其惰,文禄力赞之。于是昌化、临安、新城及本境山氓,咸持梃愿受节度,官绅交阻之,事遂寝。玉文恚甚,乞病归,甫束装,闻寇至,叹曰:"临难而去,非夫也!"乃辍行。适援军至,玉文戒以守关毋出,不听。战五昼夜,众寡不敌,弃关走。贼入城,官皆遁,有门下士偕二舆夫、一担者来迎,玉文坚不去,迎者旋散。乃朝服挟刃坐,一贼当先入,格杀之,即举火自焚。遗书付其子曰:"天热,吾清白之体,不可俾郁蒸,有盐硝,举以自化,汝曹毋过悲痛也!"寇退,得其尸池水中,朝服燕去,跣一足,众哭殓之。以其先有告病牒,大吏不以殉难闻,士民咸以为冤。

孙文德,嘉善人。咸丰十年,年八岁,贼陷嘉善,家人携出城,遇贼,相失,独至村舍。薄暮,十余贼入舍就炊,将休矣,文德潜乞砒毒于卖药人何桂生,密启釜置之。饭熟,贼方饥,食之,毙九人。二人未食,大骇,考掠文德,奋身大骂,贼杀之。

李贵元,字祥枝,永康人。事母孝,以强有力闻。贼至,年已八十,乃出其大铁铜击贼。贼惧不敢动,贵元从容登楼。及群贼拥至,贵元遂遇害。越日,其子求遗骸以出,贼亦不之罪也。时钱塘汪玉璋、义乌金士玉、长兴副贡生王泰东,均年逾八十,先后预于难。

富阳瞽者陈小福,避山中,从贼者识其神卜也,囚之。官兵攻急,贼势蹙,乃命之卜。小福曰:“若辈必尽死,无遗类,何卜为?”贼怒,剜其目,磔之。

皮匠某,逸其姓名。十一年,围急,闽兵绝粮,不欲战,巡抚王有龄登陴泣。匠忽手百金至,叩首曰:“小人勤苦,蓄得百五十金,今留五十金自赡,余请助饷。”有龄为榜示辕门示劝,城陷,匠自到死。

罗正仁,湖南郴州人。诸生。咸丰三年,土匪蜂起,三月十四日夜半,突有贼数百人攻入城,戕知州胡礼箴。正仁急起,倡办团练,获贼二十余人,杀之。由是各处效法,不数日,诸匪咸扑灭,余党恨正仁刺骨。会粤匪陷州城,土寇与合,正仁复率团要击之。贼悬赏购正仁,正仁走避。久之,闻母病,归。贼侦知,一日昧爽,突有贼三人至其家,正仁猝无所备,乃率二子春官等御之。俄贼众奔至,众寡莫敌,遇害。二子亦受重创,佯死得免。

后春官痛父,更集团,日以剿匪为事。五年,城再陷,率团复攻之,每战奋不顾身,多斩馘,为乡里所倚庇。

同州人陈起书,字通甫,幼从兄起诗讲求经世学,由附贡生候选训导。道光十三年,逆徭赵金龙叛,起书条陈御徭策,知州姚华佐多采用之,州城得无患。金田贼起,起书谓西粤一隅地,贼不能久居,必窜楚。窜楚,则大军必扼衡州,郴、桂将首受祸。遂画守御之计,州牧不能用。乃纠同志自集团丁于观音寨、大头陇,并筑堡、修墙为坚壁计。无何,贼果至,闻州境有备,遂引去。时土寇邱倡道煽乱,扰及闾里,上官檄官军剿之,不获。起书命次子善墀、戚张树荣依计诱擒之,并获贼渠黄中凤,事平。咸丰五年四月,广东贼何禄寇陷宜章,五月,州城陷。起书率团练扼北乡,贼不敢犯。有东乡戚党招起书为画守御策,适湘乡王鑫率师由衡州来援,乃命善墀迎师,自往东乡,行抵塘溪,拟朕络徭岭乡民以拒之。而土匪咸通贼,侦其往,中道要劫之,遂被执。群贼久耳起书名,拥于坐,宛转诱降,起书骂不绝口,抵死不降,贼遂计议俟何禄至,乃缚其手,日夜环守之。起书于八月七日绝粒,死之。

陈景沧,字少海,龙阳人。父永皓,直隶长垣知县,有声于时。景沧幼凝重,守道义,留心经世之务。以咸丰元年举人官内阁中书。粤乱作,湖北巡抚胡林翼治楚军备贼,征辟贤俊,以景沧佐军事。积功保知府,命筹饷岳、沣。景沧剔除宿弊,事集而民不扰,尝曰:“筹饷病民,已非善;政若更贪其利,是官民交病,吾不为也!”不数年,以亲老辞归里,闭户山中,侍养之余,以读书为乐。同治六年,闽浙总督左宗棠调往福建,湖南巡抚刘琨亦强起景沧,景沧咸谢不赴。八年,丁父忧,哀毁庐墓,益远人事。

初,军兴,募民为勇,越境击贼,湖南尤盛。既贼平,勇散归,不事生业,相率入哥老会。哥老会者,起四川,异姓相约为昆弟,同祸福,结盟立会,千里相应。其盟长之大者,辄拥众数千人,横行郡邑,吏莫敢诘,良懦惮之,则入会求庇。入者既众,势乃益厚,流行湘、楚间。初但为奸盗,均其财,继焚掠村市,抗官兵,窥城邑。长沙、衡州诸属,屡扑屡炽。十年,益阳何春台、龙阳刘凤仪、刘继汉等,率会众为乱,聚县西安化山中,距景沧家十余里。景沧闻变急,密告巡抚,巡抚檄益阳、龙阳两县往捕,会众方传檄诸州县党人,约同时发难。未至期,捕者适至,遂先举事,犯益阳。途中值景沧,执之,景沧责以大义，数其罪。被数刃，骂不绝口，贼群斫之。长子克桎、次子克权从行，以身障景沧，并及于难。

景沧长身玉立，恂恂孝友。与人交，呐然若不出口，至论古今忠孝及国政得失，辄慨慷流涕，义形于色。事闻，赠道员，给世职。

何霖，字雨人，广西兴安人。少读书，以诸生食廪饩。抗志高尚，不屑屑治章句。性沉毅，有胆略。咸丰三年，兴安盗王苟满、赵廷兰等作乱，陷县城，囚官吏。霖闻变，匿老弱，自与族弟进贤急诣省求援，中道遇贼，为所劫。霖诡辞脱进贤，入见贼酋，贼素重霖，以上宾礼之。霖谬为甘言，饮啖自若。酒酣，因说贼酋曰：“君等举大事，宜先收人望，蒋方第诸人，邑之豪俊，愿假良马利剑为君辈致之，非常之业可图也！”贼喜，如约。霖遂以方第等六人至，留贼中，贼信不疑。霖阴谋方第间贼党，将乘间举事，会官军击贼灵川，屡胜，贼分兵攻金州亦败，众稍稍引散。霖遁归，偕方第一夜集乡兵，尽缚北乡诸贼。分守要害，号召邻乡团众，分三路攻城。贼不为备，遂复兴安，擒苟满等。官军至，献捷，主兵者攘其功，赏不及霖。益与方第倡言兴团练，立规约，厚饮给，人乐为用。贼党谋再举，惮霖不敢发。

四年，恭城陷贼灌阳，霖率兴安团屯边隘，贼不得逞。相持数月，乐平贼自别道来援，霖与方第议增丁壮，移营前进，遏其锋。十一月，次茗田，贼以大队从大风坳出犯霖垒。所部只五百人，续调者未至，霖麾众迎击，奋斗竟日，力竭战死。方第暨其兄子二人并殁于阵。贼再入兴安，焚霖庐舍，尽杀其家人，霖父挈孙走临桂，得免。事平，兴安民思其功，建祠祀之。

蹇谔，字一士，贵州遵义人。道光二十六年举人。咸丰三年，大挑得教职。明年，谔还自京，适桐梓教匪杨龙喜作乱，长驱出娄山关，逼遵义。知府朱右曾要击，败还。贼遂以八月十六日围城，营郭外雷台山。是时，黔中治平久，民老死不见兵革，初遭寇乱，众汹汹欲溃。独谔力言贼可击，于是人心稍定。久之，官兵渐集，而贼亦日附。谔谒提督赵万春、布政使炳纲于螺珋堰,陈利害,请由石盘扼贼粮,拊其背,自领兵练四百人营马家河,复募二百人益之,屡战皆捷。

贼酋李七王者尤犷悍,以千余人入贵阳大道,踞龙坪水日寺,谔率所部围攻,尽歼之。七王自焚死,贼气夺。十二月,官兵破东路樱桃丫,贼凭险拒战,不即克,谔以兵从中坪缭其后,大破之。乘胜进克羊耳丫。贼退屯金钱山,引渠灌田,计死守。谔令健卒贡草涉冻薄而焚之,于是官兵攻雷台益急,蜀兵亦进复桐梓,龙喜蹙,遂焚巢夜遁。

五年冬,龙喜余党邹长保再叛,围桐梓七昼夜,并据娄山关以遏遵援。谔复集兵练千余名,攻夺娄山,解其围。期必灭贼,屡深入至寺冈。寺冈,贼巢所在,危峰攒刺,往往云雾,不见天日,谔勒兵直上,以身先之,猝遇伏,前锋为所败,谔亲率卒二十人搏战,贼众麇至,矢石交下,谔力竭死之。随行之王世洪、曾名标亦奋斗死,时咸丰四年十一月十日也。恤道衔,给世职,立专祠。

赵国澍,贵州贵阳人。丰咸三年,黔中土匪起,国澍方为诸生,居青岩。其地扼定番、广顺之冲,为贵阳屏蔽。乃散家财,倡团练,城青岩自守,随官军四出剿贼。

十年,粤酋石达开窜贵州,陷广顺,围定番,众号二十万,贵州大震。国澍倡勇敢、救定番,民壮从者数百人。力战城下竟日,贼断其归路,死亡略尽。国澍匹马突围还青岩,登陴坚守,贼亦却退。会贼以广顺之众益定番之围,道出青岩,胁降,不可。围三日,引去。

七月,定番陷,并力攻青岩,国澍随机应御,贼攻六月,终不能下。伺贼稍懈,乞援提督田兴澍策贼食将尽,请敛军坚垒障省城,檄清镇、安平、大定清野以待。贷土匪陈文礼等死,遣入贼纵火,内外夹击,毁贼营二,贼每夜自惊。国澍以计间其悍酋,使相屠,遂大哄,因与兴恕合兵乘之,贼崩溃。追奔至安平,复大破之,定、广诸城皆复。先是国澍剿平定、广土匪葛老岩、杨隆喜及平代、摆金、平越、甕安诸贼,收复修文等城,累擢至侯选同知、直隶州知州,戴花翎。至是兴恕上其功,言:"国澍毁家、筑城、练团、当巨寇,受攻半载,卒创贼,全省会,非优奖不足以劝士民。"命以道员即选,并总办贵州团练事务。

十一年九月,安顺仲苗匪警,国澍率黔勇七百,会总兵罗孝连剿之。十月,至安顺,仲苗蔓延镇,永二州,负险累年。其老巢曰养马塞、乌束陇、蜜蜂屯、猛董山,孝连直捣乌束陇。国澍调团练分塞要隘,断贼援。养马塞贼惧,缚酋献地降,国澍乘胜攻蜜蜂屯。十一月,破水西庄阿打洞屯,贼诈乞抚,国澍佯纳之,使兵冒贼衣装,夜入蜜蜂屯,遂克其巢。群贼蚁居猛董,复会诸军围而歼之。

同治元年正月,石头寨等隘以次荡平,安顺肃清,加按察使衔。会杨岩保兵溃,上大坪苗夷榅匪踵败兵渡清水江,国澍闻警驰赴郎岱,击苗匪破之。连战皆捷,进剿水城。贼散踞洞塞,地皆险奥,国澍分兵雕剿,自夏经冬,破洞塞百余。

贼走渡江,遂沿江设守,乃还省,请增兵协饷,以备深入苗疆。而御史华祝三、湖南巡抚毛鸿宾劾田兴恕苛敛,并及国澍残刻状。贵抚韩超为覆奏,辨甚晰,事乃寝。会开州知州戴鹿芝杀天主教士,法使朔于朝,复连国澍。盖兴恕尝欲逐教民,而国澍左右遂背国澍有毁教堂、杀教民事。两广总督劳崇光与法使议,令国澍偿金厚葬,事已平矣。开州案起,并发前事,法使朔不已,朝廷命将军崇实等视其狱。二年三月,褫国澍职,遂撤团练局,苗事益急。

四月,大吏檄国澍督练勇渡泡江河。时沿江诸军饥溃,贼再内犯,窜光沙,势张甚。国澍兼程进,次百宜,贼众兵寡,遂被围。食尽援绝,力战,死伤过半。亲军数十人,拥国澍溃围出走,至徐家堰,贼大至,奋斗死之。巡抚张亮基以闻,赠太常寺卿,赏骑都尉世职。子四,次以炯,光绪十二年进士第一,翰林院修撰。

宋华嵩,四川邛州人。咸丰九年,滇匪窜四川,华嵩自备军糈,以武监生倡办团练,保卫乡里。十年,川匪蓝大顺围华州城,嵩率团勇大破于五道碑，围解。嗣防堵夹门关、青草坡、大进埠等处，凡自贼营逃出难民，资遣无算。蓝逆扑蒲江、华嵩督团迎击，屡胜之，贼窜去。十一年，蓝逆由新津回窜，华嵩御之文华山南河岸，贼不得还，折入眉州。既而蓝逆别股复窜蒲江，踞青水溪，华嵩率团进剿，多斩获。卒因众寡不敌，殁于阵。

华嵩团练数年，捐银米数甚钜，轻财好义，能得人心，故所部练勇如王德明、王富举、王富义、杨镇川等，咸效死不顾。同治元年，总督骆秉章上华嵩死状，恤如例，于本籍建专祠。

伯锡尔，哈密回王也，其受封始祖曰额贝都拉，畏兀儿种人。康熙中，献玉门、瓜州地，立为一等札萨克。再传曰额敏，晋封贝子。传玉素卜，晋封贝勒，回郡王衔。三传至伯锡尔，于道光十二年进封郡王。同治三年，以助开渠功，加亲王衔，署理哈密帮办大臣。会南、北路各城叛回煽变，八月二十九日，哈密汉装回匪马兆强、马环等焚掠附城村庄，伯锡尔及办事大臣文祺率回丁出战，斩兆强、环，余党溃。叙功赏用黄缰。

九月初二日，图古里克回匪马添才戕税局吏役及汉民七十余家，南攻沁城伯，锡尔令章京巴海、守备赵英杰追捕，至北山板房沟，斩添才。四年二月，患陇右道梗，奏称由肃州东历蒙古漠南地，至山西归化城，往还可百日，请由此转饷。然台站旧在漠北蒙古，力疲不能增设，时哈密协标兵仅五百余人，安西协援兵二百人，不足分守。缠回及汉民虽众，未习战阵，吐鲁番叛回频来诱，人情煽动。五月，回匪黑老哇、缠匪苏布格等反，办事大臣札克当阿中弹死，贼毁汉城，入回城，幽伯锡尔。

五年六月，巴里坤总兵何琯令游击凌祥趋救，攻拔回城，贼遁吐鲁番，伯锡尔奏留凌祥为副将。旋以叛党蔓延，奏由乌里雅苏台将军檄召明安郡王蒙兵，合巴里坤、哈密诸兵，共攻吐鲁番。五千人复来侵，凌祥以民勇三千、伯克夏斯勒以缠回五千人出御，覆没于柳树泉，凌祥遁。或谓伯锡尔："盍行乎？"伯锡尔叹："曰吾世受天子恩,备藩于此,临难何可苟免?"收残卒二千复战于头堡,又大败,被执。明年正月,骂贼死。诏赠亲王。